ŒUVRES COMPLÈTES

DE

CHATEAUBRIAND

TOME V

PARIS — IMPRIMERIE DE J. CLAYE
RUE SAINT-BENOIT, 7

CONSTANTINOPLE

ŒUVRES COMPLÈTES
DE
CHATEAUBRIAND

NOUVELLE ÉDITION

REVUE AVEC SOIN SUR LES ÉDITIONS ORIGINALES

PRÉCÉDÉE D'UNE

ÉTUDE LITTÉRAIRE SUR CHATEAUBRIAND

PAR

M. SAINTE-BEUVE

DE L'ACADÉMIE FRANÇAISE

Vignettes dessinées par G. Staal, Racinet, etc., et gravées par F. Delannoy, G. Thibault, Outhwaitte, Massard, etc.

ITINÉRAIRE DE PARIS A JÉRUSALEM

PARIS

GARNIER FRÈRES, ÉDITEURS

6 RUE DES SAINTS-PÈRES 6

ITINÉRAIRE

DE

PARIS A JÉRUSALEM

ET DE

JÉRUSALEM A PARIS

PRÉFACE

DE LA PREMIÈRE ÉDITION.

Si je disois que cet *Itinéraire* n'étoit point destiné à voir le jour, que je le donne au public à regret et comme malgré moi, je dirois la vérité, et vraisemblablement on ne me croiroit pas.

Je n'ai point fait mon voyage pour l'écrire; j'avois un autre dessein : ce dessein, je l'ai rempli dans les *Martyrs*. J'allois chercher des images; voilà tout.

Je n'ai pu voir Sparte, Athènes, Jérusalem, sans faire quelques réflexions. Ces réflexions ne pouvoient entrer dans le sujet d'une épopée, elles sont restées sur mon journal de route : je les publie aujourd'hui dans ce que j'appelle *Itinéraire de Paris à Jérusalem*, faute d'avoir trouvé un titre plus convenable à mon sujet.

Je prie donc le lecteur de regarder cet *Itinéraire* moins comme un voyage que comme des Mémoires d'une année de ma vie. Je ne marche point sur les traces des Chardin, des Tavernier, des Chandler, des Mungo Parck, des Humboldt : je n'ai point la prétention d'avoir connu des peuples chez lesquels je n'ai fait que passer. Un moment suffit au peintre de paysage pour crayonner un arbre, prendre une vue, dessiner une ruine : mais des années entières sont trop courtes pour étudier les mœurs des hommes et pour approfondir les sciences et les arts.

Toutefois, je sais respecter le public, et l'on auroit tort de penser que je livre au jour un ouvrage qui ne m'a coûté ni soins, ni recherches, ni travail : on verra que j'ai scrupuleusement rempli mes devoirs d'écrivain. Quand je n'aurois fait que donner une description détaillée des ruines de Lacédémone, découvrir un nouveau tombeau à Mycènes, indiquer les ports de Carthage, je mériterois encore la bienveillance des voyageurs.

J'avois commencé à mettre en latin les deux Mémoires de l'Introduction, destinés à une académie étrangère; il est juste que ma patrie ait la préférence.

Cependant, je dois prévenir le lecteur que cette Introduction est d'une extrême aridité. Elle n'offre qu'une suite de dates et de faits, dépouillés de tout ornement; on peut la passer sans inconvénient, pour éviter l'ennui attaché à ces espèces de tables chronologiques.

Dans un ouvrage du genre de cet *Itinéraire*, j'ai dû souvent passer des réflexions les plus graves aux récits les plus familiers : tantôt m'abandonnant à mes rêveries sur les ruines de la Grèce, tantôt revenant aux soins du voyageur, mon style a suivi nécessairement le mouvement de ma pensée et de ma fortune. Tous les lecteurs ne s'attacheront donc pas aux mêmes endroits : les uns ne chercheront que mes sentiments, les autres n'aimeront que mes aventures; ceux-ci me sauront gré des détails positifs que j'ai donnés sur beaucoup d'objets, ceux-là s'ennuieront de la critique des arts, de l'étude des monuments, des digressions historiques. Au reste, c'est l'homme beaucoup plus que l'auteur que l'on verra partout; je parle éternellement de moi, et j'en parlois en sûreté, puisque je ne comptois point publier ces Mémoires. Mais comme je n'ai rien dans le cœur que je craigne de montrer au dehors, je n'ai rien retranché de mes notes originales. Enfin, j'aurai atteint le but que je me propose si l'on sent d'un bout à l'autre de cet ouvrage une parfaite sincérité. Un voyageur est une espèce d'historien : son devoir est de raconter fidèlement ce qu'il a vu ou ce qu'il a entendu dire; il ne doit rien inventer, mais aussi il ne doit rien omettre; et quelles que soient ses opinions particulières, elles ne doivent jamais l'aveugler au point de taire ou de dénaturer la vérité.

Je n'ai point chargé cet *Itinéraire* de notes; j'ai seulement réuni à la fin de l'ouvrage trois opuscules qui éclaircissent mes propres travaux [1] :

---

[1]. Les longues citations qui se trouvoient insérées dans le texte sont également rejetées, en notes, à la fin de l'*Itinéraire*.

1° L'*Itinéraire latin de Bordeaux à Jérusalem* : il trace le chemin que suivirent depuis les croisés, et c'est pour ainsi dire le premier pèlerinage à Jérusalem : cet *Itinéraire* ne se trouvoit jusque ici que dans les livres connus des seuls savants ;

2° La dissertation de d'Anville sur l'ancienne Jérusalem : dissertation très-rare, et que le savant M. de Sainte-Croix regardoit avec raison comme le chef-d'œuvre de l'auteur ;

3° Un Mémoire inédit sur Tunis.

J'ai reçu beaucoup de marques d'intérêt durant le cours de mon voyage. M. le général Sebastiani, MM. Vial, Fauvel, Drovetti, Saint-Marcel, Caffe, Devoise, etc., trouveront leurs noms cités avec honneur dans cet *Itinéraire* : rien n'est doux comme de publier les services qu'on a reçus.

La même raison m'engage à parler de quelques autres personnes à qui je dois aussi beaucoup de reconnoissance.

M. Boissonade s'est condamné, pour m'obliger, à la chose la plus ennuyeuse et la plus pénible qu'il y ait au monde : il a revu les épreuves des *Martyrs* et de l'*Itinéraire*. J'ai cédé à toutes ses observations, dictées par le goût le plus délicat, par la critique la plus éclairée et la plus saine. Si j'ai admiré sa rare complaisance, il a pu connoître ma docilité.

M. Guizot, qui possède aussi ces connoissances que l'on avoit toujours autrefois avant d'oser prendre la plume, s'est empressé de me donner les renseignements qui pouvoient m'être utiles. J'ai trouvé en lui cette politesse et cette noblesse de caractère qui font aimer et respecter le talent.

Enfin, des savants distingués ont bien voulu éclaircir mes doutes et me faire part de leurs lumières ; j'ai consulté MM. Malte-Brun et Langlès : je ne pouvois mieux m'adresser pour tout ce qui concerne la géographie et les langues anciennes et modernes de l'Orient.

Comme mille raisons peuvent m'arrêter dans la carrière littéraire au point où je suis parvenu, je veux payer ici toutes mes dettes. Des gens de lettres ont mis en vers plusieurs morceaux de mes ouvrages ; j'avoue que je n'ai connu qu'assez tard le grand nombre d'obligations que j'avois aux Muses sous ce rapport. Je ne sais comment, par exemple, une pièce charmante, intitulée le *Voyage du Poëte,* a pu si longtemps m'échapper. L'auteur de ce petit poëme, M. de Saint-Victor, a bien voulu embellir mes descriptions sauvages et répéter sur sa lyre une partie de ma chanson du désert. J'aurois dû l'en remercier plus tôt. Si donc quelques écrivains ont été justement choqués de mon silence quand ils me faisoient l'honneur de perfectionner mes ébauches, ils verront ici la réparation de mes torts. Je n'ai jamais l'intention de blesser personne, encore moins les hommes de talent qui me font jouir d'une partie de leur gloire en empruntant quelque chose à mes écrits. Je ne veux point me brouiller avec les neuf Sœurs, même au moment où je les abandonne. Eh! comment n'aimerois-je pas ces nobles et généreuses immortelles! elles seules ne sont pas devenues mes ennemies lorsque j'ai obtenu quelques succès; elles seules encore, sans s'étonner d'une vaine rumeur, ont opposé leur opinion au déchaînement de la malveillance. Si je ne puis faire vivre Cymodocée, elle aura du moins la gloire d'avoir été chantée par un des plus grands poëtes de nos jours, et par l'homme qui, de l'aveu de tous, juge et apprécie le mieux les ouvrages des autres [1].

Quant aux censeurs qui jusqu'à présent ont parlé de mes ouvrages, plusieurs m'ont traité avec une indulgence dont je conserve la reconnoissance la plus vive : je tâcherai d'ailleurs, dans tous les cas et dans tous les temps, de mériter les éloges, de profiter des critiques, et de pardonner aux injures.

1. M. de Fontanes.

PRÉFACE

DE LA TROISIÈME ÉDITION.

J'ai revu le style de cet *Itinéraire* avec une attention scrupuleuse, et j'ai, selon ma coutume, écouté les conseils de la critique. On a paru désapprouver généralement les citations intercalées dans le texte; je les ai rejetées à la fin de chaque volume : débarrassé de ces richesses étrangères, le récit marchera peut-être avec plus de rapidité.

Dans les deux premières éditions de l'*Itinéraire*, j'avois rappelé, à propode Carthage, un livre italien que je ne connoissois pas. Le vrai titre de ce livre est: *Ragguaglio del Viaggio compendioso di un Dilettante antiquario, sors preso da corsari, condotto in Barberia e felicemente ripatriato; Milano*, 1805. On m'a prêté cet ouvrage : je n'ai pu découvrir distinctement si son auteur, le père Caroni, est de mon opinion touchant la position des ports de Carthage ; cependant, ils sont placés sur la carte du *Ragguaglio* là où je voudrois les placer. Il paroît donc que le père Caroni a suivi, comme moi, le sentiment de M. Humbert, officier du génie hollandois, qui commande à la Goulette. Tout ce que dit d'ailleurs l'antiquaire italien sur les ruines de la patrie d'Annibal est extrêmement intéressant : les lecteurs en achetant le *Ragguaglio* auront le double plaisir de lire un bon ouvrage et de faire une bonne action, car le père Caroni, qui a été esclave à Tunis, veut consacrer le prix de la vente de son livre à la délivrance de ses compagnons d'infortune : c'est mettre noblement à profit la science et le malheur : le *Non ignara mali, miseris succurrere disco,* est particulièrement inspiré par le sol de Carthage.

L'*Itinéraire* semble avoir été reçu du public avec indulgence ; on m'a fait cependant quelques objections auxquelles je me crois obligé de répondre.

On m'a reproché d'avoir pris mal à propos le *Sousoughirli* pour le Granique, et cela uniquement pour avoir le plaisir de faire le portrait d'Alexandre. En vérité, j'aurois pu dire du conquérant macédonien ce qu'en dit Montesquieu : *Parlons-en tout à notre aise.* Les occasions ne me manquoient pas ; et, par exemple, il eût été assez naturel de parler d'Alexandre à propos d'Alexandrie.

Mais comment un critique, qui s'est d'ailleurs exprimé avec décence sur mon ouvrage, a-t-il pu s'imaginer qu'aux risques de faire rire à mes dépens l'Europe savante, j'avois été de mon propre chef trouver le Granique dans le *Sousoughirli?* N'étoit-il pas naturel de penser que je m'appuyois sur de grandes autorités? Ces autorités étoient d'autant plus faciles à découvrir, qu'elles sont indiquées dans le texte. Spon et Tournefort jouissent, comme voyageurs, de l'estime universelle : or, ce sont eux qui sont les coupables, s'il y a des coupables ici. Voici d'abord le passage de Spon :

« Nous continuâmes notre marche le lendemain jusqu'à midi dans cette belle plaine de la Mysie ; puis nous vînmes à de petites collines. Le soir nous passâmes le Granique sur un pont de bois à piles de pierre, quoiqu'on l'eût pu aisément guéer, n'y ayant pas de l'eau jusqu'aux sangles des chevaux. C'est cette rivière que le passage d'Alexandre le Grand a rendue si fameuse, et qui fut le premier théâtre de sa gloire lorsqu'il marchoit contre Darius. Elle est presque à sec en été, mais quelquefois elle se déborde étrangement par les pluies. Son fond n'est que sablon et gravier ; et les Turcs, qui ne sont pas soigneux de tenir les embouchures de rivières nettes, ont laissé presque combler celle du Granique, ce qui empêche qu'elle ne soit navigable. Au village de *Sousoughirli*, qui n'en est qu'à une mousquetade, il y a un grand kan ou kiervansera, c'est-à-dire une hôtellerie à la mode du pays, de quoi M. Tavernier nous donne une longue et exacte description dans ses Voyages d'Asie. . . . .

. . . .

« Ayant quitté le village des Buffles d'eau, car c'est ce que signifie en turc *Sousoughirli,* nous allâmes encore le long du Granique pendant plus d'une heure ; et à six milles de là M. le docteur Pierelin nous fit remarquer de l'autre côté de l'eau, assez loin de notre chemin, les masures d'un château qu'on croit avoir été bâti par Alexandre, après qu'il eut passé la rivière [1]. »

Il est, je pense, assez clair que Spon prend comme moi la rivière du village de *Sousoughirli*, ou des Buffles d'eau, pour le Granique.

Tournefort est encore plus précis :

« Ce Granique, dont on n'oubliera jamais le nom tant qu'on parlera d'Alexandre, coule du sud-est au nord, et ensuite vers le nord-ouest, avant que de tomber dans la mer; ses bords sont fort élevés du côté qui regarde le couchant. Ainsi les troupes de Darius avoient un grand avantage, si elles en avoient su profiter. Cette rivière, si fameuse par la première bataille que le plus grand capitaine de l'antiquité gagna sur ses bords, s'appelle à présent *Sousoughirli*, qui est le nom d'un village où elle passe; et *Sousoughirli* veut dire le *village des Buffles d'eau*. »

Je pourrois joindre à ces autorités celle de Paul Lucas (*Voyage de Turquie en Asie*, liv. II, p. 131); je pourrois renvoyer le critique au grand *Dictionnaire de La Martinière*, au mot *Granique*, t. III, p. 160; à l'*Encyclopédie*, au même mot *Granique*, t. VII, p. 858; enfin, à l'auteur de l'*Examen critique des Historiens d'Alexandre*, p. 239 de la deuxième édition : il verroit dans tous ces ouvrages que le Granique est aujourd'hui le *Sousou* ou le *Samsou*, ou le *Sousoughirli*, c'est-à-dire que La Martinière, les encyclopédistes et le savant M. de Sainte-Croix s'en sont rapportés à l'autorité de Spon, de Wheler, de Paul Lucas et de Tournefort. La même autorité est reconnue dans l'*Abrégé de l'Histoire générale des Voyages*, par La Harpe, t. XXIX, p. 86. Quand un chétif voyageur comme moi a derrière lui des voyageurs tels que Spon, Wheler, Paul Lucas et Tournefort, il est hors d'atteinte, surtout lorsque leur opinion a été adoptée par des savants aussi distingués que ceux que je viens de nommer.

Mais Spon, Wheler, Tournefort, Paul Lucas, sont tombés dans une méprise, et cette méprise a entraîné celle de La Martinière, des encyclopédistes, de M. de Sainte-Croix et de M. de La Harpe. C'est une autre question : ce n'est pas à moi à m'ériger en maître et à relever les erreurs de ces hommes célèbres; il me suffit d'être à l'abri sous leur autorité : je consens à avoir tort avec eux.

Je ne sais si je dois parler d'une autre petite chicane qu'on m'a faite au sujet de *Kirkagach* : j'avois avancé que le nom de cette ville n'existe sur aucune carte; on a répondu que ce nom se trouve sur une carte de l'Anglois Arow-

---

1. *Voyage d'Italie, de Dalmatie, de Grèce et du Levant*, par S. Spon et G. Wheler, t. I, p. 285-86-87, édition de Lyon, 1678.

smith, carte presque inconnue en France : cette querelle ne peut pas être bien sérieuse.

Enfin, on a cru que je me vantois d'avoir découvert le premier les ruines de Sparte. Ceci m'humilie un peu, car il est clair qu'on a pris à la lettre le conseil que je donne dans la Préface de ma première édition, de ne point lire l'*Introduction à l'Itinéraire* : mais pourtant il restoit assez de choses sur ce sujet dans le corps même de l'ouvrage pour prouver aux critiques que je ne me vantois de rien. Je cite dans l'*Introduction* et dans l'*Itinéraire* tous les voyageurs qui ont vu Sparte avant moi ou qui ont parlé de ses ruines : Giambetti, en 1465; Giraud et Vernon, en 1676; Fourmont, en 1726; Leroy, en 1758; Riedsel, en 1773; Villoison et Fauvel, vers l'an 1780; Scrofani, en 1794, et Pouqueville, en 1798. Qu'on lise dans l'*Itinéraire* les pages où je traite des diverses opinions touchant les ruines de Sparte, et l'on verra s'il est possible de parler de soi-même avec moins de prétention. Comme il m'a paru néanmoins que quelques phrases relatives à mes très-foibles travaux n'étoient pas assez modestes, je me suis empressé de les supprimer ou de les adoucir dans cette troisième édition [1].

Cette bonne foi, à laquelle j'attache un grand prix, se fait sentir, du moins je l'espère, d'un bout à l'autre de mon voyage. Je pourrois citer en faveur de la sincérité de mes récits plusieurs témoignages d'un grand poids, mais je me contenterai de mettre sous les yeux du lecteur une preuve tout à fait inattendue de la conscience avec laquelle l'*Itinéraire* est écrit : j'avoue que cette preuve m'est extrêmement agréable.

S'il y a quelque chose qui puisse paroître singulier dans ma relation, c'est

---

1. Au reste, je ne sais pourquoi je m'attache si sérieusement à me justifier sur quelques points d'érudition : il est très-bon sans doute que je ne me sois pas trompé, mais, quand cela me seroit arrivé, on n'auroit encore rien à me dire : j'ai déclaré que je n'avois aucune prétention, ni comme savant, ni même comme voyageur. Mon *Itinéraire* est la course rapide d'un homme qui va voir le ciel, la terre et l'eau, et qui revient à ses foyers avec quelques images nouvelles dans la tête et quelques sentiments de plus dans le cœur : qu'on lise attentivement ma première préface, et qu'on ne me demande pas ce que je n'ai pu ni voulu donner. Après tout, cependant, je réponds de l'exactitude des faits. J'ai peut-être commis quelques erreurs de mémoire, mais je crois pouvoir dire que je ne suis tombé dans aucune faute essentielle. Voici, par exemple, une inadvertance assez singulière qu'on veut bien me faire connoître à l'instant : en parlant de l'épisode d'Herminie et du vieillard dans la *Jérusalem délivrée*, je prouve que la scène doit être placée au bord du Jourdain, mais j'ajoute que le poëte ne le dit pas ; et cependant le poëte dit formellement

Giunse (*Erminia*) del bel *Giordano* a' le chiare acque.

sans doute la rencontre que je fis du père Clément à Bethléem. Lorsqu'au retour de mon voyage on imprima dans le *Mercure* un ou deux fragments de l'*Itinéraire*, les critiques, en louant beaucoup trop mon style, eurent l'air de penser que mon imagination avoit fait tous les frais de l'histoire du père Clément. La lettre suivante fera voir si ce soupçon étoit bien fondé. La personne qui me fait l'honneur de m'écrire m'est tout à fait inconnue :

A MONSIEUR

MONSIEUR DE CHATEAUBRIAND,

AUTEUR DES MARTYRS
ET DE L'ITINÉRAIRE DE PARIS A JÉRUSALEM ET DE JÉRUSALEM A PARIS.

A PARIS.

Au Péraï, 20 juin.

« En lisant votre *Voyage de Paris à Jérusalem*, monsieur, j'ai vu avec une augmentation d'intérêt la rencontre que vous avez faite du père Clément à Bethléem. Je le connois beaucoup : il a été mon aumônier avant la révolution. J'ai été en correspondance avec lui pendant son séjour en Portugal, et il m'annonça son voyage à la Terre Sainte. J'ai été extrêmement touchée de l'idée qu'il a été oublié dans sa patrie ; mon mari et moi avons conservé pour lui toute la considération que méritent ses vertus et sa piété. Nous serions enchantés qu'il voulût revenir demeurer avec nous ; nous lui offrons le même sort qu'il avoit autrefois, et de plus la certitude de ne jamais nous quitter. Je croirois amener la bénédiction sur ma maison, si je le décidois à y rentrer. Il auroit la plus parfaite liberté pour tous ses exercices de piété ; il nous connoît, nous n'avons point changé. J'aurois le bonheur d'avoir tous les jours la messe d'un saint homme. Je voudrois, monsieur, lui faire toutes mes propositions, mais j'ignore comment les lui faire passer. Oserai-je vous demander si vous n'auriez pas conservé quelque relation dans ce pays, ou si vous connoîtriez quelque moyen de lui faire passer ma lettre ? Connoissant vos principes religieux, monsieur, j'espère que vous me pardonnerez, si je suis indiscrète, en faveur du motif qui me conduit.

« J'ai l'honneur d'être, monsieur, votre très-humble et obéissante servante,

« BELIN DE NAN. »

« A Madame de Nan, en son château du Péraï, près Vaas, par Château-du-Loir, département de la Sarthe. »

J'ai répondu à Mme Belin de Nan, et, par une seconde lettre, elle m'a permis d'imprimer celle que je donne ici. J'ai écrit aussi au père Clément à Bethléem, pour lui faire part des propositions de Mme Belin.

Enfin, j'ai eu le bonheur de recevoir sous mon toit quelques-unes des personnes qui m'ont donné si généreusement l'hospitalité pendant mon voyage, en particulier M. Devoise, consul de France à Tunis : ce fut lui qui me recueillit à mon arrivée d'Égypte. Mais j'ai de la peine à me consoler de n'avoir pas rencontré un des pères de Terre Sainte, qui a passé à Paris et qui m'a demandé plusieurs fois. J'ai lieu de croire que c'étoit le père Munos : j'aurois tâché de le recevoir avec un cœur *limpido e bianco*, comme il me reçut à Jaffa, et je lui aurois demandé à mon tour :

Sed tibi qui cursum venti, quæ fata dedere?

J'oubliois de dire que j'ai reçu, trop tard pour en faire usage, des renseignements sur quelques nouveaux voyageurs en Grèce, dont les journaux ont annoncé le retour ; j'ai lu aussi, à la suite d'un ouvrage traduit de l'allemand, sur l'Espagne moderne, un excellent morceau intitulé les *Espagnols du XIVe siècle*. J'ai trouvé dans ce précis des choses extrêmement curieuses sur l'expédition des Catalans en Grèce et sur le duché d'Athènes, où régnoit alors un prince françois de la maison de Brienne. Montaner, compagnon d'armes des héros catalans, écrivit lui-même l'histoire de leur conquête. Je ne connois point son ouvrage, cité souvent par l'auteur allemand : il m'auroit été très-utile pour corriger quelques erreurs ou pour ajouter quelques faits à l'Introduction de l'*Itinéraire*.

PRÉFACE

DE L'ÉDITION DE 1827.

Lorsqu'en 1806 j'entrepris le voyage d'outre-mer, Jérusalem étoit presque oubliée; un siècle antireligieux avoit perdu mémoire du berceau de la religion : comme il n'y avoit plus de chevaliers, il sembloit qu'il n'y eût plus de Palestine.

Le dernier voyageur dans le Levant, M. le comte de Volney, avoit donné au public d'excellents renseignements sur la Syrie, mais il s'étoit borné à des détails généraux sur le gouvernement de la Judée. De ce concours de circonstances il résultoit que Jérusalem, d'ailleurs si près de nous, paroissoit être au bout du monde : l'imagination se plaisoit à semer des obstacles et des périls sur les avenues de la cité sainte. Je tentai l'aventure, et il m'arriva ce qui arrive à quiconque marche sur l'objet de sa frayeur : le fantôme s'évanouit. Je fis le tour de la Méditerranée sans accidents graves, retrouvant Sparte, passant à Athènes, saluant Jérusalem, admirant Alexandrie, signalant Carthage, et me reposant du spectacle de tant de ruines dans les ruines de l'Alhambra.

J'ai donc eu le très-petit mérite d'ouvrir la carrière et le très-grand plaisir de voir qu'elle a été suivie après moi. En effet, mon *Itinéraire* fut à peine publié qu'il servit de guide à une foule de voyageurs. Rien ne le recommande au public que son exactitude; c'est le livre de poste des ruines : j'y marque scrupuleusement les chemins, les habitacles et les stations de la gloire. Plus de quinze cents Anglois ont visité Athènes dans ces dernières années; et lady Stanhope, en Syrie, a renouvelé l'histoire des princesses d'Antioche et de Tripoli.

Quand je n'aurois eu en allant en Grèce et en Palestine que le bonheur de tracer la route aux talents qui devoient nous faire connoître ces pays des beaux et grands souvenirs, je me féliciterois encore de mon entreprise. On a vu à Paris les *Panoramas* de Jérusalem et d'Athènes; l'illusion étoit complète; je reconnus au premier coup d'œil les monuments et les lieux que j'avois indiqués. Jamais voyageur ne fut mis à si rude épreuve : je ne pouvois pas m'attendre qu'on transportât Jérusalem et Athènes à Paris pour me convaincre de mensonge ou de vérité. La confrontation avec les témoins m'a été favorable : mon exactitude s'est trouvée telle, que des fragments de l'*Itinéraire* ont servi de programme et d'explication populaires aux tableaux des *Panoramas*.

L'*Itinéraire* a pris par les événements du jour un intérêt d'une espèce nouvelle : il est devenu, pour ainsi dire, un ouvrage de circonstance, une carte topographique du théâtre de cette guerre sacrée sur laquelle tous les peuples ont aujourd'hui les yeux attachés. Il s'agit de savoir si Sparte et Athènes renaîtront, ou si elles resteront à jamais ensevelies dans leur poussière. Malheur au siècle, témoin passif d'une lutte héroïque, qui croiroit qu'on peut, sans périls comme sans pénétration de l'avenir, laisser immoler une nation ! Cette faute, ou plutôt ce crime, seroit tôt ou tard suivi du plus rude châtiment.

Il n'est pas vrai que le droit politique soit toujours séparé du droit naturel : il y a des crimes qui, en troublant l'ordre moral, troublent l'ordre social, et motivent l'intervention politique. Quand l'Angleterre prit les armes contre la France en 1793, quelle raison donna-t-elle de sa détermination ? Elle déclara qu'elle ne pouvoit plus être en paix avec un pays où la propriété étoit violée, où les citoyens étoient bannis, où les prêtres étoient proscrits, où toute les lois qui protègent l'humanité et la justice étoient abolies. Et l'on soutiendroit aujourd'hui qu'il n'y a ni massacre, ni exil, ni expropriation en Grèce ! On prétendroit qu'il est permis d'assister paisiblement à l'égorgement de quelques millions de chrétiens !

Des esprits détestables et bornés, qui s'imaginent qu'une injustice, par cela seul qu'elle est consommée, n'a aucune conséquence funeste, sont la peste des États. Quel fut le premier reproche adressé pour l'extérieur, en 1789, au gouvernement monarchique de la France ? Ce fut d'avoir souffert le partage de la Pologne. Ce partage, en faisant tomber la barrière qui séparoit le nord et l'orient du midi et de l'occident de l'Europe, a ouvert le chemin aux armées qui tour à tour ont occupé Vienne, Berlin, Moscou et Paris.

Une politique immorale s'applaudit d'un succès passager : elle se croit fine, adroite, habile ; elle écoute avec un mépris ironique le cri de la conscience et les conseils de la probité. Mais, tandis qu'elle marche et qu'elle se dit triomphante, elle se sent tout à coup arrêtée par les voiles dans lesquels elle s'enveloppoit ; elle tourne la tête et se trouve face à face avec une révolution vengeresse qui l'a silencieusement suivie. Vous ne voulez pas serrer la main suppliante de la Grèce ? Eh bien ! sa main mourante vous marquera d'une tache de sang, afin que l'avenir vous reconnoisse et vous punisse.

PRÉFACE.

Lorsque je parcourus la Grèce, elle étoit triste, mais paisible : le silence de la servitude régnoit sur ses monuments détruits; la liberté n'avoit point encore fait entendre le cri de sa renaissance du fond du tombeau d'Harmodius et d'Aristogiton, et les hurlements des esclaves noirs de l'Abyssinie n'avoient point répondu à ce cri. Le jour je n'entendois, dans mes longues marches, que la longue chanson de mon pauvre guide; la nuit je dormois tranquillement à l'abri de quelques lauriers-roses, au bord de l'Eurotas. Les ruines de Sparte se taisoient autour de moi; la gloire même étoit muette : épuisé par les chaleurs de l'été, l'Eurotas versoit à peine un peu d'eau pure entre ses deux rivages, comme pour laisser plus d'espace au sang qui alloit bientôt remplir son lit. Modon, où je foulai pour la première fois la terre sacrée des Hellènes, n'étoit pas l'arsenal des hordes d'Ibrahim; Navarin ne rappeloit que Nestor et Pylos; Tripolizza, où je reçus les firmans pour passer l'isthme de Corinthe, n'étoit pas un amas de décombres noircis par les flammes, et dans lesquels tremble une garnison de bourreaux mahométans, disciplinée par des renégats chrétiens. Athènes étoit un joli village, qui mêloit les arbres verts de ses jardins aux colonnes du Parthénon. Les restes des sculptures de Phidias n'avoient point encore été entassés pour servir d'abri à un peuple redevenu digne de camper dans ces remparts immortels. Et où sont mes hôtes de Mégare? Ont-ils été massacrés? Des vaisseaux chrétiens ont-ils transporté leurs enfants aux marchés d'Alexandrie? Des bâtiments de guerre construits à Marseille pour le pacha d'Égypte, contre les vrais principes de la neutralité[1], ont-ils escorté ces convois de chair humaine

---

1. Il y a deux sortes de neutralité : l'une qui défend tout, l'autre qui permet tout.

La neutralité qui défend tout peut avoir des inconvénients : elle peut en certains cas manquer de générosité, mais elle est strictement juste.

La neutralité qui permet tout est une neutralité marchande, vénale, intéressée : quand les parties belligérantes sont inégales en puissance, cette neutralité, véritable dérision, est une hostilité pour la partie foible, comme elle est une connivence avec la partie forte. Mieux vaudroit se joindre franchement à l'oppresseur contre l'opprimé, car du moins on n'ajouteroit pas l'hypocrisie à l'injustice.

Vous laissez le pacha d'Égypte bâtir des vaisseaux dans vos ports, vous lui fournissez tous les moyens qui sont en votre pouvoir pour achever ses expéditions, et vous dites que les Grecs peuvent en faire autant! Le pacha d'Égypte peut vous payer les moyens de destruction qu'il vous achète : son fils ravage la Morée. Les Grecs ont-ils pour faire bâtir des vaisseaux l'or que les Arabes d'Ibrahim leur ont ravi? Les enfants de ces Grecs ne sont-ils pas élevés dans vos cités par la piété publique à laquelle vous ne voulez prendre aucune part? Cessez donc de nous dire que les Grecs peuvent aussi faire construire des vaisseaux dans vos ports! Ne venez pas, en insultant la raison et l'humanité, appeler du nom de neutralité une alliance abominable!

vivante, ou ces cargaisons de mutilations triomphales qui vont décorer les portes du sérail?

Chose déplorable! j'ai cru peindre la désolation en peignant les ruines d'Argos, de Mycènes, de Lacédémone; et si l'on compare mes récits à ceux qui nous viennent aujourd'hui de la Morée, il semble que j'aie voyagé en Grèce au temps de sa prospérité et de sa splendeur!

J'ai pensé qu'il étoit utile pour la cause des Grecs de joindre à cette nouvelle préface de l'*Itinéraire* ma *Note sur la Grèce,* mon *Opinion* à la chambre des pairs à l'appui de mon amendement sur le projet de loi pour la répression des délits commis dans les échelles du Levant, et même la page du discours que j'ai lu à l'Académie, page où j'exprimois mon admiration pour les anciens comme pour les nouveaux Hellènes. On trouvera ainsi réuni tout ce que j'ai jamais écrit sur la Grèce, en exceptant toutefois quelques livres des *Martyrs.*

J'ai offert dans la *Note* un moyen simple et facile d'émanciper les Grecs, et j'ai plaidé leur cause auprès des souverains de l'Europe; par l'*amendement,* je me suis adressé au premier corps politique de la France, et ce noble tribunal a prononcé une magnanime sentence en faveur de mes illustres clients.

La *Note* présente la Grèce telle que des barbares la font aujourd'hui, l'*Itinéraire* la montre telle que d'autres barbares l'avoient faite autrefois. La *Note,* indépendamment de son côté politique, est donc une espèce de complément de l'*Itinéraire.* Si la nouvelle édition de cet ouvrage tombe jamais entre les mains des Hellènes, ils verront du moins que je n'ai pas été ingrat : l'*Itinéraire* fait foi de l'hospitalité qu'ils m'ont donnée; la *Note* témoigne de la reconnoissance que j'ai gardée de cette hospitalité.

Au surplus, on pourra remarquer que j'ai jugé les Turcs dans l'*Itinéraire* comme je les juge dans la *Note,* bien qu'un espace de vingt années sépare les époques où ces deux ouvrages ont été écrits.

Les affaires de la Grèce se présentoient naturellement à mon esprit en m'occupant de la réimpression de l'*Itinéraire :* j'aurois cru commettre un sacrilége de les passer sous silence dans cette préface. Il ne faut point se lasser de réclamer les droits de l'humanité : je ne regrette que de manquer de cette voix puissante qui soulève une indignation généreuse au fond des cœurs, et qui fait de l'opinion une barrière insurmontable aux desseins de l'iniquité.

NOTE

SUR LA GRÈCE

AVERTISSEMENT.

Ce n'est point un livre, pas même une brochure, qu'on publie[1] : c'est, sous une forme particulière, le prospectus d'une souscription, et voilà pourquoi il est signé; c'est un remercîment et une prière qu'un membre de la Société en faveur des Grecs adresse à la pitié nationale ; il remercie des dons accordés, il prie d'en apporter de nouveaux; il élève la voix au moment de la crise de la Grèce; et comme pour sauver ce pays les secours de la générosité des particuliers ne suffiroient peut-être pas, il cherche à procurer à une cause sacrée de plus puissants auxiliaires.

1. La première édition de la *Note sur la Grèce* n'étoit en effet qu'une sorte de prospectus du comité grec, dont l'auteur étoit membre : mais les événements qui ont suivi cette première publication l'ont engagé à ajouter un avant-propos à la seconde édition et une préface à la troisième. (*Note de l'Éditeur.*)

AVANT-PROPOS

DE LA

DEUXIÈME ÉDITION DE LA NOTE SUR LA GRÈCE.

PREMIÈRE PARTIE.

Les personnages du drame qui depuis trente ans se joue sous nos yeux se retirent. Les acteurs populaires ont descendu les premiers dans les tombeaux qu'ils avoient placés sur la scène ; ils ont emporté avec eux quelques têtes couronnées ; d'autres potentats, en plus grand nombre, les ont suivis, Louis XVI, Louis XVII, Gustave III, Pie VI, Léopold II, Pie VII, Catherine II, Sélim III, Charles III d'Espagne, Ferdinand Ier de Sicile, Georges III, Louis XVIII, le roi de Bavière, Alexandre, et ce Buonaparte, unique dans sa dynastie, solitaire dans la vie et dans la mort, ce Buonaparte qu'on ne sait ni comment admettre au nombre des rois ni comment retrancher de ce nombre ; tous ces souverains ont disparu. En face des antiques monarchies qui perdent tour à tour leurs vieux chefs s'élèvent des républiques nouvelles, qui dans toute la vigueur de la jeunesse, semblent se promettre la terre par droit de déshérence.

Des hommes importants qui marquèrent dans la fondation d'un nouveau système ont pris la file, et sont arrivés de même au rendez-vous général : Pitt et Fox, Richelieu et Castlereagh, se sont hâtés ; d'autres ne tarderont pas à les rejoindre.

Ce grand mouvement, qui tout entraîne, rend bien petites les ambitions, les intrigues et les choses du jour. Buonaparte meurt au bout du monde, sur un rocher, au milieu de l'Océan ; et Alexandre revient dans son cercueil chercher un tombeau par ces chemins de la Crimée qui virent le voyage triomphant de son aïeule. Ainsi Dieu se joue de la puissance humaine et annonce par des signes éclatants les révolutions que ses conseils vont opérer dans les destinées des peuples.

Une nouvelle époque politique commence : le temps qui a appartenu à la restauration proprement dite finit, et nous entrons dans une ère inconnue. Où est l'ouvrage de nos dix années de paix? Qu'avons-nous fondé ou qu'avons-nous détruit? Si nous n'avons rien fait au milieu du profond calme de l'Europe, que ferons-nous au milieu de l'Europe peut-être agitée? Quand les événements du dehors viendront se compliquer avec les misères du dedans, où irons-nous?

La consternation de cinquante millions d'hommes annonce mieux qu'on ne pourroit le dire tout ce que la Russie a perdu en perdant Alexandre. Une famille auguste en larmes; une épouse à qui sa mort coûtera peut-être la vie; l'héritier d'un empire qui, oubliant cet immense et glorieux héritage, s'enferme deux jours pour pleurer, et dont la puissance n'est annoncée que par le serment de la plus noble fidélité fraternelle; l'idole d'un peuple religieux et sensible, une vénérable mère plongée dans une affliction d'autant plus cruelle qu'une fausse espérance étoit venue se mêler à ses craintes, et que c'est au pied des autels où cette mère remercioit Dieu d'avoir sauvé son fils que ses actions de grâces se sont changées en cris de douleur : tous ces signes non équivoques d'un deuil profond et véritable sont une éloquente oraison funèbre.

L'Europe a partagé ce deuil; elle a pleuré celui qui mit un terme à des ravages effroyables, à des bouleversements sans nombre, à l'effusion du sang humain, à une guerre de vingt-deux années; elle a pleuré celui qui le premier releva parmi nous le trône légitime et servit à nous rendre, avec les fils de saint Louis, l'ordre, la paix et la liberté.

L'empereur Alexandre, qui avoit senti les abus de la force, avoit cherché la gloire dans la modération. Il sera toujours beau au maître absolu d'un million de soldats de les avoir retenus sous la tente. Né avec les sentiments les plus nobles, religieux et tolérant, incliné aux libertés publiques, ayant affranchi en partie les serfs de sa couronne; magnanime en 1814, lorsqu'il sauva Paris après avoir vu brûler Moscou, lorsqu'il ne voulut pour fruit de ses succès que le bonheur d'applaudir à nos institutions naissantes; généreux en 1817, lorsqu'il repoussa toute idée d'affoiblir la France, lorsqu'il ne demanda rien au moment même où il étoit obligé de contracter des emprunts, au moment où tant de puissances profitoient de nos malheurs, Alexandre avoit fait violence à son penchant naturel en s'arrêtant devant l'indépendance de la Grèce, et il ne s'arrêta que dans la seule crainte de troubler le repos du monde. Que d'autres eussent de lui cette frayeur, rien de plus simple sans doute : mais qu'il eût cette crainte de lui-même, certes elle ne pouvoit sortir que d'une délicatesse de conscience, que d'un fonds de justice et de grandeur d'âme peu commune.

Qu'il soit permis à l'auteur de la *Note* de donner des regrets à un prince qui rehaussoit les qualités les plus rares par cette bonté de cœur, ces mœurs sans faste, cette simplicité si admirable dans la puissance ; qu'il soit permis à un homme peu accoutumé à la faveur et au langage des cours de manifester ses sentiments pour un prince qui lui avoit témoigné, et par ses lettres et par ses paroles, la confiance la plus honorable, pour un prince qui l'avoit comblé des marques publiques de son estime, pour un prince auquel il ne peut payer ici que le tribut d'une stérile et douloureuse reconnoissance : du moins aujourd'hui on ne pourra soupçonner cette reconnoissance d'être dictée par l'ambition ou par la flatterie.

Cependant on ne peut se dissimuler que la politique suivie par la Russie à l'égard des Hellènes ne fût contraire à l'opinion religieuse, populaire et militaire du pays. Quels que fussent les événements de la Morée, on en rendoit toujours le cabinet de Pétersbourg responsable : si la Grèce triomphoit, les Russes demandoient pourquoi ils n'avoient pas pris part à la victoire ; si la Grèce éprouvoit des revers, les Russes s'irritoient de n'avoir pas empêché la défaite. Leur orgueil national avoit vu avec peine les négociations de leur gouvernement confiées, à Constantinople, à un diplomate étranger ; ils trouvoient leur rôle au-dessous de leur puissance : il n'y avoit que leur confiance sans bornes dans les lumières de leur souverain, leur respect, leur vénération pour un monarque digne de tous les hommages, qui les rassurât sur le parti qu'on avoit adopté. Mais Alexandre lui-même commençoit à nourrir des doutes ; et les ennemis des Grecs, qui s'étoient aperçus de cette disposition nouvelle, pressoient par cette raison même l'extermination d'un peuple infortuné : ils craignoient le réveil d'un prince dont les vertus sembloient tenir à la fois de celle du juste et du grand homme.

Une importante question s'étoit élevée en 1823, au moment de l'expédition d'Espagne : non-seulement cette question fut traitée par les voies ordinaires de la diplomatie, mais elle le fut encore par une correspondance particulière entre l'auteur de la *Note*, alors ministre, et un de ses illustres amis dans une des grandes cours de l'Europe. Un jour il ne sera peut-être pas sans avantage pour l'étude de la société de savoir comment deux hommes dont les positions et les destinées avoient quelque analogie à cette époque ont débattu entre eux les intérêts généraux du monde et les intérêts essentiels de leurs pays, dans des confidences fondées sur une estime réciproque.

Aujourd'hui que l'auteur de la *Note* est privé des renseignements et de l'autorité que donne une place active, ces facilités d'être utile lui manquent : il ne peut servir une cause sacrée que par le moyen de la presse, moyen borné sous le rapport diplomatique, puisqu'il est évident que, ne pouvant ni ne devant tout dire au public, beaucoup de choses restent dans l'ombre par l'impossibilité même où l'on est de les expliquer.

Si l'on a été bien instruit, l'idée d'une dépêche collective ou de dépêches simultanées en faveur des Grecs, adressées par les puissances chrétiennes au divan (cette idée développée dans la *Note*), auroit été prise en considération avant la mort de l'empereur Alexandre, sinon officiellement, du moins comme matière de controverse générale. Mais une objection auroit été faite par les politiques d'une cour principale.

« On ne peut pas, auroient-ils dit, demander au divan la séparation de la Grèce sans appuyer cette demande d'une menace en cas de refus. Or, toute intervention avec menace est contraire aux principes du droit politique. D'un autre côté, toute dépêche comminatoire qui demeureroit sans effet seroit puérile ; et toute dépêche comminatoire suivie d'un effet produiroit la guerre : donc une pareille dépêche est inadmissible, puisqu'une guerre avec la Turquie pourroit ébranler l'Europe. »

Le raisonnement seroit juste, s'il étoit applicable au projet exposé dans la *Note*. Mais la *Note* ne demande point de dépêche menaçante ; elle ne place point la Porte dans la nécessité d'obéir ou de se battre ; elle désire qu'on dise simplement à la cour ottomane : « Reconnoissez l'indépendance de la Grèce, ou avec des conditions ou sans conditions : si vous ne voulez pas prendre ce parti, nous serons forcés nous-mêmes de reconnoître cette indépendance pour le bien de l'humanité en général, pour la paix de l'Europe en particulier, pour les intérêts du commerce. »

A ces motifs on pourroit ajouter aujourd'hui qu'il ne convient pas à la sûreté des puissances chrétiennes que des forces soient transportées chaque jour de l'Afrique et de l'Asie en Europe ; qu'il ne convient pas à ces puissances que la Morée devienne un camp retranché où l'on exerce au maniement des armes de nombreux soldats ; qu'il ne leur convient pas que le pacha d'Égypte se place avec toutes les populations blanches et noires du Nil aux avant-postes de la Turquie, menaçant ainsi ou la chrétienté ou Constantinople même.

Le pacha d'Égypte domine en Chypre, il est maître de Candie ; il étend sa puissance en Syrie, il cherche à enrôler et à discipliner les peuplades guerrières du Liban ; il fait des conquêtes dans l'Abyssinie et s'avance en Arabie jusqu'aux environs de La Mecque ; il a des trésors et des vaisseaux ; il influe sur les régences barbaresques. Le voilà en Morée, il peut demander l'empire avant que le sultan lui demande sa tête. On ne remarque pas ces progrès pourtant fort remarquables. Si une nation civilisée précipitoit toutes ses armées sur un point de son territoire, l'Europe, justement inquiétée, lui demanderoit compte de cette résolution : n'est-il pas étrange que l'on voie l'Afrique, l'Asie et l'Europe mahométane, verser incessamment leurs hordes dans la Grèce, sans que l'on craigne les effets plus ou moins éloignés d'un pareil mouvement! Une poignée de chrétiens qui s'efforcent de briser le joug odieux sont accusés par des chrétiens d'attenter au repos du monde ; et l'on voit sans effroi s'agiter, s'agglomérer, se discipliner ces milliers de barbares qui pénétrèrent jadis jusqu'au milieu de la France, jusqu'aux portes de Vienne!

On fait plus que de rester tranquille, on prête à ces nations ennemies les moyens d'arriver plus promptement à leur but. La postérité pourra-t-elle [1] jamais croire que le monde chrétien, à l'époque de sa plus grande civilisation, a laissé des vaisseaux sous pavillon chrétien transporter des hordes de mahométans des ports de l'Afrique à ceux de l'Europe pour égorger des chrétiens? Une flotte de plus de cent navires, manœuvrés par de prétendus disciples de l'Évangile, vient de traverser la Méditerranée, amenant à Ibrahim les disciples du Coran qui vont achever de ravager la Morée. Nos pères, que nous appelons barbares, saint Louis, quand il alloit chercher les infidèles jusque dans leurs foyers, prêtoient-ils leurs galères aux Maures pour envahir de nouveau l'Espagne?

L'Europe y songe-t-elle bien? On enseigne aux Turcs à se battre régulièrement. Les Turcs, sous un gouvernement despotique, peuvent faire marcher toutes leurs populations : si ces populations armées se forment en bataillons, s'accoutument à la manœuvre, obéissent à leurs chefs ; si elles ont de l'artillerie bien servie ; en un mot, si elles apprennent la tactique européenne, on aura rendu possible une nouvelle invasion des barbares, à laquelle on ne croyoit plus. Qu'on se souvienne (si l'expérience et l'histoire servent aujourd'hui à quelque chose), qu'on se souvienne que les Mahomet et les Soliman

---

1. Le comité grec ayant désiré faire connoître par la voie de la presse périodique une lettre de Canaris à son fils, et une lettre d'un Grec de Napoli de Romanie, l'auteur de la *Note* fit insérer ces lettres dans le *Journal des Débats*, en y mettant pour introduction ce paragraphe et quelques autres de l'avant-propos.

n'obtinrent leurs premiers succès que parce que l'art militaire étoit, à l'époque où ils parurent, plus avancé chez les Turcs que chez les chrétiens.

Non-seulement on fait l'éducation des soldats de la secte la plus fanatique et la plus brutale qui ait jamais pesé sur la race humaine, mais on les approche de nous. C'est nous, chrétiens, c'est nous qui prêtons des barques aux Arabes et aux nègres de l'Abyssinie pour envahir la chrétienté, comme les derniers empereurs romains transportèrent les Goths des rives du Danube dans le cœur même de l'empire.

C'est en Morée, à la porte de l'Italie et de la France, que l'on établit ce camp d'instruction et de manœuvres; c'est contre des adorateurs de la Croix qu'on leur livre que les conscrits du turban vont apprendre à faire l'exercice à feu. Établie sur les ruines de la Grèce antique et sur les cadavres de la Grèce chrétienne, la barbarie enrégimentée menacera la civilisation. On verra ce que sera la Morée lorsque, appuyée sur les Turcs de l'Albanie, de l'Épire et de la Macédoine, elle sera devenue, selon l'expression énergique d'un Grec, une nouvelle régence barbaresque. Les Turcs sont braves, et ils ont derrière eux, sur le champ de bataille, le paradis de Mahomet. Le ciel nous préserve de l'esclavage en guêtres et en uniforme et de la fatalité disciplinée!

Et cette nouvelle régence barbaresque, n'en prenons-nous pas un soin tout particulier? Nous lui laissons bâtir des vaisseaux à Marseille; on assure même, ce que nous ne voulons pas croire, qu'on lui cède pour ses constructions des bois de nos chantiers maritimes. D'un autre côté, elle achète aussi des vaisseaux à Londres; elle aura des bateaux à vapeur, des canons à vapeur, et le reste. Les Turcs ont conservé toute la vigueur de leur férocité native; on y ajoutera toute la science de l'art perfectionné de la guerre. Vit-on jamais combinaison de choses plus formidable et plus menaçante?

Qu'on revienne, il est temps encore, à une politique plus généreuse et en même temps plus prévoyante et plus sage. Il n'est donc question, ainsi qu'on l'a dit dans la *Note*, que d'agir envers la Grèce de la même manière que l'Angleterre a cru devoir agir envers les colonies espagnoles. Elle a traité commercialement ou politiquement avec ces colonies comme États indépendants, et elle n'a point laissé entrevoir qu'elle feroit la guerre à l'Espagne, et elle n'a point fait la guerre à l'Espagne.

Mais le divan, objectera-t-on, ne prendroit pas les choses si bénignement: en vain on éviteroit le ton menaçant en lui déclarant la résolution des alliés relative à l'indépendance de la Grèce : ce téméraire conseil seroit capable de dénoncer lui-même les hostilités contre les puissances qui lui présenteroient une pareille déclaration.

Le divan sans doute est passionné, mais, quand on raisonne, on ne peut pas admettre comme une objection solide la supposition d'une folie. Quiconque a pratiqué les Turcs et étudié leurs mœurs sait que l'abattement de la Porte égale sa jactance aussitôt qu'elle est sérieusement pressée. D'imaginer que la Porte déclareroit la guerre à l'Europe chrétienne, si toute l'Europe demandoit ou reconnoissoit l'indépendance de la Grèce, ce seroit vouloir s'épouvanter d'une chimère. Quand on voit le divan alarmé à la seule annonce de l'équipement de trois bateaux à vapeur que devoit monter lord Cochrane, on peut juger s'il seroit désireux de lutter avec les flottes combinées de l'Angleterre, de la France, de la Russie, de l'Autriche et de la Grèce.

Mais la simple reconnoissance de l'indépendance des Grecs par les puissances chrétiennes suffiroit-elle pour leur assurer cette indépendance? N'en auroient-ils pas moins à soutenir les efforts de toute la Turquie?

Sans doute, mais le gouvernement de la Grèce, reconnu par les puissances alliées, prendroit une force insurmontable à ses ennemis. Ce gouvernement, entouré des résidents des diverses cours, pouvant communiquer avec les États réguliers, trouveroit facilement à négocier des emprunts : avec de l'argent il auroit des flottes et des soldats. Les vaisseaux chrétiens n'oseroient plus servir de transport aux barbares, et le découragement, qui ne tarderoit pas à s'emparer des Turcs, auroit bientôt forcé le divan à ces trêves successives par où l'orgueil musulman consent à s'abaisser et aime à descendre jusqu'à la paix.

Quelles que soient les tentatives que la bienveillance ait pu faire ou pourra faire en faveur de la Grèce à Constantinople, on ne peut guère espérer de succès tant qu'on ne viendra pas à la déclaration que la *Note* propose, ou à toute autre mesure décisive. Recommander l'humanité à des Turcs, les prendre par les beaux sentiments, leur expliquer le droit des gens, leur parler de hospodarats, de trêves, de négociations, sans rien leur intimer et sans rien conclure, c'est peine perdue, temps mal employé. Un mot franchement articulé finiroit tout. Si la Grèce périt, c'est qu'on veut la laisser périr : il ne faut pour la sauver que l'expédition d'un courrier à Constantinople.

La conséquence de l'extermination des Hellènes seroit grave pour le monde civilisé. On veut, répète-t-on, éviter une commotion militaire en Europe. Encore une fois, cette commotion n'auroit pas lieu, si l'on consentoit à délivrer les Grecs par le moyen proposé : mais, d'ailleurs, qu'on ne s'y trompe pas : du succès même des Turcs dans la Morée sortiroient des guerres sanglantes. Toutes les puissances sont jusqu'à présent dans une fausse position relativement à la Grèce : supposez la destruction des Hellènes consommée, alors s'élèveroient de toutes parts les plaintes de l'opinion. Le massacre de toute une nation chrétienne civilisée, opéré sous les yeux de la chrétienté civilisée, ne resteroit pas impuni : le sang chrétien retomberoit sur ceux qui l'auroient laissé répandre. On se souviendroit que la chrétienté non-seulement auroit été forcée d'assister au spectacle de ce grand martyre, mais qu'elle auroit encore vendu ou prêté ses vaisseaux pour transporter les bourreaux et les bêtes féroces dans l'amphithéâtre. Tôt ou tard les gouvernements apprendroient à leurs dépens à connoître le mal qu'ils se seroient fait : dans les uns les pensées généreuses, dans les autres des antipathies secrètes et des ambitions cachées, se réveilleroient; on s'accuseroit réciproquement, et l'on viendroit se battre sur des ruines, après avoir refusé de sauver des peuples.

L'auteur de la *Note* justifieroit facilement ses prédictions par des considérations tirées du caractère, de l'esprit, des intérêts, des opinions des peuples de l'Europe et des événements qui attendent bientôt ces peuples. Quelle influence a déterminé la politique que l'on a suivie jusqu'ici par rapport à la Grèce? Par quelle idée et par quelle crainte toute cette grande affaire a-t-elle été dominée? Ici le droit de l'écrivain finit, et l'homme d'État laisse tomber le rideau.

La mort de l'empereur Alexandre vient de changer la position des choses : Alexandre, déjà vieilli sur le trône, avoit deux fois traversé l'Europe à la tête de ses armées; guerrier pacificateur, il avoit pour adopter une conduite particulière cette prépondérance que donnent le triomphe, l'âge, le succès, l'habitude de la couronne et du gouvernement. Son héritier suivra-t-il la même politique, et lui seroit-il possible de la suivre quand il le voudroit? Ne trouvera-t-il pas plus facile et plus sûr de rentrer dans la politique nationale de son empire, d'être Russe avant d'être François, Anglois, Autrichien, Prussien? Alors la Grèce seroit secourue. Quel noble début pour un prince dans la carrière royale de faire de l'affranchissement de la Grèce, de la délivrance de tant de chrétiens infortunés, le premier acte de son règne! Quelle popularité et quel éclat pour tout le reste de ce règne! C'est peut-être la seule gloire qu'Alexandre ait laissée à moissonner à son successeur.

Veut-on savoir ce qu'on peut attendre du nouveau monarque? Un général françois va nous l'apprendre :

« Le grand-duc Constantin faisoit soigner sous ses yeux, et jusque dans ses appartements, les officiers françois malades, qu'il alloit chercher lui-même dans les hôpitaux; il alloit les visiter dans leurs lits et les consoloit par des expressions de bonté et d'intérêt; il sauva d'un bâtiment incendié deux officiers, qu'il arracha des flammes en chargeant l'un sur ses épaules, tandis que son valet de chambre emportoit l'autre; il brava, pour suivre les impulsions de son cœur généreux, une épidémie mortelle dont il fut lui-même atteint. Plus d'un officier françois, arraché par son humanité active des bras de la mort, lui doit son existence : c'est à ce titre que l'auteur lui adresse l'hommage de sa juste reconnoissance [1]. »

Et Constantin Ier, ce généreux ennemi, ne seroit pas l'ami secourable de ses frères en religion! N'y a-t-il ni contagion à braver, ni incendie à éteindre, ni victime à sauver dans la Morée? Constantin le saura : les peuples trouvent dans son nom un présage et dans son caractère un garant de la délivrance de la Grèce [2].

Que le cabinet de Pétersbourg demande aujourd'hui la dépêche collective ou les dépêches simultanées, elle sera, nous n'en doutons point, accueillie par plusieurs puissances; que, sur la réponse négative ou évasive des Turcs, la Russie reconnoisse l'indépendance de la Grèce, et un terme est mis à tant de calamités.

D'un autre côté, l'Angleterre, prévoyant un changement probable, n'essayera-t-elle pas de devancer les événements, en acceptant le protectorat qu'elle a d'abord refusé? Le temps développera la nouvelle politique qu'il n'est pas impossible de voir naître, qu'il est même raisonnable de supposer. Le projet indiqué dans la *Note* seroit donc plus utile que jamais, si l'on vouloit l'adopter à la fois pour sauver la Grèce et pour prévenir toute collision entre les États de l'Europe. Puissent les Grecs trouver moyen de vivre jusqu'au jour qui doit peut-être les délivrer!

---

1. *Mémoires pour servir à l'histoire de la guerre entre la France et la Russie en 1812*, p. 324, par le général Vaudoncourt.
2. Tout ce qu'on disoit ici de Constantin peut s'appliquer en partie à Nicolas, qui, plus jeune, n'a pas eu les mêmes occasions de déployer son caractère, mais qui vient de montrer les hautes vertus dont il est capable, en saluant le premier du nom d'*empereur* un frère digne de porter le sceptre. Constantin, qui, de son côté, a conservé toute la gloire de la royauté en rejetant seulement le fardeau de la couronne, Constantin peut appuyer de son expérience et de ses conseils, et, s'il le faut, de son épée, les résolutions généreuses que Nicolas seroit disposé à prendre en faveur de la Grèce. Cet empereur, qui a voulu rester soldat, a sa place à la tête des grenadiers russes, et il ne peut manquer d'être souvent consulté par un frère auquel il a laissé le diadème.

Malheureusement ce jour ne peut être fixé. Un nouveau règne peut s'annoncer par un changement complet de système, mais il peut aussi marcher quelque temps dans les voies tracées par le règne précédent. Bien des obstacles se rencontrent quelquefois au commencement d'une carrière : la prudence et la circonspection sont alors commandées. Lorsque le monarque descendu dans la tombe a d'ailleurs été un grand et vertueux prince, lorsqu'il a joué un rôle éclatant sur le théâtre du monde, lorsqu'il a été le fondateur d'une politique particulière, enfin lorsqu'il est mort dans une haute réputation de sagesse, aimé, pleuré, admiré de ses peuples et des nations étrangères, la vénération que l'on a pour sa mémoire, le culte mérité qu'on rend à ses cendres, la tristesse même et la désolation que produit le spectacle de ses funérailles, les sentiments de tendresse et de douleur de son successeur, tout fait que l'on est enclin à suivre d'abord les traditions qu'il a laissées. Ce qu'il a établi paroît sacré ; y toucher sembleroit une impiété, et l'on se sent disposé à déclarer que rien ne sera changé à l'ouvrage de son génie. Mais le temps affoiblit ces impressions, sans les détruire en ce qu'elles ont de naturel et de respectable : le caractère du nouveau souverain, la force des intérêts nouveaux, l'esprit différent des ministres appelés aux affaires, finissent par dominer, surtout dans les choses justes et visiblement utiles à l'État. Pour la Grèce, il ne suffit que de pouvoir attendre : que sa liberté campe sur la montagne, elle verra venir ses amis. Au delà de six mois, rien ne peut se calculer en Europe.

On espère avoir détruit l'objection au moyen de laquelle des hommes influents sont censés avoir écarté l'idée de se rapprocher du plan indiqué dans la *Note*. On croit avoir démontré qu'il ne s'agit pas d'une dépêche comminatoire, mais d'une simple déclaration qui amèneroit l'émancipation désirée. Refusera-t-on d'acheter à si peu de frais une si sainte gloire ? Un pareil résultat ne vaut-il pas bien la demi-heure que coûteroit la rédaction de la dépêche libératrice de la Grèce ?

Maintenant nous allons passer à l'examen des reproches que l'on fait aux Grecs, dans l'intention d'enlever à un peuple opprimé l'admiration due à son courage et la pitié qu'inspirent ses malheurs.

DEUXIÈME PARTIE.

Comme le consentement universel des nations démontre l'existence de la grande vérité religieuse, il est des vérités secondaires qui tirent leur preuve de l'acquiescement général des esprits. Quand vous voyez des hommes de génie différent, de mœurs opposées, de principes, d'intérêts et même de passions contraires, s'accorder sur un point, vous pouvez hardiment prononcer qu'il y a dans ce point consenti une vérité incontestable.

Appliquez cette observation aux affaires de la Grèce. Que feroient des peuples rivaux, s'ils étoient les maîtres? Ils affranchiroient cet infortuné pays. Que pensent les esprits susceptibles de voir les objets sous des rapports dissemblables? que pensent-ils, ces esprits, à l'égard de la légitimité dont les mahométans réclament les droits sur la Grèce conquise et chrétienne? Ils pensent que cette légitimité n'existe pas.

M. de Bonald a soutenu cette thèse avec toute la conviction de sa foi et la force de sa logique; M. Benjamin Constant, dans une brochure pleine de raison et de talent, a montré que cette prétendue légitimité étoit une monstruosité d'après les définitions mêmes des plus grands publicistes, et qu'il ne falloit pas joindre à l'absurdité du principe l'imprévoyance, plus dangereuse encore, de discipliner des barbares; M. Pouqueville, dans son ouvrage substantiel et rempli de faits, a établi les mêmes vérités; M. Charles Lacretelle, dans des discours animés d'une chaleur et d'une vie extraordinaires, a plaidé la cause des infortunés Hellènes d'une manière digne de cette cause; M. Villemain, dans son *Essai sur l'état des Grecs*, a retracé avec toute l'autorité de l'éloquence et toute la puissance des témoignages historiques les droits que les Grecs ont à la liberté[1]. Et nous, si nous osons nous compter pour

---

1. Quelques écrivains, et en particulier M. Viennet, ont bien voulu se plaindre de n'avoir pas été nommés dans ce passage. L'auteur de la *Note* se fût fait un devoir de donner de justes éloges à cette foule de poëtes et de prosateurs qui ont plaidé avec autant de générosité que de talent la cause des Hellènes, s'il avoit pu supposer un moment qu'on attachât quelque importance à son suffrage, mais il étoit loin d'avoir la prétention d'être le dispensateur de la gloire. Quand il a cité les noms de cinq ou six écrivains, opposés sous d'autres rapports politiques, mais d'accord sur la question de la Grèce, il n'a voulu faire valoir qu'un argument, et il n'a pas prétendu publier un catalogue. Si quelqu'un avoit des droits à se présenter comme défenseur des Grecs, c'étoit sans doute le capitaine Raybaud, qui les a servis de sa plume et de son épée,

quelque chose, notre opinion est formée depuis longtemps : nous l'avons manifestée à une époque où l'on ne songeoit guère à l'émancipation de la patrie de Léonidas [1].

Dans tous les comités philhellènes formés en Europe on remarque des noms qui, par des oppositions politiques, sembloient devoir difficilement se réunir : que faut-il conclure de ces observations? Qu'aucune passion, qu'aucun esprit de parti n'entre dans l'opinion qui sollicite la délivrance de la Grèce; et la rencontre de tant d'esprits divers dans une même vérité dépose fortement, comme nous l'avons dit, en faveur de cette vérité.

Les ennemis des Grecs, d'ailleurs en très-petit nombre, sont loin de montrer la même unanimité dans les motifs de la haine qui les anime : cela doit être, car ils sont dans le faux, et ils ne peuvent soutenir leur sentiment que par des sophismes. Tantôt ils transforment les Grecs en carbonari et en jacobins; tantôt ils attaquent le caractère même de la nation grecque et se font des arguments de leurs calomnies.

On répondra, sur le premier chef d'accusation, que les Grecs ne sont point des jacobins; qu'ils n'ont point manifesté de projets destructeurs de l'ordre; qu'au lieu de s'élever contre les princes des nations, ils ont imploré leur puissance. Ils leur ont demandé de les admettre dans la grande communauté chrétienne; ils ont élevé vers eux une voix suppliante; et, loin de préférer à tout autre le gouvernement républicain, leurs mœurs et leurs désirs les font pencher vers la monarchie. Les a-t-on écoutés? Non : on les a repoussés sous le couteau; on les a renvoyés à la boucherie. On a prétendu que briser les fers de la tyrannie, c'étoit se délier d'un serment de fidélité, comme s'il pouvoit y avoir un contrat social entre l'homme et la servitude!

Le souvenir des maux qui ont désolé notre patrie sert aujourd'hui d'argument aux ennemis des principes généraux. Eh quoi! parce qu'une révolution se sera plongée dans les excès les plus coupables, tous les opprimés, quelque part qu'ils gémissent sur la surface du globe, seront obligés de se résigner au joug pour expier des crimes dont ils sont innocents! Toutes les mains enchaînées qui labourent péniblement la terre seront accusées des forfaits dont elles n'ont point été souillées! Le fantôme d'une liberté sanglante qui couvrit la France d'échafauds aura prononcé du haut de ces échafauds l'esclavage du monde!

---

et M. Fauriel, traducteur des *Chants populaires* de la Grèce, ouvrage d'un grand mérite, soit par la traduction élégante et fidèle des chants populaires, soit par la savante notice dont ces chants sont précédés.

1. Voir l'*Itinéraire*.

Mais ceux qui se montroient si effrayés du passé ont-ils toujours manifesté les mêmes craintes? n'auroient-ils jamais capitulé avec des républiques? Ils se repentent aujourd'hui d'avoir favorisé l'indépendance; soit. Mais que ne rachètent-ils eux-mêmes leurs péchés? La Grèce n'avoit pas besoin que leur repentir retombât sur elle; elle se seroit bien passée d'avoir été choisie pour accomplir leur pénitence.

On a laissé se former des républiques en Amérique, et par compensation on veut du despotisme dans la Grèce : mauvais jeu pour la monarchie. La royauté qui se place entre des démocraties et des gouvernements arbitraires se met dans un double péril : la crainte de la tyrannie peut précipiter dans des libertés populaires. Que les couronnes délivrent la Grèce, elles se feront bénir : les bénédictions font vivre.

Le second chef d'accusation porte sur le caractère des Grecs et la conduite qu'ils ont tenue depuis qu'ils combattent pour leur indépendance.

Quels sont ici les accusateurs? Ce sont, en général, de petits trafiquants qui craignent toute concurrence. La Grèce est encore ingénieuse et vaillante : libre, elle deviendroit promptement une pépinière de hardis matelots et de marchands industrieux. Cette rivalité future que l'on prévoit donne de l'humeur. Mais, pour conserver le monopole des huiles et du miel de l'Attique, des cotons de Sères, des tabacs de la Macédoine, des laines de l'Olympe et du Pélion, des fabriques d'Ambélakia, du vermillon de Livadie, des raisins de Corinthe, des gommes de Thessalie, de l'opium de Salonique et des vins de l'Archipel, faut-il vouer tout un peuple à l'extermination? faut-il qu'une nation appelée à son tour aux bienfaits de la Providence soit immolée à la jalousie de quelques marchands?

Les Grecs, nous disent leurs ennemis, sont menteurs, perfides, avares, lâches et rampants; et l'on oppose à ce tableau, qu'un intérêt jaloux a tracé, celui de la bonne foi des Turcs et de leurs vertus singulières.

Les voyageurs qui sans intérêts commerciaux ont parcouru le Levant savent à quoi s'en tenir sur la bonne foi et les vertus des pachas, des beys, des agas, des spahis, des janissaires : espèces d'animaux cruels, les plus violents quand ils ont la supériorité, les plus traîtres quand ils ne peuvent triompher par la force.

Défions-nous de nos préjugés historiques : relativement aux Grecs du Bas-Empire et de leurs malheureux descendants, nous sommes fascinés par nos études, nous sommes plus que nous ne le pensons peut-être sous le joug des traditions. Les chroniqueurs des croisés et les poëtes qui depuis chantèrent les croisades rejetèrent les malheurs des Francs sur la perfidie des Grecs; les Latins qui prirent et saccagèrent Constantinople cherchèrent à justifier ces violences par la même accusation de perfidie. Le schisme d'Orient vint ensuite nourrir les inimitiés religieuses. Enfin, la conquête des Turcs et l'intérêt des commerçants se plurent à propager une opinion qui servoit d'excuse à leur barbarie et à leur avidité : le malheur a tort.

Mais du moins aujourd'hui il faut rayer de l'acte d'accusation ce reproche de lâcheté qu'on adressoit si gratuitement aux Grecs. Les femmes souliotes se précipitant avec leurs enfants dans les vagues; les exilés de Parga emportant les cendres de leurs pères; Psara s'ensevelissant sous ses ruines; Missolonghi, presque sans fortifications, repoussant les barbares entrés deux fois jusque dans ses murs; de frêles barques, transformées en flottes formidables, attaquant, brûlant, dispersant les grands vaisseaux de l'ennemi : voilà les actions qui consacreront la Grèce moderne à cet autel où est gravé le nom de la Grèce antique. Le mépris n'est plus permis là où se trouve tant d'amour de la liberté et de la patrie : quand on est perfide et corrompu, on n'est pas si brave. Les Grecs se sont refaits nation par leur valeur; la politique n'a pas voulu reconnoître leur légitimité : ils en ont appelé à la gloire.

Si on leur objecte quelques pirates qu'ils n'ont pu réprimer et qui ont souillé leurs mers, ils montreront les cadavres des femmes de Souli, qui ont purifié ces mêmes flots.

Pour que le caractère général attribué aux Grecs par la malveillance eût d'ailleurs une apparence de vérité, il faudroit que les Grecs fussent aujourd'hui un peuple homogène. Or les klephtes de la Thessalie, les paysans de la Morée, les manufacturiers de la Romélie, les soldats de l'Épire et de l'Albanie, les marins de l'Archipel, ont-ils tous les mêmes vices, les mêmes vertus? doit-on leur prêter les mœurs des marchands de Smyrne et des princes du Fanar? Les Grecs ont des défauts : quelle nation n'a les siens? et comment les François (plus équitables dans leur jugement sur les autres peuples que ces peuples ne le sont envers eux), comment les François sont-ils traités par les historiens de la Grande-Bretagne?

Après tout, dans la lutte actuelle des Grecs et des Turcs, on n'est point appelé à juger des vertus relatives des deux peuples, mais de la justice de la cause qui a mis les armes à la main des Grecs. Si les Grecs ont des vices que leur a donnés l'esclavage, l'iniquité seroit de les forcer à supporter cet esclavage en considération des vices mêmes qu'ils devroient à cet esclavage.

Détruisez la cause, vous détruirez l'effet. Ne calomniez pas les Grecs parce que vous ne voulez pas les secourir; pour vous justifier d'être les amis du bourreau, n'accusez pas la victime.

Enfin, il y a dans une nation chrétienne, par cela seul qu'elle est chrétienne, plus de principes d'ordre et de qualités morales que dans une nation mahométane. Les Turcs, eussent-ils quelques-unes de ces vertus particulières que donne l'usage du commandement et qui peuvent manquer aux Grecs, ont moins de ces vertus publiques qui entrent dans la composition de la société. Sous ce seul rapport, l'Europe doit préférer un peuple qui se conduit d'après les lois régénératrices des lumières à un peuple qui détruit partout la civilisation. Voyez ce que sont devenues sous la domination des Turcs l'Europe, l'Asie et l'Afrique mahométanes.

Après les reproches généraux faits au caractère des Grecs viennent les reproches particuliers relatifs à leur position du moment.

« Les Grecs ont appliqué à des intérêts privés l'argent qu'on leur avoit prêté pour les intérêts de leur liberté; les Grecs admettent dans leurs rangs des aventuriers; ils souffrent des intrigues et des ambitions étrangères. Les *capitani* sont divisés et avides; la Grèce est plongée dans l'anarchie, etc., etc. »

Des compagnies françoises s'étoient présentées pour remplir l'emprunt de Grèce. Si elles l'avoient obtenu, elles n'auroient pas fait des reproches si amers à la nation qu'elles auroient secourue : on sait en France que quelques désordres sont inséparables des grands malheurs; on sait qu'un peuple qui sort tumultuairement de l'esclavage n'est pas un peuple régulier, versé dans cet art de l'administration, fruit de l'ordre politique et de la progression du temps. On ne croit point en France que les services rendus donnent le droit d'insulte et autorisent un langage offensif et hautain. Si des particuliers avoient détourné à leur profit l'argent prêté à la Grèce, comment la Grèce auroit-elle depuis cinq ans fourni aux frais de cinq campagnes aussi dispendieuses que meurtrières? On sait de plus que les Hellènes avoient acheté des vaisseaux en Angleterre et aux États-Unis. Ces forces seroient arrivées, si les sources n'en avoient été taries par l'Europe chrétienne.

« Les Grecs admettent dans leurs rangs des aventuriers; ils souffrent des intrigues et des ambitions étrangères. »

Admettons ce reproche, si tel est le fait : mais à qui la faute? Les Grecs abandonnés de tous les gouvernements réguliers et chrétiens reçoivent quiconque leur apporte quelque secours. Que des intrigues étrangères s'agitent au milieu d'eux, ils ne peuvent les empêcher : mais, loin de les favoriser, ils les désapprouvent, car ils sentent qu'elles ne peuvent que leur nuire. Sauvez les Grecs par une intervention favorable, et ils n'auront plus besoin des enfants perdus de la fortune. N'assimilons pas toutefois à quelques particuliers inconnus ces hommes généreux qui, abandonnant leur patrie, leurs familles et leurs amis, accourent de toutes les parties de l'Europe pour verser leur sang dans la cause de la Grèce. Ils savent que la Grèce ne peut rien pour eux, qu'elle est pauvre et désolée, mais leur cœur bat pour sa gloire et pour son infortune, et ils veulent partager l'une et l'autre.

« L'anarchie règne dans la Grèce, les *capitani* sont divisés : donc le peuple est indigne d'être libre, donc il faut le laisser périr. »

C'est aussi la doctrine que l'Europe monarchique a suivie pour la Vendée : les chefs étoient désunis, la Vendée a été abandonnée. Qu'en dit aujourd'hui l'Europe monarchique ?

Nous voyons les Grecs au moment de la lutte : peut-on s'étonner que les difficultés sans nombre qu'ils ont à surmonter ne fassent pas naître chez eux divers sentiments, diverses opinions ? Les Grecs sont divisés parce que la nature de leurs ressources pécuniaires et militaires est inégale, ainsi que leurs populations, parce qu'il est tout simple que les habitants des îles et des diverses parties du continent aient des intérêts un peu opposés. Refuser de reconnoître ces causes naturelles de divergence et en faire un crime aux Grecs seroit grande injustice.

Loin de s'étonner que les Grecs ne soient pas tout à fait d'accord, il faut plutôt s'émerveiller qu'ils soient parvenus à former un lien commun, une défense commune. N'est-ce pas par un véritable miracle qu'un peuple esclave, à la fois insulaire et continental, ait pu, sous le bâton et le cimeterre des Turcs, sous le poids d'un immense empire, se créer des armées de terre et de mer, soutenir des sièges, prendre des places, remporter des victoires navales, établir un gouvernement qui délibère, commande, contracte des emprunts, s'occupe d'un code de lois financières, administratives, civiles et politiques ? Peut-on, avec une apparence d'équité, mettre en balance ce qu'ont fait les Grecs dans le cours de leur lutte héroïque avec quelques désordres inséparables de leur cruelle position ?

Si un voyageur eût visité les États-Unis après la perte de la bataille de Brooklyn, lors de la prise de New-York, de l'invasion du New-Jersey, de la défaite à Brandywine, de la fuite du congrès, de l'occupation de Philadelphie et du soulèvement des royalistes ; s'il avoit rencontré de méchantes milices, sans vêtements, sans paye, sans nourriture, souvent sans armes ; s'il avoit vu la Caroline méridionale soumise, l'armée républicaine de Pensylvanie insurgée; s'il avoit été témoin des conjurations et des trahisons; s'il avoit lu les proclamations d'Arnold, général de l'Union, qui déclaroit que l'*Amérique étoit devenue la proie de l'avidité des chefs, l'objet du mépris de ses ennemis et de la douleur de ses amis;* si ce voyageur s'étoit à peine sauvé au milieu des guerres civiles et des égorgements judiciaires dans diverses cités de l'Union; si on lui avoit donné en échange de son argent des billets de crédit dépréciés, au point qu'un chapeau rempli de ces billets suffisoit à peine pour acheter une paire de souliers; s'il avoit recueilli l'acte du congrès qui, violant la foi publique, déclaroit que ces mêmes billets n'auroient plus cours selon leur valeur nominale, mais selon leur valeur de convention, quel récit un pareil voyageur auroit-il fait de la situation des choses et du caractère des chefs dans les États-Unis? N'auroit-il pas représenté l'insurrection d'outre mer comme une honteuse anarchie, comme un mouvement prêt à finir? n'auroit-il pas peint les Américains comme une race d'hommes divisés entre eux, d'hommes ambitieux, incapables de la liberté à laquelle ils prétendoient; d'hommes avides, sans foi, sans loi et au moment de succomber sous les armes victorieuses de la Grande-Bretagne?

L'événement et la prospérité actuelle des États-Unis auroient aujourd'hui donné un démenti au récit de ce voyageur, et pourtant il auroit dit ce qu'il auroit cru voir à l'époque de sa course. Combien néanmoins les Américains étoient dans une position plus favorable que les Grecs pour travailler à leur indépendance! Ils n'étoient pas esclaves; ils avoient déjà l'habitude d'une administration organisée; chaque État se régissoit dans une forme de gouvernement régulier et jouissoit de cette force qui résulte d'une civilisation avancée.

Qu'un voyageur vienne donc maintenant nous faire le tableau de l'anarchie qu'il aura trouvée ou cru trouver en Grèce, il ne peindra que la situation naturelle d'une nation dans l'enfantement pénible de sa liberté. Il seroit beaucoup plus extraordinaire qu'on nous apprît que tout est calme et florissant dans la Morée, au milieu de l'invasion d'Ibrahim, que de nous dire que les Grecs sont agités, que les ordres s'exécutent mal, que la frayeur a atteint des âmes pusillanimes; que quelques ambitieux, et peut-être quelques traîtres, cherchent à profiter des troubles de leur patrie.

Et certes, sans manquer de courage, il faut avoir une âme d'une trempe extraordinaire pour envisager d'un œil tranquille la suite que pourroient avoir les succès de ce barbare à qui l'Afrique envoie incessamment de nouveaux assassins. L'auteur de cette *Note* a jadis connu Ibrahim. On lui pardonnera de rappeler, dans l'intérêt du moment, ce qu'il a dit de son entrevue avec ce chef :

« Le lendemain de notre arrivée au Caire, 1ᵉʳ novembre 1806, nous montâmes au château, afin d'examiner le puits de Joseph, la mosquée, etc. Le fils du pacha habitoit alors ce château. Nous présentâmes nos hommages à Son Excellence, qui pouvoit avoir quatorze ou quinze ans. Nous la trouvâmes assise sur un tapis dans un cabinet délabré, et entourée d'une douzaine de complaisants qui s'empressoient d'obéir à ses caprices. Je n'ai jamais vu un spectacle plus hideux. Le père de cet enfant étoit à peine maître du Caire, et ne possédoit ni la Haute ni la Basse-Égypte. C'étoit dans cet état de choses que douze misérables sauvages nourrissoient des plus lâches flatteries un jeune barbare enfermé pour sa sûreté dans un donjon. Et voilà le maître que les Égyptiens attendoient après tant de malheurs !

« On dégradoit dans un coin de ce château l'âme d'un enfant qui devoit conduire des hommes ; dans un autre coin on frappoit une monnoie du plus bas aloi. Et afin que les habitants du Caire reçussent sans murmurer l'or altéré et le chef corrompu qu'on leur préparoit, les canons étoient pointés sur la ville[1]. » —

Voilà l'homme peut-être destiné à exterminer la race grecque et à la remplacer dans la terre natale des beaux-arts et de la liberté par une race d'esclaves nègres !

Sait-on bien ce que c'est pour les Osmanlis que le droit de conquête, et de conquête sur un peuple qu'ils regardent comme des *chiens* révoltés ? Ce droit, c'est le massacre des vieillards et des hommes en état de porter les armes[2], l'esclavage des femmes, la prostitution des enfants suivie de la circoncision forcée et de la prise du turban. C'est ainsi que Candie, l'Albanie et la Bosnie, de chrétiennes qu'elles étoient, sont devenues mahométanes. Un véritable chrétien peut-il fixer les yeux sans frémir sur ce résultat de l'asservissement de la Grèce ? Ce nom même, qu'on ne peut prononcer sans respect et sans attendrissement, n'ajoute-t-il pas quelque chose de plus douloureux à la catastrophe qui menace ce pays de la gloire et des souvenirs ? Qu'iroit désormais chercher le voyageur dans les débris d'Athènes ? les retrouveroit-il, ces

---

1. *Itinéraire*, vIᵉ partie.
2. Sous Mahomet II, les habitants d'une bourgade près de Modon furent, au nombre de cinq cents, sciés par le milieu du corps : sous Bajazet, toute la population de Modon au-dessus de douze ans fut massacrée, etc.
(*Essai historique sur l'état de la Grèce*, par M. VILLEMAIN.)

débris? et s'il les retrouvoit, quelle affreuse civilisation retraceroient-ils à ses yeux? Du moins le janissaire indiscipliné, enfoncé dans son imbécile barbarie, vous laisseroit en paix, pour quelques sequins, pleurer sur tant de monuments détruits; l'Abyssinien discipliné ou le Grec musulman vous présentera sa consigne ou sa baïonnette.

Il faut considérer l'invasion d'Ibrahim comme une nouvelle invasion de la chrétienté par les musulmans. Mais cette seconde invasion est bien plus formidable que la première : celle-ci ne fit qu'enchaîner les corps; celle-là tend à ruiner les âmes : ce n'est plus la guerre au chrétien, c'est la guerre à la Croix.

Nous n'ignorons pas qu'on murmure à l'oreille des hommes qui s'épouvantent de cet avenir un secret tout extraordinaire : Ibrahim n'a point l'intention de rester en Grèce; tous les maux qu'il fait à ce pays ne sont qu'un jeu; il passe par la Morée avec ses nègres et ses Arabes pour devenir roi en Égypte.

Et qui le fera roi? Lui-même? Il n'avoit pas besoin d'aller si loin, de faire tant de dépenses, de perdre une partie de ses troupes nouvellement disciplinées.

Est-ce pour aguerrir ces troupes qu'il s'est donné ce passe-temps? Les Grecs l'auroient volontiers dispensé du voyage.

Est-ce le grand-seigneur qui mettra la couronne sur la tête d'Ibrahim? Mais apparemment qu'il ne la lui donnera que pour récompense de l'extermination des Grecs, et il ne se contentera pas d'un simulacre de guerre. Quand un pacha a rendu des services à la Porte, ce n'est pas ordinairement une couronne qu'elle lui envoie. Les ennemis des Grecs en sont pourtant réduits à cette politique et à ces excuses!

La cour de Rome dans les circonstances actuelles s'est montrée humaine et compatissante; cependant, nous osons le dire, si elle a connu ses devoirs, elle n'a pas assez senti sa force.

« Pontifes du Très-Haut (dit d'une manière admirable l'*Essai historique sur l'état des Grecs*[1]), successeurs des Bossuet et des Fénelon, comment n'a-t-on pas entendu votre voix dans cette cause sacrée? L'Église de France n'a-t-elle pas, hélas! à l'époque la plus affreuse de nos troubles civils, connu toutes les tortures de la persécution, et ne trouve-t-elle pas de la pitié dans ses souvenirs? Vers la fin du moyen âge, dans la chaleur des dissensions réveillées

---

1. Par M. VILLEMAIN.

par le concile de Florence, le pape Calixte fit publier des indulgences et ordonna des prières dans tous les temples d'Europe pour les chrétiens de la Grèce qui combattoient les infidèles; il oublioit leur schisme et ne voyoit que leur malheur!

« Ne craint-on pas, si la Grèce achève de périr, ne craint-on pas de préparer à l'avenir un terrible sujet de blâme et d'étonnement? Les peuples chrétiens de l'Europe, dira-t-on, étoient-ils dénués de force et d'expérience pour lutter contre les barbares? Non. Jamais tous les arts de la guerre n'avoient été portés si loin. Cette catastrophe fut-elle trop rapide et trop soudaine pour que la politique ait eu le temps de calculer et de prévenir? Non. Le sacrifice dura cinq ans; plus de cinq ans s'écoulèrent avant que tous les prêtres fussent égorgés, tous les temples brûlés, toutes les croix abattues dans la Grèce. »

Qu'il eût été touchant de voir le père des fidèles réveiller les princes chrétiens, les appeler au secours de l'humanité, se déclarer lui-même, comme Eugène III, comme Pie II, le chef d'une croisade pour le moins aussi sainte que les premières! Il auroit pu dire aux chrétiens de nos jours ce qu'Urbain II disoit aux premiers croisés (nous empruntons cette éloquente traduction à l'excellente, complète et capitale *Histoire des Croisades*[1]) :

« Quelle voix humaine pourra jamais raconter les persécutions et les tourments que souffrent les chrétiens? La rage impie des Sarrasins n'a point respecté les vierges chrétiennes; ils ont chargé de fers les mains des infirmes et des vieillards; des enfants arrachés aux embrassements maternels oublient maintenant chez les barbares le nom de Dieu... Malheur à nous, mes enfants et mes frères, qui avons vécu dans des jours de calamités! Sommes-nous donc venus dans ce siècle pour voir la désolation de la chrétienté, et pour rester en paix lorsqu'elle est livrée entre les mains de ses oppresseurs?... Guerriers qui m'écoutez, vous qui cherchez sans cesse de vains prétextes de guerre, réjouissez-vous, car voici une guerre légitime! »

Que de cœurs un pareil langage, une pareille politique, n'auroient-ils pas ramenés à la religion!

Elle eût surtout formé un contraste frappant, cette politique, avec celle que l'on suit ailleurs. Jamais, non jamais, on ne craint pas de le déclarer, politique plus hideuse, plus misérable, plus dangereuse par ses résultats, n'a affligé le monde. Quand on voit des chrétiens aimer mieux discipliner des

---

1. Par M. Michaud.

hordes mahométanes que de permettre à une nation chrétienne de prendre, même sous des formes monarchiques, son rang dans le monde civilisé, on est saisi d'une sorte d'horreur et de dégoût. On refuse tout secours aux Grecs, qu'on affecte de regarder comme des rebelles, des républicains, des révolutionnaires, et l'on reconnoît les républiques blanches des colonies espagnoles et la république noire de Saint-Domingue ; et lord Cochrane a pu faire ce qu'il a voulu en Amérique, et on lui ôte les moyens d'agir en faveur de la Grèce!

Aux bras, aux vaisseaux, aux canons, aux machines, que l'on a fournis à Ibrahim, il falloit une direction capable de les faire valoir. Aussi a-t-on surveillé le plan des Turcs. Ceux-ci n'auroient jamais songé à entreprendre une campagne d'hiver, mais les ennemis des Hellènes ont senti qu'il falloit les exterminer vite ; que si on laissoit la Grèce respirer pendant quelques mois, un événement inattendu, quelque intervention puissante pourroit la sauver.

Eh bien! s'il est trop tard aujourd'hui, si les Grecs doivent succomber, s'ils doivent trouver tous les cœurs fermés à la pitié, tous les yeux à la lumière, que les victimes échappées au fer et à la flamme se réfugient chez les peuples divers ; que, dispersées sur la terre, elles accusent notre siècle auprès de tous les hommes, devant la dernière postérité! Elles deviendront, comme les débris de leur antique patrie, l'objet de l'admiration et de la douleur, et montreront les restes d'un grand peuple. Alors justice sera faite, et justice inexorable. Heureux ceux qui n'auront point été chargés de la conduite des affaires au jour de l'abandon de la Grèce! mieux vaudra cent fois avoir été l'obscur chrétien dont la prière sera montée inutilement vers les trônes! Mille fois plus en sûreté sera la mémoire du défenseur sans pouvoir des droits de la religion persécutée et de l'humanité souffrante!

PRÉFACE

DE LA TROISIÈME ÉDITION.

Un rare spectacle a été donné au monde depuis la publication de la dernière édition de cette *Note* : deux princes ont tour à tour refusé l'empire, et se sont montrés également dignes de la couronne en renonçant à la porter.

Quoique cette couronne soit enfin restée sur la tête du grand-duc Nicolas, et que l'avant-propos de la *Note* parle de Constantin comme empereur, on n'a rien changé au texte de cet avant-propos. Il y a une politique commune à tous les rois : c'est celle qui est fondée sur les principes éternels de la religion et de la justice ; bien différente de cette politique qu'il faut accommoder aux temps et aux hommes, de cette politique qui vous oblige de rétracter le lendemain ce que vous avez écrit la veille, parce qu'un événement est arrivé, parce qu'un monarque a disparu.

Mais seroit-ce le sort de cette Grèce infortunée de voir tourner contre elle jusqu'aux vertus mêmes qui la pourroient secourir ? Le temps employé à une lutte où les progrès des idées du siècle se sont fait remarquer au milieu de la résistance des mœurs nationales et militaires, ce temps a été perdu pour le salut d'un peuple dont on presse l'extermination : tandis que deux frères se renvoyoient généreusement le diadème, les Grecs, héritiers les uns des autres, se léguoient en mourant la couronne du martyre, et pas un d'eux n'a refusé d'en parer sa tête. Mais ces monarques à la façon de la religion, de la liberté et du malheur, se succèdent rapidement sur leur trône ensanglanté ; cette race royale sera bientôt épuisée : on ne sauroit trop se hâter, si l'on en veut sauver le reste.

On assure qu'Ibrahim, arrivé à Patras, va faire transporter une partie de son armée à Missolonghi. Cette place, assiégée depuis près d'un an, et qui a résisté aux bandes tumultueuses de Reschid-Pacha, pourra-t-elle, avec des remparts à moitié détruits, des moyens de défense épuisés, une garnison affoiblie, résister aux brigands disciplinés d'Ibrahim ? Au moment même où l'on publie la nouvelle édition de cette *Note*, le voyageur cherche peut-être en vain Missolonghi, comme ce messager de l'ancienne Athènes qui en passant n'avoit plus vu Olynthe. Nous invitons les monarques de la terre à délivrer des hommes dont le Roi des rois a peut-être à jamais brisé les chaînes. Nous écrivons peut-être sans le savoir sur le tombeau de la Grèce moderne, comme jadis nous avons écrit sur le tombeau de la Grèce antique.

Si la Grèce avoit succombé une seconde fois, ce seroit pour notre âge le grand crime de l'Europe chrétienne, l'œuvre illégitime de ce siècle, qui pourtant a rétabli la légitimité, la faute qui seroit punie bien avant que ce siècle se soit écoulé. Toute injustice politique a sa conséquence inévitable, et cette conséquence est un châtiment. Dans l'ordre moral et religieux, ce châtiment n'est pas moins certain. Le sang des pères massacrés pour être restés fidèles à leur religion, la voix des fils tombés dans l'infidélité, ne manqueroient pas d'attirer sur nous les vengeances et les malédictions du ciel.

Et quelle double abomination! Quoi! ces vaisseaux de chrétiens qui ont porté en Europe les hordes mahométanes de l'Afrique pour égorger des chrétiens ont rapporté en Afrique les femmes et les enfants de ces chrétiens pour être vendus et réduits en servitude! Et ces auteurs de la traite des blancs oseroient parler de l'abolition de la traite des nègres, oseroient prononcer des paroles d'humanité, oseroient se vanter de la philanthropie de leur politique!

Non, elles ne seront point admises à dire qu'elles étoient chrétiennes, ces générations qui auroient vu sans l'arrêter le massacre de tout un peuple chrétien. Vous n'étiez point chrétiens, répondra la Justice divine, vous qui demandiez des lois contre le sacrilége et qui laissiez changer en mosquées les temples du vrai Dieu; vous n'étiez point chrétiens, vous qui appeliez la sévérité des tribunaux sur des écrits irréligieux et qui trouviez bon que le Coran fût enseigné aux enfants chrétiens tombés dans l'esclavage; vous n'étiez pas chrétiens, vous qui multipliiez en France les monastères et qui laissiez violer en Orient les retraites des servantes du Seigneur; vous n'étiez pas chrétiens, vous qui fréquentiez les hôpitaux, qui ne parliez que de charité et d'œuvres de miséricorde, et qui avez abandonné à toutes les douleurs quatre millions de chrétiens dont les plaies accusent votre charité; vous n'étiez point chrétiens, vous qui vous faisiez un triomphe de ramener à l'Église catholique quelques-uns de vos frères protestants et qui avez souffert que vos frères du rit grec fussent contraints d'embrasser l'islamisme; vous n'étiez pas chrétiens, vous qui vous unissiez pour approcher ensemble de la sainte table, et qui l'hostie sur les lèvres condamniez les adorateurs de la victime sans tache aux prostitutions de l'apostasie! Vous avez dit avec le pharisien : « Je ne suis point comme le reste des hommes, qui sont voleurs, injustes et adultères ; je jeûne deux fois la semaine. » Et Dieu vous préférera le publicain qui en s'accusant n'osoit même lever les yeux au ciel.

Ces remarques seront faites ; elles le sont déjà, et elles tourneront contre les choses mêmes que vous prétendez établir. L'incrédulité s'enquerra de ce que votre foi a fait pour la Grèce, comme la révolution demande à votre royalisme quelle chaumière il a rebâtie dans la Vendée. Vos doctrines, par vous-mêmes démenties, feront éclater chez les ennemis du trône et de l'autel une grande risée.

Le passé prédit l'avenir : des événements se préparent. Ce n'est pas sans un secret dessein de la Providence qu'Alexandre a disparu au moment où les éléments d'un ordre de choses nouveau fermentent chez tous les peuples. Cette arrière-garde de huit cent mille hommes qui tenoit le monde en respect ne peut plus agir dans la même politique, dans la même unité. L'Europe continentale sort de tutelle ; la base sur laquelle s'appuyoient toutes les forces militaires de l'Alliance ne tardera pas à s'ébranler ; cette vaste armée disposée en échelons, dont la tête étoit à Naples et la queue à Moscou, bientôt sera disloquée. Quand les flots de cette mer seront retirés, on verra le fond des choses à découvert. Alors on se repentira, mais trop tard, d'avoir refusé de faire ce qu'on auroit dû pour n'avoir pas besoin de ces flots.

On aime encore à espérer que Missolonghi n'aura pas succombé, que ses habitants, par un nouveau prodige de courage, auront donné le temps à la chrétienté enfin éclairée de venir à leur secours. Mais s'il en étoit autrement, chrétiens héroïques, s'il étoit vrai que, près d'expirer, vous nous eussiez chargé du soin de votre mémoire, si notre nom avoit obtenu l'honneur d'être au nombre des derniers mots que vous avez prononcés, que pourrions-nous faire pour nous montrer digne d'exécuter le testament de votre gloire ? Que sont à tant de hauts faits, à tant d'adversités, d'inutiles discours ? Une seule épée tirée dans une cause si sainte auroit mieux valu que toutes les harangues de la terre : il n'y a que la parole divine qui soit un glaive.

NOTE

SUR LA GRÈCE

Les derniers événements de la Grèce ont attiré de nouveau les regards de l'Europe sur cet infortuné pays. Des bandes d'esclaves nègres, transportées du fond de l'Afrique, accourent pour achever à Athènes l'ouvrage des eunuques noirs du sérail. Les premiers viennent dans leur force renverser des ruines, que du moins les seconds, dans leur impuissance, laissoient subsister.

Notre siècle verra-t-il des hordes de sauvages étouffer la civilisation renaissante dans le tombeau d'un peuple qui a civilisé la terre? La chrétienté laissera-t-elle tranquillement les Turcs égorger des chrétiens? Et la légitimité européenne souffrira-t-elle, sans en être indignée, que l'on donne son nom sacré à une tyrannie qui auroit fait rougir Tibère?

On ne prétend point retracer ici l'origine et l'histoire des troubles de la Grèce; on peut consulter les ouvrages qui abondent sur ce triste sujet. Tout ce qu'on se propose dans la présente *Note*, c'est de rappeler l'attention publique sur une lutte qui doit avoir un terme; c'est de fixer quelques principes, de résoudre quelques questions, de présenter quelques idées qui pourront germer utilement dans d'autres esprits, de montrer qu'il n'y a rien de plus simple et qui coûteroit moins d'efforts que la délivrance de la Grèce, d'agir enfin par l'opinion, s'il est possible, sur la volonté des hommes puissants. Quand on ne peut plus offrir que des vœux à la religion et à l'humanité souffrante, encore est-ce un devoir de les faire entendre.

Il n'y a personne qui ne désire l'émancipation des Grecs, ou du moins il n'y a personne qui osât prendre publiquement le parti de l'oppresseur contre l'opprimé. Cette pudeur est déjà une présomption favorable à la cause que l'on examine.

Mais les publicistes qui ont écrit sur les affaires de la Grèce, sans être toutefois ennemis des Grecs, ont prétendu qu'on ne devoit pas se mêler de ces affaires, par quatre raisons principales :

1° L'empire turc a été reconnu partie intégrante de l'Europe au congrès de Vienne ;

2° Le grand-seigneur est le souverain légitime des Grecs, d'où il résulte que les Grecs sont des sujets rebelles ;

3° La médiation des puissances à intervenir pourroit élever des difficultés politiques ;

4° Il ne convient pas qu'un gouvernement populaire s'établisse à l'orient de l'Europe.

Il faut examiner d'abord les deux premières raisons.

Première raison : L'empire turc a été reconnu parti intégrante de l'Europe au congrès de Vienne.

Le congrès de Vienne auroit donc garanti au grand-seigneur l'intégralité de ses États ? Quoi ! on les auroit assurés même contre la guerre ! Les ambassadeurs de la Porte assistoient-ils au congrès ? le grand-vizir a-t-il signé au protocole ? le mufti a-t-il promis de protéger le souverain pontife, et le souverain pontife le mufti ? On craindroit de s'écarter d'une gravité que le sujet commande en s'arrêtant à des assertions aussi singulières que peu correctes.

Il y a plus : la Porte seroit fort surprise d'apprendre qu'on s'est avisé de lui garantir quelque chose ; ces garanties lui sembleroient une insolence. Le sultan règne de par le Coran et l'épée ; c'est déjà douter de ses droits que de les reconnoître ; c'est supposer qu'il ne possède pas de sa pleine et entière volonté : dans le régime arbitraire, la loi est le délit ou le crime, selon la légalité plus ou moins prononcée de l'action.

Mais les écrivains qui prétendent que les États du grand-seigneur ont été mis sous la sauvegarde du congrès de Vienne se souviennent-ils que les possessions des princes chrétiens, y compris leurs colonies, ont été réellement garanties par les actes de ce congrès ? Voient-ils où cette question, qu'on soulève ici en passant, pourroit conduire ? Quand il s'agit des colonies espagnoles, parle-t-on de ce congrès de Vienne que l'on fait intervenir si bizarrement quand il s'agit de la Grèce ?

Qu'il soit permis au moins de réclamer pour les victimes du despotisme musulman la liberté que l'on se croit en droit de demander pour les sujets de S. M. Catholique. Que l'on s'écarte des articles d'un traité général signé par toutes les parties, afin de procurer ce qu'on pense être un plus grand bien à des populations entières, soit : mais alors n'invoquez pas ce même traité pour maintenir la misère, l'injustice et l'esclavage.

Seconde raison : le grand-seigneur est le souverain légitime des Grecs : d'où il résulte que les Grecs sont des sujets rebelles.

D'abord le grand-seigneur ne prétend point aux honneurs de la légitimité qu'on veut bien lui décerner, et il en seroit extrêmement choqué ; ou plutôt il n'élève point des chrétiens au rang de sujets légitimes.

Les sujets légitimes du successeur de Mahomet sont des mahométans. Les Grecs, comme chrétiens, ne sont ni des sujets légitimes ni des sujets illégitimes, ce sont des esclaves, des *chiens* faits pour mourir sous le bâton des vrais croyants.

Quant à la nation grecque, que la nation turque n'a point incorporée dans son sein en l'appelant au partage de la communauté civile et politique, elle n'est tenue à aucune des conditions qui lient les sujets aux souverains et les souverains aux sujets. Soumise, dans l'origine, au droit de conquête, elle obtint quelques priviléges du vainqueur en échange d'un tribut qu'elle consentit à payer. Elle a payé, elle a obéi tant qu'on a respecté ces priviléges, elle a même encore payé et obéi après qu'ils ont été violés. Mais lorsque enfin on a pendu ses prêtres et souillé ses temples, lorsqu'on a égorgé, brûlé, noyé des milliers de Grecs, lorsqu'on a livré leurs femmes à la prostitution, emmené et vendu leurs enfants dans les marchés de l'Asie, ce qui restoit de sang dans le cœur de tant d'infortunés s'est soulevé. Ces esclaves par force ont commencé à se défendre avec leurs fers. Le Grec, qui déjà n'étoit pas sujet par le droit politique, est devenu libre par le droit de nature : il a secoué le joug sans être rebelle, sans rompre aucun lien légitime, car on n'en avoit contracté aucun avec lui. Le musulman et le chrétien en Morée sont deux ennemis qui avoient conclu une trêve à certaines conditions : le musulman a violé ces conditions ; le chrétien a repris les armes : ils se retrouvent l'un et l'autre dans la position où ils étoient quand ils commencèrent le combat il y a trois cent soixante ans.

Il s'agit maintenant de savoir si l'Europe veut et peut arrêter l'effusion du sang. Mais ici se présentent les deux dernières raisons des publicistes :

La médiation des puissances à intervenir pourroit élever des difficultés politiques ;

Il ne convient pas qu'un gouvernement populaire s'établisse à l'orient de l'Europe.

Ces raisons peuvent être écartées par les faits.

La scène politique a bien changé de face depuis le jour où les premiers mouvements se firent sentir dans la Morée. Le divan et le cabinet de Saint-Pétersbourg ont commencé à renouer leurs anciennes relations; les hospodars ont été nommés; les Turcs ont à peu près évacué la Moldavie et la Valachie; et s'il y a encore quelque question pendante à l'égard des principautés, il n'en est pas moins vrai que les affaires de la Grèce ne se compliquent plus avec les affaires de la Russie.

On est donc placé sur un terrain tout nouveau pour négocier; et par la lettre de ses traités, notamment de ceux de Jassy et de Bucharest, la Russie a le droit incontestable de prendre part aux affaires religieuses de la Grèce.

D'un autre côté, l'Europe n'est plus, ni par la nature de ses institutions, ni par les vertus de ses souverains, ni par les lumières de ses cabinets et de ses peuples, dans la position où elle se trouvoit lorsqu'elle rêvoit le partage de la Turquie. Un sentiment de justice plus général est entré dans la politique depuis que les gouvernements ont augmenté la publicité de leurs actes. Qui songe aujourd'hui à démembrer les États du grand-seigneur? Qui pense à la guerre avec la Porte? Qui convoite des terres et des priviléges commerciaux quand on a déjà trop de terres, et quand l'égalité des droits et la liberté du commerce deviennent peu à peu le vœu et le code des nations?

Il ne s'agit donc pas, pour obtenir l'indépendance de la Grèce, d'attaquer ensemble la Turquie et de se battre ensuite pour les dépouilles; il s'agit simplement de demander en commun à la Porte de traiter avec les Grecs, de mettre fin à une guerre d'extermination qui afflige la chrétienté, interrompt les relations commerciales, gêne la navigation, oblige les neutres à se faire convoyer et trouble l'ordre général.

Si le divan refusoit de prêter l'oreille à des représentations aussi justes, la reconnoissance de l'indépendance de la Grèce par toutes les puissances de l'Europe pourroit être la conséquence immédiate du refus : par ce seul fait la Grèce seroit sauvée sans qu'on tirât un coup de canon pour elle, et la Porte, tôt ou tard, seroit obligée de suivre l'exemple des États chrétiens.

Mais peut-on contester au gouvernement ottoman le droit de souveraineté sur ses États?

Non. La France, plus qu'un autre pouvoir, doit respecter son ancien allié, maintenir tout ce qu'il est possible de maintenir de ses traités antérieurs et de ses vieilles relations : mais il faut pourtant se placer avec la Turquie comme elle se place elle-même avec les autres peuples.

Pour la Turquie, les gouvernements étrangers ne sont que des gouvernements de fait : elle ne se comprend pas elle-même autrement.

Elle ne reconnoît point le droit politique de l'Europe, elle se gouverne d'après le code des peuples de l'Asie ; elle ne fait, par exemple, aucune difficulté d'emprisonner les ambassadeurs des peuples avec lesquels elle commence les hostilités.

Elle ne reconnoît pas notre droit des gens : si le voyageur qui parcourt son empire est protégé par les mœurs, en général hospitalières, par les préceptes charitables du Coran, il ne l'est pas par les lois.

Dans les transactions commerciales l'individu musulman est sincère, religieux observateur de ses propres conventions ; le fisc est arbitraire et faux.

Le droit de guerre chez les Turcs n'est point le droit de guerre chez les chrétiens : il emporte la mort dans la défense, l'esclavage dans la conquête.

Le droit de souveraineté de la Porte ne peut être légitimement réclamé par elle que pour ses provinces musulmanes. Dans ses provinces chrétiennes, là où elle n'a plus la force, là elle a cessé de régner, car la présence des Turcs parmi les chrétiens n'est pas l'établissement d'une société, mais une simple occupation militaire[1].

Mais la Grèce, État indépendant, sera-t-elle d'une considération aussi importante que la Turquie dans les transactions de l'Europe ? pourra-t-elle offrir par sa propre masse un rempart contre les entreprises d'un pouvoir, quel qu'il soit ?

La Turquie est-elle un plus fort boulevard ? La facilité de l'attaquer n'est-elle pas démontrée à tous les yeux ? On a vu dans ses guerres avec la Russie, on a vu en Égypte, quelle est sa force de résistance. Ses milices sont nombreuses et assez braves au premier choc, mais quelques régiments disciplinés suffisent pour les disperser. Son artillerie est nulle ; sa cavalerie même ne sait pas manœuvrer, et vient se briser contre un bataillon d'infanterie : les fameux mameloucks ont été détruits par une poignée de soldats françois. Si telle puissance n'a pas envahi la Turquie, rendons-en grâces à la modération même sur le trône.

Que si l'on veut supposer que la Turquie a été ménagée par la crainte prudente que chacun a ressentie d'allumer une guerre générale, n'est-il pas évident que tous les cabinets seroient également attentifs à ne pas laisser succomber la Grèce ? La Grèce auroit bientôt des alliances et des traités, et ne se présenteroit pas seule dans l'arène.

---

1. Partout en Grèce où le poste est militaire, les Grecs sont relégués dans une bourgade à part et séparés des Turcs.

Il faut dire plus : la Grèce libre, armée comme les peuples chrétiens, fortifiée, défendue par des ingénieurs et des artilleurs qu'elle emprunteroit d'abord de ses voisins, destinée à devenir promptement, par son génie, une puissance navale, la Grèce, malgré son peu d'étendue, couvriroit mieux l'orient de l'Europe que la vaste Turquie, et formeroit un contre-poids plus utile dans la balance des nations.

Enfin, la séparation de la Grèce de la Turquie ne détruiroit pas ce dernier État, qui compteroit toujours tant de provinces militaires européennes. On pourroit même soutenir que l'empire turc augmenteroit de puissance en se resserrant, en devenant tout musulman, en perdant ces populations chrétiennes placées sur les frontières de la chrétienté, et qu'il est obligé de surveiller et de garder comme on surveille et comme on garde un ennemi. Les politiques de la Porte prétendent même que le gouvernement ottoman n'aura toute sa force que lorsqu'il sera rentré en Asie. Ils ont peut-être raison.

En dernier lieu, si le divan vouloit traiter pour l'affranchissement de la Grèce, il seroit possible que celle-ci consentît à payer une subvention plus ou moins considérable : tous les intérêts seraient ainsi ménagés.

Toutes choses pesées, le droit de souveraineté ne peut pas être vu du même œil sous la domination du Croissant que sous l'empire de la Croix.

La Grèce, déjà à moitié délivrée, déjà politiquement organisée, ayant des flottes, des armées, faisant respecter et reconnaître ses blocus, étant assez forte pour maintenir des traités, contractant des emprunts avec des étrangers, battant monnoie et promulguant des lois, est un gouvernement de fait ni plus ni moins que le gouvernement des Osmanlis : son droit politique à l'indépendance, quoique moins ancien, est de même nature que celui de la Turquie ; et la Grèce a de plus l'avantage de professer la religion, d'être régie par les principes qui régissent les autres peuples civilisés et chrétiens.

Si ces arguments ont quelque force, reste à examiner les dangers ou les frayeurs que feroit naître l'établissement d'un gouvernement populaire à l'orient de l'Europe.

Les Grecs, qu'aucune puissance n'a pu jusque ici secourir pour ne pas compromettre des intérêts plus immédiats, les Grecs, qui bâtiront leur liberté de leurs propres mains ou qui s'enseveliront sous ses débris, les Grecs ont incontestablement le droit de choisir la forme de leur existence politique. Il faudroit avoir partagé leurs périls pour se permettre de se mêler de leurs lois. Il y a trop d'équité, trop de connoissances, trop d'élévation de sentiments, trop de magnanimité dans les hautes influences sociales, pour craindre qu'on entrave jamais l'indépendance d'un peuple qui l'a conquise au prix de son sang.

Mais si l'on pouvoit, d'après les faits, hasarder un jugement sur la Grèce; si les divisions dont elle a été travaillée pouvoient donner une idée assez juste de son esprit national; si sa forte tendance religieuse, si la prépondérance de son clergé, expliquoient le secret de ses mœurs; si l'histoire, enfin, qui nous montre les peuples de l'Attique et du Péloponèse sortant, après plus de mille ans, du double esclavage du Bas-Empire et du fanatisme musulman; si cette histoire pouvoit fournir quelque base solide à des conjectures, on seroit porté à croire que la Grèce, excepté les îles, inclineroit plutôt à une constitution monarchique qu'à une constitution républicaine.

Les droits de tous les citoyens sont aussi bien conservés (particulièrement chez un vieux peuple) dans une monarchie constitutionnelle que dans un État démocratique. Si les passions avoient été moins pressées, peut-être aujourd'hui de grandes monarchies représentatives s'élèveroient-elles dans les Amériques espagnoles, d'accord avec la légitimité. Les besoins de la civilisation auroient été satisfaits, une liberté nécessaire auroit été établie sans que l'avenir des antiques royaumes de l'Europe eût été menacé par l'existence de tout un monde républicain.

La plus grande découverte politique du dernier siècle, découverte à laquelle les hommes d'État ne font pas assez d'attention, c'est la création d'une *république représentative* telle que celle des États-Unis. La formation de cette république résout le problème que l'on croyoit insoluble, savoir : la possibilité pour plusieurs millions d'hommes d'exister en société sous des institutions populaires.

Si l'on n'opposoit pas, dans les États qui se forment ou se régénèrent, des monarchies représentatives à des républiques représentatives; si l'on prétendoit reculer dans le passé, combattre en ennemi la raison humaine, avant un siècle peut-être toute l'Europe seroit républicaine ou tombée sous le despotisme militaire.

Quoi qu'il en soit, il est assez vraisemblable qu'un forme monarchique adoptée par les Grecs dissiperoit toutes les frayeurs, à moins toutefois que les monarchies constitutionnelles ne fussent elles-mêmes suspectes. Il seroit malheureux pour les couronnes que le port fût regardé comme l'écueil : espérons qu'une méprise aussi funeste n'est le partage d'aucun esprit éclairé.

Une médiation qui se réduiroit à demander de la Turquie pour la Grèce une sorte d'existence semblable à celle de la Valachie et de la Moldavie, toute salutaire qu'elle eût été il y a deux ans, pourroit bien être aujourd'hui insuffisante. La révolution paroît désormais trop avancée : les Grecs semblent au moment de chasser les Turcs ou d'être exterminés par eux.

Une politique ferme, grande et désintéressée, peut arrêter tant de massacres, donner une nouvelle nation au monde et rendre la Grèce à la terre.

On a parlé sans passion, sans préjugé, sans illusion, avec calme, réserve et mesure, d'un sujet dont on est profondément touché. On croit mieux servir ainsi la cause des Grecs que par des déclamations. Un problème politique qui n'en étoit pas un, mais qu'on s'est plu à couvrir de nuages, se résout en quelques mots.

Les Grecs sont-ils des rebelles et des révolutionnaires? Non.

Forment-ils un peuple avec lequel on puisse traiter? Oui.

Ont-ils les conditions sociales voulues par le droit politique pour être reconnus des autres nations? Oui.

Est-il possible de les délivrer sans troubler le monde, sans se diviser, sans prendre les armes, sans mettre même en danger l'existence de la Turquie? Oui, et cela dans trois mois, par une seule dépêche collective souscrite des grandes puissances de l'Europe, ou par des dépêches simultanées exprimant le même vœu.

Ce sont là de ces pièces diplomatiques qu'on aimeroit à signer de son sang.

Et l'on a raisonné dans un esprit de conciliation, dans le sens et dans l'espoir d'une harmonie complète entre les puissances ; car, dans la rigoureuse vérité, une entente générale entre les cabinets n'est pas même nécessaire pour l'émancipation des Grecs : une seule puissance qui reconnoîtroit leur indépendance opéreroit cette émancipation. Toute bonne intelligence cesseroit-elle entre cette puissance et les diverses cours? A-t-on rompu toutes les relations amicales avec l'Angleterre, lorsqu'elle a suivi pour les colonies espagnoles le plan que l'on indique ici pour la Grèce? Et pourtant quelle différence, sous tous les rapports, dans la question !

La Grèce sort héroïquement de ses cendres : pour assurer son triomphe, elle n'a besoin que d'un regard de bienveillance des princes chrétiens. On n'accusera plus son courage, comme on se plaît encore à calomnier sa bonne foi. Qu'on lise dans le récit de quelques soldats françois qui se connoissent en valeur, qu'on lise le récit de ces combats dans lesquels ils ont eux-mêmes versé leur sang, et l'on reconnoîtra que les hommes qui habitent la Grèce sont dignes de fouler cette terre illustre. Les Canaris, les Miaulis, auroient été reconnus pour véritables Grecs à Mycale et à Salamine.

La France, qui a laissé tant de grands souvenirs en Orient, qui vit ses soldats régner en Égypte, à Jérusalem, à Constantinople, à Athènes; la France, fille aînée de la Grèce par le courage, le génie et les arts, contempleroit avec joie la liberté de ce noble et malheureux pays, et se croiseroit pieusement pour elle. Si la philanthropie élève la voix en faveur de l'humanité, si le monde savant comme le monde politique aspire à voir renaître la mère des sciences et des lois, la religion demande aussi ses autels dans la cité où saint Paul prêcha le Dieu inconnu.

Quel honneur pour la restauration d'attacher son époque à celle de l'affranchissement de la patrie de tant de grands hommes! Qu'il seroit beau de voir les fils de saint Louis, à peine rétablis sur leur trône, devenir à la fois les libérateurs des rois et des peuples opprimés!

Tout est bien dans les affaires humaines quand les gouvernements se mettent à la tête des peuples et les devancent dans la carrière que ces peuples sont appelés à parcourir.

Tout est mal dans les affaires humaines quand les gouvernements se laissent traîner par les peuples et résistent aux progrès comme aux besoins de la civilisation croissante. Les lumières étant alors déplacées, l'intelligence supérieure se trouvant dans celui qui obéit au lieu d'être dans celui qui commande, il y a perturbation dans l'État.

Nous, simples particuliers, redoublons de zèle pour le sort des Grecs; protestons en leur faveur à la face du monde; combattons pour eux; recueillons à nos foyers leurs enfants exilés, après avoir trouvé l'hospitalité dans leurs ruines.

En attendant des jours plus prospères, nous recevons et nous sollicitons à la fois de la munificence publique ce qu'elle nous adresse de tous côtés pour nos illustres suppliants. Nous remercions cette généreuse et brillante jeunesse qui lève un tribut sur ses plaisirs pour secourir le malheur. Nous savons ce qu'elle vaut, cette jeunesse françoise! Que ne pourroit-on point faire avec elle en lui parlant son langage, en la dirigeant, sans l'arrêter, sur le penchant de son génie; toujours prête à se sacrifier, toujours prête à faire dire à quelque nouveau Périclès : « L'année a perdu son printemps! »

Nous voulons aussi témoigner notre gratitude à ces officiers de toutes armes qui viennent nous offrir leur expérience, leur bras et leur vie. Telle est la puissance du courage et du talent, que quelques hommes peuvent seuls faire pencher la victoire du côté de la justice, ou donner le temps, en arrêtant la mauvaise fortune, d'arriver à une médiation que tous les intérêts doivent désirer.

Quelles que soient les déterminations de la politique, la cause des

Grecs est devenue la cause populaire. Les noms immortels de Sparte et d'Athènes semblent avoir touché le monde entier : dans toutes les parties de l'Europe il s'est formé des sociétés pour secourir les Hellènes ; leurs malheurs et leur vaillance ont rattaché tous les cœurs à leur liberté. Des vœux et des offrandes leur arrivent jusque des rivages de l'Inde, jusque du fond des déserts de l'Amérique : cette reconnoissance du genre humain met le sceau à la gloire de la Grèce.

EXTRAIT

D'UN

DISCOURS SUR L'HISTOIRE DE FRANCE

LU A L'ACADÉMIE FRANÇOISE,

SÉANCE DE RÉCEPTION DE M. MATHIEU DE MONTMORENCY,
9 FÉVRIER 1826.

Une même génération de Romains eut pour maîtres, en moins d'un quart de siècle, un Africain, un Assyrien et un Goth[1] : nous allons dans un moment voir régner un Arabe[2]. Il est digne de remarque que de tous ces aventuriers, candidats au despotisme, qui affluoient à Rome de tous les coins du globe, aucun ne vint de la Grèce : cette vieille terre de l'indépendance, tout enchaînée qu'elle étoit, se refusoit à reproduire des tyrans. En vain les Goths firent périr ses chefs-d'œuvre à Olympie, la dévastation et l'esclavage ne purent lui ravir ni son génie ni son nom. On abattoit ses monuments, et leurs ruines n'en devenoient que plus sacrées ; on dispersoit ces ruines, et l'on trouvoit au-dessous les tombeaux des grands hommes ; on brisoit ces tombeaux, et il en sortoit une mémoire immortelle ! Patrie commune de toutes les renommées ! pays qui ne manqua plus d'habitants ! car partout où naissoit un étranger illustre, là naissoit un enfant adoptif de la Grèce, en attendant la renaissance de ces indigènes de la liberté et de la gloire qui devoient un jour repeupler les champs de Platée et de Marathon.

1. Macrin, Héliogabale et Maximin.   2. Philippe.

OPINION

SUR LE

PROJET DE LOI RELATIF A LA RÉPRESSION DES DÉLITS

COMMIS DANS LES ÉCHELLES DU LEVANT [1].

Messieurs, j'ai remarqué dans le projet de loi soumis à votre examen une lacune considérable, et qu'il est, selon moi, de la dernière importance de remplir.

Le projet parle de contraventions, délits et crimes commis dans les échelles du Levant ; mais il ne définit point ces contraventions, ces délits, et crimes ; il annonce seulement qu'il les punit par les lois pénales françoises, quand ils se commettent.

On est donc réduit à remonter, par l'infliction des peines, à la connoissance des délits : cela est dans l'ordre, puisqu'il ne s'agit ici que d'une loi de procédure, et que l'on peut toujours connoître les délits par la loi pénale, celle-ci désignant toujours et nécessairement le délit ou le crime qui provoque son application.

Mais s'il arrive qu'il y ait des contraventions, des délits et des peines qui n'aient point été prévus, et que par conséquent aucun châtiment ne menace, il en résulte que ces contraventions, délits et crimes, ne peuvent être atteints par les lois pénales existantes jusqu'à ce qu'ils aient été rangés dans la série des contraventions, des délits et des crimes connus et signalés.

Ainsi, par exemple, il a été loisible d'entreprendre la traite des noirs jusqu'au jour où une loi l'a défendue. Eh bien, un crime pour le moins aussi effroyable, que je nommerai la *traite des blancs*, se commet dans les mers du Levant, et c'est ce crime que mon amende-

---

1. Chambre des pairs, séance du lundi 13 mars 1826.

ment vous propose de rappeler, afin qu'il puisse tomber sous la vindicte des lois françoises.

Je vais, messieurs, développer ma pensée.

Si la loi contre la traite des noirs s'étoit exprimée d'une manière plus générale ; si, au lieu de dire, comme elle le dit : Toute part quelconque qui sera prise au *trafic connu sous le nom de la traite des noirs sera punie, etc.,* elle avait dit seulement au *trafic des esclaves,* je n'aurois eu, messieurs, aucun amendement à proposer. Le projet de loi actuel parlant en général des contraventions, délits et crimes qui ont lieu dans les échelles du Levant, et le crime du trafic des esclaves s'y commettant tous les jours, il seroit clair que le crime que je désigne seroit enveloppé dans le présent projet de loi. Mais la loi de 1818 ne parle pas d'une manière générale du crime contre la liberté des hommes ; elle borne sa prohibition à la seule traite des noirs. Or, voici, messieurs, l'étrange résultat que cette prohibition spéciale peut produire dans les échelles du Levant et de Barbarie.

Je suppose qu'un bâtiment chargé d'esclaves noirs, partant d'Alger, de Tunis, de Tripoli, apporte son odieuse cargaison à Alexandrie : ce délit est prévu par vos lois : les consuls d'Alger, de Tunis, de Tripoli, informent en vertu de la loi que vous allez rendre, et le capitaine coupable est puni en vertu de la loi de 1818 contre la traite.

Eh bien, messieurs, au moment même où le vaisseau négrier arrive à Alexandrie, entre dans le port un autre vaisseau, chargé de malheureux esclaves grecs, enlevés aux champs dévastés d'Argos et d'Athènes : aucune information ne peut être commencée contre les fauteurs d'un pareil crime. Vos lois puniront dans le même lieu, dans le même port, à la même heure, le capitaine qui aura vendu un homme noir, et elles laisseront échapper celui qui aura trafiqué d'un homme blanc.

Je vous le demande, messieurs, cette anomalie monstrueuse peut-elle subsister? Le seul énoncé de cette anomalie ne révolte-t-il pas le cœur et l'esprit, la justice et la raison, la religion et l'humanité?

C'est cette disparate effrayante que je vous propose de détruire par le moyen le plus simple, sans blesser le caractère du projet de loi qui fait l'objet de la présente discussion.

Ne craignez pas, messieurs, que je vienne vous faire ici un tableau pathétique des malheurs de la Grèce, que je vous entraîne dans ce champ de la politique étrangère où il ne vous conviendroit peut-être pas d'entrer. Plus mes sentiments sont connus sur ce point, plus je mettrai de réserve dans mes paroles. Je me contente de demander la répression d'un crime énorme, abstraction faite des causes qui ont produit ce crime et de la politique que l'Europe chrétienne a cru devoir suivre. Si cette politique est erronée, elle sera punie, car les gouvernements n'échappent pas plus aux conséquences de leurs fautes que les individus.

Il est de notoriété publique que des femmes, des enfants, des vieillards, ont été transportés dans des vaisseaux appartenant à des nations civilisées, pour être vendus comme esclaves dans les différents bazars de l'Europe, de l'Asie et de l'Afrique. Ces enfants, ces femmes, ces vieillards sont de la race blanche dont nous sommes ; ils sont chrétiens comme nous ; et je dirois qu'ils sont nés dans cette Grèce, mère de la civilisation, si je ne m'étois interdit tous les souvenirs qui pourroient ôter le calme à vos esprits.

A Dieu ne plaise que je veuille diminuer l'horreur qu'inspire la traite des noirs ! mais enfin je parle devant des chrétiens, je parle devant de vénérables prélats d'une Église naguère persécutée. Quand on arrache un nègre à ses forêts, on le transporte dans un pays civilisé ; il y trouve des fers, il est vrai, mais la religion, qui ne peut rien pour sa liberté dans ce monde, quoiqu'elle ait prononcé l'abolition de l'esclavage ; la religion, qui ne peut le défendre contre les passions des hommes, console du moins le pauvre nègre, et lui assure dans une autre vie cette délivrance que l'on trouve près du Réparateur de toutes les injustices, près du Père de toutes les miséricordes.

Mais l'habitant du Péloponèse et de l'Archipel, arraché aux flammes et aux ruines de sa patrie ; la femme enlevée à son mari égorgé ; l'enfant ravi à la mère dans les bras de laquelle il a été baptisé, toute cette race est civilisée et chrétienne. A qui est-elle vendue ? à la barbarie et au mahométisme ! Ici le crime religieux vient se joindre au crime civil et politique, et l'individu qui le commet est coupable au tribunal du Dieu des chrétiens comme au tribunal des nations policées ; il est coupable des apostasies qui suivront des ventes réprouvées du ciel, comme il est responsable des autres misères qui en seront dans ce monde la conséquence inévitable.

Dira-t-on qu'on ne peut assimiler ce que j'appelle la *traite des blancs* à la traite des noirs, puisque les marchands chrétiens n'achètent pas des blancs pour les revendre ensuite dans les différents marchés du Levant ?

Ce seroit là, messieurs, une dénégation sans preuve à laquelle vous pourriez attribuer plus ou moins de valeur. Je pourrois toujours dire que puisque des esclaves blancs sont vendus dans les marchés du Caire, dans les ports de la Barbarie, rien ne démontre que les mêmes chrétiens infidèles à leur foi, rebelles aux lois de leur pays, qui se livrent encore à la traite des noirs, se fissent plus de scrupule d'acheter et de vendre un blanc qu'un noir. Vous niez le crime? Eh bien, s'il ne se commet pas, la loi ne seroit pas appliquée; mais elle existera comme une menace de votre justice, comme un témoignage de votre gloire, de votre religion, de votre humanité, et j'ose dire comme un monument de la reconnoissance du monde envers la patrie des lumières.

Mais à présent, messieurs, que j'ai bien voulu, pour la force de l'argumentation, combattre *a priori* la dénégation pure et simple, si elle m'étoit opposée, les raisonnements du second degré de logique ne laisseroient plus vestige de la dénégation.

Un crime est-il toujours un et entier? N'y a-t-il assassinat, par exemple, que lorsque l'homme est mort du coup qu'on lui a porté? La loi n'a-t-elle pas assimilé au crime tout ce qui sert à le faire commettre? N'enveloppe-t-elle pas dans ses arrêts les complices du criminel comme le criminel lui-même?

« Les complices d'un crime ou d'un délit, dit le Code pénal, art. 59 et 60, livre II, seront punis de la même peine que les auteurs mêmes de ce crime ou de ce délit, sauf les cas où la loi en auroit disposé autrement. Seront punis de la même peine ceux qui auront, avec connoissance, aidé ou assisté l'auteur ou les auteurs de l'action dans les faits qui l'auront préparée ou facilitée, ou dans ceux qui l'auront consommée. »

On dira que les chrétiens dans le Levant n'achètent pas et ne vendent pas des esclaves blancs : mais n'ont-ils jamais nolisé de bâtiments pour les transporter du lieu où ils avoient subi la servitude au marché où ils devoient être vendus? Ne sont-ils pas ainsi devenus les courtiers d'un commerce infâme? N'ont-ils pas ainsi reçu le prix du sang? Eh quoi! ces hommes qui ont entendu les cris des enfants et des mères, qui ont entassé dans la cale de leurs vaisseaux des Grecs demi-brûlés, couverts du sang de leur famille égorgée; ces hommes qui ont embarqué ces chrétiens esclaves avec le marchand turc qui alloit, pour quelques piastres, les livrer à l'apostasie et à la prostitution, ces hommes ne seroient pas coupables!

Ici il est évident que le complice est, pour ainsi dire, plus criminel même; car, s'il n'avoit pas, pour un vil gain, fourni des moyens de transport, les malheureuses victimes seroient du moins restées dans les ruines de leur patrie; et qui sait si la victoire ou la politique, ramenant enfin la Croix triomphante, ne les eût pas rendues un jour à la religion et à la liberté?

Observez d'ailleurs, messieurs, une chose qui tranche la question. Mon amendement, qui n'est autre chose, comme vous le verrez bientôt, que l'article 1ᵉʳ de la loi du 15 avril 1818, s'exprime d'une manière étendue comme cet article; il ne renferme pas le crime dans le fait unique de l'achat et de la vente de l'esclave : le bon sens et l'efficacité de la loi vouloient qu'il fût ainsi rédigé.

Un vaisseau arrive sur la côte de l'Afrique pour faire la traite, le capitaine trouve une moisson abondante, et si abondante, que son navire ne suffit pas pour la porter; un autre vaisseau survient, le capitaine le nolise, y verse une partie de sa cargaison. Le vaisseau nolisé part pour les Antilles; il est rencontré et arrêté, bien que le capitaine de ce vaisseau n'ait acheté ni ne doive vendre pour son compte les esclaves dont il ne fait que le commerce interlope. Ce capitaine comparoît devant les tribunaux, et il est condamné; et pourquoi ? parce que la loi du 15 avril 1818 dit très-justement : « Toute part quelconque qui seroit prise au trafic connu sous le nom de la *traite des noirs*. »

Voilà précisément le cas de ces affreux nolis qui ont lieu dans la Méditerranée, et voilà le crime que mon amendement est destiné à prévenir.

Je veux croire, messieurs, qu'aucun navire françois n'a taché son pavillon blanc dans ce damnable trafic, qu'aucun sujet des descendants du saint roi qui mourut à Tunis pour la délivrance des chrétiens n'a eu la main dans ces abominations; mais, quel que soit le criminel, que je ne recherche point, le crime certainement a été commis : or, il me semble qu'il est de notre devoir rigoureux de le tenir au moins sous le coup d'une menace.

Il y a, messieurs, des articles que l'on peut oublier d'insérer dans une loi, mais qu'on ne peut refuser d'y admettre lorsqu'une fois ils ont été proposés. J'ose donc espérer que messieurs les ministres du roi eux-mêmes seront favorables à l'amendement dont je vais donner la lecture à la chambre. Lorsque j'avois l'honneur de siéger avec eux dans le conseil de Sa Majesté, je sais avec quel empressement ils adoptèrent une réponse à la dépêche d'un cabinet étranger pour essayer de mettre un terme au déchirement de la Grèce. Je me plais à révéler ces sentiments qui font leur honneur, et j'espère que si la politique nous divise, l'humanité au moins nous réunira.

Je me résume, messieurs.

Si la loi sur la traite des noirs avoit été moins particulière dans l'énoncé des délits et crimes qu'elle condamne, le projet de loi que nous examinons embrassant les crimes et délits qui se commettent dans les échelles du Levant, je n'aurois eu aucun amendement à proposer.

Mais comme la loi contre la traite borne son action à ce qui regarde les esclaves de la race noire, elle laisse tout pouvoir d'agir aux hommes qui voudroient faire le commerce des esclaves de race blanche dans les échelles du Levant, et met les coupables visiblement hors de l'atteinte de la loi contre la traite des noirs.

Je propose de remédier à ce mal par un amendement qui n'est autre, comme je l'ai dit, que le premier article de la loi sur la traite des noirs, mais généralisé et étendu sur toutes les races d'esclaves. Je n'ajoute rien dans le projet de loi actuel à l'énoncé des peines, et je ne change rien à la juridiction des tribunaux. Ce projet de loi déclarant que les contraventions, les délits et les crimes commis dans les échelles du Levant et de Barbarie sont punis par les *lois françoises*, il est évident que la loi contre la traite des noirs est comprise dans les lois françoises, et que les peines que cette loi statue seront applicables aux crimes et délits mentionnés dans mon amendement. J'évite ainsi tout naturellement d'entrer dans le système d'une loi pénale ; mon amendement reste ce qu'il doit être, un degré de plus de procédure dans le cours d'une loi de procédure.

Il n'innove rien dans la matière pénale, il ne fait qu'étendre une disposition d'une loi déjà existante ; il applique seulement à l'esclavage en général ce qui, dans une de vos lois, se bornoit à un esclavage particulier. Je ne crois donc pas, messieurs, qu'il soit possible de faire une objection un peu solide contre un amendement que réclament également votre religion, votre justice, votre humanité, et qui se place si naturellement dans le projet de loi sur lequel vous allez voter, qu'on diroit qu'il en est partie inhérente et indispensable.

Considéré dans ses rapports avec les affaires du monde, l'amendement est aussi sans le moindre inconvénient. Le terme générique que j'emploie n'indique aucun peuple particulier. J'ai couvert le Grec du manteau de l'esclave afin qu'on ne le reconnût pas et que les signes de sa misère rendissent au moins sa personne inviolable à la charité du chrétien.

AMENDEMENT

A l'article 1ᵉʳ du projet de loi sur la répression des crimes commis par des François dans les échelles du Levant, et devant former le second paragraphe de cet article.

« Est réputée contravention, délit et crime, selon la gravité des cas, conformément à la loi du 15 avril 1818, toute part quelconque qui seroit prise par des sujets et des navires françois, en quelque lieu, sous quelque condition et prétexte que ce soit, et par des individus étrangers dans les pays soumis à la domination françoise, au trafic des esclaves dans les échelles du Levant et de Barbarie. »

DISCOURS

EN RÉPONSE

A M. LE GARDE DES SCEAUX.

Messieurs, M. le garde des sceaux prétend que mon amendement seroit mieux placé au vingt-sixième article du projet de loi qu'au premier article : qu'à cela ne tienne ; si M. le garde des sceaux veut s'engager à soutenir mon amendement placé au vingt-sixième article, je suis prêt à lui donner satisfaction et à m'entendre avec lui.

La mémoire de M. le garde des sceaux l'aura, je pense, trompé : il croit que j'ai accusé des François. J'ai précisément mis les François hors de cause, et j'ai déclaré que j'espérois qu'aucun d'eux n'avoit souillé le pavillon blanc dans un damnable trafic.

M. le garde des sceaux ne me semble avoir détruit ni ce que j'ai avancé touchant le crime, ni ce que j'ai soutenu sur la complicité du crime. Il se contente de tout nier. Mais nier n'est pas prouver ; et moi, pour soutenir que les transports d'esclaves existent, je m'appuie sur les écrits de tous les voyageurs, sur les récits de toutes les gazettes imprimées dans l'Orient, même de celles qui ne sont pas favorables à la cause des Grecs, sur les journaux officiels de Napoli de Romani, enfin sur les plaintes mêmes du gouvernement grec. Quand on a demandé à celui-ci de faire justice des pirates qui usurpent son pavillon, il a répondu qu'il ne demandoit pas mieux, mais qu'il falloit aussi que les puissances chrétiennes défendissent à leurs sujets de fournir des transports aux soldats turcs et de noliser des vaisseaux pour y faire recevoir des malheureux habitants de la Grèce que l'on emmenoit en esclavage. Voilà, messieurs, des faits connus de tout l'univers.

Et enfin, comme je l'ai déjà dit, si le crime n'existe pas, il suffiroit qu'il fût possible, et qu'on en eût été menacé, pour ôter d'avance tout moyen de le commettre impunément. Si mon amendement introduit dans le projet de loi est inutile, tant mieux; mais c'est le cas de dire plus que jamais que ce qui abonde ne vicie pas. Cet amendement vous fera un immortel honneur, sans pouvoir causer aucun dommage. Toute la question vient se réduire à ce point : Il y aura jugement devant les tribunaux. Si les prévenus ne sont pas coupables du crime qu'on leur impute, s'ils n'ont pas pris une part quelconque à un trafic réprouvé par les lois divines et humaines, ils seront acquittés. Tous les jours des vaisseaux sont arrêtés comme prévenus d'avoir fait la traite des noirs : les maîtres de ces vaisseaux se justifient, et ils sont libérés. Encore une fois, si le délit ou le crime que l'amendement est destiné à prévenir n'existe pas, la loi ne sera jamais appliquée; s'il existe, et qu'il y ait des prévenus, ils seront jugés, et renvoyés absous s'ils ne sont pas coupables; s'ils sont coupables, voudriez-vous qu'un crime aussi énorme devant Dieu et devant les hommes restât impuni?

Une autre objection de M. le ministre de la justice consiste à dire que mon amendement introduit une loi pénale dans une loi de procédure.

Je croyois, messieurs, m'être mis à l'abri de cette fin de non recevoir dans le développement de mon amendement. En effet, je crois avoir prouvé d'une manière sensible que l'amendement ne fait aucune confusion de matières et ne sort pas du caractère de la loi. Mais apparemment que je ne me serai pas suffisamment expliqué : essayons de mieux me faire entendre.

Mon amendement confond si peu une loi pénale avec une loi de procédure, qu'il ne renferme le prononcé d'aucune peine. Il exprime seulement un délit, lequel délit sera puni sans doute par les lois françoises, comme tous les délits et crimes commis dans les échelles du Levant; et ainsi le veut le projet de loi même, par son article 26.

Le savant magistrat à qui j'ai l'honneur de répondre semble avoir confondu lui-même des choses extrêmement diverses : parce que je m'occupois de délits, il lui a paru que j'établissois des peines, dont je ne dis pas un mot.

Considéré sous tous les rapports, mon amendement, messieurs, ne dénature point le principe de la loi dans laquelle je sollicite son introduction. Ce n'est qu'un article oublié dans cette loi, dont je demande pour ainsi dire le rétablissement. La matière est parfaitement homogène. L'amendement ne fait que généraliser la nature d'un crime déjà mentionné dans vos lois, il n'introduit aucune peine nouvelle pour la répression de ce crime. Le projet de loi s'occupe des délits commis dans les échelles du Levant, sous les yeux des consuls françois ; et ce sont aussi des délits commis dans les échelles du Levant, sous les yeux des consuls du roi, que l'amendement spécifie. Ici les crimes ont le même théâtre, sont perpétrés par les mêmes hommes, attestés par les mêmes témoins, jugés par les mêmes tribunaux : que faut-il donc de plus pour donner à un amendement le caractère de la loi même dans laquelle il peut être placé ?

Je voulois négliger de répondre à une objection qui n'est pas nouvelle, et que depuis dix ans j'ai vu reproduire à propos de presque toutes les lois.

Il est rare quand un amendement a quelque importance qu'on ne dise pas que cet amendement n'est autre chose qu'une loi particulière, qu'un envahissement de l'initiative royale, et qui peut tout au plus devenir l'objet d'une proposition spéciale. Votre sagesse, messieurs, ne s'est pas souvent rendue à cette objection, et vous avez nombre de fois, au contraire, adopté des amendements qui, vous assuroit-on, dénaturoient la loi dans son principe, introduisoient une loi dans une loi. Votre mémoire vous en fournira de grands exemples. Vous aurez bientôt, dans le projet de loi sur le droit d'aînesse, l'occasion d'user largement du droit d'amender. Je ne pense pas que vous demandiez au noble rapporteur de votre commission de changer en proposition les amendements qu'elle a jugé convenable de vous présenter à votre dernière séance.

Et en vérité, messieurs, mon amendement fût-il plus étranger à la loi, pourriez-vous, pour une petite convenance de matières, refuser de prévenir un si grand crime ? Et qu'on ne dise pas que dans tous les cas on a le temps d'attendre : l'amendement est urgent, car les malheurs se précipitent ; il ne s'agit pas de prévenir un désordre à venir, mais un désordre du jour.

Au moment où je vous parle, messieurs, une nouvelle moisson de victimes humaines tombe peut-être sous le fer des Turcs. Une poignée de chrétiens héroïques se défend encore au milieu des ruines de Missolonghi, à la vue de l'Europe chrétienne insensible à tant de courage et à tant de malheurs. Et qui peut pénétrer les desseins de la Providence ? J'ai lu hier, messieurs, une lettre d'un enfant de quinze ans, datée des remparts de Missolonghi. « Mon cher compère, écrit-il dans sa naïveté à un de ses camarades à Zante, j'ai été blessé trois fois ; mais je suis, moi et mes compagnons, assez guéri pour avoir repris nos fusils. Si nous avions des vivres, nous braverions des ennemis trois fois plus nombreux. Ibrahim est sous nos murs ; il nous a fait faire des propositions et des menaces; nous avons tout repoussé. Ibrahim a des officiers françois avec lui : qu'avons-nous fait aux François pour nous traiter ainsi? »

Messieurs, ce jeune homme sera-t-il pris, transporté par des chrétiens aux marchés d'Alexandrie? S'il doit encore nous demander ce qu'il a fait aux François, que notre amendement soit là pour satisfaire à l'interrogation de son désespoir, au cri de sa misère, pour que nous puissions lui répondre : « Non, ce n'est pas le pavillon de saint Louis qui protège votre esclavage, il voudroit plutôt couvrir vos nobles blessures! »

Pairs de France, ministres du roi très-chrétien, si nous ne pouvons pas par nos armes secourir la malheureuse Grèce, séparons-nous du moins par nos lois des crimes qui s'y commettent : donnons un noble exemple, qui préparera peut-être en Europe les voies à une politique plus élevée, plus humaine, plus conforme à la religion, et plus digne d'un siècle éclairé ; et c'est à vous, messieurs, c'est à la France qu'on devra cette noble initiative!

INTRODUCTION

PREMIER MÉMOIRE.

Je diviserai cette Introduction en deux mémoires : dans le premier, je prendrai l'histoire de Sparte et d'Athènes à peu près au siècle d'Auguste, et je la conduirai jusqu'à nos jours. Dans le second, j'examinerai l'authenticité des traditions religieuses à Jérusalem.

Spon, Wheler, Fanelli, Chandler et Leroi ont, il est vrai, parlé du sort de la Grèce dans le moyen âge ; mais le tableau tracé par ces savants hommes est bien loin d'être complet. Ils se sont contentés des faits généraux, sans se fatiguer à débrouiller la *Byzantine;* ils ont ignoré l'existence de quelques Voyages au Levant : en profitant de leurs travaux, je tâcherai de suppléer à ce qu'ils ont omis.

Quant à l'histoire de Jérusalem, elle ne présente aucune obscurité dans les siècles barbares ; jamais on ne perd de vue la ville sainte. Mais lorsque les pèlerins vous disent : « Nous nous rendîmes au tombeau de Jésus-Christ, nous entrâmes dans la grotte où le Sauveur du monde répandit une sueur de sang, etc., etc., » un lecteur peu crédule pourroit s'imaginer que les pèlerins sont trompés par des traditions incertaines : or, c'est un point de critique que je me propose de discuter dans le second mémoire de cette Introduction.

Je viens à l'histoire de Sparte et d'Athènes :

Lorsque les Romains commencèrent à se montrer dans l'Orient, Athènes se déclara leur ennemie, et Sparte embrassa leur fortune. Sylla brûla le Pirée et Munychie ; il saccagea la ville de Cécrops, et fit un si grand massacre des citoyens, que le sang, dit Plutarque, remplit tout le Céramique, et regorgea par les ports. Av. J.-C. 87.
Plut. in Syll. ;
Appian.

Dans les guerres civiles de Rome, les Athéniens suivirent le parti de Pompée, qui leur sembloit être celui de la liberté : les Lacédémoniens s'attachèrent à la destinée de César. Celui-ci refusa de se venger d'Athènes. Sparte, fidèle à la mémoire de César, combattit contre Brutus à la bataille de Philippes ; Brutus avoit promis le pillage de Lacédémone à ses soldats, en cas qu'il obtînt la victoire. Les Athéniens élevèrent des statues à Brutus, s'unirent à Antoine et furent punis par Auguste. Quatre ans avant la mort de ce prince, ils se révoltèrent contre lui.

<small>Cæs. de Bell. civil. ; Dion. ; Appian. ; Plut. in Vit. Brut. Av. J.-C. 44. Av. J.-C. 41. Plut. in Ant. Av. J.-C. 21. Vell.-Pat. De J.-C. 10. Suet. in Aug.</small>

Athènes demeura libre pendant le règne de Tibère. Sparte vint plaider et perdre à Rome une petite cause contre les Messéniens, autrefois ses esclaves. Il s'agissoit de la possession du temple de Diane Limnatide : précisément cette Diane dont la fête donna naissance aux guerres messéniaques.

<small>De J.-C. 25. Tac. Ann. lib. 4.</small>

Si l'on fait vivre Strabon sous Tibère, la description de Sparte et d'Athènes par ce géographe se rapportera au temps dont nous parlons.

<small>De Sit. orb. lib. 9.</small>

Lorsque Germanicus passa chez les Athéniens, par respect pour leur ancienne gloire, il se dépouilla des marques de la puissance, et marcha précédé d'un seul licteur.

<small>De J.-C. 18. Tacit. Annal. lib. 2.</small>

Pomponius Méla écrivoit vers le temps de l'empereur Claude. Il se contente de nommer Athènes en décrivant la côte de l'Attique.

<small>De J.-C. 56. De Sit. orb. lib. 2.</small>

Néron visita la Grèce, mais il n'entra ni dans Athènes ni dans Lacédémone.

<small>De J.-C. 67. Xiph. in Ner.</small>

Vespasien réduisit l'Achaïe en province romaine, et lui donna pour gouverneur un proconsul. Pline l'ancien, aimé de Vespasien et de Titus, parla sous ces princes de divers monuments de la Grèce.

<small>De J.-C. 79. Dio.</small>

Apollonius de Tyane, pendant le règne de Domitien, trouva les lois de Lycurgue en vigueur à Lacédémone.

<small>De J.-C. 91. Philostr. in Vit. Apol. Ty.</small>

Nerva favorisa les Athéniens. Les monuments d'Hérode Atticus et le voyage de Pausanias sont à peu près de cette époque.

<small>De J.-C. 97. Eutr. Vict. Dio.</small>

Pline le jeune, sous Trajan, exhorte Maxime, proconsul d'Achaïe, à gouverner Athènes et la Grèce avec équité.

<small>De J.-C. 115. Plin. jun. lib. 8. cap. 24.</small>

Adrien rétablit les monuments d'Athènes, acheva le temple

<small>De J.-C. 134.</small>

de Jupiter Olympien, bâtit une nouvelle ville auprès de l'an- <small>Dio. ; Spart. ; Euseb.</small>
cienne, et fit refleurir dans la Grèce les sciences, les lettres et
les arts.

Antonin et Marc-Aurèle comblèrent Athènes de bienfaits. Le <small>De J.-C. 176. Capitol. ; Dio.</small>
dernier s'attacha surtout à rendre à l'Académie son ancienne
splendeur : il multiplia les professeurs de philosophie, d'éloquence et de droit civil, et en porta le nombre jusqu'à treize :
deux platoniciens, deux péripatéticiens, deux stoïciens, deux
épicuriens, deux rhéteurs, deux professeurs de droit civil, et
un préfet de la jeunesse. Lucien, qui vivoit alors, dit qu'Athènes
étoit remplie de longues barbes, de manteaux, de bâtons et de
besaces.

Le *Polyhistor* de Solin parut vers la fin de ce siècle. Solin
décrit plusieurs monuments de la Grèce. Il n'a pas copié Pline
le naturaliste aussi servilement qu'on s'est plu à le répéter.

Sévère priva Athènes d'une partie de ses priviléges, pour la <small>De J.-C. 194. Herodian. Spart. ; Dio.</small>
punir de s'être déclarée en faveur de Pescennius Niger.

Sparte, tombée dans l'obscurité, tandis qu'Athènes attiroit <small>De J.-C. 214. Herodian.</small>
encore les regards du monde, mérita la honteuse estime de
Caracalla : ce prince avoit, dans son armée un bataillon de Lacédémoniens, et une garde de Spartiates auprès de sa personne.

Les Scythes, ayant envahi la Macédoine, au temps de l'empe- <small>De J.-C. 260. Trebell ; Zon.</small>
reur Gallien, mirent le siége devant Thessalonique. Les Athé-
niens, effrayés, se hâtèrent de relever les murs que Sylla avoit
abattus.

Quelques années après, les Hérules pillèrent Sparte, Corinthe <small>De J.-C. 261. Trebell.</small>
et Argos. Athènes fut sauvée par la bravoure d'un de ses citoyens
nommé *Dexippe*, également connu dans les lettres et dans les
armes.

L'archontat fut aboli à cette époque ; le stratége, inspec- <small>Chandl. Trav.</small>
teur de l'*agora* ou du marché, devint le premier magistrat
d'Athènes.

Les Goths prirent cette ville sous le règne de Charles II. Ils <small>De J.-C. 269. Zon.</small>
voulurent brûler les bibliothèques, mais un des barbares s'y
opposa : « Conservons, dit-il, ces livres qui rendent les Grecs
si faciles à vaincre, et qui leur ôtent l'amour de la gloire. »
Cléodème, Athénien échappé au malheur de sa patrie, rassembla
des soldats, fondit sur les Goths, en tua un grand nombre, et

dispersa le reste : il prouva aux Goths que la science n'exclut pas le courage.

De J.-C. 323.
Liban. ; Or. ;
Zon.

Athènes se remit promptement de ce désastre; car on la voit peu de temps après offrir des honneurs à Constantin et en recevoir des grâces. Ce prince donna au gouverneur de l'Attique le titre de grand-duc : titre qui, se fixant dans une famille, devint héréditaire, et finit par transformer la république de Solon en une principauté gothique. Pite, évêque d'Athènes, parut au concile de Nicée.

De J.-C. 337.
Eunape; Zon.
in Const.

Constance, successeur de Constantin, après la mort de ses frères Constantin et Constant, fit présent de plusieurs îles à la ville d'Athènes.

De J.-C. 354.
Zos. lib. 3;
Jul. Ep. Ad.
Athen ; Greg.;
Cyr.; Bas.;
Chrys. Oper. ap.
Bibl. Pat.

Julien, élevé parmi les philosophes du Portique, ne s'éloigna d'Athènes qu'en versant des larmes. Les Grégoire, les Cyrille, les Basile, les Chrysostome, puisèrent leur sainte éloquence dans la patrie de Démosthène.

De J.-C. 377.
Zos. lib. 4 ;
Chandl.
Inscript. ant.

Sous le règne du grand Théodose, les Goths ravagèrent l'Épire et la Thessalie. Ils se préparoient à passer dans la Grèce; mais ils en furent écartés par Théodore, général des Achéens. Athènes reconnoissante éleva une statue à son libérateur.

De J.-C. 395.
Zos. lib. 5.

Honorius et Arcadius tenoient les rênes de l'empire lorsque Alaric pénétra dans la Grèce. Zosime raconte que le conquérant aperçut, en approchant d'Athènes, Minerve qui le menaçoit du haut de la citadelle, et Achille qui se tenoit debout devant les remparts. Si l'on en croit le même historien, Alaric ne saccagea point une ville que protégeoient les héros et les dieux. Mais ce récit a bien l'air d'une fable. Synésius, plus près de l'événement que Zosime, compare Athènes incendiée par les Goths à une victime que la flamme a dévorée et dont il ne reste plus que les ossements. On croit que le Jupiter de Phidias périt dans cette invasion des barbares.

Syn. ep. Op
omn. a Pet. edit.

Chandl.
Trav.

De J.-C. 390.

Corinthe, Argos, les villes de l'Arcadie, de l'Élide et de la Laconie, éprouvèrent le sort d'Athènes : « Sparte, si fameuse, dit encore Zosime, ne put être sauvée; ses citoyens l'abandonnèrent et ses chefs la trahirent : ses chefs, vils ministres des tyrans injustes et débauchés qui gouvernoient l'État. »

Zos. lib. 5.

Stilicon, en venant chasser Alaric du Péloponèse, acheva de désoler cet infortuné pays.

INTRODUCTION.

Athénaïs, fille de Léonce le Philosophe, connue sous le nom d'*Eudoxie*, étoit née à Athènes, et elle épousa Thodose le jeune [1]. <small>De J.-C. 433. Zon. in Th. 11.</small>

Pendant que Léonce tenoit les rênes de l'empire d'Orient, Genséric se jeta de nouveau sur l'Achaïe. Procope ne nous dit point quel fut le sort de Sparte et d'Athènes dans cette nouvelle invasion. <small>De J.-C. 430. Procop. de Bell. Vand. lib. 1. cap. 5.</small>

Le même historien fait ainsi la peinture des ravages des barbares, dans son *Histoire secrète* : « Depuis que Justinién gouverne l'empire, la Thrace, la Chersonèse, la *Grèce*, et tout le pays qui s'étend entre Constantinople et le golfe d'Ionie, ont été ravagés chaque année par les Antes, les Slavons et les Huns. Plus de deux cent mille Romains ont été tués ou faits prisonniers à chaque invasion des barbares, et les pays que j'ai nommés sont devenus semblables aux déserts de la Scythie. » <small>De J.-C. 527. Procop. cap. 18.</small>

Justinien fit réparer les murailles d'Athènes et élever des tours sur l'isthme de Corinthe. Dans la liste des villes que ce prince embellit et fortifia, Procope ne cite point Lacédémone. On remarque auprès des empereurs d'Orient une garde laconienne ou tzaconienne, selon la prononciation alors introduite. Cette garde, armée de piques, portoit une espèce de cuirasse ornée de figures de lion; le soldat étoit vêtu d'une casaque de drap et couvroit sa tête d'un capuchon. Le chef de cette milice s'appeloit *stratopedarcha*. <small>Procop de Ædif. lib. 4. cap 2.</small>

<small>Cod Curop. ap. Byz. Script.</small>

L'empire d'Orient avoit été divisé en gouvernements appelés *thémata*. Lacédémone devint l'apanage des frères ou des fils aînés de l'empereur. Les princes de Sparte prenoient le titre de *despotes*, leurs femmes s'appeloient *despœnes*, et le gouvernement *despotat*. Le despote résidoit à Sparte ou à Corinthe [2].

---

1. On n'a pas fait attention à l'ordre chronologique, et l'on place mal à propos le mariage d'Eudoxie avant la prise d'Athènes par Alaric. Zonare dit qu'Eudoxie, chassée par ses frères, Valérius et Genèse, avoit été obligée de fuir à Constantinople. Valérius et Genèse vivoient paisiblement dans leur patrie, et Eudoxie les fit élever aux dignités de l'empire. Toute cette histoire du mariage et de la famille d'Eudoxie ne prouveroit-elle pas qu'Athènes ne souffrit pas autant du passage d'Alaric que le dit Synésius, et que Zosime pourroit bien avoir raison, du moins pour le fait?

2. Ce titre de despote n'étoit pas cependant particulier à la princi-

Ici commence le long silence de l'histoire sur le pays le plus fameux de l'univers. Spon et Chandler perdent Athènes de vue pendant sept cents ans : « Soit, dit Spon, à cause du défaut de l'histoire, qui est courte et obscure dans ces siècles-là, ou que la fortune lui eût accordé ce long repos. » Cependant on découvre dans le cours de ces siècles quelques traces de Sparte et d'Athènes.

Spon. Voy. t. II.

Nous retrouvons d'abord le nom d'Athènes dans Théophilacte Simocate, historien de l'empereur Maurice. Il parle des Muses *qui brillent à Athènes dans leurs plus superbes habits*, ce qui prouve que vers l'an 590 Athènes étoit encore le séjour des Muses.

De J.-C. 590. Theoph. lib. 8. cap. 12 ap. Byz. Script.

L'Anonyme de Ravenne, écrivain goth qui vivoit vraisemblablement au viie siècle, nomme trois fois Athènes dans sa Géographie ; encore n'avons-nous de cette géographie qu'un extrait mal fait par Galatéus.

De J.-C. 650. Raven. Anon. lib. 4 et 6.

Sous Michel III, les Esclavons se répandirent dans la Grèce. Théoctiste les battit et les poussa jusqu'au fond du Péloponèse. Deux hordes de ces peuples, les Ézérites et les Milinges, se cantonnèrent à l'orient et à l'occident du Taygète, qui se nommoit dès lors *Pentadactyle*. Quoi qu'en dise Constantin Porphyrogénète, ces Esclavons sont les ancêtres des Maniotes, et ceux-ci ne sont point les descendants des anciens Spartiates, comme on le soutient aujourd'hui, sans savoir que ce n'est qu'une opinion ridicule de Constantin Porphyrogénète [1]. Ce sont sans doute ces Esclavons qui changèrent le nom d'Amyclée en celui de Sclabochorion.

De J.-C. 846. Const. Porph. de Adm. Imp.

Nous lisons dans Léon le Grammairien que les habitants de la Grèce ne pouvant plus supporter les injustices de Chasès, fils de Job et préfet d'Achaïe, le lapidèrent dans une église d'Athènes, pendant le règne de Constantin VII.

De J.-C. 915. Leo. Vit. Const. cap. 2.

Sous Alexis Comnène, quelque temps avant les croisades, nous voyons les Turcs ravager les îles de l'Archipel et toutes *les côtes de l'Occident.*

De J.-C. 1081. Leo. Ann. Comn. lib. 7.

---

pauté de Sparte, et l'on trouve des despotes d'Orient, de Thessalie, qui jettent une grande confusion dans l'histoire.

1. L'opinion de Paw, qui fait descendre les Maniottes, non des Spartiates, mais des Laconiens affranchis par les Romains, n'est fondée sur aucune vraisemblance historique.

INTRODUCTION.

Dans un combat entre les Pisans et les Grecs, un comte, natif du *Péloponèse*, signala son courage vers l'an 1085 : ainsi le Péloponèse ne portoit point encore le nom de *Morée*. <small>De J.-C. 1085, Ann. Comn. lib. 11, cap. 9.</small>

Les guerres d'Alexis Comnène, de Robert et de Boémond eurent pour théâtre l'Épire et la Thessalie, et ne nous apprennent rien de la Grèce proprement dite. Les premiers croisés passèrent aussi à Constantinople, sans pénétrer dans l'Achaïe. Mais sous le règne de Manuel Comnène, successeur d'Alexis, les rois de Sicile, les Vénitiens, les Pisans et les autres peuples occidentaux se précipitèrent sur le Péloponèse et sur l'Attique. Roger Ier, roi de Sicile, transporta à Palerme les artisans d'Athènes, habiles dans la culture de la soie. C'est à peu près à cette époque que le Péloponèse changea son nom en celui de Morée; du moins je trouve ce nom employé par l'historien Nicétas. Il est probable que les vers à soie venant à se multiplier dans l'Orient, on fut obligé de multiplier les mûriers : le Péloponèse prit son nouveau nom de l'arbre qui faisoit sa nouvelle richesse. <small>De J.-C. 1085 et seq. Ann. Comn. lib. 4-5, etc.; Glycas.</small> <small>De J.-C. 1130.</small> <small>Nicet. Hist. Bald. cap. 1.</small>

Roger s'empara de Corfou, de Thèbes et de Corinthe, et eut la hardiesse, dit Nicétas, d'attaquer les villes les plus avancées dans le pays. Mais, selon les historiens de Venise, les Vénitiens secoururent l'empereur d'Orient, battirent Roger, et l'empêchèrent de prendre Corinthe. Ce fut en raison de ce service qu'ils prétendirent, deux siècles après, avoir des droits sur Corinthe et sur le Péloponèse. <small>De J.-C. 1140. Nicet. Man. Comn. lib. 2. cap. 1.</small> <small>Coron. p. 17.</small>

Il faut rapporter à l'an 1170 le voyage de Benjamin de Tudèle en Grèce : il traversa Patras, Corinthe et Thèbes. Il trouva dans cette dernière ville deux mille juifs qui travailloient aux étoffes de soie et s'occupoient de la teinture en pourpre. <small>De J.-C. 1170. Itin. Benj. Tudel.</small>

Eustathe étoit alors évêque de Thessalonique. Les lettres étoient donc encore cultivées avec succès dans leur patrie, puisque cet Eustathe est le célèbre commentateur d'Homère.

Les François, ayant à leur tête Boniface, marquis de Mont-Ferrat, et Baudouin, comte de Flandre, les Vénitiens, sous la conduite de Dandolo, chassèrent Alexis de Constantinople, et rétablirent Isaac l'Ange sur le trône. Ils s'emparèrent bientôt de la couronne pour leur propre compte. Baudouin, comte de Flandre, eut l'empire, et le marquis de Mont-Ferrat fut déclaré roi de Thessalonique. <small>De J.-C. 1204. Nic. in Bald. Ville-Hard. cap. 136 et s.</small>

INTRODUCTION.

<small>Nic. in Bald. cap. 3.</small>

Dans ce temps-là, un petit tyran de la Morée, appelé *Sgure*, et natif de Napoli de Romanie, vint mettre le siége devant Athènes : il en fut repoussé par l'archevêque Michel Acominat Choniate, frère de l'historien Nicétas. Cet archevêque avoit composé un poëme dans lequel il comparoit l'Athènes de Périclès à l'Athènes du xiie siècle. Il reste encore quelques vers de ce poëme manuscrit, in-4°, n° 963, page 116, à la Bibliothèque royale.

<small>Nic. in Bald. cap. 4.</small>

Quelque temps après, Athènes ouvrit ses portes au marquis de Mont-Ferrat; Boniface donna l'investiture de la seigneurie de Thèbes et d'Athènes à Othon de la Roche; les successeurs d'Othon prirent le titre de ducs d'Athènes et de grands-sires de Thèbes. Au rapport de Nicétas, le marquis de Mont-Ferrat porta ses armes jusqu'au fond de la Morée; il se saisit d'Argos et de Corinthe, mais il ne put s'emparer du château de cette dernière ville, où Léon Sguré se renferma.

<small>Ville-Hard. cap. 173 et seq.; Du Cang. Hist. Const. lib. 1.</small>

Tandis que Boniface poursuivoit ses succès, un coup de vent amenoit d'autres François à Modon. Geoffroi de Ville-Hardouin, qui les commandoit, et qui revenoit de la Terre Sainte, se rendit auprès du marquis de Mont-Ferrat, alors occupé au siége de Napoli. Geoffroi, bien reçu de Boniface, entreprit avec Guillaume de Champlite la conquête de la Morée. Le succès répondit aux espérances; toutes les villes se rendirent aux deux chevaliers, à l'exception de Lacédémone, où régnoit un tyran nommé *Léon Chamarète*. Peu de temps après, la Morée fut remise aux Vénitiens; elle leur appartenoit, d'après le traité général conclu à Constantinople entre les croisés. Le corsaire génois Léon de Scutrano se rendit maître un moment de Coron et de Modon; mais il en fut bientôt chassé par les Vénitiens.

<small>Nic. in Bald. cap. 9.</small>

<small>Coronell.; Giac. Died. Stor. del Rep. Ven.</small>

<small>De J.-C. 1210. Du Cang. Histor. Const. lib. 2.</small>

Guillaume de Champlite prit le titre de prince d'Achaïe. A la mort de Guillaume, Geoffroi de Ville-Hardouin hérita des biens de son ami, et devint prince d'Achaïe et de Morée.

<small>De J.-C. 1214. Cantem. Hist. de l'emp. ot. liv. 1.</small>

La naissance de l'empire ottoman se rapporte à peu près au temps dont nous parlons. Soliman-Shah sortit des solitudes des Tartares Oguziens, vers l'an 1214, et s'avança vers l'Asie-Mineure. Démétrius Cantémir, qui nous a donné l'histoire des Turcs d'après les auteurs originaux, mérite plus de confiance que Paul Jove et les auteurs grecs, qui confondent souvent les Sarrasins avec les Turcs.

Le marquis de Mont-Ferrat ayant été tué, sa veuve fut déclarée régente du royaume de Thessalonique. Athènes, lasse apparemment d'obéir à Othon de la Roche ou à ses descendants, voulut se donner aux Vénitiens; mais elle fut traversée dans ce dessein par Magaduce, tyran de Morée : ainsi la Morée avoit vraisemblablement secoué le joug de Ville-Hardouin ou des Vénitiens. Ce nouveau tyran, Magaduce, avoit sous lui d'autres tyrans; car, outre Léon Sgure, déjà nommé, on trouve un Étienne, pêcheur, *signore di molti stati nella Morea*, dit Giacomo Diedo. Died. Stor. del.
Rep. Ven.
lib. 5.

Théodore Lascaris reconquit sur les Francs une partie de la Morée. La lutte entre les empereurs latins d'Orient et les empereurs grecs retirés en Asie dura cinquante-sept années : Guillaume de Ville-Hardouin, successeur de Geoffroi, étoit devenu prince d'Achaïe; il tomba entre les mains de ce Michel Paléologue, empereur grec, qui rentra dans Constantinople au mois d'août de l'année 1261. Pour obtenir sa liberté, Guillaume céda à Michel les places qu'il possédoit en Morée; il les avoit conquises sur les Vénitiens et sur les petits princes qui s'élevoient et disparoissoient tour à tour : ces places étoient Monembasie, Maïna, Hiérace et Misitra. C'est la première fois qu'on lit ce nom de Misitra : Pachymère l'écrit sans réflexion, sans étonnement, et presque sans y penser, comme si cette Misitra, petite seigneurie d'un gentilhomme françois, n'étoit pas l'héritière de Lacédémone. De J.-C. 1259.
Pachym. lib. 1,
3 et 5; Du Cang.
Hist. Const.
lib. 5.

Nous avons vu un peu plus haut Lacédémone paroître sous son ancien nom, lorsqu'elle étoit gouvernée par Léon Chamarète : Misitra fut donc pendant quelque temps contemporaine de Lacédémone.

Guillaume céda encore à l'empereur Michel Anaplion et Argos; la contrée de Ciusterne demeura en contestation. Guillaume est ce même prince de Morée dont parle le sire de Joinville : Joinv. Hist. de
saint Louis
Du Cang.
Annot.

> Lors vint. . . . .
> Avec mainte armeure dorée,
> Celui qui prince est de la Morée.

Diedo le nomme Guillaume *Ville*, en retranchant ainsi la moitié du nom. Died. Stor.
dell Rep. de
Ven. lib. 6.

Pachym. lib. 2. Pachymère nomme vers ce temps-là un certain Théodose, moine de Morée, qui, dit l'historien, étoit issu *de la race des princes de ce pays :* nous voyons aussi l'une des sœurs de Jean, héritier du trône de Constantinople, épouser Mathieu de Valincourt, *François venu de Morée.*

De J.-C. 1268. Michel fit équiper une flotte, et reprit les iles de Naxos, de Paros, de Céos, de Caryste et d'Orée; il s'empara en même
Pachym. lib. 3. temps de Lacédémone, différente ainsi de Misitra, cédée à l'empereur pour la rançon du prince d'Achaïe : on voit des Lacédémoniens servir sur la flotte de Michel; ils avoient, disent les
Pachym. lib. 3. historiens, été transférés de leur pays à Constantinople, en considération de leur valeur.

De J.-C. 1269. L'empereur fit ensuite la guerre à Jean Ducas Sebastocrator,
Pachym. lib. 4. qui s'étoit soulevé contre l'empire; ce Jean Ducas étoit fils naturel de Michel, despote d'Occident. Michel l'assiégea dans la ville de Duras. Jean trouva le moyen de s'enfuir à Thèbes, où régnoit un prince, sire Jean, que Pachymère appelle *grand-seigneur de Thèbes*, et qui étoit peut-être un descendant d'Othon de la Roche. Ce sire Jean fit épouser à son frère Guillaume la fille de Jean, bâtard du despote d'Occident.

De J.-C. 1275. Six ans après, un prince issu de *l'illustre famille des princes de*
Pachym. lib. 5. *Morée* disputa à Veccus le patriarcat de Constantinople.

Jean, prince de Thèbes, mourut; son frère Guillaume fut son héritier. Guillaume devint aussi, par sa femme, petite-fille du despote d'Occident, prince d'une partie de la Morée: car le despote d'Occident, en dépit des Vénitiens et du prince d'Achaïe, s'étoit emparé de cette belle province.

De J.-C. 1293. Andronic, après la mort de Michel son père, monta sur le
Pachym. lib. 9. trône d'Orient. Nicéphore, despote d'Occident, et fils de ce Michel, despote, qui avoit conquis la Morée, suivit Michel empereur dans la tombe; il laissa pour héritier un fils nommé *Thomas* et une fille appelée *Itamar.* Celle-ci épousa Philippe, petit-fils de Charles, roi de Naples : elle lui apporta en mariage plusieurs villes, et une grande étendue de pays. Il est donc probable que les Siciliens eurent alors quelques possessions en Morée.

De J.-C. 1300. Vers ce temps-là je trouve une princesse d'Achaïe, veuve et
Pachym. lib. 11. fort avancée en âge, qu'Andronic vouloit marier à son fils Jean,

despote; cette princesse étoit peut-être la fille ou même la femme de Guillaume, prince d'Achaïe, que nous avons vu faire la guerre à Michel, père d'Andronic.

Quelques années après, un tremblement de terre ébranla Modon et plusieurs autres villes de la Morée. De J.-C. 1305. Pachym. lib. 11.

Athènes vit alors arriver de l'Occident de nouveaux maîtres. Des Catalans, cherchant aventure sous la conduite de Ximenès, de Roger et de Bérenger, vinrent offrir leurs services à l'empereur d'Orient. Mécontents d'Andronic, ils tournèrent leurs armes contre l'empire. Ils ravagèrent l'Achaïe et mirent Athènes au nombre de leurs conquêtes. C'est alors, et non pas plus tôt, qu'on y voit régner Delves, prince de la maison d'Aragon. L'histoire ne dit point s'il trouva les héritiers d'Othon de la Roche en possession de l'Attique et de la Béotie. De J.-C. 1312. Pachym. lib. 11. Pac. Notiz. del duc. d'At.; Farnel. Athen. Attic.; Spon, t. I; Chandl. t. II.

L'invasion de la Morée par Amurat, fils d'Orcan, doit être placée sous la même date : on ignore quel en fut le succès [1]. Cant. Hist. de l'emp. ot. lib. 2.

Les empereurs Jean Paléologue et Jean Cantacuzène voulurent porter la guerre dans l'Achaïe. Ils étoient invités par l'évêque de Coronée et par Jean Sidère, gouverneur de plusieurs villes. Le grand-duc Apocauque, qui s'étoit révolté contre l'empereur, pilla la Morée et y mit tout à feu et à sang. De J.-C. 1336. Cantac. lib. 3. cap. 11. De J.-C. 1342. Cantac. lib. 3. cap. 71.

Reinier Acciajuoli, Florentin, chassa les Catalans d'Athènes. Il gouverna cette ville pendant quelque temps, et, n'ayant point d'héritiers légitimes, il la laissa par testament à la république de Venise; mais Antoine, son fils naturel, qu'il avoit établi à Thèbes, enleva Athènes aux Vénitiens. De J.-C 1370. Pac. Notiz. del duc d'At. Fanell. Ath. Att. Mart. Crus. lib. 2, etc.

Antoine, prince de l'Attique et de la Béotie, eut pour successeur un de ses parents nommé *Nérius*. Celui-ci fut chassé de ses États par son frère Antoine II, et il ne rentra dans sa principauté qu'après la mort de l'usurpateur. De J.-C. 1390 jusqu'à 1400. Auct. supr. cit.

Bajazet faisoit alors trembler l'Europe et l'Asie; il menaçoit de se jeter sur la Grèce. Mais je ne vois nulle part qu'il se soit emparé d'Athènes, comme le disent Spon et Chandler, qui ont d'ailleurs confondu l'ordre des temps en faisant arriver les Catalans dans l'Attique après le prétendu passage de Bajazet.

---

1. On voit quelques traces de cette invasion dans Cantacuzène, liv. I, c. 39.

Quoi qu'il en soit, la frayeur que ce prince répandit en Europe produisit un des événements les plus singuliers de l'histoire. Théodore Porphyrogène, despote de Sparte, étoit frère d'Andronic et d'Emmanuel, tour à tour empereurs de Constantinople. Bajazet menaçoit la Morée d'une invasion : Théodore, ne croyant pas pouvoir défendre sa principauté, voulut la vendre aux chevaliers de Rhodes. Philibert de Naillac, prieur d'Aquitaine et grand-maître de Rhodes, acheta, au nom de son ordre, le despotat de Sparte. Il y envoya deux chevaliers françois, Raymond de Leytoure, prieur de Toulouse, et Élie du Fossé, commandeur de Sainte-Maixance, prendre possession de la patrie de Lycurgue. Le traité fut rompu, parce que Bajazet, obligé de repasser en Asie, tomba entre les mains de Tamerlan. Les deux chevaliers, qui s'étoient déjà établis à Corinthe, rendirent cette ville, et Théodore remit de son côté l'argent qu'il avoit reçu pour le prix de Lacédémone.

De J.-C. 1400. Hist. des chev. de Malte. La Guillot. Lacéd. anc. et mod.

Le successeur de Théodore fut un autre Théodore, neveu du premier et fils de l'empereur Emmanuel. Théodore II épousa une Italienne de la maison de Malatesta. Les chefs de cette illustre maison prirent dans la suite, à cause de cette alliance, le titre de ducs de Sparte.

De J.-C. 1410. Mart. Crus. Turc.-Græc. lib. 2; Guill. Lac. anc. et mod.

Théodore laissa à son frère Constantin, surnommé *Dragazès*, la principauté de la Laconie. Ce Constantin, qui monta sur le trône de Constantinople, fut le dernier empereur d'Orient.

Tandis qu'il n'étoit encore que prince de Lacédémone, Amurat II envahit la Morée, et se rendit maître d'Athènes. Mais cette ville retourna promptement sous la domination de la famille Reinier Acciajuoli.

De J.-C. 1420. Cantem. Hist. ott. lib. 2.

L'empire d'Orient n'existoit plus, et les derniers restes de la grandeur romaine venoient de s'évanouir; Mahomet II étoit entré à Constantinople. Toutefois la Grèce, menacée d'un prochain esclavage, ne portoit point encore les chaînes qu'elle se hâta de demander aux musulmans. Francus, fils du second Antoine, appela Mahomet II à Athènes, pour dépouiller la veuve de Nérius [1]. Le sultan, qui faisoit servir ces querelles intestines à l'accroissement de sa puissance, favorisa le parti de Francus

De J.-C. 1444. Cantem. Hist. ott.; Mart. Crus. Turco-Græc. lib. 1.

Fanel Athen. Att.; Pacific. Not. del. duc. d'At.; Spon; Chandl.

---

1. On ignore le temps de la mort de Nérius.

et relégua la veuve de Nérius à Mégare. Francus la fit empoisonner. Cette malheureuse princesse avoit un jeune fils, qui porta à son tour ses plaintes à Mahomet. Celui-ci, vengeur intéressé du crime, ôta l'Attique à Francus, et ne lui laissa que la Béotie. Ce fut en 1455 qu'Athènes passa sous le joug des barbares. On dit que Mahomet parut enchanté de la ville, qu'il ne ravagea point, et qu'il visita avec soin la citadelle. Il exempta de toute imposition le couvent de Cyriani, situé sur le mont Hymette, parce que les clefs d'Athènes lui furent présentées par l'abbé de ce couvent. Francus Acciajuoli fut mis à mort quelque temps après, pour avoir conspiré contre le sultan. De J.-C. 1455.
De J.-C. 1458

Il ne nous reste plus à connoître que le sort de Sparte ou plutôt de Misitra. J'ai dit qu'elle étoit gouvernée par Constantin, surnommé *Dragazès*. Ce prince, étant allé prendre à Constantinople la couronne qu'il perdit avec la vie, partagea la Morée entre ses deux frères, Démétrius et Thomas. Démétrius s'établit à Misitra, et Thomas à Corinthe. Les deux frères se firent la guerre, et eurent recours à Mahomet, meurtrier de leur famille et destructeur de leur empire. Les Turcs chassèrent d'abord Thomas de Corinthe. Il s'enfuit à Rome, en emportant le chef de saint André, qu'il enleva à la ville de Patras. Mahomet vint alors à Misitra; il engagea le gouverneur à lui remettre la citadelle. Ce malheureux se laissa séduire; il se livra aux mains du sultan, qui le fit scier par le milieu du corps. Démétrius fut exilé à Andrinople, et sa fille devint la femme de Mahomet. Ce conquérant estima et craignit assez cette jeune princesse pour ne pas l'admettre à sa couche. De J.-C. 1460.
Chalcond.
Hist. Turc.
lib. 10.

Ducas.
Hist. cap. 45.
Sansow. Ann.
Turc.; Mart.
Crus. Turco-
Græc. lib. 1.

Trois ans après cet événement, Sigismond Malatesta, prince de Rimini, vint mettre le siége devant Misitra; il emporta la ville, mais il ne put prendre le château, et il se retira en Italie. De J.-C. 1463.
Guill. Lacéd.
anc. et mod.

Les Vénitiens descendirent au Pirée en 1464, surprirent Athènes, la pillèrent, et se réfugièrent en Eubée avec leur butin. De J.-C. 1464.
Chandl. Trav.

Sous le règne de Soliman Ier, ils ravagèrent la Morée et s'emparèrent de Coron; ils en furent peu après chassés par les Turcs. De J. C. 1555.
Cantem. Hist.
Ot. l. 3; Coron.
Desc. de l. M.

Ils conquirent de nouveau Athènes et toute la Morée, en 1688; ils reperdirent la première presque aussitôt, mais ils gardèrent la seconde jusqu'à l'an 1715, qu'elle retourna au pouvoir des De J.-C. 1688.
Auct. supr. cit.

musulmans. Catherine II, en soulevant le Péloponèse, fit faire à ce malheureux pays un dernier et inutile effort en faveur de la liberté.

 Je n'ai point voulu mêler aux dates historiques les dates des voyages en Grèce. Je n'ai cité que celui de Benjamin de Tudèle : il remonte à une si haute antiquité et il nous apprend si peu de choses, qu'il pouvoit être compris sans inconvénient dans la suite des faits et annales. Nous venons donc maintenant à la chronologie des voyages et des ouvrages géographiques.

 Aussitôt qu'Athènes, esclave des musulmans, disparoît dans l'histoire moderne, nous voyons commencer pour cette ville un autre ordre d'illustration plus digne de son ancienne renommée : en cessant d'être le patrimoine de quelques princes obscurs, elle reprit, pour ainsi dire, son antique empire, et appela tous les arts à ses vénérables ruines. Dès l'an 1465 Francesco Giambetti dessina quelques monuments d'Athènes. Le manuscrit de cet architecte étoit en vélin, et se voyoit à la bibliothèque Barberini, à Rome. Il contenoit, entre autres choses curieuses, le dessin de la tour des Vents, à Athènes, et celui des masures de Lacédémone, à quatre ou cinq milles de Misitra. Spon observe à ce sujet que Misitra n'est point sur l'emplacement de Sparte, comme l'avoit avancé Guillet, d'après Sophianus Niger et Ortelius. Spon ajoute : « J'estime le manuscrit de Giambetti d'autant plus curieux, que les dessins en ont été tirés avant que les Turcs se fussent rendus maîtres de la Grèce et eussent ruiné plusieurs beaux monuments qui étoient alors en leur entier. » L'observation est juste quant aux monuments, mais elle est fausse quant aux dates : les Turcs étoient maîtres de la Grèce en 1465.

 Nicolas Gerbel publia à Bâle, en 1550, son ouvrage intitulé : *Pro declaratione picturæ, sive descriptionis Græciæ, Sophiani libri septem.* Cette description, excellente pour le temps, est claire et courte, et pourtant substantielle. Gerbel ne parle guère que de l'ancienne Grèce; quant à Athènes moderne, il dit : *Æneas Sillius Athenas hodie parvi oppiduli speciem gerere dicit, cujus munitissimam adhuc arcem Florentinus quidam Mahometi tradiderit, ut nimis vere Ovidius dixerit :*

  Quid Pandionæ restant, nisi nomen Athenæ?

INTRODUCTION.

O rerum humanarum miserabiles vices! O tragicam humanæ potentiæ permutationem! Civitas olim muris, navalibus, œdificiis, armis, opibus, viris, prudentia atque omni sapientia florentissima, in oppidulum, seu potius vicum, reducta est! Olim libera et suis legibus vivens, nunc immanissimis belluis, servitutis jugo obstricta. Proficiscere Athenas, et pro magnificentissimis operibus videto rudera et lamentabiles ruinas. Noli, noli nimium fidere viribus tuis, sed in eum confidito qui dicit: Ego Dominus Deus vester. De J.-C. 1550.

Cette apostrophe d'un vieux et respectable savant aux ruines d'Athènes est très-touchante : nous ne saurions avoir trop de reconnoissance pour les hommes qui nous ont ouvert les routes de la belle antiquité.

Dupinet soutenoit qu'Athènes n'étoit plus qu'une petite bourgade, exposée aux ravages des renards et des loups. De J.-C. 1554. Dupinet.

Laurenberg, dans sa *Description d'Athènes*, s'écrie : *Fuit quondam Græcia, fuerunt Athenæ : nunc neque in Græcia Athenæ, neque in ipsa Græcia Græcia est.* De J.-C. 1557. Laurenberg.

Ortelius, surnommé *le Ptolémée de son temps*, donna quelques nouveaux renseignements sur la Grèce dans son *Theatrum orbis terrarum* et dans sa *Synonyma Geographia*, réimprimée sous le titre de *Thesaurus Geographicus*; mais il confond mal à propos Sparte et Misitra : il croyoit aussi qu'il n'y avoit plus à Athènes qu'un château et quelques chaumières : *Nunc casulæ tantum supersunt quædam*. De J.-C. 1578. Ortelius.

Martin Crusius, professeur de grec et de latin à l'université de Tubinge, vers la fin du XVIᵉ siècle, s'informa diligemment du sort du Péloponèse et de l'Attique. Ses huit livres, intitulés *Turco-Græcia*, rendent compte de l'état de la Grèce depuis l'année 1444 jusqu'au temps où Crusius écrivoit. Le premier livre contient l'histoire politique, et le second l'histoire ecclésiastique de cet intéressant pays : les six autres livres sont composés de lettres adressées à différentes personnes par des Grecs modernes. Deux de ces lettres contiennent quelques détails sur Athènes, qui méritent d'être connus. De J.-C. 1584. Crusius. ou Kraus.

Zygomalas.

ΤΩ ΣΟΦΩ ΚΑΙ ΑΡΙΣΤΩ, κτλ.

Au docte Martin Crusius, professeur des lettres grecques et latines à l'université de Tubinge, et très-cher en Jésus-Christ.

. . . .

« Moi, qui suis né à Nauplia, ville du Péloponèse peu éloignée d'Athènes, j'ai souvent vu cette dernière ville. J'ai recherché avec soin les choses qu'elle renferme, l'Aréopage, l'antique Académie, le Lycée d'Aristote, enfin le Panthéon. Cet édifice est le plus élevé, et surpasse tous les autres en beauté. On y voit en dehors, sculptée tout autour, l'histoire des Grecs et des dieux. On remarque surtout, au-dessus de la porte principale, des chevaux qui paroissent vivants et qu'on croiroit entendre hennir [1]. On dit qu'ils sont l'ouvrage de Praxitèle : l'âme et le génie de l'homme ont passé dans la pierre. Il y a dans ce lieu plusieurs autres choses dignes d'être vues. Je ne parle point de la colline opposée, sur laquelle florissent des simples de toutes espèces, utiles à la médecine [2], colline que j'appelle le jardin d'Adonis. Je ne parle pas non plus de la douceur de l'air, de la bonté des eaux et des autres agréments d'Athènes : d'où il arrive que ses habitants, tombés maintenant dans la barbarie,

---

1. Φρυασσομένους ἀνδρομέαν σάρκα : je n'entends pas cela. La version latine donne : *Tanquam frementes in carnem humanam*. Spon, qui traduit une partie de ce passage, s'en est tenu à la version latine, tout aussi obscure pour moi que l'original. Spon dit : Qui semblent vouloir *se repaître de chair humaine*. Je n'ai osé admettre ce sens, qui me paroît bizarre, à moins qu'on ne dise que Zygomalas fait ici allusion aux juments de Diomède.

Telle étoit cette note dans la première édition. Je m'empresse d'y ajouter l'observation que je dois aux recherches de M. Boissonade :

« Les mots φρυασσομένους ἀνδρομέαν σάρκα, cités dans la note, sont pris de l'épigramme 18ᵉ d'Apollonidas (*Anal.*, t. II, p. 136) :

Ξεῖνον ὁπηνίκα θαῦμα κατείδομεν Ἀσὶς ἅπασα
Πῶλον ἐπ' ἀνδρομέαν σάρκα φρυασσόμενον,
Θρηικίης φάτνης πολιὸς λόγος εἰς ἐμὸν ὄμμα
Ἤλυθε· διζήμαι δεύτερον Ἡρακλέα.

« Il ne peut plus y avoir de doute sur l'intention de Zygomalas, et il a évidemment fait allusion aux chevaux de Diomède. »

2. Apparemment le mont Hymette.

conservent toutefois quelques souvenirs de ce qu'ils ont été. On les reconnoît à la pureté de leur langage : comme des sirènes, ils charment ceux qui les écoutent par la variété de leurs accents... Mais pourquoi parlerois-je davantage d'Athènes? la peau de l'animal reste : l'animal lui-même a péri.

« A jamais votre ami,

« Théodore ZYGOMALAS.
« Protonotaire de la grande église de Constantinople. »

Constantinople, 1575.

Cette lettre fourmille d'erreurs, mais elle est précieuse à cause de l'ancienneté de sa date. Zygomalas fit connoître l'existence du temple de Minerve, que l'on croyoit détruit, et qu'il appelle mal à propos le *Panthéon*.

La seconde lettre, écrite à Crusius par un certain Cabasilas, de la ville d'Acarnanie, ajoute quelque chose aux renseignements du protonotaire.

Cabasilas.

« Athènes étoit composée autrefois de trois parties également peuplées. Aujourd'hui la première partie, située dans un lieu élevé, comprend la citadelle et un temple dédié au Dieu Inconnu : cette première partie est habitée par les Turcs. Entre celle-ci et la troisième se trouve la seconde partie où sont réunis les chrétiens. Après cette seconde partie vient la troisième, sur la porte de laquelle on lit cette inscription :

C'EST ICI ATHÈNES,
L'ANCIENNE VILLE DE THÉSÉE.

On voit dans cette dernière partie un palais revêtu de grands marbres et soutenu par des colonnes. On y voit encore des maisons habitées. La ville entière peut avoir six ou sept milles de tour; elle compte environ douze mille citoyens.

« Siméon CABASILAS,
« De la ville d'Acarnanie. »

On peut remarquer quatre choses importantes dans cette description : 1° Le Parthénon avoit été dédié par les chrétiens au Dieu Inconnu de saint Paul. Spon chicane mal à propos Guillet sur cette dédicace ; Deshayes l'a citée dans son *Voyage*. 2° Le temple de Jupiter Olympien (le palais revêtu de marbre) existoit en grande partie du temps de Cabasilas : tous les autres voyageurs n'en ont vu que les ruines. 3° Athènes étoit divisée comme elle l'est encore aujourd'hui ; mais elle contenoit douze mille habitants, et elle n'en a plus que huit mille. On voyoit plusieurs maisons vers le temple de Jupiter Olympien : cette partie de la ville est maintenant déserte. 4° Enfin la porte avec l'inscription :

C'EST ICI ATHENES,
L'ANCIENNE VILLE DE THESEE,

a subsisté jusqu'à nos jours. On lit sur l'autre face de cette porte, du côté de l'Hadrianopolis, ou de l'*Athenœ novœ* :

C'EST ICI LA VILLE D'ADRIEN,
ET NON PAS LA VILLE DE THÉSÉE.

Belon. Avant l'apparition de l'ouvrage de Martin Crusius, Belon avoit publié (1555) ses *Observations de plusieurs singularités et choses mémorables trouvées en Grèce*. Je n'ai point cité son ouvrage, parce que le savant botaniste n'a parcouru que les îles de l'Archipel, le mont Athos et une petite partie de la Thrace et de la Macédoine.

De J.-C. 1625. Deshayes. D'Anville, en les commentant, a rendu célèbres les travaux de Deshayes à Jérusalem ; mais on ignore généralement que Deshayes est le premier voyageur moderne qui nous ait parlé de la Grèce proprement dite : son ambassade en Palestine a fait oublier sa course à Athènes. Il visita cette ville entre l'année 1621 et l'année 1630. Les amateurs de l'antiquité seront bien aises de trouver ici le passage original du premier Voyage à Athènes ; car les lettres de Zygomalas et de Cabasilas ne peuvent pas être appelées des Voyages.

« De Mégare jusques à Athènes il n'y a qu'une petite journée, qui nous dura moins que si nous n'eussions marché que deux lieues : il n'y a jardin en bois de haute futaie qui contente davantage la vue que fait ce chemin. L'on va par une grande plaine toute remplie d'oliviers et d'orangers, ayant la mer à main droite et les collines à main gauche, d'où partent tant de beaux ruisseaux, qu'il semble que la nature se soit efforcée à rendre ce pays aussi délicieux.

« La ville d'Athènes est située sur la pente et aux environs d'un rocher, qui est assis dans une plaine; laquelle est bornée par la mer qu'elle a au midi, et par les montagnes agréables qui l'enferment du côté du septentrion. Elle n'est pas la moitié si grande qu'elle étoit autrefois, ainsi que l'on peut voir par les ruines, à qui le temps a fait moins de mal que la barbarie des nations qui ont tant de fois pillé et saccagé cette ville. Les bâtiments anciens qui y restent témoignent la magnificence de ceux qui les ont faits; car le marbre n'y est point épargné, non plus que les colonnes et les pilastres. Sur le haut du rocher est le château, dont les Turcs se servent encore aujourd'hui. Entre plusieurs anciens bâtiments, il y a un temple qui est aussi entier et aussi peu offensé de l'injure du temps comme s'il ne venoit que d'être fait; l'ordre et la structure en sont admirables. Sa forme est ovale, et par dehors, aussi bien que par dedans; il est soutenu par trois rangs de colonnes de marbre, garnies de leurs bases et chapiteaux; derrière chaque colonne, il y a un pilastre qui en suit l'ordonnance et la proportion. Les chrétiens du pays disent que ce temple est celui-là même qui étoit dédié au Dieu Inconnu, dans lequel saint Paul prêcha : à présent il sert de mosquée, et les Turcs y vont faire leurs oraisons. Cette ville jouit d'un air fort doux, et les astres les plus malfaisants se dépouillent de leurs mauvaises influences quand ils regardent cette contrée : ce que l'on peut connoître aisément, tant par la fertilité du pays que par les marbres et les pierres qui, depuis un si long temps qu'elles sont exposées à l'air, ne sont aucunement rongées ni endommagées. L'on dort à la campagne la tête découverte sans en recevoir nulle incommodité; enfin, l'air qu'on y respire est si agréable et si tempéré, que l'on y reconnoît beaucoup de changements lorsque l'on s'en éloigne. Quant aux habitants du pays, ce sont tous Grecs, qui sont cruellement et barbarement traités par les Turcs qui y demeurent, encore qu'ils soient en petit nombre. Il y a un cadi qui rend la justice, un prévôt appelé *soubachy* et quelques janissaires que l'on y envoie de la Porte, de trois mois en trois mois. Tous ces officiers firent beaucoup d'honneur au sieur

1625-1630.

Deshayes lorsque nous y passâmes, et le défrayèrent aux dépens du grand-seigneur.

« En sortant d'Athènes on traverse cette grande plaine qui est toute remplie d'oliviers et arrosée de plusieurs ruisseaux qui en augmentent la fertilité. Après avoir marché une bonne heure, on arrive sur la marine, où il y a un grand port fort excellent, qui étoit autrefois fermé par une chaîne : ceux du pays l'appellent le port *Lion*, à cause d'un grand lion de pierre que l'on y voit encore aujourd'hui, mais les anciens le nommoient le port du *Pirée*. C'étoit en ce lieu que les Athéniens assembloient leurs flottes et qu'ils s'embarquoient ordinairement. »

L'ignorance du secrétaire de Deshayes (car ce n'est pas Deshayes lui-même qui écrit) est singulière; mais on voit de quelle admiration profonde on étoit saisi à l'aspect des monuments d'Athènes lorsque le plus beau de ces monuments existoit encore dans toute sa gloire.

Consuls françois. L'établissement de nos consuls dans l'Attique précède le passage de Deshayes de quelques années.

De J.-C. 1630. Stochove. J'ai cru d'abord que Stochove avoit vu Athènes en 1630, mais en conférant son texte avec celui de Deshayes, je me suis convaincu que le gentilhomme flamand n'avoit fait que copier l'ambassadeur françois.

De J.-C. 1636. Ant. Pacifiq. Le père Antoine Pacifique donna en 1636, à Venise, sa *Description de la Morée*, ouvrage sans méthode, où Sparte est prise pour Misitra.

De J.-C. 1645. Missionn. Quelques années après, nous voyons arriver en Grèce ces missionnaires qui portoient dans tous les pays le nom, la gloire et l'amour de la France. Les jésuites de Paris s'établirent à Athènes vers l'an 1645; les capucins s'y fixèrent en 1658, et en 1669 le père Simon acheta la *Lanterne de Démosthène*, qui devint l'hospice des étrangers.

De J.-C. 1668. De Monceaux. De Monceaux parcourut la Grèce en 1668 : nous avons l'extrait de son Voyage, imprimé à la suite du Voyage de Bruyn. Il a décrit des antiquités, surtout dans la Morée, dont il ne reste aucune trace. De Monceaux voyageoit avec Laisné par ordre de Louis XIV.

Au milieu des œuvres de la charité, nos missionnaires ne négligeoient point les travaux qui pouvoient être honorables à

INTRODUCTION.

leur patrie : le père Babin, jésuite, donna en 1672 une *Relation de l'état présent de la ville d'Athènes* : Spon en fut l'éditeur ; on n'avoit rien vu jusque alors d'aussi complet et d'aussi détaillé sur les antiquités d'Athènes.

{De J.-C. 1672. Le P. Babin.}

L'ambassadeur de France à la Porte, M. de Nointel, passa à Athènes dans l'année 1674 : il étoit accompagné du savant orientaliste Galland. Il fit dessiner les bas-reliefs du Parthénon. Ces bas-reliefs ont péri, et l'on est trop heureux d'avoir aujourd'hui les cartons du marquis de Nointel : ils sont pourtant demeurés inédits, à l'exception de celui qui représente les frontons du temple de Minerve[1].

{De J.-C. 1674. Nointel et Galland.}

Guillet publia en 1675, sous le nom de son prétendu frère La Guilletière, l'*Athènes ancienne et moderne*. Cet ouvrage, qui n'est qu'un roman, fit naître une grande querelle parmi les antiquaires. Spon découvrit les mensonges de Guillet : celui-ci se fâcha, et écrivit une lettre en forme de dialogue contre les Voyages du médecin lyonnais. Spon ne garda plus de ménagements ; il prouva que Guillet ou La Guilletière n'avoit jamais mis le pied à Athènes ; qu'il avoit composé sa rapsodie sur des mémoires demandés à nos missionnaires, et produisit une liste de questions envoyées par Guillet à un capucin de Patras : enfin, il donna un catalogue de cent douze erreurs, plus ou moins grossières, échappées à l'auteur d'*Athènes ancienne et moderne*, dans le cours de son roman.

{Guillet ou La Guilletière.}

Guillet ou La Guilletière ne mérite donc aucune confiance comme voyageur ; mais son ouvrage, à l'époque où il le publia, ne manquoit pas d'un certain mérite. Guillet fit usage des renseignements qu'il obtint des pères Simon et Barnabé, l'un et l'autre missionnaires à Athènes ; et il cite un monument, le *Phanari tou Diogenis*, qui n'existoit déjà plus du temps de Spon.

Le Voyage de Spon et de Wheler, exécuté dans les années 1675 et 1676, parut en 1678.

{De J.-C. 1676. Spon et Wheler.}

Tout le monde connoît le mérite de cet ouvrage, où l'art et l'antiquité sont traités avec une critique jusque alors ignorée. Le style de Spon est lourd et incorrect, mais il a cette candeur et

---

1. On peut le voir dans l'Atlas des nouvelles éditions du *Voyage d'Anacharsis*.

INTRODUCTION.

cette démarche aisée qui caractérisent les écrits de ce siècle.

Winchelsey.   Le comte de Winchelsey, ambassadeur de la cour de Londres, visita Athènes dans cette même année 1676, et fit transporter en Angleterre quelques fragments de sculpture.

Guillet ou La Guilletière.   Tandis que toutes les recherches se dirigeoient vers l'Attique, la Laconie étoit oubliée. Guillet, encouragé par le débit de ses premiers mensonges, donna, en 1676, *Lacédémone ancienne et moderne*. Meursius avoit publié ses différents traités, *de Populis Atticæ, de Festis Græcorum*, etc., etc.: et il fournissoit ainsi une érudition toute préparée à quiconque vouloit parler de la Grèce. Le second ouvrage de Guillet est rempli de bévues énormes sur les localités de Sparte. L'auteur veut absolument que Misitra soit Lacédémone, et c'est lui qui a accrédité cette grande erreur. « Cependant, dit Spon, Misitra n'est point sur le plan de Sparte, comme je le sais de M. Giraud, de M. Vernon et d'autres, etc. »

Giraud.   Giraud étoit consul de France à Athènes depuis dix-huit ans lorsque Spon voyageoit en Grèce. Il savoit le turc, le grec vulgaire et le grec littéral. Il avoit commencé une description de la Morée; mais comme il passa au service de la Grande-Bretagne, il est probable que ces manuscrits seront tombés entre les mains de ses derniers maîtres.

Vernon.   Il ne reste de Vernon[1], voyageur anglois, qu'une lettre imprimée dans les *Philosophical Transactions*, 24 avril 1676. Vernon trace rapidement le tableau de ses courses en Grèce :

« Sparte, dit-il, est un lieu désert : Misitra, qui en est éloignée de quatre milles, est habitée. On voit à Sparte presque toutes les murailles des tours et des fondements de temples, avec plusieurs colonnes démolies aussi bien que leurs chapiteaux. Il y reste encore un théâtre tout entier. Elle a eu autrefois cinq milles de tour, et elle est située à un demi-quart de lieue de la rivière Eurotas[2].

On doit observer que Guillet indique dans la préface de son dernier ouvrage plusieurs mémoires manuscrits sur Lacédé-

---

1. Spon écrit presque toujours *Vernhum*. Cette orthographe n'est point angloise : c'est une faute de Spon.
2. Je me sers de la traduction de Spon, n'ayant point l'original.

mone : « Les moins défectueux, dit-il, sont entre les mains de M. Saint-Challier, secrétaire de l'ambassade de France en Piémont. »

Nous voici arrivés à une autre époque de l'histoire de la ville d'Athènes. Les voyageurs que nous avons cités jusqu'à présent avoient vu dans toute leur intégrité quelques-uns des plus beaux monuments de Périclès : Pococke, Chandler, Leroi, n'en ont plus admiré que les ruines. En 1687, tandis que Louis XIV faisoit élever la colonnade du Louvre, les Vénitiens renversoient le temple de Minerve. Je parlerai dans l'*Itinéraire* de ce déplorable événement, fruit des victoires de Koningsmarck et de Morosini. De J.-C. 1687.

Cette même année 1687 vit paroître à Venise la *Notizia del Ducato d'Atene*, de Pierre Pacifique : mince ouvrage, sans critique et sans recherches. Pierre Pacifique.

Le père Coronelli, dans sa *Description géographique de la Morée reconquise par les Vénitiens*, a montré du savoir ; mais il n'apprend rien de nouveau, et il ne faudroit pas suivre aveuglément ses citations et ses cartes. Les petits faits d'armes vantés par Coronelli font un contraste assez piquant avec les lieux célèbres qui en sont le théâtre. Cependant, on remarque parmi les héros de cette conquête un prince de Turenne qui combattit près de Pylos, dit Coronelli, avec cette bravoure naturelle à tous ceux de sa maison. Coronelli confond Sparte avec Misitra. De J.-C. 1688. Coronelli.

L'*Atene Antica* de Fanelli prend l'histoire d'Athènes à son origine, et la mène jusqu'à l'époque où l'auteur écrivoit son ouvrage. Cet ouvrage est peu de chose considéré sous le rapport des antiquités ; mais on y trouve des détails curieux sur le siége d'Athènes par les Vénitiens, en 1687, et un plan de cette ville dont Chandler paroît avoir fait usage. Fanelli.

Paul Lucas jouit d'une assez grande renommée parmi les voyageurs, et je m'en étonne. Ce n'est pas qu'il n'amuse par ses fables : les combats qu'il rend lui tout seul contre cinquante voleurs, les grands ossements qu'il rencontre à chaque pas, les villes de géants qu'il découvre, les trois ou quatre mille pyramides qu'il trouve sur un grand chemin, et que personne n'avoit jamais vues, sont des contes divertissants ; mais du reste il estropie toutes les inscriptions qu'il rapporte ; ses plagiats sont con- De J.-C 1704. Paul Lucas.

tinuels, et sa description de Jérusalem est copiée mot à mot de celle de Deshayes; enfin, il parle d'Athènes comme s'il ne l'avoit jamais vue : ce qu'il en dit est un des contes les plus insignes que jamais voyageur se soit permis de débiter.

« Ses ruines, comme on le peut juger, sont la partie la plus remarquable. En effet, quoique les maisons y soient en grand nombre, et que l'air y soit admirable, il n'y a presque point d'habitants. Il y a une commodité qu'on ne trouve point ailleurs : y demeure qui veut, et les maisons s'y donnent sans que l'on en paye aucun loyer. Au reste, si cette ville célèbre est de toutes les anciennes celle qui a consacré le plus de monuments à la postérité, on peut dire que la bonté de son climat en a aussi conservé plus qu'en aucun autre endroit du monde, au moins de ceux que j'ai vus. Il semble qu'ailleurs on se soit fait un plaisir de tout renverser, et la guerre a causé presque partout des ravages qui, en ruinant les peuples, ont défiguré tout ce qu'ils avoient de beau. Athènes seule, soit par le hasard, soit par le respect que l'on devoit naturellement avoir pour une ville qui avoit été le siége des sciences, et à laquelle tout le monde avoit obligation, Athènes, dis-je, a été seule épargnée dans la destruction universelle : on y rencontre partout des marbres d'une beauté et d'une grandeur surprenantes; ils y ont été prodigués, et l'on y trouve à chaque pas des colonnes de granit et de jaspe. »

Athènes est fort peuplée; les maisons ne s'y donnent point; on n'y rencontre point à chaque pas des colonnes de granit et de jaspe; enfin, dix-sept ans avant l'année 1704, les monuments de cette ville célèbre avoient été renversés par les Vénitiens. Ce qu'il y a de plus étrange, c'est qu'on possédoit déjà les dessins de M. Nointel et le voyage de Spon, lorsque Paul Lucas imprima cette relation, digne des *Mille et une Nuits*.

La *Relation du Voyage du sieur* Pellegrin *dans le royaume de Morée* est de 1718. L'auteur paroît avoir été un homme de petite éducation et d'une science encore moins grande; son misérable pamphlet de cent quatre-vingt-deux pages est un recueil d'anecdotes galantes, de chansons et de mauvais vers. Les Vénitiens étoient restés maîtres de la Morée depuis l'an 1685; ils la perdirent en 1715. Pellegrin a tracé l'histoire de cette dernière con-

INTRODUCTION. 91

quête des Turcs : c'est la seule chose intéressante de sa relation.

L'abbé Fourmont alla, par ordre de Louis XV, chercher au Levant des inscriptions et des manuscrits. Je citerai dans l'*Itinéraire* quelques-unes des découvertes faites à Sparte par ce savant antiquaire. Son voyage est resté manuscrit, et l'on n'en connoît que des fragments : il seroit bien à désirer qu'on le publiât, car nous n'avons rien de complet sur les monuments du Péloponèse. De J.-C. 1728. Fourmont.

Pococke visita Athènes en revenant de l'Égypte; il a décrit les monuments de l'Attique avec cette exactitude qui fait connoître les arts sans les faire aimer. De J.-C. 1739. Pococke.

Wood, Hawkins et Bouverie faisoient alors leur beau voyage en l'honneur d'Homère. De J.-C. 1740. Wood, Hawkins et Bouverie.

Le premier voyage pittoresque de la Grèce est celui de Leroi. Chandler accuse l'artiste françois de manquer de vérité dans quelques dessins; moi-même je trouve dans ses dessins des ornements superflus : les coupes et les plans de Leroi n'ont pas la scrupuleuse fidélité de ceux de Stuart; mais, à tout prendre, son ouvrage est un monument honorable pour la France. Leroi avoit vu Lacédémone, qu'il distingue fort bien de Misitra, et dont il reconnut le théâtre et le *dromos*. De J.-C. 1758. Leroi.

Je ne sais si les *Ruins of Athens*, de Robert Sayer, ne sont point une traduction angloise et une nouvelle gravure des planches de Leroi; j'avoue également mon ignorance sur le travail de Pars, dont Chandler fait souvent l'éloge. De J.-C. 1759. Sayer. Pars.

L'an 1764, Stuart enrichit sa patrie de l'ouvrage si connu sous le titre de *Antiquities of Athens* : c'est un grand travail, utile surtout aux artistes, et exécuté avec cette rigueur de mesures dont on se pique aujourd'hui; mais l'effet général des tableaux n'est pas bon : la vérité qui se trouve dans les détails manque dans l'ensemble : le crayon et le burin britanniques n'ont point assez de netteté pour rendre les lignes si pures des monuments de Périclès; il y a toujours quelque chose de vague et de mou dans les compositions angloises. Quand la scène est placée sous le ciel de Londres, ce style vaporeux a son agrément, mais il gâte les paysages éclatants de la Grèce. De J.-C. 1764. Stuart.

Le *Voyage* de Chandler, qui suivit de près les *Antiquités* de Stuart, pourroit dispenser de tous les autres. Le docteur anglois De J.-C. 1764. Chandler.

a déployé dans son travail une rare fidélité, une érudition facile et pourtant profonde, une critique saine, un jugement exquis. Je ne lui ferai qu'un reproche, c'est de parler souvent de Wheler, et de n'écrire le nom de Spon qu'avec une répugnance marquée. Spon vaut bien la peine qu'on parle de lui, quand on cite le compagnon de ses travaux. Chandler, comme savant et voyageur, auroit dû oublier qu'il étoit Anglois. Il a donné en 1805 un dernier ouvrage sur Athènes, que je n'ai pu me procurer.

De J.-C. 1773. Riedesel.

Riedesel parcourut le Péloponèse et l'Attique dans l'année 1773 : il a rempli son petit ouvrage de beaucoup de grandes réflexions sur les mœurs, les lois, la religion des Grecs et des Turcs : le baron allemand voyageoit dans la Morée trois ans après l'expédition des Russes. Une foule de monuments avoient péri à Sparte, à Argos, à Mégalopolis, par une suite de cette invasion, comme les antiquités d'Athènes ont dû leur dernière destruction à l'expédition des Vénitiens.

De J.-C. 1778. Choiseul; Chabert.

Le premier volume du magnifique ouvrage de M. de Choiseul parut au commencement de l'année 1778. Je citerai souvent cet ouvrage, avec les éloges qu'il mérite, dans le cours de mon *Itinéraire.* J'observe ici seulement que M. de Choiseul n'a point encore donné les monuments de l'Attique et du Péloponèse. L'auteur étoit à Athènes en 1784 : ce fut, je crois, la même année que M. de Chabert détermina la latitude et la longitude du temple de Minerve.

De J.-C. 1780. Foucherot et Fauvel.

Les recherches de MM. Foucherot et Fauvel commencent vers l'année 1780, et se prolongent dans les années suivantes. Les Mémoires du dernier voyageur font connoître des lieux et des antiquités jusque alors ignorés. M. Fauvel a été mon hôte à Athènes, et je parlerai ailleurs de ses travaux.

Villoison.

Notre grand helléniste d'Ansse de Villoison parcourut la Grèce à peu près à cette époque : nous n'avons point joui du fruit de ses études.

De J.-C. 1785. Lechevalier.

M. Lechevalier passa quelques moments à Athènes dans l'année 1785.

De J.-C. 1794. Scrofani.

Le voyage de M. Scrofani porte le cachet du siècle, c'est-à-dire qu'il est philosophique, politique, économique, etc. Il est nul pour l'étude de l'antiquité; mais les observations de l'auteur sur le sol de la Morée, sur sa population, sur son commerce, sont excellentes et nouvelles.

Au temps du voyage de M. Scrofani, deux Anglois montèrent à la cime la plus élevée du Taygète.

En 1797, MM. Dixo et Nicolo Stephanopoli furent envoyés à la république de Maïna par le gouvernement françois. Ces voyageurs font un grand éloge de cette république, sur laquelle on a tant discouru. J'ai le malheur de regarder les Maniottes comme un assemblage de brigands, Sclavons d'origine, qui ne sont pas plus les descendants des anciens Spartiates que les Druses ne sont les descendants du comte de Dreux : je ne puis donc partager l'enthousiasme de ceux qui voient dans ces pirates du Taygète les vertueux héritiers de la liberté lacédémonienne.

De J.-C. 1797. Dixo et Nicolo Stephanopoli.

Le meilleur guide pour la Morée seroit certainement M. Pouqueville, s'il avoit pu voir tous les lieux qu'il a décrits. Malheureusement il étoit prisonnier à Tripolizza.

De J.-C. 1798. Pouqueville.

Alors l'ambassadeur d'Angleterre à Constantinople, lord Elgin, faisoit faire en Grèce les travaux et les ravages que j'aurai occasion de louer et de déplorer. Peu de temps après lui, ses compatriotes Swinton et Hawkins visitèrent Athènes, Sparte et Olympie.

Lord Elgin; Swinton; Hawkins.

Les *Fragments pour servir à la connoissance de la Grèce actuelle* terminoient la liste de tous ces voyages, avant la publication des *Lettres sur la Morée*, par M. Castellan.

De J.-C. 1803. Bartholdi. De J.-C. 1808. Castellan.

Résumons maintenant en peu de mots l'histoire des monuments d'Athènes. Le Parthénon, le temple de la Victoire, une grande partie du temple de Jupiter Olympien, un autre monument appelé par Guillet la *Lanterne de Diogène*, furent vus dans toute leur beauté par Zygomalas, Cabasilas et Deshayes.

De Monceaux, le marquis de Nointel, Galland, le père Babin, Spon et Wheler, admirèrent encore le Parthénon dans son entier; mais la Lanterne de Diogène avoit disparu, et le temple de la Victoire avoit sauté en l'air par l'explosion d'un magasin de poudre[1]; il n'en restoit plus que le fronton.

Pococke, Leroi, Stuart, Chandler, trouvèrent le Parthénon à moitié détruit par les bombes des Vénitiens, et le fronton du

---

1. Cet accident arriva en 1656.

temple de la Victoire abattu. Depuis ce temps les ruines ont toujours été croissant. Je dirai comment lord Elgin les a augmentées.

L'Europe savante se console avec les dessins du marquis de Nointel, les *Voyages pittoresques* de Leroi et de Stuart. M. Fauvel a moulé deux cariatides du Pandroséum et quelques bas-reliefs du temple de Minerve; une métope du même temple est entre les mains de M. de Choiseul; lord Elgin en a enlevé plusieurs autres, qui ont péri dans un naufrage à Cérigo; MM. Swinton et Hawkins possèdent un trophée de bronze trouvé à Olympie; la statue mutilée de Cérès Éleusine est aussi en Angleterre; enfin, nous avons, en *terre cuite*, le monument choragique de Lysicrates. C'est une chose triste à remarquer, que les peuples civilisés de l'Europe ont fait plus de mal aux monuments d'Athènes, dans l'espace de cent cinquante ans, que tous les barbares ensemble dans une longue suite de siècles : il est dur de penser qu'Alaric et Mahomet II avoient respecté le Parthénon et qu'il a été renversé par Morosini et lord Elgin.

SECOND MÉMOIRE.

J'ai dit que je me proposais d'examiner, dans ce second Mémoire, l'authenticité des traditions chrétiennes à Jérusalem. Quant à l'histoire de cette ville, comme elle ne présente aucune obscurité, elle n'a pas besoin d'explications préliminaires.

Les traditions de la Terre Sainte tirent leur certitude de trois sources : de l'histoire, de la religion, des lieux ou des localités. Considérons-les d'abord sous le rapport de l'histoire.

Jésus-Christ, accompagné des ses apôtres, accomplit à Jérusalem les mystères de la Passion. Les quatre Évangiles sont les premiers documents qui nous retracent les actions du Fils de l'Homme. Les actes de Pilate, conservés à Rome du temps de Tertullien [1], attestoient le principal fait de cette histoire, savoir, le crucifiement de Jésus de Nazareth.

1. *Apolog. advers. Gent.*

Le Rédempteur expire : Joseph d'Arimathie obtient le corps sacré, et le fait ensevelir dans un tombeau au pied du Calvaire. Le Messie ressuscite le troisième jour, se montre à ses apôtres et à ses disciples, leur donne ses instructions, puis retourne à la droite de son Père. Dès lors l'Église commence à Jérusalem.

Ans de J.-C.

On croira aisément que les premiers apôtres et les parents du Sauveur selon la chair qui composoient cette première Église du monde n'ignoroient rien de la vie et de la mort de Jésus-Christ. Il est essentiel de remarquer que le Golgotha étoit hors de la ville, ainsi que la montagne des Oliviers ; d'où il résultôit que les apôtres pouvoient plus facilement prier aux lieux sanctifiés par le divin Maître.

La connoissance de ces lieux ne fut pas longtemps renfermée dans un petit cercle de disciples : saint Pierre, en deux prédications, convertit huit mille personnes à Jérusalem[1] ; Jacques, frère du Sauveur, fut élu premier évêque de cette Église, l'an 35 de notre ère[2] ; il eut pour successeur Siméon, cousin de Jésus-Christ[3]. On trouve ensuite une série de treize évêques de race juive, occupant un espace de cent vingt-trois ans, depuis Tibère jusqu'au règne d'Adrien. Voici le nom de ces évêques : Juste, Zachée, Tobie, Benjamin, Jean, Mathias, Philippe, Sénèque, Juste II, Lévi, Ephre, Joseph et Jude[4].

Si les premiers chrétiens de Judée consacrèrent des monuments à leur culte, n'est-il pas probable qu'ils les élevèrent de préférence aux endroits qu'avoient illustrés quelques miracles? Et comment douter qu'il y eût dès lors des sanctuaires en Palestine, lorsque les fidèles en possédoient à Rome même et dans toutes les provinces de l'empire? Quand saint Paul et les autres apôtres donnent des conseils et des lois aux Églises d'Europe et d'Asie, à qui s'adressent-ils, si ce n'est à des congrégations de fidèles, remplissant une commune enceinte sous la direction d'un pasteur? N'est-ce pas même ce qu'implique le mot *ecclesia*, qui dans le grec signifie également *assemblée* et *lieu d'assemblée*? Saint Cyrille le prend dans ce dernier sens[5].

1. *Act. Apost.*, cap. 2 et 4. 2. Eus., *Hist. eccl.*, lib. II, cap. 2.
3. *Idem.*, lib. III, cap. 11-33.
4. *Idem.*, lib. III, cap. 35, et lib. IV, cap. 5.
5. *Catéch.*, XVIII.

De J.-C. 33.
De J.-C. 50.

L'élection des sept diacres[1], l'an 33 de notre ère, le premier concile tenu l'an 50[2], annoncent que les apôtres avoient dans la ville sainte des lieux particuliers de réunion. On peut même croire que le Saint-Sépulcre fut honoré dès la naissance du christianisme, sous le nom de *Martyrion* ou du *Témoignage*, Μαρτύριον. Du moins saint Cyrille, évêque de Jérusalem, prêchant en 347 dans l'église du Calvaire, dit : « Ce temple ne porte pas le nom d'*église*, comme les autres, mais il est appelé μαρτύριον, *témoignage,* comme le prophète l'avait prédit[3]. »

De J.-C. 70.

Au commencement des troubles de la Judée, sous l'empereur Vespasien, les chrétiens de Jérusalem se retirèrent à Pella[4], et aussitôt que la ville eut été renversée, ils revinrent habiter parmi ses ruines. Dans un espace de quelques mois[5], ils n'avoient pu oublier la position de leurs sanctuaires, qui, se trouvant d'ailleurs hors de l'enceinte des murs, ne durent pas souffrir beaucoup du siége. Siméon, successeur de Jacques, gouvernoit l'Église de Judée lorsque Jérusalem fut prise, puisque nous

De J.-C. 117.

voyons ce même Siméon, à l'âge de cent vingt années, recevoir la couronne du martyre pendant le règne de Trajan[6]. Les autres évêques que j'ai nommés, et qui nous conduisent au temps d'Adrien, s'établirent sur les débris de la cité sainte, et ils en conservèrent les traditions chrétiennes.

Que les lieux sacrés fussent généralement connus au siècle d'Adrien, c'est ce que l'on prouve par un fait sans réplique. Cet

De J.-C. 137.

empereur, en rétablissant Jérusalem, éleva une statue à Vénus sur le mont du Calvaire, et une statue à Jupiter sur le Saint-Sépulcre. La grotte de Bethléem fut livrée au culte d'Adonis[7]. La folie de l'idolâtrie publia ainsi, par ses profanations imprudentes, cette folie de la Croix qu'elle avoit tant d'intérêt à cacher. La foi faisoit des progrès si rapides en Palestine, avant

---

1. *Act. Apost.*, cap. 6.   2. *Idem*, cap. 15.
3. S. Cyr., *Cat.*, xvi, *Illum.*   4. Eus., *Hist. eccl.*, lib. iii, cap. 5.
5. Titus parut devant Jérusalem vers le temps de la fête de Pâques de l'année 70, et la ville fut prise au mois de septembre de la même année.
6. Eus., *Hist. eccles.*, lib. iii, cap. 33.
7. Hieron., *Epist. ad Paul.*; Ruff.; Sozom., *Hist. eccl.*, lib. ii, c. 1; Socrat., *Hist. eccles.*, lib. i, cap. 17; Sev., lib. ii; Niceph., lib. xviii.

la dernière sédition des Juifs, que Barcochebas, chef de cette sédition, avoit persécuté les chrétiens pour les obliger à renoncer à leur culte [1].

A peine l'Église juive de Jérusalem fut-elle dispersée par Adrien, l'an 137 de Jésus-Christ, que nous voyons commencer l'Église des Gentils dans la Ville sainte. Marc en fut le premier évêque, et Eusèbe nous donne la liste de ses successeurs, jusqu'au temps de Dioclétien. Ce furent : Cassien, Publius, Maxime, Julien, Caïus, Symmaque, Caïus II, Julien II, Capiton, Valens, Dolichien, Narcisse, le trentième après les apôtres [2], Dius, Germanion, Gordius [3], Alexandre [4], Mazabane [5], Hymenée [6], Zabdas, Hermon [7], dernier évêque avant la persécution de Dioclétien.

De J.-C. 162.
Sous Comm.
De J.-C. 211.
Sous Sévère.
De J.-C. 217.
Sous Carac.
De J.-C. 251.
Sous Gallus.
Sous Macrin.

Cependant Adrien, si zélé pour ses dieux, ne persécuta point les chrétiens, excepté ceux de Jérusalem, qu'il regarda sans doute comme des Juifs, et qui étoient en effet de nation israélite. On croit qu'il fut touché des apologies de Quadrat et d'Aristide [8] : Il écrivit même à Minucius Fundanus, gouverneur d'Asie, une lettre dans laquelle il défend de punir les fidèles sans sujet [9].

De J.-C. 284.

De J.-C. 126.

Il est probable que les Gentils convertis à la foi vécurent en paix dans Ælia, ou la nouvelle Jérusalem, jusqu'au règne de Dioclétien : cela devient évident par le catalogue des évêques de cette Église que j'ai donné plus haut. Lorsque Narcisse occupoit la chaire épiscopale, les diacres manquèrent d'huile à la fête de Pâques : Narcisse fit à cette occasion un miracle [10]. Les chrétiens à cette époque célébroient donc publiquement leurs mystères à Jérusalem, il y avoit donc des autels consacrés à leur culte.

De J.-C. 162.
Sous Comm.

Alexandre, autre évêque d'Ælia, sous le règne de l'empereur Sévère, fonda une bibliothèque dans son diocèse [11] ; or, cela suppose paix, loisirs et prospérité : des proscrits n'ouvrent point une école publique de philosophie.

---

1. Eus., lib. IV, cap. 8.   2. *Idem*, lib. v, cap. 12.
3. *Idem*, lib. VI, cap. 10.   4. *Idem*, lib. VI, cap. 10 à 11.
5. *Idem*, lib. VII, cap. 5.   6. *Idem*, lib. VII, cap. 28.
7. *Idem*, liv. VII, cap. 31.
8. Tillem., *Persée. sous Adrien*; Eus., lib. IV, cap. 3.
9. Eus., lib. IV, cap. 8.   10. *Idem*, lib. VI, cap. 9.
11. *Idem*, lib. VI, cap. 20.

Si les fidèles n'avoient plus alors, pour célébrer leurs fêtes, la jouissance du Calvaire, du Saint-Sépulcre et de Bethléem, ils ne pouvoient toutefois perdre la mémoire de ces sanctuaires : les idoles leur en marquoient la place. Bien plus, les païens mêmes espéroient que le temple de Vénus, élevé au sommet du Calvaire, n'empêcheroit pas les chrétiens de visiter cette colline sacrée ; car ils se réjouissoient dans la pensée que les Nazaréens en venant prier au Golgotha auroient l'air d'adorer la fille de Jupiter [1]. C'est une démonstration frappante de la connoissance entière que l'Église de Jérusalem avoit des saints lieux.

Il y a des auteurs qui vont plus loin, et qui prétendent qu'avant la persécution de Dioclétien les chrétiens de la Judée étoient rentrés en possession du Saint-Sépulcre [2]. Il est certain que saint Cyrille, en parlant de l'église du Saint-Sépulcre, dit positivement : « Il n'y a pas longtemps que Bethléem étoit un lieu champêtre, et que la montagne du Calvaire étoit un jardin dont on voit encore les traces [3]. » Qu'étoient donc devenus les édifices profanes? Tout porte à croire que les païens, en trop petit nombre à Jérusalem pour se soutenir contre la foule croissante des fidèles, abandonnèrent peu à peu les temples d'Adrien. Si l'Église, encore persécutée, n'osa relever ses autels au Grand-Tombeau, elle eut du moins la consolation de l'adorer sans obstacle et d'y voir tomber en ruine les monuments de l'idolâtrie.

Nous voici parvenus à l'époque où les saints lieux commencent à briller d'un éclat qui ne s'effacera plus. Constantin, ayant fait monter la religion sur le trône, écrivit à Macaire, évêque de Jérusalem. Il lui ordonna de décorer le tombeau du Sauveur d'une superbe basilique [4]. Hélène, mère de l'empereur, se transporta en Palestine, et fit elle-même chercher le Saint-Sépulcre. Il avoit été caché sous la fondation des édifices d'Adrien. Un Juif, apparemment chrétien, qui, selon Sozomène, *avoit gardé des Mémoires de ses pères*, indiqua la place où devoit se trouver le tombeau. Hélène eut la gloire de rendre à la religion le mo-

---

1. Sozom., lib. ii, cap. 1.   2. *Epitom. Bell. Sacr.*, t. VI.
3. *Cateches.*, xii et xiv.
4. Eus., *in Const.*, lib. iii, cap. 25-43; Socr., lib. i, cap. 9.

nument sacré. Elle découvrit encore trois croix, dont l'une se fit reconnoître à des miracles pour la croix du Rédempteur [1]. Non-seulement on bâtit une magnifique église auprès du Saint-Sépulcre, mais Hélène en fit encore élever deux autres : l'une sur la crèche du Messie à Bethléem, l'autre sur la montagne des Oliviers, en mémoire de l'Ascension du Seigneur [2]. Des chapelles, des oratoires, des autels, marquèrent peu à peu tous les endroits consacrés par les actions du Fils de l'Homme : les traditions orales furent écrites et mises à l'abri de l'infidélité de la mémoire.

En effet Eusèbe, dans son *Histoire de l'Église*, dans sa *Vie de Constantin*, et dans son *Onomasticum urbium et locorum sacræ Scripturæ*, nous décrit à peu près les saints lieux tels que nous les voyons aujourd'hui. Il parle du Saint-Sépulcre, du Calvaire, de Bethléem, de la montagne des Oliviers, de la grotte où Jésus-Christ révéla les mystères aux apôtres [3]. Après lui vient saint Cyrille, que j'ai déjà cité plusieurs fois : il nous montre les stations sacrées telles qu'elles étoient avant et après les travaux de Constantin et de sainte Hélène; Socrate, Sozomène, Théodoret, Évagre, donnent ensuite la succession de plusieurs évêques depuis Constantin jusqu'à Justinien : Macaire [4], Maxime [5], Cyrille [6], Herennius, Héraclius, Hilaire [7], Jean [8], Salluste, Martyrius, Élie, Pierre, Macaire II [9], et Jean [10], quatrième du nom.

Saint Jérôme, retiré à Bethléem vers l'an 385, nous a laissé en divers endroits de ses ouvrages le tableau le plus complet des lieux saints [11]. « Il seroit trop long, dit-il dans une de ses lettres [12], de parcourir tous les âges depuis l'Ascension du Seigneur jusqu'au temps où nous vivons, pour raconter combien d'évêques, combien de martyrs, combien de docteurs sont venus à Jérusalem; car ils auroient cru avoir moins de piété et de

De J.-C. 328.
Sous Const.
De J.-C. 361.
Sous Julien.
De J.-C. 384.
Sous Valent.,
Théodose et
Arcadius.
De J.-C. 476.
Sous Justin.
De J.-C. 579.
Sous Tib. II.
De J.-C. 385.

---

1. Socr., cap. 17; Sozom., lib. II, cap. 1.
2. Eus., *in Const.*, lib. III, cap. 43.
3. *Ibid.*   4. Socr., lib. I, cap. 17.
5. *Idem*, lib. II, cap. 24; Soz., lib. II, cap. 20.
6. *Idem*, lib. III, cap. 20.   7. Sozom., lib. IV, cap. 30.
8. *Idem*, lib. VII, cap. 14.   9. Évagr., lib. IV, cap. 37.
10. Évagr., lib. V, cap. 14.
11. *Epist.*, XXII, etc. *De situ et nom. loc. hebraic.*, etc.
12. *Epist. ad Marcel.*

science s'ils n'eussent adoré Jésus-Christ dans les lieux mêmes où l'Évangile commença à briller du haut de la Croix. »

Saint Jérôme assure dans la même lettre qu'il venoit à Jérusalem des pèlerins de l'Inde, de l'Éthiopie, de la Bretagne et de l'Hibernie [1] ; qu'on les entendoit chanter dans des langues diverses les louanges de Jésus-Christ autour de son tombeau. Il dit qu'on envoyoit de toutes parts des aumônes au Calvaire; il nomme les principaux lieux de dévotion de la Palestine, et il ajoute que dans la seule ville de Jérusalem il y avoit tant de sanctuaires qu'on ne pouvoit les parcourir dans un seul jour. Cette lettre est adressée à Marcelle, et censée écrite par sainte Paule et sainte Eustochie, quoique des manuscrits l'attribuent à saint Jérôme. Je demande si les fidèles, qui depuis les temps apostoliques jusqu'à la fin du IVe siècle avoient visité le tombeau du Sauveur, je demande s'ils ignoroient la place de ce tombeau.

De J.-C. 404.

Le même Père de l'Eglise, dans sa lettre à Eustochie sur la mort de Paule, décrit ainsi les stations où la sainte dame romaine s'arrêta :

« Elle se prosterna, dit-il, devant la Croix au sommet du Calvaire; elle embrassa au Saint-Sépulcre la pierre que l'ange avoit dérangée lorsqu'il ouvrit le tombeau, et baisa surtout avec respect l'endroit touché par le corps de Jésus-Christ. Elle vit sur la montagne de Sion la colonne où le Sauveur avoit été attaché et battu de verges : cette colonne soutenoit alors le portique d'une église. Elle se fit conduire au lieu où les disciples étoient rassemblés lorsque le Saint-Esprit descendit sur eux. Elle se rendit ensuite à Bethléem, et s'arrêta en passant au sépulcre de Rachel. Elle adora la crèche du Messie, et il lui sembloit y voir encore les mages et les pasteurs. A Bethphagé elle trouva le monument de Lazare et la maison de Marthe et de Marie. A Sychar elle admira une église bâtie sur le puits de Jacob, où Jésus-Christ parla à la Samaritaine; enfin, elle trouva à Samarie le tombeau de saint Jean-Baptiste [2]. »

Cette lettre est de l'an 404 : il y a par conséquent 1406 ans qu'elle est écrite. On peut lire toutes les relations de la Terre

---

1. *Epist.* XXII.   2. *Epist. ad Eustoch.*

Sainte depuis le *Voyage d'Arculfe* jusqu'à mon *Itinéraire*, et l'on verra que les pèlerins ont constamment retrouvé et décrit les lieux marqués par saint Jérôme. Certes, voilà du moins une belle et imposante antiquité.

Une preuve que les pèlerinages à Jérusalem avoient précédé le temps même de saint Jérôme, comme le dit très-bien le savant docteur, se tire de l'*Itinéraire de Bordeaux à Jérusalem*. Cet *Itinéraire*, selon les meilleurs critiques, fut composé en 333, pour l'usage des pèlerins des Gaules [1]. Mannert [2] pense que c'étoit un tableau de route pour quelque personne chargée d'une mission de prince : il est bien plus naturel de supposer que cet *Itinéraire* avoit un but général ; cela est d'autant plus probable que les lieux saints y sont décrits.

Il est certain que saint Grégoire de Nysse blâme déjà l'abus des pèlerinages à Jérusalem [3]. Lui-même avoit visité les saints lieux en 379 ; il nomme en particulier le Calvaire, le Saint-Sépulcre, la montagne des Oliviers et Bethléem. Nous avons ce Voyage parmi les œuvres du saint évêque, sous le titre de *Iter Hierosolymæ*. Saint Jérôme cherche aussi à détourner saint Paulin du pèlerinage de Terre Sainte [4]. *De J.-C. 379.*

Ce n'étoient pas seulement les prêtres, les solitaires, les évêques, les docteurs, qui se rendoient de toutes parts en Palestine à l'époque dont nous parlons ; c'étoient des dames illustres, et jusqu'à des princesses et des impératrices : j'ai déjà nommé sainte Paule et sainte Eustochie ; il faut compter encore les deux Mélanie [5]. Le monastère de Bethléem se remplit des plus grandes familles de Rome, qui fuyoient devant Alaric. Cinquante ans auparavant, Eutropie, veuve de Maximien Hercule, avoit fait le voyage des saints lieux et détruit les restes de l'idolâtrie qui se montroient encore à la foire du Térébinthe, près d'Hébron. *De J.-C 404.*

Le siècle qui suivit celui de saint Jérôme ne nous laisse point perdre de vue le Calvaire : c'étoit alors que Théodoret écrivoit son *Histoire ecclésiastique*, où nous retrouvons souvent la chré-

---

1. Voyez Wess., *Præf. in Itin.*, p. 5, 37, 47 ; Berger, *Chem. de l'Emp.* On trouvera l'*Itinéraire* à la fin de cet ouvrage.
2. *Geog.*, i.
3. *Epist. ad Ambros.*
4. *Epist. ad Paulin.*
5. *Epist.* xxii.

tienne Sion. Nous l'apercevons mieux encore dans la *Vie des Solitaires*, par le même auteur. Saint Pierre, anachorète, accom-

De J.-C. 430. plit le voyage sacré [1]. Théodoret passa lui-même en Palestine, où il contempla avec étonnement les ruines du Temple [2]. Les deux pèlerinages de l'impératrice Eudoxie, femme de Théodose le

De J.-C. 450. jeune, sont de ce siècle. Elle fit bâtir des monastères à Jérusalem, et y finit ses jours dans la retraite [3].

De J.-C. 500. Le commencement du vi^e siècle nous fournit l'*Itinéraire* d'Antonin de Plaisance; il décrit toutes les stations, comme saint Jérôme. Je remarque dans ce Voyage un *cimetière des Pèlerins* à la porte de Jérusalem, ce qui indiqué assez l'affluence de ces pieux voyageurs. L'auteur trouva la Palestine couverte d'églises et de monastères. Il dit que le Saint-Sépulcre étoit orné de pierreries, de joyaux, de couronnes d'or, de bracelets et de colliers [4].

De J.-C. 573. Le premier historien de notre monarchie, Grégoire de Tours, nous parle aussi dans ce siècle des pèlerinages à Jérusalem. Un de ses diacres étoit allé en Terre Sainte, et, avec quatre autres voyageurs, ce diacre avoit vu une étoile miraculeuse à Bethléem [5]. Il y avoit alors à Jérusalem, selon le même historien, un grand monastère où l'on recevoit les voyageurs [6] : c'est sans doute ce même hospice que Brocard retrouva deux cents ans après.

De J.-C. 593. Ce fut encore dans ce même siècle que Justinien éleva l'évêque de Jérusalem à la dignité patriarcale. L'empereur renvoya au Saint-Sépulcre les vases sacrés que Titus avoit enlevés du Temple. Ces vases, tombés en 455 dans les mains de Genseric,

De J.-C. 600. furent retrouvés à Carthage par Bélisaire [7].

Cosroès prit Jérusalem en 613; Héraclius rapporta au tom-

De J.-C. 615. beau de Jésus-Christ la vraie Croix, que le roi des Perses avoit

De J.-C. 636. enlevée. Vingt-un ans après, Omar s'empara de la cité sainte, qui demeura sous le joug des Sarrasins jusqu'au temps de

---

1. *Hist. relig.*, cap. 6.   2. *Serm.* II. *De Fine et Judicio.*
3. Evagr.; cap. 20; Zonar., *in Theod.*, II, *sub fin.* C'est cette illustre Athénienne dont nous avons parlé dans le premier Mémoire de l'Introduction.
4. *Itin. de Loc. Terr. Sanct. quos perumb. Ant. Plac.*
5. Greg. Tur., *de Martyr.*, lib. I, cap. 10.   6. *Idem*, cap. 11.
7. Procop. *Bell. Vandall.*, lib. XI.

INTRODUCTION. 103

Godefroy de Bouillon. On verra dans l'*Itinéraire* l'histoire de l'église du Saint-Sépulcre pendant ces siècles de calamités. Elle fut sauvée par la constance invincible des fidèles de la Judée : jamais ils ne l'abandonnèrent, et les pèlerins, rivalisant de zèle avec eux, ne cessèrent point d'accourir au saint rivage.

Quelques années après la conquête d'Omar, Arculfe visita la Palestine. Adamannus, abbé de Jona en Angleterre, écrivit, d'après le récit de l'évêque françois, une relation de la Terre Sainte. Cette relation curieuse nous a été conservée. Séranius la publia à Ingolstadt, en 1619, sous ce titre : *De Locis Terræ Sanctæ lib. III.* On en trouve un extrait dans les Œuvres du vénérable Bède : *De Situ Hierusalem et Locorum Sanctorum liber*. Mabillon a transporté l'ouvrage d'Adamannus dans sa grande collection, *Acta SS. Ordin. S. Benedicti II. 514*.

Arculfe décrit les lieux saints tels qu'ils étoient du temps de saint Jérôme et tels que nous les voyons aujourd'hui. Il parle de la basilique du Saint-Sépulcre comme d'un monument de forme ronde : il trouva des églises et des oratoires à Béthanie, sur la montagne des Oliviers, dans le jardin du même nom, et dans celui de Gethsémani, etc. Il admira la superbe église de Bethléem, etc. C'est exactement tout ce que l'on montre de nos jours, et pourtant ce voyage est à peu près de l'an 690, si l'on fait mourir Adamannus au mois d'octobre de l'année 704[1]. Au reste, du temps de saint Arculfe Jérusalem s'appeloit encore *Ælia*. De J.-C. 690.

Nous avons au VIIIe siècle deux relations du voyage à Jérusalem de saint Guillebaud[2] : toujours description des mêmes lieux, toujours même fidélité de traditions. Ces relations sont courtes, mais les stations essentielles sont marquées. Le savant Guillaume Cave[3] indique un manuscrit du vénérable Bède, *in Bibliotheca Gualtari Copi, cod. 169*, sous le titre de *Libellus de Sanctis Locis*. Bède naquit en 672, et mourut en 732. Quel que soit ce petit livre sur les lieux saints, il faut le rapporter au VIIIe siècle. De J.-C. 700. De J.-C. 705.

---

1. GUILL. CAV., *Script. eccles. Hist. litter.*, p. 328.
2. *Canisii Thesaur. Monument. Eccles. et Hist. seu Lect. Antiq.*, A. S. BARN., t. II, p. 1 ; MABILL., II, 372
3. GUILL. CAV., *Script. Eccles. Hist. litter.*, p. 336.

INTRODUCTION.

De J.-C. 800. Sous le règne de Charlemagne, au commencement du ixe siècle, le calife Haroun-al-Raschid céda à l'empereur françois la propriété du Saint-Sépulcre. Charles envoyoit des aumônes en Palestine, puisqu'un de ses Capitulaires reste avec cet énoncé : *De Eleemosyna mittenda ad Jerusalem*. Le patriarche de Jérusalem avoit réclamé la protection du monarque d'Occident. Éginhard ajoute que Charlemagne protégeoit les chrétiens d'outre-mer [1]. A cette époque les pèlerins latins possédoient un hospice au nord du Temple de Salomon, près du couvent de Sainte-Marie, et Charlemagne avoit fait don à cet hospice d'une bibliothèque.

De J.-C. 870. Nous apprenons ces particularités de Bernard le Moine, qui se trouvoit en Palestine vers l'an 870. Sa relation, fort détaillée, donne toutes les positions des lieux saints [2].

De J.-C. 900. Élie, troisième du nom, patriarche de Jérusalem, écrivit à
De J.-C. 905. Charles le Gros au commencement du xe siècle. Il lui demandoit des secours pour le rétablissement des églises de Judée : « Nous n'entrerons point, dit-il, dans le récit de nos maux ; ils vous sont assez connus par les pèlerins qui viennent tous les jours visiter les saints lieux, et qui retournent dans leur patrie [3]. »

De J.-C. 1000. Le xie siècle, qui finit par les Croisades, nous donne plusieurs voyageurs en Terre Sainte. Oldéric, évêque d'Orléans, fut témoin de la cérémonie du feu sacré au Saint-Sépulcre [4]. Il est vrai que la *Chronique* de Glaber doit être lue avec précaution ; mais ici il s'agit d'un fait et non d'un point de critique. Allatius, *in Symmictis sive Opusculis*, etc., nous a conservé l'*Itinéraire de Jérusalem* du Grec Eugisippe. La plupart des lieux saints y sont décrits, et ce récit est conforme à tout ce que nous connoissons. Guillaume le Conquérant envoya dans le cours de ce
De J.-C. 1099. siècle des aumônes considérables en Palestine. Enfin, le voyage de Pierre l'Ermite, qui eut un si grand résultat, et les Croisades elles-mêmes prouvent à quel point le monde étoit occupé de cette religion lointaine, où s'opéra le mystère du salut.

De J.-C 1100. Jérusalem demeura entre les mains des princes françois l'espace de quatre-vingt-huit ans ; et durant cette période les histo-

---

1. *In Vit. Car. Mag.*
2. Mabill., *Act. SS. Ord. S. Ben.*, sect. iii, part. 2.
3. *Archerii Spicileg.*, t. II, edit. a Barr.
4. *Glab. Chron.*, lib. iv *apud Duch. Hist. Franc.*

riens de la collection *Gesta Dei per Francos* ne nous laissent rien ignorer de la Terre Sainte. Benjamin de Tudèle passa en Judée vers l'an 1173.   De J.-C. 1173.

Lorsque Saladin eut repris Jérusalem sur les Croisés, les   De J.-C. 1187.
Syriens rachetèrent par une somme considérable l'église du
Saint-Sépulcre [1]; et malgré les dangers de l'entreprise, les pèlerins continuèrent à visiter la Palestine.

Phocas, 1208 [2], Willebrand d'Oldenbourg, en 1211, Jacob De J.-C. 1200.
Vetraco ou de Vetri, en 1234 [3], Brocard, religieux dominicain,
en 1283 [4], reconnurent et consignèrent dans leurs voyages tout
ce qu'on avoit dit avant eux sur les lieux saints.

Pour le xive siècle, nous avons Ludolphe [5], Maudeville [6] et De J.-C. 1300.
Sanuto [7];

Pour le xve, Breidenbach [8], Tuchor [9], Langi [10];   De J.-C. 1400.

Pour le xvie, Heyter [11], Salignac [12], Pascha [13], etc.   De J.-C. 1500.

Pour le xviie, Cotovic, Nau, et cent autres.   De J.-C. 1600.

Pour le xviiie, Maundrell, Pococke, Shaw et Hasselquist [14].   De J.-C. 1700.

Ces voyages, qui se multiplient à l'infini, se répètent tous les uns les autres, et confirment les traditions de Jérusalem de la manière la plus invariable et la plus frappante.

Quel étonnant corps de preuves en effet! Les apôtres ont vu Jésus-Christ; ils connoissent les lieux honorés par les pas du Fils de l'Homme; ils transmettent la tradition à la première Église chrétienne de Judée; la succession des évêques s'établit, et garde soigneusement cette tradition sacrée. Eusèbe paroît, et l'histoire des saints lieux commence; Socrate, Sozomène, Théo-

---

1. San. Le Secret. *Fid. Cruc. sup. Terr. Sanct.*, II.
2. *Intin. Hieros. ap. Allat. Symmict.*
3. *Lib. de Terr. Sanct.*
4. *Descript. Urb. Jerus. et Loc. Terr. Sanct. exact.*
5. *De Terr. Sanct. et Itin. Hierosol.*
6. *Descript. Jerusalem. Loc. Sacr.*
7. *Lib. Secret.*, etc. Vid. supra.
8. *Opus transmar. Peregrinat. ad Sepulchr. Dom. in Hieros.*
9. *Raise-Besch. Zum. Heil. Grab.*
10. *Hierosolym. Urb. Templique.*
11. *Lib. Hist. Partium Orient.*, etc.
12. *Itin. Hieros. et Terr. Sanct.*, etc.
13. *Peregrinatio cum exact. Descript. Jerus.*, etc.
14. Je ne cite plus, et j'ai peut-être déjà trop cité; on verra dans l'*Itinéraire* une foule d'autres voyageurs, que j'omets ici.

doret, Évagre, saint Jérôme, la continuent. Les pèlerins accourent de toutes parts. Depuis ce moment jusqu'à nos jours une suite de voyages non interrompue nous donne pendant quatorze siècles et les mêmes faits et les mêmes descriptions. Quelle tradition fut jamais appuyée d'un aussi grand nombre de témoignages? Si l'on doute ici, il faut renoncer à croire quelque chose : encore ai-je négligé tout ce que j'aurois pu tirer des croisades. J'ajouterai à tant de preuves historiques quelques considérations sur la nature des traditions religieuses et sur le local de Jérusalem.

Il est certain que les souvenirs religieux ne se perdent pas aussi facilement que les souvenirs purement historiques : ceux-ci ne sont confiés en général qu'à la mémoire d'un petit nombre d'hommes instruits, qui peuvent oublier la vérité ou la déguiser selon leurs passions ; ceux-là sont livrés à tout un peuple, qui les transmet machinalement à ses fils. Si le principe de la religion est sévère, comme dans le christianisme ; si la moindre déviation d'un fait ou d'une idée devient une hérésie, il est probable que tout ce qui touche cette religion se conservera d'âge en âge avec une rigoureuse exactitude.

Je sais qu'à la longue une piété exagérée, un zèle mal entendu, une ignorance attachée aux temps et aux classes inférieures de la société, peuvent surcharger un culte de traditions qui ne tiennent pas contre la critique, mais le fond des choses reste toujours. Dix-huit siècles, qui tous indiquent aux mêmes lieux les mêmes faits et les mêmes monuments, ne peuvent tromper. Si quelques objets de dévotion se sont trop multipliés à Jérusalem, ce n'est pas une raison de rejeter le tout comme une imposture. N'oublions pas d'ailleurs que le christianisme fut persécuté dans son berceau, et qu'il a presque toujours continué de souffrir à Jérusalem : or, l'on sait quelle fidélité règne parmi des hommes qui gémissent ensemble : tout devient sacré alors, et la dépouille d'un martyr est conservée avec plus de respect que la couronne d'un monarque. L'enfant qui peut à peine parler connoît déjà cette dépouille ; porté la nuit, dans les bras de sa mère, à de périlleux autels, il entend des chants, il voit des pleurs qui gravent à jamais dans sa tendre mémoire des objets qu'il n'oubliera plus ; et quand il ne devroit encore montrer que la joie, l'ouverture de cœur et la légèreté de son âge, il apprend à devenir grave, discret et prudent : le malheur est une vieillesse prématurée.

Je trouve dans Eusèbe une preuve remarquable de cette vénération pour une relique sainte. Il rapporte que de son temps les chrétiens de la Judée conservoient encore la chaise de saint Jacques, frère du Sauveur et premier évêque de Jérusalem. Gibbon lui-même n'a pu s'empêcher de reconnoître l'authenticité des traditions religieuses en Palestine : « *They fixed(Christians)*, dit-il, *by unquestionable tradition the scene of each memorable event.* » — « Ils fixèrent (les chrétiens) par une tradition non douteuse la scène de chaque événement mémorable [1] ; » aveu d'un poids considérable dans la bouche d'un écrivain aussi instruit que l'historien anglois, et d'un homme en même temps si peu favorable à la religion.

Enfin, les traditions de lieux ne s'altèrent pas comme celle des faits, parce que la face de la terre ne change pas aussi facilement que celle de la société. C'est ce que remarque très-bien d'Anville, dans son excellente *Dissertation sur l'ancienne Jérusalem* : « Les circonstance locales, dit-il, et dont la nature même décide, ne prennent aucune part aux changements que le temps et la fureur des hommes ont pu apporter à la ville de Jérusalem [2]. » Aussi d'Anville retrouve-t-il avec une sagacité merveilleuse tout le plan de l'ancienne Jérusalem dans la nouvelle.

Le théâtre de la Passion, à l'étendre depuis la montagne des Oliviers jusqu'au Calvaire, n'occupe pas plus d'une lieue de terrain; et voyez combien de choses faciles à signaler dans ce petit espace! C'est d'abord une montagne appelée la *montagne des Oliviers*, qui domine la ville et le Temple à l'orient : cette montagne est là, et n'a pas changé ; c'est un torrent de Cédron : et ce torrent est encore le seul qui passe à Jérusalem ; c'est un lieu élevé à la porte de l'ancienne cité, où l'on mettoit à mort les criminels : or, ce lieu élevé est aisé à retrouver entre le mont Sion et la porte Judicielle, dont il existe encore quelques vestiges. On ne peut méconnoître Sion, puisqu'elle étoit encore la plus haute colline de la ville. « Nous sommes, dit notre grand géographe, assurés des limites de cette ville dans la partie que Sion occupoit. C'est le côté qui s'avance le plus vers le midi ; et non-seulement on est fixé de manière à ne pouvoir s'étendre plus loin de ce côté-là, mais encore l'espace de l'emplacement que Jérusalem peut y prendre en largeur se trouve déterminé, d'une part par la pente ou l'escarpement de Sion qui regarde le couchant, et de l'autre par son extrémité opposée vers Cédron [3]. »

Tout ce raisonnement est excellent, et on diroit que d'Anville l'a fait d'après l'inspection des lieux.

---

1. Gibb., t. IV, p. 101.
2. D'Anv., *Dissert. sur l'anc. Jérus.*, p. 4. On peut voir cette Dissertation à la fin de cet *Itinéraire*.
3. D'Anv., *Ibid*.

Le Golgotha étoit donc une petite croupe de la montagne de Sion, à l'orient de cette montagne et à l'occident de la porte de la ville : cette éminence, qui porte maintenant l'église de la Résurrection, se distingue parfaitement encore. On sait que Jésus-Christ fut enseveli dans un jardin au bas du Calvaire : or, ce jardin et la maison qui en dépendoit ne pouvoient disparoître au pied du Golgotha, monticule dont la base n'est pas assez large pour qu'on y perde un monument.

La montagne des Oliviers et le torrent de Cédron donnent ensuite la vallée de Josaphat : celle-ci détermine la position du Temple sur le mont Moria. Le Temple fournit la porte Triomphale et la maison d'Hérode, que Josèphe place à l'orient, au bas de la ville et près du Temple. Le Prétoire de Pilate touchoit presque à la tour Antonia, et on connoît les fondements de cette tour. Ainsi, le Tribunal de Pilate et le Calvaire étant trouvés, on place aisément la dernière scène de la Passion sur le chemin qui conduit de l'un à l'autre, surtout ayant encore pour témoin un fragment de la porte Judicielle. Ce chemin est cette *Via dolorosa* si célèbre dans toutes les relations des pèlerins.

Les actions de Jésus-Christ hors de la cité sainte ne sont pas indiquées par les lieux avec moins de certitude. Le jardin des Oliviers, de l'autre côté de la vallée de Josaphat et du torrent de Cédron, est visiblement aujourd'hui dans la position que lui donne l'Évangile.

Je pourrois ajouter beaucoup de faits, de conjectures et de réflexions à tout ce que je viens de dire; mais il est temps de mettre un terme à cette Introduction, déjà trop longue. Quiconque examinera avec candeur les raisons déduites dans ce Mémoire conviendra que s'il y a quelque chose de prouvé sur la terre, c'est l'authenticité des traditions chrétiennes à Jérusalem.

ITINÉRAIRE

DE

PARIS A JÉRUSALEM

ET DE

JÉRUSALEM A PARIS

PREMIÈRE PARTIE

VOYAGE EN GRÈCE.

J'avois arrêté le plan des *Martyrs* : la plupart des livres de cet ouvrage étoient ébauchés ; je ne crus pas devoir y mettre la dernière main avant d'avoir vu le pays où ma scène étoit placée : d'autres ont leurs ressources en eux-mêmes, moi j'ai besoin de suppléer à ce qui me manque par toutes sortes de travaux. Ainsi, quand on ne trouvera pas dans cet *Itinéraire* la description de tels ou tels lieux célèbres, il faudra la chercher dans les *Martyrs*.

Au principal motif qui me faisoit, après tant de courses, quitter de nouveau la France, se joignoient d'autres considérations : un voyage en Orient complétoit le cercle des études que je m'étois toujours promis d'achever. J'avois contemplé dans les déserts de l'Amérique les monuments de la nature : parmi les monuments des hommes, je ne connoissois encore que deux sortes d'antiquités, l'antiquité celtique et l'antiquité romaine ; il me restoit à parcourir les ruines d'Athènes, de Memphis et de Carthage. Je voulois aussi accomplir le pèlerinage de Jérusalem :

> . . . . Qui devoto
> Il gran Sepolcro adora, e scioglie il voto.

Il peut paroître étrange aujourd'hui de parler de vœux et de pèlerinages ; mais sur ce point je suis sans pudeur, et je me suis rangé depuis longtemps dans la classe des superstitieux et des foibles. Je serai peut-être le dernier François sorti de mon pays pour voyager en Terre Sainte avec les idées, le but et les sentiments d'un ancien pèlerin ; mais si je n'ai point les vertus qui brillèrent jadis dans les sires de Coucy, de Nesles, de Chastillon, de Montfort, du moins la foi me reste : à cette marque je pourrois encore me faire reconnoître des antiques croisés.

« Et quant je voulus partir et me mettre à la voye, dit le sire de Joinville, je envoyé querir l'abbé de Cheminon, pour me reconcilier à lui. Et me bailla et ceignit mon escherpe, et me mit mon bourdon en la main. Et tantost je m'en pars de Jonville, sans ce que rentrasse oncques puis au chastel, jusques au retour du veage d'outre-mer. Et m'en allay premier à de saints veages, qui estoient illeques près... tout à pié deschaux, et en lange. Et ainsi que je allois de Bleicourt à Saint-Urban, qu'il me falloit passer auprès du chastel de Jonville, je n'osé oncques tourner la face devers Jonville, de paour d'avoir trop grant regret, et que le cueur me attendrist. »

En quittant de nouveau ma patrie, le 13 juillet 1806, je ne craignis point de tourner la tête comme le sénéchal de Champagne : presque étranger dans mon pays, je n'abandonnois après moi ni château ni chaumière.

De Paris à Milan, je connoissois la route. A Milan, je pris le chemin de Venise : je vis partout, à peu près comme dans le Milanais, un marais fertile et monotone. Je m'arrêtai quelques instants aux monuments de Vérone, de Vicence et de Padoue. J'arrivai à Venise le 23 ; j'examinai pendant cinq jours les restes de sa grandeur passée : on me montra quelques bons tableaux du Tintoret, de Paul Véronèse et de son frère, du Bassan et du Titien. Je cherchai dans une église déserte le tombeau de ce dernier peintre, et j'eus quelque peine à le trouver : la même chose m'étoit arrivée à Rome pour le tombeau du Tasse. Après tout, les cendres d'un poëte religieux et infortuné ne sont pas trop mal placées dans un ermitage : le chantre de la *Jérusalem* semble s'être réfugié dans cette sépulture ignorée, comme pour échapper aux persécutions des hommes ; il remplit le monde de sa

Turner, del. Mangeon, Imp.r 67 r. St Jacques Outhwaite, sc.

renommée, et repose lui-même inconnu sous l'oranger de Saint-Onuphre.

Je quittai Venise le 28, et je m'embarquai à dix heures du soir pour me rendre en terre ferme. Le vent du sud-est souffloit assez pour enfler la voile, pas assez pour troubler la mer. A mesure que la barque s'éloignoit, je voyois s'enfoncer sous l'horizon les lumières de Venise, et je distinguois, comme des taches sur les flots, les différentes ombres des îles dont la plage est semée. Ces îles, au lieu d'être couvertes de forts et de bastions, sont occupées par des églises et des monastères. Les cloches des hospices et des lazarets se faisoient entendre, et ne rappeloient que des idées de calme et de secours au milieu de l'empire des tempêtes et des dangers. Nous nous approchâmes assez d'une de ces retraites pour entrevoir des moines qui regardoient passer notre gondole; ils avoient l'air de vieux nautoniers rentrés au port après de longues traverses : peut-être bénissoient-ils le voyageur, car ils se souvenoient d'avoir été comme lui étrangers dans la terre d'Égypte : « *Fuistis enim et vos advenæ in terra Ægypti.* »

J'arrivai avant le lever du jour en terre ferme, et je pris un chariot de poste pour me conduire à Trieste. Je ne me détournai point de mon chemin pour voir Aquilée; je ne fus point tenté de visiter la brèche par où des Goths et des Huns pénétrèrent dans la patrie d'Horace et de Virgile, ni de chercher les traces de ces armées qui exécutoient la vengeance de Dieu. J'entrai à Trieste le 29 à midi. Cette ville, régulièrement bâtie, est située sous un assez beau ciel, au pied d'une chaîne de montagnes stériles : elle ne possède aucun monument. Le dernier souffle de l'Italie vient expirer sur ce rivage où la barbarie commence.

M. Seguier, consul de France à Trieste, eut la bonté de me faire chercher un bâtiment; on en trouva un prêt à mettre à la voile pour Smyrne : le capitaine me prit à son bord avec mon domestique. Il fut convenu qu'il me jetteroit en passant sur les côtes de la Morée, que je traverserois par terre le Péloponèse; que le vaisseau m'attendroit quelques jours à la pointe de l'Attique, au bout desquels jours si je ne paroissois point il poursuivroit son voyage.

Nous appareillâmes le 1ᵉʳ août à une heure du matin. Nous eûmes les vents contraires en sortant du port. L'Istrie présentoit le long de la mer une terre basse, appuyée dans l'intérieur sur une chaîne de montagnes. La Méditerranée, placée au centre des pays civilisés, semée d'îles riantes, baignant des côtes plantées de myrtes, de palmiers et d'oliviers, donne sur-le-champ l'idée de cette mer où naquirent Apollon, les Néréides et Vénus, tandis que l'Océan, livré aux tempêtes, environné de terres inconnues, devoit être le berceau des fantômes de la Scandinavie, ou le domaine de ces peuples chrétiens qui se font une idée si imposante de la grandeur et de la toute-puissance de Dieu.

Le 2 à midi le vent devint favorable ; mais les nuages qui s'assembloient au couchant nous annoncèrent un orage. Nous entendîmes les premiers coups de foudre sur les côtes de la Croatie. A trois heures on plia les voiles et l'on suspendit une petite lumière, dans la chambre du capitaine, devant une image de la sainte Vierge. J'ai fait remarquer ailleurs combien il est touchant ce culte qui soumet l'empire des mers à une foible femme. Des marins à terre peuvent devenir des esprits forts comme tout le monde ; mais ce qui déconcerte la sagesse humaine, ce sont les périls : l'homme dans ce moment devient religieux, et le flambeau de la philosophie le rassure moins au milieu de la tempête que la lampe allumée devant la Madone.

A sept heures du soir l'orage étoit dans toute sa force. Notre capitaine autrichien commença une prière au milieu des torrents de pluie et des coups de tonnerre. Nous priâmes pour l'empereur François II, pour nous et pour les mariniers « *sepolti in questo sacro mare* ». Les matelots, les uns debout et découverts, les autres prosternés sur des canons, répondoient au capitaine.

L'orage continua une partie de la nuit. Toutes les voiles étant pliées, et l'équipage retiré, je restai presque seul auprès du matelot qui tenoit la barre du gouvernail. J'avois ainsi passé autrefois des nuits entières sur des mers plus orageuses ; mais j'étois jeune alors, et le bruit des vagues, la solitude de l'Océan, les vents, les écueils, les périls, étoient pour moi autant de jouissances. Je me suis aperçu dans ce dernier voyage que la face des objets a changé pour moi. Je sais ce que valent à présent toutes ces rêveries de la première jeunesse ; et pourtant telle est l'inconséquence humaine, que je traversois encore les flots, que je me livrois encore à l'espérance, que j'allois encore recueillir des images, chercher des couleurs pour orner des tableaux qui devoient m'attirer peut-être des chagrins et des persécutions[1]. Je me promenois sur le gaillard d'arrière, et de temps en temps je venois crayonner une note à la lueur de la lampe qui éclairoit le compas du pilote. Ce matelot me regardoit avec étonnement ; il me prenoit, je crois, pour quelque officier de la marine françoise,

---

1. Cette phrase se trouve dans mes notes originales exactement comme elle est ici ; je n'ai pas cru devoir la retrancher, quoiqu'elle ait l'air d'avoir été écrite après l'événement ; on sait ce qui m'est arrivée pour *Les Martyrs*.

occupé comme lui de la course du vaisseau : il ne savoit pas que ma boussole n'étoit pas aussi bonne que la sienne, et qu'il trouveroit le port plus sûrement que moi.

Le lendemain, 3 août, le vent s'étant fixé au nord-ouest, nous passâmes rapidement l'île de Pommo et celle de Pelagosa. Nous laissâmes à gauche les dernières îles de la Dalmatie, et nous découvrîmes à droite le mont Santo-Angelo, autrefois le mont Gargane, qui couvre Manfredonia, près des ruines de Sipontum, sur les côtes de l'Italie.

Le 4 nous tombâmes en calme; le mistral se leva au coucher du soleil, et nous continuâmes notre route. A deux heures, la nuit étant superbe, j'entendis un mousse chanter le commencement du septième chant de la *Jérusalem*.

> Intanto Erminia infra l'ombrose piante, etc.

L'air étoit une espèce de récitatif très-élevé dans l'intonation, et descendant aux notes les plus graves à la chute du vers. Ce tableau du bonheur champêtre, retracé par un matelot au milieu de la mer, me parut encore plus enchanteur. Les anciens, nos maîtres en tout, ont connu ces oppositions de mœurs : Théocrite a quelquefois placé ses bergers au bord des flots, et Virgile se plaît à rapprocher les délassements du laboureur des travaux du marinier :

> Invitat genialis hyems, curasque resolvit :
> Ceu pressæ cum jam portum tetigere carinæ,
> Puppibus et læti nautæ imposuere coronas.

Le 5 le vent souffla avec violence; il nous apporta un oiseau grisâtre, assez semblable à une alouette. On lui donna l'hospitalité. En général, ce qui forme contraste avec leur vie agitée plaît aux marins; ils aiment tout ce qui se lie dans leur esprit aux souvenirs de la vie des champs, tels que les aboiements du chien, le chant du coq, le passage des oiseaux de terre. A onze heures du matin de la même journée nous nous trouvâmes aux portes de l'Adriatique, c'est-à-dire entre le cap d'Otrante en Italie et le cap de la Linguetta en Albanie.

J'étois là sur les frontières de l'antiquité grecque et aux confins de l'antiquité latine. Pythagore, Alcibiade, Scipion, César, Pompée, Cicéron, Auguste, Horace, Virgile, avoient traversé cette mer. Quelles fortunes diverses tous ces personnages célèbres ne livrèrent-ils point à l'inconstance de ces mêmes flots ! Et moi, voyageur obscur, passant sur la trace effacée des vaisseaux qui portèrent les grands hommes de la Grèce et de l'Italie, j'allois chercher les Muses dans leur patrie;

mais je ne suis pas Virgile, et les dieux n'habitent plus l'Olympe.

Nous avancions vers l'île de Fano. Elle porte, avec l'écueil de Merlère, le nom d'*Othonos* ou de *Calypso* dans quelques cartes anciennes. D'Anville semble l'indiquer sous ce nom, et M. Lechevalier s'appuie de l'autorité de ce géographe pour retrouver dans Fano le séjour où Ulysse pleura si longtemps sa patrie. Procope observe quelque part, dans son *Histoire mêlée,* que si l'on prend pour l'île de Calypso une des petites îles qui environnent Corfou, cela rendra probable le récit d'Homère. En effet, un bateau suffiroit alors pour passer de cette île à celle de Schérie (Corcyre ou Corfou); mais cela souffre de grandes difficultés. Ulysse part avec un vent favorable, et après dix-huit jours de navigation il aperçoit les terres de Schérie, qui s'élève comme un bouclier au-dessus des flots :

Εἴσατο δ' ὡς ὅτε ῥινὸν ἐν ἠεροειδεῖ πόντῳ.

Or, si Fano est l'île de Calypso, cette île touche à Schérie. Loin de mettre dix-huit jours entiers de navigation pour découvrir les côtes de Corfou, Ulysse devoit les voir de la forêt même où il bâtissoit son vaisseau. Pline, Ptolémée, Pomponius Méla, l'Anonyme de Ravenne, ne donnent sur ce point aucune lumière; mais on peut consulter Wood et les modernes, touchant la géographie d'Homère, qui placent tous, avec Strabon, l'île de Calypso sur la côte d'Afrique, dans la mer de Malte.

Au reste, je veux de tout mon cœur que Fano soit l'île enchantée de Calypso, quoique je n'y aie découvert qu'une petite masse de roches blanchâtres : j'y planterai, si l'on veut, avec Homère, « une forêt desséchée par les feux du soleil, des pins et des aunes chargés du nid des corneilles marines; » ou bien, avec Fénelon, j'y trouverai des bois d'orangers et des « montagnes dont la figure bizarre forme un horizon à souhait pour le plaisir des yeux ». Malheur à qui ne verroit pas la nature avec les yeux de Fénelon et d'Homère!

Le vent étant tombé vers les huit heures du soir, et la mer s'étant aplanie, le vaisseau demeura immobile. Ce fut là que je jouis du premier coucher du soleil et de la première nuit dans le ciel de la Grèce. Nous avions à gauche l'île de Fano, et celle de Corcyre qui s'allongeoit à l'orient : on découvroit par-dessus ces îles les hautes terres du continent de l'Épire; les monts Acrocérauniens que nous avions passés formoient au nord, derrière nous, un cercle qui se terminoit à l'entrée de l'Adriatique; à notre droite, c'est-à-dire à l'occident, le soleil se couchoit par delà les côtes d'Otrante; devant nous étoit la pleine mer qui s'étendoit jusqu'aux rivages de l'Afrique.

Les couleurs au couchant n'étoient point vives : le soleil descendoit entre les nuages qu'il peignoit de rose ; il s'enfonça sous l'horizon, et le crépuscule le remplaça pendant une demi-heure. Durant le passage de ce court crépuscule, le ciel étoit blanc au couchant, bleu pâle au zénith et gris de perle au levant. Les étoiles percèrent l'une après l'autre cette admirable tenture : elles sembloient petites, peu rayonnantes, mais leur lumière étoit dorée et d'un éclat si doux, que je ne puis en donner une idée. Les horizons de la mer, légèrement vaporeux, se confondoient avec ceux du ciel. Au pied de l'île de Fano ou de Calypso on apercevoit une flamme allumée par des pêcheurs : avec un peu d'imagination j'aurois pu voir les Nymphes embrasant le vaisseau de Télémaque. Il n'auroit aussi tenu qu'à moi d'entendre Nausicaa folâtrer avec ses compagnes, ou Andromaque pleurer au bord du faux Simoïs, puisque j'entrevoyois au loin, dans la transparence des ombres, les montagnes de Schérie et de Buthrotum [1].

Prodigiosa veterum mendacia vatum.

Les climats influent plus ou moins sur le goût des peuples. En Grèce, par exemple, tout est suave, tout est adouci, tout est plein de calme dans la nature comme dans les écrits des anciens. On conçoit presque comment l'architecture du Parthénon a des proportions si heureuses, comment la sculpture antique est si peu tourmentée, si paisible, si simple, lorsqu'on a vu le ciel pur et les paysages gracieux d'Athènes, de Corinthe et de l'Ionie. Dans cette patrie des Muses la nature ne conseille point les écarts ; elle tend au contraire à ramener l'esprit à l'amour des choses uniformes et harmonieuses.

Le calme continua le 6, et j'eus tout le loisir de considérer Corfou, appelée tour à tour dans l'antiquité *Drepanum*, *Macria*, *Schérie*, *Corcyre*, *Éphise*, *Cassiopée*, *Ceraunia* et même *Argos*. C'est dans cette île qu'Ulysse fut jeté nu après son naufrage : plût à Dieu que la demeure d'Alcinoüs n'eût jamais été fameuse que par les fictions du malheur ! Je me rappelois malgré moi les troubles de Corcyre, que Thucydide a si éloquemment racontés. Il semble au reste qu'Homère, en chantant les jardins d'Alcinoüs, eût attaché quelque chose de poétique et de merveilleux aux destinées de Schérie. Aristote y vint expier dans l'exil les erreurs d'une passion que la philosophie ne surmonte pas toujours ; Alexandre, encore jeune, éloigné de la cour de Philippe, descendit dans cette île célèbre ; les Corcyréens virent le premier pas de

---

1. Voyez, pour les nuits de la Grèce, *Les Martyrs*, liv. I et XI.

ce voyageur armé qui devoit visiter tous les peuples de la terre. Plusieurs citoyens de Corcyre remportèrent des couronnes aux jeux Olympiques : leurs noms furent immortalisés par les vers de Simonide et par les statues de Polyclète. Fidèle à sa double destinée, l'île des Phéaciens continua d'être sous les Romains le théâtre de la gloire et du malheur : Caton, après la bataille de Pharsale, rencontra Cicéron à Corcyre : ce seroit un bien beau tableau à faire que celui de l'entrevue de ces deux Romains! Quels hommes! quelle douleur! quels coups de fortune! On verroit Caton voulant céder à Cicéron le commandement des dernières légions républicaines, parce que Cicéron avoit été consul; ils se séparent ensuite : l'un va se déchirer les entrailles à Utique et l'autre porter sa tête aux triumvirs. Peu de temps après, Antoine et Octavie célébrèrent à Corcyre ces noces fatales qui coûtèrent tant de larmes au monde; et à peine un demi-siècle s'étoit écoulé, qu'Agrippine vint étaler au même lieu les funérailles de Germanicus : comme si cette île devoit fournir à deux historiens rivaux de génie, dans deux langues rivales [1], le sujet du plus admirable de leurs tableaux.

Un autre ordre de choses et d'événements, d'hommes et de mœurs, ramène souvent le nom de *Corcyre* (alors Corfou) dans la *Byzantine*, dans les histoires de Naples et de Venise et dans la collection *Gesta Dei per Francos*. Ce fut de Corfou que partit cette armée de Croisés qui mit un gentilhomme françois sur le trône de Constantinople. Mais si je parlois d'Apollidore, évêque de Corfou, qui se distingua par sa doctrine au concile de Nicée, de Georges et de saint Arsène, autres évêques de cette île devenue chrétienne; si je disois que l'Église de Corfou fut la seule qui échappa à la persécution de Dioclétien; qu'Hélène, mère de Constantin, commença à Corfou son pèlerinage en Orient, j'aurois bien peur de faire sourire de pitié les esprits forts. Quel moyen de nommer saint Jason et saint Sosistrate, apôtres des Corcyréens sous le règne de Claude, après avoir parlé d'Homère, d'Aristote, d'Alexandre, de Cicéron, de Caton, de Germanicus! Et pourtant un martyr de l'indépendance est-il plus grand qu'un martyr de la vérité? Caton se dévouant à la liberté de Rome est-il plus héroïque que Sosistrate se laissant brûler dans un taureau d'airain, pour annoncer aux hommes qu'ils sont frères, qu'ils doivent s'aimer, se secourir et s'élever jusqu'à Dieu par la pratique des vertus?

J'avois le temps de repasser dans mon esprit tous ces souvenirs à la vue des rivages de Corfou, devant lesquels nous étions arrêtés par un

---

1. Thucydide Tacite.

calme profond. Le lecteur désire peut-être qu'un bon vent me porte en Grèce et le débarrasse de mes digressions; c'est ce qui arriva le 7 au matin. La brise du nord-ouest se leva, et nous mîmes le cap sur Céfalonie. Le 8 nous avions à notre gauche Leucate, aujourd'hui Sainte-Maure, qui se confondoit avec un haut promontoire de l'île d'Ithaque et les terres basses de Céfalonie. On ne voit plus dans la patrie d'Ulysse ni la forêt du mont Nérée ni les treize poiriers de Laerte : ceux-ci ont disparu, ainsi que ces deux poiriers, plus vénérables encore, que Henri IV donna pour ralliement à son armée lorsqu'il combattit à Ivry. Je saluai de loin la chaumière d'Eumée et le tombeau du chien fidèle. On ne cite qu'un seul chien célèbre par son ingratitude : il s'appeloit *Math,* et son maître étoit, je crois, un roi d'Angleterre de la maison de Lancastre. L'histoire s'est plu à retenir le nom de ce chien ingrat, comme elle conserve le nom d'un homme resté fidèle au malheur.

Le 9 nous longeâmes Céfalonie, et nous avancions rapidement vers Zante, *Nemorosa Zacynthos.* Les habitants de cette île passoient dans l'antiquité pour avoir une origine troyenne; ils prétendoient descendre de Zacynthus, fils de Dardanus, qui conduisit à Zacynthe une colonie. Ils fondèrent Sagonte, en Espagne; ils aimoient les arts et se plaisoient à entendre chanter les vers d'Homère; ils donnèrent souvent asile aux Romains proscrits; on veut même avoir retrouvé chez eux les cendres de Cicéron. Si Zante a réellement été le refuge des bannis, je lui voue volontiers un culte et je souscris à ses noms d'*Isola d'Oro,* de *Fior di Levante.* Ce nom de fleur me rappelle que l'hyacinthe étoit originaire de l'île de Zante, et que cette île reçut son nom de la plante qu'elle avoit portée : c'est ainsi que pour louer une mère, dans l'antiquité, on joignoit quelquefois à son nom le nom de sa fille. Dans le moyen âge on trouve sur l'île de Zante une autre tradition, assez peu connue. Robert Guiscard, duc de la Pouille, mourut à Zante, en allant en Palestine. On lui avoit prédit qu'il *trépasseroit* à Jérusalem : d'où l'on a conclu que Zante portoit le nom de *Jérusalem* au XIVe siècle, ou qu'il y avoit dans cette île quelque lieu appelé *Jérusalem.* Au reste, Zante est célèbre aujourd'hui par ses sources d'huile de pétrole comme elle l'étoit du temps d'Hérodote, et ses raisins rivalisent avec ceux de Corinthe.

Du pèlerin normand Robert Guiscard jusqu'à moi, pèlerin breton, il y a bien quelques années; mais dans l'intervalle de nos deux voyages le seigneur de Villamont, mon compatriote, passa à Zante. Il partit *de la duché de Bretagne,* en 1588, pour Jérusalem. « Bening lecteur, dit-il à la tête de son *Voyage,* tu recevras ce mien petit labeur, et suppleeras (s'il te plaist) aux faultes qui s'y pourroient rencontrer; et le recevant d'aussi bon cueur que je te le présente, tu me donneras courage à l'advenir de n'estre chiche de ce que j'aurai plus exquis rapporté du temps et de l'occasion; servant à la France selon mon désir. Adieu. ».

Le seigneur de Villamont ne s'arrêta point à Zante. Il vint comme moi à la vue de cette île, et, comme moi, le vent du *ponent magistral* le poussa vers la Morée. J'attendois avec impatience le moment où je découvrirois les côtes de la Grèce ; je les cherchois des yeux à l'horizon, et je les voyois dans tous les nuages. Le 10 au matin j'étois sur le pont avant le lever du soleil. Comme il sortoit de la mer, j'aperçus dans le lointain des montagnes confuses et élevées : c'étoient celles de l'Élide. Il faut que la gloire soit quelque chose de réel, puisqu'elle fait ainsi battre le cœur de celui qui n'en est que le juge. A dix heures, nous passâmes devant Navarin, l'ancienne Pylos, couverte par l'île de Sphactérie : noms également célèbres, l'un dans la fable, l'autre dans l'histoire. A midi nous jetâmes l'ancre devant Modon, autrefois Méthone en Messénie. A une heure j'étois descendu à terre, je foulois le sol de la Grèce, j'étois à dix lieues d'Olympie, à trente de Sparte, sur le chemin que suivit Télémaque pour aller demander des nouvelles d'Ulysse à Ménélas : il n'y avoit pas un mois que j'avois quitté Paris.

Notre vaisseau avoit mouillé à une demi-lieue de Modon, entre le canal formé par le continent et les îles Sapienza et Cabrera, autrefois OEnussæ. Vues de ce point, les côtes du Péloponèse vers Navarin paroissent sombres et arides. Derrière ces côtes s'élèvent, à quelque distance dans les terres, des montagnes qui semblent être d'un sable blanc recouvert d'une herbe flétrie : c'étoient là cependant les monts Égalées, au pied desquels Pylos étoit bâtie. Modon ne présente aux regards qu'une ville de moyen âge, entourée de fortifications gothiques à moitié tombantes. Pas un bateau dans le port, pas un homme sur la rive : partout le silence, l'abandon et l'oubli.

Je m'embarquai dans la chaloupe du bâtiment avec le capitaine pour aller prendre langue à terre. Nous approchions de la côte, j'étois prêt à m'élancer sur un rivage désert et à saluer la patrie des arts et du génie, lorsqu'on nous héla d'une des portes de la ville. Nous fûmes obligés de tourner la proue vers le château de Modon. Nous distinguâmes de loin, sur la pointe d'un rocher, des janissaires armés de toutes pièces et des Turcs attirés par la curiosité. Aussitôt qu'ils furent à la portée de la voix, ils nous crièrent en italien : *Ben venuti!* Comme un véritable Grec, je fis attention à ce premier mot de bon augure entendu sur le rivage de la Messénie. Les Turcs se jetèrent dans l'eau pour tirer notre chaloupe à terre, et ils nous aidèrent à sauter sur le rocher. Ils parloient tous à la fois et faisoient mille questions au capitaine en grec et en italien. Nous entrâmes par la porte à demi ruinée de la ville. Nous pénétrâmes dans une rue, ou plutôt dans un véritable camp, qui me rappela sur-le-champ la belle expression de M. de Bonald : « Les Turcs sont campés en Europe. » Il est incroyable à quel point cette expression est juste dans toute son étendue et sous tous ses rapports. Ces Tartares de Modon étoient assis devant leurs portes, les jambes croisées, sur des espèces d'échoppes ou de tables de bois, à l'ombre de méchantes toiles tendues d'une maison à l'autre. Ils fumoient leurs pipes, buvoient le café, et, contre l'idée que je m'étois formée de la taciturnité des Turcs, ils rioient, causoient ensemble et faisoient grand bruit.

Nous nous rendîmes chez l'aga, pauvre hère, juché sur une sorte de lit de camp, dans un hangar; il me reçut avec assez de cordialité. On lui expliqua l'objet de mon voyage. Il répondit qu'il me feroit donner des chevaux et un janissaire pour me rendre à Coron auprès du consul françois, M. Vial; que je pourrois aisément traverser la Morée, parce que les chemins étoient libres, vu qu'on avoit coupé la tête à trois ou quatre cents brigands, et que rien n'empêchoit plus de voyager.

Voici l'histoire de ces trois ou quatre cents brigands. Il y avoit vers le mont Ithome une troupe d'une cinquantaine de voleurs qui infestoient les chemins. Le pacha de la Morée, Osman-Pacha, se transporta sur les lieux; il fit cerner les villages où les voleurs avoient coutume de se cantonner. Il eût été trop long et trop ennuyeux pour un Turc de distinguer l'innocent du coupable : on assomma comme des bêtes fauves tout ce qui se trouva dans la battue du pacha. Les brigands périrent, il est vrai, mais avec trois cents paysans grecs qui n'étoient pour rien dans cette affaire.

De la maison de l'aga nous allâmes à l'habitation du vice-consul d'Allemagne. La France n'avoit point alors d'agent à Modon. Il demeuroit dans la bourgade des Grecs, hors de la ville. Dans tous les lieux où le poste est militaire, les Grecs sont séparés des Turcs. Le vice-consul me confirma ce que m'avoit dit l'aga sur l'état de la Morée; il m'offrit l'hospitalité pour la nuit : je l'acceptai, et je retournai un moment au vaisseau, sur un caïque qui devoit ensuite me ramener au rivage.

Je laissai à bord Julien, mon domestique françois, que j'envoyai m'attendre avec le vaisseau à la pointe de l'Attique, ou à Smyrne, si je manquois le passage du vaisseau. J'attachai autour de moi une ceinture qui renfermoit ce que je possédois en or; je m'armai de pied en cap, et je pris à mon service un Milanois, nommé *Joseph*, marchand d'étain à Smyrne : cet homme parloit un peu le grec moderne, et il consentit, pour une somme convenue, à me servir d'interprète. Je dis adieu au capitaine, et je descendis avec Joseph dans le caïque. Le vent étoit violent et contraire. Nous mîmes cinq heures pour gagner le port dont nous n'étions éloignés que d'une demi-lieue, et nous fûmes deux fois près de chavirer. Un vieux Turc à barbe grise, les yeux vifs et enfoncés sous d'épais sourcils, montrant de longues dents extrêmement blanches, tantôt silencieux, tantôt poussant des cris sauvages, tenoit le gouvernail : il représentoit assez bien le Temps passant dans sa barque un voyageur aux rivages déserts de la Grèce. Le vice-consul m'attendoit sur la grève. Nous allâmes loger au bourg des Grecs. Chemin faisant j'admirai des tombeaux turcs qu'ombrageoient de grands cyprès au pied desquels la mer venoit se briser. J'aperçus parmi ces tombeaux des femmes enveloppées de voiles blancs, et semblables à des ombres : ce fut la seule chose qui me rappela un peu la patrie des Muses. Le cimetière des chrétiens touche à celui des musulmans : il est délabré, sans pierres sépulcrales et sans arbres ; des melons d'eau qui végètent çà et là sur ces tombes abandonnées ressemblent, par leur forme et leur pâleur, à des crânes humains qu'on ne s'est pas donné la peine d'ensevelir. Rien n'est triste comme ces deux cimetières, où l'on remarque jusque dans l'égalité et l'indépendance de la mort la distinction du tyran et de l'esclave.

L'abbé Barthélemy a trouvé Méthone si peu intéressante dans l'antiquité, qu'il s'est contenté de faire mention de son puits d'eau bitumineuse. Sans gloire au milieu de toutes ces cités bâties par les dieux ou célébrées par les poëtes, Méthone ne se retrouve point dans les chants de Pindare, qui forment avec les ouvrages d'Homère les brillantes archives de la Grèce. Démosthène, haranguant pour les Mégalopolitains et rappelant l'histoire de la Messénie, ne parle point de Méthone. Polybe, qui étoit de Mégalopolis, et qui donne de très-bons conseils aux Messéniens, garde le même silence. Plutarque et Diogène Laerce ne citent aucun héros, aucun philosophe de cette ville. Athénée, Aulu-Gelle et Macrobe ne rapportent rien de Méthone. Enfin Pline, Ptolémée, Pomponius Méla et l'Anonyme de Ravenne ne font que la nommer dans le dénombrement des villes de la Messénie ; mais Strabon et Pausanias veulent retrouver Méthone dans la Pédase d'Homère. Selon Pausanias, le nom de Méthone ou de Mothone lui vient d'une fille d'Œneus, compagnon de Diomède, ou d'un rocher qui ferme l'entrée du port. Méthone reparoît assez souvent dans l'histoire ancienne, mais jamais pour aucun fait important. Thucydide cite quelques corps d'hoplites de Méthone, dans la guerre du Péloponèse. On voit par un fragment de Diodore de Sicile que Brasidas défendit cette ville contre les Athéniens. Le même Diodore l'appelle une ville de la Laconie, parce que la Messénie étoit une conquête de Lacédémone ; celle-ci envoya à Méthone une colonie de NIlpliens, qui ne furent point chassés de leur nouvelle patrie lorsque Épaminondas rappela les Messéniens. Méthone suivit le sort de la Grèce quand celle-ci passa sous le joug des Romains. Trajan accorda des priviléges à Méthone. Le Péloponèse étant devenu l'apanage de l'empire d'Orient, Méthone subit les révolutions de la Morée : dévastée par Alaric, peut-être plus maltraitée par Stilicon, elle fut démembrée de l'empire grec en 1124 par les Vénitiens. Rendue à ses anciens maîtres l'année d'après, elle retomba au pouvoir des Vénitiens en 1204. Un corsaire génois l'enleva aux Vénitiens en 1208. Le doge Dandolo la reprit sur les Génois. Mahomet II l'enleva aux Vénitiens, ainsi que toute la Grèce, en 1498. Morosini la reconquit sur les Turcs en 1686, et les Turcs y entrèrent de nouveau en 1715. Trois ans après, Pellegrin passa dans cette ville, dont il nous a fait la description en y mêlant la chronique scandaleuse de tous les consuls françois : ceci forme depuis Homère jusqu'à nous la suite de l'obscure histoire de Méthone. Pour ce qui regarde le sort de Modon pendant l'expédition des Russes en Morée, on peut consulter le premier volume du *Voyage* de M. de Choiseul et l'*Histoire de Pologne* par Rulhière.

Le vice-consul allemand, logé dans une méchante cahute de plâtre, m'offrit de très-bon cœur un souper composé de pastèques, de raisins et de pain noir : il ne faut pas être difficile sur des repas lorsqu'on est si près de Sparte. Je me retirai ensuite dans la chambre que l'on m'avoit préparée, mais sans pouvoir fermer les yeux. J'entendois les aboiements du chien de la Laconie et le bruit du vent de l'Élide : comment aurois-je pu dormir ? Le 11, à trois heures du matin, la voix du janissaire de l'aga m'avertit qu'il falloit partir pour Coron.

Nous montâmes à cheval à l'instant. Je vais décrire l'ordre de la marche, parce qu'il a été le même dans tout le voyage.

A notre tête paroissoit le guide ou le postillon grec à cheval, tenant un autre cheval en laisse : ce second cheval devait servir de remonte en cas qu'il arrivât quelque accident aux chevaux des voyageurs. Venoit ensuite le janissaire, le turban en tête, deux pistolets et un poignard à la ceinture, un sabre au côté, et un fouet à la main pour faire avancer les chevaux du guide. Je suivois, à peu près armé comme le janissaire, portant de plus un fusil de chasse ; Joseph fermoit la marche. Ce Milanois étoit un petit homme blond à gros ventre, le teint fleuri, l'air affable ; il étoit tout habillé de velours bleu ; deux longs pistolets d'arçon, passés dans une étroite ceinture, relevoient sa veste d'une manière si grotesque, que le janissaire ne pouvoit jamais le regarder sans rire. Mon équipage consistoit en un tapis pour m'asseoir, une pipe, un poêlon à café et quelques schalls pour m'envelopper la tête pendant la nuit. Nous partions au signal donné par le guide ; nous grimpions au grand trot les montagnes, et nous les descendions au galop à travers les précipices : il faut prendre son parti ; les Turcs militaires ne connoissent pas d'autre manière d'aller, et le moindre signe de frayeur, ou même de prudence, vous exposeroit à leur mépris. Vous êtes assis d'ailleurs sur des selles de mamelouck, dont les étriers, larges et courts, vous plient les jambes, vous rompent les pieds et déchirent les flancs de votre cheval. Au moindre faux mouvement, le pommeau élevé de la selle vous crève la poitrine, et si vous vous renversez en arrière, le haut rebord de la selle vous brise les reins. On finit pourtant par trouver ces selles utiles, à cause de la solidité qu'elles donnent à cheval, surtout dans des courses aussi hasardeuses.

Les courses sont de huit à dix lieues avec les mêmes chevaux : on leur laisse prendre haleine sans manger à peu près à moitié chemin ; on remonte ensuite, et l'on continue sa route. Le soir on arrive quelquefois à un kan, masure abandonnée où l'on dort parmi toutes sortes d'insectes et de reptiles sur un plancher vermoulu. On ne vous doit rien dans ce kan lorsque vous n'avez pas de firman de poste : c'est à vous de vous procurer des vivres comme vous pouvez. Mon janissaire alloit à la chasse dans les villages ; il rapportoit quelquefois des poulets que je m'obstinois à payer ; nous les faisions rôtir sur des branches vertes d'oliviers, ou bouillir avec du riz pour en faire un pilau. Assis à terre autour de ce festin, nous le déchirions avec nos doigts ; le repas fini, nous allions nous laver la barbe et les mains au premier ruisseau. Voilà comme on voyage aujourd'hui dans le pays d'Alcibiade et d'Aspasie.

Il faisoit encore nuit quand nous quittâmes Modon ; je croyois errer dans les déserts de l'Amérique : même solitude, même silence. Nous traversâmes des bois d'oliviers en nous dirigeant au midi. Au lever de l'aurore nous nous trouvâmes sur les sommets aplatis des montagnes les plus arides que j'aie jamais vues. Nous y marchâmes pendant deux heures. Ces sommets labourés par les torrents avoient l'air de guérets abandonnés ; le jonc marin et une espèce de bruyère épineuse et flétrie y croissoient par touffes. De gros caïeux de lis de montagne, déchaussés par les pluies, paroissoient à la surface de la terre. Nous découvrîmes la mer vers l'est, à travers un bois d'oliviers clairsemés ; nous descendîmes ensuite dans une gorge de vallon où l'on voyoit quelques champs d'orge et de coton. Nous passâmes un torrent desséché : son lit étoit rempli de lauriers-roses et de gatilliers (l'*agnus-castus*), arbuste à feuille longue, pâle et menue, dont la fleur lilas, un peu cotonneuse, s'allonge en forme de quenouille. Je cite ces deux arbustes parce qu'on les retrouve dans toute la Grèce et qu'ils décorent presque seuls ces solitudes, jadis si riantes et si parées, aujourd'hui si nues et si tristes. A propos de torrent desséché, je dois dire aussi que je n'ai vu dans la patrie de l'Ilissus, de l'Alphée et de l'Érymante, que trois fleuves dont l'urne ne fût pas tarie : le Pamisus, le Céphise et l'Eurotas. Il faut qu'on me pardonne encore l'espèce d'indifférence et presque d'impiété avec laquelle j'écrirai quelquefois les noms les plus célèbres ou les plus harmonieux. On se familiarise malgré soi en Grèce avec Thémistocle, Épaminondas, Sophocle, Platon, Thucydide, et il faut une grande religion pour ne pas franchir le Cythéron, le Ménale ou le Lycée comme on passe des monts vulgaires.

Au sortir du vallon dont je viens de parler, nous commençâmes à gravir de nouvelles montagnes : mon guide me répéta plusieurs fois des noms inconnus ; mais, à en juger par leur position, ces montagnes devoient faire une partie de la chaîne du mont Témathia. Nous ne tardâmes pas à entrer dans un bois d'oliviers, de lauriers-roses, d'esquines, d'agnus-castus et de cornouillers. Ce bois étoit dominé par des sommets rocailleux. Parvenus à cette dernière cime, nous découvrîmes le golfe de Messénie, bordé de toutes parts par des montagnes entre lesquelles l'Ithome se distinguoit par son isolement et le Taygète par ses deux flèches aiguës : je saluai ces monts fameux par tout ce que je savois de beaux vers à leur louange.

Un peu au-dessous du sommet du Témathia, en descendant vers Coron, nous aperçûmes une misérable ferme grecque, dont les habitants s'enfuirent à notre approche. A mesure que nous descendions, nous découvrions au-dessous de nous la rade et le port de Coron, où l'on voyoit quelques bâtiments à l'ancre ; la flotte du capitan-pacha étoit mouillée de l'autre côté du golfe, vers Calamate. En arrivant à la plaine qui est au pied des montagnes et qui s'étend jusqu'à la mer, nous laissâmes sur notre droite un village au centre duquel s'élevoit une espèce de château fort : le tout, c'est-à-dire le village et le château, étoit comme environné d'un immense cimetière turc couvert de cyprès de tous les âges. Mon guide, en me montrant ces arbres, me les nommoit *parissos*. Un ancien habitant de la Messénie m'auroit autrefois conté l'histoire entière du jeune homme d'Amyclée, dont le Messénien d'aujourd'hui n'a retenu que la moitié du nom ; mais ce nom, tout défiguré qu'il est, prononcé sur les lieux, à la vue d'un cyprès et des sommets du Taygète, me fit un plaisir que les poëtes comprendront. J'avois une consolation en regardant les tombes des Turcs : elles me rappeloient que les barbares conquérants de la Grèce avoient aussi trouvé leur dernier jour dans cette terre ravagée par eux. Au reste, ces tombes étoient fort agréables : le laurier-rose y croissoit au pied des cyprès, qui ressembloient à de grands obélisques noirs; des tourterelles blanches et des pigeons bleus voltigeoient et roucouloient dans ces arbres; l'herbe flottoit autour de petites colonnes funèbres que surmontoit un turban; une fontaine bâtie par un chérif répandoit son eau dans le chemin pour le voyageur : on se seroit volontiers arrêté dans ce cimetière, où le laurier de la Grèce, dominé par les cyprès de l'Orient, sembloit rappeler la mémoire des deux peuples dont la poussière reposoit dans ce lieu.

De ce cimetière à Coron il y a près de deux heures de marche : nous cheminâmes à travers un bois continuel d'oliviers, planté de froment à demi moissonné. Le terrain, qui de loin paroît une plaine unie, est coupé par des ravines inégales et profondes. M. Vial, alors consul de France à Coron, me reçut avec cette hospitalité si remarquable dans les consuls du Levant. Je lui remis une des lettres de recommandation que M. de Talleyrand, sur la prière de M. d'Hauterive, m'avoit poliment accordées pour les consuls françois dans les Échelles.

M. Vial voulut bien me loger chez lui. Il renvoya mon janissaire de Modon et me donna un de ses propres janissaires pour traverser avec moi la Morée et me conduire à Athènes. Le capitan-pacha étant en guerre avec les Maniottes, je ne pouvois me rendre à Sparte par Calamate, que l'on prendra si l'on veut pour Calathion, Cardamyle ou Thalames, sur la côte de la Laconie, presque en face de Coron. Il fut donc résolu que je ferois un long détour ; que j'irois chercher le défilé des portes de Léondari, l'un des Hermæum de la Messénie; que je me rendrois à Tripolizza afin d'obtenir du pacha de la Morée le firman nécessaire pour passer l'isthme ; que je reviendrois de Tripolizza à Sparte, et que de Sparte je prendrois par la montagne le chemin d'Argos, de Mycènes et de Corinthe.

Coroné, ainsi que Messène et Mégalopolis, ne remonte pas à une grande antiquité, puisqu'elle fut fondée par Épaminondas sur les ruines de l'ancienne Épéa. Jusque ici on a pris Coron pour Coroné, d'après l'opinion de d'Anville. J'ai quelques doutes sur ce point : selon Pausanias, Coroné étoit située au bas du mont Témathia, vers l'embouchure du Pamisus : or, Coron est assez éloignée de ce fleuve; elle est bâtie sur une hauteur à peu près dans la position où le même Pausanias place le temple d'Apollon Corinthus, ou plutôt dans la position de Colonidès¹. On trouve vers le fond du golfe de Messénie des ruines au bord de la mer, qui pourroient bien être celles de la véritable Coroné, à moins qu'elles n'appartiennent au village d'Ino. Coronelli s'est trompé en prenant Coroné pour Pédase, qu'il faut, selon Strabon et Pausanias, retrouver dans Méthone.

L'histoire moderne de Coron ressemble à peu près à celle de Modon : Coron fut tour à tour, et aux mêmes époques que cette dernière ville, possédée par les Vénitiens, les Génois et les Turcs. Les Espagnols l'assiégèrent et l'enlevèrent aux infidèles en 1633. Les chevaliers de Malte se distinguèrent à ce siége assez mémorable. Vertot fait à ce sujet une singulière faute en prenant Coron pour Chéronée, patrie de Plutarque, qui n'est pas elle-même la Chéronée où Philippe donna des chaînes à la Grèce. Retombée au pouvoir des Turcs, Coron fut assiégée et prise de nouveau par Morosini, en 1685 : on remarque à ce siége deux de mes compatriotes. Coronelli ne cite que le commandeur de La Tour, qui y périt glorieusement, mais Giacomo Diedo parle encore du marquis de Courbon. J'aimois à retrouver les traces de l'honneur françois dès mes premiers pas dans la véritable patrie de la gloire et dans le pays d'un peuple qui fut si bon juge de la valeur. Mais où ne retrouve-t-on pas ces traces! A Constantinople, à Rhodes, en Syrie, en Égypte, à Carthage, partout où j'ai abordé, on m'a montré le camp des François, la tour des François, le château des François : l'Arabe m'a fait voir les tombes de nos soldats sous les sycomores du Caire, et le Siminole sous les peupliers de la Floride.

C'est encore dans cette même ville de Coron que M. de Choiseul a commencé ses tableaux. Ainsi le sort me conduisoit au même lieu où mes compatriotes avoient cueilli cette double palme des talents et des armes, dont la Grèce aimoit à couronner ses enfants. Si j'ai moi-même parcouru sans gloire, mais non sans honneur, les deux carrières où les citoyens d'Athènes et de Sparte acquirent tant de renommée, je m'en console en songeant que d'autres François ont été plus heureux que moi.

M. Vial se donna la peine de me montrer Coron, qui n'est qu'un amas de ruines modernes ; il me fit voir aussi l'endroit d'où les Russes canonnèrent la ville en 1770, époque fatale à la Morée, dont les Albanois ont depuis massacré la population. La relation des voyages de Pellegrin date de 1715 et de 1719 : le ressort de Coron s'étendoit alors, selon ce voyageur, à quatre-vingts villages ; je ne sais si l'on en trou-

---

1. Cette opinion est aussi celle de M. de Choiseul.

veroit aujourd'hui cinq ou six dans le même arrondissement. Le reste de ces champs dévastés appartient à des Turcs, qui possèdent trois ou quatre mille pieds d'oliviers, et qui dévorent dans un harem à Constantinople l'héritage d'Aristomène. Les larmes me venoient aux yeux en voyant les mains du Grec esclave inutilement trempées de ces flots d'huile qui rendoient la vigueur au bras de ses pères pour triompher des tyrans.

La maison du consul dominoit le golfe de Coron : je voyois de ma fenêtre la mer de Messénie peinte du plus bel azur; devant moi, de l'autre côté de cette mer, s'élevoit la haute chaîne du Taygète, couvert de neige et justement comparé aux Alpes par Polybe, mais aux Alpes sous un plus beau ciel. A ma droite s'étendoit la pleine mer, et à ma gauche, au fond du golfe, je découvrois le mont Ithome, isolé comme le Vésuve, et tronqué comme lui à son sommet. Je ne pouvois m'arracher à ce spectacle : quelles pensées n'inspire point la vue de ces côtes désertes de la Grèce, où l'on n'entend que l'éternel sifflement du mistral et le gémissement des flots! Quelques coups de canon, que le capitan-pacha faisoit tirer de loin à loin contre les rochers des Maniottes, interrompoient seuls ces tristes bruits par un bruit plus triste encore. On n'apercevoit sur toute l'étendue de la mer que la flotte de ce chef des barbares : elle me rappeloit le souvenir de ces pirates américains qui plantoient leur drapeau sanglant sur une terre inconnue, en prenant possession d'un pays enchanté au nom de la servitude et de la mort; ou plutôt je croyois voir les vaisseaux d'Alaric s'éloigner de la Grèce en cendres, en emportant la dépouille des temples, les trophées d'Olympie et les statues brisées de la Liberté et des Arts[1].

Je quittai Coron le 12 à deux heures du matin, comblé des politesses et des attentions de M. Vial, qui me donna une lettre pour le pacha de Morée, et une autre lettre pour un Turc de Misitra. Je m'embarquai avec Joseph et mon nouveau janissaire dans un caïque qui devoit me conduire à l'embouchure du Pamisus, au fond du golfe de Messénie. Quelques heures d'une belle traversée me portèrent dans le lit du plus grand fleuve du Péloponèse, où notre petite barque échoua faute d'eau. Le janissaire alla chercher des chevaux à Nissi, gros village éloigné de trois ou quatre milles de la mer, en remontant le Pamisus. Cette rivière étoit couverte d'une multitude d'oiseaux sauvages dont je m'amusai à observer les jeux jusqu'au retour du janissaire. Rien ne seroit agréable comme l'histoire naturelle si on la rat-

---

1. Voyez la description de la Messénie dans *Les Martyrs*, liv. I.

tâchoit toujours à l'histoire des hommes : on aimeroit à voir les oiseaux voyageurs quitter les peuplades ignorées de l'Atlantique pour visiter les peuples fameux de l'Eurotas et du Céphise. La Providence, afin de confondre notre vanité, a permis que les animaux connussent avant l'homme la véritable étendue du séjour de l'homme; et tel oiseau américain attiroit peut-être l'attention d'Aristote dans les fleuves de la Grèce, lorsque le philosophe ne soupçonnoit même pas l'existence d'un monde nouveau. L'antiquité nous offriroit dans ses annales une foule de rapprochements curieux, et souvent la marche des peuples et des armées se lieroit aux pèlerinages de quelques oiseaux solitaires ou aux migrations pacifiques des gazelles et des chameaux.

Le janissaire revint au rivage avec un guide et cinq chevaux, deux pour le guide et les trois autres pour moi, le janissaire et Joseph. Nous passâmes à Nissi, qui me semble inconnue dans l'antiquité. Je vis un moment le vayvode; c'étoit un jeune Grec fort affable, qui m'offrit des confitures et du vin : je n'acceptai point son hospitalité, et je continuai ma route pour Tripolizza.

Nous nous dirigeâmes sur le mont Ithome, en laissant à gauche les ruines de Messène. L'abbé Fourmont, qui visita ces ruines il y a soixante-dix ans, y compta trente-huit tours encore debout. Je ne sais si M. Vial ne m'a point assuré qu'il en existe aujourd'hui neuf entières et un fragment considérable de mur d'enceinte. M. Pouqueville, qui traversa la Messénie dix ans avant moi, ne passa point à Messène. Nous arrivâmes vers les trois heures de l'après-midi au pied de l'Ithome, aujourd'hui le mont Vulcano, selon d'Anville. Je me convainquis, en examinant cette montagne, de la difficulté de bien entendre les auteurs anciens sans avoir vu les lieux dont ils parlent. Il est évident, par exemple, que Messène et l'ancienne Ithome ne pouvoient embrasser le mont dans leur enceinte, et qu'il faut expliquer la particule grecque περὶ comme l'explique M. Lechevalier à propos de la course d'Hector et d'Achille, c'est-à-dire qu'il faut traduire *devant* Troie, et non pas *autour* de Troie.

Nous traversâmes plusieurs villages, Chafasa, Scala, Cyparissa, et quelques autres récemment détruits par le pacha lors de sa dernière expédition contre les brigands. Je ne vis dans tous ces villages qu'une seule femme : elle ne démentoit point le sang des Héraclides, par ses yeux bleus, sa haute taille et sa beauté. La Messénie fut presque toujours malheureuse : un pays fertile est souvent un avantage funeste pour un peuple. A la désolation qui régnoit autour de moi on eût dit que les féroces Lacédémoniens venoient encore de ravager la patrie d'Aristomène. Un grand homme se chargea de venger un grand homme : Épaminondas éleva les murs de Messène. Malheureusement on peut reprocher à cette ville la mort de Philopœmen. Les Arcadiens tirèrent vengeance de cette mort, et transportèrent les cendres de leur compatriote à Mégalopolis. Je passois avec ma petite caravane précisément par les chemins où le convoi funèbre du dernier des Grecs avoit passé, il y a environ deux mille ans.

Après avoir longé le mont Ithome nous traversâmes un ruisseau qui coule au nord, et qui pourroit bien être une des sources du Balyra. Je n'ai jamais défié les Muses, elles ne m'ont point rendu aveugle comme Thamyris ; et si j'ai une lyre, je ne l'ai point jetée dans le Balyra, au risque d'être changé après ma mort en rossignol. Je veux encore suivre le culte des neuf Sœurs pendant quelques années, après quoi j'abandonnerai leurs autels. La couronne de roses d'Anacréon ne me tente point : la plus belle couronne d'un vieillard, ce sont ses cheveux blancs et les souvenirs d'une vie honorable [1].

Andanies devoit être plus bas, sur le cours du Balyra. J'aurois aimé à découvrir au moins l'emplacement des palais de Mérope.

> J'entends des cris plaintifs. Hélas ! dans ces palais
> Un dieu persécuteur habite pour jamais.

Mais Andanies étoit trop loin de notre route pour essayer d'en trouver les ruines. Une plaine inégale, couverte de grandes herbes et de troupeaux de chevaux comme les savanes de la Floride, me conduisit vers le fond du bassin où se réunissent les hautes montagnes de l'Arcadie et de la Laconie. Le Lycée étoit devant nous, cependant un peu sur notre gauche, et nous foulions probablement le sol de Stényclare. Je n'y entendois point Tyrtée chanter à la tête des bataillons de Sparte, mais, à son défaut, je fis en cet endroit la rencontre d'un Turc monté sur un bon cheval et accompagné de deux Grecs à pied. Aussitôt qu'il m'eut reconnu à mon habit franc il piqua vers moi, et me cria en françois : « C'est un beau pays pour voyager que la Morée ! En France, de Paris à Marseille, je trouvois des lits et des auberges partout. Je suis très-fatigué ; je viens de Coron par terre, et je vais à Léondari. Où allez-vous ? » Je répondis que j'allois à Tripolizza. « Eh bien ! dit le Turc, nous irons ensemble jusqu'au kan des Portes ; mais je suis très-fatigué, mon cher seigneur. » Ce Turc cour-

---

1. L'auteur travailloit alors aux *Martyrs*, pour lesquels il avoit entrepris ce voyage. Son dessein étoit de renoncer aux sujets d'imagination après la publication des *Martyrs*. On peut voir ses adieux à la Muse dans le dernier livre de cet ouvrage.

tois étoit un marchand de Coron qui avoit été à Marseille, de Marseille à Paris et de Paris à Marseille [1].

Il étoit nuit lorsque nous arrivâmes à l'entrée du défilé, sur les confins de la Messénie, de l'Arcadie et de la Laconie. Deux rangs de montagnes parallèles forment cet Hermæum qui s'ouvre du nord au midi. Le chemin s'élève par degrés du côté de la Messénie, et redescend par une pente assez douce vers la Laconie. C'est peut-être l'Hermæum où, selon Pausanias, Oreste, troublé par la première apparition des Euménides, se coupa un doigt avec les dents.

Notre caravane s'engagea bientôt dans cet étroit passage. Nous marchions tous en silence et à la file [2]. Cette route, malgré la justice expéditive du pacha, n'étoit pas sûre, et nous nous tenions prêts à tout événement. A minuit nous arrivâmes au kan placé au milieu du défilé : un bruit d'eau et un gros arbre nous annoncèrent cette pieuse fondation d'un serviteur de Mahomet. En Turquie toutes les institutions publiques sont dues à des particuliers; l'État ne fait rien pour l'État. Ces institutions sont le fruit de l'esprit religieux et non de l'amour de la patrie; car il n'y a point de patrie. Or, il est remarquable que toutes ces fontaines, tous ces kans, tous ces ponts, tombent en ruine et sont des premiers temps de l'empire : je ne crois pas avoir rencontré sur les chemins une seule fabrique moderne : d'où l'on doit conclure que chez les musulmans la religion s'affoiblit, et qu'avec la religion l'état social des Turcs est sur le point de s'écrouler.

Nous entrâmes dans le kan par une écurie ; une échelle en forme de pyramide renversée nous conduisit dans un grenier poudreux. Le marchand turc se jeta sur une natte en s'écriant : « C'est le plus beau kan de la Morée ! De Paris à Marseille je trouvois des lits et des auberges partout. » Je cherchai à le consoler en lui offrant la moitié du souper que j'avois apporté de Coron. « Eh, mon cher seigneur ! s'écriat-il, je suis si fatigué que je vais mourir ! » Et il gémissoit, et il se prenoit la barbe, et il s'essuyoit le front avec un schall, et il s'écrioit : « Allah ! » Toutefois il mangeoit d'un grand appétit la part du souper qu'il avoit refusée d'abord.

Je quittai ce bon homme [3] le 13 au lever du jour, et je continuai

---

[1]. Il est remarquable que M. Pouqueville rencontra à peu près au même endroit un Turc qui parloit françois. C'étoit peut-être le même.

[2]. Je ne sais si c'est le même Hermæum que M. Pouqueville et ses compagnons d'infortune passèrent en venant de Navarin. Voyez, pour la description de cette partie de la Messénie, *Les Martyrs*, liv. XIV.

[3]. Ce Turc, moitié Grec, comme M. Fauvel me l'a dit depuis, est toujours par voie et par chemin : il ne jouit pas d'une réputation très-sûre, pour s'être mêlé fort à son avantage des approvisionnements d'une armée.

ma route. Notre course étoit fort ralentie : au lieu du janissaire de Modon, qui ne demandoit qu'à tuer son cheval, j'avois un janissaire d'une tout autre espèce. Mon nouveau guide étoit un petit homme maigre, fort marqué de petite vérole, parlant bas et avec mesure, et si plein de la dignité de son turban, qu'on l'eût pris pour un parvenu. Un aussi grave personnage ne se mettoit au galop que lorsque l'importance de l'occasion l'exigeoit : par exemple, lorsqu'il apercevoit quelque voyageur. L'irrévérence avec laquelle j'interrompois l'ordre de la marche, courant en avant, à droite et à gauche, partout où je croyois découvrir quelques vestiges d'antiquité, lui déplaisoit fort, mais il n'osoit se plaindre. Du reste je le trouvai fidèle et assez désintéressé pour un Turc.

Une autre cause retardoit encore notre marche ; le velours dont Joseph étoit vêtu dans la canicule, en Morée, le rendoit fort malheureux ; au moindre mouvement du cheval il s'accrochoit à la selle : son chapeau tomboit d'un côté, ses pistolets de l'autre ; il falloit ramasser tout cela et remettre le pauvre Joseph à cheval. Son excellent caractère brilloit d'un nouveau lustre au milieu de toutes ces peines, et sa bonne humeur étoit inaltérable. Nous mîmes donc trois mortelles heures pour sortir de l'Hermæum, assez semblable dans cette partie au passage de l'Apennin entre Pérouse et Tarni. Nous entrâmes dans une plaine cultivée qui s'étend jusqu'à Léondari. Nous étions là en Arcadie, sur la frontière de la Laconie.

On convient généralement, malgré l'opinion de d'Anville, que Léondari n'est point Mégalopolis. On veut retrouver dans la première l'ancienne Leuctres de la Laconie, et c'est le sentiment de M. Barbié du Bocage. Où donc est Mégalopolis ? Peut-être au village de Sinano. Il eût fallu sortir de mon chemin et faire des recherches qui n'entroient point dans l'objet de mon voyage. Mégalopolis, qui n'est d'ailleurs célèbre par aucune action mémorable ni par aucun chef-d'œuvre des arts, n'eût tenté ma curiosité que comme monument du génie d'Épaminondas et patrie de Philopœmen et de Polybe.

Laissant à droite Léondari, ville tout à fait moderne, nous traversâmes un bois de vieux chênes-verts ; c'étoit le reste vénérable d'une forêt sacrée : un énorme vautour perché sur la cime d'un arbre mort y sembloit encore attendre le passage d'un augure. Nous vîmes le soleil se lever sur le mont Borée ; nous mîmes pied à terre au bas de ce mont pour gravir un chemin taillé dans le roc : ces chemins étoient appelés *Chemins de l'Échelle* en Arcadie.

Je n'ai pu reconnoître en Morée ni les chemins grecs ni les voies romaines. Des chaussées turques de deux pieds et demi de large servent à traverser les terrains bas et marécageux ; comme il n'y a pas une seule voiture à roues dans cette partie du Péloponèse, ces chaussées suffisent aux ânes des paysans et aux chevaux des soldats. Cependant Pausanias et la carte de Peutinger marquent plusieurs routes dans les lieux où j'ai passé, surtout aux environs de Mantinée. Bergier les a très-bien suivies dans ses *Chemins de l'Empire*[1].

Nous nous trouvions dans le voisinage d'une des sources de l'Alphée ; je mesurois avidement des yeux les ravines que je rencontrois : tout étoit muet et desséché. Le chemin qui conduit de Borée à Tripolizza traverse d'abord des plaines désertes et se plonge ensuite dans une longue vallée de pierres. Le soleil nous dévoroit ; à quelques buissons rares et brûlés étoient suspendues des cigales qui se taisoient à notre approche ; elles recommençoient leurs cris dès que nous étions passés : on n'entendoit que ce bruit monotone, les pas de nos chevaux et la complainte de notre guide. Lorsqu'un postillon grec monte à cheval, il commence une chanson qu'il continue pendant toute la route. C'est presque toujours une longue histoire rimée qui charme les ennuis des descendants de Linus : les couplets en sont nombreux, l'air triste et assez ressemblant aux airs de nos vieilles romances françoises. Une, entre autres, qui doit être fort connue, car je l'ai entendue depuis Coron jusqu'à Athènes, rappelle d'une manière frappante l'air :

> Mon cœur charmé de sa chaîne, etc.

Il faut seulement s'arrêter aux quatre premiers vers sans passer au refrain :

> Toujours ! toujours !

Ces airs auroient-ils été apportés en Morée par les Vénitiens ? seroit-ce que les François, excellant dans la romance, se sont rencontrés avec le génie des Grecs ? Ces airs sont-ils antiques ? et s'ils sont antiques, appartiennent-ils à la seconde école de la musique chez les Grecs, ou remontent-ils jusqu'au temps d'Olympe ? Je laisse ces questions à décider aux habiles. Mais il me semble encore ouïr le chant de mes malheureux guides, la nuit, le jour, au lever, au coucher du soleil, dans les solitudes de l'Arcadie, sur les bords de l'Eurotas, dans

---

[1]. La carte de Peutinger ne peut pas tromper, du moins quant à l'existence des routes, puisqu'elles sont tracées sur ce monument curieux qui n'est qu'un livre des postes des anciens. La difficulté n'existe que dans le calcul des distances, et surtout pour ce qui regarde les Gaules, où l'abréviation *leg* peut se prendre quelquefois pour *lega* ou *legio*.

les déserts d'Argos, de Corinthe, de Mégare : lieux où la voix des Ménades ne retentit plus, où les concerts des muses ont cessé, où le Grec infortuné semble seulement déplorer dans de tristes complaintes les malheurs de sa patrie :

> . . . . . Soli cantare periti
> Arcades ¹?

A trois lieues de Tripolizza, nous rencontrâmes deux officiers de la garde du pacha, qui couroient, comme moi, en poste. Ils assommoient les chevaux et le postillon à coups de fouet de peau de rhinocéros. Ils s'arrêtèrent en me voyant, et me demandèrent mes armes : je refusai de les donner. Le janissaire me fit dire par Joseph que ce n'étoit qu'un pur objet de curiosité, et que je pouvois aussi demander les armes de ces voyageurs. A cette condition je voulus bien satisfaire les spahis : nous changeâmes d'armes. Ils examinèrent longtemps mes pistolets, et finirent par me les tirer au-dessus de la tête.

J'avois été prévenu de ne me laisser jamais plaisanter par un Turc, si je ne voulois m'exposer à mille avanies. J'ai reconnu plusieurs fois dans la suite combien ce conseil étoit utile : un Turc devient aussi souple s'il voit que vous ne le craignez pas qu'il est insultant s'il s'aperçoit qu'il vous fait peur. Je n'aurois pas eu besoin, d'ailleurs, d'être averti dans cette occasion, et la plaisanterie m'avoit paru trop mauvaise pour ne pas la rendre coup sur coup. Enfonçant donc les éperons dans les flancs de mon cheval, je courus sur les Turcs et leur lâchai les coups de leurs propres pistolets en travers, si près du visage, que l'amorce brûla les moustaches du plus jeune spahi. Une explication s'ensuivit entre ces officiers et le janissaire, qui leur dit que j'étois François : à ce nom de François il n'y eut point de politesses turques qu'ils ne me firent. Ils m'offrirent la pipe, chargèrent mes armes et me les rendirent. Je crus devoir garder l'avantage qu'ils me donnoient, et je fis simplement charger leurs pistolets par Joseph. Ces deux étourdis voulurent m'engager à courir avec eux : je les refusai, et ils partirent. On va voir que je n'étois pas le premier François dont ils eussent entendu parler, et que leur pacha connoissoit bien mes compatriotes.

On peut lire dans M. Pouqueville une description exacte de Tripolizza, capitale de la Morée. Je n'avois pas encore vu de ville entièrement

---

1. Spon avoit remarqué en Grèce un air parfaitement semblable à celui de *Réveillez-vous, belle endormie;* et il s'amusa même à composer des paroles en grec moderne sur cet air.

turque : les toits rouges de celle-ci, ses minarets et ses dômes me frappèrent agréablement au premier coup d'œil. Tripolizza est pourtant située dans une partie assez aride du vallon de Tégée, et sous une des croupes du Ménale qui m'a paru dépouillée d'arbres et de verdure. Mon janissaire me conduisit chez un Grec de la connoissance de M. Vial. Le consul, comme je l'ai dit, m'avoit donné une lettre pour le pacha. Le lendemain de mon arrivée, 15 août, je me rendis chez le drogman de Son Excellence : je le priai de me faire délivrer le plus tôt possible mon firman de poste et l'ordre nécessaire pour passer l'isthme de Corinthe. Ce drogman, jeune homme d'une figure fine et spirituelle, me répondit en italien que d'abord il étoit malade, qu'ensuite le pacha venoit d'entrer chez ses femmes; qu'on ne parloit pas comme cela à un pacha; qu'il falloit attendre; que les François étoient toujours pressés.

Je répliquai que je n'avois demandé les firmans que pour la forme; que mon passe-port françois me suffisoit pour voyager en Turquie, maintenant en paix avec mon pays; que puisqu'on n'avoit pas le temps de m'obliger, je partirois sans les firmans et sans remettre la lettre du consul au pacha.

Je sortis. Deux heures après le drogman me fit rappeler; je le trouvai plus traitable, soit qu'à mon ton il m'eût pris pour un personnage d'importance, soit qu'il craignît que je ne trouvasse quelque moyen de porter mes plaintes à son maître; il me dit qu'il alloit se rendre chez Sa Grandeur et lui parler de mon affaire.

En effet, deux heures après un Tartare me vint chercher et me conduisit chez le pacha. Son palais est une grande maison de bois, carrée, ayant, au centre, une vaste cour, et des galeries régnant sur les quatre faces de cette cour. On me fit attendre dans une salle où je trouvai des papas et le patriarche de la Morée. Ces prêtres et leur patriarche parloient beaucoup, et avoient parfaitement les manières déliées et avilies des courtisans grecs sous le Bas-Empire. J'eus lieu de croire, aux mouvements que je remarquai, qu'on me préparoit une réception brillante; cette cérémonie m'embarrassoit. Mes vêtements étoient délabrés, mes bottes poudreuses, mes cheveux en désordre, et ma barbe comme celle d'Hector : *barba squalida*. Je m'étois enveloppé dans mon manteau, et j'avois plutôt l'air d'un soldat qui sort du bivouac que d'un étranger qui se rend à l'audience d'un grand seigneur.

Joseph, qui disoit se connoître aux pompes de l'Orient, m'avoit forcé de prendre ce manteau : mon habit court lui déplaisoit; lui-même voulut m'accompagner avec le janissaire pour me faire honneur. Il marchoit derrière moi sans bottes, les jambes et les pieds nus, et un mouchoir rouge jeté par-dessus son chapeau. Malheureusement il fut arrêté à la porte du palais dans ce bel équipage : les gardes ne voulurent point le laisser passer : il me donnoit une telle envie de rire, que je ne pus jamais le réclamer sérieusement. La prétention au turban le perdit, et il ne vit que de loin les grandeurs où il avoit aspiré.

Après deux heures de délai, d'ennui et d'impatience, on m'introduisit dans la salle du pacha : je vis un homme d'environ quarante ans, d'une belle figure, assis ou plutôt couché sur un divan, vêtu d'un cafetan de soie, un poignard orné de diamants à la ceinture, un turban blanc à la tête. Un vieillard à longue barbe occupoit respectueusement une place à sa droite (c'étoit peut-être le bourreau); le drogman grec étoit assis à ses pieds ; trois pages debout tenoient des pastilles d'ambre, des pincettes d'argent et du feu pour la pipe. Mon janissaire resta à la porte de la salle.

Je m'avançai, saluai Son Excellence en mettant la main sur mon cœur ; je lui présentai la lettre du consul, et, usant du privilége des François, je m'assis sans avoir attendu l'ordre.

Osman me fit demander d'où je venois, où j'allois, ce que je voulois.

Je répondis que j'allois en pèlerinage à Jérusalem ; qu'en me rendant à la ville sainte des chrétiens j'avois passé par la Morée pour voir les antiquités romaines [1] ; que je désirois un firman de poste pour avoir des chevaux, et un ordre pour passer l'isthme.

Le pacha répliqua que j'étois le bienvenu, que je pouvois voir tout ce qui me feroit plaisir, et qu'il m'accorderoit des firmans. Il me demanda ensuite si j'étois militaire et si j'avois fait la guerre d'Égypte.

Cette question m'embarrassa, ne sachant trop dans quelle intention elle étoit faite. Je répondis que j'avois autrefois servi mon pays, mais que je n'avois jamais été en Égypte.

Osman me tira tout de suite d'embarras : il me dit loyalement qu'il avoit été fait prisonnier par les François à la bataille d'Aboukir ; qu'il avoit été très-bien traité de mes compatriotes, et qu'il s'en souviendroit toujours.

Je ne m'attendois point aux honneurs du café, et cependant je les obtins : je me plaignis alors de l'insulte faite à un de mes gens, et Osman me proposa de faire donner devant moi vingt coups de bâton

---

1. Tout ce qui a rapport aux Grecs, et les Grecs eux-mêmes, sont nommés *Romains* par les Turcs.

au délis qui avoit arrêté Joseph. Je refusai ce dédommagement, et je me contentai de la bonne volonté du pacha. Je sortis de mon audience fort satisfait : il est vrai qu'il me fallut payer largement à la porte des distinctions aussi flatteuses. Heureux si les Turcs en place employoient au bien des peuples qu'ils gouvernent cette simplicité de mœurs et de justice! Mais ce sont des tyrans que la soif de l'or dévore, et qui versent sans remords le sang innocent pour la satisfaire.

Je retournai à la maison de mon hôte, précédé de mon janissaire et suivi de Joseph, qui avoit oublié sa disgrâce. Je passai auprès de quelques ruines dont la construction me parut antique : je me réveillai alors de l'espèce de distraction où m'avoient jeté les dernières scènes avec les deux officiers turcs, le drogman et le pacha; je me retrouvai tout à coup dans les campagnes des Tégéates : et j'étois un Franc en habit court et en grand chapeau; et je venois de recevoir l'audience d'un Tartare en robe longue et en turban au milieu de la Grèce!

Eheu! fugaces labuntur anni!

M. Barbié du Bocage se récrie avec raison contre l'inexactitude de nos cartes de Morée, où la capitale de cette province n'est souvent pas même indiquée. La cause de cette négligence vient de ce que le gouvernement turc a changé dans cette partie de la Grèce. Il y avoit autrefois un sangiac qui résidoit à Coron. La Morée étant devenue un pachalic, le pacha a fixé sa résidence à Tripolizza, comme dans un point plus central. Quant à l'agrément de la position, j'ai remarqué que les Turcs étoient assez indifférents sur la beauté des lieux. Ils n'ont point à cet égard la délicatesse des Arabes, que le charme du ciel et de la terre séduit toujours, et qui pleurent encore aujourd'hui Grenade perdue.

Cependant, quoique très-obscure, Tripolizza n'a pas été tout à fait inconnue jusqu'à M. Pouqueville, qui écrit *Tripolitza* : Pellegrin en parle, et la nomme *Trepolezza*; d'Anville, *Trapolizza*; M. de Choiseul, *Tripolizza*, et les autres voyageurs ont suivi cette orthographe. D'Anville observe que Tripolizza n'est point Mantinée : c'est une ville moderne, qui paroît s'être élevée entre Mantinée, Tégée et Orchomène.

Un Tartare m'apporta le soir mon firman de poste et l'ordre pour passer l'isthme. En s'établissant sur les débris de Constantinople, les Turcs ont manifestement retenu plusieurs usages des peuples conquis. L'établissement des postes en Turquie est, à peu de chose près, celui qu'avoient fixé les empereurs romains : on ne paye point les chevaux ; le poids de votre bagage est réglé; on est obligé de vous fournir partout la nourriture, etc. Je ne voulus point user de ces magnifiques mais odieux priviléges, dont le fardeau pèse sur un peuple malheureux : je payai partout mes chevaux et ma nourriture comme un voyageur sans protection et sans firman.

Tripolizza étant une ville absolument moderne, j'en partis le 15 pour Sparte, où il me tardoit d'arriver. Il me falloit, pour ainsi dire, revenir sur mes pas, ce qui n'auroit pas eu lieu si j'avois d'abord visité la Laconie en passant par Calamate. A une lieue vers le couchant, au sortir de Tripolizza, nous nous arrêtâmes pour voir des ruines : ce sont celles d'un couvent grec dévasté par les Albanois au temps de la guerre des Russes, mais dans les murs de ce couvent on aperçoit des fragments d'une belle architecture et des pierres chargées d'inscriptions engagées dans la maçonnerie. J'essayai longtemps d'en lire une à gauche de la porte principale de l'église. Les lettres étoient du bon temps, et l'inscription parut être en boustrophédon : ce qui n'annonce pas toujours une très-haute antiquité. Les caractères étoient renversés par la position de la pierre; la pierre elle-même étoit éclatée, placée fort haut et enduite en partie de ciment. Je ne pus rien déchiffrer, hors le mot ΤΕΓΕΑΤΕΣ, qui me causa presque autant de joie que si j'eusse été membre de l'Académie des Inscriptions. Tégée a dû exister aux environs de ce couvent. On trouve dans les champs voisins beaucoup de médailles. J'en achetai trois d'un paysan, qui ne me donnèrent aucune lumière ; il me les vendit très-cher. Les Grecs, à force de voir des voyageurs, commencent à connoître le prix de leurs antiquités.

Je ne dois pas oublier qu'en errant parmi ces décombres je découvris une inscription beaucoup plus moderne : c'étoit le nom de M. Fauvel écrit au crayon sur un mur. Il faut être voyageur pour savoir quel plaisir on éprouve à rencontrer tout à coup dans des lieux lointains et inconnus un nom qui vous rappelle la patrie.

Nous continuâmes notre route entre le nord et le couchant. Après avoir marché pendant trois heures par des terrains à demi cultivés, nous entrâmes dans un désert qui ne finit qu'à la vallée de la Laconie. Le lit desséché d'un torrent nous servoit de chemin ; nous circulions avec lui dans un labyrinthe de montagnes peu élevées, toutes semblables entre elles, ne présentant partout que des sommets pelés et des flancs couverts d'une espèce de chêne-vert nain à feuilles de houx. Au bord de ce torrent desséché, et au centre à peu près de ces monticules, nous rencontrâmes un kan ombragé de deux platanes et rafraîchi par une petite fontaine. Nous laissâmes reposer nos montures : il y avoit dix heures que nous étions à cheval. Nous ne trouvâmes pour toute nourriture que du lait de chèvre et quelques amandes. Nous repartîmes avant le coucher du soleil, et nous nous arrêtâmes à onze heures du soir dans une gorge de vallée, au bord d'un autre torrent qui conservoit un peu d'eau.

Le chemin que nous suivions ne traversoit aucun lieu célèbre : il avoit servi tout au plus à la marche des troupes de Sparte, lorsqu'elles alloient combattre celles de Tégée dans les premières guerres de Lacédémone. On ne trouvoit sur cette route qu'un temple de Jupiter Scotitas vers le passage des Hermès : toutes ces montagnes ensemble devoient former différentes branches du Parnon, du Cronius et de l'Olympe.

Le 16, à la pointe du jour, nous bridâmes nos chevaux : le janissaire fit sa prière, se lava les coudes, la barbe et les mains, se tourna vers l'orient comme pour appeler la lumière, et nous partîmes. En avançant vers la Laconie, les montagnes commençoient à s'élever et à se couvrir de quelques bouquets de bois; les vallées étoient étroites et brisées; quelques-unes me rappelèrent, mais sur une moindre échelle, le site de la grande Chartreuse et son magnifique revêtement de forêts. A midi nous découvrîmes un kan aussi pauvre que celui de la veille, quoiqu'il fût décoré du pavillon ottoman. Dans un espace de vingt-deux lieues c'étoient les deux seules habitations que nous eussions rencontrées : la fatigue et la faim nous obligèrent à rester dans ce sale gîte plus longtemps que je ne l'aurois voulu. Le maître du lieu, vieux Turc à la mine rébarbative, étoit assis dans un grenier qui régnoit au-dessus des étables du kan; les chèvres montoient jusqu'à lui et l'environnoient de leurs ordures. Il nous reçut dans ce lieu de plaisance, et ne daigna pas se lever de son fumier pour faire donner quelque chose à des chiens de chrétiens; il cria d'une voix terrible, et un pauvre enfant grec tout nu, le corps enflé par la fièvre et par les coups de fouet, nous vint apporter du lait de brebis dans un vase dégoûtant par sa malpropreté; encore fus-je obligé de sortir pour le boire à mon aise, car les chèvres et leurs chevreaux m'assiégeoient pour m'arracher un morceau de biscuit que je tenois à la main. J'avois mangé l'ours et le chien sacré avec les sauvages; je partageai depuis le repas des Bédouins; mais je n'ai jamais rien rencontré de comparable à ce premier kan de la Laconie. C'étoit pourtant à peu près dans les mêmes lieux que paissoient les troupeaux de Ménélas et qu'il offrit un festin à Télémaque : « On s'empressoit dans le palais du roi, les serviteurs amenoient les victimes; ils apportoient aussi un vin généreux, tandis que leurs femmes, le front orné de bandelettes pures, préparoient leurs repas[1]. »

Nous quittâmes le kan vers trois heures après midi : à cinq heures nous parvînmes à une croupe de montagnes d'où nous découvrîmes en face de nous le Taygète, que j'avois déjà vu du côté opposé, Misitra, bâtie à ses pieds, et la vallée de la Laconie.

Nous y descendîmes par une espèce d'escalier taillé dans le roc comme celui du mont Borée. Nous aperçûmes un pont léger et d'une seule arche, élégamment jeté sur un petit fleuve, et réunissant deux hautes collines. Arrivés au bord du fleuve, nous passâmes à gué ses eaux limpides, au travers de grands roseaux, de beaux lauriers-roses en pleine fleur. Ce fleuve que je passois ainsi sans le connoître étoit l'Eurotas. Une vallée tortueuse s'ouvrit devant nous; elle circuloit autour de plusieurs monticules de figure à peu près semblable, et qui avoient l'air de monts artificiels ou de tumulus. Nous nous engageâmes dans ces détours, et nous arrivâmes à Misitra comme le jour tomboit.

M. Vial m'avoit donné une lettre pour un des principaux Turcs de Misitra, appelé *Ibraïm-Bey*. Nous mîmes pied à terre dans sa cour, et ses esclaves m'introduisirent dans la salle des étrangers; elle étoit remplie de musulmans qui tous étoient comme moi des voyageurs et des hôtes d'Ibraïm. Je pris ma place sur le divan au milieu d'eux; je suspendis comme eux mes armes au mur au-dessus de ma tête. Joseph et mon janissaire en firent autant. Personne ne me demanda qui j'étois, d'où je venois : chacun continua de fumer, de dormir ou de causer avec son voisin sans jeter les yeux sur moi.

Notre hôte arriva : on lui avoit porté la lettre de M. Vial. Ibraïm, âgé d'environ soixante ans, avoit la physionomie douce et ouverte. Il vint à moi, me prit affectueusement la main, me bénit, essaya de prononcer le mot *bon*, moitié en françois, moitié en italien, et s'assit à mes côtés. Il parla en grec à Joseph; il me fit prier de l'excuser s'il ne me recevoit pas aussi bien qu'il auroit voulu : il avoit un petit enfant malade : *un figliuolo*, répétoit-il en italien; et cela lui faisoit tourner la tête, *mi fa tornar la testa*; et il serroit son turban avec ses deux mains. Assurément ce n'étoit pas la tendresse paternelle dans toute sa naïveté que j'aurois été chercher à Sparte; et c'étoit un vieux Tartare qui montroit ce bon naturel sur le tombeau de ces mères qui disoient à leurs fils, en leur donnant le bouclier : ἢ τὰν, ἢ ἐπὶ τὰν, avec ou dessus.

---

1. *Odyss.*, liv. IV.

Ibraïm me quitta après quelques instants pour aller veiller son fils : il ordonna de m'apporter la pipe et le café; mais comme l'heure du repas étoit passée, on ne me servit point de pilau : il m'auroit cependant fait grand plaisir, car j'étois presque à jeun depuis vingt-quatre heures. Joseph tira de son sac un saucisson dont il avaloit des morceaux à l'insu des Turcs; il en offroit sous main au janissaire, qui détournoit les yeux avec un mélange de regret et d'horreur.

Je pris mon parti : je me couchai sur le divan, dans l'angle de la salle. Une fenêtre avec une grille en roseaux s'ouvroit sur la vallée de la Laconie, où la lune répandoit une clarté admirable. Appuyé sur le coude, je parcourois des yeux le ciel, la vallée, les sommets brillants et sombres du Taygète, selon qu'ils étoient dans l'ombre ou la lumière. Je pouvois à peine me persuader que je respirois dans la patrie d'Hélène et de Ménélas. Je me laissai entraîner à ces réflexions que chacun peut faire, et moi plus qu'un autre, sur les vicissitudes des destinées humaines. Que de lieux avoient déjà vu mon sommeil paisible ou troublé! Que de fois, à la clarté des mêmes étoiles, dans les forêts de l'Amérique, sur les chemins de l'Allemagne, dans les bruyères de l'Angleterre, dans les champs de l'Italie, au milieu de la mer, je m'étois livré à ces mêmes pensées touchant les agitations de la vie!

Un vieux Turc, homme, à ce qu'il paroissoit, de grande considération, me tira de ces réflexions pour me prouver d'une manière encore plus sensible que j'étois loin de mon pays. Il étoit couché à mes pieds sur le divan : il se tournoit, il s'asseyoit, il soupiroit, il appeloit ses esclaves, il les renvoyoit; il attendoit le jour avec impatience. Le jour vint (17 août) : le Tartare, entouré de ses domestiques, les uns à genoux, les autres debout, ôta son turban; il se mira dans un morceau de glace brisée, peigna sa barbe, frisa ses moustaches, se frotta les joues pour les animer. Après avoir fait ainsi sa toilette, il partit en traînant majestueusement ses babouches et en me jetant un regard dédaigneux.

Mon hôte entra quelque temps après portant son fils dans ses bras. Ce pauvre enfant, jaune et miné par la fièvre, étoit tout nu. Il avoit des amulettes et des espèces de sorts suspendus au cou. Le père le mit sur mes genoux, et il fallut entendre l'histoire de la maladie : l'enfant avoit pris tout le quinquina de la Morée; on l'avoit saigné (et c'étoit là le mal); sa mère lui avoit mis des charmes, et elle avoit attaché un turban à la tombe d'un santon : rien n'avoit réussi. Ibraïm finit par me demander si je connoissois quelque remède : je me rappelai que dans mon enfance on m'avoit guéri d'une fièvre avec de la petite centaurée; je conseillai l'usage de cette plante comme l'auroit pu faire le plus grave médecin. Mais qu'étoit-ce que la centaurée? Joseph pérora. Je prétendis que la centaurée avoit été découverte par un certain médecin du voisinage appelé *Chiron* qui couroit à cheval sur les montagnes. Un Grec déclara qu'il avoit connu ce Chiron, qu'il étoit de Calamate, et qu'il montoit ordinairement un cheval blanc. Comme nous tenions conseil, nous vîmes entrer un Turc, que je reconnus pour un chef de la loi à son turban vert. Il vint à nous, prit la tête de l'enfant entre ses deux mains, et prononça dévotement une prière; tel est le caractère de la piété; elle est touchante et respectable même dans les religions les plus funestes.

J'avois envoyé le janissaire me chercher des chevaux et un guide pour visiter d'abord Amyclée et ensuite les ruines de Sparte, où je croyois être : tandis que j'attendois son retour, Ibraïm me fit servir un repas à la turque. J'étois toujours couché sur le divan : on mit devant moi une table extrêmement basse; un esclave me donna à laver; on apporta sur un plateau de bois un poulet haché dans du riz; je mangeai avec mes doigts. Après le poulet on servit une espèce de ragoût de mouton dans un bassin de cuivre; ensuite des figues, des olives, du raisin et du fromage, auquel, selon Guillet[1], Misitra doit aujourd'hui son nom. Entre chaque plat un esclave me versoit de l'eau sur les mains, et un autre me présentoit une serviette de grosse toile, mais fort blanche. Je refusai de boire du vin par courtoisie; après le café, on m'offrit du savon pour mes moustaches.

Pendant le repas le chef de la loi m'avait fait faire plusieurs questions par Joseph; il vouloit savoir pourquoi je voyageois, puisque je n'étois ni marchand ni médecin. Je répondis que je voyageois pour voir les peuples, et surtout les Grecs qui étoient morts. Cela le fit rire : il répliqua que puisque j'étois venu en Turquie, j'aurois dû apprendre le turc. Je trouvai pour lui une meilleure raison à mes voyages en disant que j'étois un pèlerin de Jérusalem. « Hadgi! hadgi![2] » s'écriat-il. Il fut pleinement satisfait. La religion est une espèce de langue universelle entendue de tous les hommes. Ce Turc ne pouvoit comprendre que je quittasse ma patrie par un simple motif de curiosité, mais il trouva tout naturel que j'entreprisse un long voyage pour aller prier à un tombeau, pour demander à Dieu quelque prospérité ou la délivrance de quelque malheur. Ibraïm, qui en m'apportant son fils m'avoit demandé si j'avois des enfants, étoit persuadé que j'allois à

---

1. M. Scrofani l'a suivi dans cette opinion. Si Sparte tiroit son nom des genêts de son territoire, et non pas de Spartus, fils d'Amyclus, ou de Sparta, femme de Lacédémon, Misitra peut bien emprunter le sien d'un fromage.

2. Pèlerin! pèlerin!

Jérusalem afin d'en obtenir. J'ai vu les sauvages du Nouveau-Monde indifférents à mes manières étrangères, mais seulement attentifs comme les Turcs à mes armes et à ma religion, c'est-à-dire aux deux choses qui protègent l'homme dans ses rapports de l'âme et du corps. Ce consentement unanime des peuples sur la religion et cette simplicité d'idées m'ont paru valoir la peine d'être remarqués.

Au reste, cette salle des étrangers où je prenois mon repas offroit une scène assez touchante, et qui rappeloit les anciennes mœurs de l'Orient. Tous les hôtes d'Ibraïm n'étoient pas riches, il s'en falloit beaucoup ; plusieurs même étoient de véritables mendiants : pourtant ils étoient assis sur le même divan avec les Turcs qui avoient un grand train de chevaux et d'esclaves. Joseph et mon janissaire étoient traités comme moi, si ce n'est pourtant qu'on ne les avoit point mis à ma table. Ibraïm saluoit également ses hôtes, parloit à chacun, faisoit donner à manger à tous. Il y avoit des gueux en haillons, à qui des esclaves portoient respectueusement le café. On reconnoît là les préceptes charitables du Coran et la vertu de l'hospitalité que les Turcs ont empruntée des Arabes ; mais cette fraternité du turban ne passe pas le seuil de la porte, et tel esclave a bu le café avec son hôte, à qui ce même hôte fait couper le cou en sortant. J'ai lu pourtant, et l'on m'a dit qu'en Asie il y a encore des familles turques qui ont les mœurs, la simplicité et la candeur des premiers âges : je le crois, car Ibraïm est certainement un des hommes les plus vénérables que j'aie jamais rencontrés.

Le janissaire revint avec un guide qui me proposoit des chevaux non-seulement pour Amyclée, mais encore pour Argos. Il demanda un prix que j'acceptai. Le chef de la loi, témoin du marché, se leva tout en colère ; il me fit dire que puisque je voyageois pour connoître les peuples, j'eusse à savoir que j'avois affaire à des fripons ; que ces gens-là me voloient ; qu'ils me demandoient un prix extraordinaire ; que je ne leur devois rien, puisque j'avois un firman, et qu'enfin j'étois complétement leur dupe. Il sortit plein d'indignation, et je vis qu'il étoit moins animé par un esprit de justice que révolté de ma stupidité.

A huit heures du matin je partis pour Amyclée, aujourd'hui Sclabochôrion : j'étois accompagné du nouveau guide et d'un cicérone grec, très-bon homme, mais très-ignorant. Nous prîmes le chemin de la plaine au pied du Taygète, en suivant de petits sentiers ombragés et fort agréables qui passoient entre des jardins ; ces jardins, arrosés par des courants d'eau qui descendoient de la montagne, étoient plantés de mûriers, de figuiers et de sycomores. On y voyoit aussi beaucoup de pastèques, de raisins, de concombres et d'herbes de différentes sortes : à la beauté du ciel et à l'espèce de culture près, on auroit pu se croire dans les environs de Chambéry. Nous traversâmes la Tiase, et nous arrivâmes à Amyclée, où je ne trouvai qu'une douzaine de chapelles grecques dévastées par les Albanois, et placées à quelque distance les unes des autres au milieu de champs cultivés. Le temple d'Apollon, celui d'Eurotas à Onga, le tombeau d'Hyacinthe, tout a disparu. Je ne pus découvrir aucune inscription : je cherchai pourtant avec soin le fameux nécrologe des prêtresses d'Amyclée, que l'abbé Fourmont copia en 1731 ou 1732, et qui donne une série de près de mille années avant Jésus-Christ. Les destructions se multiplient avec une telle rapidité dans la Grèce, que souvent un voyageur n'aperçoit pas le moindre vestige des monuments qu'un autre voyageur a admirés quelques mois avant lui. Tandis que je cherchois des fragments de ruines antiques parmi des monceaux de ruines modernes, je vis arriver des paysans conduits par un papas; ils dérangèrent une planche appliquée contre le mur d'une des chapelles, et entrèrent dans un sanctuaire que je n'avois pas encore visité. J'eus la curiosité de les y suivre, et je trouvai que ces pauvres gens prioient avec leurs prêtres dans ces débris : ils chantoient les litanies devant une image de la Panagia[1], barbouillée en rouge sur un mur peint en bleu. Il y avoit bien loin de cette fête aux fêtes d'Hyacinthe; mais la triple pompe des ruines, des malheurs et des prières au vrai Dieu effaçoit à mes yeux toutes les pompes de la terre.

Mes guides me pressoient de partir, parce que nous étions sur la frontière des Maniottes, qui, malgré les relations modernes, n'en sont pas moins de grands voleurs. Nous repassâmes la Tiase, et nous retournâmes à Misitra par le chemin de la montagne. Je relèverai ici une erreur qui ne laisse pas de jeter de la confusion dans les cartes de la Laconie. Nous donnons indifféremment le nom moderne d'*Iris* ou *Vasilipotamos* à l'Eurotas. La Guilletière, ou plutôt Guillet, ne sait où Niger a pris ce nom d'*Iris,* et M. Pouqueville paroît également étonné de ce nom. Niger et Mélétius, qui écrivent *Neris* par corruption, n'ont pas cependant tout à fait tort. L'Eurotas est connu à Misitra sous le nom d'*Iri* (et non pas d'*Iris*) jusqu'à sa jonction avec la Tiase : il prend alors le nom de *Vasilipotamos,* et il le conserve le reste de son cours.

Nous arrivâmes dans la montagne au village de Parori, où nous vîmes une grande fontaine appelée *Chieramo :* elle sort avec abon-

---

1. La Toute-Sainte (la Vierge).

dance du flanc d'un rocher; un saule pleureur l'ombrage au-dessus, et au-dessous s'élève un immense platane autour duquel on s'assied sur des nattes pour prendre le café. Je ne sais d'où ce saule pleureur a été apporté à Misitra ; c'est le seul que j'aie vu en Grèce [1]. L'opinion commune fait, je crois, le *salix babylonica* originaire de l'Asie Mineure, tandis qu'il nous est peut-être venu de la Chine à travers l'Orient. Il en est de même du peuplier pyramidal, que la Lombardie a reçu de la Crimée et de la Géorgie, et dont la famille a été retrouvée sur les bords du Mississipi, au-dessus des Illinois.

Il y a beaucoup de marbres brisés et enterrés dans les environs de la fontaine de Parori : plusieurs portent des inscriptions dont on aperçoit des lettres et des mots; avec du temps et de l'argent, peut-être pourroit-on faire dans cet endroit quelques découvertes : cependant il est probable que la plupart de ces inscriptions auront été copiées par l'abbé Fourmont, qui en recueillit trois cent cinquante dans la Laconie et dans la Messénie.

Suivant toujours à mi-côte le flanc du Taygète, nous rencontrâmes une seconde fontaine appelée Πανθάλαμα, *Panthalama*, qui tire son nom de la pierre d'où l'eau s'échappe. On voit sur cette pierre une sculpture antique d'une mauvaise exécution, représentant trois nymphes dansant avec des guirlandes. Enfin nous trouvâmes une dernière fontaine nommée Τριτζέλλα, *Tritzella*, au-dessus de laquelle s'ouvre une grotte qui n'a rien de remarquable [2]. On reconnoîtra, si l'on veut, la Dorcia des anciens dans l'une de ces trois fontaines; mais alors elle seroit placée beaucoup trop loin de Sparte.

Là, c'est-à-dire à la fontaine Tritzella, nous nous trouvions derrière Misitra et presque au pied du château ruiné qui commande la ville. Il est placé au haut d'un rocher de forme quasi pyramidale. Nous avions employé huit heures à toutes nos courses, et il étoit quatre heures de l'après-midi. Nous quittâmes nos chevaux, et nous montâmes à pied au château par le faubourg des Juifs, qui tourne en limaçon autour du rocher jusqu'à la base du château. Ce faubourg a été entièrement détruit par les Albanois; les murs seuls des maisons sont restés debout, et l'on voit à travers les ouvertures des portes et des fenêtres la trace des flammes qui ont dévoré ces anciennes retraites de la misère. Des enfants, aussi méchants que les Spartiates dont ils descendent, se cachent dans ces ruines, épient le voyageur, et au moment où il passe font crouler sur lui des pans de murs et des

---

1. Je ne sais pourtant si je n'en ai point vu quelques autres dans le jardin de l'aga de Naupli de Romanie, au bord du golfe d'Argos.
2. M. Scrofani parle de ces fontaines.

fragments de rocher. Je faillis être victime d'un de ces jeux lacédémoniens.

Le château gothique qui couronne ces débris tombe lui-même en ruine : les vides des créneaux, les crevasses formées dans les voûtes et les bouches des citernes font qu'on ne marche pas sans danger. Il n'y a ni portes, ni gardes, ni canons le tout est abandonné ; mais on est bien dédommagé de la peine qu'on a prise de monter à ce donjon par la vue dont on jouit.

Au-dessous de vous, à votre gauche, est la partie détruite de Misitra, c'est-à-dire le faubourg des Juifs, dont je viens de parler. A l'extrémité de ce faubourg vous apercevez l'archevêché et l'église de Saint-Dimitri, environnés d'un groupe de maisons grecques avec des jardins.

Perpendiculairement au-dessous de vous s'étend la partie de la ville appelée Κατωχώριον, *Katôchôrion*, c'est-à-dire le bourg au-dessous du château.

En avant de Katôchôrion se trouve le Μεσοχώριον, *Mésochôrion*, le bourg du milieu : celui-ci a de grands jardins, et renferme des maisons turques peintes de vert et de rouge ; on y remarque aussi des bazars, des kans et des mosquées.

A droite, au pied du Taygète, on voit successivement les trois villages ou faubourgs que j'avois traversés : Tritzella, Panthalama et Parori.

De la ville même sortent deux torrents : le premier est appelé Ὀβριοπόταμος, *Hobriopotamos*, rivière des Juifs ; il coule entre le Katôchôrion et le Mésochôrion.

Le second se nomme *Panthalama*, du nom de la fontaine des Nymphes dont il sort : il se réunit à l'Hobriopotamos assez loin dans la plaine, vers le village désert de Μαγοῦλα, *Magoula*. Ces deux torrents, sur lesquels il y a un petit pont, ont suffi à La Guilletière pour en former l'Eurotas et le pont Babyx, sous le nom générique de γέφυρος, qu'il auroit dû, je pense, écrire γέφυρα.

A Magoula, ces deux ruisseaux réunis se jettent dans la rivière de Magoula, l'ancien Cnacion, et celui-ci va se perdre dans l'Eurotas.

Vue du château de Misitra, la vallée de la Laconie est admirable : elle s'étend à peu près du nord au midi ; elle est bordée à l'ouest par le Taygète, et à l'est par les monts Tornax, Barosthènes, Olympe et Ménélaïon ; de petites collines obstruent la partie septentrionale de la vallée, descendent au midi en diminuant de hauteur, et viennent former de leurs dernières croupes les collines où Sparte étoit assise.

Depuis Sparte jusqu'à la mer se déroule une plaine unie et fertile arrosée par l'Eurotas [1].

Me voilà donc monté sur un créneau du château de Misitra, découvrant, contemplant et admirant toute la Laconie. Mais quand parlerez-vous de Sparte? me dira le lecteur. Où sont les débris de cette ville? Sont-ils renfermés dans Misitra? N'en reste-t-il aucune trace? Pourquoi courir à Amyclée avant d'avoir visité tous les coins de Lacédémone? Vous contenterez-vous de nommer l'Eurotas sans en montrer le cours, sans en décrire les bords? Quelle largeur a-t-il? de quelle couleur sont ses eaux? où sont ses cygnes, ses roseaux, ses lauriers? Les moindres particularités doivent être racontées quand il s'agit de la patrie de Lycurgue, d'Agis, de Lysandre, de Léonidas. Tout le monde a vu Athènes, mais très-peu de voyageurs ont pénétré jusqu'à Sparte : aucun n'en a complétement décrit les ruines.

Il y a déjà longtemps que j'aurois satisfait le lecteur si, dans le moment même où il m'aperçoit au haut du donjon de Misitra, je n'eusse fait pour mon propre compte toutes les questions que je l'entends me faire à présent.

Si on a lu l'introduction à cet *Itinéraire* on a pu voir que je n'avois rien négligé pour me procurer sur Sparte tous les renseignements possibles : j'ai suivi l'histoire de cette ville depuis les Romains jusqu'à nous; j'ai parlé des voyageurs et des livres qui nous ont appris quelque chose de la moderne Lacédémone; malheureusement ces notions sont assez vagues, puisqu'elles ont fait naître deux opinions contradictoires. D'après le père Pacifique, Cornelli, le romancier Guillet et ceux qui les ont suivis, Misitra est bâtie sur les ruines de Sparte; et d'après Spon, Vernon, l'abbé Fourmont, Leroi et d'Anville, les ruines de Sparte sont assez éloignées de Misitra [2]. Il étoit bien clair, d'après cela, que les meilleures autorités étoient pour cette dernière opinion. D'Anville surtout est formel, et il paroît choqué du sentiment contraire : « Le lieu, dit-il, qu'occupoit cette ville (Sparte), est appelé *Palæochôri* ou le vieux bourg; la ville nouvelle sous le nom de *Misitra*, que l'on a tort de confondre avec Sparte, en est écartée vers le couchant [3]. » Spon, combattant La Guilletière, s'exprime aussi fortement d'après le témoignage de Vernon et du consul Giraud. L'abbé Fourmont, qui a retrouvé à Sparte tant d'inscriptions, n'a pu être dans l'erreur sur l'emplacement de cette ville. Il est vrai que nous n'avons pas son voyage; mais Leroi, qui a reconnu le théâtre et le dromos, n'a

---

[1]. Voyez, pour la description de la Laconie, *Les Martyrs*, liv. xiv.
[2]. Voyez l'Introduction.   [3]. *Géogr. anc. abrég.*, t. I, p. 270.

pu ignorer la vraie position de Sparte. Les meilleures géographies, se conformant à ces grandes autorités, ont pris soin d'avertir que Misitra n'est point du tout Lacédémone. Il y en a même qui fixent assez bien la distance de l'une à l'autre de ces villes, en la faisant d'environ deux lieues.

On voit ici, par un exemple frappant, combien il est difficile de rétablir la vérité quand une erreur est enracinée. Malgré Spon, Fourmont, Leroi, d'Anville, etc., on s'est généralement obstiné à voir Sparte dans Misitra, et moi-même tout le premier. Deux voyageurs modernes avoient achevé de m'aveugler, Scrofani et M. Pouqueville. Je n'avois pas fait attention que celui-ci, en décrivant Misitra comme représentant Lacédémone, ne faisoit que répéter l'opinion des gens du pays, et qu'il ne donnoit pas ce sentiment pour le sien : il semble même pencher au contraire vers l'opinion qui a pour elle les meilleures autorités : d'où je devois conclure que M. Pouqueville, exact sur tout ce qu'il a vu de ses propres yeux, avoit été trompé dans ce qu'on lui avoit dit de Sparte [1].

Persuadé donc, par une erreur de mes premières études, que Misitra étoit Sparte, j'avois commencé à parcourir Amyclée : mon projet étoit de me débarrasser d'abord de ce qui n'étoit point Lacédémone, afin de donner ensuite à cette ville toute mon attention. Qu'on juge de mon embarras, lorsque, du haut du château de Misitra, je m'obstinois à vouloir reconnoître la cité de Lycurgue dans une ville absolument moderne, et dont l'architecture ne m'offroit qu'un mélange confus du genre oriental et du style gothique, grec et italien : pas une pauvre petite ruine antique pour se consoler au milieu de tout cela. Encore si la vieille Sparte, comme la vieille Rome, avoit levé sa tête défigurée du milieu de ces monuments nouveaux! Mais non : Sparte étoit renversée dans la poudre, ensevelie dans le tombeau, foulée aux pieds des Turcs, morte, morte tout entière!

Je le croyois ainsi. Mon cicérone savoit à peine quelques mots d'italien et d'anglois. Pour me faire mieux entendre de lui, j'essayois de méchantes phrases de grec moderne : je barbouillois au crayon quelques mots de grec ancien, je parlois italien et anglois, je mêlois du françois à tout cela ; Joseph vouloit nous mettre d'accord ; et il ne faisoit qu'accroître la confusion ; le janissaire et le guide (espèce de juif demi-nègre) donnoient leur avis en turc, et augmen-

---

1. Il dit même en toutes lettres que Misitra n'est pas sur l'emplacement de Sparte ; ensuite il revient aux idées des habitants du pays. On voit que l'auteur étoit sans cesse entre les grandes autorités qu'il connoissoit et le bavardage de quelque Grec ignorant.

toient le mal. Nous parlions tous à la fois, nous criions, nous gesticulions; avec nos habits différents, nos langages et nos visages divers, nous avions l'air d'une assemblée de démons perchés au coucher du soleil sur la pointe de ces ruines. Les bois et les cascades du Taygète étoient derrière nous, la Laconie à nos pieds, et le plus beau ciel sur notre tête :

« Voilà Misitra, disois-je au cicérone : c'est Lacédémone, n'est-ce pas? »

Il me répondoit : « Signor, Lacédémone? Comment? »

« Je vous dis Lacédémone ou Sparte? »

« Sparte? Quoi? »

« Je vous demande si Misitra est Sparte. »

« Je n'entends pas. »

« Comment! vous, Grec, vous, Lacédémonien, vous ne connoissez pas le nom de Sparte? »

« Sparte? Oh! oui, Grande république! Fameux Lycurgue! »

« Ainsi Misitra est Lacédémone? »

Le Grec me fit un signe de tête affirmatif. Je fus ravi.

« Maintenant, repris-je, expliquez-moi ce que je vois : quelle est cette partie de la ville? » Et je montrois la partie devant moi, un peu à droite.

« Mésochôrion, » répondit-il.

« J'entends bien : mais quelle partie étoit-ce de Lacédémone? »

« Lacédémone? Quoi? »

J'étois hors de moi.

« Au moins, indiquez-moi le fleuve. » Et je répétois : « Potamos, Potamos. »

Mon Grec me fit remarquer le torrent appelé la *rivière des Juifs*.

« Comment, c'est là l'Eurotas? impossible! Dites-moi où est le Vasilipotamos. »

Le cicérone fit de grands gestes, et étendit le bras à droite, du côté d'Amyclée.

Me voilà replongé dans toutes mes perplexités. Je prononçai le nom d'*Iri*, et, à ce nom, mon Spartiate me montra la gauche à l'opposé d'Amyclée.

Il falloit conclure qu'il y avoit deux fleuves : l'un à droite, le Vasilipotamos; l'autre à gauche, l'Iri, et que ni l'un ni l'autre de ces fleuves ne passoit à Misitra. On a vu plus haut, par l'explication que j'ai donnée de ces deux noms, ce qui causoit mon erreur.

Ainsi, disois-je en moi-même, je ne sais plus où est l'Eurotas; mais il est clair qu'il ne passe point à Misitra. Donc Misitra n'est point

Sparte, à moins que le cours du fleuve n'ait changé et ne se soit éloigné de la ville; ce qui n'est pas du tout probable. Où est donc Sparte? Je serai venu jusque ici sans avoir pu la trouver! Je m'en retournerai sans l'avoir vue! J'étois dans la consternation. Comme j'allois descendre du château, le Grec s'écria : « Votre Seigneurie demande peut-être Palæochôri? » A ce nom je me rappelai le passage de d'Anville; je m'écrie à mon tour : « Oui, Palæochôri! la vieille ville! Où est-elle, Palæochôri? »

« Là-bas, à Magoula, » dit le cicérone; et il me montroit au loin dans la vallée une chaumière blanche environnée de quelques arbres.

Les larmes me vinrent aux yeux en fixant mes regards sur cette misérable cabane qui s'élevoit dans l'enceinte abandonnée d'une des villes les plus célèbres de l'univers, et qui servoit seule à faire reconnoître l'emplacement de Sparte, demeure unique d'un chevrier, dont toute la richesse consiste dans l'herbe qui croît sur les tombeaux d'Agis et de Léonidas.

Je ne voulus plus rien voir ni rien entendre : je descendis précipitamment du château, malgré les cris des guides qui vouloient me montrer des ruines modernes et me raconter des histoires d'agas, de pachas, de cadis, de vayvodes; mais en passant devant l'archevêché je trouvai des papas qui attendoient le *François* à la porte, et qui m'invitèrent à entrer de la part de l'archevêque.

Quoique j'eusse bien désiré refuser cette politesse, il n'y eut pas moyen de s'y soustraire. J'entrai donc : l'archevêque étoit assis au milieu de son clergé dans une salle très-propre, garnie de nattes et de coussins à la manière des Turcs. Tous ces papas et leur chef étoient gens d'esprit et de bonne humeur; plusieurs savoient l'italien et s'exprimoient avec facilité dans cette langue. Je leur contai ce qui venoit de m'arriver au sujet des ruines de Sparte : ils en rirent, et se moquèrent du cicérone; ils me parurent fort accoutumés aux étrangers.

La Morée est en effet remplie de Lévantins, de Francs, de Ragusains, d'Italiens, et surtout de jeunes médecins de Venise et des îles Ioniennes, qui viennent dépêcher les cadis et les agas. Les chemins sont assez sûrs : on trouve passablement de quoi se nourrir; on jouit d'une grande liberté, pourvu qu'on ait un peu de fermeté et de prudence. C'est en général un voyage très-facile, surtout pour un homme qui a vécu chez les sauvages de l'Amérique. Il y a toujours quelques Anglois sur les chemins du Péloponèse : les papas me dirent qu'ils avoient vu dans ces derniers temps des antiquaires et des officiers de cette nation. Il y a même à Misitra une maison grecque qu'on appelle l'*Auberge angloise* : on y mange du roast-beef et l'on y boit du vin de

Porte. Le voyageur a sous ce rapport de grandes obligations aux Anglois : ce sont eux qui ont établi de bonnes auberges dans toute l'Europe, en Italie, en Suisse, en Allemagne, en Espagne, à Constantinople, à Athènes et jusqu'aux portes de Sparte, en dépit de Lycurgue.

L'archevêque connoissoit le vice-consul d'Athènes, et je ne sais s'il ne me dit point lui avoir donné l'hospitalité dans les deux ou trois courses que M. Fauvel a faites à Misitra. Après qu'on m'eut servi le café, on me montra l'archevêché et l'église : celle-ci, fort célèbre dans nos géographies, n'a pourtant rien de remarquable. La mosaïque du pavé est commune ; les peintures, vantées par Guillet, rappellent absolument les ébauches de l'école avant le Pérugin. Quant à l'architecture, ce sont toujours des dômes plus ou moins écrasés, plus ou moins multipliés. Cette cathédrale, dédiée à saint Dimitri, et non pas à la Vierge, comme on l'a dit, a pour sa part sept de ces dômes. Depuis que cet ornement a été employé à Constantinople dans la dégénération de l'art, il a marqué tous les monuments de la Grèce. Il n'a ni la hardiesse du gothique ni la sage beauté de l'antique. Il est assez majestueux quand il est immense : mais alors il écrase l'édifice qui le porte : s'il est petit, ce n'est plus qu'une calotte ignoble, qui ne se lie à aucun membre de l'architecture, et qui s'élève au-dessus des entablements tout exprès pour rompre la ligne harmonieuse de la cymaise.

Je vis dans la bibliothèque de l'archevêché quelques traités des Pères grecs, des livres de controverse et deux ou trois historiens de la *Byzantine*, entre autres Pachymère. Il eût été intéressant de collationner le texte de ce manuscrit avec les textes que nous avons ; mais il aura sans doute passé sous les yeux de nos deux grands hellénistes, l'abbé Fourmont et d'Ansse de Villoison. Il est probable que les Vénitiens, longtemps maîtres de la Morée, en auront enlevé les manuscrits les plus précieux.

Mes hôtes me montrèrent avec empressement des traductions imprimées de quelques ouvrages françois : c'est, comme on sait, le *Télémaque*, *Rollin*, etc., et des nouveautés publiées à Bucharest. Parmi ces traductions, je n'oserois dire que je trouvai *Atala*, si M. Stamati ne m'avoit aussi fait l'honneur de prêter à ma sauvage la langue d'Homère. La traduction que je vis à Misitra n'étoit pas achevée ; le traducteur étoit un Grec, natif de Zante ; il s'étoit trouvé à Venise lorsque *Atala* y parut en italien, et c'étoit sur cette traduction qu'il avoit commencé la sienne en grec vulgaire. Je ne sais si je cachai mon nom par orgueil ou par modestie ; mais ma petite gloriole d'auteur fut si satisfaite de se rencontrer auprès de la grande gloire de Lacédémome, que le portier de l'archevêché eut lieu de se louer de ma générosité : c'est une charité dont j'ai fait depuis pénitence.

Il étoit nuit quand je sortis de l'archevêché : nous traversâmes la partie la plus peuplée de Misitra ; nous passâmes dans le bazar indiqué dans plusieurs descriptions comme devant être l'agora des anciens, supposant toujours que Misitra est Lacédémone. Ce bazar est un mauvais marché pareil à ces halles que l'on voit dans nos petites villes de province. De chétives boutiques de schalls, de merceries, de comestibles, en occupent les rues. Ces boutiques étoient alors occupées par des lampes de fabrique italienne. On me fit remarquer, à la lueur de ces lampes, deux Maniottes qui vendoient des sèches et des polypes de mer appelés à Naples *frutti di mare*. Ces pêcheurs, d'une assez grande taille, ressembloient à des paysans francs-comtois. Je ne leur trouvai rien d'extraordinaire. J'achetai d'eux un chien de Taygète : il étoit de moyenne taille, le poil fauve et rude, le nez très-court, l'air sauvage :

Fulvus Lacon,
Amica vis pastoribus.

Je l'avois nommé *Argus* : « Ulysse en fit autant. » Malheureusement je le perdis quelques jours après sur la route entre Argos et Corinthe.

Nous vîmes passer plusieurs femmes enveloppées dans leurs longs habits. Nous nous détournions pour leur céder le chemin, selon une coutume de l'Orient, qui tient à la jalousie plus qu'à la politesse. Je ne pus découvrir leurs visages : je ne sais donc s'il faut dire encore *Sparte aux belles femmes*, d'après Homère, καλλιγύναικα.

Je rentrai chez Ibraïm après treize heures de courses, pendant lesquelles je ne m'étois reposé que quelques moments. Outre que je supporte la fatigue, le soleil et la faim, j'ai observé qu'une vive émotion me soutient contre la lassitude et me donne de nouvelles forces. Je suis convaincu d'ailleurs, et plus que personne, qu'une volonté inflexible surmonte tout et l'emporte même sur le temps. Je me décidai à ne me point coucher, à profiter de la nuit pour écrire des notes, à me rendre le lendemain aux ruines de Sparte et à continuer de là mon voyage sans revenir à Misitra.

Je dis adieu à Ibraïm ; j'ordonnai à Joseph et au guide de se rendre avec leurs chevaux sur la route d'Argos, et de m'attendre à ce pont de l'Eurotas que nous avions déjà passé en venant de Tripolizza. Je ne gardai que le janissaire pour m'accompagner aux ruines de Sparte : si j'avois même pu me passer de lui, je serois allé seul à Magoula, car j'avois éprouvé combien des subalternes qui s'impatientent et s'ennuient vous gênent dans les recherches que vous voulez faire.

Tout étant réglé de la sorte, le 18, une demi-heure avant le jour, je montai à cheval avec le janissaire ; je récompensai les esclaves du bon Ibraïm, et je partis au galop pour Lacédémone.

Il y avoit déjà une heure que nous courions par un chemin uni qui se dirigeoit droit au sud-est, lorsqu'au lever de l'aurore j'aperçus quelques débris et un long mur de construction antique : le cœur commence à me battre. Le janissaire se tourne vers moi et, me montrant sur la droite, avec son fouet, une cabane blanchâtre, il me crie d'un air de satisfaction : « Palæochôri ! » Je me dirigeai vers la principale ruine que je découvrois sur une hauteur. En tournant cette hauteur par le nord-ouest afin d'y monter, je m'arrêtai tout à coup à la vue d'une vaste enceinte, ouverte en demi-cercle, et que je reconnus à l'instant pour un théâtre. Je ne puis peindre les sentiments confus qui vinrent m'assiéger. La colline au pied de laquelle je me trouvois étoit donc la colline de la citadelle de Sparte, puisque le théâtre étoit adossé à la citadelle ; la ruine que je voyois sur cette colline étoit donc le temple de Minerve-Chalciœcos, puisque celui-ci étoit dans la citadelle ; les débris et le long mur que j'avois passés plus bas faisoient donc partie de la tribu des Cynosures, puisque cette tribu étoit au nord de la ville ; Sparte étoit donc sous mes yeux ; et son théâtre, que j'avois eu le bonheur de découvrir en arrivant, me donnoit sur-le-champ les positions des quartiers et des monuments. Je mis pied à terre, et je montai en courant sur la colline de la citadelle.

Comme j'arrivois à son sommet, le soleil se levoit derrière les monts Ménélaïons. Quel beau spectacle ! mais qu'il étoit triste ! L'Eurotas coulant solitaire sous les débris du pont Babyx ; des ruines de toutes parts, et pas un homme parmi ces ruines ! Je restai immobile, dans une espèce de stupeur, à contempler cette scène. Un mélange d'admiration et de douleur arrêtoit mes pas et ma pensée ; le silence étoit profond autour de moi : je voulus du moins faire parler l'écho dans des lieux où la voix humaine ne se faisoit plus entendre, et je criai de toute ma force : Léonidas ! Aucune ruine ne répéta ce grand nom, et Sparte même sembla l'avoir oublié.

Si des ruines où s'attachent des souvenirs illustres font bien voir la vanité de tout ici-bas, il faut pourtant convenir que les noms qui survivent à des empires et qui immortalisent des temps et des lieux sont quelque chose. Après tout, ne dédaignons pas trop la gloire : rien n'est plus beau qu'elle, si ce n'est la vertu. Le comble du bonheur seroit de réunir l'une à l'autre dans cette vie ; et c'étoit l'objet de l'unique prière que les Spartiates adressoient aux dieux : « *Ut pulchra bonis adderent !* »

Quand l'espèce de trouble où j'étois fut dissipé, je commençai à étudier les ruines autour de moi. Le sommet de la colline offroit un plateau environné, surtout au nord-ouest, d'épaisses murailles ; j'en fis deux fois le tour, et je comptai mille cinq cent soixante et mille cinq cent soixante-six pas communs, ou à peu près sept cent quatre-vingts pas géométriques ; mais il faut remarquer que j'embrasse dans ce circuit le sommet entier de la colline, y compris la courbe que forme l'excavation du théâtre dans cette colline : c'est ce théâtre que Leroi a examiné.

Des décombres, partie ensevelis sous terre, partie élevés au-dessus du sol, annoncent, vers le milieu de ce plateau, les fondements du temple de Minerve-Chalciœcos [1], où Pausanias se réfugia vainement et perdit la vie. Une espèce de rampe en terrasse, large de soixante-dix pieds, et d'une pente extrêmement douce, descend du midi de la colline dans la plaine. C'étoit peut-être le chemin par où l'on montoit à la citadelle, qui ne devint très-forte que sous les tyrans de Lacédémone.

A la naissance de cette rampe, et au-dessus du théâtre, je vis un petit édifice de forme ronde aux trois quarts détruit : les niches intérieures en paroissent également propres à recevoir des statues ou des urnes. Est-ce un tombeau ? Est-ce le temple de Vénus armée ? Ce dernier devoit être à peu près dans cette position, et dépendant de la tribu des Égides. César, qui prétendoit descendre de Vénus, portoit sur son anneau l'empreinte d'une Vénus armée : c'étoit en effet le double emblème des foiblesses et de la gloire de ce grand homme :

> Vincere si possum nuda, quid arma gerens?

Si l'on se place avec moi sur la colline de la citadelle, voici ce qu'on verra autour de soi :

Au levant, c'est-à-dire vers l'Eurotas, un monticule de forme allongée, et aplati à sa cime, comme pour servir de stade ou d'hippodrome. Des deux côtés de ce monticule, entre deux autres monticules qui font avec le premier deux espèces de vallées, on aperçoit les ruines du pont Babyx et le cours de l'Eurotas. De l'autre côté du fleuve, la vue est arrêtée par une chaîne de collines rougeâtres : ce sont les

---

1. Chalciœcos, maison d'airain. Il ne faut pas prendre le texte de Pausanias et de Plutarque à la lettre, et s'imaginer que ce temple fût tout d'airain ; cela veut dire seulement que ce temple étoit revêtu d'airain en dedans et peut-être en dehors. J'espère que personne ne confondra les deux Pausanias que je cite ici, l'un dans le texte, l'autre dans la note.

monts Ménélaïons. Derrière ces monts s'élève la barrière des hautes montagnes qui bordent au loin le golfe d'Argos.

Dans cette vue à l'est, entre la citadelle et l'Eurotas, en portant les yeux nord et sud par l'est, parallèlement au cours du fleuve, on placera la tribu des Limnates, le temple de Lycurgue, le palais du roi Démarate, la tribu des Égides et celle des Messoates, un des Lesché, le monument de Cadmus, les temples d'Hercule, d'Hélène, et le Plataniste. J'ai compté dans ce vaste espace sept ruines debout et hors de terre, mais tout à fait informes et dégradées. Comme je pouvois choisir, j'ai donné à l'un de ces débris le nom du temple d'Hélène ; à l'autre celui du tombeau d'Alcman : j'ai cru voir les monuments héroïques d'Égée et de Cadmus ; je me suis déterminé ainsi pour la fable, et n'ai reconnu pour l'histoire que le temple de Lycurgue. J'avoue que je préfère au brouet noir et à la Cryptie la mémoire du seul poëte que Lacédémone ait produit, et la couronne de fleurs que les filles de Sparte cueillirent pour Hélène dans l'île du Plataniste :

> O ubi campi,
> Sperchiusque et virginibus bacchata Lacænis,
> Taygeta !

En regardant maintenant vers le nord, et toujours du sommet de la citadelle, on voit une assez haute colline qui domine même celle où la citadelle est bâtie, ce qui contredit le texte de Pausanias. C'est dans la vallée que forment ces deux collines que devoient se trouver la place publique et les monuments que cette dernière renfermoit, tels que le Sénat des Gérontes, le Chœur, le Portique des Perses, etc. Il n'y a aucune ruine de ce côté. Au nord-ouest s'étendoit la tribu des Cynosures, par où j'étois entré à Sparte, et où j'ai remarqué le long mur.

Tournons-nous à présent à l'ouest, et nous apercevrons, sur un terrain uni, derrière et au pied du théâtre, trois ruines, dont l'une est assez haute et arrondie comme une tour : dans cette direction se trouvoient la tribu des Pitanates, le Théomélide, les tombeaux de Pausanias et de Léonidas, le Lesché des Crotanes et le temple de Diane Isora.

Enfin, si l'on ramène ses regards au midi, on verra une terre inégale que soulèvent çà et là des racines de murs rasés au niveau du sol. Il faut que les pierres en aient été emportées, car on ne les aperçoit point à l'entour. La maison de Ménélas s'élevoit dans cette perspective ; et plus loin, sur le chemin d'Amyclée, on rencontroit le temple des Dioscures et des Grâces. Cette description deviendra plus intelligible si le lecteur veut avoir recours à Pausanias ou simplement au *Voyage d'Anacharsis*.

Tout cet emplacement de Lacédémone est inculte : le soleil l'embrase en silence et dévore incessamment le marbre des tombeaux. Quand je vis ce désert, aucune plante n'en décoroit les débris, aucun oiseau, aucun insecte ne les animoit, hors des millions de lézards, qui montoient et descendoient sans bruit le long des murs brûlants. Une douzaine de chevaux à demi sauvages paissoient çà et là une herbe flétrie ; un pâtre cultivoit dans un coin du théâtre quelques pastèques ; et à Magoula, qui donne son triste nom à Lacédémone, on remarquoit un petit bois de cyprès. Mais ce Magoula même, qui fut autrefois un village turc assez considérable, a péri dans ce champ de mort : ses masures sont tombées, et ce n'est plus qu'une ruine qui annonce des ruines.

Je descendis de la citadelle et je marchai pendant un quart-d'heure pour arriver à l'Eurotas. Je le vis à peu près tel que je l'avois passé deux lieues plus haut sans le connoître : il peut avoir devant Sparte la largeur de la Marne au-dessus de Charenton. Son lit, presque desséché en été, présente une grève semée de petits cailloux, plantée de roseaux et de lauriers-roses, et sur laquelle coulent quelques filets d'une eau fraîche et limpide. Cette eau me parut excellente ; j'en bus abondamment, car je mourois de soif. L'Eurotas mérite certainement l'épithète de Καλλιδόναξ, *aux beaux roseaux,* que lui a donnée Euripide ; mais je ne sais s'il doit garder celle d'*olorifer,* car je n'ai point aperçu de cygnes dans ses eaux. Je suivis son cours, espérant rencontrer ces oiseaux qui, selon Platon, ont avant d'expirer une vue de l'Olympe, et c'est pourquoi leur dernier chant est si mélodieux : mes recherches furent inutiles. Apparemment que je n'ai pas, comme Horace, la faveur des Tyndarides, et qu'ils n'ont pas voulu me laisser pénétrer le secret de leur berceau.

Les fleuves fameux ont la même destinée que les peuples fameux : d'abord ignorés, puis célébrés sur toute la terre, ils retombent ensuite dans leur première obscurité. L'Eurotas, appelé d'abord *Himère,* coule maintenant oublié sous le nom d'*Iri,* comme le Tibre, autrefois l'Albula, porte aujourd'hui à la mer les eaux inconnues du Tevère. J'examinai les ruines du pont Babyx, qui sont peu de chose. Je cherchai l'île du Plataniste, et je crois l'avoir trouvée au-dessous même de Magoula : c'est un terrain de forme triangulaire, dont un côté est baigné par l'Eurotas et dont les deux autres côtés sont fermés par des fossés pleins de jonc, où coule pendant l'hiver la rivière de Magoula, l'ancien Cnacion. Il y a dans cette île quelques mûriers et des sycomores, mais point de platanes. Je n'aperçus rien qui prouvât que les Turcs fissent encore de cette île un lieu de délices ; j'y vis cependant quelques fleurs, entre autres des lis bleus portés par une espèce de glaïeuls ; j'en cueillis plusieurs en mémoire d'Hélène : la fragile couronne de la beauté existe encore sur les bords de l'Eurotas, et la beauté même a disparu.

La vue dont on jouit en marchant le long de l'Eurotas est bien différente de celle que l'on découvre du sommet à la citadelle. Le fleuve suit un lit tortueux et se cache, comme je l'ai dit, parmi des roseaux et des lauriers-roses aussi grands que des arbres ; sur la rive gauche, les monts Ménélaïons, d'un aspect aride et rougeâtre, forment contraste avec la fraîcheur et la verdure du cours de l'Eurotas. Sur la rive droite, le Taygète déploie son magnifique rideau : tout l'espace compris entre ce rideau et le fleuve est occupé par les collines et les ruines de Sparte ; ces collines et ces ruines ne paroissent point désolées comme lorsqu'on les voit de près : elles semblent au contraire teintes de pourpre, de violet, d'or pâle. Ce ne sont point les prairies et les feuilles d'un vert cru et froid qui font les admirables paysages ; ce sont les effets de la lumière : voilà pourquoi les roches et les bruyères de la baie de Naples seront toujours plus belles que les vallées les plus fertiles de la France et de l'Angleterre.

Ainsi, après des siècles d'oubli, ce fleuve qui vit errer sur ses bords les Lacédémoniens illustrés par Plutarque, ce fleuve, dis-je, s'est peut-être réjoui dans son abandon d'entendre retentir autour de ses rives les pas d'un obscur étranger. C'étoit le 18 août 1806, à neuf heures du matin, que je fis seul, le long de l'Eurotas, cette promenade qui ne s'effacera jamais de ma mémoire. Si je hais les mœurs des Spartiates, je ne méconnois point la grandeur d'un peuple libre, et je n'ai point foulé sans émotion sa noble poussière. Un seul fait suffit à la gloire de ce peuple : quand Néron visita la Grèce, il n'osa entrer dans Lacédémone. Quel magnifique éloge de cette cité !

Je retournai à la citadelle en m'arrêtant à tous les débris que je rencontrois sur mon chemin. Comme Misitra a vraisemblablement été bâtie avec les ruines de Sparte, cela sans doute aura beaucoup contribué à la dégradation des monuments de cette dernière ville. Je trouvai mon compagnon exactement dans la même place où je l'avois laissé : il s'étoit assis, il avoit dormi ; il venoit de se réveiller ; il fumoit ; il alloit dormir encore. Les chevaux paissoient paisiblement dans les foyers du roi Ménélas : « Hélène n'avoit point quitté sa belle quenouille chargée d'une laine teinte en pourpre, pour leur donner un pur froment dans une superbe crèche[1]. » Aussi, tout voyageur que je suis,

1. *Odyss.*

je ne suis point le fils d'Ulysse, quoique je préfère, comme Télémaque, mes rochers paternels aux plus beaux pays.

Il étoit midi; le soleil dardoit à plomb ses rayons sur nos têtes. Nous nous mîmes à l'ombre dans un coin du théâtre, et nous mangeâmes d'un grand appétit du pain et des figues sèches que nous avions apportés de Misitra : Joseph s'étoit emparé du reste des provisions. Le janissaire se réjouissoit : il croyoit en être quitte et se préparoit à partir : mais il vit bientôt, à son grand déplaisir, qu'il s'étoit trompé. Je me mis à écrire des notes et à prendre la vue des lieux : tout cela dura deux grandes heures, après quoi je voulus examiner les monuments à l'ouest de la citadelle. C'étoit de ce côté que devoit être le tombeau de Léonidas. Le janissaire m'accompagna tirant les chevaux par la bride; nous allions errant de ruine en ruine. Nous étions les deux seuls hommes vivants au milieu de tant de morts illustres : tous deux barbares, étrangers l'un à l'autre ainsi qu'à la Grèce, sortis des forêts de la Gaule et des rochers du Caucase, nous nous étions rencontrés au fond du Péloponèse, moi pour passer, lui pour vivre sur les tombeaux qui n'étoient pas ceux de nos aïeux.

J'interrogeai vainement les moindres pierres pour leur demander les cendres de Léonidas. J'eus pourtant un moment d'espoir : près de cette espèce de tour que j'ai indiquée à l'ouest de la citadelle, je vis des débris de sculptures, qui me semblèrent être ceux d'un lion. Nous savons par Hérodote qu'il y avoit un lion de pierre sur le tombeau de Léonidas; circonstance qui n'est pas rapportée par Pausanias. Je redoublai d'ardeur; tous mes soins furent inutiles[1]. Je ne sais si c'est dans cet endroit que l'abbé Fourmont fit la découverte de trois monuments curieux. L'un étoit un cippe sur lequel étoit gravé le nom de *Jérusalem* : il s'agissoit peut-être de cette alliance des Juifs et des Lacédémoniens dont il est parlé dans les *Machabées*; les deux autres monuments étoient les inscriptions sépulcrales de Lysander et d'Agésilas : un François devoit naturellement retrouver le tombeau de deux grands capitaines. Je remarquerai que c'est à mes compatriotes que

---

1. Ma mémoire me trompoit ici : le lion dont parle Hérodote étoit aux Thermopyles. Cet historien ne dit pas même que les os de Léonidas furent transportés dans sa patrie. Il prétend, au contraire, que Xerxès fit mettre en croix le corps de ce prince. Ainsi, les débris du lion que j'ai vus à Sparte ne peuvent point indiquer la tombe de Léonidas. On croit bien que je n'avois pas un *Hérodote* à la main sur les ruines de Lacédémone; je n'avois porté dans mon voyage que *Racine, Le Tasse, Virgile* et *Homère*, celui-ci avec des feuillets blancs pour écrire des notes. Il n'est donc pas bien étonnant qu'obligé de tirer mes ressources de ma mémoire, j'aie pu me méprendre sur un lieu, sans néanmoins me tromper sur un fait. On peut voir deux jolies épigrammes de l'*Anthologie* sur ce lion de pierre des Thermopyles.

l'Europe doit les premières notions satisfaisantes qu'elle ait eues sur les ruines de Sparte et d'Athènes [1]. Deshayes, envoyé par Louis XIII à Jérusalem, passa vers l'an 1629 à Athènes : nous avons son *Voyage*, que Chandler n'a pas connu. Le père Babin, jésuite, donna en 1672 sa relation de l'*État présent de la ville d'Athènes;* cette relation fut rédigée par Spon, avant que ce sincère et habile voyageur eût commencé ses courses avec Wheler. L'abbé Fourmont et Leroi ont répandu les premiers des lumières certaines sur la Laconie, quoique à la vérité Vernon eût passé à Sparte avant eux; mais on n'a qu'une seule lettre de cet Anglois : il se contente de dire qu'il a vu Lacédémone, et il n'entre dans aucun détail [2]. Pour moi, j'ignore si mes recherches passeront à l'avenir, mais du moins j'aurai mêlé mon nom au nom de Sparte, qui peut seule le sauver de l'oubli; j'aurai, pour ainsi dire, retrouvé cette cité immortelle, en donnant sur ses ruines des détails jusqu'ici inconnus : un simple pêcheur, par naufrage ou par aventure, détermine souvent la position de quelques écueils qui avoient échappé aux soins des pilotes les plus habiles.

Il y avoit à Sparte une foule d'autels et de statues consacrés au Sommeil, à la Mort, à la Beauté (Vénus-Morphô), divinités de tous les hommes; à la Peur sous les armes, apparemment celle que les Lacédémoniens inspiroient aux ennemis : rien de tout cela n'est resté; mais je lus sur une espèce de socle ces quatre lettres ΛΑΣΜ. Faut-il rétablir ΓΕΛΑΣΜΑ, *Gelasma?* Seroit-ce le piédestal de cette statue du Rire que Lycurgue plaça chez les graves descendants d'Hercule? L'autel du Rire subsistant seul au milieu de Sparte ensevelie offriroit un beau sujet de triomphe à la philosophie de Démocrite!

Le jour finissoit lorsque je m'arrachai à ces illustres débris, à l'ombre de Lycurgue, aux souvenirs des Thermopyles et à tous les mensonges de la fable et de l'histoire. Le soleil disparut derrière le Taygète, de sorte que je le vis commencer et finir son tour sur les ruines de Lacédémone. Il y avoit trois mille cinq cent quarante-trois ans qu'il s'étoit levé et couché pour la première fois sur cette ville naissante. Je partis l'esprit rempli des objets que je venois de voir et livré à des réflexions intarissables : de pareilles journées font ensuite

---

1. On a bien sur Athènes les deux lettres de la collection de Martin Crusius, en 1584; mais, outre qu'elles ne disent presque rien, elles sont écrites par les Grecs natifs de la Morée, et par conséquent elles ne sont point le fruit des recherches des voyageurs modernes. Spon cite encore le manuscrit de la Bibliothèque Barberine, à Rome, qui remontoit à deux cents ans avant son voyage, et où il trouva quelques dessins d'Athènes. Voyez l'Introduction.

2. Voyez sur tout cela l'Introduction.

supporter patiemment beaucoup de malheurs, et rendent surtout indifférent à bien des spectacles.

Nous remontâmes le cours de l'Eurotas pendant une heure et demie, au travers des champs, et nous tombâmes dans le chemin de Tripolizza. Joseph et le guide étoient campés de l'autre côté de la rivière, auprès du pont : ils avoient allumé du feu avec des roseaux, en dépit d'Apollon, que le gémissement de ces roseaux consoloit de la perte de Daphné. Joseph s'étoit abondamment pourvu du nécessaire : il avoit du sel, de l'huile, des pastèques, du pain et de la viande. Il prépara un gigot de mouton, comme le compagnon d'Achille, et me le servit sur le coin d'une grande pierre, avec du vin de la vigne d'Ulysse et de l'eau de l'Eurotas. J'avois justement pour trouver ce souper excellent ce qui manquoit à Denys pour sentir le mérite du brouet noir.

Après le souper Joseph apporta ma selle, qui me servoit ordinairement d'oreiller ; je m'enveloppai dans mon manteau, et je me couchai au bord de l'Eurotas, sous un laurier. La nuit étoit si pure et si sereine, que la voie lactée formoit comme une aube réfléchie par l'eau du fleuve, et à la clarté de laquelle on auroit pu lire. Je m'endormis les yeux attachés au ciel, ayant précisément au-dessus de ma tête la belle Constellation du Cygne de Léda. Je me rappelle encore le plaisir que j'éprouvois autrefois à me reposer ainsi dans les bois de l'Amérique, et surtout à me réveiller au milieu de la nuit. J'écoutois le bruit du vent dans la solitude, le bramement des daims et des cerfs, le mugissement d'une cataracte éloignée, tandis que mon bûcher, à demi éteint, rougissoit en dessous le feuillage des arbres. J'aimois jusqu'à la voix de l'Iroquois, lorsqu'il élevoit un cri du sein des forêts, et qu'à la clarté des étoiles, dans le silence de la nature, il sembloit proclamer sa liberté sans bornes. Tout cela plaît à vingt ans, parce que la vie se suffit pour ainsi dire à elle-même, et qu'il y a dans la première jeunesse quelque chose d'inquiet et de vague qui nous porte incessamment aux chimères, *ipsi sibi somnia fingunt;* mais dans un âge plus mûr l'esprit revient à des goûts plus solides : il veut surtout se nourrir des souvenirs et exemples de l'histoire. Je dormirois encore volontiers au bord de l'Eurotas ou du Jourdain si les ombres héroïques des trois cents Spartiates ou les douze fils de Jacob devoient visiter mon sommeil ; mais je n'irois plus chercher une terre nouvelle qui n'a point été déchirée par le soc de la charrue : il me faut à présent de vieux déserts, qui me rendent à volonté les murs de Babylone ou les légions de Pharsale, *grandia ossa!* des champs dont les sillons m'instruisent et où je retrouve, homme que je suis, le sang, les larmes et les sueurs de l'homme.

Joseph me réveilla le 19, à trois heures du matin, comme je le lui avois ordonné : nous sellâmes nos chevaux et nous partîmes. Je tournai la tête vers Sparte, et je jetai un dernier regard sur l'Eurotas : je ne pouvois me défendre de ce sentiment de tristesse qu'on éprouve en présence d'une grande ruine et en quittant des lieux qu'on ne reverra jamais.

Le chemin qui conduit de la Laconie dans l'Argolide étoit dans l'antiquité ce qu'il est encore aujourd'hui, un des plus rudes et des plus sauvages de la Grèce. Nous suivîmes pendant quelque temps la route de Tripolizza; puis, tournant au levant, nous nous enfonçâmes dans les gorges de montagnes. Nous marchions rapidement dans des ravines et sous des arbres qui nous obligeoient de nous coucher sur le cou de nos chevaux. Je frappai si rudement de la tête contre une branche de ces arbres, que je fus jeté à dix pas sans connoissance. Comme mon cheval continuoit de galoper, mes compagnons de voyage, qui me devançoient, ne s'aperçurent pas de ma chute : leurs cris, quand ils revinrent à moi, me tirèrent de mon évanouissement.

A quatre heures du matin nous parvînmes au sommet d'une montagne où nous laissâmes reposer nos chevaux. Le froid devint si piquant, que nous fûmes obligés d'allumer un feu de bruyères. Je ne puis assigner de nom à ce lieu peu célèbre dans l'antiquité; mais nous devions être vers les sources du Lœnus, dans la chaîne du mont Éva, et peu éloignés de Prasiæ, sur le golfe d'Argos.

Nous arrivâmes à midi à un gros village appelé *Saint-Paul,* assez voisin de la mer : on n'y parloit que d'un événement tragique qu'on s'empressa de nous raconter.

Une fille de ce village, ayant perdu son père et sa mère, et se trouvant maîtresse d'une petite fortune, fut envoyée par ses parents à Constantinople. A dix-huit ans elle revint dans son village : elle parloit le turc, l'italien et le françois, et quand il passoit des étrangers à Saint-Paul, elle les recevoit avec une politesse qui fit soupçonner sa vertu. Les chefs des paysans s'assemblèrent. Après avoir examiné entre eux la conduite de l'orpheline, ils résolurent de se défaire d'une fille qui déshonoroit le village. Ils se procurèrent d'abord la somme fixée en Turquie pour le meurtre d'une chrétienne; ensuite ils entrèrent pendant la nuit chez la jeune fille, l'assommèrent, et un homme qui attendoit la nouvelle de l'exécution alla porter au pacha le prix du sang. Ce qui mettoit en mouvement tous ces Grecs de Saint-Paul, ce n'étoit pas l'atrocité de l'action, mais l'avidité du pacha; car celui-ci, qui trouvoit aussi l'action toute simple, et qui convenoit avoir reçu la somme fixée pour un assassinat ordinaire, observoit pourtant que la beauté, la jeunesse, la science, les voyages de l'orpheline, lui donnoient (à lui pacha de Morée) de justes droits à une indemnité : en conséquence Sa Seigneurie avoit envoyé le jour même deux janissaires pour demander une nouvelle contribution.

Le village de Saint-Paul est agréable ; il est arrosé de fontaines ombragées de pins de l'espèce sauvage, *pinus sylvestris*. Nous y trouvâmes un de ces médecins italiens qui courent toute la Morée : je me fis tirer du sang. Je mangeai d'excellent lait dans une maison fort propre, ressemblant assez à une cabane suisse. Un jeune Moraïte vint s'asseoir devant moi : il avoit l'air de Méléagre par la taille et le vêtement. Les paysans grecs ne sont point habillés comme les Grecs levantins que nous voyons en France : il portent une tunique qui leur descend jusqu'aux genoux et qu'ils rattachent avec une ceinture ; leurs larges culottes sont cachées par le bas de cette tunique ; ils croisent sur leurs jambes nues les bandes qui retiennent leurs sandales : à la coiffure près, ce sont absolument d'anciens Grecs sans manteau.

Mon nouveau compagnon, assis, comme je l'ai dit, devant moi, surveilloit mes mouvements avec une extrême ingénuité. Il ne disoit pas un mot et me dévoroit des yeux : il avançoit la tête pour regarder jusque dans le vase de terre où je mangeois mon lait. Je me levai, il se leva ; je me rassis, il s'assit de nouveau. Je lui présentai un cigare ; il fut ravi, et me fit signe de fumer avec lui. Quand je partis, il courut après moi pendant une demi-heure, toujours sans parler et sans qu'on pût savoir ce qu'il vouloit. Je lui donnai de l'argent, il le jeta : le janissaire voulut le chasser ; il voulut battre le janissaire. J'étois touché, je ne sais pourquoi, peut-être en me voyant, moi barbare civilisé, l'objet de la curiosité d'un Grec devenu barbare [1].

Nous étions partis de Saint-Paul à deux heures de l'après-midi, après avoir changé de chevaux, et nous suivions le chemin de l'ancienne Cynurie. Vers les quatre heures le guide nous cria que nous allions être attaqués : en effet, nous aperçûmes quelques hommes armés dans la montagne ; ils nous regardèrent longtemps, et nous laissèrent tranquillement passer. Nous entrâmes dans les monts Parthénius, et nous descendîmes au bord d'une rivière dont le cours nous conduisit jusqu'à la mer. On découvroit la citadelle d'Argos, Nauplie en face de nous, et les montagnes de la Corinthie vers Mycènes. Du point où nous étions parvenus, il y avoit encore trois heures de marche jusqu'à Argos ; il falloit tourner le fond du golfe en traversant le

---

1. Les Grecs de ces montagnes prétendent être les vrais descendants des Lacédémoniens ; ils disent que les Maniottes ne sont qu'un ramas de brigands étrangers, et ils ont raison.

marais de Lerne, qui s'étendoit entre la ville et le lieu où nous nous trouvions. Nous passâmes auprès du jardin d'un aga, où je remarquai des peupliers de Lombardie mêlés à des cyprès, à des citronniers, à des orangers et à une foule d'arbres que je n'avois point vus jusque alors en Grèce. Peu après le guide se trompa de chemin, et nous nous trouvâmes engagés sur d'étroites chaussées qui séparoient de petits étangs et des rivières inondées. La nuit nous surprit au milieu de cet embarras : il falloit à chaque pas faire sauter de larges fossés à nos chevaux qu'effrayoient l'obscurité, le coassement d'une multitude de grenouilles et les flammes violettes qui couroient sur le marais. Le cheval du guide s'abattit ; et comme nous marchions à la file, nous trébuchâmes les uns sur les autres dans un fossé. Nous criions tous à la fois sans nous entendre ; l'eau étoit assez profonde pour que les chevaux pussent y nager et s'y noyer avec leurs maîtres ; ma saignée s'étoit rouverte, et je souffrois beaucoup de la tête. Nous sortîmes enfin miraculeusement de ce bourbier, mais nous étions dans l'impossibilité de gagner Argos. Nous aperçûmes à travers les roseaux une petite lumière : nous nous dirigeâmes de ce côté, mourant de froid, couverts de boue, tirant nos chevaux par la bride, et courant le risque à chaque pas de nous replonger dans quelque fondrière.

La lumière nous guida à une ferme située au milieu du marais, dans le voisinage du village de Lerne : on venoit d'y faire la moisson ; les moissonneurs étoient couchés sur la terre ; ils se levoient sous nos pieds, et s'enfuyoient comme des bêtes fauves. Nous parvînmes à les rassurer, et nous passâmes le reste de la nuit avec eux sur un fumier de brebis, lieu le moins sale et le moins humide que nous pûmes trouver. Je serois en droit de faire une querelle à Hercule, qui n'a pas bien tué l'hydre de Lerne, car je gagnai dans ce lieu malsain une fièvre qui ne me quitta tout à fait qu'en Égypte.

Le 20, au lever de l'aurore, j'étois à Argos : le village qui remplace cette ville célèbre est plus propre et plus animé que la plupart des autres villages de la Morée. Sa position est fort belle, au fond du golfe de Nauplie ou d'Argos, à une lieue et demie de la mer ; il a d'un côté les montagnes de la Cynurie et de l'Arcadie, et de l'autre les hauteurs de Trézène et d'Épidaure.

Mais, soit que mon imagination fût attristée par le souvenir des malheurs et des fureurs des Pélopides, soit que je fusse réellement frappé par la vérité, les terres me parurent incultes et désertes, les montagnes sombres et nues, sorte de nature féconde en grands crimes et en grandes vertus. Je visitai ce qu'on appelle les restes du palais d'Agamemnon, les débris du théâtre et d'un aqueduc romain ; je montai à la citadelle, je voulois voir jusqu'à la moindre pierre qu'avoit pu remuer la main du roi des rois. Qui se peut vanter de jouir de quelque gloire auprès de ces familles chantées par Homère, Eschyle, Sophocle, Euripide et Racine? Et quand on voit pourtant sur les lieux combien peu de chose reste de ces familles, on est merveilleusement étonné!

Il y a déjà longtemps que les ruines d'Argos ne répondent plus à la grandeur de son nom. Chandler les trouva en 1756 absolument telles que je les ai vues; l'abbé Fourmont en 1746, et Pellegrin en 1719, n'avoient pas été plus heureux. Les Vénitiens ont surtout contribué à la dégradation des monuments de cette ville, en employant ses débris à bâtir le château de Palamide. Il y avoit à Argos du temps de Pausanias une statue de Jupiter remarquable, parce qu'elle avoit trois yeux, et bien plus remarquable encore par une autre raison : Sthénélus l'avoit apportée de Troie; c'étoit, disoit-on, la statue même aux pieds de laquelle Priam fut massacré dans son palais par le fils d'Achille :

> Ingens hora fuit, juxtaque veterrima laurus,
> Incumbens aræ atque umbra complexa Penates.

Mais Argos, qui triomphoit sans doute lorsqu'elle montroit dans ses murs les Pénates qui trahirent les foyers de Priam, Argos offrit bientôt elle-même un grand exemple des vicissitudes du sort. Dès le règne de Julien l'Apostat elle étoit tellement déchue de sa gloire, qu'elle ne put, à cause de sa pauvreté, contribuer au rétablissement et aux frais des jeux Isthmiques. Julien plaida sa cause contre les Corinthiens : nous avons encore ce plaidoyer dans les ouvrages de cet empereur (*Ep.* xxv). C'est un des plus singuliers documents de l'histoire des choses et des hommes. Enfin Argos, patrie du roi des rois, devenue dans le moyen âge l'héritage d'une veuve vénitienne, fut vendue par cette veuve à la république de Venise pour deux cents ducats de rente viagère et cinq cents une fois payés. Coronelli rapporte le contrat : *Omnia vanitas !*

Je fus reçu à Argos par le médecin italien Avramiotti, que M. Pouqueville vit à Nauplie, et dont il opéra la petite fille attaquée d'une hydrocéphale. M. Avramiotti me montra une carte du Péloponèse où il avoit commencé d'écrire, avec M. Fauvel, les noms anciens auprès des noms modernes : ce sera un travail précieux, et qui ne pouvoit être exécuté que par des hommes résidant sur les lieux depuis un grand nombre d'années. M. Avramiotti avoit fait sa fortune, et il commençoit à soupirer après l'Italie. Il y a deux choses qui revivent dans le cœur de l'homme à mesure qu'il avance dans la vie, la patrie et la religion. On a beau avoir oublié l'une et l'autre dans sa jeunesse, elles se présentent tôt ou tard à nous avec tous leurs charmes, et réveillent au fond de nos cœurs un amour justement dû à leur beauté. Nous parlâmes donc de la France et de l'Italie à Argos, par la même raison que le soldat argien qui suivoit Énée se souvint d'Argos en mourant en Italie. Il ne fut presque point question entre nous d'Agamemnon, quoique je dusse voir le lendemain son tombeau. Nous causions sur la terrasse de la maison, qui dominoit le golfe d'Argos : c'étoit peut-être du haut de cette terrasse qu'une pauvre femme lança la tuile qui mit fin à la gloire et aux aventures de Pyrrhus. M. Avramiotti me montroit un promontoire de l'autre côté de la mer, et me disoit : « C'étoit là que Clytemnestre avoit placé l'esclave qui devoit donner le signal du retour de la flotte des Grecs; » et il ajoutoit : « Vous venez de Venise à présent? Je crois que je ferois bien de retourner à Venise. »

Je quittai cet exilé en Grèce le lendemain à la pointe du jour, et je pris avec de nouveaux chevaux et un nouveau guide le chemin de Corinthe. Je crois que M. Avramiotti ne fut pas fâché d'être débarrassé de moi : quoiqu'il m'eût reçu avec beaucoup de politesse, il étoit aisé de voir que ma visite n'étoit pas venue très à propos.

Après une demi-heure de marche, nous traversâmes l'Inachus, père d'Io, si célèbre par la jalousie de Junon : avant d'arriver au lit de ce torrent, on trouvoit autrefois, en sortant d'Argos, la porte Lucine et l'autel du Soleil. Une demi-lieue plus loin, de l'autre côté de l'Inachus, nous aurions dû voir le temple de Cérès Mysienne, et plus loin encore le tombeau de Thyeste, et le monument héroïque de Persée. Nous nous arrêtâmes à peu près à la hauteur où ces derniers monuments existoient à l'époque du voyage de Pausanias. Nous allions quitter la plaine d'Argos, sur laquelle on a un très-bon mémoire de M. Barbier du Bocage. Près d'entrer dans les montagnes de la Corinthie, nous voyions Nauplie derrière nous. L'endroit où nous étions parvenus se nomme *Carvati,* et c'est là qu'il faut se détourner de la route pour chercher un peu sur la droite les ruines de Mycènes. Chandler les avoit manquées en revenant d'Argos. Elles sont trop connues aujourd'hui, à cause des fouilles que lord Elgin y a fait faire à son passage en Grèce. M. Fauvel les a décrites dans ses Mémoires, et M. de Choiseul-Gouffier en possède les dessins : l'abbé Fourmont en avoit déjà parlé, et Dumonceaux les avoit aperçues. Nous traversâmes une bruyère : un petit sentier nous conduisit à ces débris, qui sont à peu près tels qu'ils étoient du temps de Pausanias, car il y a plus de deux mille deux cent quatre-vingts années que Mycènes est détruite. Les Argiens la renversèrent de fond en comble, jaloux de la gloire qu'elle s'étoit acquise en envoyant quarante guerriers mourir avec les Spartiates aux Thermopyles. Nous commençâmes par examiner le tombeau auquel on a donné le nom de *tombeau d'Agamemnon* : c'est un monument souterrain, de forme ronde, qui reçoit la lumière par le dôme, et qui n'a rien de remarquable, hors la simplicité de l'architecture. On y entre par une tranchée qui aboutit à la porte du tombeau : cette porte étoit ornée de pilastres d'un marbre bleuâtre assez commun, tiré des montagnes voisines. C'est lord Elgin qui a fait ouvrir ce monument et déblayer les terres qui encombroient l'intérieur. Une petite porte surbaissée conduit de la chambre principale à une chambre de moindre étendue. Après l'avoir attentivement examinée, je crois que cette dernière chambre est tout simplement une excavation faite par les ouvriers hors du tombeau : car je n'ai point remarqué de murailles. Resteroit à expliquer l'usage de la petite porte, qui n'étoit peut-être qu'une autre ouverture du sépulcre. Ce sépulcre a-t-il toujours été caché sous la terre, comme la rotonde des catacombes à Alexandrie? S'élevoit-il, au contraire, au-dessus du sol, comme le tombeau de Cecilia Metella à Rome? Avoit-il une architecture extérieure, et de quelle ordre étoit-elle? Toutes questions qui restent à éclaircir. On n'a rien trouvé dans le tombeau, et l'on n'est pas même assuré que ce soit celui d'Agamemnon dont Pausanias a fait mention [1].

En sortant de ce monument, je traversai une vallée stérile, et sur le flanc d'une colline opposée je vis les ruines de Mycènes : j'admirai surtout une des portes de la ville, formée de quartiers de rocher gigantesques posés sur les rochers mêmes de la montagne, avec lesquels elles ont l'air de ne faire qu'un tout. Deux lions de forme colossale, sculptés des deux côtés de cette porte, en sont le seul ornement : ils sont représentés en reliefs, debout et en regard, comme les lions qui soutenoient les armoiries de nos anciens chevaliers; ils n'ont plus de têtes. Je n'ai point vu, même en Égypte, d'architecture plus imposante, et le désert où elle se trouve ajoute encore à sa gravité : elle est du genre de ces ouvrages que Strabon et Pausanias attribuent aux Cyclopes, et dont on retrouve des traces en Italie. M. Petit-Radel veut que cette architecture ait précédé l'invention des ordres. Au reste, c'étoit un enfant tout nu, un pâtre, qui me montroit dans cette solitude le tombeau d'Agamemnom et les ruines de Mycènes.

Au bas de la porte dont j'ai parlé est une fontaine, qui sera, si l'on veut, celle que Persée trouva sous un champignon, et qui donna son nom à Mycènes : car *mycès* veut dire en grec un champignon, ou le

---

1. Les Lacédémoniens se vantoient aussi de posséder les cendres d'Agamemnon.

pommeau d'une épée : ce conte est de Pausanias. En voulant regagner le chemin de Corinthe, j'entendis le sol retentir sous les pas de mon cheval. Je mis pied à terre, et je découvris la voûte d'un autre tombeau.

Pausanias compte à Mycènes cinq tombeaux ; le tombeau d'Atrée, celui d'Agamemnon, celui d'Eurymédon, celui de Télédamus et de Pélops, et celui d'Électre. Il ajoute que Clytemnestre et Égisthe étoient enterrés hors des murs : ce seroit donc le tombeau de Clytemnestre et d'Égisthe que j'aurois retrouvé? Je l'ai indiqué à M. Fauvel, qui doit le chercher à son premier voyage à Argos : singulière destinée qui me fait sortir tout exprès de Paris pour découvrir les cendres de Clytemnestre !

Nous laissâmes Némée à notre gauche, et nous poursuivîmes notre route : nous arrivâmes de bonne heure à Corinthe, par une espèce de plaine que traversent des courants d'eau et que divisent des monticules isolés, semblables à l'Acro-Corinthe, avec lequel ils se confondent. Nous aperçûmes celui-ci longtemps avant d'y arriver, comme une masse irrégulière de granit rougeâtre, couronnée d'une ligne de murs tortueux. Tous les voyageurs ont décrit Corinthe. Spon et Wheler visitèrent la citadelle, où ils retrouvèrent la fontaine Pyrène ; mais Chandler ne monta point à l'Acro-Corinthe, et M. Fauvel nous apprend que les Turcs n'y laissent plus entrer personne. En effet, je ne pus même obtenir la permission de me promener dans les environs, malgré les mouvements que se donna pour cela mon janissaire. Au reste, Pausanias dans sa *Corinthie,* et Plutarque dans la *Vie d'Aratus,* nous ont fait connaître parfaitement les monuments et les localités de l'Acro-Corinthe.

Nous étions venus descendre à un kan assez propre, placé au centre de la bourgade, et peu éloigné du bazar. Le janissaire partit pour la provision, Joseph prépara le dîner ; et pendant qu'ils étaient ainsi occupés j'allai rôder seul dans les environs.

Corinthe est situé au pied des montagnes, dans une plaine qui s'étend jusqu'à la mer de Crissa, aujourd'hui le golfe de Lépante, seul nom moderne qui dans la Grèce rivalise de beauté avec les noms antiques. Quand le temps est serein, on découvre par delà cette mer la cime de l'Hélicon et du Parnasse, mais on ne voit pas de la ville même la mer Saronique ; il faut pour cela monter à l'Acro-Corinthe : alors on aperçoit non-seulement cette mer, mais les regards s'étendent jusqu'à la citadelle d'Athènes et jusqu'au cap Colonne : « C'est, dit Spon, une des plus belles vues de l'univers. » Je le crois aisément ; car même au pied de l'Acro-Corinthe la perspective est enchanteresse.

Les maisons du village, assez grandes et assez bien entretenues, sont répandues par groupes sur la plaine, au milieu des mûriers, des orangers et des cyprès ; les vignes, qui font la richesse du pays, donnent un air frais et fertile à la campagne. Elles ne sont ni élevées en guirlandes sur des arbres comme en Italie, ni tenues basses comme aux environs de Paris. Chaque cep forme un faisceau de verdure isolé autour duquel les grappes pendent en automne comme des cristaux. Les cimes du Parnasse et de l'Hélicon, le golfe de Lépante, qui ressemble à un magnifique canal, le mont Oneïus, couverts de myrtes, forment au nord et au levant l'horizon du tableau, tandis que l'Acro-Corinthe, les montagnes de l'Argolide et de la Sicyonie s'élèvent au midi et au couchant. Quant aux monuments de Corinthe, ils n'existent plus. M. Foucherot n'a découvert parmi les ruines que deux chapiteaux corinthiens, unique souvenir de l'ordre inventé dans cette ville.

Corinthe, renversée de fond en comble par Mummius, rebâtie par Jules César et par Adrien, une seconde fois détruite par Alaric, relevée encore par les Vénitiens, fut saccagée une troisième et dernière fois par Mahomet II. Strabon la vit peu de temps après son rétablissement, sous Auguste. Pausanias l'admira du temps d'Adrien ; et, d'après les monuments qu'ils nous a décrits, c'étoit à cette époque une ville superbe. Il eût été curieux de savoir ce qu'elle pouvoit être en 1173, quand Benjamin de Tudèle y passa ; mais ce juif espagnol raconte gravement qu'il arriva à Patras, « ville d'Antipater, dit-il, un des quatre rois grecs qui partagèrent l'empire d'Alexandre ». De là il se rend à Lépante et à Corinthe : il trouve dans cette dernière ville trois cents juifs conduits par les vénérables rabbins Léon, Jacob et Ézéchias ; et c'étoit tout ce que Benjamin cherchoit.

Des voyageurs modernes nous ont mieux fait connoître ce qui reste de Corinthe après tant de calamités : Spon et Wheler y découvrirent les débris d'un temple de la plus haute antiquité : ces débris étoient composés de onze colonnes cannelées sans base et d'ordre dorique. Spon affirme que ces colonnes n'avoient pas quatre diamètres de hauteur de plus que le diamètre du pied de la colonne, ce qui signifie apparemment qu'elles avoient cinq diamètres. Chandler dit qu'elles avoient la moitié de la hauteur qu'elles auroient dû avoir pour être dans la juste proportion de leur ordre. Il est évident que Spon se trompe, puisqu'il prend pour mesure de l'ordre le diamètre du pied de la colonne, et non le diamètre du tiers. Ce monument, dessiné par Leroi, valoit la peine d'être rappelé, parcé qu'il prouve ou que le premier dorique n'avoit pas les proportions que Pline et Vitruve lui ont assignées depuis, ou que l'ordre toscan, dont ce temple paroît se rapprocher, n'a pas pris naissance en Italie. Spon a cru reconnoître dans ce monument le temple de Diane d'Éphèse, cité par Pausanias, et Chandler, le Sisyphéus de Strabon. Je ne puis dire si ces colonnes existent encore, je ne les ai point vues; mais je crois savoir confusément qu'elles ont été renversées, et que les Anglois en ont emporté les derniers débris[1].

Un peuple maritime, un roi qui fut un philosophe et qui devint un tyran, un barbare de Rome, qui croyoit qu'on remplace des statues de Praxitèle comme des cuirasses de soldats; tous ces souvenirs ne rendent pas Corinthe fort intéressante : mais on a pour ressource Jason, Médée, la fontaine Pyrène, Pégase, les jeux Isthmiques institués par Thésée et chantés par Pindare, c'est-à-dire, comme à l'ordinaire, la fable et la poésie. Je ne parle point de Denys et de Timoléon : l'un qui fut assez lâche pour ne pas mourir, l'autre assez malheureux pour vivre. Si jamais je montois sur un trône, je n'en descendrois que mort; et je ne serai jamais assez vertueux pour tuer mon frère : je ne me soucie donc point de ces deux hommes. J'aime mieux cet enfant qui pendant le siége de Corinthe fit fondre en larmes Mummius lui-même en lui récitant ces vers d'Homère :

> Τρὶς μάκαρες Δαναοὶ καὶ τετράκις οἳ τότ' ὄλοντο
> Τροίῃ ἐν εὐρείῃ, χάριν Ἀτρεΐδῃσι φέροντες.
> Ὡς δὴ ἔγωγ' ὄφελον θανέειν καὶ πότμον ἐπισπεῖν,
> Ἤματι τῷ ὅτε μοι πλεῖστοι χαλκήρεα δοῦρα
> Τρῶες ἐπέρριψαν περὶ Πηλείωνι θανόντι.
> Τῷ κ' ἔλαχον κτερέων, καὶ μευ κλέος ἦγον Ἀχαιοί.
> Νῦν δέ με λευγαλέῳ θανάτῳ εἵμαρτο ἁλῶναι.

« Oh! trois et quatre fois heureux les Grecs qui périrent devant les vastes murs d'Ilion en soutenant la cause des Atrides! Plût aux dieux que j'eusse accompli ma destinée le jour où les Troyens lancèrent sur moi leurs javelots, tandis que je défendois le corps d'Achille! Alors j'aurois obtenu les honneurs accoutumés du bûcher funèbre, et les Grecs auraient parlé de mon nom! Aujourd'hui mon sort est de finir mes jours par une mort obscure et déplorable. »

Voilà qui est vrai, naturel, pathétique; et l'on retrouve ici un grand coup de la fortune, la puissance du génie et les entrailles de l'homme.

On fait encore des vases à Corinthe, mais ce ne sont plus ceux que Cicéron demandoit avec tant d'empressement à son cher Atticus. Il

---

1. Les colonnes étoient ou sont encore vers le port Schœnus, et je ne suis pas descendu à la mer.

paroît, au reste, que les Corinthiens ont perdu le goût qu'ils avoient pour les étrangers : tandis que j'examinois un marbre dans une vigne, je fus assailli d'une grêle de pierres; apparemment que les descendants de Laïs veulent maintenir l'honneur du proverbe.

Lorsque les césars relevoient les murs de Corinthe, et que les temples des dieux sortoient de leurs ruines plus éclatants que jamais, il y avoit un ouvrier obscur qui bâtissoit en silence un monument resté debout au milieu des débris de la Grèce. Cet ouvrier étoit un étranger qui disoit de lui-même : « J'ai été battu de verges trois fois; j'ai été lapidé une fois; j'ai fait naufrage trois fois. J'ai fait quantité de voyages, et j'ai trouvé divers périls sur les fleuves : périls de la part des voleurs, périls de la part de ceux de ma nation, périls de la part des Gentils, périls au milieu des villes, périls au milieu des déserts, périls entre les faux frères; j'ai souffert toutes sortes de travaux et de fatigues, de fréquentes veilles, la faim et la soif, beaucoup de peines, le froid et la nudité. » Cet homme, ignoré des grands, méprisé de la foule, rejeté comme « les balayures du monde, » ne s'associa d'abord que deux compagnons, Crispus et Caïus, avec la famille de Stéphanas : tels furent les architectes inconnus d'un temple indestructible et les premiers fidèles de Corinthe. Le voyageur parcourt des yeux l'emplacement de cette ville célèbre : il ne voit pas un débris des autels du paganisme, mais il aperçoit quelques chapelles chrétiennes qui s'élèvent du milieu des cabanes des Grecs. L'apôtre peut encore donner, du haut du ciel, le salut de paix à ses enfants, et leur dire : « Paul à l'église de Dieu, qui est à Corinthe. »

Il étoit près de huit heures du matin quand nous partîmes de Corinthe le 21, après une assez bonne nuit. Deux chemins conduisent de Corinthe à Mégare : l'un traverse le mont Géranien, aujourd'hui Palæo-Vouni (la Vieille-Montagne); l'autre côtoie la mer Saronique, le long des roches Scyroniennes. Ce dernier est le plus curieux : c'étoit le seul connu des anciens voyageurs, car ils ne parlent pas du premier : mais les Turcs ne permettent plus de le suivre, ils ont établi un poste militaire au pied du mont Oneïus, à peu près au milieu de l'isthme, pour être à portée des deux mers : le ressort de la Morée finit là, et l'on ne peut passer la grand'garde sans montrer un ordre exprès du pacha.

Obligé de prendre ainsi le seul chemin laissé libre, il me fallut renoncer aux ruines du temple de Neptune-Isthmien, que Chandler ne put trouver, que Pococke, Spon et Wheler ont vues, et qui subsistent encore, selon le témoignage de M. Fauvel. Par la même raison je n'examinai point la trace des tentatives faites à différentes époques pour couper l'isthme : le canal que l'on avoit commencé à creuser du côté du port Schœnus est, selon M. Foucherot, profond de trente à quarante pieds, et large de soixante. On viendroit aujourd'hui facilement à bout de ce travail par le moyen de la poudre à canon : il n'y a guère que cinq milles d'une mer à l'autre, à mesurer la partie la plus étroite de la langue de terre qui sépare les deux mers.

Un mur de six milles de longueur, souvent relevé et abattu, fermoit l'isthme dans un endroit qui prit le nom d'*Hexamillia* : c'est là que nous commençâmes à gravir le mont Oneïus. J'arrêtois souvent mon cheval au milieu des pins, des lauriers et des myrtes, pour regarder en arrière. Je contemplois tristement les deux mers, surtout celle qui s'étendoit au couchant, et qui sembloit me tenter par les souvenirs de la France. Cette mer étoit si tranquille! le chemin étoit si court! Dans quelques jours j'aurois pu revoir mes amis! Je ramenois mes regards sur le Péloponèse, sur Corinthe, sur l'isthme, sur l'endroit où se célébroient les jeux : quel désert! quel silence! infortuné pays! malheureux Grecs! La France perdra-t-elle ainsi sa gloire? sera-t-elle ainsi dévastée, foulée aux pieds dans la suite des siècles?

Cette image de ma patrie, qui vint tout à coup se mêler aux tableaux que j'avois sous les yeux, m'attendrit : je ne pensois plus qu'avec peine à l'espace qu'il falloit encore parcourir avant de revoir mes Pénates. J'étois comme l'ami de la fable, alarmé d'un songe; et je serois volontiers retourné vers mon pays, pour lui dire :

> Vous m'êtes, en dormant, un peu triste apparu,
> J'ai craint qu'il ne fût vrai : je suis vite accouru.
> Ce maudit songe en est la cause.

Nous nous enfonçâmes dans les défilés du mont Oneïus, perdant de vue et retrouvant tour à tour la mer Saronique et Corinthe. Du plus haut de ce mont, qui prend le nom de *Macriplaysi,* nous descendîmes au Dervène, autrement à la grand'garde. Je ne sais si c'est là qu'il faut placer Crommyon, mais, certes, je n'y trouvai pas des hommes plus humains que Pytiocamptès [1]. Je montrai mon ordre du pacha. Le commandant m'invita à fumer la pipe et à boire le café dans sa baraque. C'étoit un gros homme d'une figure calme et apathique, ne pouvant faire un mouvement sur sa natte sans soupirer, comme s'il éprouvoit une douleur : il examina mes armes, me fit remarquer les siennes, surtout une longue carabine qui portoit, disoit-il, fort loin. Les gardes aperçurent un paysan qui gravissoit la montagne hors du

---

1. *Coupeurs de pins*; brigand tué par Thésée.

chemin ; ils lui crièrent de descendre ; celui-ci n'entendit point la voix. Alors le commandant se leva avec effort, prit sa carabine, ajusta longtemps entre les sapins le paysan, et lui lâcha son coup de fusil. Le Turc revint, après cette expédition, se rasseoir sur sa natte, aussi tranquille, aussi bonhomme qu'auparavant. Le paysan descendit à la garde, blessé en toute apparence, car il pleuroit et montroit son sang. On lui donna cinquante coups de bâton pour le guérir.

Je me levai brusquement, et d'autant plus désolé, que l'envie de faire briller devant moi son adresse avoit peut-être déterminé ce bourreau à tirer sur le paysan. Joseph ne voulut pas traduire ce que je disois, et peut-être la prudence étoit-elle nécessaire dans ce moment, mais je n'écoutois guère la prudence.

Je me fis amener mon cheval, et je partis sans attendre le janissaire, qui crioit inutilement après moi. Il me rejoignit avec Joseph lorsque j'étois déjà assez avancé sur la croupe du mont Géranien. Mon indignation se calma peu à peu par l'effet des lieux que je parcourois. Il me sembloit qu'en m'approchant d'Athènes je rentrois dans les pays civilisés, et que la nature même prenoit quelque chose de moins triste. La Morée est presque entièrement dépourvue d'arbres, quoiqu'elle soit certainement plus fertile que l'Attique. Je me réjouissois de cheminer dans une forêt de pins, entre les troncs desquels j'apercevois la mer. Les plans inclinés qui s'étendent depuis le rivage jusqu'au pied de la montagne étoient couverts d'oliviers et de caroubiers ; de pareils sites sont rares en Grèce.

La première chose qui me frappa en arrivant à Mégare fut une troupe de femmes albanoises, qui, à la vérité, n'étoient pas aussi belles que Nausicaa et ses compagnes : elles lavoient gaiement du linge à une fontaine près de laquelle on voyoit quelques restes informes d'un aqueduc. Si c'étoit là la fontaine des Nymphes Sithnides et l'aqueduc de Théagène, Pausanias les a trop vantés. Les aqueducs que j'ai vus en Grèce ne ressemblent point aux aqueducs romains ; ils ne s'élèvent presque point de terre, et ne présentent point cette suite de grandes arches qui font un si bel effet dans la perspective.

Nous descendîmes chez un Albanois, où nous fûmes assez proprement logés. Il n'étoit pas six heures du soir ; j'allai, selon ma coutume, errer parmi les ruines. Mégare, qui conserve son nom, et le port de Nisée, qu'on appelle *Dôdeca Ecclésiais* (les Douze Églises), sans être très-célèbres dans l'histoire, avoient autrefois de beaux monuments. La Grèce, sous les empereurs romains, devoit ressembler beaucoup à l'Italie dans le dernier siècle : c'étoit une terre classique où chaque ville étoit remplie de chefs-d'œuvre. On voyoit à Mégare les douze grands dieux de la main de Praxitèle, un Jupiter-Olympien commencé par Théocosme et par Phidias, les tombeaux d'Alcmène, d'Iphigénie et de Térée. Ce fut sur ce dernier tombeau que la huppe parut pour la première fois : on en conclut que Térée avoit été changée en cet oiseau, comme ses victimes l'avoient été en hirondelle et en rossignol. Puisque je faisois le voyage d'un poëte, je devois profiter de tout et croire fermement, avec Pausanias, que l'aventure de la fille de Pandion commença et finit à Mégare. D'ailleurs, j'apercevois de Mégare les deux cimes du Parnasse : cela suffisoit bien pour me remettre en mémoire les vers de Virgile et de La Fontaine :

> *Qualis populea mærens Philomela, etc.*
> « Autrefois Progné l'hirondelle, etc. »

La Nuit ou l'Obscurité, et Jupiter-Conius[1], avoient leurs temples à Mégare : on peut bien dire que ces deux divinités y sont restées. On voit çà et là quelques murs d'enceinte : j'ignore si ce sont ceux qu'Apollon bâtit de concert avec Alcathoüs. Le dieu, en travaillant à cet ouvrage, avoit posé sa lyre sur une pierre qui depuis ce temps rendoit un son harmonieux quand on la touchoit avec un caillou. L'abbé Fourmont recueillit trente inscriptions à Mégare. Pococke, Spon, Wheler et Chandler en trouvèrent quelques autres qui n'ont rien d'intéressant. Je ne cherchai point l'école d'Euclide; j'aurois mieux aimé la maison de cette pieuse femme qui enterra les os de Phocion sous son foyer[2]. Après une assez longue course, je retournai chez mon hôte, où l'on m'attendoit pour aller voir une malade.

Les Grecs ainsi que les Turcs supposent que tous les Francs ont des connoissances en médecine et des secrets particuliers. La simplicité avec laquelle ils s'adressent à un étranger dans leurs maladies a quelque chose de touchant, et rappelle les anciennes mœurs : c'est une noble confiance de l'homme envers l'homme. Les sauvages en Amérique ont le même usage. Je crois que la religion et l'humanité ordonnent dans ce cas au voyageur de se prêter à ce qu'on attend de lui : un air d'assurance, des paroles de consolation peuvent quelquefois rendre la vie à un mourant et mettre une famille dans la joie.

Un Grec vint donc me chercher pour voir sa fille. Je trouvai une pauvre créature étendue à terre sur une natte et ensevelie sous les

---

1. *Le Poudreux,* de κονία, poussière : cela n'est pas bien sûr; mais j'ai pour moi le traducteur françois, qui, à la vérité, suit la version latine, comme l'observe fort bien le savant M. Larcher.
2. Voyez *Les Martyrs,* liv. III.

haillons dont on l'avoit couverte. Elle dégagea son bras, avec beaucoup de répugnance et de pudeur, des lambeaux de la misère, et le laissa retomber mourant sur la couverture. Elle me parut attaquée d'une fièvre putride : je fis débarrasser sa tête des petites pièces d'argent dont les paysannes albanoises ornent leurs cheveux ; le poids des tresses et du métal concentroit la chaleur au cerveau. Je portois avec moi du camphre pour la peste ; je le partageai avec la malade : on l'avoit nourrie de raisin, j'approuvai le régime. Enfin, nous priâmes Christos et la Panagia (la Vierge), et je promis prompte guérison. J'étois bien loin de l'espérer : j'ai tant vu mourir, que je n'ai là-dessus que trop d'expérience.

Je trouvai en sortant tout le village assemblé à la porte ; les femmes fondirent sur moi en criant : *crasi! crasi!* « du vin ! du vin ! » Elles vouloient me témoigner leur reconnoissance en me forçant à boire : ceci rendoit mon rôle de médecin assez ridicule. Mais qu'importe, si j'ai ajouté à Mégare une personne de plus à celles qui peuvent me souhaiter un peu de bien dans les différentes parties du monde où j'ai erré ? C'est un privilége du voyageur de laisser après lui beaucoup de souvenirs et de vivre dans le cœur des étrangers quelquefois plus longtemps que dans la mémoire de ses amis.

Je regagnai le kan avec peine. J'eus toute la nuit sous les yeux l'image de l'Albanoise expirante : cela me fit souvenir que Virgile, visitant comme moi la Grèce, fut arrêté à Mégare par la maladie dont il mourut ; moi-même j'étois tourmenté de la fièvre. Mégare avoit encore vu passer, il y a quelques années, d'autres François bien plus malheureux que moi[1]. Il me tardoit de sortir d'un lieu qui me sembloit avoir quelque chose de fatal.

Nous ne quittâmes pourtant notre gîte que le lendemain, 22 août, à onze heures du matin. L'Albanois qui nous avoit reçus voulut me régaler avant mon départ d'une de ces poules sans croupion et sans queue que Chandler croyoit particulières à Mégare, et qui ont été apportées de la Virginie ou peut-être d'un petit canton de l'Allemagne. Mon hôte attachoit un grand prix à ces poules, sur lesquelles il savoit mille contes. Je lui fis dire que j'avois voyagé dans la patrie de ces oiseaux, pays bien éloigné, situé au delà de la mer, et qu'il y avoit dans ce pays des Grecs établis au milieu des bois parmi les sauvages. En effet, quelques Grecs fatigués du joug ont passé dans la Floride, où les fruits de la liberté leur ont fait perdre le souvenir de la terre natale. « Ceux qui avoient goûté de ce doux fruit n'y pouvoient plus

---

1. La garnison de Zante.

CHÂTEAUBRIAND CHEZ LES GRECS.

renoncer, mais ils vouloient demeurer parmi les Lotophages et ils oublioient leur patrie [1]. »

L'Albanois n'entendoit rien à cela : pour toute réponse, il m'invitoit à manger sa poule et quelques *frutti di mare*. J'aurois préféré ce poisson, appelé *glaucus*, que l'on pêchoit autrefois sur la côte de Mégare. Anaxandrides, cité par Athénée, déclare que Nérée seul a pu le premier imaginer de manger la hure de cet excellent poisson ; Antiphane veut qu'il soit bouilli, et Amphis le sert tout entier à ces sept chefs qui sur un bouclier noir

Épouvantoient les cieux de serments effroyables.

Le retard causé par le bon cœur de mon hôte, et plus encore par ma lassitude, nous empêcha d'arriver à Athènes dans la même journée. Sortis de Mégare à onze heures du matin, comme je l'ai déjà dit, nous traversâmes d'abord la plaine ; ensuite nous gravîmes le mont Kerato-Pyrgo, le Kerata de l'antiquité : deux roches isolées s'élèvent à son sommet, et sur l'une de ces roches on aperçoit les ruines d'une tour qui donne son nom à la montagne. C'est à la descente de Kerato-Pyrgo, du côté d'Éleusis, qu'il faut placer la palestre de Cercyon et le tombeau d'Alopé. Il n'en reste aucun vestige. Nous rencontrâmes bientôt le Puits-Fleuri au fond d'un vallon cultivé. J'étois presque aussi fatigué que Cérès quand elle s'assit au bord de ce puits, après avoir cherché Proserpine par toute la terre. Nous nous arrêtâmes quelques instants dans la vallée, et puis nous continuâmes notre chemin. En avançant vers Éleusis, je ne vis point les anémones de diverses couleurs que Wheler aperçut dans les champs ; mais aussi la saison en étoit passée.

Vers les cinq heures du soir nous arrivâmes à une plaine environnée de montagnes au nord, au couchant et au levant. Un bras de mer long et étroit baigne cette plaine au midi, et forme comme la corde de l'arc des montagnes. L'autre côté de ce bras de mer est bordé par les rivages d'une île élevée ; l'extrémité orientale de cette île s'approche d'un des promontoires du continent : on remarque entre ces deux pointes un étroit passage. Je résolus de m'arrêter à un village bâti sur une colline, qui terminoit au couchant, près de la mer, le cercle des montagnes dont j'ai parlé.

On distinguoit dans la plaine les restes d'un aqueduc et beaucoup de débris épars au milieu du chaume d'une moisson nouvellement coupée ; nous descendîmes de cheval au pied du monticule, et nous

---

1. *Odyss.*

grimpâmes à la cabane la plus voisine : on nous y donna l'hospitalité.

Tandis que j'étois à la porte, recommandant je ne sais quoi à Joseph, je vis venir un Grec qui me salua en italien. Il me conta tout de suite son histoire; il étoit d'Athènes; il s'occupoit à faire du goudron avec les pins des monts Géraniens; il étoit l'ami de M. Fauvel, et certainement je verrois M. Fauvel. Je répondis que je portois des lettres à M. Fauvel. Je fus charmé de rencontrer cet homme, dans l'espoir de tirer de lui quelques renseignements sur les ruines dont j'étois environné et sur les lieux où je me trouvois. Je savois bien quels étoient ces lieux; mais un Athénien qui connoissoit M. Fauvel devoit être un excellent cicérone. Je le priai donc de m'expliquer un peu ce que je voyois et de m'orienter dans le pays. Il mit la main sur son cœur à la façon des Turcs et s'inclina humblement : « J'ai entendu souvent, me répondit-il, M. Fauvel expliquer tout cela ; mais, moi, je ne suis qu'un ignorant, et je ne sais pas si tout cela est bien vrai. Vous voyez d'abord au levant, par-dessus le promontoire, la cime d'une montagne toute jaune : c'est le Telo-Vouni (le petit Hymette); l'île de l'autre côté de ce bras de mer, c'est Coulouri : M. Fauvel l'appelle *Salamine.* M. Fauvel dit que dans ce canal vis-à-vis de vous se donna un grand combat entre la flotte des Grecs et une flotte des Perses. Les Grecs occupoient ce canal; les Perses étoient de l'autre côté, vers le port Lion (le Pirée) ; le roi de ces Perses, dont je ne sais plus le nom, étoit assis sur un trône à la pointe de ce cap. Quant au village où nous sommes, M. Fauvel l'appelle *Éleusis,* et nous autres *Lepsina.* M. Fauvel dit qu'il y avoit un temple (le temple de Cérès) au-dessous de la maison où nous sommes : si vous voulez faire quelques pas, vous verrez l'endroit où étoit encore l'idole mutilée de ce temple (la statue de Cérès Éleusine) ; les Anglois l'ont emportée. »

Le Grec me quittant pour aller faire son goudron me laissa les yeux sur un rivage désert et sur une mer où pour tout vaisseau on voyoit une barque de pêcheur attachée aux anneaux d'un môle en ruine.

Tous les voyageurs modernes ont visité Éleusis; toutes les inscriptions en ont été relevées. L'abbé Fourmont lui seul en copia une vingtaine. Nous avons une très-docte dissertation de M. de Sainte-Croix sur le temple d'Éleusis et un plan de ce temple par M. Foucherot. Warburton, Sainte-Croix, l'abbé Barthélemi, ont dit tout ce qu'il y avoit de curieux à dire sur les mystères de Cérès, et le dernier nous en a décrit les pompes extérieures. Quant à la statue mutilée, emportée par deux voyageurs, Chandler la prend pour la statue de Proserpine et Spon pour la statue de Cérès. Ce buste colossal a, selon Pococke, cinq pieds et demi d'une épaule à l'autre, et la corbeille dont il est couronné s'élève à plus de deux pieds. Spon prétend que cette statue pourroit bien être de Praxitèle : je ne sais sur quoi cette opinion est fondée. Pausanias, par respect pour les mystères, ne décrit pas la statue de Cérès; Strabon garde le même silence. A la vérité on lit dans Pline que Praxitèle étoit l'auteur d'une Cérès en marbre et de deux Preserpines en bronze : la première, dont parle aussi Pausanias, ayant été transportée à Rome, ne peut être celle qu'on voyoit il y a quelques années à Éleusis; les deux Proserpines en bronze sont hors de la question. A en juger par le trait que nous avons de cette statue, elle pourroit bien ne représenter qu'une Canéphore [1]. Je ne sais si M. Fauvel ne m'a point dit que cette statue, malgré sa réputation, étoit d'un assez mauvais travail.

Je n'ai donc rien à raconter d'Éleusis après tant de voyageurs, sinon que je me promenai au milieu de ces ruines, que je descendis au port et que je m'arrêtai à contempler le détroit de Salamine. Les fêtes et la gloire étoient passées; le silence étoit égal sur la terre et sur la mer : plus d'acclamations, plus de chants, plus de pompes sur le rivage; plus de cris guerriers, plus de choc de galères, plus de tumulte sur les flots. Mon imagination ne pouvoit suffire tantôt à se représenter la procession religieuse d'Éleusis, tantôt à couvrir le rivage de l'armée innombrable des Perses qui regardoient le combat de Salamine. Éleusis est, selon moi, le lieu le plus respectable de la Grèce, puisqu'on y enseignoit l'unité de Dieu et que ce lieu fut témoin du plus grand effort que les hommes aient jamais tenté en faveur de la liberté.

Qui le croiroit! Salamine est aujourd'hui presque entièrement effacée du souvenir des Grecs. On a vu ce que m'en disoit mon Athénien. « L'île de Salamine n'a point conservé son nom, dit M. Fauvel dans ses *Mémoires*; il est oublié avec celui de Thémistocle. » Spon raconte qu'il logea à Salamine chez le papas Iaonnis, « homme, ajoute-t-il, moins ignorant que tous ses paroissiens, puisqu'il savoit que l'île s'étoit autrefois nommée *Salamine*; et il nous dit qu'il l'avoit su de son père. » Cette indifférence des Grecs touchant leur patrie est aussi déplorable qu'elle est honteuse; non-seulement ils ne savent pas leur histoire, mais ils ignorent presque tous [2] la langue qui fait leur gloire : on a vu un Anglois, poussé d'un saint zèle, vouloir s'établir à Athènes pour y donner des leçons de grec ancien.

1. Guillet la prend pour une cariatide.
2. Il y a de glorieuses exceptions, et tout le monde a entendu parler de MM. Coraï, Kodrika, etc., etc.

Il fallut que la nuit me chassât du rivage. Les vagues que la brise du soir avoit soulevées battoient la grève et venoient mourir à mes pieds : je marchai quelque temps le long de la mer qui baignoit le tombeau de Thémistocle; selon toutes les probabilités, j'étois dans ce moment le seul homme en Grèce qui se souvînt de ce grand homme.

Joseph avoit acheté un mouton pour notre souper; il savoit que nous arriverions le lendemain chez un consul de France. Sparte, qu'il avoit vue, et Athènes qu'il alloit voir, ne lui importoient guère, mais, dans la joie où il étoit de toucher au terme de ses fatigues, il régaloit la maison de notre hôte. La femme, les enfants, le mari, tout étoit en mouvement; le janissaire seul restoit tranquille au milieu de l'empressement général, fumant sa pipe et applaudissant du turban à tous ces soins dont il espéroit bien profiter. Depuis l'extinction des mystères par Alaric, il n'y avoit pas eu une pareille fête à Éleusis. Nous nous mîmes à table, c'est-à-dire que nous nous assîmes à terre autour du régal; notre hôtesse avoit fait cuire du pain qui n'étoit pas très-bon, mais qui étoit tendre et sortant du four. J'aurois volontiers renouvelé le cri de *Vive Cérès!* Χαῖρε, Δήμητερ! Ce pain, qui provenoit de la nouvelle récolte, faisoit voir la fausseté d'une prédiction rapportée par Chandler. Du temps de ce voyageur on disoit à Éleusis que si jamais on enlevoit la statue mutilée de la déesse, la plaine cesseroit d'être fertile. Cérès est allée en Angleterre, et les champs d'Éleusis n'en ont pas moins été fécondés par cette divinité réelle, qui appelle tous les hommes à la connoissance de ses mystères, qui ne craint point d'être détrônée,

> Qui donne aux fleurs leur aimable peinture,
> Qui fait naître et mûrir les fruits,
> Et leur dispense avec mesure
> Et la chaleur des jours et la fraîcheur des nuits.

Cette grande chère et la paix dont nous jouissions m'étoient d'autant plus agréables que nous les devions, pour ainsi dire, à la protection de la France. Il y a trente à quarante ans que toutes les côtes de la Grèce, et particulièrement les ports de Corinthe, de Mégare et d'Éleusis étoient infestés par des pirates. Le bon ordre établi dans nos stations du Levant avoit peu à peu détruit ce brigandage; nos frégates faisoient la police, et les sujets ottomans respiroient sous le pavillon françois. Les dernières révolutions de l'Europe ont amené pour quelques moments d'autres combinaisons de puissances; mais les corsaires n'ont pas reparu. Nous bûmes donc à la renommée de ces armes qui protégeoient notre fête à Éleusis, comme les Athéniens durent remercier Alcibiade quand il eut conduit en sûreté la procession d'Iacchus au temple de Cérès.

Enfin, le grand jour de notre entrée à Athènes se leva. Le 23, à trois heures du matin, nous étions tous à cheval; nous commençâmes à défiler en silence par la voie Sacrée : je puis assurer que l'initié le plus dévot à Cérès n'a jamais éprouvé un transport aussi vif que le mien. Nous avions mis nos beaux habits pour la fête; le janissaire avoit retourné son turban, et, par extraordinaire, on avoit frotté et pansé les chevaux. Nous traversâmes le lit d'un torrent appelé *Saranta-Potamo* ou *les Quarante Fleuves*, probablement le Céphise Éleusinien; nous vîmes quelques débris d'églises chrétiennes : ils doivent occuper la place du tombeau de ce Zarex qu'Apollon lui-même avoit instruit dans l'art des chants. D'autres ruines nous annoncèrent les monuments d'Eumolpe et d'Hippothoon; nous trouvâmes les rhiti ou les courants d'eau salée : c'étoit là que pendant les fêtes d'Éleusis les gens du peuple insultoient les passants, en mémoire des injures qu'une vieille femme avoit dites autrefois à Cérès. De là passant au fond, ou au point extrême du canal de Salamine, nous nous engageâmes dans le défilé que forment le mont Parnès et le mont Ægalée : cette partie de la voie Sacrée s'appeloit *Le Mystique*. Nous aperçûmes le monastère de Daphné, bâti sur les débris du temple d'Apollon, et dont l'église est une des plus anciennes de l'Attique. Un peu plus loin, nous remarquâmes quelques restes du temple de Vénus. Enfin le défilé commence à s'élargir; nous tournons autour du mont Pœcile, placé au milieu du chemin comme pour masquer le tableau, et tout à coup nous découvrons la plaine d'Athènes.

Les voyageurs qui visitent la ville de Cécrops arrivent ordinairement par le Pirée ou par la route de Négrepont. Ils perdent alors une partie du spectacle, car on n'aperçoit que la citadelle quand on vient de la mer, et l'Anchesme coupe la perspective quand on descend de l'Eubée. Mon étoile m'avoit amené par le véritable chemin pour voir Athènes dans toute sa gloire.

La première chose qui frappa mes yeux, ce fut la citadelle éclairée du soleil levant : elle étoit juste en face de moi, de l'autre côté de la plaine, et sembloit appuyée sur le mont Hymette, qui faisoit le fond du tableau. Elle présentoit, dans un assemblage confus, les chapiteaux des Propylées, les colonnes du Parthénon et du temple d'Érechthée, les embrasures d'une muraille chargée de canons, les débris gothiques des chrétiens et les masures des musulmans.

Deux petites collines, l'Anchesme et le Musée, s'élevoient au nord et au midi de l'Acropolis. Entre ces deux collines, et au pied de l'Acropolis, Athènes se montroit à moi : ses toits aplatis, entremêlés de minarets, de cyprès, de ruines, de colonnes isolées, les dômes de ses mosquées couronnés par de gros nids de cigognes, faisoient un effet agréable aux rayons du soleil. Mais si l'on reconnoissoit encore Athènes à ses débris, on voyoit aussi, à l'ensemble de son architecture et au caractère général des monuments, que la ville de Minerve n'étoit plus habitée par son peuple.

Une enceinte de montagnes, qui se termine à la mer, forme la plaine ou le bassin d'Athènes. Du point où je voyois cette plaine au mont Pœcile, elle paroissoit divisée en trois bandes ou régions, courant dans une direction parallèle du nord au midi. La première de ces régions, et la plus voisine de moi, étoit inculte et couverte de bruyères; la seconde offroit un terrain labouré où l'on venoit de faire la moisson; la troisième présentoit un long bois d'oliviers, qui s'étendoit un peu circulairement depuis les sources de l'Ilissus, en passant au pied de l'Anchesme, jusque vers le port de Phalère. Le Céphise coule dans cette forêt, qui par sa vieillesse semble descendre de l'olivier que Minerve fit sortir de la terre. L'Ilissus a son lit desséché de l'autre côté d'Athènes, entre le mont Hymette et la ville. La plaine n'est pas parfaitement unie : une petite chaîne de collines détachée du mont Hymette en surmonte le niveau et forme les différentes hauteurs sur lesquelles Athènes plaça peu à peu ses monuments.

Ce n'est pas dans le premier moment d'une émotion très-vive que l'on jouit le plus de ses sentiments. Je m'avançois vers Athènes avec une espèce de plaisir qui m'ôtoit le pouvoir de la réflexion; non que j'éprouvasse quelque chose de semblable à ce que j'avois senti à la vue de Lacédémone. Sparte et Athènes ont conservé jusque dans leurs ruines leurs différents caractères : celles de la première sont tristes, graves et solitaires; celles de la seconde sont riantes, légères, habitées. A l'aspect de la patrie de Lycurgue, toutes les pensées deviennent sérieuses, mâles et profondes; l'âme, fortifiée, semble s'élever et s'agrandir; devant la ville de Solon, on est comme enchanté par les prestiges du génie; on a l'idée de la perfection de l'homme considéré comme un être intelligent et immortel. Les hauts sentiments de la nature humaine prenoient à Athènes quelque chose d'élégant qu'ils n'avoient point à Sparte. L'amour de la patrie et de la liberté n'étoit point pour les Athéniens un instinct aveugle, mais un sentiment éclairé, fondé sur ce goût du beau dans tous les genres, que le ciel leur avoit si libéralement départi; enfin, en passant des ruines de Lacédémone aux ruines d'Athènes je sentis que j'aurois voulu mourir avec Léonidas et vivre avec Périclès.

Nous marchions vers cette petite ville, dont le territoire s'étendoit à quinze ou vingt lieues, dont la population n'égaloit pas celle d'un faubourg de Paris, et qui balance dans l'univers la renommée de l'empire romain. Les yeux constamment attachés sur ces ruines, je lui appliquois ces vers de Lucrèce :

> Primæ frugiferos fœtus mortalibus ægris
> Dididerunt quondam præclaro nomine Athenæ,
> Et recreaverunt vitam legesque rogarunt;
> Et primæ dederunt solatia dulcia vitæ.

Je ne connois rien qui soit plus à la gloire des Grecs que ces paroles de Cicéron : « Souvenez-vous, Quintius, que vous commandez à des Grecs qui ont civilisé tous les peuples, en leur enseignant la douceur et l'humanité, et à qui Rome doit les lumières qu'elle possède. » Lorsqu'on songe à ce que Rome étoit au temps de Pompée et de César, à ce que Cicéron étoit lui-même, on trouve dans ce peu de mots un magnifique éloge [1].

Des trois bandes ou régions qui divisoient devant nous la plaine d'Athènes, nous traversâmes rapidement les deux premières, la région inculte et la région cultivée. On ne voit plus sur cette partie de la route le monument du Rhodien et le tombeau de la courtisane, mais on aperçoit des débris de quelques églises. Nous entrâmes dans le bois d'oliviers : avant d'arriver au Céphise, on trouvoit deux tombeaux et un autel de Jupiter l'Indulgent. Nous distinguâmes bientôt le lit du Céphise entre les troncs des oliviers qui le bordoient comme de vieux saules : je mis pied à terre pour saluer le fleuve et pour boire de son eau ; j'en trouvai tout juste ce qu'il m'en falloit dans un creux sous la rive ; le reste avoit été détourné plus haut pour arroser les plantations d'oliviers. Je me suis toujours fait un plaisir de boire de l'eau des rivières célèbres que j'ai passées dans ma vie : ainsi j'ai bu des eaux du Mississipi, de la Tamise, du Rhin, du Pô, du Tibre, de l'Eurotas, du Céphise, de l'Hermus, du Granique, du Jourdain, du Nil, du Tage et de l'Èbre. Que d'hommes au bord de ces fleuves peuvent dire comme les Israélites : *Sedimus et flevimus!*

J'aperçus à quelque distance sur ma gauche les débris du pont que Xénoclès de Linde avoit fait bâtir sur le Céphise. Je remontai à cheval, et je ne cherchai point à voir le figuier sacré, l'autel de Zéphyre, la colonne d'Antémocrite; car le chemin moderne ne suit plus dans cet endroit l'ancienne voie Sacrée. En sortant du bois d'oliviers, nous

---

[1] Pline le jeune écrit à peu près la même chose à Maximus, proconsul d'Achaïe.

trouvâmes un jardin environné de murs, et qui occupe à peu près la place du Céramique extérieur. Nous mîmes une demi-heure pour nous rendre à Athènes, à travers un chaume de froment. Un mur moderne nouvellement réparé et ressemblant à un mur de jardin renferme la ville. Nous en franchîmes la porte, et nous pénétrâmes dans de petites rues champêtres, fraîches et assez propres : chaque maison a son jardin planté d'orangers et de figuiers. Le peuple me parut gai et curieux, et n'avoit point l'air abattu des Moraïtes. On nous enseigna la maison du consul.

Je ne pouvois être mieux adressé qu'à M. Fauvel pour voir Athènes : on sait qu'il habite la ville de Minerve depuis longues années ; il en connoît les moindres détails, beaucoup mieux qu'un Parisien ne connoît Paris. On a de lui d'excellents mémoires ; on lui doit les plus intéressantes découvertes sur l'emplacement d'Olympie, sur la plaine de Marathon, sur le tombeau de Thémistocle au Pirée, sur le temple de la Vénus aux Jardins, etc. Chargé du consulat d'Athènes, qui n'est pour lui qu'un titre de protection, il a travaillé et travaille encore, comme peintre, au *Voyage pittoresque de la Grèce*. L'auteur de ce bel ouvrage, M. de Choiseul-Gouffier, avoit bien voulu me donner une lettre pour l'homme de talent, et je portois de plus au consul une lettre du ministre[1].

On ne s'attend pas sans doute que je donne ici une description complète d'Athènes ; si l'on veut connoître l'histoire de cette ville, depuis les Romains jusqu'à nous, on peut recourir à l'Introduction de cet *Itinéraire*. Si ce sont les monuments d'Athènes ancienne qu'on désire connoître, la traduction de *Pausanias*, toute défectueuse qu'elle est, suffit parfaitement à la foule des lecteurs ; et le *Voyage du jeune Anacharsis* ne laisse presque rien à désirer. Quant aux ruines de cette fameuse cité, les lettres de la collection de Martin Crusius, le père Babin, La Guilletière même, malgré ses mensonges, Pococke, Spon, Wheler, Chandler surtout et M. Fauvel les font si parfaitement connoître que je ne pourrois que les répéter. Sont-ce les plans, les cartes, les vues d'Athènes et de ses monuments que l'on cherche ? On les trouvera partout : il suffit de rappeler les travaux du marquis de Nointel, de Leroi, de Stuart, de Pars ; M. de Choiseul, complétant l'ouvrage que tant de malheurs ont interrompu, achèvera de mettre sous nos yeux Athènes tout entière. La partie des mœurs et du gouvernement des Athéniens modernes est également bien traitée dans les auteurs que je viens de citer ; et comme les usages ne changent pas en Orient ainsi

---

1. M. de Talleyrand.

qu'en France, tout ce que Chandler et Guys [1] ont dit des Grecs modernes est encore aujourd'hui de la plus exacte vérité.

Sans faire de l'érudition aux dépens de mes prédécesseurs, je rendrai compte de mes courses et de mes sentiments à Athènes, jour par jour et heure par heure, selon le plan que j'ai suivi jusque ici. Encore une fois, cet *Itinéraire* doit être regardé beaucoup moins comme un voyage que comme les mémoires d'une année de ma vie [2].

Je descendis dans la cour de M. Fauvel, que j'eus le bonheur de trouver chez lui : je lui remis aussitôt les lettres de M. de Choiseul et de M. de Talleyrand. M. Fauvel connoissoit mon nom ; je ne pouvois pas lui dire : « *Son pittor anch'io;* » mais au moins j'étois un amateur plein de zèle, sinon de talent ; j'avois une si bonne volonté d'étudier l'antique et de bien faire, j'étois venu de si loin crayonner de méchants dessins, que le maître vit en moi un écolier docile.

Ce fut d'abord entre nous un fracas de questions sur Paris et sur Athènes, auxquelles nous nous empressions de répondre ; mais bientôt Paris fut oublié, et Athènes prit totalement le dessus. M. Fauvel, échauffé dans son amour pour les arts par un disciple, étoit aussi empressé de me montrer Athènes que j'étois empressé de la voir : il me conseilla cependant de laisser passer la grande chaleur du jour.

Rien ne sentoit le consul chez mon hôte, mais tout y annonçoit l'artiste et l'antiquaire. Quel plaisir pour moi d'être logé à Athènes dans une chambre pleine des plâtres moulés du Parthénon ! Tout autour des murs étoient suspendus des vues du temple de Thésée, des plans des Propylées, des cartes de l'Attique et de la plaine de Marathon. Il y avoit des marbres sur une table, des médailles sur une autre, avec de petites têtes et des vases en terre cuite. On balaya, à mon grand regret, une vénérable poussière ; on tendit un lit de sangle au milieu de toutes ces merveilles ; et comme un conscrit arrivé à l'armée la veille d'une affaire, je campai sur le champ de bataille.

La maison de M. Fauvel a, comme la plupart des maisons d'Athènes, une cour sur le devant et un petit jardin sur le derrière. Je courois à toutes les fenêtres pour découvrir au moins quelque chose dans les rues ; mais c'étoit inutilement. On apercevoit pourtant entre les toits des maisons voisines un petit coin de la citadelle ; je me tenois collé à la fenêtre qui donnoit de ce côté, comme un écolier dont l'heure de récréation n'est pas encore arrivée. Le janissaire de M. Fauvel s'étoit

---

1. Il faut lire celui-ci avec défiance et se mettre en garde contre son système.
2. Voyez l'Avertissement.

'emparé de mon janissaire et de Joseph, de sorte que je n'avois plus à m'occuper d'eux.

A deux heures on servit le dîner, qui consistoit en des ragoûts de mouton et de poulets, moitié à la françoise, moitié à la turque. Le vin, rouge et fort comme nos vins du Rhône, étoit d'une bonne qualité; mais il me parut si amer qu'il me fut impossible de le boire. Dans presque tous les cantons de la Grèce on fait plus ou moins infuser des pommes de pin au fond des cuvées ; cela donne au vin cette saveur amère et aromatique à laquelle on a quelque peine à s'habituer[1]. Si cette coutume remonte à l'antiquité, comme je le présume, elle expliqueroit pourquoi la pomme de pin étoit consacrée à Bacchus. On apporta du miel du mont Hymette; je lui trouvai un goût de drogue qui me déplut ; le miel de Chamouni me semble de beaucoup préférable. J'ai mangé depuis à Kircagach, près de Pergame, dans l'Anatolie, un miel plus agréable encore ; il est blanc comme le coton sur lequel les abeilles le recueillent, et il a la fermeté et la consistance de la pâte de guimauve. Mon hôte rioit de la grimace que je faisois au vin et au miel de l'Attique ; il s'y étoit attendu. Comme il falloit bien que je fusse dédommagé par quelque chose, il me fit remarquer l'habillement de la femme qui nous servoit : c'étoit absolument la draperie des anciennes Grecques, surtout dans les plis horizontaux et onduleux qui se formoient au-dessus du sein et venoient se joindre aux plis perpendiculaires qui marquoient le bord de la tunique. Le tissu grossier dont cette femme étoit vêtue contribuoit encore à la ressemblance ; car, à en juger par la statuaire, les étoffes chez les anciens étoient plus épaisses que les nôtres. Il seroit impossible, avec les mousselines et les soies des femmes modernes, de former les mouvements larges des draperies antiques : la gaze de Céos, et les autres voiles que les satiriques appeloient des nuages, n'étoient jamais imités par le ciseau.

Pendant notre dîner, nous reçûmes les compliments de ce qu'on appelle dans le Levant la nation : cette nation se compose des négociants françois ou dépendant de la France qui habitent les différentes échelles. Il n'y a à Athènes qu'une ou deux maisons de cette espèce : elles font le commerce des huiles. M. Roque me fit l'honneur de me rendre visite : il avoit une famille, et il m'invita à l'aller voir avec M. Fauvel ; puis il se mit à parler de la société d'Athènes : « Un étranger fixé depuis quelque temps à Athènes paroissoit avoir senti ou

---

1. Les autres voyageurs attribuent ce goût à la poix qu'on mêle dans le vin : cela peut être vrai en partie, mais on y fait aussi infuser la pomme de pin.

inspiré une passion qui faisoit parler la ville... Il y avoit des commérages vers la maison de Socrate, et l'on tenoit des propos du côté des jardins de Phocion... L'archevêque d'Athènes n'étoit pas encore revenu de Constantinople. On ne savoit pas si on obtiendroit justice du pacha de Négrepont, qui menaçoit de lever une contribution à Athènes. Pour se mettre à l'abri d'un coup de main, on avoit réparé le mur de clôture ; cependant on pouvoit tout espérer du chef des eunuques noirs, propriétaire d'Athènes, qui certainement avoit auprès de Sa Hautesse plus de crédit que le pacha. » (O Solon! O Thémistocle! Le chef des eunuques noirs propriétaire d'Athènes, et toutes les autres villes de la Grèce enviant cet insigne bonheur aux Athéniens!) « ..... Au reste, M. Fauvel avoit bien fait de renvoyer le religieux italien qui demeuroit dans la lanterne de Démosthène (un des plus jolis monuments d'Athènes), et d'appeler à sa place un capucin françois. Celui-ci avoit de bonnes mœurs, étoit affable, intelligent, et recevoit très-bien les étrangers qui, selon la coutume, alloient descendre au couvent françois... » Tels étoient les propos et l'objet des conversations à Athènes : on voit que le monde y alloit son train, et qu'un voyageur qui s'est bien monté la tête doit être un peu confondu quand il trouve en arrivant dans la rue des Trépieds les tracasseries de son village.

Deux voyageurs anglois venoient de quitter Athènes lorsque j'y arrivai : il y restoit encore un peintre russe, qui vivoit fort solitaire. Athènes est très-fréquentée des amateurs de l'antiquité, parce qu'elle est sur le chemin de Constantinople et qu'on y arrive facilement par mer.

Vers les quatre heures du soir, la grande chaleur étant passée, M. Fauvel fit appeler son janissaire et le mien, et nous sortîmes précédés de nos gardes : le cœur me battoit de joie, et j'étois honteux de me trouver si jeune. Mon guide me fit remarquer, presque à sa porte, les restes d'un temple antique. De là nous tournâmes à droite, et nous marchâmes par de petites rues fort peuplées. Nous passâmes au bazar, frais et bien approvisionné en viande, en gibier, en herbes et en fruits. Tout le monde saluoit M. Fauvel, et chacun vouloit savoir qui j'étois ; mais personne ne pouvoit prononcer mon nom. C'étoit comme dans l'ancienne Athènes : *Athenienses autem omnes*, dit saint Luc, *ad nihil aliud vacabant nisi aut dicere, aut audire aliquid novi*; quant aux Turcs, ils disoient : *Fransouse! Effendi!* et ils fumoient leurs pipes : c'étoit ce qu'ils avoient de mieux à faire. Les Grecs en nous voyant passer levoient leurs bras par-dessus leurs têtes et crioient : *Kâlos ilthete, archondes! Bate kala eis palæo Athinan!* « Bien venus, messieurs! Bon voyage aux ruines d'Athènes! » Et ils avoient l'air aussi fiers que s'ils nous avoient dit : « Vous allez chez Phidias ou chez Ictinus. » Je n'avois pas assez de mes yeux pour regarder : je croyois voir des antiquités partout. M. Fauvel me faisoit remarquer çà et là des morceaux de sculpture qui servoient de bornes, de murs ou de pavés : il me disoit combien ces fragments avoient de pieds, de pouces et de lignes ; à quel genre d'édifices ils appartenoient ; ce qu'il en falloit présumer d'après Pausanias ; quelles opinions avoient eues à ce sujet l'abbé Barthélemi, Spon, Wheler, Chandler ; en quoi ces opinions lui sembloient (à lui M. Fauvel) justes ou mal fondées. Nous nous arrêtions à chaque pas ; les janissaires et des enfants du peuple, qui marchoient devant nous, s'arrêtoient partout où ils voyoient une moulure, une corniche, un chapiteau ; ils cherchoient à lire dans les yeux de M. Fauvel si cela étoit bon ; quand le consul secouoit la tête, ils secouoient la tête et alloient se placer quatre pas plus loin devant un autre débris. Nous fûmes conduits ainsi hors du centre de la ville moderne, et nous arrivâmes à la partie de l'ouest que M. Fauvel vouloit d'abord me faire visiter, afin de procéder par ordre dans nos recherches.

En sortant du milieu de l'Athènes moderne, et marchant droit au couchant, les maisons commencent à s'écarter les unes des autres ; ensuite viennent de grands espaces vides, les uns compris dans le mur de clôture, les autres en dehors de ce mur : c'est dans ces espaces abandonnés que l'on trouve le temple de Thésée, le Pnyx et l'Aréopage. Je ne décrirai point le premier, qui est décrit partout, et qui ressemble assez au Parthénon ; je le comprendrai dans les réflexions générales que je me permettrai de faire bientôt au sujet de l'architecture des Grecs. Ce temple est au reste le monument le mieux conservé à Athènes : après avoir longtemps été une église sous l'invocation de saint Georges, il sert aujourd'hui de magasin.

L'Aréopage étoit placé sur une éminence à l'occident de la citadelle. On comprend à peine comment on a pu construire sur le rocher où l'on voit des ruines un monument de quelque étendue. Une petite vallée appelée, dans l'ancienne Athènes, *Cœlé* (le creux), sépare la colline de l'Aréopage de la colline de Pnyx et de la colline de la citadelle. On montroit dans le Cœlé les tombeaux des deux Cimon, de Thucydide et d'Hérodote. Le Pnyx, où les Athéniens tenoient d'abord leurs assemblées publiques, est une esplanade pratiquée sur une roche escarpée, au revers du Lycabettus. Un mur composé de pierres énormes soutient cette esplanade du côté du nord ; au midi s'élève une tribune creusée dans le roc même, et l'on y monte par quatre degrés également taillés dans la pierre. Je remarque ceci, parce que les anciens voyageurs n'ont pas bien connu la forme du Pnyx. Lord Elgin a fait depuis peu d'années désencombrer cette colline, et c'est à lui qu'on doit la découverte des degrés. Comme on n'est pas là tout à fait à la cime du rocher, on n'aperçoit la mer qu'en montant au-dessus de la tribune : on ôtoit ainsi au peuple la vue du Pirée, afin que des orateurs factieux ne le jetassent pas dans des entreprises téméraires, à l'aspect de sa puissance et de ses vaisseaux [1].

Les Athéniens étoient rangés sur l'esplanade entre le mur circulaire que j'ai indiqué au nord et la tribune au midi.

C'étoit donc à cette tribune que Périclès, Alcibiade et Démosthène firent entendre leur voix ; que Socrate et Phocion parlèrent au peuple le plus léger et le plus spirituel de la terre ! C'étoit donc là que se sont commises tant d'injustices, que tant de décrets iniques ou cruels ont été prononcés ! Ce fut peut-être ce lieu qui vit bannir Aristide, triompher Mélitus, condamner à mort la population entière d'une ville, vouer un peuple entier à l'esclavage ? Mais aussi ce fut là que de grands citoyens firent éclater leurs généreux accents contre les tyrans de leur patrie, que la justice triompha, que la vérité fut écoutée. « Il y a un peuple, disoient les députés de Corinthe aux Spartiates, un peuple qui ne respire que les nouveautés ; prompt à concevoir, prompt à exécuter, son audace passe sa force. Dans les périls où souvent il se jette sans réflexion, il ne perd jamais l'espérance ; naturellement inquiet, il cherche à s'agrandir au dehors ; vainqueur, il s'avance et suit sa victoire ; vaincu, il n'est point découragé. Pour les Athéniens, la vie n'est pas une propriété qui leur appartienne, tant ils la sacrifient aisément à leur pays ! Ils croient qu'on les a privés d'un bien légitime toutes les fois qu'ils n'obtiennent pas l'objet de leurs désirs. Ils remplacent un dessein trompé par une nouvelle espérance. Leurs projets à peine conçus sont déjà exécutés. Sans cesse occupés de l'avenir, le présent leur échappe : peuple qui ne connoît point le repos, et ne peut le souffrir dans les autres [2]. »

Et ce peuple, qu'est-il devenu ? Où le trouverai-je ? Moi qui traduisois ce passage au milieu des ruines d'Athènes, je voyois les minarets des musulmans et j'entendois parler des chrétiens. C'est à Jérusalem que j'allois chercher la réponse à cette question, et je connoissois déjà d'avance les paroles de l'oracle : *Dominus mortificat et vivificat ; deducit ad inferos et reducit.*

Le jour n'étoit pas encore à sa fin : nous passâmes du Pnyx à la

---

[1]. L'histoire varie sur ce fait. D'après une autre version, ce furent les tyrans qui obligèrent les orateurs à tourner le dos au Pirée.

[2]. Thucid., lib. i.

colline du Musée. On sait que cette colline est couronnée par le monument de Philopappus, monument d'un mauvais goût : mais c'est le mort et non le tombeau qui mérite ici l'attention du voyageur. Cet obscur Philopappus, dont le sépulcre se voit de si loin, vivoit sous Trajan. Pausanias ne daigne pas le nommer, et l'appelle un *Syrien*. On voit dans l'inscription de sa statue qu'il étoit de Besâ, bourgade de l'Attique. Eh bien, ce Philopappus s'appeloit *Antiochus Philopappus*; c'étoit le légitime héritier de la couronne de Syrie! Pompée avoit transporté à Athènes les descendants du roi Antiochus, et ils y étoient devenus de simples citoyens. Je ne sais si les Athéniens, comblés des bienfaits d'Antiochus, compatirent aux maux de sa famille détrônée, mais il paroît que ce Philopappus fut au moins consul désigné. La fortune, en le faisant citoyen d'Athènes et consul de Rome à une époque où ces deux titres n'étoient plus rien, sembloit vouloir se jouer encore de ce monarque déshérité, le consoler d'un songe par un songe, et montrer sur une seule tête qu'elle se rit également de la majesté des peuples et de celle des rois.

Le monument de Philopappus nous servit comme d'observatoire pour contempler d'autres vanités. M. Fauvel m'indiqua les divers endroits par où passoient les murs de l'ancienne ville; il me fit voir les ruines du théâtre de Bacchus, au pied de la citadelle; le lit desséché de l'Ilissus, la mer sans vaisseaux, et les ports déserts de Phalère, de Munychie et du Pirée.

Nous rentrâmes ensuite dans Athènes : il étoit nuit. Le consul envoya prévenir le commandant de la citadelle que nous y monterions le lendemain avant le lever du soleil. Je souhaitai le bonsoir à mon hôte, et je me retirai à mon appartement. Accablé de fatigue, il y avoit déjà quelque temps que je dormois d'un profond sommeil, quand je fus réveillé tout à coup par le tambourin et la musette turque dont les sons discordants partoient des combles des Propylées. En même temps un prêtre turc se mit à chanter en arabe l'heure passée à des chrétiens de la ville de Minerve. Je ne saurois peindre ce que j'éprouvai : cet iman n'avoit pas besoin de me marquer ainsi la fuite des années; sa voix seule dans ces lieux annonçoit assez que les siècles s'étoient écoulés.

Cette mobilité des choses humaines est d'autant plus frappante qu'elle contraste avec l'immobilité du reste de la nature. Comme pour insulter à l'instabilité des sociétés humaines, les animaux mêmes n'éprouvent ni bouleversements dans leurs empires ni altération dans leurs mœurs. J'avois vu, lorsque nous étions sur la colline du Musée, des cigognes se former en bataillon et prendre leur vol vers l'Afrique[1]. Depuis deux mille ans elles font ainsi le même voyage; elles sont restées libres et heureuses dans la ville de Solon comme dans la ville du chef des eunuques noirs. Du haut de leurs nids, que les révolutions ne peuvent atteindre, elles ont vu au-dessous d'elles changer la race des mortels : tandis que des générations impies se sont élevées sur les tombeaux des générations religieuses, la jeune cigogne a toujours nourri son vieux père[2]. Si je m'arrête à ces réflexions, c'est que la cigogne est aimée des voyageurs; comme eux « elle connoît les saisons dans le ciel[3]. » Ces oiseaux furent souvent les compagnons de mes courses dans les solitudes de l'Amérique; je les vis souvent perchés sur les wigwum du sauvage : en les retrouvant dans une autre espèce de désert, sur les ruines du Parthénon, je n'ai pu m'empêcher de parler un peu de mes anciens amis.

Le lendemain 24, à quatre heures et demie du matin, nous montâmes à la citadelle; son sommet est environné de murs, moitié antiques, moitié modernes; d'autres murs circuloient autrefois autour de sa base. Dans l'espace que renferment ces murs se trouvent d'abord les restes des Propylées et les débris du temple de la Victoire[4]. Derrière les Propylées, à gauche, vers la ville, on voit ensuite le Pandroséum et le double temple de Neptune Érechthée et de Minerve Polias; enfin, sur le point le plus éminent de l'Acropolis s'élève le temple de Minerve; le reste de l'espace est obstrué par les décombres des bâtiments anciens et nouveaux, et par les tentes, les armes et les baraques des Turcs.

Le rocher de la citadelle peut avoir à son sommet huit cents pieds de long sur quatre cents de large; sa forme est à peu près celle d'un ovale dont l'ellipse iroit en se rétrécissant du côté du mont Hymette : on diroit un piédestal taillé tout exprès pour porter les magnifiques édifices qui le couronnoient.

Je n'entrerai point dans la description particulière de chaque monument : je renvoie le lecteur aux ouvrages que j'ai si souvent cités; et, sans répéter ici ce que chacun peut trouver ailleurs, je me contenterai de quelques réflexions générales.

La première chose qui vous frappe dans les monuments d'Athènes, c'est la belle couleur de ces monuments. Dans nos climats, sous une atmosphère chargée de fumée et de pluie, la pierre du blanc le plus pur devient bientôt noire ou verdâtre. Le ciel clair et le soleil brillant de la

---

1. Voyez, pour la description d'Athènes en général, presque tout le XVe livre des *Martyrs*, et les notes.
2. C'est Solin qui le dit.   3. Jérémie.
4. Le temple de la Victoire formoit l'aile droite des Propylées.

Grèce répandent seulement sur le marbre de Paros et du Pentélique une teinte dorée semblable à celle des épis mûrs ou des feuilles en automne.

La justesse, l'harmonie et la simplicité des proportions attirent ensuite votre admiration. On ne voit point ordre sur ordre, colonne sur colonne, dôme sur dôme. Le temple de Minerve [1], par exemple, est ou plutôt étoit un simple parallélogramme allongé, orné d'un péristyle, d'un pronaos ou portique, et élevé sur trois marches ou degrés qui régnoient tout autour. Ce pronaos occupoit à peu près le tiers de la longueur totale de l'édifice ; l'intérieur du temple se divisoit en deux nefs séparées par un mur, et qui ne recevoient le jour que par la porte : dans l'une on voyoit la statue de Minerve, ouvrage de Phidias ; dans l'autre, on gardoit le trésor des Athéniens. Les colonnes du péristyle et du portique reposoient immédiatement sur les degrés du temple ; elles étoient sans base, cannelées et d'ordre dorique ; elles avoient quarante-deux pieds de hauteur et dix-sept et demi de tour près du sol ; l'entre-colonnement étoit de sept pieds quatre pouces, et le monument avoit deux cent dix-huit pieds de long et quatre-vingt-dix-huit et demi de large.

Les triglyphes de l'ordre dorique marquaient la frise du péristyle : des métopes ou petits tableaux de marbre à coulisse séparoient entre eux les triglyphes. Phidias ou ses élèves avoient sculpté sur ces métopes le combat des Centaures et des Lapithes. Le haut du plein mur du temple, ou la frise de la cella, étoit décoré d'un autre bas-relief représentant peut-être la fête des Panathénées. Des morceaux de sculpture excellents, mais du siècle d'Adrien, époque du renouvellement de l'art, occupoient les deux frontons du temple [2]. Les offrandes votives, ainsi que les boucliers enlevés à l'ennemi dans le cours de la guerre Médique, étoient suspendus en dehors de l'édifice : on voit encore la marque circulaire que les derniers ont imprimée sur l'architrave du fronton qui regarde le mont Hymette. C'est ce qui fait présumer à M. Fauvel que l'entrée du temple pouvoit bien être tournée de ce côté, contre l'opinion générale, qui place cette entrée à l'extrémité opposée [3]. Entre ces boucliers on avoit mis des inscriptions : elles étoient vrai-

---

1. Voir la note I à la fin de l'*Itinéraire*.
2. Je ne puis me persuader que Phidias ait laissé complétement nus les deux frontons du temple, tandis qu'il avoit orné avec tant de soin les deux frises. Si l'empereur Adrien et sa femme Sabine se trouvoient représentés dans l'un des frontons, ils peuvent y avoir été introduits à la place de deux autres figures, ou peut-être, ce qui arrivoit souvent, n'avoit-on fait que changer les têtes des personnages. Au reste, ceci n'étoit point une indigne flatterie de la part des Athéniens : Adrien méritoit cet honneur, comme bienfaiteur d'Athènes et restaurateur des arts.
3. L'idée est ingénieuse, mais la preuve n'est pas bien solide : outre mille raisons qui pouvoient avoir déterminé les Athéniens à suspendre les boucliers du côté de

semblablement écrites en lettres de bronze, à en juger par les marques des clous qui attachoient ces lettres. M. Fauvel pensoit que ces clous avoient servi peut-être à retenir des guirlandes ; mais je l'ai ramené à mon sentiment en lui faisant remarquer la disposition régulière des trous. De pareilles marques ont suffi pour rétablir et lire l'inscription de la Maison-Carrée à Nîmes. Je suis convaincu que, si les Turcs le permettoient, on pourroit aussi parvenir à déchiffrer les inscriptions du Parthénon.

Tel étoit ce temple qui a passé à juste titre pour le chef-d'œuvre de l'architecture chez les anciens et chez les modernes : l'harmonie et la force de toutes ses parties se font encore remarquer dans ses ruines, car on en auroit une très-fausse idée si l'on se représentoit seulement un édifice agréable, mais petit, et chargé de ciselures et de festons à notre manière. Il y a toujours quelque chose de grêle dans notre architecture, quand nous visons à l'élégance ; ou de pesant, quand nous prétendons à la majesté. Voyez comme tout est calculé au Parthénon ! L'ordre est dorique, et le peu de hauteur de la colonne dans cet ordre vous donne à l'instant l'idée de la durée et de la solidité ; mais cette colonne, qui de plus est sans base, deviendroit trop lourde : Ictinus a recours à son art ; il fait la colonne cannelée, et l'élève sur des degrés : par ce moyen il introduit presque la légèreté du corinthien dans la gravité dorique. Pour tout ornement vous avez deux frontons et deux frises sculptées. La frise du péristyle se compose de petits tableaux de marbre régulièrement divisés par un triglyphe : à la vérité, chacun de ces tableaux est un chef-d'œuvre ; la frise de la cella règne comme un bandeau au haut d'un mur plein et uni : voilà tout, absolument tout. Qu'il y a loin de cette sage économie d'ornements, de cet heureux mélange de simplicité, de force et de grâce, à notre profusion de découpures en carré, en long, en rond, en losange ; à nos colonnes fluettes, guindées sur d'énormes bases, ou à nos porches ignobles et écrasés que nous appelons des *portiques !*

Il ne faut pas se dissimuler que l'architecture considérée comme art est dans son principe éminemment religieuse : elle fut inventée pour le culte de la Divinité. Les Grecs, qui avoient une multitude de dieux, ont été conduits à différents genres d'édifices, selon les idées qu'ils attachaient aux différents pouvoirs de ces dieux. Vitruve même consacre deux chapitres à ce beau sujet, et enseigne comment on doit construire les temples et les autels de Minerve, d'Hercule, de Cérès, etc. Nous, qui n'adorons qu'un seul maître de la nature, nous n'avons

---

l'Hymette, on n'avoit peut-être pas voulu gâter l'admirable façade du temple en la chargeant d'ornements étrangers.

aussi, à proprement parler, qu'une seule architecture naturelle, l'architecture gothique. On sent tout de suite que ce genre est à nous, qu'il est original et né pour ainsi dire avec nos autels. En fait d'architecture grecque, nous ne sommes que des imitateurs plus ou moins ingénieux [1]; imitateurs d'un travail dont nous dénaturons le principe en transportant dans la demeure des hommes les ornements qui n'étoient bien que dans la maison des dieux.

Après leur harmonie générale, leur rapport avec les lieux et les sites, et surtout leurs convenances avec les usages auxquels ils étoient destinés, ce qu'il faut admirer dans les édifices de la Grèce, c'est le fini de toutes les parties. L'objet qui n'est pas fait pour être vu y est travaillé avec autant de soin que les compositions extérieures. La jointure des blocs qui forment les colonnes du temple de Minerve est telle qu'il faut la plus grande attention pour la découvrir, et qu'elle n'a pas l'épaisseur du fil le plus délié. Afin d'atteindre à cette rare perfection, on amenoit d'abord le marbre à sa plus juste coupe avec le ciseau, ensuite on faisoit rouler les deux pièces l'une sur l'autre, en jetant au centre du frottement du sable et de l'eau. Les assises au moyen de ce procédé, arrivoient à un aplomb incroyable : cet aplomb dans les tronçons des colonnes étoit déterminé par un pivot carré de bois d'olivier. J'ai vu un de ces pivots entre les mains de M. Fauvel.

Les rosaces, les plinthes, les moulures, les astragales, tous les détails de l'édifice offrent la même perfection ; les lignes du chapiteau et de la cannelure des colonnes du Parthénon sont si déliées qu'on seroit tenté de croire que la colonne entière a passé au tour : des découpures en ivoire ne seroient pas plus délicates que les ornements ioniques du temple d'Érechthée : les cariatides du Pandroséum sont des modèles. Enfin, si après avoir vu les monuments de Rome ceux de la France m'ont paru grossiers, les monuments de Rome me semblent barbares à leur tour depuis que j'ai vu ceux de la Grèce : je n'en excepte point le Panthéon avec son fronton démesuré. La comparaison peut se faire aisément à Athènes, où l'architecture grecque est souvent placée tout auprès de l'architecture romaine.

J'étois au surplus tombé dans l'erreur commune touchant les monuments des Grecs : je les croyois parfaits dans leur ensemble, mais je pensois qu'ils manquoient de grandeur. J'ai fait voir que le génie des architectes a donné en grandeur proportionnelle à ces monuments ce qui peut leur manquer en étendue; et d'ailleurs Athènes est remplie d'ouvrages prodigieux. Les Athéniens, peuple si peu riche, si peu nom-

---

1. On fit sous les Valois un mélange charmant de l'architecture grecque et gothique; mais cela n'a duré qu'un moment.

breux, ont remué des masses gigantesques : les pierres du Pnyx sont de véritables quartiers de rocher, les Propylées formaient un travail immense, et les dalles de marbre qui les couvroient étoient d'une dimension telle qu'on n'en a jamais vu de semblables ; la hauteur des colonnes du temple de Jupiter Olympien passe peut-être soixante pieds, et le temple entier avoit un demi-mille de tour : les murs d'Athènes, en y comprenant ceux des trois ports et les longues murailles, s'étendoient sur un espace de près de neuf lieues [1] ; les murailles qui réunissaient la ville au Pirée étoient assez larges pour que deux chars y pussent courir de front, et de cinquante en cinquante pas elles étoient flanquées de tours carrées. Les Romains n'ont jamais élevé de fortifications plus considérables.

Par quelle fatalité ces chefs-d'œuvre de l'antiquité, que les modernes vont admirer si loin et avec tant de fatigues, doivent-ils en partie leur destruction aux modernes [2] ? Le Parthénon subsista dans son entier jusqu'en 1687 : les chrétiens le convertirent d'abord en église, et les Turcs, par jalousie des chrétiens, le changèrent à leur tour en mosquée. Il faut que des Vénitiens viennent, au milieu des lumières du XVIIe siècle, canonner les monuments de Périclès ; ils tirent à boulets rouges sur les Propylées et le temple de Minerve ; une bombe tombe sur ce dernier édifice, enfonce la voûte, met le feu à des barils de poudre et fait sauter en partie un édifice qui honoroit moins les faux dieux des Grecs que le génie de l'homme [3]. La ville étant prise, Morosini, dans le dessein d'embellir Venise des débris d'Athènes, veut descendre les statues du fronton du Parthénon, et les brise. Un autre moderne vient d'achever, par amour des arts, la destruction que les Vénitiens avoient commencée [4].

1. Deux cents stades, selon Dion Chrysostome.
2. On sait comment le Colisée a été détruit à Rome, et l'on connoît le jeu de mots latin sur les Barberini et les barbares. Quelques historiens soupçonnent les chevaliers de Rhodes d'avoir détruit le fameux tombeau de Mausole : c'étoit, il est vrai, pour la défense de Rhodes et pour fortifier l'île contre les Turcs ; mais si c'est une sorte d'excuse pour les chevaliers, la destruction de cette merveille n'en est pas moins fâcheuse pour nous.
3. L'invention des armes à feu est encore une chose fatale pour les arts. Si les barbares avoient connu la poudre, il ne seroit pas resté un édifice grec ou romain sur la surface de la terre ; ils auroient fait sauter jusqu'aux Pyramides, quand ce n'eût été que pour y chercher des trésors. Une année de guerre parmi nous détruit plus de monuments qu'un siècle de combats chez les anciens. Il semble ainsi que tout s'oppose chez les modernes à la perfection de l'art : leurs pays, leurs mœurs, leurs coutumes, leurs vêtements et jusqu'à leurs découvertes.
4. Ils avoient établi leur batterie, composée de six pièces de canon et de quatre mortiers, sur le Pnyx. On ne conçoit pas qu'à une si petite portée ils n'aient pas rasé

J'ai souvent eu l'occasion de parler de lord Elgin dans cet *Itinéraire* : on lui doit, comme je l'ai dit, la connoissance plus parfaite du Pnyx et du tombeau d'Agamemnon ; il entretient encore en Grèce un Italien chargé de diriger des fouilles, et qui découvrit, comme j'étois à Athènes, des antiques que je n'ai point vues [1]. Mais lord Elgin a perdu le mérite de ses louables entreprises en ravageant le Parthénon. Il a voulu faire enlever les bas-reliefs de la frise : pour y parvenir, des ouvriers turcs ont d'abord brisé l'architrave et jeté en bas des chapiteaux ; ensuite, au lieu de faire sortir les métopes par leurs coulisses, les barbares ont trouvé plus court de rompre la corniche. Au temple d'Érechthée, on a pris la colonne angulaire ; de sorte qu'il faut soutenir aujourd'hui avec une pile de pierres l'entablement entier qui menace ruine.

Les Anglois qui ont visité Athènes depuis le passage de lord Elgin ont eux-mêmes déploré ces funestes effets d'un amour des arts peu réfléchi. On prétend que lord Elgin a dit pour excuse qu'il n'avoit fait que nous imiter. Il est vrai que les François ont enlevé à l'Italie ses statues et ses tableaux, mais ils n'ont point mutilé les temples pour en arracher les bas-reliefs ; ils ont seulement suivi l'exemple des Romains, qui dépouillèrent la Grèce des chefs-d'œuvre de la peinture et de la statuaire. Les monuments d'Athènes, arrachés aux lieux pour lesquels ils étoient faits, perdront non-seulement une partie de leur beauté relative, mais ils diminueront matériellement de beauté. Ce n'est que la lumière qui fait ressortir la délicatesse de certaines lignes et de certaines couleurs : or, cette lumière venant à manquer sous le ciel de l'Angleterre, ces lignes et ces couleurs disparoîtront ou resteront cachées. Au reste, j'avouerai que l'intérêt de la France, la gloire de notre patrie et mille autres raisons pouvoient demander la transplantation des monuments conquis par nos armes ; mais les beaux-arts eux-mêmes, comme étant du parti des vaincus et au nombre des captifs, ont peut-être le droit de s'en affliger.

Nous employâmes la matinée entière à visiter la citadelle. Les Turcs avoient autrefois accolé le minaret d'une mosquée au portique du Parthénon. Nous montâmes par l'escalier à moitié détruit de ce mina-

tous les monuments de la citadelle. V. Fanelli, *Atene Attica*, et l'Introduction à cet *Itinéraire*.

1. Elles furent découvertes dans un sépulcre : je crois que ce sépulcre étoit celui d'un enfant. Entre autres choses curieuses, on y trouva un jeu inconnu, dont la principale pièce consistoit, autant qu'il m'en souvient, dans une boule ou un globe d'acier poli. Je ne sais s'il n'est point question de ce jeu dans *Athénée*. La guerre existant entre la France et l'Angleterre empêcha M. Fauvel de s'adresser pour moi à l'agent de lord Elgin ; de sorte que je ne vis point ces antiques jouets qui consoloient un enfant athénien dans son tombeau.

ret; nous nous assîmes sur une partie brisée de la frise du temple, et nous promenâmes nos regards autour de nous. Nous avions le mont Hymette à l'est, le Pentélique au nord, le Parnès au nord-ouest, les monts Icare, Cordyalus ou Œgalée à l'ouest, et par-dessus le premier on apercevoit la cime du Cithéron; au sud-ouest et au midi on voyoit la mer, le Pirée, les côtes de Salamine, d'Égine, d'Épidaure, et la citadelle de Corinthe.

Au-dessous de nous, dans le bassin dont je viens de décrire la circonférence, on distinguoit les collines et la plupart des monuments d'Athènes; au sud-ouest, la colline du Musée avec le tombeau de Philopappus; à l'ouest, les rochers de l'Aréopage, du Pnyx et du Lycabettus; au nord, le petit mont Anchesme, et à l'est les hauteurs qui dominent le Stade. Au pied même de la citadelle, on voyoit les débris du théâtre de Bacchus et d'Hérode Atticus. A la gauche de ces débris venoient les grandes colonnes isolées du temple de Jupiter Olympien; plus loin encore, en tirant vers le nord-est, on apercevoit l'enceinte du Lycée, le cours de l'Ilissus, le Stade et un temple de Diane ou de Cérès. Dans la partie de l'ouest et du nord-ouest, vers le grand bois d'oliviers, M. Fauvel me montroit la place du Céramique extérieur, de l'Académie et de son chemin bordé de tombeaux. Enfin, dans la vallée formée par l'Anchesme et la citadelle, on découvroit la ville moderne.

Il faut maintenant se figurer tout cet espace tantôt nu et couvert d'une bruyère jaune, tantôt coupé par des bouquets d'oliviers, par des carrés d'orge, par des sillons de vignes; il faut se représenter des fûts de colonne et des bouts de ruines anciennes et modernes sortant du milieu de ces cultures; des murs blanchis et des clôtures de jardins traversant les champs : il faut répandre dans la campagne des Albanoises qui tirent de l'eau ou qui lavent à des puits les robes des Turcs; des paysans qui vont et viennent, conduisant des ânes ou portant sur leur dos des provisions à la ville; il faut supposer toutes ces montagnes dont les noms sont si beaux, toutes ces ruines si célèbres, toutes ces îles, toutes ces mers non moins fameuses éclairées d'une lumière éclatante. J'ai vu, du haut de l'Acropolis, le soleil se lever entre les deux cimes du mont Hymette; les corneilles qui nichent autour de la citadelle, mais qui ne franchissent jamais son sommet, planoient au-dessous de nous; leurs ailes noires et lustrées étoient glacées de rose par les premiers reflets du jour; des colonnes de fumée bleue et légère montoient dans l'ombre le long des flancs de l'Hymette et annonçoient les parcs ou les chalets des abeilles; Athènes, l'Acropolis et les débris du Parthénon se coloroient de la plus belle teinte de la fleur du pêcher; les sculptures de Phidias, frappées horizontalement d'un rayon d'or, s'animoient et sembloient se mouvoir sur le marbre par la mobilité des ombres du relief; au loin, la mer et le Pirée étoient tout blancs de lumière; et la citadelle de Corinthe, renvoyant l'éclat du jour nouveau, brilloit sur l'horizon du couchant comme un rocher de pourpre et de feu.

Du lieu où nous étions placés, nous aurions pu voir, dans les beaux jours d'Athènes, les flottes sortir du Pirée pour combattre l'ennemi ou pour se rendre aux fêtes de Délos; nous aurions pu entendre éclater au théâtre de Bacchus les douleurs d'Œdipe, de Philoctète et d'Hécube; nous aurions pu ouïr les applaudissements des citoyens aux discours de Démosthène. Mais, hélas! aucun son ne frappoit notre oreille. A peine quelques cris échappés à une populace esclave sortoient par intervalles de ces murs qui retentirent si longtemps de la voix d'un peuple libre. Je me disois, pour me consoler, ce qu'il faut se dire sans cesse: Tout passe, tout finit dans ce monde. Où sont allés les génies divins qui élevèrent le temple sur les débris duquel j'étois assis? Ce soleil, qui peut-être éclairoit les derniers soupirs de la pauvre fille de Mégare, avoit vu mourir la brillante Aspasie. Ce tableau de l'Attique, ce spectacle que je contemplois, avoit été contemplé par des yeux fermés depuis deux mille ans. Je passerai à mon tour: d'autres hommes aussi fugitifs que moi viendront faire les mêmes réflexions sur les mêmes ruines. Notre vie et notre cœur sont entre les mains de Dieu: laissons-le donc disposer de l'une comme de l'autre.

Je pris en descendant de la citadelle un morceau de marbre du Parthénon; j'avois aussi recueilli un fragment de la pierre du tombeau d'Agamemnon; et depuis j'ai toujours dérobé quelque chose aux monuments sur lesquels j'ai passé. Ce ne sont pas d'aussi beaux souvenirs de mes voyages que ceux qu'ont emportés M. de Choiseul et lord Elgin, mais ils me suffisent. Je conserve aussi soigneusement de petites marques d'amitié que j'ai reçues de mes hôtes, entre autres un étui d'os que me donna le père Munoz à Jaffa. Quand je revois ces bagatelles, je me retrace sur-le-champ mes courses et mes aventures. Je me dis: « J'étois là, telle chose m'advint. » Ulysse retourna chez lui avec de grands coffres pleins des riches dons que lui avoient faits les Phéaciens; je suis rentré dans mes foyers avec une douzaine de pierres de Sparte, d'Athènes, d'Argos, de Corinthe, trois ou quatre petites têtes en terre cuite que je tiens de M. Fauvel, des chapelets, une bouteille d'eau du Jourdain, une autre de la mer Morte, quelques roseaux du Nil, un marbre de Carthage et un plâtre moulé de l'Alhambra. J'ai dépensé cinquante mille francs sur ma route et laissé en présent mon linge et mes armes. Pour peu que mon voyage se fût prolongé, je serois revenu à pied, avec un bâton blanc. Malheureusement, je n'aurois pas trouvé en arrivant un bon frère qui m'eût dit comme le vieillard des *Mille et une Nuits* : « Mon frère, voilà mille sequins, achetez des chameaux, et ne voyagez plus. »

Nous allâmes dîner en sortant de la citadelle, et le soir du même jour nous nous transportâmes au Stade, de l'autre côté de l'Ilissus. Ce Stade conserve parfaitement sa forme : on n'y voit plus les gradins de marbre dont l'avoit décoré Hérode Atticus. Quant à l'Ilissus, il est sans eau. Chandler sort à cette occasion de sa modération naturelle, et se récrie contre les poëtes qui donnent à l'Ilissus une onde limpide et bordent son cours de saules touffus. A travers son humeur, on voit qu'il a envie d'attaquer un dessin de Leroi, dessin qui représente un point de vue sur l'Ilissus. Je suis comme le docteur Chandler : je déteste les descriptions qui manquent de vérité, et quand un ruisseau est sans eau, je veux qu'on me le dise. On verra que je n'ai point embelli les rives du Jourdain, ni transformé cette rivière en un grand fleuve. J'étois là cependant bien à mon aise pour mentir. Tous les voyageurs, et l'Écriture même, auroient justifié les descriptions les plus pompeuses. Mais Chandler a poussé l'humeur trop loin. Voici un fait curieux que je tiens de M. Fauvel : pour peu que l'on creuse dans le lit de l'Ilissus, on trouve l'eau à une très-petite profondeur : cela est si bien connu des paysannes albanoises, qu'elles font un trou dans la grève du ravin quand elles veulent laver du linge, et sur-le-champ elles ont de l'eau. Il est donc très-probable que le lit de l'Ilissus s'est peu à peu encombré des pierres et des graviers descendus des montagnes voisines, et que l'eau coule à présent entre deux sables. En voilà bien assez pour justifier ces pauvres poëtes qui ont le sort de Cassandre : en vain ils chantent la vérité, personne ne les croit; s'ils se contentoient de la dire, ils seroient peut-être plus heureux. Ils sont d'ailleurs appuyés ici par le témoignage de l'histoire, qui met de l'eau dans l'Ilissus : et pourquoi cet Ilissus auroit-il un pont s'il n'avoit jamais d'eau, même en hiver? L'Amérique m'a un peu gâté sur le compte des fleuves, mais je ne pouvois m'empêcher de venger l'honneur de cet Ilissus, qui a donné un surnom aux Muses[1], et au bord duquel Borée enleva Orithye.

En revenant de l'Ilissus, M. Fauvel me fit passer sur des terrains vagues, où l'on doit chercher l'emplacement du Lycée. Nous vînmes ensuite aux grandes colonnes isolées, placées dans le quartier de la ville qu'on appeloit la *Nouvelle-Athènes*, ou l'*Athènes de l'empereur*

---

1. Ilissiades : elles avoient un autel au bord de l'Ilissus.

Adrien. Spon veut que ces colonnes soient les restes du portique des Cent-Vingt-Colonnes ; et Chandler présume qu'elles appartenoient au temple de Jupiter Olympien. M. Lechevalier et les autres voyageurs en ont parlé. Elles sont bien représentées dans les différentes vues d'Athènes, et surtout dans l'ouvrage de Stuart, qui a rétabli l'édifice entier d'après les ruines. Sur une portion d'architrave qui unit encore deux de ces colonnes, on remarque une masure, jadis la demeure d'un ermite. Il est impossible de comprendre comment cette masure a pu être bâtie sur le chapiteau de ces prodigieuses colonnes, dont la hauteur est peut-être de plus de soixante pieds. Ainsi ce vaste temple, auquel les Athéniens travaillèrent pendant sept siècles, que tous les rois de l'Asie voulurent achever, qu'Adrien, maître du monde, eut seul la gloire de finir, ce temple a succombé sous l'effort du temps, et la cellule d'un solitaire est demeurée debout sur ses débris ! Une misérable loge de plâtre est portée dans les airs par deux colonnes de marbre, comme si la fortune avoit voulu exposer à tous les yeux, sur ce magnifique piédestal, un monument de ses triomphes et de ses caprices.

Ces colonnes, quoique beaucoup plus hautes que celles du Parthénon, sont bien loin d'en avoir la beauté : la dégénération de l'art s'y fait sentir ; mais comme elles sont isolées et dispersées sur un terrain nu, elles font un effet surprenant. Je me suis arrêté à leur pied pour entendre le vent siffler autour de leurs têtes : elles ressemblent à ces palmiers solitaires que l'on voit çà et là parmi les ruines d'Alexandrie. Lorsque les Turcs sont menacés de quelques calamités, ils amènent un agneau dans ce lieu et le contraignent à bêler, en lui dressant la tête vers le ciel : ne pouvant trouver la voix de l'innocence parmi les hommes, ils ont recours au nouveau né de la brebis pour fléchir la colère céleste.

Nous rentrâmes dans Athènes par le portique où se lit l'inscription si connue :

C'EST ICI LA VILLE D'ADRIEN,
ET NON PAS LA VILLE DE THÉSÉE.

Nous allâmes rendre à M. Roque la visite qu'il m'avoit faite, et nous passâmes la soirée chez lui : j'y vis quelques femmes. Les lecteurs qui seroient curieux de connoître l'habillement, les mœurs et les usages des femmes turques, grecques et albanoises à Athènes, peuvent lire le vingt-sixième chapitre du *Voyage en Grèce* de Chandler. S'il n'étoit pas si long, je l'aurois transcrit ici tout entier. Je dois dire seulement que les Athéniennes m'ont paru moins grandes et moins belles que les Moraïtes. L'usage où elles sont de se peindre le tour des yeux en bleu et le bout des doigts en rouge est désagréable pour un étranger; mais comme j'avois vu des femmes avec des perles au nez, que les Iroquois trouvoient cela très-galant, et que j'étois tenté moi-même d'aimer assez cette mode, il ne faut pas disputer des goûts. Les femmes d'Athènes ne furent, au reste, jamais très-renommées pour leur beauté. On leur reprochoit d'aimer le vin. La preuve que leur empire n'avoit pas beaucoup de puissance, c'est que presque tous les hommes célèbres d'Athènes furent attachés à des étrangères : Périclès, Sophocle, Socrate, Aristote, et même le divin Platon.

Le 25 nous montâmes à cheval de grand matin; nous sortîmes de la ville et prîmes la route de Phalère. En approchant de la mer, le terrain s'élève et se termine par des hauteurs dont les sinuosités forment au levant et au couchant les ports de Phalère, de Munychie et du Pirée. Nous découvrîmes sur les dunes de Phalère les racines des murs qui enfermoient le port, et d'autres ruines absolument dégradées : c'étoient peut-être celles des temples de Junon et de Cérès. Aristide avoit son petit champ et son tombeau près de ce lieu. Nous descendîmes au port : c'est un bassin rond où la mer repose sur un sable fin; il pourroit contenir une cinquantaine de bateaux : c'étoit tout juste le nombre que Ménesthée conduisit à Troie.

Τῷ δ' ἅμα πεντήκοντα μέλαιναι νῆες ἕποντο,

« Il étoit suivi de cinquante noirs vaisseaux. »

Thésée partit aussi de Phalère pour aller en Crète.

Pourquoi, trop jeune encor, ne pûtes-vous alors
Entrer dans le vaisseau qui le mit sur nos bords?
Par vous auroit péri le monstre de la Crète, etc.

Ce ne sont pas toujours de grands vaisseaux et de grands ports qui donnent l'immortalité : Homère et Racine ne laisseront point mourir le nom d'une petite anse et d'une petite barque.

Du port de Phalère nous arrivâmes au port de Munychie. Celui-ci est de forme ovale et un peu plus grand que le premier. Enfin, nous tournâmes l'extrémité d'une colline rocailleuse, et, marchant de cap en cap, nous nous avançâmes vers le Pirée. M. Fauvel m'arrêta dans la courbure que fait une langue de terre, pour me montrer un sépulcre creusé dans le roc; il n'a plus de voûte, et il est au niveau de la mer. Les flots, par leurs mouvements réguliers, le couvrent et le découvrent, et il se remplit et se vide tour à tour. A quelques pas de là, on voit sur le rivage les débris d'un monument.

M. Fauvel veut retrouver ici l'endroit où les os de Thémistocle avoient été déposés. On lui conteste cette intéressante découverte. On lui objecte que les débris dispersés dans le voisinage sont trop beaux pour être les restes du tombeau de Thémistocle. En effet, selon Diodore le géographe, cité par Plutarque, ce tombeau n'étoit qu'un autel.

L'objection est peu solide. Pourquoi veut-on faire entrer dans la question primitive une question étrangère à l'objet dont il s'agit? Les ruines de marbre blanc dont on se plaît à faire une difficulté ne peuvent-elles pas avoir appartenu à un sépulcre tout différent de celui de Thémistocle? Pourquoi, lorsque les haines furent apaisées, les descendants de Thémistocle n'auroient-ils pas décoré le tombeau de leur illustre aïeul, qu'ils avoient d'abord enterré modestement, ou même secrètement, comme le dit Thucydide? Ne consacrèrent-ils pas un tableau qui représentoit l'histoire de ce grand homme? Et ce tableau, du temps de Pausanias, ne se voyoit-il pas publiquement au Parthénon? Thémistocle avoit de plus une statue au Prytanée.

L'endroit où M. Fauvel a trouvé ce tombeau est précisément le cap Alcime, et j'en vais donner une preuve plus forte que celle de la tranquillité de l'eau dans cet endroit. Il y a faute dans Plutarque : il faut lire Alimus, au lieu d'Alcime, selon la remarque de Meursius, rappelée par Dacier. Alimus étoit un dêmos, ou bourg de l'Attique, de la tribu de Léontide, situé à l'orient du Pirée. Or, les ruines de ce bourg sont encore visibles dans le voisinage du tombeau dont nous parlons[1]. Pausanias est assez confus dans ce qu'il dit de la position de ce tombeau. Mais Diodore Périégète est très-clair, et les vers de Platon le comique, rapportés par ce Diodore, désignent absolument le lieu et le sépulcre trouvés par M. Fauvel.

« Placé dans un lieu découvert, ton sépulcre est salué par les mariniers qui entrent au port ou qui en sortent : et s'il se donne quelque combat naval, tu seras témoin du choc des vaisseaux[2]. »

Si Chandler fut étonné de la solitude du Pirée, je puis assurer que je n'en ai pas moins été frappé que lui. Nous avions fait le tour d'une côte déserte; trois ports s'étoient présentés à nous, et dans ces trois ports nous n'avions par aperçu une seule barque. Pour tout spectacle, des ruines, des rochers et la mer; pour tout bruit, les cris des alcyons

---

[1]. Je ne veux dissimuler aucune difficulté, et je sais qu'on place aussi Alimus à l'orient de Phalère. Thucydide étoit du bourg d'Alimus.

[2]. Plut., *Vit. Them.*

et le murmure des vagues, qui, se brisant dans le tombeau de Thémistocle, faisoient sortir un éternel gémissement de la demeure de l'éternel silence. Emportées par les flots, les cendres du vainqueur de Xerxès reposoient au fond de ces mêmes flots, confondues avec les os des Perses. En vain je cherchois des yeux le temple de Vénus, la longue galerie et la statue symbolique qui représentoit le peuple d'Athènes : l'image de ce peuple inexorable étoit à jamais tombée près du puits où les citoyens exilés venoient inutilement réclamer leur patrie. Au lieu de ces superbes arsenaux, de ces portiques où l'on retiroit les galères, de ces Agoræ retentissant de la voix des matelots; au lieu de ces édifices qui représentoient dans leur ensemble l'aspect et la beauté de la ville de Rhodes, je n'apercevois qu'un couvent délabré et un magasin. Triste sentinelle au rivage, et modèle d'une patience stupide, c'est là qu'un douanier turc est assis toute l'année dans une méchante baraque de bois : des mois entiers s'écoulent sans qu'il voie arriver un bateau. Tel est le déplorable état où se trouvent aujourd'hui ces ports si fameux. Qui peut avoir détruit tant de monuments des dieux et des hommes? Cette force cachée qui renverse tout, et qui est elle-même soumise au Dieu inconnu dont saint Paul avoit vu l'autel à Phalère : Ἀγνώστῳ Θεῷ : *Deo ignoto.*

Le port du Pirée décrit un arc dont les deux pointes en se rapprochant ne laissent qu'un étroit passage ; il se nomme aujourd'hui le *Port-Lion,* à cause d'un lion de marbre qu'on y voyoit autrefois, et que Morosini fit transporter à Venise en 1686. Trois bassins, le Canthare, l'Aphrodise et le Zéa, divisoient le port intérieurement. On voit encore une darse à moitié comblée, qui pourroit bien avoir été l'Aphrodise. Strabon affirme que le grand port des Athéniens étoit capable de contenir quatre cents vaisseaux, et Pline en porte le nombre jusqu'à mille. Une cinquantaine de nos barques le rempliroient tout entier ; et je ne sais si deux frégates y seroient à l'aise, surtout à présent que l'on mouille sur une grande longueur de câble. Mais l'eau est profonde, la tenue bonne, et le Pirée entre les mains d'une nation civilisée pourroit devenir un port considérable. Au reste, le seul magasin que l'on y voit aujourd'hui est françois d'origine ; il a, je crois, été bâti par M. Gaspari, ancien consul de France à Athènes. Ainsi il n'y a pas bien longtemps que les Athéniens étoient représentés au Pirée par le peuple qui leur ressemble le plus.

Après nous être reposés un moment à la douane et au monastère Saint-Spiridion, nous retournâmes à Athènes en suivant le chemin du Pirée. Nous vîmes partout les restes de la longue muraille. Nous passâmes au tombeau de l'amazone Antiope, que M. Fauvel a fouillé : il a rendu compte de cette fouille dans ses Mémoires. Nous marchions au travers de vignes basses comme en Bourgogne, et dont le raisin commençoit à rougir. Nous nous arrêtâmes aux citernes publiques, sous des oliviers : j'eus le chagrin de voir que le tombeau de Ménandre, le cénotaphe d'Euripide et le petit temple dédié à Socrate n'existoient plus ; du moins ils n'ont point encore été retrouvés. Nous continuâmes notre route, et en approchant du Musée M. Fauvel me fit remarquer un sentier qui montoit en tournant sur le flanc de cette colline. Il me dit que ce sentier avoit été tracé par le peintre russe qui tous les jours alloit prendre au même endroit des vues d'Athènes. Si le génie n'est que la patience, comme l'a prétendu Buffon, ce peintre doit en avoir beaucoup.

Il y a à peu près quatre milles d'Athènes à Phalère, trois ou quatre milles de Phalère au Pirée, en suivant les sinuosités de la côte, et cinq milles du Pirée à Athènes : ainsi, à notre retour dans cette ville, nous avions fait environ douze milles, ou quatre lieues.

Comme les chevaux étoient loués pour toute la journée, nous nous hâtâmes de dîner, et nous recommençâmes nos courses à quatre heures du soir.

Nous sortîmes d'Athènes par le côté du mont Hymette ; mon hôte me conduisit au village d'Angelo-Kipous, où il croit avoir retrouvé le temple de la Vénus aux Jardins, par les raisons qu'il en donne dans ses Mémoires. L'opinion de Chandler, qui place ce temple à Panagia-Spiliotissa, est également très-probable ; et elle a pour elle l'autorité d'une inscription. Mais M. Fauvel produit en faveur de son sentiment deux vieux myrtes et de jolis débris d'ordre ionique : cela répond à bien des objections. Voilà comme nous sommes, nous autres amateurs de l'antique : nous faisons preuve de tout.

Après avoir vu les curiosités d'Angelo-Kipous, nous tournâmes droit au couchant, et, passant entre Athènes et le mont Anchesme, nous entrâmes dans le grand bois d'oliviers ; il n'y a point de ruines de ce côté, et nous ne faisions plus qu'une agréable promenade avec les souvenirs d'Athènes. Nous trouvâmes le Céphise, que j'avois déjà salué plus bas en arrivant d'Éleusis : à cette hauteur il avoit de l'eau, mais cette eau, je suis fâché de le dire, étoit un peu bourbeuse : elle sert à arroser des vergers, et suffit pour entretenir sur ses bords une fraîcheur trop rare en Grèce. Nous revînmes ensuite sur nos pas, toujours à travers la forêt d'oliviers. Nous laissâmes à droite un petit tertre couvert de rochers : c'étoit Colone, au bas duquel on voyoit autrefois le village de la retraite de Sophocle, et le lieu où ce grand tragique fit répandre au père d'Antigone ses dernières larmes. Nous suivîmes quelque temps la voie d'Airain ; on y remarque les vestiges du temple des Furies : de là, en nous rapprochant d'Athènes, nous errâmes assez longtemps dans les environs de l'Académie. Rien ne fait plus reconnoître cette retraite des sages. Ses premiers platanes sont tombés sous la hache de Sylla, et ceux qu'Adrien y fit peut-être cultiver de nouveau n'ont point échappé à d'autres barbares. L'autel de l'Amour, celui de Prométhée et celui des Muses ont disparu : tout feu divin s'est éteint dans les bocages où Platon fut si souvent inspiré. Deux traits suffiront pour faire connoître quel charme et quelle grandeur l'antiquité trouvoit aux leçons de ce philosophe : la veille du jour où Socrate reçut Platon au nombre de ses disciples, il rêva qu'un cygne venoit se reposer dans son sein. La mort ayant empêché Platon de finir le *Critias*, Plutarque déplore ce malheur, et compare les écrits du chef de l'Académie aux temples d'Athènes, parmi lesquels celui de Jupiter Olympien étoit le seul qui ne fût pas achevé.

Il y avoit déjà une heure qu'il faisoit nuit quand nous songeâmes à retourner à Athènes : le ciel étoit brillant d'étoiles, et l'air d'une douceur, d'une transparence et d'une pureté incomparables; nos chevaux alloient au petit pas, et nous étions tombés dans le silence. Le chemin que nous parcourions étoit vraisemblablement l'ancien chemin de l'Académie, que bordoient les tombeaux des citoyens morts pour la patrie et ceux des plus grands hommes de la Grèce : là reposoient Thrasybule, Périclès, Chabrias, Timothée, Harmodius et Aristogiton. Ce fut une noble idée de rassembler dans un même champ la cendre de ces personnages fameux qui vécurent dans différents siècles, et qui, comme les membres d'une famille illustre longtemps dispersée, étoient venus se reposer au giron de leur mère commune. Quelle variété de génie, de grandeur et de courage ! Quelle diversité de mœurs et de vertus on apercevoit là d'un coup d'œil ! Et ces vertus tempérées par la mort, comme ces vins généreux que l'on mêle, dit Platon, avec une divinité sobre, n'offusquoient plus les regards des vivants. Le passant qui lisoit sur une colonne funèbre ces simples mots :

PÉRICLÈS DE LA TRIBU ACAMANTIDE,
DU BOURG DE CHOLARGUE,

n'éprouvoit plus que de l'admiration sans envie. Cicéron nous représente Atticus errant au milieu de ces tombeaux et saisi d'un saint respect à la vue de ces augustes cendres. Il ne pourroit plus aujourd'hui nous faire la même peinture : les tombeaux sont détruits. Les illustres morts que les Athéniens avoient placés hors de leur ville, comme aux avant-postes, ne se sont point levés pour la défendre ; ils ont souffert. que des Tartares la foulassent aux pieds. « Le temps, la violence et la charrue, dit Chandler, ont tout nivelé. » La charrue est de trop ici ; et cette remarque que je fais peint mieux la désolation de la Grèce que les réflexions auxquelles je pourrois me livrer.

Il me restoit encore à voir dans Athènes les théâtres et les monuments de l'intérieur de la ville : c'est à quoi je consacrai la journée du 26. J'ai déjà dit, et tout le monde sait, que le théâtre de Bacchus étoit au pied de la citadelle, du côté du mont Hymette. L'Odéum, commencé par Périclès, achevé par Lycurgue, fils de Lycophron, brûlé par Aristion et par Sylla, rétabli par Ariobarzane, étoit auprès du théâtre de Bacchus ; ils se communiquoient peut-être par un portique. Il est probable qu'il existoit au même lieu un troisième théâtre bâti par Hérode Atticus. Les gradins de ce théâtre étoient appuyés sur le talus de la montagne qui leur servoit de fondement. Il y a quelques contestations au sujet de ces monuments, et Stuart trouve le théâtre de Bacchus où Chandler voit l'Odéum.

Les ruines de ce théâtre sont peu de chose : je n'en fus point frappé, parce que j'avois vu en Italie des monuments de cette espèce beaucoup plus vastes et mieux conservés ; mais je fis une réflexion bien triste : sous les empereurs romains, dans un temps où Athènes étoit encore l'école du monde, les gladiateurs représentoient leurs jeux sanglants sur le théâtre de Bacchus. Les chefs-d'œuvre d'Eschyle, de Sophocle et d'Euripide ne se jouoient plus ; on avoit substitué des assassinats et des meurtres à ces spectacles, qui donnent une grande idée de l'esprit humain et qui sont le noble amusement des nations policées. Les Athéniens couroient à ces cruautés avec la même ardeur qu'ils avoient couru aux Dionysiaques. Un peuple qui s'étoit élevé si haut pouvoit-il descendre si bas ? Qu'étoit donc devenu cet autel de la Pitié que l'on voyoit au milieu de la place publique à Athènes, et auquel les suppliants venoient suspendre des bandelettes ? Si les Athéniens étoient les seuls Grecs qui, selon Pausanias, honorassent la Pitié et la regardassent comme la consolation de la vie, ils avoient donc bien changé ! Certes, ce n'étoit pas pour des combats de gladiateurs qu'Athènes avoit été nommée le *sacré domicile* des dieux. Peut-être les peuples, ainsi que les hommes, sont-ils cruels dans leur décrépitude comme dans leur enfance ; peut-être le génie des nations s'épuise-t-il ; et quand il a tout produit, tout parcouru, tout goûté, rassasié de ses propres chefs-d'œuvre et incapable d'en produire de nouveaux, il s'abrutit, et retourne aux sensations purement physiques. Le christianisme empêchera les nations modernes de finir par une aussi déplorable vieillesse; mais si toute religion venoit à s'éteindre parmi nous, je ne serois point étonné qu'on entendît les cris du gladiateur mourant sur la scène où retentissent aujourd'hui les douleurs de Phèdre et d'Andromaque.

Après avoir visité les théâtres, nous rentrâmes dans la ville, où nous jetâmes un coup d'œil sur le Portique, qui formoit peut-être l'entrée de l'Agora. Nous nous arrêtâmes à la tour des Vents, dont Pausanias n'a point parlé, mais que Vitruve et Varron ont fait connoître. Spon en donne tous les détails, avec l'explication des vents; le monument entier a été décrit par Stuart dans ses *Antiquités d'Athènes;* François Giambetti l'avoit déjà dessiné en 1465, époque de la renaissance des arts en Italie. On croyoit du temps du père Babin, en 1672, que cette tour des Vents étoit le tombeau de Socrate. Je passe sous silence quelques ruines d'ordre corinthien, que l'on prend pour le Pœcile, pour les restes du temple de Jupiter Olympien, pour le Prytanée, et qui peut-être n'appartiennent à aucun de ces édifices. Ce qu'il y a de certain, c'est qu'elles ne sont pas du temps de Périclès. On y sent la grandeur, mais aussi l'infériorité romaine : tout ce que les empereurs ont touché à Athènes se reconnoît au premier coup d'œil, et forme une disparate sensible avec les chefs-d'œuvre du siècle de Périclès. Enfin, nous allâmes au couvent françois rendre à l'unique religieux qui l'occupe la visite qu'il m'avoit faite. J'ai déjà dit que le couvent de nos missionnaires comprend dans ses dépendances le monument choragique de Lysicrates; ce fut à ce dernier monument que j'achevai de payer mon tribut d'admiration aux ruines d'Athènes.

Cette élégante production du génie des Grecs fut connue des premiers voyageurs sous le nom de *Fanari tou Demosthenis.* « Dans la maison qu'ont achetée depuis peu les pères capucins, dit le jésuite Babin, en 1672, il y a une antiquité bien remarquable, et qui depuis le temps de Démosthène est demeurée en son entier : on l'appelle ordinairement la *Lanterne de Démosthène*[1]. »

On a reconnu depuis[2], et Spon le premier, que c'est un monument choragique élevé par Lysicrates dans la rue des Trépieds. M. Legrand en exposa le modèle en terre cuite dans la cour du Louvre il y a quelques années[3]; ce modèle étoit fort ressemblant; seulement l'architecte, pour donner sans doute plus d'élégance à son travail, avoit sup-

---

1. Il paroît qu'il existoit à Athènes en 1669 un autre monument, appelé la *Lanterne de Diogène.* Guillet invoque au sujet de ce monument le témoignage des pères Barnabé et Simon et de MM. de Monceaux et Lainez. Voyez l'Introduction.
2. RIESDEL, CHANDLER, etc.
3. Le monument a été depuis exécuté à Saint-Cloud.

primé le mur circulaire qui remplit les entre-colonnes dans le monument original.

Certainement ce n'est pas un des jeux les moins étonnants de la fortune que d'avoir logé un capucin dans le monument choragique de Lysicrates ; mais ce qui au premier coup d'œil peut paroître bizarre devient touchant et respectable quand on pense aux heureux effets de nos missions, quand on songe qu'un religieux françois donnoit à Athènes l'hospitalité à Chandler, tandis qu'un autre religieux françois secouroit d'autres voyageurs à la Chine, au Canada, dans les déserts de l'Afrique et de la Tartarie.

« Les Francs à Athènes, dit Spon, n'ont que la chapelle des capucins, qui est au *Fanari tou Demosthenis*. Il n'y avoit lorsque nous étions à Athènes que le père Séraphin, très-honnête homme, à qui un Turc de la garnison prit un jour sa ceinture de corde, soit par malice ou par un effet de débauche, l'ayant rencontré sur le chemin du Port-Lion, d'où il revenoit seul de voir quelques François d'une tartane qui y étoit à l'ancre.

« Les pères jésuites étoient à Athènes avant les capucins, et n'en ont jamais été chassés. Ils ne se sont retirés à Négrepont que parce qu'ils y ont trouvé plus d'occupation, et qu'il y a plus de Francs qu'à Athènes. Leur hospice étoit presque à l'extrémité de la ville, du côté de la maison de l'archevêque. Pour ce qui est des capucins, ils sont établis à Athènes depuis l'année 1658, et le père Simon acheta le Fanari et la maison joignante en 1669, y ayant eu d'autres religieux de son ordre avant lui dans la ville. »

C'est donc à ces missions si longtemps décriées que nous devons encore nos premières notions sur la Grèce antique[1]. Aucun voyageur n'avoit quitté ses foyers pour visiter le Parthénon, que déjà des religieux, exilés sur ces ruines fameuses, nouveaux dieux hospitaliers, attendoient l'antiquaire et l'artiste. Des savants demandoient ce qu'étoit devenue la ville de Cécrops ; il y avoit à Paris, au noviciat de Saint-Jacques, un père Barnabé, et à Compiègne un père Simon, qui auroient pu leur en donner des nouvelles ; mais ils ne faisoient point parade de leur savoir : retirés aux pieds du crucifix, ils cachoient dans l'humilité du cloître ce qu'ils avoient appris, et surtout ce qu'ils avoient souffert pendant vingt ans au milieu des débris d'Athènes.

« Les capucins françois, dit La Guilletière, qui ont été appelés à la mission de la Morée par la congrégation *de Propaganda Fide* ont leur

---

1. On peut voir dans les *Lettres édifiantes* les travaux des missionnaires sur les îles de l'Archipel.

principale résidence à Napoli, à cause que les galères des beys y vont hiverner et qu'elles y sont ordinairement depuis le mois de novembre jusqu'à la fête de saint Georges, qui est le jour où elles se remettent en mer : elles sont remplies de forçats chrétiens, qui ont besoin d'être instruits et encouragés ; et c'est à quoi s'occupe avec autant de zèle que de fruit le père Barnabé de Paris, qui est présentement supérieur de la maison d'Athènes et de la Morée. »

Mais si ces religieux revenus de Sparte et d'Athènes étoient si modestes dans leurs cloîtres, peut-être étoit-ce faute d'avoir bien senti, ce que la Grèce a de merveilleux dans ses souvenirs ; peut-être manquoient-ils aussi de l'instruction nécessaire. Écoutons le père Babin, jésuite : nous lui devons la première relation que nous ayons d'Athènes.

« Vous pourriez, dit-il, trouver dans plusieurs livres la description de Rome, de Constantinople, de Jérusalem et des autres villes les plus considérables du monde, telles qu'elles sont présentement ; mais je ne sais pas quel livre décrit Athènes telle que je l'ai vue, et l'on ne pourroit trouver cette ville si on la cherchoit comme elle est représentée dans Pausanias et quelques autres anciens auteurs ; mais vous la verrez ici au même état qu'elle est aujourd'hui, qui est tel que parmi ses ruines elle ne laisse pas pourtant d'inspirer un certain respect pour elle, tant aux personnes pieuses qui en voient les églises qu'aux savants qui la reconnoissent pour la mère des sciences et aux personnes guerrières et généreuses qui la considèrent comme le champ de Mars et le théâtre où les plus grands conquérants de l'antiquité ont signalé leur valeur et ont fait paroître avec éclat leur force, leur courage et leur industrie ; et ces ruines sont enfin précieuses pour marquer sa première noblesse et pour faire voir qu'elle a été autrefois l'objet de l'admiration de l'univers.

« Pour moi, je vous avoue que d'aussi loin que je la découvris de dessus la mer, avec des lunettes de longue vue, et que je vis quantité de grandes colonnes de marbre qui paroissent de loin et rendent témoignage de son ancienne magnificence, je me sentis touché de quelque respect pour elle. »

Le missionnaire passe ensuite à la description des monuments : plus heureux que nous, il avoit vu le Parthénon dans son entier (A).

Enfin, cette pitié pour les Grecs, ces idées philanthropiques que nous nous vantons de porter dans nos voyages, étoient-elles donc inconnues des religieux ? Écoutons encore le P. Babin :

« Que si Solon disoit autrefois à un de ses amis, en regardant de dessus une montagne cette grande ville et ce grand nombre de magnifiques palais de marbre qu'il considéroit, que ce n'étoit qu'un grand mais riche hôpital, rempli d'autant de misérables que cette ville contenoit d'habitants, j'aurois bien plus sujet de parler de la sorte et de dire que cette ville, rebâtie des ruines de ses anciens palais, n'est plus qu'un grand et pauvre hôpital, qui contient autant de misérables que l'on y voit de chrétiens. »

On me pardonnera de m'être étendu sur ce sujet. Aucun voyageur avant moi, Spon excepté, n'a rendu justice à ces missions d'Athènes si intéressantes pour un François ; moi-même je les ai oubliées dans le *Génie du Christianisme*. Chandler parle à peine du religieux qui lui donna l'hospitalité ; et je ne sais même s'il daigne le nommer une seule fois. Dieu merci ! je suis au-dessus de ces petits scrupules. Quand on m'a obligé, je le dis : ensuite je ne rougis point pour l'art et ne trouve point le monument de Lysicrates déshonoré parce qu'il fait partie du couvent d'un capucin. Le chrétien qui conserve ce monument en le consacrant aux œuvres de la charité me semble tout aussi respectable que le païen qui l'éleva en mémoire d'une victoire remportée dans un chœur de musique.

C'est ainsi que j'achevai ma revue des ruines d'Athènes : je les avois examinées par ordre et avec l'intelligence et l'habitude que dix années de résidence et de travail donnoient à M. Fauvel. Il m'avoit épargné tout le temps que l'on perd à tâtonner, à douter, à chercher, quand on arrive seul dans un monde nouveau. J'avois obtenu des idées claires sur les monuments, le ciel, le soleil, les perspectives, la terre, la mer, les rivières, les bois, les montagnes de l'Attique ; je pouvois à présent corriger mes tableaux et donner à ma peinture de ces lieux célèbres les couleurs locales [1]. Il ne me restoit plus qu'à poursuivre ma route : mon principal but surtout étoit d'arriver à Jérusalem ; et quel chemin j'avois encore devant moi ! La saison s'avançoit ; je pouvois manquer, en m'arrêtant davantage, le vaisseau qui porte tous les ans, de Constantinople à Jaffa, les pèlerins de Jérusalem. J'avois toute raison de craindre que mon navire autrichien ne m'attendît plus à la pointe de l'Attique ; que, ne m'ayant pas vu revenir, il eût fait voile pour Smyrne. Mon hôte entra dans mes raisons, et me traça le chemin que j'avois à suivre. Il me conseilla de me rendre à Kératia, village de l'Attique, situé au pied du Laurium, à quelque distance de la mer, en face de l'île de Zéa. « Quand vous serez arrivé, me dit-il, dans ce village, on allumera un feu sur une montagne : les bateaux de Zéa, accoutumés à ce signal, passeront sur-le-champ à la côte de l'Attique.

---

1. Voyez *Les Martyrs*.

Vous vous embarquerez alors pour le port de Zéa, où vous trouverez peut-être le navire de Trieste. Dans tous les cas, il vous sera facile de noliser à Zéa une felouque pour Chio ou pour Smyrne. »

Je n'en étois pas à rejeter les partis aventureux : un homme qui, par la seule envie de rendre un ouvrage un peu moins défectueux, entreprend le voyage que j'avois entrepris, n'est pas difficile sur les chances et les accidents. Il falloit partir, et je ne pouvois sortir de l'Attique que par ce moyen, puisqu'il n'y avoit pas un bateau au Pirée [1]. Je pris donc la résolution d'exécuter sur-le-champ le plan qu'on me proposoit. M. Fauvel me vouloit retenir encore quelques jours, mais la crainte de manquer la saison du passage à Jérusalem l'emporta sur toute autre considération. Les vents du nord n'avoient plus que six semaines à souffler ; et si j'arrivois trop tard à Constantinople, je courois le risque d'y être enfermé par le vent d'ouest.

Je congédiai le janissaire de M. Vial après l'avoir payé et lui avoir donné une lettre de remercîment pour son maître. On ne se sépare pas sans peine, dans un voyage un peu hasardeux, des compagnons avec lesquels on a vécu quelque temps. Quand je vis le janissaire monter seul à cheval, me souhaiter un bon voyage, prendre le chemin d'Éleusis et s'éloigner par une route précisément opposée à celle que j'allois suivre, je me sentis involontairement ému. Je le suivois des yeux, en pensant qu'il alloit revoir seul les déserts que nous avions vus ensemble. Je songeois aussi que, selon toutes les apparences, ce Turc et moi nous ne nous rencontrerions jamais ; que jamais nous n'entendrions parler l'un de l'autre. Je me représentois la destinée de cet homme si différente de ma destinée, ses chagrins et ses plaisirs si différents de mes plaisirs et de mes chagrins ; et tout cela pour arriver au même lieu : lui dans les beaux et grands cimetières de la Grèce, moi sur les chemins du monde ou dans les faubourgs de quelque cité.

Cette séparation eut lieu le soir même du jour où je visitai le couvent françois ; car le janissaire avoit été prévenu de se tenir prêt à retourner à Coron. Je partis dans la nuit pour Kératia, avec Joseph et un Athénien qui alloit visiter ses parents à Zéa. Ce jeune Grec étoit notre guide. M. Fauvel me vint reconduire jusqu'à la porte de la ville : là nous nous embrassâmes et nous souhaitâmes de nous retrouver bientôt dans notre commune patrie. Je me chargeai de la lettre qu'il me remit pour M. de Choiseul : porter à M. de Choiseul des nouvelles d'Athènes, c'étoit lui porter des nouvelles de son pays.

---

1. Les troubles de la Romélie rendoient le voyage de Constantinople par terre impraticable.

J'étois bien aise de quitter Athènes de nuit : j'aurois eu trop de regret de m'éloigner de ces ruines à la lumière du soleil : au moins, comme Agar, je ne voyois point ce que je perdois pour toujours. Je mis la bride sur le cou de mon cheval, et, suivant le guide et Joseph qui marchoient en avant, je me laissai aller à mes réflexions ; je fus, tout le chemin, occupé d'un rêve assez singulier. Je me figurois qu'on m'avoit donné l'Attique en souveraineté. Je faisois publier dans toute l'Europe que quiconque étoit fatigué des révolutions et désiroit trouver la paix vînt se consoler sur les ruines d'Athènes, où je promettois repos et sûreté ; j'ouvrois des chemins, je bâtissois des auberges, je préparois toutes sortes de commodités pour les voyageurs ; j'achetois un port sur le golfe de Lépante, afin de rendre la traversée d'Otrante à Athènes plus courte et plus facile. On sent bien que je ne négligeois pas les monuments : les chefs-d'œuvre de la citadelle étoient relevés sur leurs plans et d'après leurs ruines ; la ville, entourée de bons murs, étoit à l'abri du pillage des Turcs. Je fondois une université, où les enfants de toute l'Europe venoient apprendre le grec littéral et le grec vulgaire. J'invitois les Hydriotes à s'établir au Pirée, et j'avois une marine. Les montagnes nues se couvroient de pins pour redonner des eaux à mes fleuves ; j'encourageois l'agriculture ; une foule de Suisses et d'Allemands se mêloient à mes Albanois ; chaque jour on faisoit de nouvelles découvertes, et Athènes sortoit du tombeau. En arrivant à Kératia, je sortis de mon songe, et je me retrouvai *Gros-Jean comme devant.*

Nous avions tourné le mont Hymette, en passant au midi du Pentélique ; puis nous rabattant vers la mer, nous étions entrés dans la chaîne du mont Laurium, où les Athéniens avoient autrefois leurs mines d'argent. Cette partie de l'Attique n'a jamais été bien célèbre : on trouvoit entre Phalère et le cap Sunium plusieurs villes et bourgades, telles qu'Anaphlystus, Azénia, Lampra, Anagyrus, Alimus, Thoræ, Æxone, etc. Wheler et Chandler firent des excursions peu fructueuses dans ces lieux abandonnés, et M. Lechevalier traversa le même désert quand il débarqua au cap Sunium pour se rendre à Athènes. L'intérieur de ce pays étoit encore moins connu et moins habité que les côtes, et je ne saurois assigner d'origine au village de Kératia [1]. Il est situé dans un vallon assez fertile, entre des montagnes qui le dominent de tous côtés et dont les flancs sont couverts de

---

1. Meursius, dans son traité *de Populis Atticæ*, parle du bourg, ou dèmos, Κειριάδαι, de la tribu Hippothoöntide. Spon trouve un Κυρτιάδαι, de la tribu Acamantide ; mais il ne fournit point d'inscription et ne s'appuie que d'un passage d'Hésychius.

sauges, de romarins et de myrtes. Le fond du vallon est cultivé, et les propriétés y sont divisées, comme elles l'étoient autrefois dans l'Attique, par des haies plantées d'arbres [1]. Les oiseaux abondent dans le pays, et surtout les huppes, les pigeons ramiers, les perdrix rouges et les corneilles mantelées. Le village consiste dans une douzaine de maisons assez propres et écartées les unes des autres. On voit sur la montagne des troupeaux de chèvres et de moutons, et dans la vallée, des cochons, des ânes, des chevaux et quelques vaches.

Nous allâmes descendre le 27 chez un Albanois de la connoissance de M. Fauvel. Je me transportai tout de suite, en arrivant, sur une hauteur à l'orient du village, pour tâcher de reconnoître le navire autrichien; mais je n'aperçus que la mer et l'île de Zéa. Le soir, au coucher du soleil, on alluma un feu de myrtes et de bruyères au sommet d'une montagne. Un chevrier posté sur la côte devoit venir nous annoncer les bateaux de Zéa aussitôt qu'il les découvriroit. Cet usage des signaux par le feu remonte à une haute antiquité, et a fourni à Homère une des plus belles comparaisons de l'*Iliade* :

Ὡς δ' ὅτε καπνὸς ἰὼν ἐξ ἄστεος αἰθέρ' ἵκηται.

« Ainsi on voit s'élever une fumée du haut des tours d'une ville que l'ennemi tient assiégée, etc. »

En me rendant le matin à la montagne des signaux, j'avois pris mon fusil, et je m'étois amusé à chasser : c'étoit en plein midi; j'attrapai un coup de soleil sur une main et sur une partie de la tête. Le thermomètre avoit été constamment à 28 degrés pendant mon séjour à Athènes [2]. La plus ancienne carte de la Grèce, celle de Sophïan, mettoit Athènes par les 37° 10 à 12′; Vernon porta cette latitude à 38° 5′, et M. de Chabert l'a enfin déterminée à 37° 58′ 1″ pour le temple de Minerve [3]. On sent qu'à midi, au mois d'août, par cette latitude, le soleil doit être très-ardent. Le soir, comme je venois de m'étendre sur une natte, enveloppé dans mon manteau, je m'aperçus que ma tête se perdoit. Notre établissement n'étoit pas fort commode pour un malade : couché par terre dans l'unique chambre, ou plutôt dans le hangar de notre hôte, nous avions la tête rangée au mur; j'étois placé entre Joseph et le jeune Athénien; les ustensiles du ménage étoient

---

1. Comme elles le sont en Bretagne et en Angleterre.
2. M. Fauvel m'a dit que la chaleur montoit assez souvent à 32 et 34 degrés.
3. On peut voir au sujet de cette latitude une savante dissertation insérée dans les *Mémoires de l'Académie des Inscriptions*.

suspendus au-dessus de mon chevet; de sorte que la fille de mon hôte, mon hôte lui-même et ses valets, nous fouloient aux pieds en venant prendre ou accrocher quelque chose aux parois de la muraille.

Si j'ai jamais eu un moment de désespoir dans ma vie, je crois que ce fut celui où, saisi d'une fièvre violente, je sentis que mes idées se brouilloient et que je tombois dans le délire : mon impatience redoubla mon mal. Me voir tout à coup arrêté dans mon voyage par cet accident! la fièvre me retenir à Kératia, dans un endroit inconnu, dans la cabane d'un Albanois! Encore si j'étois resté à Athènes! si j'étois mort au lit d'honneur en voyant le Parthénon! Mais quand cette fièvre ne seroit rien, pour peu qu'elle dure quelques jours, mon voyage n'est-il pas manqué? Les pèlerins de Jérusalem seront partis, la saison passée. Que deviendrai-je dans l'Orient? Aller par terre à Jérusalem? attendre une autre année? La France, mes amis, mes projets, mon ouvrage que je laisserois sans être fini, me revenoient tour à tour dans la mémoire. Toute la nuit Joseph ne cessa de me donner à boire de grandes cruches d'eau, qui ne pouvoient éteindre ma soif. La terre sur laquelle j'étois étendu étoit, à la lettre, trempée de mes sueurs, et ce fut cela même qui me sauva. J'avois par moments un véritable délire : je chantois la chanson de Henri IV; Joseph se désoloit et disoit : *O Dio, che questo? Il signor canta! Poveretto!*

La fièvre tomba le 28, vers neuf heures du matin, après m'avoir accablé pendant dix-sept heures. Si j'avois eu un second accès de cette violence, je ne crois pas que j'y eusse résisté. Le chevrier revint avec la triste nouvelle qu'aucun bateau de Zéa n'avoit paru. Je fis un effort : j'écrivis un mot à M. Fauvel, et le priai d'envoyer un caïque me prendre à l'endroit de la côte le plus voisin du village où j'étois pour me passer à Zéa. Pendant que j'écrivois, mon hôte me contoit une longue histoire et me demandoit ma protection auprès de M. Fauvel : je tâchai de le satisfaire, mais ma tête étoit si foible, que je voyois à peine à tracer les mots. Le jeune Grec partit pour Athènes avec ma lettre, se chargeant d'amener lui-même un bateau, si l'on en pouvoit trouver.

Je passai la journée couché sur ma natte. Tout le monde étoit allé aux champs; Joseph même étoit sorti; il ne restoit que la fille de mon hôte. C'étoit une fille de dix-sept à dix-huit ans, assez jolie, marchant les pieds nus et les cheveux chargés de médailles et de petites pièces d'argent. Elle ne faisoit aucune attention à moi; elle travailloit comme si je n'eusse pas été là. La porte étoit ouverte, les rayons du soleil entroient par cette porte, et c'étoit le seul endroit de la chambre qui fût éclairé. De temps en temps je tombois dans le sommeil; je me réveillois, et je voyois toujours l'Albanoise occupée à quelque chose de nouveau, chantant à demi-voix, arrangeant ses cheveux ou quelque partie de sa toilette. Je lui demandois quelquefois de l'eau : *Nero !* Elle m'apportoit un vase plein d'eau : croisant les bras, elle attendoit patiemment que j'eusse achevé de boire, et quand j'avois bu, elle disoit : *Kalo ?* est-ce bon ? Et elle retournoit à ses travaux. On n'entendoit dans le silence du midi que des insectes qui bourdonnoient dans la cabane et quelques coqs qui chantoient au dehors. Je sentois ma tête vide, comme cela arrive après un long accès de fièvre ; mes yeux, affoiblis, voyoient voltiger une multitude d'étincelles et de bulles de lumière autour de moi : je n'avois que des idées confuses, mais douces.

La journée se passa ainsi : le soir j'étois beaucoup mieux ; je me levai : je dormis bien la nuit suivante, et le 29 au matin le Grec revint avec une lettre de M. Fauvel, du quinquina, du vin de Malaga et de bonnes nouvelles. On avoit trouvé un bateau par le plus grand hasard du monde : ce bateau étoit parti de Phalère avec un bon vent, et il m'attendoit dans une petite anse à deux lieues de Kératia. J'ai oublié le nom du cap où nous trouvâmes en effet ce bateau. Voici la lettre de M. Fauvel :

A MONSIEUR

MONSIEUR DE CHATEAUBRIAND,

AU PIED DU LAURIUM,

A *KÉRATIA.*

Athènes, ce 28 août 1806.

« Mon très-cher hôte,

« J'ai reçu la lettre que vous m'avez fait l'honneur de m'écrire. J'ai vu avec peine que les vents alisés de nos contrées vous retiennent sur le penchant du Laurium, que les signaux n'ont pu obtenir de réponses, et que la fièvre, jointe aux vents, augmentoit les désagréments du séjour de Kératia, situé sur l'emplacement de quelques bourgades que je laisse à votre sagacité le loisir de trouver. Pour parer à une de vos incommodités, je vous envoie quelques prises du meilleur quinquina que l'on connoisse ; vous le mêlerez dans un bon verre de vin de Malaga, qui n'est pas le moins bon connu, et cela au moment où vous serez libre, avant de manger. Je répondrois presque de votre guérison, si la fièvre étoit une maladie : car la Faculté tient encore la chose non décidée. Au reste, maladie ou effervescence nécessaire, je vous conseille de n'en rien porter à Céos. Je vous ai frété, non pas une trirème du Pirée, mais bien une *quatrirème,* moyennant quarante piastres, en ayant reçu en arrhes cinq et demie. Vous compterez au capitaine quarante-cinq piastres vingt : le jeune compatriote de Simonides vous les remettra : il va partir après la musique dont vos oreilles se souviennent encore. Je songerai à votre protégé, qui cependant est un brutal : il ne faut jamais battre personne, et surtout les jeunes filles; moi-même je n'ai pas eu à me louer de lui à mon dernier passage. Assurez-le toutefois, monsieur, que votre protection aura tout le succès qu'il doit attendre. Je vois avec peine qu'un excès de fatigue, une insomnie forcée, vous a donné la fièvre et n'a rien avancé. Tranquillement ici pendant que les vents alisés retiennent votre navire, Dieu sait où, nous eussions visité Athènes et ses environs sans voir Kératia, ses chèvres et ses mines; vous eussiez surgi du Pirée à Céos en dépit du vent. Donnez-moi, je vous prie, de vos nouvelles, et faites en sorte de reprendre le chemin de la France par Athènes. Venez porter quelques offrandes à Minerve pour votre heureux retour; soyez persuadé que vous ne me ferez jamais plus de plaisir que de venir embellir notre solitude. Agréez, je vous prie, l'assurance, etc.

« FAUVEL. »

J'avois pris Kératia dans une telle aversion, qu'il me tardoit d'en sortir. J'éprouvois des frissons, et je prévoyois le retour de la fièvre. Je ne balançai pas à avaler une triple dose de quinquina. J'ai toujours été persuadé que les médecins françois administrent ce remède avec trop de précaution et de timidité. On amena des chevaux, et nous partîmes avec un guide. En moins d'une demi-heure, je sentis les symptômes du nouvel accès se dissiper, et je repris toutes mes espérances. Nous faisions route à l'ouest par un étroit vallon qui passoit entre des montagnes stériles. Après une heure de marche, nous descendîmes dans une belle plaine, qui paroissoit très-fertile. Changeant alors de direction, nous marchâmes droit au midi, à travers la plaine : nous arrivâmes à des terres hautes, qui formoient, sans que je le susse, les promontoires de la côte; car, après avoir passé un défilé, nous aperçûmes tout à coup la mer et notre bateau amarré au pied d'un rocher. A la vue de ce bateau, je me crus délivré du mauvais génie qui avoit voulu m'ensevelir dans les mines des Athéniens, peut-être à cause de mon mépris pour Plutus.

Nous rendîmes les chevaux au guide : nous descendîmes dans le bateau, que manœuvroient trois mariniers. Ils déployèrent notre voile, et, favorisés d'un vent du midi, nous cinglâmes vers le cap Sunium. Je ne sais si nous partions de la baie qui, selon M. Fauvel, porte le nom d'*Anaviso;* mais je ne vis point les ruines des neuf tours Enneapyrgie, où Wheler se reposa en venant du cap Sunium. L'Azinie des anciens devoit être à peu près dans cet endroit. Vers les six heures du soir nous passâmes en dedans de l'île aux Anes, autrefois l'île de Patrocle, et au coucher du soleil nous entrâmes au port de Sunium :

c'est une crique abritée par le rocher qui soutient les ruines du temple. Nous sautâmes à terre, et je montai sur le cap.

Les Grecs n'excelloient pas moins dans le choix des sites de leurs édifices que dans l'architecture de ces édifices mêmes. La plupart des promontoires du Péloponèse, de l'Attique, de l'Ionie et des îles de l'Archipel étoient marqués par des temples, des trophées ou des tombeaux. Ces monuments, environnés de bois et de rochers, vus dans tous les accidents de la lumière, tantôt au milieu des nuages et de la foudre, tantôt éclairés par la lune, par le soleil couchant, par l'aurore, devoient rendre les côtes de la Grèce d'une incomparable beauté : la terre ainsi décorée se présentoit aux yeux du nautonier sous les traits de la vieille Cybèle, qui, couronnée de tours et assise au bord du rivage, commandoit à Neptune son fils de répandre ses flots à ses pieds.

Le christianisme, à qui nous devons la seule architecture conforme à nos mœurs, nous avoit aussi appris à placer nos vrais monuments : nos chapelles, nos abbayes, nos monastères étoient dispersés dans les bois et sur la cime des montagnes ; non que le choix des sites fût toujours un dessein prémédité de l'architecte, mais parce qu'un art, quand il est en rapport avec les coutumes d'un peuple, fait naturellement ce qu'il y a de mieux à faire. Remarquez au contraire combien nos édifices imités de l'antique sont pour la plupart mal placés ! Avons-nous jamais pensé, par exemple, à orner la seule hauteur dont Paris soit dominé? La religion seule y avoit songé pour nous. Les monuments grecs modernes ressemblent à la langue corrompue qu'on parle aujourd'hui à Sparte et à Athènes : on a beau soutenir que c'est la langue d'Homère et de Platon, un mélange de mots grossiers et de constructions étrangères trahit à tout moment les barbares.

Je faisois ces réflexions à la vue des débris du temple de Sunium : ce temple étoit d'ordre dorique et du bon temps de l'architecture. Je découvrois au loin la mer de l'Archipel avec toutes ses îles : le soleil couchant rougissoit les côtes de Zéa et les quatorze belles colonnes de marbre blanc au pied desquelles je m'étois assis. Les sauges et les genévriers répandoient autour des ruines une odeur aromatique, et le bruit des vagues montoit à peine jusqu'à moi.

Comme le vent étoit tombé, il nous falloit attendre pour partir une nouvelle brise. Nos matelots se jetèrent au fond de leur barque, et s'endormirent. Joseph et le jeune Grec demeurèrent avec moi. Après avoir mangé et parlé pendant quelque temps, ils s'étendirent à terre et s'endormirent à leur tour. Je m'enveloppai la tête dans mon manteau pour me garantir de la rosée, et, le dos appuyé contre une colonne, je restai seul éveillé à contempler le ciel et la mer.

Au plus beau coucher du soleil avoit succédé la plus belle nuit. Le firmament répété dans les vagues avoit l'air de reposer au fond de la mer. L'étoile du soir, ma compagne assidue pendant mon voyage, étoit prête à disparoître sous l'horizon ; on ne l'apercevoit plus que par de longs rayons qu'elle laissoit de temps en temps descendre sur les flots, comme une lumière qui s'éteint. Par intervalles, des brises passagères troubloient dans la mer l'image du ciel, agitoient les constellations, et venoient expirer parmi les colonnes du temple avec un foible murmure.

Toutefois, ce spectacle étoit triste lorsque je venois à songer que je le contemplois du milieu des ruines. Autour de moi étoient des tombeaux, le silence, la destruction, la mort, ou quelques matelots grecs qui dormoient sans soucis et sans songes sur les débris de la Grèce. J'allois quitter pour jamais cette terre sacrée : l'esprit rempli de sa grandeur passée et de son abaissement actuel, je me retraçois le tableau qui venoit d'affliger mes yeux.

Je ne suis point un de ces intrépides admirateurs de l'antiquité qu'un vers d'Homère console de tout. Je n'ai jamais pu comprendre le sentiment exprimé par Lucrèce :

> Suave mari magno, turbantibus æquora ventis,
> E terra magnum alterius spectare laborem.

Loin d'aimer à contempler du rivage le naufrage des autres, je souffre quand je vois souffrir des hommes : les Muses n'ont alors sur moi aucun pouvoir, si ce n'est celle qui attire la pitié sur le malheur. A Dieu ne plaise que je tombe aujourd'hui dans ces déclamations qui ont fait tant de mal à notre patrie ! mais si j'avois jamais pensé, avec des hommes dont je respecte d'ailleurs le caractère et les talents, que le gouvernement absolu est le meilleur de tous les gouvernements, quelques mois de séjour en Turquie m'auroient bien guéri de cette opinion.

Les voyageurs qui se contentent de parcourir l'Europe civilisée sont bien heureux : ils ne s'enfoncent point dans ces pays jadis célèbres, où le cœur est flétri à chaque pas, où des ruines vivantes détournent à chaque instant votre attention des ruines de marbre et de pierre. En vain dans la Grèce on veut se livrer aux illusions : la triste vérité vous poursuit. Des loges de boue desséchée, plus propres à servir de retraite à des animaux qu'à des hommes ; des femmes et des enfants en haillons, fuyant à l'approche de l'étranger et du janissaire ; les chèvres mêmes effrayées, se dispersant dans la montagne, et les chiens restant seuls pour vous recevoir avec des hurlements : voilà le spectacle qui vous arrache au charme des souvenirs.

Le Péloponèse est désert : depuis la guerre des Russes, le joug des Turcs s'est appesanti sur les Moraïtes; les Albanois ont massacré une partie de la population. On ne voit que des villages détruits par le fer et par le feu : dans les villes, comme à Misitra, des faubourgs entiers sont abandonnés; j'ai fait souvent quinze lieues dans les campagnes sans rencontrer une seule habitation. De criantes avanies, des outrages de toutes les espèces, achèvent de détruire de toutes parts l'agriculture et la vie; chasser un paysan grec de sa cabane, s'emparer de sa femme et de ses enfants, le tuer sous le plus léger prétexte, est un jeu pour le moindre aga du plus petit village. Parvenu au dernier degré du malheur, le Moraïte s'arrache de son pays et va chercher en Asie un sort moins rigoureux. Vain espoir! il ne peut fuir sa destinée : il retrouve des cadis et des pachas jusque dans les sables du Jourdain et dans les déserts de Palmyre!

L'Attique, avec un peu moins de misère, n'offre pas moins de servitude. Athènes est sous la protection immédiate du chef des eunuques noirs du sérail. Un disdar, ou commandant, représente le monstre protecteur auprès du peuple de Solon. Ce disdar habite la citadelle remplie des chefs-d'œuvre de Phidias et d'Ictinus, sans demander quel peuple a laissé ces débris, sans daigner sortir de la masure qu'il s'est bâtie sous les ruines des monuments de Périclès : quelquefois seulement le tyran automate se traîne à la porte de sa tanière; assis les jambes croisées sur un sale tapis, tandis que la fumée de sa pipe monte à travers les colonnes du temple de Minerve, il promène stupidement ses regards sur les rives de Salamine et sur la mer d'Épidaure.

On diroit que la Grèce elle-même a voulu annoncer par son deuil le malheur de ses enfants. En général, le pays est inculte, le sol nu, monotone, sauvage, et d'une couleur jaune et flétrie. Il n'y a point de fleuves proprement dits, mais de petites rivières, et des torrents qui sont à sec pendant l'été. On n'aperçoit point ou presque point de fermes dans les champs, on ne voit point de laboureurs, on ne rencontre point de charrettes et d'attelages de bœufs. Rien n'est triste comme de ne pouvoir jamais découvrir la marque d'une roue moderne là où vous apercevez encore, dans le rocher, la trace des roues antiques. Quelques paysans en tunique, la tête couverte d'une calotte rouge, comme les galériens de Marseille, vous donnent en passant un triste *kali spera* (bonsoir). Ils chassent devant eux des ânes et de petits chevaux, les crins déchevelés, qui leur suffisent pour porter leur mince équipage champêtre, ou le produit de leur vigne. Bordez cette terre dévastée d'une mer presque aussi solitaire ; placez sur la pente d'un rocher une vedette délabrée, un couvent abandonné ; qu'un minaret s'élève du sein de la solitude pour annoncer l'esclavage, qu'un troupeau de chèvres ou de moutons paisse sur un cap parmi des colonnes en ruines, que le turban d'un voyageur turc mette en fuite les chevriers et rende le chemin plus désert, et vous aurez une idée assez juste du tableau que présente la Grèce.

On a recherché les causes de la décadence de l'empire romain : il y auroit un bel ouvrage à faire sur les causes qui ont précipité la chute des Grecs. Athènes et Sparte ne sont point tombées par les mêmes raisons qui ont amené la ruine de Rome ; elles n'ont point été entraînées par leur propre poids et par la grandeur de leur empire. On ne peut pas dire non plus qu'elles aient péri par leurs richesses : l'or des alliés et l'abondance que le commerce répandit à Athènes furent, en dernier résultat, très-peu de chose ; jamais on ne vit parmi les citoyens ces fortunes colossales qui annoncent le changement des mœurs[1] ; et l'État fut toujours si pauvre, que les rois de l'Asie s'empressoient de le nourrir, ou de contribuer aux frais de ses monuments. Quant à Sparte, l'argent des Perses y corrompit quelques particuliers, mais la république ne sortit point de l'indigence.

J'assignerois donc pour la première cause de la chute des Grecs la guerre que se firent entre elles les deux républiques après qu'elles eurent vaincu les Perses. Athènes, comme État, n'exista plus du moment où elle eut été prise par les Lacédémoniens. Une conquête absolue met fin aux destinées d'un peuple, quelque nom que ce peuple puisse ensuite conserver dans l'histoire. Les vices du gouvernement athénien préparèrent la victoire de Lacédémone. Un État purement démocratique est le pire des États lorsqu'il faut combattre un ennemi puissant, et qu'une volonté unique est nécessaire au salut de la patrie. Rien n'étoit déplorable comme les fureurs du peuple athénien tandis que les Spartiates étoient à ses portes : exilant et rappelant tour à tour les citoyens qui auroient pu le sauver, obéissant à la voix des orateurs factieux, il subit le sort qu'il avoit mérité par ses folies ; et si Athènes ne fut pas renversée de fond en comble, elle ne dut sa conservation qu'au respect des vainqueurs pour ses anciennes vertus.

Lacédémone triomphante trouva à son tour, comme Athènes, la

---

[1]. Les grandes fortunes à Athènes, telles que celle d'Hérode Atticus, n'eurent lieu que sous l'empire romain.

première cause de sa ruine dans ses propres institutions. La pudeur, qu'une loi extraordinaire avoit exprès foulée aux pieds pour conserver la pudeur, fut enfin renversée par cette loi même : les femmes de Sparte, qui se présentaient demi-nues aux yeux des hommes, devinrent les femmes les plus corrompues de la Grèce : il ne resta aux Lacédémoniens de toutes ces lois contre nature que la débauche et la cruauté. Cicéron, témoin des jeux des enfants de Sparte, nous représente ces enfants se déchirant entre eux avec les dents et les ongles. Et à quoi ces brutales institutions avoient-elles servi? Avoient-elles maintenu l'indépendance à Sparte? Ce n'étoit pas la peine d'élever des hommes comme des bêtes féroces pour obéir au tyran Nabis et pour devenir des esclaves romains.

Les meilleurs principes ont leurs excès et leur côté dangereux : Lycurgue, en extirpant l'ambition dans les murs de Lacédémone, crut sauver sa république, et il la perdit. Après l'abaissement d'Athènes, si les Spartiates eussent réduit la Grèce en provinces lacédémoniennes, ils seroient peut-être devenus les maîtres de la terre : cette conjecture est d'autant plus probable que, sans prétendre à ces hautes destinées, ils ébranlèrent en Asie, tout foibles qu'ils étoient, l'empire du grand roi. Leurs victoires successives auroient empêché une monarchies puissante de s'élever dans le voisinage de la Grèce, pour envahir les républiques. Lacédémone incorporant dans son sein les peuples vaincus par ses armes eût écrasé Philippe au berceau ; les grands hommes qui furent ses ennemis auroient été ses sujets; et Alexandre, au lieu de naître dans un royaume, seroit, ainsi que César, sorti du sein d'une république.

Loin de montrer cet esprit de grandeur et cette ambition préservatrice, les Lacédémoniens, contents d'avoir placé trente tyrans à Athènes, rentrèrent aussitôt dans leur vallée, par ce penchant à l'obscurité que leur avoient inspiré leurs lois. Il n'en est pas d'une nation comme d'un homme : la modération dans la fortune et l'amour du repos, qui peuvent convenir à un citoyen, ne mèneront pas bien loin un État. Sans doute il ne faut jamais faire une guerre impie, il ne faut jamais acheter la gloire au prix d'une injustice ; mais ne savoir pas profiter de sa position pour honorer, agrandir, fortifier sa patrie, c'est plutôt dans un peuple un défaut de génie que le sentiment d'une vertu.

Qu'arriva-t-il de cette conduite des Spartiates? La Macédoine domina bientôt la Grèce ; Philippe dicta des lois à l'assemblée des amphictyons. D'une autre part, ce foible empire de la Laconie, qui ne tenoit qu'à la renommée des armes, et que ne soutenoit point une force réelle, s'évanouit; Épaminondas parut : les Lacédémoniens battus à Leuctres furent obligés de venir se justifier longuement devant leur vainqueur; ils entendirent ce mot cruel : « Nous avons mis fin à votre courte éloquence! » *Nos brevi eloquentiæ vestræ finem imposuimus.* Les Spartiates durent s'apercevoir alors combien il eût été avantageux pour eux de n'avoir fait qu'un État de toutes les villes grecques, d'avoir compté Épaminondas au nombre de leurs généraux et de leurs citoyens. Le secret de leur foiblesse une fois connu, tout fut perdu sans retour; et Philopœmen acheva ce qu'Épaminondas avoit commencé.

C'est ici qu'il faut remarquer un mémorable exemple de la supériorité que les lettres donnent à un peuple sur un autre, quand ce peuple a d'ailleurs montré les vertus guerrières. On peut dire que les batailles de Leuctres et de Mantinée effacèrent le nom de Sparte de la terre; tandis qu'Athènes, prise par les Lacédémoniens et ravagée par Sylla, n'en conserva pas moins l'empire. Elle vit accourir dans son sein ces Romains qui l'avaient vaincue, et qui se firent une gloire de passer pour ses fils : l'un prenoit le surnom d'Atticus; l'autre se disoit le disciple de Platon et de Démosthène. Les muses latines, Lucrèce, Horace et Virgile, chantent incessamment la reine de la Grèce. « J'accorde aux morts le salut des vivants, » s'écrie le plus grand des césars, pardonnant à Athènes coupable. Adrien veut joindre à son titre d'empereur le titre d'archonte d'Athènes, et multiplie les chefs-d'œuvre dans la patrie de Périclès; Constantin le Grand est si flatté que les Athéniens lui aient élevé une statue, qu'il comble la ville de largesses; Julien verse des larmes en quittant l'Académie, et quand il triomphe, il croit devoir sa victoire à la Minerve de Phidias. Les Chrysostome, les Basile, les Cyrille, viennent, comme les Cicéron et les Atticus, étudier l'éloquence à sa source; jusque dans le moyen âge, Athènes est appelée l'*école des sciences et du génie*. Quand l'Europe se réveille de la barbarie, son premier cri est pour Athènes. « Qu'est-elle devenue? » demande-t-on de toutes parts. Et quand on apprend que ses ruines existent encore, on y court comme si l'on avait retrouvé les cendres d'une mère.

Quelle différence de cette renommée à celle qui ne tient qu'aux armes! Tandis que le nom d'Athènes est dans toutes les bouches, Sparte est entièrement oubliée; on la voit à peine, sous Tibère, plaider et perdre une petite cause contre les Messéniens; on relit deux fois le passage de Tacite, pour bien s'assurer qu'il parle de la célèbre Lacédémone. Quelques siècles après, on trouve une garde lacédémonienne auprès de Caracalla, triste honneur, qui semble annoncer que les enfants de Lycurgue avoient conservé leur férocité. Enfin Sparte se transforme, sous le Bas-Empire, en une principauté ridicule, dont les chefs prennent le nom de *despotes*, ce nom devenu le titre des tyrans. Quelques pirates, qui se disent les véritables descendants des Lacédémoniens, font aujourd'hui toute la gloire de Sparte.

Je n'ai point assez vu les Grecs modernes pour oser avoir une opinion sur leur caractère. Je sais qu'il est très-facile de calomnier les malheureux; rien n'est plus aisé que de dire, à l'abri de tout danger : « Que ne brisent-ils le joug sous lequel ils gémissent? » Chacun peut avoir, au coin du feu, ces hauts sentiments et cette fière énergie. D'ailleurs, les opinions tranchantes abondent dans un siècle où l'on ne doute de rien, hors de l'existence de Dieu; mais comme les jugements généraux que l'on porte sur les peuples sont assez souvent démentis par l'expérience, je n'aurai garde de prononcer. Je pense seulement qu'il y a encore beaucoup de génie dans la Grèce; je crois même que nos maîtres en tous genres sont encore là, comme je crois aussi que la nature humaine conserve à Rome sa supériorité, ce qui ne veut pas dire que les hommes supérieurs soient maintenant à Rome.

Toutefois je crains bien que les Grecs ne soient pas si tôt disposés à rompre leurs chaînes. Quand ils seroient débarrassés de la tyrannie qui les opprime, ils ne perdront pas dans un instant la marque de leurs fers. Non-seulement ils ont été broyés sous le poids du despotisme, mais il y a deux mille ans qu'ils existent comme un peuple vieilli et dégradé. Ils n'ont point été renouvelés, ainsi que le reste de l'Europe, par des nations barbares; la nation même qui les a conquis a contribué à leur corruption. Cette nation n'a point apporté chez eux les mœurs rudes et sauvages des hommes du Nord, mais les coutumes voluptueuses des hommes du Midi. Sans parler du crime religieux que les Grecs auroient commis en abjurant leurs autels, ils n'auroient rien gagné à se soumettre au Coran. Il n'y a dans le livre de Mahomet ni principe de civilisation ni précepte qui puisse élever le caractère ce livre ne prêche ni la haine de la tyrannie ni l'amour de la liberté. En suivant le culte de leurs maîtres, les Grecs auroient renoncé aux lettres et aux arts, pour devenir les soldats de la destinée, et pour obéir aveuglément au caprice d'un chef absolu. Ils auroient passé leurs jours à ravager le monde, ou à dormir sur un tapis au milieu des femmes et des parfums.

La même impartialité qui m'oblige à parler des Grecs avec le respect que l'on doit au malheur m'auroit empêché de traiter les Turcs aussi sévèrement que je le fais, si je n'avois vu chez eux que les abus trop communs parmi les peuples vainqueurs : malheureusement, des soldats républicains ne sont pas des maîtres plus justes que les satellites d'un despote, et un proconsul n'étoit guère moins avide qu'un pacha [1]. Mais les Turcs ne sont pas des oppresseurs ordinaires, quoiqu'ils aient trouvé des apologistes. Un proconsul pouvoit être un monstre d'impudicité, d'avarice, de cruauté; mais tous les proconsuls ne se plaisoient pas, par système et par esprit de religion, à renverser les monuments de la civilisation et des arts, à couper des arbres, à détruire les moissons mêmes et les générations entières : or, c'est ce que font les Turcs tous les jours de leur vie. Pourroit-on croire qu'il y ait au monde des tyrans assez absurdes pour s'opposer à toute amélioration dans les choses de première nécessité? Un pont s'écroule, on ne le relève pas. Un homme répare sa maison, on lui fait une avanie. J'ai vu des capitaines grecs s'exposer au naufrage avec des voiles déchirées, plutôt que de raccommoder ces voiles, tant ils craignoient de montrer leur aisance et leur industrie! Enfin, si j'avois reconnu dans les Turcs des citoyens libres et vertueux au sein de leur patrie, quoique peu généreux envers les nations conquises, j'aurois gardé le silence, et je me serois contenté de gémir intérieurement sur l'imperfection de la nature humaine; mais retrouver à la fois dans le même homme le tyran des Grecs et l'esclave du grand-seigneur, le bourreau d'un peuple sans défense et la servile créature qu'un pacha peut dépouiller de ses biens, enfermer dans un sac de cuir et jeter au fond de la mer, c'est trop aussi, et je ne connois point de bête brute que je ne préfère à un pareil homme.

On voit que je ne me livrois point sur le cap Sunium à des idées romanesques, idées que la beauté de la scène auroit pu cependant faire naître. Près de quitter la Grèce, je me retraçois naturellement l'histoire de ce pays; je cherchois à découvrir dans l'ancienne prospérité de Sparte et d'Athènes la cause de leur malheur actuel et dans

---

1. Les Romains, comme les Turcs, réduisoient souvent les vaincus en esclavage. S'il faut dire tout ce que je pense, je crois que ce système est une des causes de la supériorité que les grands hommes d'Athènes et de Rome ont sur les grands hommes des temps modernes. Il est certain qu'on ne peut jouir de toutes les facultés de son esprit que lorsque l'on est débarrassé des soins matériels de la vie; et l'on n'est totalement débarrassé de ces soins que dans les pays où les arts, les métiers et les occupations domestiques sont abandonnés à des esclaves. Le service de l'homme payé, qui vous quitte quand il lui plaît et dont vous êtes obligé de supporter les négligences ou les vices, ne peut être comparé au service de l'homme dont la vie et la mort sont entre vos mains. Il est encore certain que l'habitude du commandement donne à l'esprit une élévation, et aux manières une noblesse que l'on ne prend jamais dans l'égalité bourgeoise de nos villes. Mais ne regrettons point cette supériorité des anciens, puisqu'il falloit l'acheter aux dépens de la liberté de l'espèce humaine, et bénissons à jamais le christianisme qui a brisé les fers de l'esclave.

leur sort présent les germes de leur future destinée. Le brisement de la mer, qui augmentoit par degrés, contre le rocher, m'avertit que le vent s'étoit levé et qu'il étoit temps de continuer mon voyage. Je réveillai Joseph et son compagnon. Nous descendîmes au bateau. Nos matelots avoient déjà fait les préparatifs du départ. Nous poussâmes au large, et la brise, qui étoit de terre, nous emporta rapidement vers Zéa. A mesure que nous nous éloignions, les colonnes de Sunium paroissoient plus belles au-dessus des flots : on les apercevoit parfaitement sur l'azur du ciel, à cause de leur extrême blancheur et de la sérénité de la nuit. Nous étions déjà assez loin du cap, que notre oreille étoit encore frappée du bouillonnement des vagues au pied du roc, du murmure des vents dans les genévriers, et du chant des grillons qui habitent seuls aujourd'hui les ruines du temple : ce furent les derniers bruits que j'entendis sur la terre de la Grèce.

FIN DE LA PREMIÈRE PARTIE.

DEUXIÈME PARTIE.

VOYAGE DE L'ARCHIPEL, DE L'ANATOLIE ET DE CONSTANTINOPLE.

Je changeois de théâtre : les îles que j'allois traverser étoient dans l'antiquité une espèce de pont jeté sur la mer pour joindre la Grèce d'Asie à la véritable Grèce. Libres ou sujettes, attachées à la fortune de Sparte ou d'Athènes, aux destinées des Perses, à celles d'Alexandre et de ses successeurs, elles tombèrent sous le joug romain. Tour à tour arrachées au Bas-Empire par les Vénitiens, les Génois, les Catalans, les Napolitains, elles eurent des princes particuliers, et même des ducs qui prirent le titre général de ducs de l'Archipel. Enfin, les soudans de l'Asie descendirent vers la Méditerranée; et pour annoncer à celle-ci sa future destinée, ils se firent apporter de l'eau de la mer, du sable et une rame. Les îles furent néanmoins subjuguées les dernières; mais enfin elles subirent le sort commun, et la bannière latine, chassée de proche en proche par le croissant, ne s'arrêta que sur le rivage de Corfou.

De cette lutte des Grecs, des Turcs et des Latins il résulta que les îles de l'Archipel furent très-connues dans le moyen âge : elles étoient sur la route de toutes ces flottes qui portoient des armées ou des pèlerins à Jérusalem, à Constantinople, en Égypte, en Barbarie; elles devinrent les stations de tous ces vaisseaux génois et venitiens qui renouvelèrent le commerce des Indes par le port d'Alexandrie : aussi retrouve-t-on les noms de Chio, de Lesbos, de Rhodes, à chaque page de la *Byzantine;* et tandis qu'Athènes et Lacédémone étoient oubliées, on savoit la fortune du plus petit écueil de l'Archipel.

De plus, les voyages à ces îles sont sans nombre, et remontent jusqu'au vııe siècle : il n'y a pas un pèlerinage en Terre Sainte qui ne commence par une description de quelques rochers de la Grèce. Dès l'an 1555 Belon donna en françois ses *Observations de plusieurs singularités retrouvées en Grèce;* le *Voyage* de Tournefort est entre les mains de tout le monde ; la *Description exacte des îles de l'Archipel,* par le Flamand Dapper, est un travail excellent; et il n'est personne qui ne connoisse les *Tableaux* de M. de Choiseul.

Notre traversée fut heureuse. Le 30 août, à huit heures du matin, nous entrâmes dans le port de Zéa : il est vaste, mais d'un aspect désert et sombre, à cause de la hauteur des terres dont il est environné. On n'aperçoit sous les rochers du rivage que quelques chapelles en ruine et les magasins de la douane. Le village de Zéa est bâti sur la montagne à une lieue du port, du côté du levant, et il occupe l'emplacement de l'ancienne Carthée. Je n'aperçus en arrivant que trois ou quatre felouques grecques, et je perdis tout espoir de retrouver mon navire autrichien. Je laissai Joseph au port, et je me rendis au village avec le jeune Athénien. La montée est rude et sauvage : cette première vue d'une île de l'Archipel ne me charma pas infiniment, mais j'étois accoutumé aux mécomptes.

Zéa, bâti en amphithéâtre sur le penchant inégal d'une montagne, n'est qu'un village malpropre et désagréable, mais assez peuplé ; les ânes, les cochons, les poules vous y disputent le passage des rues ; il y a une si grande multitude de coqs, et ces coqs chantent si souvent et si haut, qu'on en est véritablement étourdi. Je me rendis chez M. Pengali, vice-consul françois à Zéa ; je lui dis qui j'étois, d'où je venois, où je désirois aller, et je le priai de noliser une barque pour me porter à Chio ou à Smyrne.

M. Pengali me reçut avec toute la cordialité possible : son fils descendit au port; il y trouva un caïque qui retournoit à Tino et qui devoit mettre à la voile le lendemain ; je résolus d'en profiter : cela m'avançoit toujours un peu sur ma route.

Le vice-consul voulut me donner l'hospitalité, au moins pour le reste de la journée. Il avoit quatre filles, et l'aînée étoit au moment de se marier; on faisoit déjà les préparatifs de la noce : je passai donc des ruines du temple de Sunium à un festin. C'est une singulière destinée que celle du voyageur. Le matin il quitte un hôte dans les larmes, le soir il en trouve un autre dans la joie; il devient le dépositaire de mille secrets : Ibrahim m'avoit conté à Sparte tous les accidents de la maladie du petit Turc ; j'appris à Zéa l'histoire du gendre de M. Pengali. Au fond, y a-t-il rien de plus aimable que cette naïve hospitalité? N'êtes-vous pas trop heureux qu'on veuille bien vous accueillir ainsi dans des lieux où vous ne trouveriez pas le moindre secours? La confiance que vous inspirez, l'ouverture de cœur qu'on vous montre, le plaisir que vous paroissez faire et que vous faites sont certainement des jouissances très-douces. Une autre chose me touchoit encore beaucoup ; c'étoit la simplicité avec laquelle on me chargeoit de diverses commissions pour la France, pour Constantinople, pour l'Égypte. On me demandoit des services comme on m'en rendoit ; mes hôtes étoient persuadés que je ne les oublierois point et qu'ils étoient devenus mes amis. Je sacrifiai sur-le-champ à M. Pengali les ruines d'Ioulis, où j'étois d'abord résolu d'aller, et je me déterminai, comme Ulysse, à prendre part aux festins d'Aristonoüs.

Zéa, l'ancienne Céos, fut célèbre dans l'antiquité par une coutume qui existoit aussi chez les Celtes, et que l'on a retrouvée parmi les sauvages de l'Amérique : les vieillards de Céos se donnoient la mort. Aristée, dont Virgile a chanté les abeilles, ou un autre Aristée, roi d'Arcadie, se retira à Céos. Ce fut lui qui obtint de Jupiter les vents étésiens pour modérer l'ardeur de la canicule. Érasistrate le médecin et Ariston le philosophe étoient de la ville d'Ioulis, ainsi que Simonide et Bacchylide : nous avons encore d'assez mauvais vers du dernier dans les *Poetæ græci minores*. Simonide fut un beau génie, mais son esprit étoit plus élevé que son cœur. Il chanta Hipparque, qui l'avoit comblé de bienfaits, et il chanta encore les assassins de ce prince. Ce fut apparemment pour donner cet exemple de vertu que les justes dieux du paganisme avoient préservé Simonide de la chute d'une maison. Il faut s'accommoder au temps, dit le sage : aussitôt les ingrats secouent le poids de la reconnoissance, les ambitieux abandonnent le vaincu, les poltrons se rangent au parti du vainqueur. Merveilleuse sagesse humaine, dont les maximes, toujours superflues pour le courage et la vertu, ne servent que de prétexte au vice et de refuge aux lâchetés du cœur !

Le commerce de Zéa consiste aujourd'hui dans les glands du velani[1], que l'on emploie dans les teintures. La gaze de soie en usage chez les anciens avoit été inventée à Céos[2] ; les poëtes, pour peindre sa transparence et sa finesse, l'appeloient du *vent tissu*. Zéa fournit encore de la soie : « Les bourgeois de Zéa s'attroupent ordinairement pour filer de la soie, dit Tournefort, et ils s'asseyent sur les bords de leurs terrasses, afin de laisser tomber leurs fuseaux jusqu'au bas de la rue,

---

1. Espèce de chêne.
2. Je suis l'opinion commune ; mais il est possible que Pline et Solin se soient trompés. D'après le témoignage de Tibulle, d'Horace, etc., la gaze de soie se faisoit à Cos, et non pas à Céos.

qu'ils retirent ensuite en roulant le fil. Nous trouvâmes l'évêque grec en cette posture : il demanda quelles gens nous étions, et nous fit dire que nos occupations étoient bien frivoles, si nous ne cherchions que des plantes et de vieux marbres. Nous répondîmes que nous serions plus édifiés de lui voir à la main les œuvres de Saint Chrysostome ou de saint Basile que le fuseau. »

J'avois continué à prendre du quinquina trois fois par jour : la fièvre n'étoit point revenue ; mais j'étois resté très-foible, et j'avois toujours une main et une joue noircies par le coup de soleil. J'étois donc un convive très-gai de cœur, mais fort triste de figure. Pour n'avoir pas l'air d'un parent malheureux, je m'ébaudissois à la noce. Mon hôte me donnoit l'exemple du courage : il souffroit dans ce moment même des maux cruels [1] ; et au milieu du chant de ses filles, la douleur lui arrachoit quelquefois des cris. Tout cela faisoit un mélange de choses extrêmement bizarres ; ce passage subit du silence des ruines au bruit d'un mariage étoit étrange. Tant de tumulte à la porte du repos éternel ! Tant de joie auprès du grand deuil de la Grèce ! Une idée me faisoit rire : je me représentois mes amis occupés de moi en France ; je les voyois me suivre en pensée, s'exagérer mes fatigues, s'inquiéter de mes périls : ils auroient été bien surpris s'ils m'eussent aperçu tout à coup, le visage à demi brûlé, assistant dans une des Cyclades à une noce de village, applaudissant aux chansons de Mlles Pengali, qui chantoient en grec :

Ah ! vous dirai-je, maman, etc.

tandis que M. Pengali poussoit des cris, que les coqs s'égosilloient, et que les souvenirs d'Ioulis, d'Aristée, de Simonide, étoient complétement effacés. C'est ainsi qu'en débarquant à Tunis, après une traversée de cinquante-huit jours, qui fut une espèce de naufrage continuel, je tombai chez M. Devoise au milieu du carnaval : au lieu d'aller méditer sur les ruines de Carthage, je fus obligé de courir au bal, de m'habiller en Turc et de me prêter à toutes les folies d'une troupe d'officiers américains, pleins de gaieté et de jeunesse.

Le changement de scène à mon départ de Zéa fut aussi brusque qu'il l'avoit été à mon arrivée dans cette île. A onze heures du soir je quittai la joyeuse famille : je descendis au port ; je m'embarquai de nuit, par un gros temps, dans un caïque dont l'équipage consistoit en deux mousses et trois matelots. Joseph, très-brave à terre, n'étoit pas aussi courageux sur la mer. Il me fit beaucoup de représentations inutiles ; il lui fallut me suivre et achever de courir ma fortune. Nous

1. M. Pengali étoit malheureusement attaqué de la pierre.

allions vent largue; notre esquif, penché sous le poids de la voile, avoit la quille à fleur d'eau; les coups de la lame étoient violents; les courants de l'Eubée rendoient encore la mer plus houleuse; le temps étoit couvert; nous marchions à la lueur des éclairs et à la lumière phosphorique des vagues. Je ne prétends point faire valoir mes travaux, qui sont très-peu de chose; mais j'espère cependant que quand on me verra m'arracher à mon pays et à mes amis, supporter la fièvre et les fatigues, traverser les mers de la Grèce dans de petits bateaux, recevoir les coups de fusil des Bedouins, et tout cela par respect pour le public et pour donner à ce public un ouvrage moins imparfait que le *Génie du Christianisme,* j'espère, dis-je, qu'on me saura quelque gré de mes efforts.

Quoi qu'en dise la fable de l'Aigle et du Corbeau, rien ne porte bonheur comme d'imiter un grand homme; j'avois fait le César: *Quid times? Cæsarem vehis;* et j'arrivai où je voulois arriver. Nous touchâmes à Tino le 31 à six heures du matin; je trouvai à l'instant même une felouque hydriote qui partoit pour Smyrne, et qui devoit seulement relâcher quelques heures à Chio. Le caïque me mit à bord de la felouque, et je ne descendis pas même à terre.

Tino, autrefois Ténos, n'est séparé d'Andros que par un étroit canal : c'est une île haute qui repose sur un rocher de marbre. Les Vénitiens la possédèrent longtemps; elle n'est célèbre dans l'antiquité que par ses serpents : la vipère avoit pris son nom de cette île [1]. M. de Choiseul a fait une description charmante des femmes de Tino; ses vues du port de San-Nicolo m'ont paru d'une rare exactitude.

La mer, comme disent les marins, étoit tombée, et le ciel s'étoit éclairci : je déjeunai sur le pont en attendant qu'on levât l'ancre; je découvrois à différentes distances toutes les Cyclades : Scyros, où Achille passa son enfance; Délos, célèbre par la naissance de Diane et d'Apollon, par son palmier, par ses fêtes; Naxos, qui me rappeloit Ariadne, Thésée, Bacchus, et quelques pages charmantes des *Études de la Nature*. Mais toutes ces îles, si riantes autrefois, ou peut-être si embellies par l'imagination des poëtes, n'offrent aujourd'hui que des côtes désolées et arides. De tristes villages s'élèvent en pain de sucre sur des rochers; ils sont dominés par des châteaux plus tristes encore, et quelquefois environnés d'une double ou triple enceinte de murailles : on y vit dans la frayeur perpétuelle des Turcs et des pirates. Comme ces villages fortifiés tombent cependant en ruines, ils font

---

1. Une espèce de vipère nommée *tenia* étoit originaire de Ténos. L'île fut appelée dans l'origine *Ophissa* et *Hydrussa*, à cause de ses serpents.

naître à la fois dans l'esprit du voyageur l'idée de toutes les misères. Rousseau dit quelque part qu'il eût voulu être exilé dans une des îles de l'Archipel. L'éloquent sophiste se fût bientôt repenti de son choix. Séparé de ses admirateurs, relégué au milieu de quelques Grecs grossiers et perfides, il n'auroit trouvé dans des vallons brûlés par le soleil ni fleurs, ni ruisseaux, ni ombrages ; il n'auroit vu autour de lui que des bouquets d'oliviers, des rochers rougeâtres, tapissés de sauge et de baume sauvage : je doute qu'il eût désiré longtemps continuer ses promenades, au bruit du vent et de la mer, le long d'une côte inhabitée.

Nous appareillâmes à midi. Le vent du nord nous porta assez rapidement sur Scio ; mais nous fûmes obligés de courir des bordées, entre l'île et la côte d'Asie, pour embouquer le canal. Nous voyions des terres et des îles tout autour de nous, les unes rondes et élevées comme Samos, les autres longues et basses comme les caps du golfe d'Éphèse : ces terres et ces îles étoient différemment colorées, selon le degré d'éloignement. Notre felouque, très-légère et très-élégante, portoit une grande et unique voile taillée comme l'aile d'un oiseau de mer. Ce petit bâtiment étoit la propriété d'une famille : cette famille étoit composée du père, de la mère, du frère et de six garçons. Le père étoit le capitaine, le frère le pilote, et les fils étoient les matelots ; la mère préparoit les repas. Je n'ai rien vu de plus gai, de plus propre et deplus leste que cet équipage de frères. La felouque étoit lavée, soignée et parée comme une maison chérie ; elle avoit un grand chapelet sur la poupe, avec une image de la Panagia surmontée d'une branche d'olivier. C'est une chose assez commune dans l'Orient, de voir une famille mettre ainsi toute sa fortune dans un vaisseau, changer de climat sans quitter ses foyers et se soustraire à l'esclavage en menant sur la mer la vie des Scythes.

Nous vînmes mouiller pendant la nuit au port de Chio, « fortunée patrie d'Homère, » dit Fénelon dans les *Aventures d'Aristonoüs,* chef-d'œuvre d'harmonie et de goût antique. Je m'étois profondément endormi, et Joseph ne me réveilla qu'à sept heures du matin. J'étois couché sur le pont : quand je vins à ouvrir les yeux, je me crus transporté dans le pays des fées ; je me trouvois au milieu d'un port plein de vaisseaux, ayant devant moi une ville charmante, dominée par des monts dont les arêtes étoient couvertes d'oliviers, de palmiers, de lentisques et de térébinthes. Une foule de Grecs, de Francs et de Turcs étoient répandus sur les quais, et l'on entendoit le son des cloches [1].

---

1. Il n'y a que les paysans grecs de l'île de Chio qui aient, en Turquie, le privilége de sonner les cloches. Ils doivent ce privilége et plusieurs autres à la culture

Je descendis à terre, et je m'informai s'il n'y avoit point de consul de notre nation dans cette île. On m'enseigna un chirurgien qui faisoit les affaires des François : il demeuroit sur le port. J'allai lui rendre visite ; il me reçut très-poliment. Son fils me servit de cicérone pendant quelques heures, pour voir la ville, qui ressemble beaucoup à une ville vénitienne. Baudrand, Ferrari, Tournefort, Dapper, Chandler, M. de Choiseul et mille autres géographes et voyageurs ont parlé de l'île de Chio : je renvoie donc le lecteur à leurs ouvrages.

Je retournai à dix heures à la felouque ; je déjeûnai avec la famille : elle dansa et chanta sur le pont autour de moi, en buvant du vin de Chio, qui n'étoit pas du temps d'Anacréon. Un instrument peu harmonieux animoit les pas et la voix de mes hôtes ; il n'a retenu de la lyre antique que le nom, et il est dégénéré comme ses maîtres : lady Craven en a fait la description.

Nous sortîmes du port le 1ᵉʳ septembre, à midi : la brise du nord commençoit à s'élever, et elle devint en peu de temps très-violente. Nous essayâmes d'abord de prendre la passe de l'ouest entre Chio et les îles Spalmodores [1], qui ferment le canal quand on fait voile pour Métélin ou pour Smyrne. Mais nous ne pûmes doubler le cap Delphino : nous portâmes à l'est, et nous allongeâmes la bordée jusque dans le port de Tchesmé. De là, revenant sur Chio, puis retournant sur le mont Mimas, nous parvînmes enfin à nous élever au cap Cara-Bouroun, à l'entrée du golfe de Smyrne. Il étoit dix heures du soir : le vent nous manqua et nous passâmes la nuit en calme sous la côte d'Asie.

Le 2, à la pointe du jour, nous nous éloignâmes de terre à la rame, afin de profiter de l'imbat aussitôt qu'il commenceroit à souffler : il parut de meilleure heure que de coutume. Nous eûmes bientôt passé les îles de Dourlach, et nous vînmes raser le château qui commande le fond du golfe ou le port de Smyrne. J'aperçus alors la ville dans le lointain, au travers d'une forêt de mâts de vaisseaux : elle paroissoit sortir de la mer, car elle est placée sur une terre basse et unie que dominent au sud-est des montagnes d'un aspect stérile. Joseph ne se possédoit pas de joie : Smyrne étoit pour lui une seconde patrie ; le plaisir de ce pauvre garçon m'affligeoit presque, en me faisant d'abord penser à mon pays ; en me montrant ensuite que l'axiome, *ubi bene ibi patria*, n'est que trop vrai pour la plupart des hommes.

Joseph, debout auprès de moi sur le pont, me nommoit tout ce que

de l'arbre à mastic. Voyez le Mémoire de M. Galland, dans l'ouvrage de M. de Choiseul.

1. *Olim Œnussæ.*

je voyois, à mesure que nous avancions. Enfin, nous amenâmes la voile, et laissant encore quelque temps filer notre felouque, nous donnâmes fond par six brasses, en dehors de la première ligne des vaisseaux. Je cherchai des yeux mon navire de Trieste, et je le reconnus à son pavillon. Il étoit mouillé près de l'échelle des Francs, ou du quai des Européens. Je m'embarquai avec Joseph dans un caïque qui vint le long de notre bord, et je me fis porter au bâtiment autrichien. Le capitaine et son second étoient à terre : les matelots me reconnurent, et me reçurent avec de grandes démonstrations de joie. Ils m'apprirent que le vaisseau étoit arrivé à Smyrne le 18 août; que le capitaine avoit louvoyé deux jours pour m'attendre entre Zéa et le cap Sunium, et que le vent l'avoit ensuite forcé à continuer sa route. Ils ajoutèrent que mon domestique, par ordre du consul de France, m'avoit arrêté un logement à l'auberge.

Je vis avec plaisir que mes anciens compagnons avoient été aussi heureux que moi dans leur voyage. Ils voulurent me descendre à terre : je passai donc dans la chaloupe du bâtiment, et bientôt nous abordâmes le quai. Une foule de porteurs s'empressèrent de me donner la main pour monter. Smyrne, où je voyois une multitude de chapeaux[1], m'offroit l'aspect d'une ville maritime d'Italie, dont un quartier seroit habité par des Orientaux. Joseph me conduisit chez M. Chauderloz, qui occupoit alors le consulat françois de cette importante échelle. J'aurai souvent à répéter les éloges que j'ai déjà faits de l'hospitalité de nos consuls; je prie mes lecteurs de me le pardonner : car si ces redites les fatiguent, je ne puis toutefois cesser d'être reconnoissant. M. Chauderloz, frère de M. de La Clos, m'accueillit avec politesse, mais il ne me logea point chez lui, parce qu'il étoit malade et que Smyrne offre d'ailleurs les ressources d'une grande ville européenne.

Nous arrangeâmes sur-le-champ toute la suite de mon voyage : j'avois résolu de me rendre à Constantinople par terre, afin d'y prendre des firmans et de m'embarquer ensuite avec les pèlerins grecs pour la Syrie, mais je ne voulois pas suivre le chemin direct, et mon dessein étoit de visiter la plaine de Troie en traversant le mont Ida. Le neveu de M. Chauderloz, qui venoit de faire une course à Éphèse, me dit que les défilés du Gargare étoient infestés de voleurs et occupés par des agas plus dangereux encore que les brigands. Comme je tenois à mon projet, on envoya chercher un guide qui

---

[1]. Le turban et le chapeau font la principale distinction des Francs et des Turcs, et dans le langage du Levant on compte par chapeaux et par turbans.

devoit avoir conduit un Anglois aux Dardanelles par la route que je voulois tenir. Ce guide consentit en effet à m'accompagner et à fournir les chevaux nécessaires, moyennant une somme assez considérable. M. Chauderloz promit de me donner un interprète et un janissaire expérimenté. Je vis alors que je serois forcé de laisser une partie de mes malles au consulat et de me contenter du plus strict nécessaire. Le jour du départ fut fixé au 4 septembre, c'est-à-dire au surlendemain de mon arrivée à Smyrne.

Après avoir promis à M. Chauderloz de revenir dîner avec lui, je me rendis à mon auberge, où je trouvai Julien tout établi dans un appartement fort propre et meublé à l'européenne. Cette auberge, tenue par une veuve, jouissoit d'une très-belle vue sur le port : je ne me souviens plus de son nom. Je n'ai rien à dire de Smyrne après Tournefort, Chandler, Peyssonel, Dallaway et tant d'autres, mais je ne puis me refuser au plaisir de citer un morceau du *Voyage* de M. de Choiseul :

« Les Grecs sortis du quartier d'Éphèse nommé *Smyrna* n'avoient bâti que des hameaux au fond du golfe qui depuis a porté le nom de leur première patrie ; Alexandre voulut les rassembler, et leur fit construire une ville près la rivière Mélès. Antigone commença cet ouvrage par ses ordres, et Lysimaque le finit.

« Une situation aussi heureuse que celle de Smyrne étoit digne du fondateur d'Alexandrie, et devoit assurer la prospérité de cet établissement. Admise par les villes d'Ionie à partager les avantages de leur confédération, cette ville devint bientôt le centre du commerce de l'Asie Mineure : son luxe y attira tous les arts ; elle fut décorée d'édifices superbes et remplie d'une foule d'étrangers qui venoient l'enrichir des productions de leur pays, admirer ses merveilles, chanter avec ses poëtes et s'instruire avec ses philosophes. Un dialecte plus doux prêtoit un nouveau charme à cette éloquence qui paroissoit un attribut des Grecs. La beauté du climat sembloit influer sur celle des individus, qui offroient aux artistes des modèles à l'aide desquels ils faisoient connoître au reste du monde la nature et l'art réunis dans leur perfection.

« Elle étoit une des villes qui revendiquoient l'honneur d'avoir vu naître Homère : on montroit sur le bord du Mélès le lieu où Crithéis, sa mère, lui avoit donné le jour, et la caverne où il se retiroit pour composer ses vers immortels. Un monument élevé à sa gloire, et qui portoit son nom, présentoit au milieu de la ville de vastes portiques sous lesquels se rassembloient les citoyens ; enfin, leurs monnoies portoient son image, comme s'ils eussent reconnu pour souverain le génie qui les honoroit.

« Smyrne conserva les restes précieux de cette prospérité jusqu'à l'époque où l'empire eut à lutter contre les barbares : elle fut prise par les Turcs, reprise par les Grecs, toujours pillée, toujours détruite. Au commencement du XIIIe siècle, il n'en existoit plus que les ruines et la citadelle, qui fut réparée par l'empereur Jean Comnène, mort en 1224 : cette forteresse ne put résister aux efforts des princes turcs, dont elle fut souvent la résidence, malgré les chevaliers de Rhodes, qui, saisissant une circonstance favorable, parvinrent à y construire un fort et à s'y maintenir ; mais Tamerlan prit en quatorze jours cette place que Bajazet bloquoit depuis sept ans.

« Smyrne ne commença à sortir de ses ruines que lorsque les Turcs furent entièrement maîtres de l'empire : alors sa situation lui rendit les avantages que la guerre lui avoit fait perdre ; elle redevint l'entrepôt du commerce de ces contrées. Les habitants, rassurés, abandonnèrent le sommet de la montagne et bâtirent de nouvelles maisons sur le bord de la mer : ces constructions modernes ont été faites avec les marbres de tous les monuments anciens, dont il reste à peine des fragments ; et l'on ne retrouve plus que la place du stade et du théâtre. On chercheroit vainement à reconnoître les vestiges des fondations, ou quelques pans de murailles qui s'aperçoivent entre la forteresse et l'emplacement de la ville actuelle. »

Les tremblements de terre, les incendies et la peste ont maltraité la Smyrne moderne, comme les barbares ont détruit la Smyrne antique. Le dernier fléau que j'ai nommé a donné lieu à un dévouement qui mérite d'être remarqué entre les dévouements de tant d'autres missionnaires ; l'histoire n'en sera pas suspecte : c'est un ministre anglican qui la rapporte. Frère Louis de Pavie, de l'ordre des Récollets, supérieur et fondateur de l'hôpital Saint-Antoine, à Smyrne, fut attaqué de la peste : il fit vœu si Dieu lui rendoit la vie de la consacrer au service des pestiférés. Arraché miraculeusement à la mort, frère Louis a rempli les conditions de son vœu. Les pestiférés qu'il a soignés sont sans nombre, et l'on a calculé qu'il a sauvé à peu près les deux tiers [1] des malheureux qu'il a secourus.

Je n'avois donc rien à voir à Smyrne, si ce n'est ce Mélès, que personne ne connoît, et dont trois ou quatre ravines se disputent le nom [2].

---

1. Voyez DALLAWAY. Le grand moyen employé par le frère Louis étoit d'envelopper le malade dans une chemise trempée d'huile.

2. Chandler en fait pourtant une description assez *poétique*, quoiqu'il se moque des poëtes et des peintres qui se sont avisés de donner des eaux à l'Ilissus. Il fait couler le Mélès derrière le château. La carte de Smyrne de M. de Choiseul marque aussi le cours du fleuve, père d'Homère. Comment se fait-il qu'avec toute l'imagina-

Mais une chose qui me frappa et qui me surprit, ce fut l'extrême douceur de l'air. Le ciel, moins pur que celui de l'Attique, avoit cette teinte que les peintres appellent un *ton chaud*, c'est-à-dire qu'il étoit rempli d'une vapeur déliée un peu rougie par la lumière. Quand la brise de mer venoit à manquer, je sentois une langueur qui approchoit de la défaillance : je reconnus la molle Ionie. Mon séjour à Smyrne me força à une nouvelle métamorphose ; je fus obligé de reprendre les airs de la civilisation, de recevoir et de rendre des visites. Les négociants qui me firent l'honneur de me venir voir étoient riches, et quand j'allai les saluer à mon tour, je trouvai chez eux des femmes élégantes qui sembloient avoir reçu le matin leurs modes de chez Leroi. Placé entre les ruines d'Athènes et les débris de Jérusalem, cet autre Paris où j'étois arrivé sur un bateau grec, et d'où j'allois sortir avec une caravane turque, coupoit d'une manière piquante les scènes de mon voyage : c'étoit une espèce d'oasis civilisée, une Palmyre au milieu des déserts et de la barbarie. J'avoue néanmoins que, naturellement un peu sauvage, ce n'étoit pas ce qu'on appelle la société que j'étois venu chercher en Orient : il me tardoit de voir des chameaux et d'entendre le cri du cornac.

Le 4 au matin, tous les arrangements étant faits, le guide partit avec les chevaux : il alla m'attendre à Ménémen-Eskélessi, petit port de l'Anatolie. Ma dernière visite à Smyrne fut pour Joseph : *Quantum mutatus ab illo !* Étoit-ce bien là mon illustre drogman ? Je le trouvai dans une chétive boutique, planant et battant sa vaisselle d'étain. Il avoit cette même veste de velours bleu qu'il portoit sur les ruines de Sparte et d'Athènes. Mais que lui servoient ces marques de sa gloire ? que lui servoit d'avoir vu les villes et les hommes, *mores hominum et urbes?* Il n'étoit pas même propriétaire de son échoppe ! J'aperçus dans un coin un maître à mine refrognée, qui parloit rudement à mon ancien compagnon. C'étoit pour cela que Joseph se réjouissoit tant d'arriver ! Je n'ai regretté que deux choses dans mon voyage : c'est de n'avoir pas été assez riche pour établir Joseph à Smyrne et pour racheter un captif à Tunis. Je fis mes derniers adieux à mon pauvre camarade : il pleuroit, et je n'étois guère moins attendri. Je lui écrivis mon nom sur un petit morceau de papier, dans lequel j'enveloppai des marques sincères de ma reconnoissance ; de sorte que le maître de la boutique ne vit rien de ce qui se passoit entre nous.

---

tion qu'on me suppose, je n'aie pu voir en Grèce ce que tant d'illustres et graves voyageurs y ont vu? J'ai un maudit amour de la vérité et une crainte de dire ce qui n'est pas qui l'emportent en moi sur toute autre considération.

Le soir, après avoir remercié M. le consul de toutes ses civilités, je m'embarquai dans un bateau avec Julien, le drogman, les janissaires et le neveu de M. Chauderloz, qui voulut bien m'accompagner jusqu'à l'échelle. Nous y abordâmes en peu de temps. Le guide étoit sur le rivage : j'embrassai mon jeune hôte, qui retournoit à Smyrne, nous montâmes à cheval et nous partîmes.

Il étoit minuit quand nous arrivâmes au kan de Ménémen. J'aperçus de loin une multitude de lumières éparses : c'étoit le repos d'une caravane. En approchant, je distinguai les chameaux, les uns couchés, les autres debout ; ceux-ci chargés de leurs fardeaux, ceux-là débarrassés de leurs bagages. Des chevaux et des ânes débridés mangeoient l'orge dans des seaux de cuir ; quelques cavaliers se tenoient encore à cheval, et les femmes, voilées, n'étoient point descendues de leurs dromadaires. Assis les jambes croisées sur des tapis, des marchands turcs étoient groupés autour des feux qui servoient aux esclaves à préparer le pilau ; d'autres voyageurs fumoient leur pipe à la porte du kan, mâchoient de l'opium, écoutoient des histoires. On brûloit le café dans les poêlons ; des vivandières alloient de feu en feu, proposant des gâteaux de blé grué, des fruits et de la volaille ; des chanteurs amusoient la foule ; des imans faisoient des ablutions, se prosternoient, se relevoient, invoquoient le Prophète ; des chameliers dormoient étendus sur la terre. Le sol étoit jonché de ballots, de sacs de coton, de *couffes* de riz. Tous ces objets, tantôt distincts et vivement éclairés, tantôt confus et plongés dans une demi-ombre, selon la couleur et le mouvement des feux, offroient une véritable scène des *Mille et une nuits*. Il n'y manquoit que le calife Aroun al Raschild, le vizir Giaffar et Mesrour, chef des eunuques.

Je me souvins alors, pour la première fois, que je foulois les plaines de l'Asie, partie du monde qui n'avoit point encore vu la trace de mes pas, hélas ! ni ces chagrins que je partage avec tous les hommes. Je me sentis pénétré de respect pour cette vieille terre où le genre humain prit naissance, où les patriarches vécurent, où Tyr et Babylone s'élevèrent, où l'Éternel appela Cyrus et Alexandre, où Jésus-Christ accomplit le mystère de notre salut. Un monde étranger s'ouvroit devant moi : j'allois rencontrer des nations qui m'étoient inconnues, des mœurs diverses, des usages différents, d'autres animaux, d'autres plantes, un ciel nouveau, une nature nouvelle. Je passerois bientôt l'Hermus et le Granique ; Sardes n'étoit pas loin ; je m'avançois vers Pergame et vers Troie : l'histoire me dérouloit une autre page des révolutions de l'espèce humaine.

Je m'éloignai à mon grand regret de la caravane. Après deux heures de marche nous arrivâmes au bord de l'Hermus, que nous traversâmes dans un bac. C'est toujours le *turbidus Hermus*; je ne sais s'il roule encore de l'or. Je le regardai avec plaisir, car c'étoit le premier fleuve proprement dit que je rencontrois depuis que j'avois quitté l'Italie. Nous entrâmes à la pointe du jour dans une plaine bordée de montagnes peu élevées. Le pays offroit un aspect tout différent de celui de la Grèce : les cotonniers verts, le chaume jaunissant des blés, l'écorce variée des pastèques, diaproient agréablement la campagne; des chameaux paissoient çà et là avec les buffles. Nous laissions derrière nous Magnésie et le mont Sipylus : ainsi nous n'étions pas éloignés des champs de bataille où Agésilas humilia la puissance du grand roi et où Scipion remporta sur Antiochus cette victoire qui ouvrit aux Romains le chemin de l'Asie.

Nous aperçûmes au loin sur notre gauche les ruines de Cyme, et nous avions Néon-Tichos à notre droite : j'étois tenté de descendre de cheval et de marcher à pied, par respect pour Homère, qui avoit passé dans ces mêmes lieux.

« Quelque temps après, le mauvais état de ses affaires le disposa à aller à Cyme. S'étant mis en route, il traversa la plaine de l'Hermus, et arriva à Néon-Tichos, colonie de Cyme : elle fut fondée huit ans après Cyme. On prétend qu'étant en cette ville chez un armurier, il y récita ces vers, les premiers qu'il ait faits : « O vous, citoyens de « l'aimable fille de Cyme, qui habitez au pied du mont Sardène, dont « le sommet est ombragé de bois qui répandent la fraîcheur, et qui « vous abreuvez de l'eau du divin Hermus, qu'enfanta Jupiter, res-« pectez la misère d'un étranger qui n'a pas une maison où il puisse « trouver un asile ! »

« L'Hermus coule près de Néon-Tichos, et le mont Sardène domine l'un et l'autre. L'armurier s'appeloit *Tychius* : ces vers lui firent tant de plaisir, qu'il se détermina à le recevoir chez lui. Plein de commisération pour un aveugle réduit à demander son pain, il lui promit de partager avec lui ce qu'il avoit. Mélésigène étant entré dans son atelier, prit un siége, et en présence de quelques citoyens de Néon-Tichos il leur montra un échantillon de ses poésies : c'étoient l'expédition d'Amphiaraüs contre Thèbes et des hymnes en l'honneur des dieux. Chacun en dit son sentiment, et Mélésigène ayant porté là-dessus son jugement, ses auditeurs en furent dans l'admiration.

« Tant qu'il fut à Néon-Tichos, ses poésies lui fournirent les moyens de subsister : on y montroit encore de mon temps le lieu où il avoit coutume de s'asseoir quand il récitoit ses vers. Ce lieu, qui étoit encore en grande vénération, étoit ombragé par un peuplier qui avoit commencé à croître dans le temps de son arrivée[1]. »

Puisque Homère avoit eu pour hôte un armurier à Néon-Tichos, je ne rougissois plus d'avoir eu pour interprète un marchand d'étain à Smyrne. Plût au ciel que la ressemblance fût en tout aussi complète, dussé-je acheter le génie d'Homère par tous les malheurs dont ce poëte fut accablé !

Après quelques heures de marche nous franchîmes une des croupes du mont Sardène, et nous arrivâmes au bord du Pythicus. Nous fîmes halte pour laisser passer une caravane qui traversoit le fleuve. Les chameaux, attachés à la queue les uns des autres, n'avançoient dans l'eau qu'en résistant ; ils allongeoient le cou et étoient tirés par l'âne qui marche à la tête de la caravane. Les marchands et les chevaux étoient arrêtés en face de nous, de l'autre côté de la rivière, et l'on voyoit une femme turque, assise à l'écart, qui se cachoit dans son voile.

Nous passâmes le Pythicus à notre tour, au-dessous d'un méchant pont de pierre, et à onze heures nous gagnâmes un kan, où nous laissâmes reposer les chevaux.

A cinq heures du soir nous nous remîmes en route. Les terres étoient hautes et assez bien cultivées. Nous voyions la mer à gauche. Je remarquai pour la première fois des tentes de Turcomans : elles étoient faites de peaux de brebis noires, ce qui me fit souvenir des Hébreux et des pasteurs arabes. Nous descendîmes dans la plaine de Myrine, qui s'étend jusqu'au golfe d'Élée. Un vieux château, du nom de *Guzel-Hissar*, s'élevoit sur une des pointes de la montagne que nous venions de quitter. Nous campâmes, à dix heures du soir, au milieu de la plaine. On étendit à terre une couverture que j'avois achetée à Smyrne. Je me couchai dessus et je m'endormis. En me réveillant, quelques heures après, je vis les étoiles briller au-dessus de ma tête, et j'entendis le cri du chamelier qui conduisoit une caravane éloignée. Le 5 nous montâmes à cheval avant le jour. Nous cheminâmes par une plaine cultivée : nous traversâmes le Caïcus à une lieue de Pergame, et à neuf heures du matin nous entrâmes dans la ville. Elle est bâtie au pied d'une montagne. Tandis que le guide conduisoit les chevaux au kan, j'allai voir les ruines de la citadelle. Je trouvai les débris de trois enceintes de murailles, les restes d'un théâtre et d'un temple (peut-être celui de Minerve Porte-Victoire). Je remarquai quelques fragments agréables de sculpture, entre autres une frise ornée

---

1. *Vie d'Homère*, traduction de M. Larcher.

de guirlandes que soutiennent des têtes de bœuf et des aigles. Pergame étoit au-dessous de moi dans la direction du midi : elle ressemble à un camp de baraques rouges. Au couchant se déroule une grande plaine terminée par la mer; au levant s'étend une autre plaine, bordée au loin par des montagnes; au midi, et au pied de la ville, je voyois d'abord des cimetières plantés de cyprès; puis une bande de terre cultivée en orge et en coton; ensuite deux grands *tumulus* : après cela venoit une lisière plantée d'arbres; et enfin une longue et haute colline qui arrêtoit l'œil. Je découvrois aussi au nord-est quelques-uns des replis du Sélinus et du Cétius; et à l'est l'amphithéâtre dans le creux d'un vallon. La ville, quand je descendis de la citadelle, m'offrit les restes d'un aqueduc et les débris du *Lycée*. Les savants du pays prétendent que la fameuse bibliothèque étoit renfermée dans ce dernier monument.

Mais si jamais description fut superflue, c'est celle que je viens de faire. Il n'y a guère plus de cinq à six mois que M. de Choiseul a publié la suite de son *Voyage*. Ce second volume, où l'on reconnoît les progrès d'un talent que le travail, le temps et le malheur ont perfectionné, donne les détails les plus exacts et les plus curieux sur les monuments de Pergame et sur l'histoire de ses princes. Je ne me permettrai donc qu'une réflexion. Ce nom des Attale, cher aux arts et aux lettres, semble avoir été fatal aux rois : Attale, troisième du nom, mourut presque fou, et légua ses meubles aux Romains : *Populus romanus bonorum meorum hæres esto*. Et ces républicains, qui regardoient apparemment les peuples comme des meubles, s'emparèrent du royaume d'Attale. On trouve un autre Attale, jouet d'Alaric, et dont le nom est devenu proverbial pour exprimer un fantôme de roi. Quand on ne sait pas porter la pourpre, il ne faut pas l'accepter : mieux vaut alors le sayon de poil de chèvre.

Nous sortîmes de Pergame le soir à sept heures, et, faisant route au nord, nous nous arrêtâmes à onze heures du soir pour coucher au milieu d'une plaine. Le 6, à quatre heures du matin, nous reprîmes notre chemin, et nous continuâmes de marcher dans la plaine, qui, aux arbres près, ressemble à la Lombardie. Je fus saisi d'un accès de sommeil si violent, qu'il me fut impossible de le vaincre, et je tombai par-dessus la tête de mon cheval. J'aurois dû me rompre le cou ; j'en fus quitte pour une légère contusion. Vers les sept heures, nous nous trouvâmes sur un sol inégal, formé par des monticules. Nous descendîmes ensuite dans un bassin charmant planté de mûriers, d'oliviers, de peupliers et de pins en parasol (*pinus pinea*). En général, toute cette terre de l'Asie me parut fort supérieure à la terre de la Grèce.

Nous arrivâmes d'assez bonne heure à la Somma, méchante ville turque, où nous passâmes la journée.

Je ne comprenois plus rien à notre marche. Je n'étois plus sur les traces des voyageurs, qui tous, allant à Burse ou revenant de cette ville, passent beaucoup plus à l'est, par le chemin de Constantinople. D'un autre côté, pour attaquer le revers du mont Ida, il me sembloit que nous eussions dû nous rendre de Pergame à Adramytti, d'où, longeant la côte ou franchissant le Gargare, nous fussions descendus dans la plaine de Troie. Au lieu de suivre cette route, nous avions marché sur une ligne qui passoit précisément entre le chemin des Dardanelles et celui de Constantinople. Je commençai à soupçonner quelque supercherie de la part du guide, d'autant plus que je l'avois vu souvent causer avec le janissaire. J'envoyai Julien chercher le drogman ; je demandai à celui-ci par quel hasard nous nous trouvions à la Somma. Le drogman me parut embarrassé ; il me répondit que nous allions à Kircagach ; qu'il étoit impossible de traverser la montagne ; que nous y serions infailliblement égorgés ; que notre troupe n'étoit pas assez nombreuse pour hasarder un pareil voyage, et qu'il étoit bien plus expédient d'aller rejoindre le chemin de Constantinople.

Cette réponse me mit en colère ; je vis clairement que le drogman et le janissaire, soit par peur, soit par d'autres motifs, étoient entrés dans un complot pour me détourner de mon chemin. Je fis appeler le guide, et je lui reprochai son infidélité. Je lui dis que puisqu'il trouvoit la route de Troie impraticable, il auroit dû le déclarer à Smyrne ; qu'il étoit un poltron, tout Turc qu'il étoit ; que je n'abandonnerois pas ainsi mes projets selon sa peur ou ses caprices ; que mon marché étoit fait pour être conduit aux Dardanelles, et que j'irois aux Dardanelles.

A ces paroles, que le drogman traduisit très-fidèlement, le guide entra en fureur ; il s'écria : Allah ! allah ! secoua sa barbe de rage, déclara que j'avois beau dire et beau faire, qu'il me mèneroit à Kircagach, et que nous verrions qui, d'un chrétien ou d'un Turc, auroit raison auprès de l'aga. Sans Julien, je crois que j'aurois assommé cet homme.

Kircagach étant une riche et grande ville, à trois lieues de la Somma, j'espérois y trouver un agent françois qui feroit mettre ce Turc à la raison. Le 7, à quatre heures du matin, toute notre troupe étoit à cheval, selon l'ordre que j'en avois donné. Nous arrivâmes à Kircagach en moins de trois heures, et nous mîmes pied à terre à la porte d'un très-beau kan. Le drogman s'informa à l'heure même s'il n'y avoit point un consul françois dans la ville. On lui indiqua la demeure d'un chirurgien italien : je me fis conduire chez le prétendu vice-consul, et je lui expliquai mon affaire. Il alla sur-le-champ en rendre compte au commandant : celui-ci m'ordonna de comparoître devant lui avec le guide. Je me rendis au tribunal de Son Excellence ; j'étois précédé du drogman et du janissaire. L'aga étoit à demi couché dans l'angle d'un sofa, au fond d'une grande salle assez belle, dont le plancher étoit couvert de tapis. C'étoit un jeune homme d'une famille de vizirs. Il avoit des armes suspendues au-dessus de sa tête ; un de ses officiers étoit assis auprès de lui ; il fumoit d'un air dédaigneux une grande pipe persane, et poussoit de temps en temps des éclats de rire immodérés en nous regardant. Cette réception me déplut. Le guide, le janissaire et le drogman ôtèrent leurs sandales à la porte, selon la coutume : ils allèrent baiser le bas de la robe de l'aga, et revinrent ensuite s'asseoir à la porte.

La chose ne se passa pas si tranquillement à mon égard : j'étois complétement armé, botté, éperonné ; j'avois un fouet à la main. Les esclaves voulurent m'obliger à quitter mes bottes, mon fouet et mes armes. Je leur fis dire par le drogman qu'un François suivoit partout les usages de son pays. Je m'avançai brusquement dans la chambre. Un spahi me saisit par le bras gauche, et me tira de force en arrière. Je lui sanglai à travers le visage un coup de fouet qui l'obligea de lâcher prise. Il mit la main sur les pistolets qu'il portoit à la ceinture : sans prendre garde à sa menace, j'allai m'asseoir à côté de l'aga, dont l'étonnement étoit risible. Je lui parlai françois : je me plaignis de l'insolence de ses gens ; je lui dis que ce n'étoit que par respect pour lui que je n'avois pas tué son janissaire ; qu'il devoit savoir que les François étoient les premiers et les plus fidèles alliés du grand-seigneur ; que la gloire de leurs armes étoit assez répandue dans l'Orient pour qu'on apprît à respecter leurs chapeaux, de même qu'ils honoroient les turbans sans les craindre ; que j'avois bu le café avec des pachas qui m'avoient traité comme leur fils ; que je n'étois pas venu à Kircagach pour qu'un esclave m'apprît à vivre et fût assez téméraire pour toucher la basque de mon habit.

L'aga, ébahi, m'écoutoit comme s'il m'eût entendu : le drogman lui traduisit mon discours. Il répondit qu'il n'avoit jamais vu de François ; qu'il m'avoit pris pour un Franc, et que très-certainement il alloit me rendre justice : il me fit apporter le café.

Rien n'étoit curieux à observer comme l'air stupéfait et la figure allongée des esclaves qui me voyoient assis avec mes bottes poudreuses sur le divan, auprès de leur maître. La tranquillité étant rétablie, on expliqua mon affaire. Après avoir entendu les deux parties, l'aga rendit un arrêt auquel je ne m'attendois point du tout : il condamna le guide à me rendre une partie de mon argent; mais il déclara que, les chevaux étant fatigués, cinq hommes seuls ne pouvoient se hasarder dans le passage des montagnes; qu'en conséquence je devois, selon lui, prendre tranquillement la route de Constantinople.

Il y avoit là-dedans un certain bon sens turc assez remarquable, surtout lorsqu'on considéroit la jeunesse et le peu d'expérience du juge. Je fis dire à Son Excellence que son arrêt, d'ailleurs très-juste, péchoit par deux raisons : premièrement, parce que cinq hommes bien armés passoient partout; secondement, parce que le guide auroit dû faire ses réflexions à Smyrne et ne pas prendre un engagement qu'il n'avoit pas le courage de remplir. L'aga convint que ma dernière remarque étoit raisonnable, mais que, les chevaux étant fatigués et incapables de faire une aussi longue route, la *fatalité* m'obligeoit de prendre un autre chemin.

Il eût été inutile de résister à la fatalité : tout étoit secrètement contre moi, le juge, le drogman et mon janissaire. Le guide voulut faire des difficultés pour l'argent; mais on lui déclara que cent coups de bâton l'attendoient à la porte s'il ne restituoit pas une partie de la somme qu'il avoit reçue. Il la tira avec une grande douleur du fond d'un petit sac de cuir, et s'approcha pour me la remettre : je la pris et la lui rendis en lui reprochant son manque de bonne foi et de loyauté. L'intérêt est le grand vice des musulmans, et la libéralité est la vertu qu'ils estiment davantage. Mon action leur parut sublime : on n'entendait qu'Allah! Allah! Je fus reconduit par tous les esclaves, et même par le spahi que j'avois frappé; ils s'attendoient à ce qu'ils appellent le *régal*. Je donnai deux pièces d'or au musulman battu; je crois qu'à ce prix il n'auroit pas fait les difficultés que Sancho faisoit pour délivrer madame Dulcinée. Quant au reste de la troupe, on lui déclara de ma part qu'un François ne faisoit ni ne recevoit de présents.

Voilà les soins que me coûtoient Ilion et la gloire d'Homère. Je me dis, pour me consoler, que je passerois nécessairement devant Troie en faisant voile avec les pèlerins, et que je pourrois engager le capitaine à me mettre à terre. Je ne songeai donc plus qu'à poursuivre promptement ma route.

J'allai rendre visite au chirurgien; il n'avoit point reparu dans toute cette affaire du guide, soit qu'il n'eût aucun titre pour m'appuyer, soit qu'il craignît le commandant. Nous nous promenâmes ensemble dans la ville, qui est assez grande et bien peuplée. Je vis ce que je n'avois point encore rencontré ailleurs, des jeunes Grecques sans voiles, vives, jolies, accortes, et en apparence filles d'Ionie. Il est singulier que Kircagach, si connue dans tout le Levant pour la supériorité de son coton, ne se trouve dans aucun voyageur [1] et n'existe sur aucune carte. C'est une de ces villes que les Turcs appellent *sacrées* : elle est attachée à la grande mosquée de Constantinople; les pachas ne peuvent y entrer. J'ai parlé de la bonté et de la singularité de son miel à propos de celui du mont Hymette.

Nous quittâmes Kircagach à trois heures de l'après-midi, et nous prîmes la route de Constantinople. Nous nous dirigions au nord, à travers un pays planté de cotonniers. Nous gravîmes une petite montagne; nous descendîmes dans une autre plaine, et nous vînmes, à cinq heures et demie du soir, coucher au kan de Kelembé. C'est vraisemblablement ce même lieu que Spon nomme *Basculembéi*, Tournefort *Baskelambai*, et Thévenot *Dgelembé*. Cette géographie turque est fort obscure dans les voyageurs. Chacun ayant suivi l'orthographe que lui dictoit son oreille, on a encore une peine infinie à faire la concordance des noms anciens et des noms modernes dans l'Anatolie. D'Anville n'est pas complet à cet égard; et malheureusement la carte de la Propontide levée par ordre de M. de Choiseul ne dessine que les côtes de la mer de Marmara.

J'allai me promener aux environs du village; le ciel étoit nébuleux, et l'air froid comme en France. C'étoit la première fois que je remarquois cette espèce de ciel dans l'Orient. Telle est la puissance de la patrie : j'éprouvois un plaisir secret à contempler ce ciel grisâtre et attristé, au lieu de ce ciel pur que j'avois eu si longtemps sur ma tête.

> Si, dans sa course déplorée,
> Il succombe au dernier sommeil,
> Sans revoir la douce contrée
> Où brilla son premier soleil,
> Là son dernier soupir s'adresse;
> Là son expirante tendresse
> Veut que ses os soient ramenés :
> D'une région étrangère
> La terre seroit moins légère
> A ses mânes abandonnés !

---

[1]. M. de Choiseul est le seul qui la nomme. Tournefort parle d'une montagne appelée *Kircagan*. Paul Lucas, Pococke, Chandler, Spon, Smith, Dallaway, ne disent rien de Kircagach. D'Anville la passe sous silence. Les Mémoires de Peyssonel n'en parlent pas. Si elle se trouve dans quelques-uns des innombrables voyages en Orient, c'est d'une manière très-obscure et qui échappe entièrement à ma mémoire.

(*Note des deux premières éditions.*)

Kircagach se trouve, dit-on, sur une carte d'Arrowsmith.

Le 8, au lever du jour, nous quittâmes notre gîte, et nous commençâmes à gravir une région montueuse qui seroit couverte d'une admirable forêt de chênes, de pins, de phyllyreas, d'andrachnés, de térébinthes, si les Turcs laissoient croître quelque chose ; mais ils mettent le feu aux jeunes plants et mutilent les gros arbres. Ce peuple détruit tout, c'est un véritable fléau [1]. Les villages dans ces montagnes sont pauvres, mais les troupeaux sont assez communs et très-variés. Vous voyez dans la même cour des bœufs, des buffles, des moutons, des chèvres, des chevaux, des ânes, des mulets, mêlés à des poules, à des dindons, à des canards, à des oies. Quelques oiseaux sauvages, tels que les cigognes et les alouettes, vivent familièrement avec ces animaux domestiques ; au milieu de ces hôtes paisibles règne le chameau, le plus paisible de tous.

Nous vînmes dîner à Geujouck ; ensuite, continuant notre route, nous bûmes le café au haut de la montagne de Zebec ; nous couchâmes à Chia-Ouse. Tournefort et Spon nomment sur cette route un lieu appelé *Courougonlgi*.

Nous traversâmes le 9 des montagnes plus élevées que celles que nous avions passées la veille. Wheler prétend qu'elles forment la chaîne du mont Timnus. Nous dînâmes à Manda-Fora. Spon et Tournefort écrivent Mandagoia. On y voit quelques colonnes antiques. C'est ordinairement la couchée ; mais nous passâmes outre, et nous nous arrêtâmes à neuf heures du soir au café d'Émir-Capi, maison isolée au milieu des bois. Nous avions fait une route de treize heures. Le maître du lieu venoit d'expirer : il étoit étendu sur sa natte ; on l'en ôta bien vite pour me la donner : elle était encore tiède, et déjà tous les amis du mort avaient déserté la maison. Une espèce de valet qui restoit seul m'assura bien que son maître n'étoit pas mort de maladie contagieuse : je fis donc déployer ma couverture sur la natte, je me couchai et m'endormis. D'autres dormiront à leur tour sur mon dernier lit, et ne penseront pas plus à moi que je ne pensois au Turc qui m'avoit cédé sa place : « On jette un peu de terre sur la tête, et en voilà pour jamais [2]. »

Le 10, après six heures de marche, nous arrivâmes pour déjeûner au joli village de Souséverlé. C'est peut-être le Sousurluck de Thévenot, et très-certainement c'est le Sousighirli de Spon et le Sousonghirli de Tournefort, c'est-à-dire le village des Buffles-d'Eau. Il est situé à la fin

---

1. Tournefort dit qu'on met le feu à ces forêts pour augmenter les pâturages, ce qui est très-absurde de la part des Turcs, car le bois manque dans toute la Turquie, et les pâturages y sont abondants.

2. PASCAL.

et sur le revers des montagnes que nous venions de passer. A cinq cents pas du village coule une rivière, et de l'autre côté de cette rivière s'étend une belle et vaste plaine. Cette rivière de Sousonghirli n'est autre chose que le Granique, et cette plaine inconnue est la plaine de la Mysie [1].

Quelle est donc la magie de la gloire! Un voyageur va traverser un fleuve qui n'a rien de remarquable; on lui dit que ce fleuve se nomme *Sousonghirli:* il passe et continue sa route; mais si quelqu'un lui crie : C'est le Granique! il recule, ouvre des yeux étonnés, demeure les regards attachés sur le cours de l'eau, comme si cette eau avoit un pouvoir magique, ou comme si quelque voix extraordinaire se faisoit entendre sur la rive. Et c'est un seul homme qui immortalise ainsi un petit fleuve dans un désert! Ici tombe un empire immense! ici s'élève un empire encore plus grand; l'Océan indien entend la chute du trône qui s'écroule près des mers de la Propontide; le Gange voit accourir le Léopard aux quatre ailes [2], qui triomphe au bord du Granique; Babylone, que le roi bâtit dans l'éclat de sa puissance [3], ouvre ses portes pour recevoir un nouveau maître; Tyr, reine des vaisseaux [4], s'abaisse, et sa rivale sort des sables d'Alexandrie.

Alexandre commit des crimes : sa tête n'avoit pu résister à l'enivrement de ses succès; mais par quelle magnanimité ne racheta-t-il pas les erreurs de sa vie! Ses crimes furent toujours expiés par ses pleurs : tout chez Alexandre sortoit des entrailles. Il finit et commença sa carrière par deux mots sublimes. Partant pour combattre Darius, il distribue ses États à ses capitaines : « Que vous réservez-vous donc? » s'écrient ceux-ci étonnés. « L'espérance? » — « A qui laissez-vous l'empire? » lui disent les mêmes capitaines, comme il expiroit. « Au plus digne! » Plaçons entre ces deux mots la conquête du monde, achevée avec trente-cinq mille hommes en moins de dix ans, et convenions que si quelque homme a ressemblé à un dieu parmi les hommes, c'étoit Alexandre. Sa mort prématurée ajoute même quelque chose de divin à sa mémoire; car nous le voyons toujours jeune, beau, triomphant, sans aucune de ces infirmités de corps, sans aucun de ces revers de fortune, que l'âge et le temps amènent. Cette divinité s'évanouit, et les mortels ne peuvent soutenir le poids de son ouvrage.

1. Je ne sais d'après quel mémoire ou quel voyageur d'Anville donne au Granique le nom d'*Ousvola.* La manière dont mon oreille a entendu prononcer le nom de ce fleuve, *Souséverlé,* se rapproche plus du nom écrit par d'Anville que Sousonghirli ou Sousurluck.   (*Note des deux premières éditions.*)
Spon et Tournefort prennent comme moi le Sousonghirli pour le Granique.
2. Daniel.   3. Idem.   4. Isaïe.

« Son empire, dit le prophète, est donné aux quatre vents du ciel[1]. »

Nous nous arrêtâmes pendant trois heures à Sousonghirli, et je les passai tout entières à contempler le Granique. Il est très-encaissé ; son bord occidental est roide et escarpé ; l'eau, brillante et limpide, coule sur un fond de sable. Cette eau dans l'endroit où je l'ai vue n'a guère plus de quarante pieds de largeur, sur trois et demi de profondeur ; mais au printemps elle s'élève et roule avec impétuosité.

Nous quittâmes Sousonghirli à deux heures de l'après-dîner ; nous traversâmes le Granique, et nous nous avançâmes dans la plaine de la Mikalicie[2], qui étoit comprise dans la Mysie des anciens. Nous vîmes coucher à Tehutitsi, qui est peut-être le Squeticui de Tournefort. Le kan se trouvant rempli de voyageurs, nous nous établîmes sous de grands saules plantés en quinconce.

Le 11, nous partîmes au lever du jour, et, laissant à droite la route de Burse, nous continuâmes à marcher dans une plaine couverte de joncs terrestres, où je remarquai les restes d'un aqueduc.

Nous arrivâmes à neuf heures du matin à Mikalitza, grande ville turque, triste et délabrée, située sur une rivière à laquelle elle donne son nom. Je ne sais si cette rivière n'est point celle qui sort du lac Abouilla : ce qu'il y a de certain, c'est qu'on découvre au loin un lac dans la plaine. Dans ce cas, la rivière de Mikalitza seroit le Rhyndaque, autrefois le Lycus, qui prenoit sa source dans le Stagnum Artynia ; d'autant plus qu'elle a précisément à son embouchure la petite île (Besbicos) indiquée par les anciens. La ville de Mikalitza n'est pas très-éloignée du Lopodion de Nicétas, qui est le Loupadi de Spon, le Lopadi, Loubat et Ouloubat de Tournefort. Rien n'est plus fatigant pour un voyageur que cette confusion dans la nomenclature des lieux ; et si j'ai commis à ce propos des erreurs presque inévitables, je prie le lecteur de se souvenir que des hommes plus habiles que moi s'y sont trompés[3].

Nous abandonnâmes Mikalitza à midi, et nous descendîmes, en suivant le bord oriental de la rivière, vers des terres élevées qui forment

---

1. DANIEL. Voyez la note II, à la fin de l'*Itinéraire*.
2. Tournefort écrit *Michalicie*.
3. Pendant que je fais tous ces calculs, il peut exister telle géographie, tel ouvrage, où les points que je traite sont éclaircis. Cela ne fait pas que j'aie négligé ce que je devois savoir. Je dois connoître les grandes autorités : mais comment exiger que j'aie lu les nouveautés qui paroissent en Europe tous les ans ? Je n'en ai malheureusement que trop lu. Parmi les ouvrages modernes sur la géographie, je dois remarquer toutefois le *Précis de la Géographie universelle*, de M. Malte-Brun, ouvrage excellent, où l'on trouve une érudition très-rare, une critique sage, des aperçus nouveaux, un style clair, spirituel et toujours approprié au sujet.

la côte de la mer de Marmara, autrefois la Propontide. J'aperçus sur ma droite de superbes plaines, un grand lac, et dans le lointain la chaîne de l'Olympe : tout ce pays est magnifique. Après avoir chevauché une heure et demie, nous traversâmes la rivière sur un pont de bois, et nous parvînmes au défilé des hauteurs que nous avions devant nous. Là nous trouvâmes l'échelle ou le port de Mikalitza ; je congédiai mon fripon de guide, et je retins mon passage sur une barque turque prête à partir pour Constantinople.

A quatre heures de l'après-midi, nous commençâmes à descendre la rivière : il y a seize lieues de l'échelle de Mikalitza à la mer. La rivière étoit devenue un fleuve à peu près de la largeur de la Seine ; elle couloit entre des monticules verts qui baignent leur pied dans les flots. La forme antique de notre galère, le vêtement oriental des passagers, les cinq matelots demi-nus qui nous tiroient à la cordelle, la beauté de la rivière, la solitude des coteaux, rendoient cette navigation pittoresque et agréable.

A mesure que nous approchions de la mer, la rivière formoit derrière nous un long canal, au fond duquel on apercevoit les hauteurs d'où nous sortions, et dont les plans inclinés étoient colorés par un soleil couchant qu'on ne voyoit pas. Des cygnes voguoient devant nous, et des hérons alloient chercher à terre leur retraite accoutumée. Cela me rappeloit assez bien les fleuves et les scènes de l'Amérique, lorsque le soir je quittois mon canot d'écorce et que j'allumois du feu sur un rivage inconnu. Tout à coup les collines entre lesquelles nous circulions venant à se replier à droite et à gauche, la mer s'ouvrit devant nous. Au pied des deux promontoires s'étendoit une terre basse à demi noyée, formée par les alluvions du fleuve. Nous vînmes mouiller sous cette terre marécageuse, près d'une cabane, dernier kan de l'Anatolie.

Le 12, à quatre heures du matin, nous levâmes l'ancre ; le vent étoit doux et favorable, et nous nous trouvâmes en moins d'une demi-heure à l'extrémité des eaux du fleuve. Le spectacle mérite d'être décrit. L'aurore s'élevoit à notre droite par-dessus les terres du continent ; à notre gauche s'étendoit la mer de Marmara ; la proue de notre barque regardoit une île ; le ciel à l'orient étoit d'un rouge vif, qui pâlissoit à mesure que la lumière croissoit ; l'étoile du matin brilloit dans cette lumière empourprée, et au-dessous de cette belle étoile on distinguoit à peine le croissant de la lune, comme le trait du pinceau le plus délié : un ancien auroit dit que Vénus, Diane et l'Aurore venoient lui annoncer le plus brillant des dieux. Ce tableau changeoit à mesure que je le contemplois : bientôt des espèces de rayons roses et verts, partant d'un centre commun, montèrent du levant au zénith : ces couleurs s'effacèrent, se ranimèrent, s'effacèrent de nouveau, jusqu'à ce que le soleil paroissant sur l'horizon confondit toutes les nuances du ciel dans une universelle blancheur légèrement dorée.

Nous fîmes route au nord, laissant à notre droite les côtes de l'Anatolie ; le vent tomba une heure après le lever du soleil, et nous avançâmes à la rame. Le calme dura toute la journée. Le coucher du soleil fut froid, rouge et sans accidents de lumière ; l'horizon opposé étoit grisâtre, la mer plombée et sans oiseaux ; les côtes lointaines paroissoient azurées, mais elles n'avoient aucun éclat. Le crépuscule dura peu et fut remplacé subitement par la nuit. A neuf heures, le vent se leva du côté de l'est, et nous fîmes bonne route. Le 13, au retour de l'aube, nous nous trouvâmes sur la côte d'Europe, en travers du port Saint-Étienne : cette côte étoit basse et nue. Il y avoit deux mois, jour pour jour et presque heure pour heure, que j'étois sorti de la capitale des peuples civilisés, et j'allois entrer dans la capitale des peuples barbares. Que de choses n'avois-je point vues dans ce court espace de temps ! Combien ces deux mois m'avoient vieilli !

A six heures et demie nous passâmes devant la Poudrière, monument blanc et long, construit à l'italienne. Derrière ce monument s'étendoit la terre d'Europe : elle paroissoit plate et uniforme. Des villages annoncés par quelques arbres étoient semés çà et là ; c'étoit un paysage de la Beauce après la moisson. Par-dessus la pointe de cette terre, qui se courboit en croissant devant nous, on découvroit quelques minarets de Constantinople.

A huit heures, un caïque vint à notre bord : comme nous étions presque arrêtés par le calme, je quittai la felouque et je m'embarquai avec mes gens dans le petit bateau. Nous rasâmes la pointe d'Europe, où s'élève le château des Sept-Tours, vieille fortification gothique qui tombe en ruine. Constantinople, et surtout la côte d'Asie, étoient noyées dans le brouillard : les cyprès et les minarets que j'apercevois à travers cette vapeur présentoient l'aspect d'un forêt dépouillée. Comme nous approchions de la pointe du sérail, le vent du nord se leva et balaya en moins de quelques minutes la brume répandue sur le tableau ; je me trouvai tout à coup au milieu du palais du commandeur des croyants : ce fut le coup de baguette d'un génie. Devant moi le canal de la mer Noire serpentoit entre des collines riantes, ainsi qu'un fleuve superbe : j'avois à droite la terre d'Asie et la ville de Scutari ; la terre d'Europe étoit à ma gauche : elle formoit, en se creusant, une large baie pleine de grands navires à l'ancre et traversée par d'innombrables petits bateaux. Cette baie, renfermée entre deux coteaux, présentoit en regard et en amphithéâtre Constantinople et Galata. L'immensité de ces trois villes étagées, Galata, Constantinople et Scutari ; les cyprès, les minarets, les mâts des vaisseaux qui s'élevoient et se confondoient de toutes parts ; la verdure des arbres, les couleurs des maisons blanches et rouges ; la mer qui étendoit sous ces objets sa nappe bleue, et le ciel qui dérouloit au-dessus un autre champ d'azur : voilà ce que j'admirois. On n'exagère point quand on dit que Constantinople offre le plus beau point de vue de l'univers [1].

Nous abordâmes à Galata : je remarquai sur-le-champ le mouvement des quais et la foule des porteurs, des marchands et des mariniers ; ceux-ci annonçoient par la couleur diverse de leurs visages, par la différence de leur langage, de leurs habits, de leurs robes, de leurs chapeaux, de leurs bonnets, de leurs turbans, qu'ils étoient venus de toutes les parties de l'Europe et de l'Asie habiter cette frontière des deux mondes. L'absence presque totale des femmes, le manque de voitures à roues, et les meutes de chiens sans maîtres, furent les trois caractères distinctifs qui me frappèrent d'abord dans l'intérieur de cette ville extraordinaire. Comme on ne marche guère qu'en babouches, qu'on n'entend point de bruit de carrosses et de charrettes, qu'il n'y a point de cloches, ni presque point de métiers à marteau, le silence est continuel. Vous voyez autour de vous une foule muette qui semble vouloir passer sans être aperçue, et qui a toujours l'air de se dérober aux regards du maître. Vous arrivez sans cesse d'un bazar à un cimetière, comme si les Turcs n'étoient là que pour acheter, vendre et mourir. Les cimetières sans murs, et placés au milieu des rues, sont des bois magnifiques de cyprès : les colombes font leurs nids dans ces cyprès et partagent la paix des morts. On découvre çà et là quelques monuments antiques, qui n'ont de rapport ni avec les hommes modernes ni avec les monuments nouveaux dont ils sont environnés : on diroit qu'ils ont été transportés dans cette ville orientale par l'effet d'un talisman. Aucun signe de joie, aucune apparence de bonheur ne se montre à vos yeux : ce qu'on voit n'est pas un peuple, mais un troupeau qu'un iman conduit et qu'un janissaire égorge. Il n'y a d'autre plaisir que la débauche, d'autre peine que la mort. Les tristes sons d'une mandoline sortent quelquefois du fond d'un café, et vous apercevez d'infâmes enfants qui exécutent des danses honteuses devant des espèces de singes assis en rond sur de

---

1. Je préfère pourtant la baie de Naples.

petites tables. Au milieu des prisons et des bagnes s'élève un sérail, Capitole de la servitude : c'est là qu'un gardien sacré conserve soigneusement les germes de la peste et les lois primitives de la tyrannie. De pâles adorateurs rôdent sans cesse autour du temple, et viennent apporter leurs têtes à l'idole. Rien ne peut les soustraire au sacrifice ; ils sont entraînés par un pouvoir fatal : les yeux du despote attirent les esclaves, comme les regards du serpent fascinent les oiseaux dont il fait sa proie.

On a tant de relations de Constantinople, que ce seroit folie à moi de prétendre encore en parler[1]. Il y a plusieurs auberges à Péra qui ressemblent à celles des autres villes de l'Europe : les porteurs qui s'emparèrent de mes bagages me conduisirent à l'une de ces auberges. Je me rendis de là au palais de France. J'avois eu l'honneur de voir à Paris M. le général Sebastiani, ambassadeur de France à la Porte : non-seulement il voulut bien exiger que je mangeasse tous les jours au palais, mais ce ne fut que sur mes instantes prières qu'il me permit de rester à l'auberge. MM. Franchini frères, premiers drogmans de l'ambassade, m'obtinrent, par l'ordre du général, les firmans nécessaires pour mon voyage de Jérusalem ; monsieur l'ambassadeur y joignit des lettres adressées au père gardien de Terre Sainte et à nos consuls en Égypte et en Syrie. Craignant que je ne vinsse à manquer d'argent, il me permit de tirer sur lui des lettres de change à vue, partout où je pourrois en avoir besoin ; enfin, joignant à ces services du premier ordre les attentions de la politesse, il voulut lui-même me faire voir Constantinople, et il se donna la peine de m'accompagner aux monuments les plus remarquables. Messieurs ses aides de camp et la légation entière me comblèrent de tant de civilités, que j'en étois véritablement confus : c'est un devoir pour moi de leur témoigner ici toute ma gratitude.

Je ne sais comment parler d'une autre personne que j'aurois dû nommer la première. Son extrême bonté étoit accompagnée d'une grâce touchante et triste qui sembloit être un pressentiment de l'avenir : elle étoit pourtant heureuse, et une circonstance particulière augmentoit encore son bonheur. Moi-même j'ai pris part à cette joie qui devoit se changer en deuil. Quand je quittai Constantinople, Mme Sebastiani étoit pleine de santé, d'espérance et de jeunesse ;

---

1. On peut consulter ÉTIENNE DE BYZANCE; GYLLI, *de Topographia Constantinopoleos;* DU CANGE, *Constantinopolis Christiana;* PORTER, *Observations on the religion,* etc., *of the Turks;* MOURADGEA D'OHSON, *Tableau de l'Empire Ottoman;* DALLAWAY, *Constantinople ancienne et moderne ;* PAUL LUCAS, THÉVENOT, TOURNEFORT; enfin le *Voyage pittoresque de Constantinople et des rives du Bosphore,* etc., etc.

et je n'avois pas encore revu notre pays qu'elle ne pouvoit déjà plus entendre l'expression de ma reconnoissance :

> . . . . . . Troja infelice sepultum
> Detinet extremo terra aliena solo.

Il y avoit dans ce moment même à Constantinople une députation des Pères de Terre Sainte ; ils étoient venus réclamer la protection de l'ambassadeur contre la tyrannie des commandants de Jérusalem. Les Pères me donnèrent des lettres de recommandation pour Jaffa. Par un autre bonheur, le bâtiment qui portoit les pèlerins grecs en Syrie se trouvoit prêt à partir. Il étoit en rade, et il devoit mettre à la voile au premier bon vent ; de sorte que si mon voyage de la Troade avoit réussi, j'aurois manqué celui de la Palestine. Le marché fut bientôt conclu avec le capitaine [1]. Monsieur l'ambassadeur fit porter à bord les provisions les plus recherchées. Il me donna pour interprète un Grec appelé *Jean*, domestique de MM. Franchini. Comblé d'attentions, de vœux et de souhaits, le 18 septembre à midi je fus conduit sur le vaisseau des pèlerins.

J'avoue que si j'étois fâché de quitter des hôtes d'une bienveillance et d'une politesse aussi rares, j'étois cependant bien aise de sortir de Constantinople. Les sentiments qu'on éprouve malgré soi dans cette ville gâtent sa beauté : quand on songe que ces campagnes n'ont été habitées autrefois que par des Grecs du Bas-Empire, et qu'elles sont occupées aujourd'hui par des Turcs, on est choqué du contraste entre les peuples et les lieux ; il semble que des esclaves aussi vils et des tyrans aussi cruels n'auroient jamais dû déshonorer un séjour aussi magnifique. J'étois arrivé à Constantinople le jour même d'une révolution : les rebelles de la Romélie s'étoient avancés jusqu'aux portes de la ville. Obligé de céder à l'orage, Sélim avoit exilé et renvoyé des ministres désagréables aux janissaires : on attendoit à chaque instant que le bruit du canon annonçât la chute des têtes proscrites. Quand je contemplois les arbres et le palais du sérail, je ne pouvois me défendre de prendre en pitié le maître de ce vaste empire [2]. Oh ! que les despotes sont misérables au milieu de leur bonheur, foibles au milieu de leur puissance ! Qu'ils sont à plaindre de faire couler les pleurs de tant d'hommes, sans être sûrs eux-mêmes de n'en jamais répandre, sans pouvoir jouir du sommeil dont ils privent l'infortuné !

---

1. Voyez la note III, à la fin de l'*Itinéraire*.
2. La fin malheureuse de Sélim n'a que trop justifié cette pitié.

Le séjour de Constantinople me pesoit. Je n'aime à visiter que les lieux embellis par les vertus ou par les arts, et je ne trouvois dans cette patrie des Phocas et des Bajazet ni les unes ni les autres. Mes souhaits furent bientôt remplis, car nous levâmes l'ancre le jour même de mon embarquement, à quatre heures du soir. Nous déployâmes la voile au vent du nord, et nous voguâmes vers Jérusalem sous la bannière de la croix, qui flottoit aux mâts de notre vaisseau.

FIN DE LA DEUXIÈME PARTIE.

TROISIÈME PARTIE.

VOYAGE DE RHODES, DE JAFFA, DE BETHLÉEM ET DE LA MER MORTE.

Nous étions sur le vaisseau à peu près deux cents passagers, hommes, femmes, enfants et vieillards. On voyoit autant de nattes rangées en ordre des deux côtés de l'entre-pont. Une bande de papier, collée contre le bord du vaisseau, indiquoit le nom du propriétaire de la natte. Chaque pèlerin avoit suspendu à son chevet son bourdon, son chapelet et une petite croix. La chambre du capitaine étoit occupée par les papas conducteurs de la troupe. A l'entrée de cette chambre on avoit ménagé deux antichambres. J'avois l'honneur de loger dans un de ces trous noirs, d'environ six pieds carrés, avec mes deux domestiques; une famille occupoit vis-à-vis de moi l'autre appartement. Dans cette espèce de république, chacun faisoit son ménage à volonté, les femmes soignoient leurs enfants, les hommes fumoient ou préparoient leur dîner, les papas causoient ensemble. On entendoit de tous côtés le son des mandolines, des violons et des lyres. On chantoit, on dansoit, on rioit, on prioit. Tout le monde étoit dans la joie. On me disoit : Jérusalem, en me montrant le midi; et je répondois : Jérusalem! Enfin, sans la peur, nous eussions été les plus heureuses gens du monde, mais au moindre vent les matelots plioient les voiles, les pèlerins crioient : *Christos, kyrie eleison!* L'orage passé, nous reprenions notre audace.

Au reste, je n'ai point remarqué le désordre dont parlent quelques voyageurs. Nous étions au contraire fort décents et fort réguliers. Dès le premier soir de notre départ, deux papas firent la prière, à laquelle tout le monde assista avec beaucoup de recueillement. On bénit le vaisseau, cérémonie qui se renouveloit à chaque orage. Les chants de l'Église grecque ont assez de douceur, mais peu de gravité. J'observai une chose singulière : un enfant commençoit le verset d'un psaume dans un ton aigu, et le soutenoit ainsi sur une seule note, tandis qu'un papas chantoit le même verset sur un air différent et en canon, c'est-à-dire commençant la phrase lorsque l'enfant en avoit déjà passé le milieu. Ils ont un admirable *Kyrie eleison :* ce n'est qu'une note tenue par différentes voix, les unes graves, les autres aiguës, exécutant, *andante* et *mezza voce,* l'octave, la quinte et la tierce. L'effet de ce *Kyrie* est surprenant pour la tristesse et la majesté : c'est sans doute un reste de l'ancien chant de la primitive Église. Je soupçonne l'autre psalmodie d'appartenir à ce chant moderne introduit dans le rit grec vers le IVe siècle, et dont saint Augustin avoit bien raison de se plaindre.

Dès le lendemain de notre départ la fièvre me reprit avec assez de violence : je fus obligé de rester couché sur ma natte. Nous traversâmes rapidement la mer de Marmara (la Propontide). Nous passâmes devant la presqu'île de Cyzique et à l'embouchure d'Ægos-Potamos. Nous rasâmes les promontoires de Sestos et d'Abydos : Alexandre et son armée, Xerxès et sa flotte, les Athéniens et les Spartiates, Héro et Léandre, ne purent vaincre le mal de tête qui m'accabloit ; mais lorsque, le 21 septembre, à six heures du matin, on me vint dire que nous allions doubler le château des Dardanelles, la fièvre fut chassée par les souvenirs de Troie. Je me traînai sur le pont ; mes premiers regards tombèrent sur un haut promontoire couronné par neuf moulins : c'étoit le cap Sigée. Au pied du cap je distinguois deux *tumulus,* les tombeaux d'Achille et de Patrocle. L'embouchure du Simoïs étoit à la gauche du château neuf d'Asie ; plus loin, derrière nous, en remontant vers l'Hellespont, paroissoient le cap Rhétée et le tombeau d'Ajax. Dans l'enfoncement s'élevoit la chaîne du mont Ida, dont les pentes, vues du point où j'étois, paroissoient douces et d'une couleur harmonieuse. Ténédos étoit devant la proue du vaisseau : *est in conspectu Tenedos.*

Je promenois mes yeux sur ce tableau, et les ramenois malgré moi à la tombe d'Achille. Je répétois ces vers du poëte :

« L'armée des Grecs belliqueux élève sur le rivage un monument vaste et admiré ; monument que l'on aperçoit de loin en passant sur la mer, et qui attirera les regards des générations présentes et des races futures. »

Ἀμφ' αὐτοῖσι δ' ἔπειτα μέγαν καὶ ἀμύμονα τύμβον
Χεύαμεν Ἀργείων ἱερὸς στρατὸς αἰχμητάων,

Ἀκτῇ ἐπὶ προυχούσῃ, ἐπὶ πλατεῖ Ἑλλησπόντῳ,
Ὥς κεν τηλεφανὴς ἐκ ποντόφιν ἀνδράσιν εἴη
Τοῖς οἳ νῦν γεγάασι καὶ οἳ μετόπισθεν ἔσονται.
(*Odyss.*, lib. xxiv.)

Les pyramides des rois égyptiens sont peu de chose, comparées à la gloire de cette tombe de gazon que chanta Homère et autour de laquelle courut Alexandre.

J'éprouvai dans ce moment un effet remarquable de la puissance des sentiments et de l'influence de l'âme sur le corps. J'étois monté sur le pont avec la fièvre : le mal de tête cessa subitement; je sentis renaître mes forces, et, ce qu'il y a de plus extraordinaire, toutes les forces de mon esprit : il est vrai que vingt-quatre heures après la fièvre étoit revenue.

Je n'ai rien à me reprocher : j'avois eu le dessein de me rendre par l'Anatolie à la plaine de Troie, et l'on a vu ce qui me força à renoncer à mon projet; j'y voulus aborder par mer, et le capitaine du vaisseau refusa obstinément de me mettre à terre, quoiqu'il y fût obligé par notre traité[1]. Dans le premier moment, ces contrariétés me firent beaucoup de peine, mais aujourd'hui je m'en console. J'ai tant été trompé en Grèce, que le même sort m'attendoit peut-être à Troie. Du moins j'ai conservé toutes mes illusions sur le Simoïs; j'ai de plus le bonheur d'avoir salué une terre sacrée, d'avoir vu les flots qui la baignent et le soleil qui l'éclaire.

Je m'étonne que les voyageurs, en parlant de la plaine de Troie, négligent presque toujours les souvenirs de *L'Énéide*. Troie a pourtant fait la gloire de Virgile comme elle a fait celle d'Homère. C'est une rare destinée pour un pays d'avoir inspiré les plus beaux chants des deux plus grands poëtes du monde. Tandis que je voyois fuir les rivages d'Ilion, je cherchois à me rappeler les vers qui peignent si bien la flotte grecque sortant de Ténédos et s'avançant, *per silentia lunæ,* à ces bords solitaires qui passoient tour à tour sous mes yeux. Bientôt des cris affreux succédoient au silence de la nuit, et les flammes du palais de Priam éclairoient cette mer où notre vaisseau voguoit paisiblement.

La Muse d'Euripide, s'emparant aussi de ces douleurs, prolongea les scènes de deuil sur ces rivages tragiques.

LE CHOEUR.

« Hécube, voyez-vous Andromaque qui s'avance sur un char étranger? Son fils, le fils d'Hector, le jeune Astyanax, suit le sein maternel.

---

1. Voyez ce traité sous la note III, à la fin de l'*Itinéraire*.

HÉCUBE.

« O femme infortunée! en quels lieux êtes-vous conduite, entourée des armes d'Hector et des dépouilles de la Phrygie?...

ANDROMAQUE.

« O douleurs!

HÉCUBE.

« Mes enfants!

ANDROMAQUE.

« Infortunée!

HÉCUBE.

« Et mes enfants!...

ANDROMAQUE.

« Accours, mon époux!...

HÉCUBE.

« Oui, viens, fléau des Grecs! O le premier de mes enfants! Rends à Priam dans les fers celle qui sur la terre lui fut si tendrement unie.

LE CHOEUR.

« Il ne nous reste que nos regrets et les larmes que nous versons sur ces ruines. Les douleurs ont succédé aux douleurs... Troie a subi le joug de l'esclavage.

HÉCUBE.

« Ainsi le palais où je devins mère est tombé!

LE CHOEUR.

« O mes enfants! votre patrie est changée en désert! etc.[1] »

Tandis que je m'occupois des douleurs d'Hécube, les descendants des Grecs avoient encore l'air, sur notre vaisseau, de se réjouir de la mort de Priam. Deux matelots se mirent à danser sur le pont, au son d'une lyre et d'un tambourin : ils exécutoient une espèce de pantomime. Tantôt ils levoient les bras au ciel, tantôt ils appuyoient une de leurs mains sur le côté, étendant l'autre main comme un orateur qui prononce une harangue. Ils portoient ensuite cette même main au cœur, au front et aux yeux. Tout cela étoit entremêlé d'attitudes plus ou moins bizarres, sans caractère décidé et assez semblables aux contorsions des sauvages. On peut voir au sujet des danses des Grecs modernes les lettres de M. Guys et de Mme Chénier. A cette pantomime succéda une ronde où la chaîne, passant et repassant par différents points,

---

1. *Les Troyennes*. Théâtre des Grecs, traduction françoise.

rappeloit assez bien les sujets de ces bas-reliefs où l'on voit des danses antiques. Heureusement l'ombre des voiles du vaisseau me déroboit un peu la figure et le vêtement des acteurs, et je pouvois transformer mes sales matelots en bergers de Sicile et d'Arcadie.

Le vent continuant à nous être favorable, nous franchîmes rapidement le canal qui sépare l'île de Ténédos du continent, et nous longeâmes la côte de l'Anatolie jusqu'au cap Baba, autrefois *Lectum Promontorium*. Nous portâmes alors à l'ouest pour doubler, à l'entrée de la nuit, la pointe de l'île de Lesbos. Ce fut à Lesbos que naquirent Sapho et Alcée et que la tête d'Orphée vint aborder en répétant le nom d'Eurydice :

> Ah! miseram Eurydicen, anima fugiente, vocabat.

Le 22, au matin, la tramontane se leva avec une violence extraordinaire. Nous devions mouiller à Chio pour prendre d'autres pèlerins, mais, par la frayeur et la mauvaise manœuvre du capitaine, nous fûmes obligés d'aller jeter l'ancre au port de Tchesmé, sur un fond de roc assez dangereux, près d'un grand vaisseau égyptien naufragé.

Ce port d'Asie a quelque chose de fatal. La flotte turque y fut brûlée, en 1770, par le comte Orlow, et les Romains y détruisirent les galères d'Antiochus, l'an 191 avant notre ère, si toutefois le Cyssus des anciens est le Tchesmé des modernes. M. de Choiseul a donné un plan et une vue de ce port. Le lecteur se souvient peut-être que j'étois presque entré à Tchesmé en faisant voile pour Smyrne, le 1er septembre, vingt-et-un jours avant mon second passage dans l'Archipel.

Nous attendîmes le 22 et le 23 les pèlerins de l'île de Chio. Jean descendit à terre, et me fit une ample provision de grenades de Tchesmé : elles ont une grande réputation dans le Levant, quoiqu'elles soient inférieures à celles de Jaffa. Mais je viens de nommer Jean, et cela me rappelle que je n'ai point encore parlé au lecteur de ce nouvel interprète, successeur du bon Joseph. C'étoit l'homme le plus mystérieux que j'aie jamais rencontré : deux petits yeux enfoncés dans la tête et comme cachés par un nez fort saillant, deux moustaches rouges, une habitude continuelle de sourire, quelque chose de souple dans le maintien, donneront d'abord une idée de sa personne. Quand il avoit un mot à me dire, il commençoit par s'avancer de côté, et, après avoir fait un long détour, il venoit presque en rampant me chuchotter dans l'oreille la chose du monde la moins secrète. Aussitôt que je l'apercevois, je lui criois : Marchez droit et parlez haut ; conseil qu'on pourroit adresser à bien des gens. Jean avoit des intelligences avec les principaux papas : il racontoit de moi des choses étranges; il me faisoit des compliments de la part des pèlerins qui demeuroient à fond de cale et que je n'avois pas remarqués. Au moment des repas, il n'avoit jamais d'appétit, tant il étoit au-dessus des besoins vulgaires ; mais aussitôt que Julien avoit achevé de dîner, ce pauvre Jean descendoit dans la chaloupe où l'on tenoit mes provisions, et, sous prétexte de mettre de l'ordre dans les paniers, il engloutissoit des morceaux de jambon, dévoroit une volaille, avaloit une bouteille de vin, et tout cela avec une telle rapidité qu'on ne voyoit pas le mouvement de ses lèvres. Il revenoit ensuite d'un air triste me demander si j'avois besoin de ses services. Je lui conseillois de ne pas se laisser aller au chagrin et de prendre un peu de nourriture, sans quoi il couroit le risque de tomber malade. Le Grec me croyoit sa dupe; et cela lui faisoit tant de plaisir, que je le lui laissois croire. Malgré ces petits défauts, Jean étoit au fond un très-honnête homme, et il méritoit la confiance que ses maîtres lui accordoient. Au reste je n'ai tracé ce portrait et quelques autres que pour satisfaire au goût de ces lecteurs qui aiment à connoître les personnages avec lesquels on les fait vivre. Pour moi, si j'avois eu le talent de ces sortes de caricatures, j'aurois cherché soigneusement à l'étouffer; tout ce qui fait grimacer la nature de l'homme me semble peu digne d'estime : on sent bien que je n'enveloppe pas dans cet arrêt la bonne plaisanterie, la raillerie fine, la grande ironie du style oratoire et le haut comique.

Dans la nuit du 22 au 23 le bâtiment chassa sur son ancre, et nous pensâmes nous perdre sur les débris du vaisseau d'Alexandrie naufragé auprès de nous. Les pèlerins de Chio arrivèrent le 23 à midi : ils étoient au nombre de seize. A dix heures du soir nous appareillâmes par une fort belle nuit, avec un vent d'est modéré, qui remonta au nord le 24 au lever du jour.

Nous passâmes entre Nicaria et Samos. Cette dernière île fut célèbre par sa fertilité, par ses tyrans, et surtout par la naissance de Pythagore. Le bel épisode de *Télémaque* a effacé tous ce que les poëtes nous ont dit de Samos. Nous nous engageâmes dans le canal que forment les Sporades, Pathmos, Leria, Cos, etc., et les rivages de l'Asie. Là serpentoit le Méandre, là s'élevoient Éphèse, Milet, Halicarnasse, Cnide : je saluois pour la dernière fois la patrie d'Homère, d'Hérodote, d'Hippocrate, de Thalès, d'Aspasie; mais je n'apercevois ni le temple d'Éphèse, ni le tombeau de Mausole, ni la Vénus de Cnide; et sans les travaux de Pococke, de Vood, de Spon, de Choiseul, je n'aurois pu, sous un nom moderne et sans gloire, reconnoître le promontoire de Mycale.

Le 25, à six heures du matin, nous jetâmes l'ancre au port de Rhodes, afin de prendre un pilote pour la côte de Syrie. Je descendis à terre, et je me fis conduire chez M. Magallon, consul françois. Toujours même réception, même hospitalité, même politesse. M. Magallon étoit malade; il voulut cependant me présenter au commandant turc, très-bon homme, qui me donna un chevreau noir et me permit de me promener où je voudrois. Je lui montrai un firman qu'il mit sur sa tête, en me déclarant qu'il portoit ainsi tous les amis du grand-seigneur.

Il me tardoit de sortir de cette audience, pour jeter du moins un regard sur cette fameuse Rhodes, où je ne devois passer qu'un moment.

Ici commençoit pour moi une antiquité qui formoit le passage entre l'antiquité grecque, que je quittois, et l'antiquité hébraïque, dont j'allois chercher les souvenirs. Les monuments des chevaliers de Rhodes ranimèrent ma curiosité, un peu fatiguée des ruines de Sparte et d'Athènes. Des lois sages sur le commerce [1], quelques vers de Pindare sur l'épouse du Soleil et la fille de Vénus [2], des poëtes comiques, des peintres, des monuments plus grands que beaux, voilà, je crois, tout ce que rappelle au voyageur la Rhodes antique. Les Rhodiens étoient braves : il est assez singulier qu'ils se soient rendus célèbres dans les armes pour avoir soutenu un siége avec gloire, comme les chevaliers leurs successeurs. Rhodes, honorée de la présence de Cicéron et de Pompée, fut souillée par le séjour de Tibère. Les Perses s'emparèrent de Rhodes sous le règne d'Honorius; elle fut prise ensuite par les généraux des califes, l'an 647 de notre ère, et reprise par Anastase, empereur d'Orient. Les Vénitiens s'y établirent en 1203; Jean Ducas l'enleva aux Vénitiens. Les Turcs la conquirent sur les Grecs. Les chevaliers de Saint-Jean-de-Jérusalem s'en saisirent en 1304, 1308 ou 1309. Ils la gardèrent à peu près deux siècles, et la rendirent à Soliman II, le 25 décembre 1522. On peut consulter, sur Rhodes, Coronelli, Dapper, Savary et M. de Choiseul.

Rhodes m'offroit à chaque pas des traces de nos mœurs et des souvenirs de ma patrie. Je retrouvois une petite France au milieu de la Grèce :

> Procedo, et parvam Trojam simulataque magnis
> Pergama . . . .
> Agnosco.

---

[1]. On peut consulter LEUNCLAVIUS, dans son *Traité du Droit maritime des Grecs et des Romains*. La belle ordonnance de Louis XIV sur la marine conserve plusieurs dispositions des lois rhodiennes.

[2]. La nymphe Rhodos.

Je parcourois une longue rue, appelée encore la *rue des Chevaliers*. Elle est bordée de maisons gothiques ; les murs de ces maisons sont parsemés de devises gauloises et des armoiries de nos familles historiques. Je remarquai les lis de la France couronnés, et aussi frais que s'ils sortoient de la main du sculpteur. Les Turcs, qui ont mutilé partout les monuments de la Grèce, ont épargné ceux de la chevalerie : l'honneur chrétien a étonné la bravoure infidèle, et les Saladin ont respecté les Couci.

Au bout de la rue des Chevaliers on trouve trois arceaux gothiques qui conduisent au palais du grand-maître. Ce palais sert aujourd'hui de prison. Un couvent à demi ruiné, et desservi par deux moines, est tout ce qui rappelle à Rhodes cette religion qui fit tant de miracles. Les Pères me conduisirent à leur chapelle. On y voit une Vierge gothique, peinte sur bois ; elle tient son enfant dans ses bras : les armes du grand-maître d'Aubusson sont gravées au bas du tableau. Cette antiquité curieuse fut découverte, il y a quelques années, par un esclave qui cultivoit le jardin du couvent. Il y a dans la chapelle un second autel, dédié à saint Louis, dont on retrouve l'image dans tout l'Orient et dont j'ai vu le lit de mort à Carthage. Je laissai quelques aumônes à cet autel, en priant les Pères de dire une messe pour mon bon voyage, comme si j'avois prévu les dangers que je courrois sur les côtes de Rhodes à mon retour d'Égypte.

Le port marchand de Rhodes seroit assez sûr si l'on rétablissoit les anciens ouvrages qui le défendoient. Au fond de ce port s'élève un mur flanqué de deux tours. Ces deux tours, selon la tradition du pays, ont remplacé les deux rochers qui servoient de base au colosse. On sait que les vaisseaux ne passoient point entre les jambes de ce colosse, et je n'en parle que pour ne rien oublier.

Assez près de ce premier port se trouve la darse des galères et le chantier de construction. On y bâtissoit alors une frégate de trente canons avec des sapins tirés des montagnes de l'île ; ce qui m'a paru digne de remarque.

Les rivages de Rhodes, du côté de la Caramanie (la Doride et la Carie), sont à peu près au niveau de la mer ; mais l'île s'élève dans l'intérieur, et l'on remarque surtout une haute montagne, aplatie à sa cime, citée par tous les géographes de l'antiquité. Il reste encore à Linde quelques vestiges du temple de Minerve. Camire et Ialyse ont disparu. Rhodes fournissoit autrefois de l'huile à toute l'Anatolie ; elle n'en a pas aujourd'hui assez pour sa propre consommation. Elle exporte encore un peu de blé. Les vignes donnent un vin très-bon, qui ressemble à ceux du Rhône : les plants en ont peut-être été apportés du

Dauphiné par les chevaliers de cette langue, d'autant plus qu'on appelle ces vins comme en Chypre, *vins de commanderie*.

Nos géographies nous disent que l'on fabrique à Rhodes des velours et des tapisseries très-estimés : quelques toiles grossières, dont on fait des meubles aussi grossiers, sont dans ce genre le seul produit de l'industrie des Rhodiens. Ce peuple, dont les colonies fondèrent autrefois Naples et Agrigente, occupe à peine aujourd'hui un coin de son île déserte. Un aga, avec une centaine de janissaires dégénérés, suffisent pour garder un troupeau d'esclaves soumis. On ne conçoit pas comment l'Ordre de Malte n'a jamais essayé de rentrer dans ses anciens domaines ; rien n'étoit plus aisé que de s'emparer de l'île de Rhodes : il eût été facile aux chevaliers d'en relever les fortifications, qui sont encore assez bonnes : ils n'en auroient point été chassés de nouveau, car les Turcs, qui les premiers en Europe ouvrirent la tranchée devant une place, sont maintenant le dernier des peuples dans l'art des siéges.

Je quittai M. Magallon le 25 à quatre heures du soir, après lui avoir laissé des lettres qu'il me promit de faire passer à Constantinople, par la Caramanie. Je rejoignis dans un caïque notre bâtiment, déjà sous voile avec son pilote côtier : ce pilote étoit un Allemand établi à Rhodes depuis plusieurs années. Nous fîmes route pour reconnoître le cap à la pointe de la Caramanie, autrefois le promontoire de la Chimère en Lycie. Rhodes offroit au loin, derrière nous, une chaîne de côtes bleuâtres sous un ciel d'or. On distinguoit dans cette chaîne deux montagnes carrées, qui paroissoient taillées pour porter des châteaux, et qui ressembloient assez par leur coupe aux Acropolis de Corinthe, d'Athènes et de Pergame.

Le 26 fut un jour malheureux. Le calme nous arrêta sous le continent de l'Asie, presque en face du cap Chélidonia, qui forme la pointe du golfe de Satalie. Je voyois à notre gauche les pics élevés du Cragus, et je me rappelois les vers des poëtes sur la froide Lycie. Je ne savois pas que je maudirois un jour les sommets de ce Taurus que je me plaisois à regarder, et que j'aimois à compter parmi les montagnes célèbres dont j'avois aperçu la cime. Les courants étoient violents et nous portoient en dehors, comme nous le reconnûmes le jour d'après. Le vaisseau, qui étoit sur son lest, fatiguoit beaucoup au roulis : nous cassâmes la tête du grand mât et la vergue de la seconde voile du mât de misaine. Pour des marins aussi peu expérimentés, c'étoit un très-grand malheur.

C'est véritablement une chose surprenante que de voir naviguer des Grecs. Le pilote est assis, les jambes croisées, la pipe à la bouche ; il tient la barre du gouvernail, laquelle, pour être de niveau avec la main qui la dirige, rase le plancher de la poupe. Devant ce pilote à demi couché, et qui n'a par conséquent aucune force, est une boussole, qu'il ne connoît point et qu'il ne regarde pas. A la moindre apparence de danger, on déploie sur le pont des cartes françoises et italiennes ; tout l'équipage se couche à plat ventre, le capitaine à la tête ; on examine la carte, on en suit les dessins avec le doigt ; on tâche de reconnoître l'endroit où l'on est ; chacun donne son avis : on finit par ne rien entendre à tout ce grimoire des Francs ; on reploie la carte, on amène les voiles, ou l'on fait vent arrière : alors on reprend la pipe et le chapelet ; on se recommande à la Providence, et l'on attend l'événement. Il y a tel bâtiment qui parcourt ainsi deux ou trois cents lieues hors de sa route, et qui aborde en Afrique au lieu d'arriver en Syrie ; mais tout cela n'empêche pas l'équipage de danser au premier rayon du soleil. Les anciens Grecs n'étoient sous plusieurs rapports que des enfants aimables et crédules, qui passoient de la tristesse à la joie avec une extrême mobilité ; les Grecs modernes ont conservé une partie de ce caractère : heureux du moins de trouver dans leur légèreté une ressource contre leurs misères !

Le vent du nord reprit son cours vers les huit heures du soir, et l'espoir de toucher bientôt au terme du voyage ranima la gaieté des pèlerins. Notre pilote allemand nous annonça qu'au lever du jour nous apercevrions le cap Saint-Iphane, dans l'île de Chypre. On ne songea plus qu'à jouir de la vie. Tous les soupers furent apportés sur le pont ; on étoit divisé par groupes ; chacun envoyoit à son voisin la chose qui manquoit à ce voisin. J'avois adopté la famille qui logeoit devant moi, à la porte de la chambre du capitaine ; elle étoit composée d'une femme, de deux enfants et d'un vieillard, père de la jeune pèlerine. Ce vieillard accomplissoit pour la troisième fois le voyage de Jérusalem ; il n'avoit jamais vu de pèlerin latin, et ce bon homme pleuroit de joie en me regardant : je soupai donc avec cette famille. Je n'ai guère vu de scènes plus agréables et plus pittoresques. Le vent étoit frais, la mer belle, la nuit sereine. La lune avoit l'air de se balancer entre les mâts et les cordages du vaisseau ; tantôt elle paroissoit hors des voiles, et tout le navire étoit éclairé ; tantôt elle se cachoit sous les voiles, et les groupes des pèlerins rentroient dans l'ombre. Qui n'auroit béni la religion, en songeant que ces deux cents hommes, si heureux dans ce moment, étoient pourtant des esclaves courbés sous un joug odieux? Ils alloient au tombeau de Jésus-Christ oublier la gloire passée de leur patrie et se consoler de leurs maux présents. Et que de douleurs secrètes ne déposeroient-ils pas bientôt à la crèche du Sauveur! Chaque flot qui poussoit le vaisseau vers le saint rivage emportoit une de nos peines.

Le 27 au matin, à la grande surprise du pilote, nous nous trouvâmes en pleine mer, et nous n'apercevions aucune terre. Le calme survint : la consternation étoit générale. Où étions-nous? étions-nous en dehors ou en dedans de l'île de Chypre? On passa toute la journée dans cette singulière contestation. Parler de faire le point ou de prendre hauteur eût été de l'hébreu pour nos marins. Quand la brise se leva vers le soir, ce fut un autre embarras. Quelle aire de vent devions-nous tenir? Le pilote, qui se croyoit entre la côte septentrionale de l'île de Chypre et le golfe de Satalie, vouloit mettre le cap au midi pour reconnoître la première ; mais il fût résulté de là que si nous avions dépassé l'île, nous serions allés, par cette pointe du compas, droit en Égypte. Le capitaine prétendoit qu'il falloit porter au nord, afin de retrouver la côte de la Caramanie : c'étoit retourner sur nos pas; d'ailleurs le vent étoit contraire pour cette route. On me demanda mon avis, car dans les cas un peu difficiles les Grecs et les Turcs ont toujours recours aux Francs. Je conseillai de cingler à l'est, par une raison évidente : nous étions en dedans ou en dehors de l'île de Chypre : or, dans ces deux cas, en courant au levant nous faisions bonne route. De plus, si nous étions en dedans de l'île, nous ne pouvions manquer de voir la terre à droite ou à gauche en très-peu de temps, soit au cap Anémur en Caramanie, ou au cap Cornachitti en Chypre. Nous en serions quittes pour doubler la pointe orientale de cette île et pour descendre ensuite le long de la côte de Syrie.

Cet avis parut le meilleur, et nous mîmes la proue à l'est. Le 28, à cinq heures du matin, à notre grande joie, nous eûmes connoissance du cap de Gatte, dans l'île de Chypre ; il nous restoit au nord, à environ huit ou dix lieues. Ainsi, nous nous trouvions en dehors de l'île, et nous étions dans la vraie direction de Jaffa. Les courants nous avoient portés au large, vers le sud-ouest.

Le vent tomba à midi. Le calme continua le reste de la journée, et se prolongea jusqu'au 29. Nous reçûmes à bord trois nouveaux passagers, deux bergeronnettes et une hirondelle. Je ne sais ce qui avoit pu engager les premières à quitter les troupeaux; quant à la dernière, elle alloit peut-être en Syrie, et elle venoit peut-être de France. J'étois bien tenté de lui demander des nouvelles de ce toit paternel que j'avois quitté depuis si longtemps[1]. Je me rappelle que dans mon enfance je passois des heures entières à voir, avec je ne sais quel plaisir triste,

---

1. Voyez *Les Martyrs*, liv. XI.

voltiger les hirondelles en automne : un secret instinct me disoit que je serois voyageur comme ces oiseaux. Ils se réunissoient, à la fin du mois de septembre, dans les joncs d'un grand étang : là, poussant des cris et exécutant mille évolutions sur les eaux, ils sembloient essayer leurs ailes et se préparer à de longs pèlerinages. Pourquoi de tous les souvenirs de l'existence préférons-nous ceux qui remontent vers notre berceau ? Les jouissances de l'amour-propre, les illusions de la jeunesse ne se présentent point avec charme à la mémoire : nous y trouvons au contraire de l'aridité ou de l'amertume ; mais les plus petites circonstances réveillent au fond du cœur les émotions du premier âge, et toujours avec un attrait nouveau. Au bord des lacs de l'Amérique, dans un désert inconnu qui ne raconte rien au voyageur, dans une terre qui n'a pour elle que la grandeur de sa solitude, une hirondelle suffisoit pour me retracer les scènes des premiers jours de ma vie, comme elle me les a rappelées sur la mer de Syrie, à la vue d'une terre antique, retentissante de la voix des siècles et des traditions de l'histoire.

Les courants nous ramenoient maintenant sur l'île de Chypre. Nous découvrîmes ses côtes sablonneuses, basses, et en apparence arides. La mythologie avoit placé dans ces lieux ses fables les plus riantes [1] :

> Ipsa Paphum sublimis abit, sedesque revisit
> Læta suas, ubi templum illi, centumque Sabæo
> Thure calent aræ, sertisque recentibus halant [2].

Il vaut mieux, pour l'île de Chypre, s'en tenir à la poésie qu'à l'histoire, à moins qu'on ne prenne plaisir à se rappeler une des plus criantes injustices des Romains et une expédition honteuse de Caton. Mais c'est une singulière chose à se représenter que les temples d'Amathonte et d'Idalie convertis en donjons dans le moyen âge. Un gentilhomme françois étoit roi de Paphos, et des barons couverts de leurs hoquetons étoient cantonnés dans les sanctuaires de Cupidon et des Grâces. On peut voir dans l'*Archipel* de Dapper toute l'histoire de Chypre ; l'abbé Mariti a fait connoître les révolutions modernes et l'état actuel de cette île, encore importante aujourd'hui par sa position.

Le temps étoit si beau et l'air si doux, que tous les passagers restoient la nuit sur le pont. J'avois disputé un petit coin du gaillard d'arrière à deux gros caloyers qui ne me l'avoient cédé qu'en grommelant. C'étoit là que je dormois le 30 septembre, à six heures du matin,

---

1. Voyez *Les Martyrs*, liv. XVII.   2. Voyez la note IV, à la fin de l'*Itinéraire*.

lorsque je fus éveillé par un bruit confus de voix : j'ouvris les yeux, et j'aperçus les pèlerins qui regardoient vers la proue du vaisseau. Je demandai ce que c'étoit; on me cria : *Signor, il Carmelo!* le Carmel! Le vent s'étoit levé la veille à huit heures du soir, et dans la nuit nous étions arrivés à la vue des côtes de Syrie. Comme j'étois couché tout habillé, je fus bientôt debout, m'enquérant de la montagne sacrée. Chacun s'empressoit de me la montrer de la main, mais je n'apercevois rien, à cause du soleil qui commençoit à se lever en face de nous. Ce moment avoit quelque chose de religieux et d'auguste; tous les pèlerins, le chapelet à la main, étoient restés en silence dans la même attitude, attendant l'apparition de la Terre Sainte; le chef des papas prioit à haute voix : on n'entendoit que cette prière et le bruit de la course du vaisseau, que le vent le plus favorable poussoit sur une mer brillante. De temps à temps un cri s'élevoit de la proue quand on revoyoit le Carmel. J'aperçus enfin moi-même cette montagne comme une tache ronde au-dessous des rayons du soleil. Je me mis alors à genoux à la manière des Latins. Je ne sentis point cette espèce de trouble que j'éprouvai en découvrant les côtes de la Grèce; mais la vue du berceau des Israélites et de la patrie des chrétiens me remplit de crainte et de respect. J'allois descendre sur la terre des prodiges, aux sources de la plus étonnante poésie, aux lieux où, même humainement parlant, s'est passé le plus grand événement qui ait jamais changé la face du monde, je veux dire la venue du Messie; j'allois aborder à ces rives que visitèrent comme moi Godefroy de Bouillon, Raimond de Saint-Gilles, Tancrède le Brave, Hugues le Grand, Richard Cœur de Lion, et ce saint Louis dont les vertus furent admirées des infidèles. Obscur pèlerin, comment oserois-je fouler un sol consacré par tant de pèlerins illustres?

A mesure que nous avancions et que le soleil montoit dans le ciel, les terres se découvroient devant nous. La dernière pointe que nous apercevions au loin, à notre gauche vers le nord, étoit la pointe de Tyr; venoient ensuite le cap Blanc, Saint-Jean-d'Acre, le mont Carmel, avec Caïfe à ses pieds, Tartoura, autrefois Dora, le Château-Pèlerin, et Césarée, dont on voit les ruines. Jaffa devoit être sous la proue même du vaisseau, mais on ne le distinguoit point encore; ensuite la côte s'abaissoit insensiblement jusqu'à un dernier cap au midi, où elle sembloit s'évanouir : là commencent les rivages de l'ancienne Palestine, qui vont rejoindre ceux de l'Égypte, et qui sont presque au niveau de la mer. La terre, dont nous pouvions être à huit ou dix lieues, paroissoit généralement blanche, avec des ondulations noires, produites par des ombres; rien ne formoit saillie dans la ligne oblique qu'elle traçoit du nord au midi; le mont Carmel même ne se détachoit point sur le plan : tout étoit uniforme et mal teint. L'effet général étoit à peu près celui des montagnes du Bourbonnois, quand on les regarde des hauteurs de Tarare. Une file de nuages blancs et dentelés suivoit à l'horizon la direction des terres, et sembloit en répéter l'aspect dans le ciel.

Le vent nous manqua à midi; il se leva de nouveau à quatre heures, mais, par l'ignorance du pilote, nous dépassâmes le but. Nous voguions à pleines voiles sur Gaza, lorsque les pèlerins reconnurent, à l'inspection de la côte, la méprise de notre Allemand; il fallut virer de bord; tout cela fit perdre du temps, et la nuit survint. Nous approchions cependant de Jaffa, on voyoit même les feux de la ville; lorsque, le vent du nord-ouest venant à souffler avec une nouvelle force, la peur s'empara du capitaine; il n'osa chercher la rade de nuit : tout à coup il tourna la proue au large, et regagna la haute mer.

J'étois appuyé sur la poupe, et je regardois avec un vrai chagrin s'éloigner la terre. Au bout d'une demi-heure j'aperçus comme la réverbération lointaine d'un incendie sur la cime d'une chaîne de montagnes : ces montagnes étoient celles de la Judée. La lune, qui produisoit l'effet dont j'étois frappé, montra bientôt son disque large et rougissant au-dessus de Jérusalem. Une main secourable sembloit élever ce phare au sommet de Sion pour nous guider à la cité sainte. Malheureusement nous ne suivîmes pas comme les mages l'astre salutaire, et sa clarté ne nous servit qu'à fuir le port que nous avions tant désiré.

Le lendemain, mercredi 1er octobre, au point du jour, nous nous trouvâmes affalés à la côte, presque en face de Césarée : il nous fallut remonter au midi le long de la terre. Heureusement le vent étoit bon, quoique foible. Dans le lointain s'élevoit l'amphithéâtre des montagnes de la Judée. Du pied de ces montagnes une vaste plaine descendoit jusqu'à la mer. On y voyoit à peine quelques traces de culture, et pour toute habitation un château gothique en ruine, surmonté d'un minaret croulant et abandonné. Au bord de la mer, la terre se terminoit par des falaises jaunes ondées de noir, qui surplomboient une grève où nous voyions et où nous entendions se briser les flots. L'Arabe, errant sur cette côte, suit d'un œil avide le vaisseau qui passe à l'horizon; il attend la dépouille du naufragé au même bord où Jésus-Christ ordonnoit de nourrir ceux qui ont faim et de vêtir ceux qui sont nus.

A deux heures de l'après-midi nous revîmes enfin Jaffa. On nous avoit aperçus de la ville. Un bateau se détacha du port, et s'avança au-devant de nous. Je profitai de ce bateau pour envoyer Jean à terre. Je lui remis la lettre de recommandation que les commissaires de Terre Sainte m'avoient donnée à Constantinople, et qui étoit adressée aux Pères de Jaffa. J'écrivis en même temps un mot à ces Pères.

Une heure après le départ de Jean, nous vînmes jeter l'ancre devant Jaffa, la ville nous restant au sud-est, et le minaret de la mosquée à l'est quart sud-est. Je marque ici les rumbs du compas par une raison assez importante : les vaisseaux latins mouillent ordinairement plus au large ; ils sont alors sur un banc de rochers qui peut couper les câbles, tandis que les bâtiments grecs, en se rapprochant de la terre, se trouvent sur un fond moins dangereux, entre la darse de Jaffa et le banc de rochers.

Jaffa ne présente qu'un méchant amas de maisons rassemblées en rond et disposées en amphithéâtre sur la pente d'une côte élevée. Les malheurs que cette ville a si souvent éprouvés y ont multiplié les ruines. Un mur qui par ses deux points vient aboutir à la mer l'enveloppe du côté de terre et la met à l'abri d'un coup de main.

Des caïques s'avancèrent bientôt de toutes parts pour chercher les pèlerins : le vêtement, les traits, le teint, l'air de visage, la langue des patrons de ces caïques, m'annoncèrent sur-le-champ la race arabe et la frontière du désert. Le débarquement des passagers s'exécuta sans tumulte, quoique avec un empressement très-légitime. Cette foule de vieillards, d'hommes, de femmes et d'enfants ne fit point entendre en mettant le pied sur la Terre Sainte ces cris, ces pleurs, ces lamentations dont on s'est plu à faire des peintures imaginaires et ridicules. On étoit fort calme ; et de tous les pèlerins j'étois certainement le plus ému.

Je vis enfin venir un bateau dans lequel je distinguai mon domestique grec, accompagné de trois religieux. Ceux-ci me reconnurent à mon habit franc, et me firent des salutations de la main, de l'air le plus affectueux. Ils arrivèrent bientôt à bord. Quoique ces Pères fussent Espagnols et qu'ils parlassent un italien difficile à entendre, nous nous serrâmes la main comme de véritables compatriotes. Je descendis avec eux dans la chaloupe ; nous entrâmes dans le port par une ouverture pratiquée entre des rochers et dangereuse même pour un caïque. Les Arabes du rivage s'avancèrent dans l'eau jusqu'à la ceinture, afin de nous charger sur leurs épaules. Il se passa là une scène assez plaisante : mon domestique étoit vêtu d'une redingote blanchâtre ; le blanc étant la couleur de distinction chez les Arabes, ils jugèrent que mon domestique étoit le chéik. Ils se saisirent de lui, et l'emportèrent en triomphe malgré ses protestations, tandis que, grâce à mon habit bleu, je me sauvois obscurément sur le dos d'un mendiant déguenillé.

Nous nous rendîmes à l'hospice des Pères, simple maison de bois bâtie sur le port et jouissant d'une belle vue de la mer. Mes hôtes me conduisirent d'abord à la chapelle, que je trouvai illuminée et où ils remercièrent Dieu de leur avoir envoyé un frère : touchantes institutions chrétiennes par qui le voyageur trouve des amis et des secours dans les pays les plus barbares ; institutions dont j'ai parlé ailleurs, et qui ne sont jamais assez admirées.

Les trois religieux qui étoient venus me chercher à bord se nommoient *Jean Truylos Penna, Alexandre Roma* et *Martin Alexano;* ils composoient alors tout l'hospice, le curé, don Juan de la Conception, étant absent.

En sortant de la chapelle, les Pères m'installèrent dans ma cellule, où il y avoit une table, un lit, de l'encre, du papier, de l'eau fraîche et du linge blanc. Il faut descendre d'un bâtiment grec chargé de deux cents pèlerins pour sentir le prix de tout cela. A huit heures du soir, nous passâmes au réfectoire. Nous y trouvâmes deux autres Pères venus de Rama et partant pour Constantinople, le père Manuel Sancia et le père François Munoz. On dit en commun le *Benedicite*, précédé du *De profundis;* souvenir de la mort que le christianisme mêle à tous les actes de la vie pour les rendre plus graves, comme les anciens le mêloient à leurs banquets pour rendre leurs plaisirs plus piquants. On me servit, sur une petite table propre et isolée, de la volaille, du poisson, d'excellents fruits, tels que des grenades, des pastèques, des raisins et des dattes dans leur primeur ; j'avois à discrétion le vin de Chypre et le café du Levant. Tandis que j'étois comblé de biens, les Pères mangeoient un peu de poisson sans sel et sans huile. Ils étoient gais avec modestie, familiers avec politesse ; point de questions inutiles, point de vaine curiosité. Tous les propos rouloient sur mon voyage, sur les mesures à prendre pour me le faire achever en sûreté : « car, me disoient-ils, nous répondons maintenant de vous à votre patrie. » Ils avoient déjà dépêché un exprès au chéik des Arabes de la montagne de Judée, et un autre au Père procureur de Rama. « Nous vous recevons, me disoit le père François Munoz, avec un cœur *limpido e bianco.* » Il étoit inutile que ce religieux espagnol m'assurât de la sincérité de ses sentiments, je les aurois facilement devinés à la pieuse franchise de son front et de ses regards.

Cette réception, si chrétienne et si charitable dans une terre où le christianisme et la charité ont pris naissance, cette hospitalité apostolique dans un lieu où le premier des apôtres prêcha l'Évangile, me touchoient jusqu'au cœur : je me rappelois que d'autres missionnaires m'avoient reçu avec la même cordialité dans les déserts de l'Amérique. Les religieux de Terre Sainte ont d'autant plus de mérite, qu'en prodiguant aux pèlerins de Jérusalem la charité de Jésus-Christ, ils ont gardé pour eux la Croix qui fut plantée sur ces mêmes bords. Ce Père au cœur *limpido e bianco* m'assuroit encore qu'il trouvoit la vie qu'il menoit depuis cinquante ans *un vero paradiso*. Veut-on savoir ce que c'est que ce paradis? Tous les jours une avanie, la menace des coups de bâton, des fers et de la mort! Ce religieux, à la dernière fête de Pâques, ayant lavé des linges de l'autel, l'eau imprégnée d'amidon coula en dehors de l'hospice et blanchit une pierre. Un Turc passe, voit cette pierre, et va déclarer au cadi que les Pères ont réparé leur maison. Le cadi se transporte sur les lieux, décide que la pierre, qui étoit noire, est devenue blanche, et, sans écouter les religieux, il les oblige à payer dix bourses. La veille même de mon arrivée à Jaffa, le Père procureur de l'hospice avoit été menacé de la corde par un domestique de l'aga en présence de l'aga même. Celui-ci se contenta de rouler paisiblement sa moustache, sans daigner dire un mot favorable au *chien*. Voilà le véritable paradis de ces moines qui, selon quelques voyageurs, sont de petits souverains en Terre Sainte et jouissent des plus grands honneurs.

A dix heures du soir, mes hôtes me reconduisirent par un long corridor à ma cellule. Les flots se brisoient avec fracas contre les rochers du port : la fenêtre fermée, on eût dit d'une tempête; la fenêtre ouverte, on voyoit un beau ciel, une lune paisible, une mer calme et le vaisseau des pèlerins mouillé au large. Les Pères sourirent de la surprise que me causa ce contraste. Je leur dis en mauvais latin : *Ecce monachis similitudo mundi; quantumcumque mare fremitum reddat, eis placidæ semper undæ videntur : omnia tranquillitas serenis animis.*

Je passai une partie de la nuit à contempler cette mer de Tyr, que l'Écriture appelle la *Grande-Mer*, et qui porta les flottes du roi-prophète quand elles alloient chercher les cèdres du Liban et la pourpre de Sidon; cette mer où Léviathan laisse des traces comme des abîmes[1]; cette mer à qui le Seigneur donna des barrières et des portes[2]; cette mer qui vit Dieu et qui s'enfuit[3]. Ce n'étoient là ni l'Océan sauvage du Canada, ni les flots riants de la Grèce. Au midi s'étendoit l'Égypte, où le Seigneur étoit entré sur un nuage léger, pour sécher les canaux du Nil et renverser les idoles[4]; au nord s'élevoit la reine des cités, dont les marchands étoient des princes[5] : *Ululate, naves*

---

1. Job.   2. *Idem.*   3. Ps.   4. Is., cap. xix, 1.
5. Is., cap. xxiii, 14; xxiv, 10, 13.

maris, quia devastata est fortitudo vestra!... Attrita est civitas vanitatis, clausa est omnis domus nullo introeunte... quia hæc erunt in medio terræ... quomodo si paucæ olivæ quæ remanserunt excutiantur ex olea, et racemi, cum fuerit finita vindemia. « Hurlez, vaisseaux de la mer, parce que votre force est détruite... La ville des vanités est abattue; toutes les maisons en sont fermées et personne n'y entre plus... Ce qui restera d'hommes en ces lieux sera comme quelques olives demeurées sur l'arbre après la récolte, comme quelques raisins suspendus au cep après la vendange. » Voilà d'autres antiquités expliquées par un autre poëte : Isaïe succède à Homère.

Et ce n'étoit pas tout encore, car la mer que je contemplois baignoit à ma droite les campagnes de la Galilée, et à ma gauche la plaine d'Ascalon : dans les premières je retrouvois les traditions de la vie patriarcale et de la nativité du Sauveur, dans la seconde je rencontrois les souvenirs des croisades et les ombres des héros de *Jérusalem* :

> Grande e mirabil cosa era il vedere
> Quando quel campo e questo a fronte venne :
> Come spiegate in ordine le schiere,
> Di mover già, già d'assalire accenne :
> Sparse al vento ondeggiando ire le bandiere
> E ventolar su i grand cimier le penne :
> Abiti, fregi, imprese, e arme, e colori
> D'oro e di ferro, al sol lampi, e fulgori.

« Quel grand et admirable spectacle de voir les deux camps s'avancer front contre front, les bataillons se déployer en ordre, impatients de marcher, impatients de combattre! Les bannières ondoyantes flottent dans les airs et le vent agite les panaches sur les hauts cimiers. Les habits, les franges, les devises, les couleurs, les armes d'or et de fer resplendissent aux feux du soleil. »

J. B. Rousseau nous peint ensuite le succès de cette journée :

> La Palestine, enfin, après tant de ravages,
> Vit fuir ses ennemis, comme on voit les nuages
> Dans le vague des airs fuir devant l'aquilon ;
> Et du vent du midi la dévorante haleine
>   N'a consumé qu'à peine
> Leurs ossements blanchis dans les champs d'Ascalon.

Ce fut à regret que je m'arrachai au spectacle de cette mer qui réveille tant de souvenirs; mais il fallut céder au sommeil.

Le Père Juan de la Conception, curé de Jaffa et président de l'hospice, arriva le lendemain matin, 2 octobre. Je voulois parcourir la ville et rendre visite à l'aga, qui m'avoit envoyé complimenter; le président me détourna de ce dessein :

« Vous ne connoissez pas ces gens-ci, me dit-il ; ce que vous prenez pour une politesse est un espionnage. On n'est venu vous saluer que pour savoir qui vous êtes, si vous êtes riche, si on peut vous dépouiller. Voulez-vous voir l'aga, il faudra d'abord lui porter des présents : il ne manquera pas de vous donner malgré vous une escorte pour Jérusalem ; l'aga de Rama augmentera cette escorte ; les Arabes, persuadés qu'un riche Franc va en pèlerinage au Saint-Sépulcre, augmenteront les droits de Caffaro ou vous attaqueront. A la porte de Jérusalem, vous trouverez le camp du pacha de Damas, qui est venu lever les contributions, avant de conduire la caravane à La Mecque : votre appareil donnera de l'ombrage à ce pacha et vous exposera à des avanies. Arrivé à Jérusalem, on vous demandera trois ou quatre mille piastres pour l'escorte. Le peuple, instruit de votre arrivée, vous assiégera de telle manière, qu'eussiez-vous des millions, vous ne satisferiez pas son avidité. Les rues seront obstruées sur votre passage, et vous ne pourrez entrer aux saints lieux sans courir les risques d'être déchiré. Croyez-moi, demain nous nous déguiserons en pèlerins et nous irons ensemble à Rama ; là je recevrai la réponse de mes exprès ; si elle est favorable, vous partirez dans la nuit, vous arriverez sain et sauf, à peu de frais, à Jérusalem. »

Le père appuya son raisonnement de mille exemples, et en particulier de celui d'un évêque polonois, à qui un trop grand air de richesse pensa coûter la vie, il y a deux ans. Je ne rapporte ceci que pour montrer à quel degré la corruption, l'amour de l'or, l'anarchie et la barbarie sont poussés dans ce pays.

Je m'abandonnai donc à l'expérience de mes hôtes, et je me renfermai dans l'hospice, où je passai une agréable journée dans des entretiens paisibles. J'y reçus la visite de M. Contessini, qui aspiroit au vice-consulat de Jaffa, et de MM. Damiens père et fils, François d'origine, jadis établis auprès de Djezzar, à Saint-Jean-d'Acre. Ils me racontèrent des choses curieuses sur les derniers événements de la Syrie ; ils me parlèrent de la renommée que l'empereur et nos armes ont laissée au désert. Les hommes sont encore plus sensibles à la réputation de leur pays hors de leur pays que sous le toit paternel, et l'on a vu les émigrés françois réclamer leur part des victoires qui sembloient les condamner à un exil éternel[1].

1. Jacques II, qui perdoit un royaume, exprima le même sentiment au combat de La Hogue.

Je passai cinq jours à Jaffa à mon retour de Jérusalem, et je l'examinai dans le plus grand détail : je ne devrois donc en parler qu'à cette époque ; mais, pour suivre l'ordre de ma marche, je placerai ici mes observations ; d'ailleurs, après la description des saints lieux, il est probable que les lecteurs ne prendroient pas un grand intérêt à celle de Jaffa.

Jaffa s'appeloit autrefois *Joppé,* ce qui signifie belle ou agréable, *pulchritudo aut decor,* dit Adrichomius. D'Anville dérive le nom actuel de Jaffa d'une forme primitive de Joppé, qui est Japho [1]. Je remarquai qu'il y avoit dans le pays des Hébreux une autre cité du nom de *Jaffa,* qui fut prise par les Romains : ce nom a peut-être été transporté ensuite à Joppé. S'il faut en croire les interprètes et Pline lui-même, l'origine de cette ville remonteroit à une haute antiquité, puisque Joppé auroit été bâtie avant le déluge. On dit que ce fut à Joppé que Noé entra dans l'arche. Après la retraite des eaux, le patriarche donna en partage à Sem, son fils aîné, toutes les terres dépendantes de la ville fondée par son troisième fils Japhet. Enfin Joppé, selon les traditions du pays, garde la sépulture du second père du genre humain.

Selon Pococke, Shaw et peut-être d'Anville, Joppé tomba en partage à Éphraïm, et forma la partie occidentale de cette tribu, avec Ramlé et Lydda. Mais d'autres auteurs, entre autres Adrichomius, Roger, etc., placent Joppé sous la tribu de Dan. Les Grecs étendirent leurs fables jusqu'à ces rivages. Ils disoient que Joppé tiroit son nom d'une fille d'Éole. Ils plaçoient dans le voisinage de cette ville l'aventure de Persée et d'Andromède. Scaurus, selon Pline, apporta de Joppé à Rome les os du monstre marin suscité par Neptune. Pausanias prétend qu'on voyoit près de Joppé une fontaine où Persée lava le sang dont le monstre l'avoit couvert : d'où il arriva que l'eau de cette fontaine demeura teinte d'une couleur rouge. Enfin, saint Jérôme raconte que de son temps on montroit encore à Joppé le rocher et l'anneau auxquels Andromède fut attachée.

Ce fut à Joppé qu'abordèrent les flottes d'Hyram, chargées de cèdres pour le temple, et que s'embarqua le prophète Jonas lorsqu'il fuyoit devant la face du Seigneur. Joppé tomba cinq fois entre les mains des Égyptiens, des Assyriens et des différents peuples qui firent la guerre aux Juifs avant l'arrivée des Romains en Asie. Elle devint une des onze toparchies où l'idole Ascarlen étoit adorée. Judas Machabée brûla

---

1. Je sais qu'on prononce en Syrie *Yáfa,* et M. de Volney l'écrit ainsi ; mais je ne sais point l'arabe : je n'ai d'ailleurs aucune autorité pour réformer l'orthographe de d'Anville et de tant d'autres savants écrivains.

cette ville, dont les habitants avoient massacré deux cents Juifs. Saint Pierre y ressuscita Tabithe et y reçut chez Simon le corroyeur les hommes venus de Césarée. Au commencement des troubles de la Judée, Joppé fut détruite par Cestius. Des pirates en ayant relevé les murs, Vespasien la saccagea de nouveau et mit garnison dans la citadelle.

On a vu que Joppé existoit encore environ deux siècles après, du temps de saint Jérôme, qui la nomme *Japho*. Elle passa avec toute la Syrie sous le joug des Sarrasins. On la retrouve dans les historiens des Croisades. L'anonyme qui commence la collection *Gesta Dei per Francos* raconte que, l'armée des croisés étant sous les murs de Jérusalem, Godefroy de Bouillon envoya Raymond Pilet, Achard de Mommellou et Guillaume de Sabran pour garder les vaisseaux génois et pisans arrivés au port de Jaffa : *qui fideliter custodirent homines et naves in portu Japhiæ*. Benjamin de Tudèle en parle à peu près à cette époque sous le nom de *Gapha* : *Quinque abhinc leucis est Gapha, olim Japho, aliis Joppe dicta, ad mare sita, ubi unus tantum Judæus, isque lanæ inficiendæ artifex est*. Saladin reprit Jaffa sur les croisés, et Richard Cœur de Lion l'enleva à Saladin. Les Sarrasins y rentrèrent, et massacrèrent les chrétiens. Mais lors du premier voyage de saint Louis en Orient elle n'étoit plus au pouvoir des infidèles, car elle étoit tenue par Gautier de Brienne, qui prenoit le titre de comte de Japhe, selon l'orthographe du sire de Joinville.

« Et quand le comte de Japhe vit que le roy venoit, il assorta et mist son chastel de Japhe en tel point, qu'il ressembloit bien une bonne ville deffensable; car à chascun creneau de son chastel il y avoit bien cinq cents hommes, à tout chascun une targe et ung penoncel à ses armes. Laquelle chose estoit fort belle à veoir, car ses armes estoient de fin or, à une croix de gueules paltée faicte moult richement. Nous nous logeasmes aux champs tout à l'entour d'icelui chastel de Japhe qui estoit séant rez de la mer et en une isle. Et fist commancer le roy à faire fermer et édifier une bourge tout à l'entour du chastel, dès l'une des mers jusques à l'autre, en ce qu'il y avoit de terre. »

Ce fut à Jaffa que la reine femme de saint Louis accoucha d'une fille nommée *Blanche,* et saint Louis reçut dans la même ville la nouvelle de la mort de sa mère. Il se jeta à genoux, et s'écria : « Je vous rends grâces, mon Dieu ! de ce que vous m'avez prêté madame ma chère mère, tant qu'il a plu à votre volonté; et de ce que maintenant, selon votre bon plaisir, vous l'avez retirée à vous. Il est vrai que je l'aimois sur toutes les créatures du monde, et elle le méritoit ; mais puisque vous me l'avez ôtée, votre nom soit béni éternellement. »

Jaffa sous la domination des chrétiens avoit un évêque suffragant du siége de Césarée. Quand les chevaliers eurent été contraints d'abandonner entièrement la Terre Sainte, Jaffa retomba avec toute la Palestine sous le joug des soudans d'Égypte, et ensuite sous la domination des Turcs.

Depuis cette époque jusqu'à nos jours on retrouve Joppé ou Jaffa dans tous les voyages à Jérusalem ; mais la ville, telle qu'on la voit aujourd'hui, n'a guère plus d'un siècle d'existence, puisque Monconys, qui visita la Palestine en 1647, ne trouva à Jaffa qu'un château et trois cavernes creusées dans le roc. Thévenot ajoute que les moines de Terre Sainte avoient élevé devant les cavernes des baraques de bois, et que les Turcs contraignirent les Pères de les démolir. Cela explique un passage de la relation d'un religieux vénitien. Ce religieux raconte qu'à leur arrivée à Jaffa on renfermoit les pèlerins dans une caverne. Breve, Opdam, Deshayes, Nicole le Huen, Barthélemy de Salignac, Duloir, Zuallart, le Père Roger et Pierre de la Vallée sont unanimes sur le peu d'étendue et la misère de Jaffa.

On peut voir dans M. de Volney ce qui concerne la moderne Jaffa, l'histoire des siéges qu'elle a soufferts pendant les guerres de Dâher et d'Aly-Bey, ainsi que les autres détails sur la bonté de ses fruits, l'agrément de ses jardins, etc. J'ajouterai quelques remarques.

Indépendamment des deux fontaines de Jaffa, citées par les voyageurs, on trouve des eaux douces le long de la mer, en remontant vers Gaza ; il suffit de creuser avec la main dans le sable pour faire sourdre au bord même de la vague une eau fraîche : j'ai fait moi-même, avec M. Contessini, cette curieuse expérience, depuis l'angle méridional de la ville jusqu'à la demeure d'un santon, que l'on voit à quelque distance sur la côte.

Jaffa, déjà si maltraitée dans les guerres de Dâher, a beaucoup souffert par les derniers événements. Les François, commandés par l'empereur, la prirent d'assaut en 1799. Lorsque nos soldats furent retournés en Égypte, les Anglois, unis aux troupes du grand-vizir, bâtirent un bastion à l'angle sud-est de la ville. Abou-Marra, favori du grand-vizir, fut nommé commandant de la ville. Djezzar, pacha d'Acre, ennemi du grand-vizir, vint mettre le siége devant Jaffa après le départ de l'armée ottomane. Abou-Marra se défendit vaillamment pendant neuf mois, et trouva moyen de s'échapper par mer. Les ruines qu'on voit à l'orient de la ville sont les fruits de ce siége. Après la mort de Djezzar, Abou-Marra fut nommé pacha de Gedda, sur la mer Rouge. Le nouveau pacha prit sa route à travers la Palestine ; par une de ces révoltes si communes en Turquie, il s'arrêta dans Jaffa, et refusa de se rendre à son pachalic. Le pacha d'Acre, Suleiman-Pacha, second successeur de Djezzar[1], reçut ordre d'attaquer le rebelle, et Jaffa fut assiégée de nouveau. Après une assez foible résistance, Abou-Marra se réfugia auprès de Mahamet-Pacha-Adem, alors élevé au pachalic de Damas.

J'espère qu'on voudra bien pardonner l'aridité de ces détails, à cause de l'importance que Jaffa avoit autrefois et de celle qu'elle a acquise dans ces derniers temps.

J'attendois avec impatience le moment de mon départ pour Jérusalem. Le 3 octobre, à quatre heures de l'après-midi, mes domestiques se revêtirent de sayons de poils de chèvre, fabriqués dans la Haute-Égypte, et tels que les portent les Bedouins; je mis par-dessus mon habit une robe semblable à celle de Jean et de Julien, et nous montâmes sur de petits chevaux. Des bâts nous servoient de selles; nous avions les pieds passés dans des cordes en guise d'étriers. Le président de l'hospice marchoit à notre tête, comme un simple frère; un Arabe presque nu nous montroit le chemin, et un autre Arabe nous suivoit, chassant devant lui un âne chargé de nos bagages. Nous sortîmes par les derrières du couvent, et nous gagnâmes la porte de la ville, du côté du midi, à travers les décombres des maisons détruites dans les derniers sièges. Nous cheminâmes d'abord au milieu des jardins, qui devoient être charmants autrefois : le père Neret et M. de Volney en ont fait l'éloge. Ces jardins ont été ravagés par les différents partis qui se sont disputé les ruines de Jaffa : mais il y reste encore des grenadiers, des figuiers de Pharaon, des citronniers, quelques palmiers, des buissons de nopals, et des pommiers, que l'on cultive aussi dans les environs de Gaza, et même au couvent du mont Sinaï.

Nous nous avançâmes dans la plaine de Saron, dont l'Écriture loue la beauté[2]. Quand le père Neret y passa, au mois d'avril 1713, elle étoit couverte de tulipes. « La variété de leur couleur, dit-il, forme un agréable parterre. » Les fleurs qui couvrent au printemps cette campagne célèbre sont les roses blanches et roses, le narcisse, l'anémone, les lis blancs et jaunes, les giroflées, et une espèce d'immortelle très-odorante. La plaine s'étend le long de la mer, depuis Gaza au midi jusqu'au mont Carmel au nord. Elle est bornée au levant par les montagnes de Judée et de Samarie. Elle n'est pas d'un niveau égal :

---

1. Le successeur immédiat de Djezzar s'appeloit *Ismael-Pacha*. Il s'étoit saisi de l'autorité à la mort de Djezzar.

2. Voyez *Les Martyrs*, liv. xvii.

elle forme quatre plateaux, qui sont séparés les uns des autres par un cordon de pierres nues et dépouillées. Le sol est une arène fine, blanche et rouge, et qui paroît, quoique sablonneuse, d'une extrême fertilité. Mais, grâce au despotisme musulman, ce sol n'offre de toutes parts que des chardons, des herbes sèches et flétries, entremêlées de chétives plantations de coton, de doura, d'orge et de froment. Çà et là paroissent quelques villages, toujours en ruine, quelques bouquets d'oliviers et de sycomores. A moitié chemin de Rama à Jaffa, on trouve un puits indiqué par tous les voyageurs : l'abbé Mariti en fait l'histoire, afin d'avoir le plaisir d'opposer l'utilité d'un santon turc à l'inutilité d'un religieux chrétien. Près de ce puits on remarque un bois d'oliviers plantés en quinconce, et dont la tradition fait remonter l'origine au temps de Godefroy de Bouillon. On découvre de ce lieu Rama ou Ramlé, situé dans un endroit charmant, à l'extrémité d'un des plateaux ou des plis de la plaine. Avant d'y entrer nous quittâmes le chemin pour visiter une citerne, ouvrage de la mère de Constantin[1]. On y descend par vingt-sept marches ; elle a trente-trois pas de long sur trente de large ; elle est composée de vingt-quatre arches et reçoit les pluies par vingt-quatre ouvertures. De là, à travers une forêt de nopals, nous nous rendîmes à la tour des Quarante-Martyrs, aujourd'hui le minaret d'une mosquée abandonnée, autrefois le clocher d'un monastère dont il reste d'assez belles ruines : ces ruines consistent en des espèces de portiques assez semblables à ceux des écuries de Mécène à Tibur ; ils sont remplis de figuiers sauvages. On veut que Joseph, la Vierge et l'Enfant se soient arrêtés dans ce lieu lors de la fuite en Égypte : ce lieu certainement seroit charmant pour y peindre le repos de la sainte Famille ; le génie de Claude Lorrain semble avoir deviné ce paysage, à en juger par son admirable tableau du palais Doria à Rome.

Sur la porte de la tour on lit une inscription arabe rapportée par M. de Volney : tout près de là est une antiquité miraculeuse décrite par Muratori.

Après avoir visité ces ruines, nous passâmes près d'un moulin abandonné : M. de Volney le cite comme le seul qu'il eût vu en Syrie ; il y en a plusieurs autres aujourd'hui. Nous descendîmes à Rama, et nous arrivâmes à l'hospice des moines de Terre Sainte. Ce couvent avoit été saccagé cinq années auparavant, et l'on me montra le tombeau d'un

---

1. Si l'on en croyoit les traditions du pays, sainte Hélène auroit élevé tous les monuments de la Palestine, ce qui ne se peut accorder avec le grand âge de cette princesse quand elle fit le pèlerinage de Jérusalem. Mais il est certain cependant, par le témoignage unanime d'Eusèbe, de saint Jérôme et de tous les historiens ecclésiastiques, qu'Hélène contribua puissamment au rétablissement des saints lieux.

des frères qui périt dans cette occasion. Les religieux venoient enfin d'obtenir, avec beaucoup de peine, la permission de faire à leur monastère les réparations les plus urgentes.

De bonnes nouvelles m'attendoient à Rama : j'y trouvai un drogman du couvent de Jérusalem, que le gardien envoyoit au-devant de moi. Le chef arabe que les Pères avoient fait avertir, et qui me devoit servir d'escorte, rôdoit à quelque distance dans la campagne; car l'aga de Rama ne permettoit pas aux Bedouins d'entrer dans la ville. La tribu la plus puissante des montagnes de Judée fait sa résidence au village de Jérémie ; elle ouvre et ferme à volonté le chemin de Jérusalem aux voyageurs. Le chéik de cette tribu étoit mort depuis très-peu de temps ; il avoit laissé son fils Utman sous la tutelle de son oncle Abou-Gosh : celui-ci avoit deux frères, Djiaber et Ibrahim-Habd-el-Rouman, qui m'accompagnèrent à mon retour.

Il fut convenu que je partirois au milieu de la nuit. Comme le jour n'étoit pas encore à sa fin, nous soupâmes sur les terrasses qui forment le toit du couvent. Les monastères de Terre Sainte ressemblent à des forteresses lourdes et écrasées, et ne rappellent en aucune façon les monastères de l'Europe. Nous jouissions d'une vue charmante : les maisons de Rama sont des cahutes de plâtre, surmontées d'un petit dôme tel que celui d'une mosquée ou d'un tombeau de santon ; elles semblent placées dans un bois d'oliviers, de figuiers, de grenadiers, et sont entourées de grands nopals qui affectent des formes bizarres et entassent en désordre les unes sur les autres leurs palettes épineuses. Du milieu de ce groupe confus d'arbres et de maisons s'élancent les plus beaux palmiers de l'Idumée. Il y en avoit un surtout dans la cour du couvent que je ne me lassois point d'admirer : il montoit en colonne à la hauteur de plus de trente pieds, puis épanouissoit avec grâce ses rameaux recourbés, au-dessous desquels les dattes à moitié mûres pendoient comme des cristaux de corail.

Rama est l'ancienne Arimathie, patrie de cet homme juste qui eut la gloire d'ensevelir le Sauveur. Ce fut à Lod, Lydda ou Diospolis, village à une demi-lieue de Rama, que saint Pierre opéra le miracle de la guérison du paralytique. Pour ce qui concerne Rama considééer sous les rapports du commerce, on peut consulter les *Mémoires* du baron de Tott et le *Voyage* de M. de Volney.

Nous sortîmes de Rama le 4 octobre à minuit. Le Père président nous conduisit par des chemins détournés à l'endroit où nous attendoit Abou-Gosh, et retourna ensuite à son couvent. Notre troupe étoit composée du chef arabe, du drogman de Jérusalem, de mes deux domestiques et du Bedouin de Jaffa, qui conduisoit l'âne chargé du bagage. Nous gardions toujours la robe et la contenance de pauvres pèlerins latins, mais nous étions armés sous nos habits.

Après avoir chevauché une heure sur un terrain inégal, nous arrivâmes à quelques masures placées au haut d'une éminence rocailleuse. Nous franchîmes un des ressauts de la plaine, et au bout d'une autre heure de marche nous parvînmes à la première ondulation des montagnes de Judée. Nous tournâmes par un ravin raboteux autour d'un monticule isolé et aride. Au sommet de ce tertre on entrevoyoit un village en ruine et les pierres éparses d'un cimetière abandonné : ce village porte le nom du *Latroun* ou du Larron : c'est la patrie du criminel qui se repentit sur la croix, et qui fit faire au Christ son dernier acte de miséricorde. Trois milles plus loin nous entrâmes dans les montagnes. Nous suivions le lit desséché d'un torrent : la lune, diminuée d'une moitié, éclairoit à peine nos pas dans ces profondeurs; les sangliers faisoient entendre autour de nous un cri singulièrement sauvage. Je compris à la désolation de ces bords comment la fille de Jephté vouloit pleurer sur la montagne de Judée, et pourquoi les prophètes alloient gémir sur les hauts lieux. Quand le jour fut venu, nous nous trouvâmes au milieu d'un labyrinthe de montagnes de forme conique, à peu près semblables entre elles et enchaînées l'une à l'autre par la base. La roche qui formoit le fond de ces montagnes perçoit la terre. Ses bandes ou ses corniches parallèles étoient disposées comme les gradins d'un amphithéâtre romain, ou comme ces murs en échelons avec lesquels on soutient les vignes dans les vallées de la Savoie [1]. A chaque redan du rocher croissoient des touffes de chênes nains, des buis et des lauriers-roses. Dans le fond des ravins s'élevoient des oliviers, et quelquefois ces arbres formoient des bois entiers sur le flanc des montagnes. Nous entendîmes crier divers oiseaux, entre autres des geais. Parvenus au plus haut point de cette chaîne, nous découvrîmes derrière nous (au midi et à l'occident) la plaine de Saron jusqu'à Jaffa, et l'horizon de la mer jusqu'à Gaza; devant nous (au nord et au levant) s'ouvroit le vallon de Saint-Jérémie, et dans la même direction, sur le haut d'un rocher, on apercevoit au loin une vieille forteresse appelée le *Château des Machabées*. On croit que l'auteur des *Lamentations* vint au monde dans le village qui a retenu son nom au milieu de ces montagnes [2] : il est certain que la tristesse de ces lieux semble respirer dans les cantiques du prophète des douleurs.

Cependant, en approchant de Saint-Jérémie, je fus un peu consolé

---

1. On les soutenoit autrefois de la même manière en Judée.
2. Cette tradition du pays ne tient pas contre la critique.

par un spectacle inattendu. Des troupeaux de chèvres à oreilles tombantes, des moutons à large queue, des ânes qui rappeloient par leur beauté l'onagre des Écritures, sortoient du village au lever de l'aurore. Des femmes arabes faisoient sécher des raisins dans les vignes; quelques-unes avoient le visage couvert d'un voile et portoient sur leur tête un vase plein d'eau, comme les filles de Madian. La fumée du hameau montoit en vapeur blanche aux premiers rayons du jour; on entendoit des voix confuses, des chants, des cris de joie : cette scène formoit un contraste agréable avec la désolation du lieu et les souvenirs de la nuit. Notre chef arabe avoit reçu d'avance le droit que la tribu exige des voyageurs, et nous passâmes sans obstacle. Tout à coup je fus frappé de ces mots prononcés distinctement en françois : « En avant! Marche! » Je tournai la tête, et j'aperçus une troupe de petits Arabes tout nus qui faisoient l'exercice avec des bâtons de palmier. Je ne sais quel vieux souvenir de ma première vie me tourmente; et quand on me parle d'un soldat françois, le cœur me bat : mais voir de petits Bedouins dans les montagnes de la Judée imiter nos exercices militaires et garder le souvenir de notre valeur; les entendre prononcer ces mots qui sont, pour ainsi dire, les mots d'ordre de nos armées et les seuls que sachent nos grenadiers, il y auroit eu de quoi toucher un homme moins amoureux que moi de la gloire de sa patrie. Je ne fus pas si effrayé que Robinson quand il entendit parler son perroquet, mais je ne fus pas moins charmé que ce fameux voyageur. Je donnai quelques médins au petit bataillon, en lui disant : « En avant! Marche! » Et afin de ne rien oublier, je lui criai : « Dieu le veut! Dieu le veut! » comme les compagnons de Godefroy et de saint Louis.

De la vallée de Jérémie nous descendîmes dans celle de Térébinthe. Elle est plus profonde et plus étroite que la première. On y voit des vignes et quelques roseaux de doura. Nous arrivâmes au torrent où David enfant prit les cinq pierres dont il frappa le géant Goliath. Nous passâmes ce torrent sur un pont de pierre, le seul qu'on rencontre dans ces lieux déserts : le torrent conservoit encore un peu d'eau stagnante. Tout près de là, à main gauche, sous un village appelé *Kaloni*, je remarquai parmi des ruines plus modernes les débris d'une fabrique antique. L'abbé Mariti attribue ce monument à je ne sais quels moines. Pour un voyageur italien, l'erreur est grossière. Si l'architecture de ce monument n'est pas hébraïque, elle est certainement romaine : l'aplomb, la taille et le volume des pierres ne laissent aucun doute à ce sujet.

Après avoir passé le torrent, on découvre le village de Keriet-Lefta au bord d'un autre torrent desséché qui ressemble à un grand chemin poudreux. El-Biré se montre au loin au sommet d'une haute montagne, sur la route de Nablous, Nabolos ou Nabolosa, la Sichem du royaume d'Israel, et la Néapolis des Hérodes. Nous continuâmes à nous enfoncer dans un désert, où des figuiers sauvages clair-semés étaloient au vent du midi leurs feuilles noircies. La terre, qui jusque alors avoit conservé quelque verdure, se dépouilla, les flancs des montagnes s'élargirent et prirent à la fois un air plus grand et plus stérile. Bientôt toute végétation cessa; les mousses mêmes disparurent. L'amphithéâtre des montagnes se teignit d'une couleur rouge et ardente. Nous gravîmes pendant une heure ces régions attristées pour atteindre un col élevé que nous voyions devant nous. Parvenus à ce passage, nous cheminâmes pendant une autre heure sur un plateau nu semé de pierres roulantes. Tout à coup, à l'extrémité de ce plateau, j'aperçus une ligne de murs gothiques flanqués de tours carrées, et derrière lesquels s'élevoient quelques pointes d'édifices. Au pied de ces murs paroissoit un camp de cavalerie turque dans toute la pompe orientale. Le guide s'écria : « El-Cods! » La Sainte (Jérusalem)! et il s'enfuit au grand galop [1].

Je conçois maintenant ce que les historiens et les voyageurs rapportent de la surprise des croisés et des pèlerins à la première vue de Jérusalem [2].

Je puis assurer que quiconque a eu comme moi la patience de lire à peu près deux cents relations modernes de la Terre Sainte, les compilations rabbiniques et les passages des anciens sur la Judée, ne connoît rien du tout encore. Je restai les yeux fixés sur Jérusalem, mesurant la hauteur de ses murs, recevant à la fois tous les souvenirs de l'histoire, depuis Abraham jusqu'à Godefroy de Bouillon, pensant au monde entier changé par la mission du Fils de l'Homme, et cherchant vainement ce temple dont *il ne reste pas pierre sur pierre*. Quand je vivrois

---

1. Abou-Gosh, quoique sujet du grand-seigneur, avoit peur d'être *avanisé* et bâtonné par le pacha de Damas, dont nous apercevions le camp.

2. *O bone Jesu! ut castra tua viderunt hujus terrenæ* Jerusalem *muros, quantos exitus aquarum oculi eorum deduxerunt! Et mox terræ procumbentia, sonitu oris et nutu inclinati corporis Sanctum Sepulcrum tuum salutaverunt; et te, qui in eo jacuisti, ut sedentem in dextera Patris, ut venturum Judicem omnium, adoraverunt.* Rob., Monachus, lib. ix.

Ubi vero ad locum ventum est, unde ipsam turritam Jerusalem *possent admirari, quis quam multas ediderint lacrymas digne recenseat? Quis affectus illos convenienter exprimat? Extorquebat gaudium suspiria, et singultus generabat immensa lætitia. Omnes, visa* Jerusalem, *substiterunt, et adoraverunt, et flexo poplite terram sanctam deosculati sunt; omnes nudis pedibus ambularent, nisi metus hostilis eos armatos incedere debere præciperet. Ibant et flebant; et qui orandi gratia convenerant, pugnaturi prius arma deferebant. Fleverunt igitur super illam, super quam et Christus illorum fleverat; et mirum in modum, super quam flebant, feria*

mille ans, jamais je n'oublierai ce désert qui semble respirer encore la grandeur de Jéhovah et les épouvantements de la mort[1].

Les cris du drogman, qui me disoit de serrer notre troupe parce que nous allions entrer dans le camp, me tirèrent de la stupeur où la vue des lieux saints m'avoit jeté. Nous passâmes au milieu des tentes ; ces tentes étoient de peaux de brebis noires : il y avoit quelques pavillons de toile rayée, entre autres celui du pacha. Les chevaux, sellés et bridés, étoient attachés à des piquets. Je fus surpris de voir quatre pièces d'artillerie à cheval ; elles étoient bien montées, et le charronnage m'en parut anglois. Notre mince équipage et nos robes de pèlerins excitoient la risée des soldats. Comme nous approchions de la porte de la ville, le pacha sortoit de Jérusalem. Je fus obligé d'ôter promptement le mouchoir que j'avois jeté sur mon chapeau pour me défendre du soleil, dans la crainte de m'attirer une disgrâce pareille à celle du pauvre Joseph à Tripolizza.

Nous entrâmes dans Jérusalem par la porte des Pèlerins. Auprès de cette porte s'élève la tour de David, plus connue sous le nom de la *Tour des Pisans*. Nous payâmes le tribut, et nous suivîmes la rue qui se présentoit devant nous : puis, tournant à gauche, entre des espèces de prisons de plâtre qu'on appelle des maisons, nous arrivâmes à midi vingt-deux minutes au monastère des Pères latins. Il étoit envahi par les soldats d'Abdallah, qui se faisoient donner tout ce qu'ils trouvoient à leur convenance.

Il faut être dans la position des Pères de Terre Sainte pour comprendre le plaisir que leur causa mon arrivée. Ils se crurent sauvés par la présence d'un seul François. Je remis au père Bonaventure de Nola, gardien du couvent, une lettre de M. le général Sebastiani. « Monsieur, me dit le gardien, c'est la Providence qui vous amène. Vous avez des firmans de route ? Permettez-nous de les envoyer au pacha ; il

---

tertia, octavo idus junii, obsederunt : obsederunt, inquam, non tanquam novercam privigni, sed quasi matrem filii. (BALDRIC., *Hist. Jerosol.*, lib. IV.)

Le Tasse a imité ce passage :

> Ecco appar Gierusalem si vede ;
> Ecco additar Gierusalem si scorge ;
> Ecco da mille voci unitamente
> Gierusalemme salutar si sente, etc., etc.

Les strophes qui suivent sont admirables :

> Al gran piacer che quella prima vista
> Dolcemente spirò nell' altrui petto
> Alta contrizion successe, etc.

1. Nos anciennes Bibles françoises appellent la mort *le roi des épouvantements*.

saura qu'un François est descendu au couvent; il nous croira spécialement protégés par l'empereur. L'année dernière il nous contraignit de payer soixante mille piastres; d'après l'usage, nous ne lui en devons que quatre mille, encore à titre de simple présent. Il veut cette année nous arracher la même somme, et il nous menace de se porter aux dernières extrémités si nous la refusons. Nous serons obligés de vendre les vases sacrés, car depuis quatre ans nous ne recevons plus aucune aumône de l'Europe : si cela continue, nous nous verrons forcés d'abandonner la Terre Sainte et de livrer aux mahométans le tombeau de Jésus-Christ. »

Je me trouvai trop heureux de pouvoir rendre ce léger service au gardien. Je le priai toutefois de me laisser aller au Jourdain, avant d'envoyer les firmans, pour ne pas augmenter les difficultés d'un voyage toujours dangereux : Abdallah auroit pu me faire assassiner en route et rejeter le tout sur les Arabes.

Le père Clément Perès, procureur général du couvent, homme très-instruit, d'un esprit fin, orné et agréable, me conduisit à la chambre d'honneur des pèlerins. On y déposa mes bagages, et je me préparai à quitter Jérusalem quelques heures après y être entré. J'avois cependant plus besoin de repos que de guerroyer avec les Arabes de la mer Morte. Il y avoit longtemps que je courois la terre et la mer pour arriver aux saints lieux : à peine touchois-je au but de mon voyage, que je m'en éloignois de nouveau. Mais je crus devoir ce sacrifice à des religieux qui font eux-mêmes un perpétuel sacrifice de leurs biens et de leur vie. D'ailleurs, j'aurois pu concilier l'intérêt des Pères et ma sûreté en renonçant à voir le Jourdain, et il ne tenoit qu'à moi de mettre des bornes à ma curiosité.

Tandis que j'attendais l'instant du départ, les religieux se mirent à chanter dans l'église du monastère. Je demandai la cause de ces chants, et j'appris que l'on célébroit la fête du patron de l'ordre. Je me souvins alors que nous étions au 4 octobre, le jour de la Saint-François, jour de ma naissance et de ma fête. Je courus au chœur, et j'offris des vœux pour le repos de celle qui m'avoit autrefois donné la vie à pareil jour : *Paries liberos in dolore*. Je regarde comme un bonheur que ma première prière à Jérusalem n'ait pas été pour moi. Je considérois avec respect ces religieux qui chantoient les louanges du Seigneur à trois cents pas du tombeau de Jésus-Christ; je me sentois touché à la vue de cette foible mais invincible milice restée seule à la garde du Saint-Sépulcre, quand les rois l'ont abandonnée :

Voilà donc quels vengeurs s'arment pour ta querelle !

Le Père gardien envoya chercher un Turc appelé *Ali-Aga* pour me conduire à Bethléem. Cet Ali-Aga étoit fils d'un aga de Rama, qui avoit eu la tête tranchée sous la tyrannie de Djezzar. Ali étoit né à Jéricho, aujourd'hui Rihha, et il se disoit gouverneur de ce village. C'étoit un homme de tête et de courage, dont j'eus beaucoup à me louer. Il commença d'abord par nous faire quitter, à moi et à mes domestiques, le vêtement arabe, pour reprendre l'habit françois : cet habit, naguère si méprisé des Orientaux, inspire aujourd'hui le respect et la crainte. La valeur françoise est rentrée en possession de la renommée qu'elle avoit autrefois dans ce pays : ce furent des chevaliers de France qui rétablirent le royaume de Jérusalem, comme ce sont des soldats de France qui ont cueilli les dernières palmes de l'Idumée. Les Turcs vous montrent à la fois et la *Tour* de Beaudouin et le *Camp* de l'empereur : on voit au Calvaire l'épée de Godefroy de Bouillon, qui, dans son vieux fourreau, semble encore garder le Saint-Sépulcre.

On nous amena à cinq heures du soir trois bons chevaux; Michel, drogman du couvent, se joignit à nous ; Ali se mit à notre tête, et nous partîmes pour Bethléem, où nous devions coucher et prendre une escorte de six Arabes. J'avois lu que le gardien de Saint-Sauveur est le seul Franc qui ait le privilége de monter à cheval à Jérusalem, et j'étois un peu surpris de galoper sur une jument arabe ; mais j'ai su depuis que tout voyageur en peut faire autant pour son argent. Nous sortîmes de Jérusalem par la porte de Damas, puis, tournant à gauche et traversant les ravins au pied du mont Sion, nous gravîmes une montagne sur le plateau de laquelle nous cheminâmes pendant une heure. Nous laissions Jérusalem au nord derrière nous ; nous avions au couchant les montagnes de Judée, et au levant, par delà la mer Morte, les montagnes d'Arabie. Nous passâmes le couvent de Saint-Élie. On ne manque pas de faire remarquer, sous un olivier et sur un rocher au bord du chemin, l'endroit où ce prophète se reposoit lorsqu'il alloit à Jérusalem. A une lieue plus loin, nous entrâmes dans le champ de Rama, où l'on trouve le tombeau de Rachel. C'est un édifice carré, surmonté d'un petit dôme : il jouit des priviléges d'une mosquée ; les Turcs ainsi que les Arabes honorent les familles des patriarches. Les traditions des chrétiens s'accordent à placer le sépulcre de Rachel dans ce lieu : la critique historique est favorable à cette opinion ; mais, malgré Thévenot, Monconys, Roger et tant d'autres, je ne puis reconnoître un monument antique dans ce qu'on appelle aujourd'hui le *tombeau de Rachel* : c'est évidemment une fabrique turque consacrée à un santon.

Nous aperçûmes dans la montagne (car la nuit étoit venue) les lumières du village de Rama. Le silence étoit profond autour de nous. Ce fut sans doute dans une pareille nuit que l'on entendit tout à coup la voix de Rachel : *Vox in Rama audita est, ploratus et ululatus multus ; Rachel plorans filios suos, et noluit consolari, quia non sunt.* Ici la mère d'Astyanax et celle d'Euryale sont vaincues : Homère et Virgile cèdent la palme de la douleur à Jérémie.

Nous arrivâmes par un chemin étroit et scabreux à Bethléem. Nous frappâmes à la porte du couvent ; l'alarme se mit parmi les religieux, parce que notre visite étoit inattendue, et que le turban d'Ali inspira d'abord l'épouvante mais tout fut bientôt expliqué.

Bethléem reçut son nom d'Abraham, et Bethléem signifie la *Maison de Pain*. Elle fut surnommée *Ephrata* (fructueuse), du nom de la femme de Caleb, pour la distinguer d'une autre Bethléem de la tribu de Zabulon. Elle appartenoit à la tribu de Juda. Elle porta aussi le nom de *Cité de David;* elle étoit la patrie de ce monarque, et il y garda les troupeaux dans son enfance. Abissan, septième juge d'Israel, Élimelech, Obed, Jessé et Booz naquirent comme David à Bethléem ; et c'est là qu'il faut placer l'admirable églogue de Ruth. Saint Mathias, apôtre, eut aussi le bonheur de recevoir le jour dans la cité où le Messie vint au monde.

Les premiers fidèles avoient élevé un oratoire sur la crèche du Sauveur. Adrien le fit renverser pour y placer une statue d'Adonis. Sainte Hélène détruisit l'idole, et bâtit au même lieu une église dont l'architecture se mêle aujourd'hui aux différentes parties ajoutées par les princes chrétiens. Tout le monde sait que saint Jérôme se retira à Bethléem. Bethléem, conquise par les croisés, retomba avec Jérusalem sous le joug indèle ; mais elle a toujours été l'objet de la vénération des pèlerins. De saints religieux, se dévouant à un martyre perpétuel, l'ont gardée pendant sept siècles. Quant à la Bethléem moderne, à son sol, à ses productions, à ses habitants, on peut consulter M. de Volney. Je n'ai pourtant point remarqué dans la vallée de Bethléem la fécondité qu'on lui attribue : il est vrai que sous le gouvernement turc le terrain le plus fertile devient désert en peu d'années.

Le 5 octobre, à quatre heures du matin, je commençai la revue des monuments de Bethléem. Quoique ces monuments aient été souvent décrits, le sujet par lui-même est si intéressant, que je ne puis me dispenser d'entrer dans quelques détails.

Le couvent de Bethléem tient à l'église par une cour fermée de hautes murailles. Nous traversâmes cette cour, et une petite porte latérale nous donna passage dans l'église. Cette église est certainement d'une haute antiquité, et, quoique souvent détruite et souvent réparée, elle conserve les marques de son origine grecque. Sa forme est celle d'une croix. La longue nef, ou, si l'on veut, le pied de la croix est orné de quarante-huit colonnes d'ordre corinthien, placées sur quatre lignes. Ces colonnes ont deux pieds six pouces de diamètre près la base, et dix-huit pieds de hauteur, y compris la base et le chapiteau. Comme la voûte de cette nef manque, les colonnes ne portent rien qu'une frise de bois qui remplace l'architrave et tient lieu de l'entablement entier. Une charpente à jour prend sa naissance au haut des murs et s'élève en dôme pour porter un toit qui n'existe plus, ou qui n'a jamais été achevé. On dit que cette charpente est de bois de cèdre, mais c'est une erreur. Les murs sont percés de grandes fenêtres : ils étoient ornés autrefois de tableaux en mosaïque et de passages de l'Évangile, écrits en caractères grecs et latins : on en voit encore des traces. La plupart de ces inscriptions sont rapportées par Quaresmius. L'abbé Mariti relève avec aigreur une méprise de ce savant religieux, touchant une date : un très-habile homme peut se tromper ; mais celui qui en avertit le public sans égard et sans politesse prouve moins sa science que sa vanité.

Les restes des mosaïques que l'on aperçoit çà et là, et quelques tableaux peints sur bois, sont intéressants pour l'histoire de l'art : ils présentent en général des figures de face, droites, roides, sans mouvement et sans ombre ; mais l'effet en est majestueux et le caractère noble et sévère. Je n'ai pu en examinant ces peintures m'empêcher de penser au respectable M. d'Agincourt, qui fait à Rome l'*Histoire des Arts du dessin dans le moyen âge* [1], et qui trouveroit à Bethléem de grands secours.

La secte chrétienne des Arméniens est en possession de la nef que je viens de décrire. Cette nef est séparée des trois autres branches de la croix par un mur, de sorte que l'église n'a plus d'unité. Quand vous avez passé ce mur, vous vous trouvez en face du sanctuaire ou du chœur, qui occupe le haut de la croix. Ce chœur est élevé de trois degrés au-dessus de la nef. On y voit un autel dédié aux mages. Sur le pavé au bas de cet autel on remarque une étoile de marbre : la tradition veut que cette étoile corresponde au point du ciel où s'arrêta l'étoile miraculeuse qui conduisit les trois rois. Ce qu'il y a de certain, c'est que l'endroit où naquit le Sauveur du monde se trouve perpendiculairement au-dessous de cette étoile de marbre, dans l'église souterraine de la Crèche. Je parlerai de celle-ci dans un moment. Les

---

1. Nous jouissons enfin des premières livraisons de cet excellent ouvrage, fruit d'un travail de trente années et des recherches les plus curieuses.

Grecs occupent le sanctuaire des Mages, ainsi que les deux autres nefs formées par les deux extrémités de la traverse de la croix. Ces deux dernières nefs sont vides et sans autels.

Deux escaliers tournants, composés chacun de quinze degrés, s'ouvrent aux deux côtés du chœur de l'église extérieure, et descendent à l'église souterraine, placée sous ce chœur. Celle-ci est le lieu à jamais révéré de la nativité du Sauveur. Avant d'y entrer, le supérieur me mit un cierge à la main et me fit une courte exhortation. Cette sainte grotte est irrégulière, parce qu'elle occupe l'emplacement irrégulier de l'étable et de la crèche. Elle a trente-sept pieds et demi de long, onze pieds trois pouces de large et neuf pieds de haut. Elle est taillée dans le roc : les parois de ce roc sont revêtues de marbre, et le pavé de la grotte est également d'un marbre précieux. Ces embellissements sont attribués à sainte Hélène. L'église ne tire aucun jour du dehors et n'est éclairée que par la lumière de trente-deux lampes envoyées par différents princes chrétiens. Tout au fond de la grotte, du côté de l'orient, est la place où la Vierge enfanta le Rédempteur des hommes. Cette place est marquée par un marbre blanc incrusté de jaspe et entouré d'un cercle d'argent, radié en forme de soleil. On lit ces mots à l'entour :

HIC DE VIRGINE MARIA
JESUS CHRISTUS NATUS EST.

Une table de marbre, qui sert d'autel, est appuyée contre le rocher, et s'élève au-dessus de l'endroit où le Messie vint à la lumière. Cet autel est éclairé par trois lampes, dont la plus belle a été donnée par Louis XIII.

A sept pas de là, vers le midi, après avoir passé l'entrée d'un des escaliers qui montent à l'église supérieure, vous trouvez la crèche. On y descend par deux degrés, car elle n'est pas de niveau avec le reste de la grotte. C'est une voûte peu élevée, enfoncée dans le rocher. Un bloc de marbre blanc, exhaussé d'un pied au-dessus du sol, et creusé en forme de berceau, indique l'endroit même où le souverain du ciel fut couché sur la paille.

« Joseph partit aussi de la ville de Nazareth qui est en Galilée, et vint en Judée à la ville de David, appelée *Bethléem,* parce qu'il étoit de la maison et de la famille de David.

« Pour se faire enregistrer avec Marie son épouse, qui étoit grosse.

« Pendant qu'ils étoient en ce lieu, il arriva que le temps auquel elle devoit accoucher s'accomplit ;

« Et elle enfanta son fils premier-né, et l'ayant emmaillotté elle le coucha dans une crèche, parce qu'il n'y avoit point de place pour eux dans l'hôtellerie [1]. »

A deux pas, vis à-vis la crèche, est un autel qui occupe la place où Marie étoit assise lorsqu'elle présenta l'enfant des douleurs aux adorations des mages.

« Jésus étant donc né dans Bethléem, ville de la tribu de Juda, du temps du roi Hérode, des mages vinrent de l'Orient en Jérusalem.

« Et ils demandèrent : Où est le roi des Juifs qui est nouvellement né? car nous avons vu son étoile en Orient, et nous sommes venus l'adorer.

« . . . .

« Et en même temps l'étoile qu'ils avoient vue en Orient alloit devant eux, jusqu'à ce qu'étant arrivée sur le lieu où étoit l'enfant, elle s'y arrêta.

« Lorsqu'ils virent l'étoile ils furent tout transportés de joie :

« Et entrant dans la maison ils trouvèrent l'enfant avec Marie sa mère, et se prosternant en terre ils l'adorèrent ; puis ouvrant leurs trésors ils lui offrirent pour présents de l'or, de l'encens et de la myrrhe [2]. »

Rien n'est plus agréable et plus dévot que cette église souterraine. Elle est enrichie de tableaux des écoles italienne et espagnole. Ces tableaux représentent les mystères de ces lieux, des Vierges et des Enfants d'après Raphael, des Annonciations, l'Adoration des Mages, la Venue des Pasteurs, et tous ces miracles mêlés de grandeur et d'innocence. Les ornements ordinaires de la crèche sont de satin bleu brodé en argent. L'encens fume sans cesse devant le berceau du Sauveur. J'ai entendu un orgue, fort bien touché, jouer à la messe les airs les plus doux et les plus tendres des meilleurs compositeurs d'Italie. Ces concerts charment l'Arabe chrétien qui, laissant paître ses chameaux, vient, comme les antiques bergers de Bethléem, adorer le Roi des rois dans sa crèche. J'ai vu cet habitant du désert communier à l'autel des Mages avec une ferveur, une pitié, une religion inconnues des chrétiens de l'Occident. « Nul endroit dans l'univers, dit le père Néret, n'inspire plus de dévotion... L'abord continuel des caravanes de toutes les nations chrétiennes... les prières publiques, les prosternations... la richesse même des présents que les princes chrétiens y ont envoyés... tout cela excite en votre âme des choses qui se font sentir beaucoup mieux qu'on ne peut les exprimer. »

Ajoutons qu'un contraste extraordinaire rend encore ces choses plus

---

1. Saint Luc.   2. Saint Matth.

frappantes ; car en sortant de la grotte, où vous avez retrouvé la richesse, les arts, la religion des peuples civilisés, vous êtes transportés dans une solitude profonde, au milieu des masures arabes, parmi des sauvages demi-nus et des musulmans sans foi. Ces lieux sont pourtant ceux-là mêmes où s'opérèrent tant de merveilles; mais cette terre sainte n'ose plus faire éclater au dehors son allégresse, et les souvenirs de sa gloire sont renfermés dans son sein.

Nous descendîmes de la grotte de la Nativité dans la chapelle souterraine où la tradition place la sépulture des Innocents : « Hérode envoya tuer à Bethléem et en tout le pays d'alentour tous les enfants âgés de deux ans et au-dessous : alors s'accomplit ce qui avoit été dit par le prophète Jérémie : *Vox in Rama audita est.* »

La chapelle des Innocents nous conduisit à la grotte de saint Jérôme : on y voit le sépulcre de ce docteur de l'Église, celui de saint Eusèbe et les tombeaux de sainte Paule et de sainte Eustochie.

Saint Jérôme passa la plus grande partie de sa vie dans cette grotte. C'est de là qu'il vit la chute de l'empire romain ; ce fut là qu'il reçut ces patriciens fugitifs qui, après avoir possédé les palais de la terre, s'estimèrent heureux de partager la cellule d'un cénobite. La paix du saint et les troubles du monde font un merveilleux effet dans les lettres du savant interprète de l'Écriture.

Sainte Paule et sainte Eustochie sa fille étoient deux grandes dames romaines de la famille des Gracques et des Scipions. Elles quittèrent les délices de Rome pour venir vivre et mourir à Bethléem dans la pratique des vertus monastiques. Leur épitaphe, faite par saint Jérôme, n'est pas assez bonne et est trop connue pour que je la rapporte ici :

> Scipio, quam genuit, etc.

On voit dans l'oratoire de saint Jérôme un tableau où ce saint conserve l'air de tête qu'il a pris sous le pinceau du Carrache et du Dominiquin. Un autre tableau offre les images de Paule et d'Eustochie. Ces deux héritières de Scipion sont représentées mortes et couchées dans le même cercueil. Par une idée touchante, le peintre a donné aux deux saintes une ressemblance parfaite; on distingue seulement la fille de la mère à sa jeunesse et à son voile blanc : l'une a marché plus longtemps et l'autre plus vite dans la vie, et elles sont arrivées au port au même moment.

Dans les nombreux tableaux que l'on voit aux lieux saints, et qu'aucun voyageur n'a décrits [1], j'ai cru quelquefois reconnoître la touche

---

1. Villamont avoit été frappé de la beauté d'un saint Jérôme.

mystique et le ton inspiré de Murillo : il seroit assez singulier qu'un grand maître eût à la crèche ou au tombeau du Sauveur quelque chef-d'œuvre inconnu.

Nous remontâmes au couvent. J'examinai la campagne du haut d'une terrasse. Bethléem est bâtie sur un monticule qui domine une longue vallée. Cette vallée s'étend de l'est à l'ouest : la colline du midi est couverte d'oliviers clair-semés sur un terrain rougeâtre, hérissé de cailloux ; la colline du nord porte des figuiers sur un sol semblable à celui de l'autre colline. On découvre çà et là quelques ruines, entre autres les débris d'une tour qu'on appelle la *tour de Sainte-Paule*. Je rentrai dans le monastère, qui doit une partie de sa richesse à Baudouin, roi de Jérusalem et successeur de Godefroy de Bouillon : c'est une véritable forteresse, et ses murs sont si épais qu'ils soutiendroient aisément un siége contre les Turcs.

L'escorte arabe étant arrivée, je me préparai à partir pour la mer Morte. En déjeunant avec les religieux qui formoient un cercle autour de moi, ils m'apprirent qu'il y avoit au couvent un Père François de nation. On l'envoya chercher : il vint les yeux baissés, les deux mains dans ses manches, marchant d'un air sérieux ; il me donna un salut froid et court. Je n'ai jamais entendu chez l'étranger le son d'une voix françoise sans être ému :

> Ὦ φίλτατον φώνημα! φεῦ τὸ καὶ λαβεῖν
> Πρόσφθεγμα τοιοῦ δ' ἀνδρὸς ἐν χρόνῳ μακρῷ!

> Après un si long temps. . . . . . .
> Oh! que cette parole à mon oreille est chère!

Je fis quelques questions à ce religieux. Il me dit qu'il s'appeloit le *Père Clément*; qu'il étoit des environs de Mayenne; que, se trouvant dans un monastère en Bretagne, il avoit été déporté en Espagne avec une centaine de prêtres comme lui; qu'ayant reçu l'hospitalité dans un couvent de son ordre, ses supérieurs l'avoient ensuite envoyé missionnaire en Terre Sainte. Je lui demandai s'il n'avoit point envie de revoir sa patrie, et s'il vouloit écrire à sa famille. Voici sa réponse mot pour mot : « Qui est-ce qui se souvient encore de moi en France ? Sais-je si j'ai encore des frères et des sœurs? J'espère obtenir par le mérite de la crèche du Sauveur la force de mourir ici sans importuner personne et sans songer à un pays où je suis oublié. »

Le Père Clément fut obligé de se retirer : ma présence avoit réveillé dans son cœur des sentiments qu'il cherchoit à éteindre. Telles sont les destinées humaines : un François gémit aujourd'hui sur la perte de son pays aux mêmes bords dont les souvenirs inspirèrent autrefois le plus beau des cantiques sur l'amour de la patrie :

> Super flumina Babylonis, etc.

Mais ces fils d'Aaron qui suspendirent leurs harpes aux saules de Babylone ne rentrèrent pas tous dans la cité de David ; ces filles de Judée qui s'écrioient sur le bord de l'Euphrate :

> O rives du Jourdain ! ô champs aimés des cieux ! etc.,

ces compagnes d'Esther ne revirent pas toutes Emmaüs et Bethel : plusieurs laissèrent leurs dépouilles aux champs de la captivité.

A dix heures du matin nous montâmes à cheval, et nous sortîmes de Bethléem. Six Arabes bethléémites à pied, armés de poignards et de longs fusils à mèche, formoient notre escorte. Ils marchoient trois en avant et trois en arrière de nos chevaux. Nous avions ajouté à notre cavalerie un âne qui portoit l'eau et les provisions. Nous prîmes la route du monastère de Saint-Saba, d'où nous devions ensuite descendre à la mer Morte et revenir par le Jourdain.

Nous suivîmes d'abord le vallon de Bethléem, qui s'étend au levant, comme je l'ai dit. Nous passâmes une croupe de montagnes où l'on voit sur la droite une vigne nouvellement plantée, chose assez rare dans le pays pour que je l'aie remarquée. Nous arrivâmes à une grotte appelée la *grotte des Pasteurs*. Les Arabes l'appellent encore *Dta-el-Natour*, le village des Bergers. On prétend qu'Abraham faisoit paître ses troupeaux dans ce lieu, et que les bergers de Judée furent avertis dans ce même lieu de la naissance du Sauveur.

« Or, il y avoit aux environs des bergers qui passoient la nuit dans les champs, veillant tour à tour à la garde de leurs troupeaux.

« Et tout d'un coup un ange du Seigneur se présenta à eux, et une lumière divine les environna, ce qui les remplit d'une extrême crainte.

« Alors l'ange leur dit : Ne craignez point, car je viens vous apporter une nouvelle qui sera pour tout le peuple le sujet d'une grande joie.

« C'est qu'aujourd'hui, dans la ville de David, il vous est né un Sauveur, qui est le Christ, le Seigneur.

« Et voici la marque à laquelle vous le reconnoîtrez : Vous trouverez un enfant emmaillotté, couché dans une crèche.

« Au même instant il se joignit à l'ange une grande troupe de l'armée céleste, louant Dieu et disant :

« Gloire à Dieu au plus haut des cieux, et paix sur la terre aux « hommes de bonne volonté, chéris de Dieu. »

La piété des fidèles a transformé cette grotte en une chapelle. Elle devoit être autrefois très-ornée : j'y ai remarqué trois chapiteaux d'ordre corinthien, et deux autres d'ordre ionique. La découverte de ces derniers étoit une véritable merveille, car on ne trouve plus guère après le siècle d'Hélène que l'éternel corinthien.

En sortant de cette grotte, et marchant toujours à l'orient, une pointe de compas au midi, nous quittâmes les montagnes rouges pour entrer dans une chaîne de montagnes blanchâtres. Nos chevaux enfonçoient dans une terre molle et crayeuse, formée des débris d'une roche calcaire. Cette terre étoit si horriblement dépouillée qu'elle n'avoit pas même une écorce de mousse. On voyoit seulement croître çà et là quelques touffes de plantes épineuses aussi pâles que le sol qui les produit, et qui semblent couvertes de poussière comme les arbres de nos grands chemins pendant l'été.

En tournant une des croupes de ces montagnes nous aperçûmes deux camps de Bedouins : l'un formé de sept tentes de peaux de brebis noires disposé en carré long, ouvert à l'extrémité orientale ; l'autre composé d'une douzaine de tentes plantées en cercle. Quelques chameaux et des cavales erroient dans les environs.

Il étoit trop tard pour reculer : il fallut faire bonne contenance et traverser le second camp. Tout se passa bien d'abord. Les Arabes touchèrent la main des Bethléémites et la barbe d'Ali-Aga. Mais à peine avions-nous franchi les dernières tentes, qu'un Bedouin arrêta l'âne qui portoit nos vivres. Les Bethléémites voulurent le repousser ; l'Arabe appela ses frères à son secours. Ceux-ci sautent à cheval : on s'arme, on nous enveloppe. Ali parvint à calmer tout ce bruit pour quelque argent. Ces Bedouins exigèrent un droit de passage : ils prennent apparemment le désert pour un grand chemin ; chacun est maître chez soi. Ceci n'étoit que le prélude d'une scène plus violente.

Une lieue plus loin, en descendant le revers d'une montagne, nous découvrîmes la cime de deux hautes tours qui s'élevoient dans une vallée profonde. C'étoit le couvent de Saint-Saba. Comme nous approchions, une nouvelle troupe d'Arabes, cachée au fond d'un ravin, se jeta sur notre escorte en poussant des hurlements. Dans un instant nous vîmes voler les pierres, briller les poignards, ajuster les fusils. Ali se précipita dans la mêlée ; nous courons pour lui prêter secours : il saisit le chef des Bedouins par la barbe, l'entraîne sous le ventre de son cheval, et le menace de l'écraser s'il ne fait finir cette querelle. Pendant le tumulte un religieux grec crioit de son côté et gesticuloit du haut d'une tour; il cherchoit inutilement à mettre la paix. Nous étions tous arrivés à la porte de Saint-Saba. Les frères, en dedans, tournoient la clef, mais avec lenteur, car ils craignoient que dans ce désordre on ne pillât le monastère. Le janissaire, fatigué de ces délais, entroit en fureur contre les religieux et contre les Arabes. Enfin, il tira son sabre, et alloit abattre la tête du chef des Bedouins, qu'il tenoit toujours par la barbe avec une force surprenante, lorsque le couvent s'ouvrit. Nous nous précipitâmes tous pêle-mêle dans une cour, et la porte se referma sur nous. L'affaire devint alors plus sérieuse : nous n'étions point dans l'intérieur du couvent; il y avoit une autre cour à passer, et la porte de cette cour n'étoit point ouverte. Nous étions renfermés dans un espace étroit, où nous nous blessions avec nos armes, et où nos chevaux, animés par le bruit, étoient devenus furieux. Ali prétendit avoir détourné un coup de poignard qu'un Arabe me portoit par derrière, et il montroit sa main ensanglantée : mais Ali, très-brave homme d'ailleurs, aimoit l'argent, comme tous les Turcs. La dernière porte du monastère s'ouvrit; le chef des religieux parut, dit quelques mots, et le bruit cessa. Nous apprîmes alors le sujet de la contestation.

Les derniers Arabes qui nous avoient attaqués appartenoient à une tribu qui prétendoit avoir seule le droit de conduire les étrangers à Saint-Saba. Les Bethléémites, qui désiroient avoir le prix de l'escorte, et qui ont une réputation de courage à soutenir, n'avoient pas voulu céder. Le supérieur du monastère avoit promis que je satisferois les Bedouins, et l'affaire s'étoit arrangée. Je ne leur voulois rien donner, pour les punir. Ali-Aga me représenta que si je tenois à cette résolution, nous ne pourrions jamais arriver au Jourdain; que ces Arabes iroient appeler les autres tribus; que nous serions infailliblement massacrés; que c'étoit la raison pour laquelle il n'avoit pas voulu tuer le chef, car, une fois le sang versé, nous n'aurions eu d'autre parti à prendre que de retourner promptement à Jérusalem.

Je doute que les couvents de Scété soient placés dans des lieux plus tristes et plus désolés que le couvent de Saint-Saba. Il est bâti dans la ravine même du torrent de Cédron, qui peut avoir trois ou quatre cents pieds de profondeur dans cet endroit. Ce torrent est à sec, et ne roule qu'au printemps une eau fangeuse et rougie. L'église occupe une petite éminence dans le fond du lit. De là les bâtiments du monastère s'élèvent par des escaliers perpendiculaires et des passages creusés dans le roc, sur le flanc de la ravine, et parviennent ainsi jusqu'à la croupe de la montagne, où ils se terminent par deux tours carrées. L'une de ces tours est hors du couvent; elle servoit autrefois de poste avancé pour surveiller les Arabes. Du haut de ces tours on découvre les sommets stériles des montagnes de Judée; au-dessous de soi, l'œil plonge dans le ravin desséché du torrent de Cédron, où l'on voit des grottes qu'habitèrent jadis les premiers anachorètes. Des colombes bleues nichent aujourd'hui dans ces grottes, comme pour rappeler, par leurs gémissements, leur innocence et leur douceur, les saints qui peuploient autrefois ces rochers. Je ne dois point oublier un palmier qui croît dans un mur sur une des terrasses du couvent; je suis persuadé que tous les voyageurs le remarqueront comme moi : il faut être environné d'une stérilité aussi affreuse pour sentir le prix d'une touffe de verdure.

Quant à la partie historique du couvent de Saint-Saba, le lecteur peut avoir recours à la lettre du père Néret et à la *Vie des Pères du Désert*. On montre aujourd'hui dans ce monastère trois ou quatre mille têtes de morts, qui sont celles des religieux massacrés par les infidèles. Les moines me laissèrent un quart-d'heure tout seul avec ces reliques : ils sembloient avoir deviné que mon dessein étoit de peindre un jour la situation de l'âme des solitaires de la Thébaïde. Mais je ne me rappelle pas encore sans un sentiment pénible qu'un caloyer voulut me parler de politique et me raconter les secrets de la cour de Russie. « Hélas! mon père, lui dis-je, où chercherez-vous la paix, si vous ne la trouvez pas ici? »

Nous quittâmes le couvent à trois heures de l'après-midi; nous remontâmes le torrent de Cédron; ensuite, traversant la ravine, nous reprîmes notre route au levant. Nous découvrîmes Jérusalem par une ouverture des montagnes. Je ne savois trop ce que j'apercevois; je croyois voir un amas de rochers brisés : l'apparition subite de cette cité des désolations au milieu d'une solitude désolée avoit quelque chose d'effrayant; c'étoit véritablement la reine du désert.

Nous avancions : l'aspect des montagnes étoit toujours le même, c'est-à-dire blanc poudreux, sans ombre, sans arbre, sans herbe et sans mousse. A quatre heures et demie, nous descendîmes de la haute chaîne de ces montagnes sur une chaîne moins élevée. Nous cheminâmes pendant cinquante minutes sur un plateau assez égal. Nous parvînmes enfin au dernier rang des monts qui bordent à l'occident la vallée du Jourdain et les eaux de la mer Morte. Le soleil étoit près de se coucher : nous mîmes pied à terre pour laisser reposer les chevaux, et je contemplai à loisir le lac, la vallée et le fleuve.

Quand on parle d'une vallée, on se représente une vallée cultivée, ou inculte : cultivée, elle est couverte de moissons, de vignes, de villages, de troupeaux; inculte, elle offre des herbages ou des forêts; si elle est arrosée par un fleuve, ce fleuve a des replis; les collines qui forment cette vallée ont elles-mêmes des sinuosités dont les perspectives attirent agréablement les regards.

Ici, rien de tout cela : qu'on se figure deux longues chaînes de montagnes, courant parallèlement du septentrion au midi, sans détours, sans sinuosités. La chaîne du levant, appelée *Montagne d'Arabie,* est la plus élevée; vue à la distance de huit à dix lieues, on diroit un grand mur perpendiculaire, tout à fait semblable au Jura par sa forme et par sa couleur azurée : on ne distingue pas un sommet, pas la moindre cime; seulement on aperçoit çà et là de légères inflexions, comme si la main du peintre qui a tracé cette ligne horizontale sur le ciel eût tremblé dans quelques endroits [1].

La chaîne du couchant appartient aux montagnes de Judée. Moins élevée et plus inégale que la chaîne de l'est, elle en diffère encore par sa nature : elle présente de grands monceaux de craie et de sable qui imitent la forme de faisceaux d'armes, de drapeaux ployés, ou de tentes d'un camp assis au bord d'une plaine. Du côté de l'Arabie, ce sont au contraire de noirs rochers à pic, qui répandent au loin leur ombre sur les eaux de la mer Morte. Le plus petit oiseau du ciel ne trouveroit pas dans ces rochers un brin d'herbe pour se nourrir; tout y annonce la patrie d'un peuple réprouvé; tout semble y respirer l'horreur et l'inceste d'où sortirent Ammon et Moab.

La vallée comprise entre ces deux chaînes de montagnes offre un sol semblable au fond d'une mer depuis longtemps retirée; des plages de sel, une vase desséchée, des sables mouvants et comme sillonnés par les flots. Çà et là des arbustes chétifs croissent péniblement sur cette terre privée de vie; leurs feuilles sont couvertes du sel qui les a nourris, et leur écorce a le goût et l'odeur de la fumée. Au lieu de villages, on aperçoit les ruines de quelques tours. Au milieu de la vallée passe un fleuve décoloré; il se traîne à regret vers le lac empesté qui l'engloutit. On ne distingue son cours au milieu de l'arène que par les saules et les roseaux qui le bordent : l'Arabe se cache dans ces roseaux pour attaquer le voyageur et dépouiller le pèlerin.

Tels sont ces lieux fameux par les bénédictions et par les malédictions du ciel : ce fleuve est le Jourdain; ce lac est la mer Morte; elle

---

1. Toutes ces descriptions de la mer Morte et du Jourdain se retrouvent dans *Les Martyrs,* livre XIX; mais comme le sujet est important, et que j'ai ajouté dans l'*Itinéraire* plusieurs traits à ces descriptions, je n'ai pas craint de les répéter.

paroît brillante, mais les villes coupables qu'elle cache dans son sein semblent avoir empoisonné ses flots. Ses abîmes solitaires ne peuvent nourrir aucun être vivant [1] ; jamais vaisseau n'a pressé ses ondes [2] ; ses grèves sont sans oiseaux, sans arbres, sans verdure ; et son eau, d'une amertume affreuse, est si pesante, que les vents les plus impétueux peuvent à peine la soulever.

Quand on voyage dans la Judée, d'abord un grand ennui saisit le cœur ; mais lorsque, passant de solitude en solitude, l'espace s'étend sans bornes devant vous, peu à peu l'ennui se dissipe, on éprouve une terreur secrète, qui loin d'abaisser l'âme donne du courage et élève le génie. Des aspects extraordinaires décèlent de toutes parts une terre travaillée par des miracles : le soleil brûlant, l'aigle impétueux, le figuier stérile, toute la poésie, tous les tableaux de l'Écriture sont là : chaque nom renferme un mystère, chaque grotte déclare l'avenir, chaque sommet retentit des accents d'un prophète. Dieu même a parlé sur ces bords : les torrents desséchés, les rochers fendus, les tombeaux entr'ouverts attestent le prodige ; le désert paroît encore muet de terreur, et l'on diroit qu'il n'a osé rompre le silence depuis qu'il a entendu la voix de l'Éternel.

Nous descendîmes de la croupe de la montagne afin d'aller passer la nuit au bord de la mer Morte, pour remonter ensuite au Jourdain. En entrant dans la vallée, notre petite troupe se resserra : nos Bethléémites préparèrent leurs fusils et marchèrent en avant avec précaution. Nous nous trouvions sur le chemin des Arabes du désert, qui vont chercher du sel au lac et qui font une guerre impitoyable au voyageur. Les mœurs des Bedouins commencent à s'altérer par une trop grande fréquentation avec les Turcs et les Européens. Ils prostituent maintenant leurs filles et leurs épouses, et égorgent le voyageur, qu'ils se contentoient autrefois de dépouiller.

Nous marchâmes ainsi pendant deux heures le pistolet à la main comme en pays ennemi. Nous suivions, entre les dunes de sable, les fissures qui s'étoient formées dans une vase cuite aux rayons du soleil. Une croûte de sel recouvroit l'arène et présentoit comme un champ de neige, d'où s'élevoient quelques arbustes rachitiques. Nous arrivâmes tout à coup au lac ; je dis tout à coup, parce que je m'en croyois encore assez éloigné. Aucun bruit, aucune fraîcheur ne m'avoit annoncé

---

1. Je suis l'opinion générale. On va voir qu'elle n'est peut-être pas fondée.
2. Strabon, Pline et Diodore de Sicile parlent de radeaux avec lesquels les Arabes vont recueillir l'asphalte. Diodore décrit ces radeaux : ils étoient faits avec des nattes de joncs entrelacés. (Diod., liv. xix.) Tacite fait mention d'un bateau, mais il se trompe visiblement.

l'approche des eaux. La grève, semée de pierres, étoit brûlante, le flot étoit sans mouvement et absolument mort sur la rive.

Il étoit nuit close : la première chose que je fis en mettant pied à terre fut d'entrer dans le lac jusqu'aux genoux et de porter l'eau à ma bouche. Il me fut impossible de l'y retenir. La salure en est beaucoup plus forte que celle de la mer, et elle produit sur les lèvres l'effet d'une forte solution d'alun. Mes bottes furent à peine séchées, qu'elles se couvrirent de sel ; nos vêtements et nos mains furent en moins de trois heures imprégnés de ce minéral. Galien avoit déjà remarqué ces effets, et Pococke en a confirmé l'existence.

Nous établîmes notre camp au bord du lac, et les Bethléémites firent du feu pour préparer le café. Ils ne manquoient pas de bois, car le rivage étoit encombré de branches de tamarin apportées par les Arabes. Outre le sel que ceux-ci trouvent tout formé dans cet endroit, ils le tirent encore de l'eau par ébullition. Telle est la force de l'habitude, nos Bethléémites avoient marché avec beaucoup de prudence dans la campagne, et ils ne craignirent point d'allumer un feu qui pouvoit bien plus aisément les trahir. L'un d'eux se servit d'un moyen singulier pour faire prendre le bois : il enfourcha le bûcher et s'abaissa sur le feu ; sa tunique s'enfla par la fumée ; alors il se releva brusquement ; l'air aspiré par cette espèce de pompe fit sortir du foyer une flamme brillante. Après avoir bu le café, mes compagnons s'endormirent, et je restai seul éveillé avec nos Arabes.

Vers minuit j'entendis quelque bruit sur le lac. Les Bethléémites me dirent que c'étoient des légions de petits poissons qui viennent sauter au rivage. Ceci contrediroit l'opinion généralement adoptée que la mer Morte ne produit aucun être vivant. Pococke, étant à Jérusalem, avoit entendu dire qu'un missionnaire avoit vu des poissons dans le lac Asphaltite. Hasselquist et Maundrell découvrirent des coquillages sur la rive. M. Seetzen, qui voyage encore en Arabie, n'a remarqué dans la mer Morte ni hélices ni moules, mais il a trouvé quelques escargots.

Pococke fit analyser une bouteille d'eau de cette mer. En 1778, MM. Lavoisier, Macquer et Sage renouvelèrent cette analyse ; ils prouvèrent que l'eau contenoit par quintal quarante-quatre livres six onces de sel ; savoir : six livres quatre onces de sel marin ordinaire et trente-huit livres deux onces de sel marin à base terreuse. Dernièrement M. Gordon a fait faire à Londres la même expérience. « La pesanteur spécifique des eaux (dit M. Malte-Brun dans ses *Annales*) est de 1,211, celle de l'eau douce étant 1,000 : elles sont parfaitement transparentes. Les réactifs y démontrent la présence de l'acide marin et de l'acide sulfurique ; il n'y a point d'alumine ; elles ne sont point saturées de sel marin ; elles ne changent point les couleurs, telles que le tournesol ou la violette. Elles tiennent en dissolution les substances suivantes, et dans les proportions que nous allons indiquer :

> Muriate de chaux   3,920
> — de magnésie. 10,246
> — de soude 10,360
> Sulfate de chaux   0,054
> _____
> 24,580 sur 100.

Ces substances étrangères forment donc environ un quart de son poids à l'état de dessiccation parfaite ; mais desséchées seulement à 180 degrés (Fahrenheit), elles en forment 41 pour 100. M. Gordon, qui a apporté la bouteille d'eau soumise à l'analyse, a lui-même constaté que les hommes y flottent, sans avoir appris à nager. »

Je possède un vase de fer-blanc rempli de l'eau que j'ai prise moi-même dans la mer Morte. Je ne l'ai point encore ouvert, mais au poids et au bruit je juge que le fluide est un peu diminué. Mon projet étoit d'essayer l'expérience que Pococke propose, c'est-à-dire de mettre des petits poissons de mer dans cette eau et d'examiner s'ils y pourroient vivre : d'autres occupations m'ayant empêché de tenter plus tôt cet essai, je crains à présent qu'il ne soit trop tard.

La lune en se levant à deux heures du matin amena une forte brise qui ne rafraîchit pas l'air, mais qui agita un peu le lac. Le flot chargé de sel retomboit bientôt par son poids et battoit à peine la rive. Un bruit lugubre sortit de ce lac de mort, comme les clameurs étouffées du peuple abîmé dans ses eaux.

L'aurore parut sur la montagne d'Arabie en face de nous. La mer Morte et la vallée du Jourdain se teignirent d'une couleur admirable ; mais une si riche apparence ne servoit qu'à mieux faire paroître la désolation du fond.

Le lac fameux qui occupe l'emplacement de Sodome et de Gomorrhe est nommé *mer Morte* ou *mer Salée* dans l'Écriture, *Asphaltite* par les Grecs et les Latins, *Almotanah* et *Bahar-Loth* par les Arabes, *Ula-Degnisi* par les Turcs. Je ne puis être du sentiment de ceux qui supposent que la mer Morte n'est que le cratère d'un volcan. J'ai vu le Vésuve, la Solfatare, le Monte-Nuovo dans le lac Fusin, le Pic-des-Açores, le Mamelife vis-à-vis de Carthage, les volcans éteints d'Auvergne ; j'ai partout remarqué les mêmes caractères, c'est-à-dire des montagnes creusées en entonnoir, des laves et des cendres où l'action du feu ne se peut méconnoître. La mer Morte, au contraire, est un lac assez long, courbé en arc, encaissé entre deux chaînes de montagnes qui n'ont entre elles aucune cohérence de forme, aucune homogénéité de sol. Elles ne se rejoignent point aux deux extrémités du lac : elles continuent, d'un côté, à border la vallée du Jourdain en se rapprochant vers le nord jusqu'au lac de Tibériade; et de l'autre, elles vont, en s'écartant, se perdre au midi dans les sables de l'Yémen. Il est vrai qu'on trouve du bitume, des eaux chaudes et des pierres phosphoriques dans la chaîne des montagnes d'Arabie; mais je n'en ai point vu dans la chaîne opposée. D'ailleurs la présence des eaux thermales, du soufre et de l'asphalte ne suffit point pour attester l'existence antérieure d'un volcan. C'est dire assez que quant aux villes abîmées je m'en tiens au sens de l'Écriture sans appeler la physique à mon secours. D'ailleurs, en adoptant l'idée du professeur Michaélis et du savant Busching dans son *Mémoire sur la mer Morte,* la physique peut encore être admise dans la catastrophe des villes coupables, sans blesser la religion. Sodome étoit bâtie sur une carrière de bitume, comme on le sait par le témoignage de Moïse et de Josèphe, qui parlent des puits de bitume de la vallée de Siddim. La foudre alluma ce gouffre, et les villes s'enfoncèrent dans l'incendie souterrain. M. Malte-Brun conjecture très-ingénieusement que Sodome et Gomorrhe pouvoient être elles-mêmes bâties en pierres bitumineuses et s'être enflammées au feu du ciel.

Strabon parle de treize villes englouties dans le lac Asphaltite; Étienne de Byzance en compte huit; la *Genèse* en place cinq *in valle silvestri*: Sodome, Gomorrhe, Adam, Seboïm et Bala ou Segor, mais elle ne marque que les deux premières comme détruites par la colère de Dieu; le *Deutéronome* en cite quatre : Sodome, Gomorrhe, Adam et Seboïm; la *Sagesse* en compte cinq sans les désigner : *Descendente igne in Pentapolim.*

Jacques Cerbus ayant remarqué que sept grands courants d'eau tombent dans la mer Morte, Reland en conclut que cette mer devoit se dégager de la superfluité de ses eaux par des canaux souterrains; Sandy et quelques autres voyageurs ont énoncé la même opinion, mais elle est aujourd'hui abandonnée, d'après les observations du docteur Hallez sur l'évaporation, observations admises par Shaw, qui trouve pourtant que le Jourdain roule par jour à la mer Morte six millions quatre-vingt-dix mille tonnes d'eau, sans compter les eaux de l'Arnon et de sept autres torrents. Plusieurs voyageurs, entre autres Troïlo et d'Arvieux, disent avoir remarqué des débris de murailles et de palais dans les eaux de la mer Morte. Ce rapport semble confirmé par

Maundrell et par le père Nau. Les anciens sont plus positifs à ce sujet : Josèphe, qui se sert d'une expression poétique, dit qu'on apercevoit au bord du lac les *ombres* des cités détruites. Strabon donne soixante stades de tour aux ruines de Sodome ; Tacite parle de ces débris : je ne sais s'ils existent encore, je ne les ai point vus ; mais comme le lac s'élève ou se retire selon les saisons, il peut cacher ou découvrir tour à tour les squelettes des villes réprouvées.

Les autres merveilles racontées de la mer Morte ont disparu devant un examen plus sévère. On sait aujourd'hui que les corps y plongent ou y surnagent suivant les lois de la pesanteur de ces corps et de la pesanteur des eaux du lac. Les vapeurs empestées qui devaient sortir de son sein se réduisent à une forte odeur de marine, à des fumées qui annoncent ou suivent l'émersion de l'asphalte, et à des brouillards, à la vérité malsains comme tous les brouillards. Si jamais les Turcs le permettoient, et qu'on pût transporter une barque de Jaffa à la mer Morte, on feroit certainement des découvertes curieuses sur ce lac. Les anciens le connoissoient beaucoup mieux que nous, comme on le voit par Aristote, Strabon, Diodore de Sicile, Pline, Tacite, Solin, Josèphe, Galien, Dioscoride, Étienne de Byzance. Nos vieilles cartes tracent aussi la forme de ce lac d'une manière plus satisfaisante que les cartes modernes : Personne jusqu'à présent n'en a fait le tour, si ce n'est Daniel, abbé de Saint-Saba. Nau nous a conservé dans son Voyage le récit de ce solitaire. Nous apprenons par ce récit « que la mer Morte à sa fin est comme séparée en deux, et qu'il y a un chemin par où on la traverse n'ayant de l'eau qu'à demi-jambe, au moins en été ; que là la terre s'élève et borne un autre petit lac, de figure ronde un peu ovale, entouré de plaines et de montagnes de sel ; que les campagnes des environs sont peuplées d'Arabes sans nombre, etc. » Nyembourg dit à peu près les mêmes choses ; l'abbé Mariti et M. de Volney ont fait usage de ces documents. Quand nous aurons le Voyage de M. Seetzen, nous serons vraisemblablement mieux instruits.

Il n'y a presque point de lecteur qui n'ait entendu parler du fameux arbre de Sodome : cet arbre doit porter une pomme agréable à l'œil, mais amère au goût et pleine de cendres. Tacite, dans le cinquième livre de son *Histoire*, et Josèphe, dans sa *Guerre des Juifs*, sont, je crois, les deux premiers auteurs qui aient fait mention des fruits singuliers de la mer Morte. Foulcher de Chartres, qui voyageoit en Palestine vers l'an 1100, vit la pomme trompeuse, et la compara aux plaisirs du monde. Depuis cette époque, les uns, comme Ceverius de Vera, Baumgarten (*Peregrinationis in Ægyptum, etc.*), Pierre de la Vallée (*Viaggi*), Troïlo et quelques missionnaires, confirment le récit de Foulcher ;

d'autres, comme Reland, le père Néret, Maundrell, inclinent à croire que ce fruit n'est qu'une image poétique de nos fausses joies, *mala mentis gaudia;* d'autres enfin, tels que Pococke, Shaw, etc., doutent absolument de son existence.

Amman semble trancher la difficulté ; il décrit l'arbre, qui selon lui ressemble à une aubépine : « Le fruit, dit-il, est une petite pomme d'une belle couleur, etc. »

Le botaniste Hasselquist survient, il dérange tout cela. La pomme de Sodome n'est plus le fruit d'un arbre ni d'un arbrisseau, mais c'est la production du *solanum melongena* de Linné. « On en trouve, dit-il, quantité près de Jéricho, dans les vallées qui sont près du Jourdain, dans le voisinage de la mer Morte ; il est vrai qu'ils sont quelquefois remplis de poussière, mais cela n'arrive que lorsque le fruit est attaqué par un insecte (*tenthredo*), qui convertit tout le dedans en poussière, ne laissant que la peau entière, sans lui rien faire perdre de sa couleur. »

Qui ne croiroit pas après cela la question décidée sur l'autorité d'Hasselquist et sur celle, beaucoup plus grande, de Linné, dans sa *Flora Palæstina?* Pas du tout : M. Seetzen, savant aussi, et le plus moderne de tous ces voyageurs, puisqu'il est encore en Arabie, ne s'accorde point avec Hasselquist sur le *solanum Sodomæum.* « Je vis, dit-il, pendant mon séjour à Karrak, chez le curé grec de cette ville, une espèce de coton ressemblant à la soie. Ce coton, me dit-il, vient dans la plaine El-Gor, à la partie orientale de la mer Morte, sur un arbre pareil au figuier, et qui porte le nom d'*Aoëscha-èz;* on le trouve dans un fruit ressemblant à la grenade. J'ai pensé que ces fruits, qui n'ont point de chair intérieurement, et qui sont inconnus dans tout le reste de la Palestine, pourroient bien être les fameuses pommes de Sodome. »

Me voilà bien embarrassé, car je crois aussi avoir trouvé le fruit tant recherché : l'arbuste qui le porte croît partout à deux ou trois lieues de l'embouchure du Jourdain ; il est épineux, et ses feuilles sont grêles et menues ; il ressemble beaucoup à l'arbuste décrit par Amman ; son fruit est tout à fait semblable, en couleur et en forme, au petit limon d'Égypte. Lorsque ce fruit n'est pas encore mûr, il est enflé d'une sève corrosive et salée ; quand il est desséché, il donne une semence noirâtre, qu'on peut comparer à des cendres, et dont le goût ressemble à un poivre amer. J'ai cueilli une demi-douzaine de ces fruits ; j'en possède encore quatre desséchés, bien conservés, et qui peuvent mériter l'attention des naturalistes.

J'employai deux heures entières (5 octobre) à errer au bord de la mer Morte, malgré les Bethléémites, qui me pressoient de quitter cet endroit dangereux. Je voulois voir le Jourdain à l'endroit où il se jette dans le lac, point essentiel, qui n'a encore été reconnu que par Hasselquist; mais les Arabes refusèrent de m'y conduire, parce que le fleuve, à une lieue environ de son embouchure, fait un détour sur la gauche et se rapproche de la montagne d'Arabie. Il fallut donc me contenter de marcher vers la courbure du fleuve la plus rapprochée de nous. Nous levâmes le camp, et nous cheminâmes pendant une heure et demie avec une peine excessive dans une arène blanche et fine. Nous avancions vers un petit bois d'arbres de baume et de tamarins, qu'à mon grand étonnement je voyois s'élever du milieu d'un sol stérile. Tout à coup les Bethléémites s'arrêtèrent, et me montrèrent de la main, au fond d'une ravine, quelque chose que je n'avois pas aperçu. Sans pouvoir dire ce que c'étoit, j'entrevoyois comme une espèce de sable en mouvement sur l'immobilité du sol. Je m'approchai de ce singulier objet, et je vis un fleuve jaune que j'avois peine à distinguer de l'arène de ses deux rives. Il étoit profondément encaissé, et rouloit avec lenteur une onde épaissie : c'étoit le Jourdain.

J'avois vu les grands fleuves de l'Amérique avec ce plaisir qu'inspirent la solitude et la nature, j'avois visité le Tibre avec empressement, et recherché avec le même intérêt l'Eurotas et le Céphise; mais je ne puis dire ce que j'éprouvai à la vue du Jourdain. Non-seulement ce fleuve me rappeloit une antiquité fameuse et un des plus beaux noms que jamais la plus belle poésie ait confiés à la mémoire des hommes, mais ses rives m'offroient encore le théâtre des miracles de ma religion. La Judée est le seul pays de la terre qui retrace au voyageur le souvenir des affaires humaines et des choses du ciel, et qui fasse naître au fond de l'âme, par ce mélange, un sentiment et des pensées qu'aucun autre lieu ne peut inspirer.

Les Bethléémites se dépouillèrent et se plongèrent dans le Jourdain. Je n'osai les imiter, à cause de la fièvre qui me tourmentoit toujours, mais je me mis à genoux sur le bord avec mes deux domestiques et le drogman du monastère. Ayant oublié d'apporter une Bible, nous ne pûmes réciter les passages de l'Évangile relatifs au lieu où nous étions; mais le drogman, qui connoissoit les coutumes, psalmodia l'*Ave, maris Stella*. Nous y répondîmes comme des matelots au terme de leur voyage : le sire de Joinville n'étoit pas plus habile que nous. Je puisai ensuite de l'eau du fleuve dans un vase de cuir : elle ne me parut pas aussi douce que du sucre, ainsi que le dit un bon missionnaire; je la trouvai, au contraire, un peu saumâtre, mais, quoique j'en busse en grande quantité, elle ne me fit aucun mal; je crois qu'elle seroit fort agréable si elle étoit purgée du sable qu'elle charrie.

Ali-Aga fit lui-même des ablutions : le Jourdain est un fleuve sacré pour les Turcs et les Arabes, qui conservent plusieurs traditions hébraïques et chrétiennes, les unes dérivées d'Ismael, dont les Arabes habitent encore le pays, les autres introduites chez les Turcs à travers les fables du Coran.

Selon d'Anville, les Arabes donnent au Jourdain le nom de *Nahar-el-Arden*; selon le père Roger, ils le nomment *Nahar-el-Chiria*. L'abbé Mariti fait prendre à ce nom la forme italienne de *Scheria*, et M. de Volney écrit *El-Charia*.

Saint Jérôme, dans son traité *de Situ et Nominibus locorum Hebraicorum*, espèce de traduction des *Topiques* d'Eusèbe, trouve le nom de Jourdain dans la réunion des noms des deux sources, *Jor* et *Dan*, de ce fleuve, mais il varie ailleurs sur cette opinion ; d'autres la rejettent, sur l'autorité de Josèphe, de Pline et d'Eusèbe, qui placent l'unique source du Jourdain à Panéades, au pied du mont Hémon dans l'Anti-Liban. La Roque traite à fond cette question dans son *Voyage de Syrie*; l'abbé Mariti n'a fait que le répéter, en citant de plus un passage de Guillaume de Tyr, pour prouver que Dan et Panéades étoient la même ville : c'est ce que l'on savoit. Il faut remarquer avec Reland (*Palestina ex monumentis veteribus illustrata*), contre l'opinion de saint Jérôme, que le nom du fleuve sacré n'est pas en hébreu *Jordan*, mais *Jorden*; qu'en admettant même la première manière de lire, on explique Jordan par fleuve du Jugement : Jor, que saint Jérôme traduit par ῥέεθρον, *fluvius*, et Dan, que l'on rend par *judicans, sive judicium* : étymologie si juste qu'elle rendroit improbable l'opinion des deux fontaines Jor et Dan, si d'ailleurs la géographie laissoit quelque doute à ce sujet.

A environ deux lieues de l'endroit où nous étions arrêtés, j'aperçus plus haut, sur le cours du fleuve, un bocage d'une grande étendue. Je le voulus visiter, car je calculai que c'étoit à peu près là, en face de Jéricho, que les Israélites passèrent le fleuve, que la manne cessa de tomber, que les Hébreux goûtèrent les premiers fruits de la terre promise, que Naaman fut guéri de la lèpre, et qu'enfin Jésus-Christ reçut le baptême de la main de saint Jean-Baptiste. Nous marchâmes vers cet endroit pendant quelque temps ; mais comme nous en approchions, nous entendîmes des voix d'hommes dans le bocage. Malheureusement la voix de l'homme, qui vous rassure partout, et que vous aimeriez à entendre au bord du Jourdain, est précisément ce qui vous alarme dans ces déserts. Les Bethléémites et le drogman vouloient à l'instant s'éloigner. Je leur déclarai que je n'étois pas venu si loin pour m'en retourner si vite, que je consentois à ne pas remonter plus haut, mais qué je voulois revoir le fleuve en face de l'endroit où nous nous trouvions.

On se conforma à regret à ma déclaration, et nous revînmes au Jourdain, qu'un détour avoit éloigné de nous sur la droite. Je lui trouvai la même largeur et la même profondeur qu'à une lieue plus bas, c'est-à-dire six à sept pieds de profondeur sous la rive et à peu près cinquante pas de largeur.

Les guides m'importunoient pour partir : Ali-Aga même murmuroit. Après avoir achevé de prendre les notes qui me parurent les plus importantes, je cédai au désir de la caravane ; je saluai pour la dernière fois le Jourdain ; je pris une bouteille de son eau et quelques roseaux de sa rive. Nous commençâmes à nous éloigner pour gagner le village de Rihha [1], l'ancienne Jéricho, sous la montagne de Judée. A peine avions-nous fait un quart de lieue dans la vallée, que nous aperçûmes sur le sable des traces nombreuses de pas d'hommes et de chevaux. Ali proposa de serrer notre troupe afin d'empêcher les Arabes de nous compter. « S'ils peuvent nous prendre, dit-il, à notre ordre et à nos vêtements, pour des *soldats chrétiens*, ils n'oseront pas nous attaquer. » Quel éloge de la bravoure de nos armées !

Nos soupçons étoient fondés. Nous découvrîmes bientôt derrière nous, au bord du Jourdain, une troupe d'une trentaine d'Arabes qui nous observoient. Nous fîmes marcher en avant notre *infanterie*, c'est-à-dire nos six Bethléémites, et nous couvrîmes leur retraite avec notre *cavalerie*; nous mîmes nos *bagages* au milieu ; malheureusement l'âne qui les portoit étoit rétif et n'avançoit qu'à force de coups. Le cheval du drogman ayant mis le pied dans un guêpier, les guêpes se jetèrent sur lui, et le pauvre Michel, emporté par sa monture, jetoit des cris pitoyables ; Jean, tout Grec qu'il étoit, faisoit bonne contenance ; Ali étoit brave comme un janissaire de Mahomet II. Quant à Julien, il n'étoit jamais étonné ; le monde avoit passé sous ses yeux sans qu'il l'eût regardé ; il se croyoit toujours dans la rue Saint-Honoré, et me disoit du plus grand sang-froid du monde, en menant son cheval au petit pas : « Monsieur, est-ce qu'il n'y a pas de police dans ce pays-ci pour réprimer ces gens-là ? »

Après nous avoir regardés longtemps, les Arabes firent quelques mouvements vers nous, puis, à notre grand étonnement, ils rentrèrent dans les buissons qui bordent le fleuve. Ali avoit raison : ils nous prirent sans doute pour des soldats chrétiens. Nous arrivâmes sans accident à Jéricho.

---

1. Il est remarquable que ce nom, qui signifie *parfum*, est presque celui de la femme qui reçut les espions de l'armée de Josué à Jéricho. Elle s'appeloit *Rahab*.

L'abbé Mariti a très-bien recueilli les faits historiques touchant cette ville célèbre [1] ; il a aussi parlé des productions de Jéricho, de la manière d'extraire l'huile de zaccon, etc. : il seroit donc inutile de le répéter, à moins de faire, comme tant d'autres, un Voyage avec des Voyages. On sait aussi que les environs de Jéricho sont ornés d'une source dont les eaux autrefois amères furent adoucies par un miracle d'Élisée. Cette source est située à deux milles au-dessus de la ville, au pied de la montagne où Jésus-Christ pria et jeûna pendant quarante jours. Elle se divise en deux bras. On voit sur ses bords quelques champs de doura, des groupes d'acacias, l'arbre qui donne le baume de Judée [2] et des arbustes qui ressemblent au lilas pour la feuille, mais dont je n'ai pas vu la fleur. Il n'y a plus de roses ni de palmiers à Jéricho, et je n'ai pu y manger les *nicolai* d'Auguste : ces dattes, au temps de Belon, étoient fort dégénérées. Un vieil acacia protège la source ; un autre arbre se penche un peu plus bas sur le ruisseau qui sort de cette source, et forme sur ce ruisseau un pont naturel.

J'ai dit qu'Ali-Aga étoit né dans le village de Rihha (Jéricho), et qu'il en étoit gouverneur. Il me conduisit dans ses États, où je ne pouvois manquer d'être bien reçu de ses sujets : en effet, ils vinrent complimenter leur souverain. Il voulut me faire entrer dans une vieille masure qu'il appeloit son *château;* je refusai cet honneur, préférant dîner au bord de la source d'Élisée, nommée aujourd'hui *source du roi*. En traversant le village, nous vîmes un jeune Arabe assis à l'écart, la tête ornée de plumes, et paré comme dans un jour de fête. Tous ceux qui passoient devant lui s'arrêtoient pour le baiser au front et aux joues : on me dit que c'étoit un nouveau marié. Nous nous arrêtâmes à la source d'Élisée. On égorgea un agneau, qu'on mit rôtir tout entier à un grand bûcher au bord de l'eau ; un Arabe fit griller des gerbes de doura. Quand le festin fut préparé, nous nous assîmes en rond autour d'un plateau de bois, et chacun déchira avec ses mains une partie de la victime.

On aime à distinguer dans ces usages quelques traces des mœurs des anciens jours, et à retrouver chez les descendants d'Ismael des souvenirs d'Abraham et de Jacob.

Les Arabes, partout où je les ai vus, en Judée, en Égypte, et même en Barbarie, m'ont paru d'une taille plutôt grande que petite. Leur

---

1. Il en a cependant oublié quelques-uns, tels que le don fait par Antoine à Cléopâtre du territoire de Jéricho, etc.

2. Il ne faut pas le confondre avec le fameux baumier qui n'existe plus à Jéricho. Il paroît que celui-ci a péri vers le viie siècle, car Arculfe ne le trouva plus. (*De Loc. Sanct. ap. Ven. Bed.*)

démarche est fière. Ils sont bien faits et légers. Ils ont la tête ovale, le front haut et arqué, le nez aquilin, les yeux grands et coupés en amandes, le regard humide et singulièrement doux. Rien n'annonceroit chez eux le sauvage s'ils avoient toujours la bouche fermée, mais aussitôt qu'ils viennent à parler, on entend une langue bruyante et fortement aspirée, on aperçoit de longues dents éblouissantes de blancheur, comme celles des chacals et des onces : différents en cela du sauvage américain, dont la férocité est dans le regard et l'expression humaine dans la bouche.

Les femmes arabes ont la taille plus haute en proportion que celle des hommes. Leur port est noble, et par la régularité de leurs traits, la beauté de leurs formes et la disposition de leurs voiles, elles rappellent un peu les statues des prêtresses et des Muses. Ceci doit s'entendre avec restriction : ces belles statues sont souvent drapées avec des lambeaux ; l'air de misère, de saleté et de souffrance dégrade ces formes si pures ; un teint cuivré cache la régularité des traits ; en un mot, pour voir ces femmes telles que je viens de les dépeindre, il faut les contempler d'un peu loin, se contenter de l'ensemble et ne pas entrer dans les détails.

La plupart des Arabes portent une tunique nouée autour des reins par une ceinture. Tantôt ils ôtent un bras de la manche de cette tunique, et ils sont alors drapés à la manière antique ; tantôt ils s'enveloppent dans une couverture de laine blanche, qui leur sert de toge, de manteau ou de voile, selon qu'ils la roulent autour d'eux, la suspendent à leurs épaules ou la jettent sur leur tête. Ils marchent pieds nus. Ils sont armés d'un poignard, d'une lance ou d'un long fusil. Les tribus voyagent en caravane ; les chameaux cheminent à la file. Le chameau de tête est attaché par une corde de bourre de palmier au cou d'un âne qui est le guide de la troupe : celui-ci, comme chef, est exempt de tout fardeau et jouit de divers priviléges ; chez les tribus riches les chameaux sont ornés de franges, de banderoles et de plumes.

Les juments, selon la noblesse de leurs races, sont traitées avec plus ou moins d'honneurs, mais toujours avec une rigueur extrême. On ne met point les chevaux à l'ombre, on les laisse exposés à toute l'ardeur du soleil, attachés en terre à des piquets par les quatre pieds, de manière à les rendre immobiles ; on ne leur ôte jamais la selle ; souvent ils ne boivent qu'une seule fois et ne mangent qu'un peu d'orge en vingt-quatre heures. Un traitement si rude, loin de les faire dépérir, leur donne la sobriété, la patience et la vitesse. J'ai souvent admiré un cheval arabe ainsi enchaîné dans le sable brûlant, les crins descendant épars, la tête baissée entre ses jambes pour trouver un peu d'ombre, et laissant tomber de son œil sauvage un regard oblique sur son maître. Avez-vous dégagé ses pieds des entraves, vous êtes-vous élancé sur son dos, *il écume, il frémit, il dévore la terre; la trompette sonne, il dit : Allons* [1] ! et vous reconnoissez le cheval de Job.

Tout ce qu'on dit de la passion des Arabes pour les contes est vrai, et j'en vais citer un exemple : Pendant la nuit que nous venions de passer sur la grève de la mer Morte, nos Bethléémites étoient assis autour de leur bûcher, leurs fusils couchés à terre à leurs côtés, les chevaux attachés à des piquets, formant un second cercle en dehors. Après avoir bu le café et parlé beaucoup ensemble, ces Arabes tombèrent dans le silence, à l'exception du chéik. Je voyois à la lueur du feu ses gestes expressifs, sa barbe noire, ses dents blanches, les diverses formes qu'il donnoit à son vêtement en continuant son récit. Ses compagnons l'écoutoient dans une attention profonde, tous penchés en avant, le visage sur la flamme, tantôt poussant un cri d'admiration, tantôt répétant avec emphase les gestes du conteur : quelques têtes de chevaux qui s'avançoient au-dessus de la troupe, et qui se dessinoient dans l'ombre, achevoient de donner à ce tableau le caractère le plus pittoresque, surtout lorsqu'on y joignoit un coin du paysage de la mer Morte et des montagnes de Judée.

Si j'avois étudié avec tant d'intérêt au bord de leurs lacs les hordes américaines, quelle autre espèce de sauvages ne contemplois-je pas ici! J'avois sous les yeux les descendants de la race primitive des hommes, je les voyois avec les mêmes mœurs qu'ils ont conservées depuis les jours d'Agar et d'Ismael ; je les voyois dans le même désert qui leur fut assigné par Dieu en héritage : *Moratus est in solitudine, habitavitque in deserto Pharan.* Je les rencontrois dans la vallée du Jourdain, au pied des montagnes de Samarie, sur les chemins d'Habron, dans les lieux où la voix de Josué arrêta le soleil, dans les champs de Gomorrhe encore fumants de la colère de Jéhovah, et que consolèrent ensuite les merveilles miséricordieuses de Jésus-Christ.

Ce qui distingue surtout les Arabes des peuples du Nouveau-Monde, c'est qu'à travers la rudesse des premiers on sent pourtant quelque chose de délicat dans leurs mœurs : on sent qu'ils sont nés dans cet Orient d'où sont sortis tous les arts, toutes les sciences, toutes les religions. Caché aux extrémités de l'Occident, dans un canton détourné de l'univers, le Canadien habite les vallées ombragées par des forêts éternelles et arrosées par des fleuves immenses ; l'Arabe, pour ainsi dire jeté sur le grand chemin du monde, entre l'Afrique et l'Asie, erre dans

---

1. *Fervens et fremens, sorbet terram; ubi audierit buccinam, dicit : Vah!*

les brillantes régions de l'aurore, sur un sol sans arbres et sans eau. Il faut parmi les tribus des descendants d'Ismael des maîtres, des serviteurs, des animaux domestiques, une liberté soumise à des lois. Chez les hordes américaines, l'homme est encore tout seul avec sa fière et cruelle indépendance : au lieu de la couverture de laine, il a la peau d'ours ; au lieu de la lance, la flèche ; au lieu du poignard, la massue ; il ne connoît point et il dédaigneroit la datte, la pastèque, le lait de chameau : il veut à ses festins de la chair et du sang. Il n'a point tissu le poil de chèvre pour se mettre à l'abri sous des tentes : l'orme tombé de vétusté fournit l'écorce à sa hutte. Il n'a point dompté le cheval pour poursuivre la gazelle : il prend lui-même l'orignal à la course. Il ne tient point par son origine à de grandes nations civilisées ; on ne rencontre point le nom de ses ancêtres dans les fastes des empires : les contemporains de ses aïeux sont de vieux chênes encore debout. Monuments de la nature et non de l'histoire, les tombeaux de ses pères s'élèvent inconnus dans des forêts ignorées. En un mot, tout annonce chez l'Américain le sauvage qui n'est point encore parvenu à l'état de civilisation ; tout indique chez l'Arabe l'homme civilisé retombé dans l'état sauvage.

Nous quittâmes la source d'Élisée le 6, à trois heures de l'après-midi, pour retourner à Jérusalem. Nous laissâmes à droite le mont de *la Quarantaine,* qui s'élève au-dessus de Jéricho, précisément en face du mont Abarim, d'où Moïse, avant de mourir, aperçut la terre de Promission. En rentrant dans la montagne de Judée, nous vîmes les restes d'un aqueduc romain. L'abbé Mariti, poursuivi par le souvenir des moines, veut encore que cet aqueduc ait appartenu à une ancienne communauté, ou qu'il ait servi à arroser les terres voisines lorsqu'on cultivoit la canne à sucre dans la plaine de Jéricho. Si la seule inspection de l'ouvrage ne suffisoit pas pour détruire cette idée bizarre, on pourroit consulter Adrichomius (*Theatrum Terræ Sanctæ*), l'*Elucidatio historica Terræ Sanctæ* de Quaresmius, et la plupart des voyageurs déjà cités. Le chemin que nous suivions dans la montagne étoit large et quelquefois pavé ; c'est peut-être une ancienne voie romaine. Nous passâmes au pied d'une montagne couronnée autrefois par un château gothique qui protégeoit et fermoit le chemin. Après cette montagne, nous descendîmes dans une vallée noire et profonde, appelée en hébreu *Adommin,* ou *le lieu du sang.* Il y avoit là une petite cité de la tribu de Juda, et ce fut dans cet endroit solitaire que le Samaritain secourut le voyageur blessé. Nous y rencontrâmes la cavalerie du pacha, qui alloit faire de l'autre côté du Jourdain l'expédition dont j'aurai occasion de parler. Heureusement la nuit nous déroba à la vue de cette soldatesque.

Nous passâmes à Bahurim, où David, fuyant devant Absalon, faillit d'être lapidé par Seméi. Un peu plus loin, nous mîmes pied à terre à la fontaine où Jésus-Christ avoit coutume de se reposer avec les apôtres en revenant de Jéricho. Nous commençâmes à gravir les revers de la montagne des Oliviers ; nous traversâmes le village de Béthanie, où l'on montre les ruines de la maison de Marthe et le sépulcre de Lazare. Ensuite nous descendîmes la montagne des Oliviers, qui domine Jérusalem, et nous traversâmes le torrent de Cédron dans la vallée de Josaphat. Un sentier qui circule au pied du Temple et s'élève sur le mont Sion nous conduisit à la porte des Pèlerins, en faisant le tour entier de la ville. Il étoit minuit. Ali-Aga se fit ouvrir. Les six Arabes retournèrent à Bethléem. Nous rentrâmes au couvent. Mille bruits fâcheux s'étoient déjà répandus sur notre compte : on disoit que nous avions été tués par les Arabes ou par la cavalerie du pacha ; on me blâmoit d'avoir entrepris ce voyage avec une escorte aussi foible ; chose qu'on rejetoit sur le caractère imprudent des François. Les événements qui suivirent prouvèrent pourtant que si je n'avois pas pris ce parti et mis à profit les premières heures de mon arrivée à Jérusalem, je n'aurois jamais pu pénétrer jusqu'au Jourdain[1].

---

1. On m'a conté qu'un Anglois, habillé en Arabe, étoit allé seul, deux ou trois fois, de Jérusalem à la mer Morte. Cela est très-possible, et je crois même que l'on court moins de risques ainsi qu'avec une escorte de dix ou douze hommes.

FIN DE LA TROISIÈME PARTIE.

QUATRIÈME PARTIE.

VOYAGE DE JÉRUSALEM.

Je m'occupai pendant quelques heures à crayonner des notes sur les lieux que je venois de voir; manière de vivre que je suivis tout le temps que je demeurai à Jérusalem, courant le jour et écrivant la nuit. Le Père procureur entra chez moi le 7 octobre de très-grand matin ; il m'apprit la suite des démêlés du pacha et du Père gardien. Nous convînmes de ce que nous avions à faire. On envoya mes firmans à Abdallah. Il s'emporta, cria, menaça, et finit cependant par exiger des religieux une somme un peu moins considérable. Je regrette bien de ne pouvoir donner la copie d'une lettre écrite par le Père Bonaventure de Nola à M. le général Sebastiani ; je tiens cette copie du Père Bonaventure lui-même. On y verroit, avec l'histoire du pacha, des choses aussi honorables pour la France que pour M. le général Sebastiani. Mais je ne pourrois publier cette lettre sans la permission de celui à qui elle est écrite, et malheureusement l'absence du général m'ôte tout moyen d'obtenir cette permission.

Il falloit tout le désir que j'avois d'être utile aux Pères de Terre Sainte pour m'occuper d'autre chose que de visiter le Saint-Sépulcre. Je sortis du couvent le même jour, à neuf heures du matin, accompagné de deux religieux, d'un drogman, de mon domestique et d'un janissaire. Je me rendis à pied à l'église qui renferme le tombeau de Jésus-Christ.

Tous les voyageurs ont décrit cette église, la plus vénérable de la terre, soit que l'on pense en philosophe ou en chrétien. Ici j'éprouve un véritable embarras. Dois-je offrir la peinture exacte des lieux saints? Mais alors je ne puis que répéter ce qu'on a dit avant moi : jamais sujet ne fut peut-être moins connu des lecteurs modernes, et jamais sujet ne fut plus complétement épuisé. Dois-je omettre le tableau de ces lieux sacrés ? Mais ne sera-ce pas enlever la partie la plus essentielle de mon voyage et en faire disparoître ce qui en est et la fin et le but ? Après avoir balancé longtemps, je me suis déterminé à décrire les principales stations de Jérusalem, par les considérations suivantes :

1° Personne ne lit aujourd'hui les anciens pèlerinages à Jérusalem ; et ce qui est très-usé paroîtra vraisemblablement tout neuf à la plupart des lecteurs ;

2° L'église du Saint-Sépulcre n'existe plus ; elle a été incendiée de fond en comble depuis mon retour de Judée ; je suis, pour ainsi dire, le dernier voyageur qui l'ait vue, et j'en serai par cette raison même le dernier historien.

Mais comme je n'ai point la prétention de refaire un tableau déjà très-bien fait, je profiterai des travaux de mes devanciers, prenant soin seulement de les éclaircir par des observations.

Parmi ces travaux, j'aurois choisi de préférence ceux des voyageurs protestants, à cause de l'esprit du siècle : nous sommes toujours prêts à rejeter aujourd'hui ce que nous croyons sortir d'une source trop religieuse. Malheureusement je n'ai rien trouvé de satisfaisant sur le Saint-Sépulcre dans Pococke, Shaw, Maundrell, Hasselquist et quelques autres.

Les savants et les voyageurs qui ont écrit en latin touchant les antiquités de Jérusalem, tels que Adamannus, Bède, Brocard, Willibaldus, Breydenbach, Sanut, Ludolphe, Reland [1], Andrichomius, Quaresmius, Baumgarten, Fureri, Bochart, Arias Montanus, Reuwich, Hese, Cotovic [2], m'obligeroient à des traductions qui, en dernier résultat, n'apprendroient rien de nouveau au lecteur [3]. Je m'en suis donc tenu aux voyageurs françois [4] ; et parmi ces derniers j'ai préféré la description du Saint-Sépulcre par Deshayes ; voici pourquoi :

1. Son ouvrage, *Palestina ex monumentis veteribus illustrata,* est un miracle d'érudition.

2. Sa description du Saint-Sépulcre va jusqu'à donner en entier les hymnes que les pèlerins chantoient à chaque station.

3. Il y a aussi une description de Jérusalem en arménien, et une autre en grec moderne : j'ai vu la dernière. Les descriptions très-anciennes, comme celles de Sanut, de Ludolphe, de Brocard, de Breydenbach, de Willibaldus ou Guillebaud, d'Adamannus ou plutôt d'Arculfe et du vénérable Bède, sont curieuses, parce qu'en les lisant on peut juger des changements survenus depuis à l'église du Saint-Sépulcre, mais elles seroient inutiles quant au monument moderne.

4. De Vera, en espagnol, est très-concis, et pourtant très-clair. Zuallardo, en italien, est confus et vague ; Pierre de La Vallée est charmant, à cause de la grâce particulière de son style et de ses singulières aventures, mais il ne fait point autorité.

Belon (1550), assez célèbre d'ailleurs comme naturaliste, dit à peine un mot du Saint-Sépulcre : son style en outre a trop vieilli. D'autres auteurs, plus anciens encore que lui, ou ses contemporains, tels que Cachernois (1490), Regnault (1522), Salignac (1522), le Huen (1525), Gassot (1536), Renaud (1548), Postel (1553), Giraudet (1575), se servent également d'une langue trop éloignée de celle que nous parlons [1].

Villamont (1588) se noie dans les détails, et il n'a ni méthode ni critique. Le Père Boucher (1610) est si pieusement exagéré, qu'il est impossible de le citer. Bernard (1616) écrit avec assez de sagesse, quoiqu'il n'eût que vingt ans à l'époque de son voyage ; mais il est diffus, plat et obscur. Le Père Pacifique (1622) est vulgaire, et sa narration est trop abrégée. Monconys (1647) ne s'occupe que de recettes de médecine. Doubdan (1651) est clair, savant, très-digne d'être consulté, mais long et sujet à s'appesantir sur les petites choses. Le frère Roger (1653), attaché pendant cinq années au service des lieux saints, a de la science, de la critique, un style vif et animé : sa description du Saint-Sépulcre est trop longue ; c'est ce qui me l'a fait exclure. Thévenot (1656), un de nos voyageurs les plus connus, a parfaitement parlé de l'église de Saint-Sauveur, et j'engage les lecteurs à consulter son ouvrage (*Voyage au Levant,* chap. XXXIX) ; mais il ne s'éloigne guère de Deshayes. Le Père Nau, jésuite (1674), joignit à la connoissance des langues de l'Orient l'avantage d'accomplir le voyage de Jérusalem avec le marquis de Nointel, notre ambassadeur à Constantinople, et le même à qui nous devons les premiers dessins d'Athènes : c'est bien dommage que le savant jésuite soit d'une intolérable prolixité. La lettre du Père Néret, dans les *Lettres édifiantes,* est excellente de tous points, mais elle omet trop de choses. J'en dis autant de du Loiret de La Roque (1687). Quant aux voyageurs tout à fait modernes, Muller, Vanzow, Korte Bscheider, Mariti, Volney, Niebuhr, Brown, ils se taisent presque entièrement sur les saints lieux.

Deshayes (1621), envoyé par Louis XIII en Palestine, m'a donc paru mériter qu'on s'attachât à son récit :

1° Parce que les Turcs s'empressèrent de montrer eux-mêmes Jérusalem à cet ambassadeur, et qu'il seroit entré jusque dans la mosquée du temple s'il l'avoit voulu ;

2° Parce qu'il est si clair et si précis dans le style, un peu vieilli, de son secrétaire, que Paul Lucas l'a copié mot à mot, sans avertir du plagiat, selon sa coutume ;

---

[1]. Quelques-uns de ces auteurs ont écrit en latin, mais on a d'anciennes versions françoises de leurs ouvrages.

3º Parce que d'Anville, et c'est la raison péremptoire, a pris la carte de Deshayes pour l'objet d'une dissertation qui est peut-être le chef-d'œuvre de notre célèbre géographe [1]. Deshayes va nous donner ainsi le matériel de l'église du Saint-Sépulcre : j'y joindrai ensuite mes observations [2].

« Le Saint-Sépulcre et la plupart des saints lieux sont servis par des religieux cordeliers, qui y sont envoyés de trois ans en trois ans ; et encore qu'il y en ait de toutes nations, ils passent néanmoins tous pour François, ou pour Vénitiens, et ne subsistent que parce qu'ils sont tous sous la protection du roi. Il y a près de soixante ans qu'ils demeuroient hors la ville, sur le mont de Sion, au même lieu où Notre-Seigneur fit la Cène avec ses apôtres ; mais leur église ayant été convertie en mosquée, ils ont toujours depuis demeuré dans la ville sur le mont Gion, où est leur couvent, que l'on appelle *Saint-Sauveur*. C'est où leur gardien demeure avec le corps de la famille, qui pourvoit de religieux en tous les lieux de la Terre Sainte où il est besoin qu'il y en ait.

« L'église du Saint-Sépulcre n'est éloignée de ce couvent que de deux cents pas. Elle comprend le Saint-Sépulcre, le mont Calvaire et plusieurs autres lieux saints. Ce fut sainte Hélène qui en fit bâtir une partie pour couvrir le Saint-Sépulcre ; mais les princes chrétiens qui vinrent après la firent augmenter pour y comprendre le mont Calvaire, qui n'est qu'à cinquante pas du Saint-Sépulcre.

« Anciennement le mont Calvaire étoit hors de la ville, ainsi que je l'ai déjà dit ; c'étoit le lieu où l'on exécutoit les criminels condamnés à mort ; et afin que tout le peuple y pût assister, il y avoit une grande place entre le mont et la muraille de la ville. Le reste du mont étoit environné de jardins, dont l'un appartenoit à Joseph d'Arimathie, disciple secret de Jésus-Christ, où il avoit fait faire un sépulcre pour lui, dans lequel fut mis le corps de Notre-Seigneur. La coutume parmi les Juifs n'étoit pas d'enterrer les corps comme nous faisons en chrétienté. Chacun, selon ses moyens, faisoit pratiquer dans quelque roche une forme de petit cabinet où l'on mettoit le corps, que l'on étendoit sur une table du rocher même ; et puis on refermoit ce lieu avec une pierre que l'on mettoit devant la porte, qui n'avoit d'ordinaire que quatre pieds de haut.

« L'église du Saint-Sépulcre est fort irrégulière ; car l'on s'est assu-

---

[1]. C'étoit l'opinion du savant M. de Sainte-Croix. La dissertation de d'Anville porte le nom de *Dissertation sur l'étendue de l'ancienne Jérusalem*. Elle est fort rare, mais je la donne à la fin de cet *Itinéraire*.

[2]. Je n'ai point rejeté dans les notes à la fin de ce volume cette longue citation de Deshayes, parce qu'elle est trop importante et que son déplacement rendroit ensuite inintelligible ce que je dis moi-même de l'église du Saint-Sépulcre.

jetti aux lieux que l'on vouloit enfermer dedans. Elle est à peu près faite en croix, ayant six-vingts pas de long, sans compter la descente de l'Invention de la sainte Croix, et soixante et dix de large. Il y a trois dômes, dont celui qui couvre le Saint-Sépulcre sert de nef à l'église. Il a trente pas de diamètre, et est ouvert par en haut comme la rotonde de Rome. Il est vrai qu'il n'y a point de voûte ; la couverture en est soutenue seulement par de grands chevrons de cèdre, qui ont été apportés du mont Liban. L'on entroit autrefois en cette église par trois portes, mais aujourd'hui il n'y en a plus qu'une, dont les Turcs gardent soigneusement les clefs, de crainte que les pèlerins n'y entrent sans payer les neuf sequins, ou trente-six livres, à quoi ils sont taxés ; j'entends ceux qui viennent de chrétienté, car pour les chrétiens sujets du grand-seigneur, ils n'en payent pas la moitié. Cette porte est toujours fermée, et il n'y a qu'une petite fenêtre traversée d'un barreau de fer, par où ceux de dehors donnent des vivres à ceux qui sont dedans, lesquels sont de huit nations différentes.

« La première est celle des Latins ou Romains, que représentent les religieux cordeliers. Ils gardent le Saint-Sépulcre ; le lieu du mont Calvaire où Notre-Seigneur fut attaché à la croix ; l'endroit où la sainte Croix fut trouvée ; la pierre de l'*onction*, et la chapelle où Notre-Seigneur apparut à la Vierge après sa résurrection.

« La seconde nation est celle des Grecs, qui ont le chœur de l'église, où ils officient, au milieu duquel il y a un petit cercle de marbre, dont ils estiment que le centre soit le milieu de la terre.

« La troisième nation est celle des Abyssins ; ils tiennent la chapelle où est la colonne d'*Impropere*.

« La quatrième nation est celle des Cophtes, qui sont les chrétiens d'Égypte ; ils ont un petit oratoire proche du Saint-Sépulcre.

« La cinquième est celle des Arméniens ; ils ont la chapelle de Sainte-Hélène, et celle où les habits de Notre-Seigneur furent partagés et joués.

« La sixième nation est celle des Nestoriens ou Jacobites, qui sont venus de Chaldée et de Syrie ; ils ont une petite chapelle proche du lieu où Notre-Seigneur apparut à la Madeleine, en forme de jardinier, qui pour cela est appelée la *Chapelle de la Madeleine*.

« La septième nation est celle des Géorgiens, qui habitent entre la mer Majeure et la mer Caspienne ; ils tiennent le lieu du mont Calvaire où fut dressée la Croix, et la prison où demeura Notre-Seigneur, en attendant que l'on eût fait le trou pour la placer.

« La huitième nation est celle des Maronites, qui habitent le mont Liban ; ils reconnoissent le pape comme nous faisons.

« Chaque nation, outre ces lieux, que tous ceux qui sont dedans

ÉGLISE DU SAINT-SÉPULCRE

(Itinéraire de Paris à Jérusalem, p. 311.)

peuvent visiter, a encore quelque endroit particulier dans les voûtes et dans les coins de cette église qui lui sert de retraite, et où elle fait l'office selon son usage : car les prêtres et religieux qui y entrent demeurent d'ordinaire deux mois sans en sortir, jusqu'à ce que du couvent qu'ils ont dans la ville l'on y en envoie d'autres pour servir en leur place. Il seroit malaisé d'y demeurer longuement sans être malade, parce qu'il y a fort peu d'air, et que les voûtes et les murailles rendent une fraîcheur assez malsaine ; néanmoins nous y trouvâmes un bon ermite, qui a pris l'habit de Saint-François, qui y a demeuré vingt ans sans en sortir, encore qu'il y ait tellement à travailler, pour entretenir deux cents lampes et pour nettoyer et parer tous les lieux saints, qu'il ne sauroit reposer plus de quatre heures par jour.

« En entrant dans l'église, on rencontre la pierre de l'*onction*, sur laquelle le corps de Notre-Seigneur fut oint de myrrhe et d'aloès avant que d'être mis dans le sépulcre. Quelques-uns disent qu'elle est du même rocher du mont Calvaire, et les autres tiennent qu'elle fut apportée dans ce lieu par Joseph et Nicodème, disciples secrets de Jésus-Christ, qui lui rendirent ce pieux office, et qu'elle tire sur le vert. Quoi qu'il en soit, à cause de l'indiscrétion de quelques pèlerins qui la rompoient, l'on a été contraint de la couvrir de marbre blanc et de l'entourer d'un petit balustre de fer, de peur que l'on ne marche dessus. Elle a huit pieds moins trois pouces de long, et deux pieds moins un pouce de large, et au-dessus il y a huit lampes qui brûlent continuellement.

« Le Saint-Sépulcre est à trente pas de cette pierre, justement au milieu du grand dôme dont j'ai parlé : c'est comme un petit cabinet qui a été creusé et pratiqué dans une roche vive, à la pointe du ciseau. La porte qui regarde l'orient n'a que quatre pieds de haut et deux et un quart de large, de sorte qu'il se faut grandement baisser pour y entrer. Le dedans du sépulcre est presque carré. Il a six pieds moins un pouce de long, et six pieds moins deux pouces de large ; et depuis le bas jusqu'à la voûte, huit pieds un pouce. Il y a une table solide de la même pierre qui fut laissée en creusant le reste. Elle a deux pieds quatre pouces et demi de haut, et contient la moitié du sépulcre, car elle a six pieds moins un pouce de long, et deux pieds deux tiers et demi de large. Ce fut sur cette table que le corps de Notre-Seigneur fut mis, ayant la tête vers l'occident et les pieds à l'orient : mais, à cause de la superstitieuse dévotion des Orientaux, qui croient qu'ayant laissé leurs cheveux sur cette pierre, Dieu ne les abandonneroit jamais, et aussi parce que les pèlerins en rompoient des morceaux, l'on a été contraint de la couvrir de marbre blanc sur lequel on célèbre aujourd'hui la messe : il y a continuellement quarante-quatre lampes qui brûlent dans ce saint lieu ; et afin d'en faire exhaler la fumée, l'on a fait trois trous à la voûte. Le dehors du sépulcre est aussi revêtu de tables de marbre et de plusieurs colonnes, avec un dôme au-dessus.

« A l'entrée de la porte du sépulcre, il y a une pierre d'un pied et demi en carré, et relevée d'un pied, qui est du même roc, laquelle servoit pour appuyer la grosse pierre qui bouchoit la porte du sépulcre ; c'étoit sur cette pierre qu'étoit l'ange lorsqu'il parla aux Marie ; et tant à cause de ce mystère que pour ne pas entrer d'abord dans le Saint-Sépulcre, les premiers chrétiens firent une petite chapelle au devant, qui est appelée la *Chapelle de l'Ange*.

« A douze pas du Saint-Sépulcre, en tirant vers le septentrion, l'on rencontre une grande pierre de marbre gris, qui peut avoir quatre pieds de diamètre, que l'on a mise là pour marquer le lieu où Notre-Seigneur se fit voir à la Madeleine, en forme de jardinier.

« Plus avant est la chapelle de l'Apparition, où l'on tient par tradition que Notre-Seigneur apparut premièrement à la Vierge, après sa résurrection. C'est le lieu où les religieux cordeliers font leur office, et où ils se retirent : car de là ils entrent en des chambres qui n'ont point d'autre issue que par cette chapelle.

« Continuant à faire le tour de l'église, l'on trouve une petite chapelle voûtée, qui a sept pieds de long et six de large, que l'on appelle autrement la *Prison de Notre-Seigneur*, parce qu'il fut mis dans ce lieu en attendant que l'on eût fait le trou pour planter la croix. Cette chapelle est à l'opposite du mont Calvaire ; de sorte que ces deux lieux sont comme la croisée de l'église, car le mont est au midi et la chapelle au septentrion.

« Assez proche de là est une autre chapelle, de cinq pas de long et de trois de large, qui est au même lieu où Notre-Seigneur fut dépouillé par les soldats avant que d'être attaché à la croix, et où ses vêtements furent joués et partagés.

« En sortant de cette chapelle, on rencontre à main gauche un grand escalier, qui perce la muraille de l'église pour descendre dans une espèce de cave qui est creusée dans le roc. Après avoir descendu trente marches, il y a une chapelle, à main gauche, que l'on appelle vulgairement la *Chapelle Sainte-Hélène*, à cause qu'elle étoit là en prière pendant qu'elle faisoit chercher la sainte Croix. L'on descend encore onze marches jusqu'à l'endroit où elle fut trouvée avec les clous, la couronne d'épine et le fer de la lance, qui avoient été cachés en ce lieu plus de trois cents ans.

« Proche du haut de ce degré, en tirant vers le mont Calvaire, est une chapelle qui a quatre pas de long et deux et demi de large, sous l'autel de laquelle l'on voit une colonne de marbre gris, marqueté de taches noires, qui a deux pieds de haut et un de diamètre. Elle est appelée la *colonne d'Impropere,* parce que l'on y fit asseoir Notre-Seigneur pour le couronner d'épines.

« L'on rencontre à dix pas de cette chapelle un petit degré fort étroit, dont les marches sont de bois au commencement et de pierre à la fin. Il y en a vingt en tout, par lesquelles on va sur le mont Calvaire. Ce lieu, qui étoit autrefois si ignominieux, ayant été sanctifié par le sang de Notre-Seigneur, les premiers chrétiens en eurent un soin particulier; et, après avoir ôté toutes les immondices et toute la terre qui étoit dessus, ils l'enfermèrent de murailles : de sorte que c'est à présent comme une chapelle haute, qui est enclose dans cette grande église. Elle est revêtue de marbre par dedans, et séparée en deux par une arcade. Ce qui est vers le septentrion est l'endroit où Notre-Seigneur fut attaché à la croix. Il y a toujours trente-deux lampes ardentes qui sont entretenues par les cordeliers, qui célèbrent aussi tous les jours la messe en ce saint lieu.

« En l'autre partie, qui est au midi, fut plantée la sainte Croix. On voit encore le trou qui est creusé dans le roc environ un pied et demi, outre la terre qui étoit dessus. Le lieu où étoient les croix des deux larrons est proche de là. Celle du bon larron étoit au septentrion et l'autre au midi ; de manière que le premier étoit à la main droite de Notre-Seigneur, qui avoit la face tournée vers l'occident, et le dos du côté de Jérusalem, qui étoit à l'orient. Il y a continuellement cinquante lampes ardentes pour honorer ce saint lieu.

« Au-dessous de cette chapelle sont les sépultures de Godefroy de Bouillon et de Baudouin son frère, où on lit ces inscriptions :

> HIC JACET INCLYTUS DUX GODEFRIDUS DE
> BULION, QUI TOTAM ISTAM TERRAM AC-
> QUISIVIT CULTUI CHRISTIANO, CUJUS ANIMA
> REGNET CUM CHRISTO, AMEN.
>
> REX BALDUINUS, JUDAS ALTER MACHABEUS,
> SPES PATRIÆ, VIGOR ECCLESIÆ, VIRTUS UTRIUSQUE,
> QUEM FORMIDABANT, CUI DONA TRIBUTA FEREBANT
> CEDAR ET ÆGYPTUS, DAN AC HOMICIDA DAMASCUS,
> PROH DOLOR ! IN MODICO CLAUDITUR HOC TUMULO [1].

---

1. Outre ces deux tombeaux on en voit quatre autres à moitié brisés. Sur un de ces tombeaux on lit encore, mais avec beaucoup de peine, une épitaphe rapportée par Cotovic.

« Le mont de Calvaire est la dernière station de l'église du Saint-Sépucre ; car à vingt pas de là l'on rencontre la pierre de l'*onction*, qui est justement à l'entrée de l'église. »

Deshayes ayant ainsi décrit par ordre les stations de tant de lieux vénérables, il ne me reste à présent qu'à montrer l'ensemble de ces lieux aux lecteurs.

On voit d'abord que l'église du Saint-Sépulcre se compose de trois églises : celle du Saint-Sépulcre, celle du Calvaire et celle de l'Invention de la sainte Croix.

L'église proprement dite du Saint-Sépulcre est bâtie dans la vallée du mont Calvaire, et sur le terrain où l'on sait que Jésus-Christ fut enseveli. Cette église forme une croix ; la chapelle même du Saint-Sépulcre n'est en effet que la grande nef de l'édifice : elle est circulaire comme le Panthéon à Rome, et ne reçoit le jour que par un dôme au-dessous duquel se trouve le Saint-Sépulcre. Seize colonnes de marbre ornent le pourtour de cette rotonde ; elles soutiennent, en décrivant dix-sept arcades, une galerie supérieure, également composée de seize colonnes et de dix-sept arcades, plus petites que les colonnes et les arcades qui les portent. Des niches correspondantes aux arcades s'élèvent au-dessus de la frise de la dernière galerie, et le dôme prend sa naissance sur l'arc de ces niches. Celles-ci étoient autrefois décorées de mosaïques représentant les douze apôtres, sainte Hélène, l'empereur Constantin et trois autres portraits inconnus.

Le chœur de l'église du Saint-Sépulcre est à l'orient de la nef du tombeau : il est double, comme dans les anciennes basiliques, c'est-à-dire qu'il a d'abord une enceinte avec des stalles pour les prêtres, ensuite un sanctuaire reculé et élevé de deux degrés au-dessus du premier. Autour de ce double sanctuaire règnent les ailes du chœur, et dans ces ailes sont placées les chapelles décrites par Deshayes.

C'est aussi dans l'aile droite, derrière le chœur, que s'ouvrent les deux escaliers qui conduisent, l'un à l'église du Calvaire, l'autre à l'église de l'Invention de la sainte Croix : le premier monte à la cime du Calvaire ; le second descend sous le Calvaire même ; en effet, la croix fut élevée sur le sommet du Golgotha et retrouvée sous cette montagne. Ainsi, pour nous résumer, l'église du Saint-Sépulcre est bâtie au pied du Calvaire : elle touche par sa partie orientale à ce monticule sous lequel et sur lequel on a bâti deux autres églises, qui tiennent par des murailles et des escaliers voûtés au principal monument.

L'architecture de l'église est évidemment du siècle de Constantin : l'ordre corinthien domine partout. Les piliers sont lourds ou maigres, et leur diamètre est presque toujours sans proportion avec leur hauteur. Quelques colonnes accouplées qui portent la frise du chœur sont toutefois d'un assez bon style. L'église étant haute et développée, les corniches se profilent à l'œil avec assez de grandeur ; mais comme depuis environ soixante ans on a surbaissé l'arcade qui sépare le chœur de la nef, le rayon horizontal est brisé, et l'on ne jouit plus de l'ensemble de la voûte.

L'église n'a point de péristyle : on entre par deux portes latérales ; il n'y en a plus qu'une d'ouverte. Ainsi le monument ne paroît pas avoir eu de décorations extérieures. Il est masqué d'ailleurs par les masures et par les couvents grecs qui sont accolés aux murailles.

Le petit monument de marbre qui couvre le Saint-Sépulcre a la forme d'un catafalque orné d'arceaux demi-gothiques engagés dans les côtés-pleins de ce catafalque : il s'élève élégamment sous le dôme qui l'éclaire, mais il est gâté par une chapelle massive que les Arméniens ont obtenu la permission de bâtir à l'une de ses extrémités. L'intérieur du catafalque offre un tombeau de marbre blanc fort simple, appuyé d'un côté au mur du monument, et servant d'autel aux religieux catholiques : c'est le tombeau de Jésus-Christ.

L'origine de l'église du Saint-Sépulcre est d'une haute antiquité. L'auteur de l'*Epitome* des guerres sacrées (*Epitome Bellorum sacrorum*) prétend que, quarante-six ans après la destruction de Jérusalem par Vespasien et Titus, les chrétiens obtinrent d'Adrien la permission de bâtir ou plutôt de rebâtir un temple sur le tombeau de leur Dieu et d'enfermer dans la nouvelle cité les autres lieux révérés des chrétiens. Il ajoute que ce temple fut agrandi et réparé par Hélène, mère de Constantin. Quaresmius combat cette opinion, « parce que, dit-il, les fidèles jusqu'au règne de Constantin n'eurent pas la permission d'élever de pareils temples. » Le savant religieux oublie qu'avant la persécution de Dioclétien les chrétiens possédoient de nombreuses églises et célébroient publiquement leurs mystères. Lactance et Eusèbe vantent à cette époque la richesse et le bonheur des fidèles.

D'autres auteurs dignes de foi, Sozomène dans le second livre de son *Histoire,* saint Jérôme dans ses *Épîtres* à Paulin et à Ruffin, Sévère, livre II, Nicéphore, livre XVIII, et Eusèbe dans la *Vie de Constantin,* nous apprennent que les païens entourèrent d'un mur les saints lieux ; qu'ils élevèrent sur le tombeau de Jésus-Christ une statue à Jupiter et une autre statue à Vénus sur le Calvaire ; qu'ils consacrèrent un bois à Adonis sur le berceau du Sauveur. Ces témoignages démontrent également l'antiquité du vrai culte à Jérusalem par la profanation même des lieux sacrés, et prouvent que les chrétiens avoient des sanctuaires dans ces lieux [1].

Quoi qu'il en soit, la fondation de l'église du Saint-Sépulcre remonte au moins au règne de Constantin : il nous reste une lettre de ce prince, qui ordonne à Macaire, évêque de Jérusalem, d'élever une église sur le lieu où s'accomplit le grand mystère du salut. Eusèbe nous a conservé cette lettre. L'évêque de Césarée fait ensuite la description de l'église nouvelle, dont la dédicace dura huit jours. Si le récit d'Eusèbe avoit besoin d'être appuyé par des témoignages étrangers, on auroit ceux de Cyrille, évêque de Jérusalem (*Catéch.*, 1-10-13), de Théodoret, et même de l'*Itinéraire de Bordeaux à Jérusalem*, en 333 : *Ibidem, jussu Constantini imperatoris, basilica facta est miræ pulchritudinis.*

Cette église fut ravagée par Cosroès II, roi de Perse, environ trois siècles après qu'elle eut été bâtie par Constantin. Héraclius reconquit la vraie croix, et Modeste, évêque de Jérusalem, rétablit l'église du Saint-Sépulcre. Quelque temps après, le calife Omar s'empara de Jérusalem, mais il laissa aux chrétiens le libre exercice de leur culte. Vers l'an 1009, Hequem ou Hakem, qui régnoit en Égypte, porta la désolation au tombeau de Jésus-Christ. Les uns veulent que la mère de ce prince, qui étoit chrétienne, ait fait encore relever les murs de l'église abattue ; les autres disent que le fils du calife d'Égypte, à la sollicitation de l'empereur Argyropile, permit aux fidèles d'enfermer les saints lieux dans un monument nouveau. Mais comme à l'époque du règne de Hakem les chrétiens de Jérusalem n'étoient ni assez riches ni assez habiles pour bâtir l'édifice qui couvre aujourd'hui le Calvaire [2] ; comme, malgré un passage très-suspect de Guillaume de Tyr, rien n'indique que les croisés aient fait construire à Jérusalem une église du Saint-Sépulcre, il est probable que l'église fondée par Constantin a toujours subsisté telle qu'elle est, du moins quant aux murailles du bâtiment. La seule inspection de l'archictecture de ce bâtiment suffiroit pour démontrer la vérité de ce que j'avance.

Les croisés s'étant emparés de Jérusalem, le 15 juillet 1099, arrachèrent le tombeau de Jésus-Christ des mains des infidèles. Il demeura quatre-vingt-huit ans sous la puissance des successeurs de Godefroy de Bouillon. Lorsque Jérusalem retomba sous le joug musulman, les Syriens rachetèrent à prix d'or l'église du Saint-Sépulcre, et des moines

---

1. Voyez le deuxième Mémoire de l'Introduction.
2. On prétend que Marie, femme de Hakem et mère du nouveau calife, en fit les frais, et qu'elle fut aidée dans cette pieuse entreprise par Constantin Monomaque.

vinrent défendre avec leurs prières des lieux inutilement confiés aux armes des rois : c'est ainsi qu'à travers mille révolutions la foi des premiers chrétiens nous avoit conservé un temple qu'il étoit donné à notre siècle de voir périr.

Les premiers voyageurs étoient bien heureux; ils n'étoient point obligés d'entrer dans toutes ces critiques : premièrement, parce qu'ils trouvoient dans leurs lecteurs la religion qui ne dispute jamais avec la vérité; secondement, parce que tout le monde étoit persuadé que le seul moyen de voir un pays tel qu'il est, c'est de le voir avec ses traditions et ses souvenirs. C'est en effet la Bible et l'Évangile à la main que l'on doit parcourir la Terre Sainte. Si l'on veut y porter un esprit de contention et de chicane, la Judée ne vaut pas la peine qu'on l'aille chercher si loin. Que diroit-on d'un homme qui, parcourant la Grèce et l'Italie, ne s'occuperoit qu'à contredire Homère et Virgile ? Voilà pourtant comme on voyage aujourd'hui : effet sensible de notre amour-propre, qui veut nous faire passer pour habiles en nous rendant dédaigneux.

Les lecteurs chrétiens demanderont peut-être à présent quels furent les sentiments que j'éprouvai en entrant dans ce lieu redoutable; je ne puis réellement le dire. Tant de choses se présentoient à la fois à mon esprit, que je ne m'arrêtois à aucune idée particulière. Je restai près d'une demi-heure à genoux dans la petite chambre du Saint-Sépulcre, les regards attachés sur la pierre sans pouvoir les en arracher. L'un des deux religieux qui me conduisoient demeuroit prosterné auprès de moi, le front sur le marbre; l'autre, l'Évangile à la main, me lisoit à la lueur des lampes les passages relatifs au saint tombeau. Entre chaque verset il récitoit une prière : *Domine Jesu Christe, qui in hora diei vespertina de cruce depositus, in brachiis dulcissimæ Matris tuæ reclinatus fuisti, horaque ultima in hoc sanctissimo monumento corpus tuum exanime contulisti*, etc. Tout ce que je puis assurer, c'est qu'à la vue de ce sépulcre triomphant je ne sentis que ma foiblesse; et quand mon guide s'écria avec saint Paul : *Ubi est, Mors, victoria tua? Ubi est, Mors, stimulus tuus?* je prêtai l'oreille, comme si la Mort alloit répondre qu'elle étoit vaincue et enchaînée dans ce monument.

Nous parcourûmes les stations jusqu'au sommet du Calvaire. Où trouver dans l'antiquité rien d'aussi touchant, rien d'aussi merveilleux que les dernières scènes de l'Évangile ? Ce ne sont point ici les aventures bizarres d'une divinité étrangère à l'humanité : c'est l'histoire la plus pathétique, histoire qui non-seulement fait couler des larmes par sa beauté, mais dont les conséquences, appliquées à l'univers, ont changé la face de la terre. Je venois de visiter les monuments de la Grèce, et j'étois encore tout rempli de leur grandeur; mais qu'ils avoient été loin de m'inspirer ce que j'éprouvois à la vue des lieux saints!

L'église du Saint-Sépulcre, composée de plusieurs églises, bâtie sur un terrain inégal, éclairée par une multitude de lampes, est singulièrement mystérieuse; il y règne une obscurité favorable à la piété et au recueillement de l'âme. Des prêtres chrétiens des différentes sectes habitent les différentes parties de l'édifice. Du haut des arcades, où ils se sont nichés comme des colombes, du fond des chapelles et des souterrains, ils font entendre leurs cantiques à toutes les heures du jour et de la nuit; l'orgue du religieux latin, les cymbales du prêtre abyssin, la voix du caloyer grec, la prière du solitaire arménien, l'espèce de plainte du moine cophte, frappent tour à tour ou tout à la fois votre oreille; vous ne savez d'où partent ces concerts; vous respirez l'odeur de l'encens sans apercevoir la main qui le brûle : seulement vous voyez passer, s'enfoncer derrière des colonnes, se perdre dans l'ombre du temple, le pontife qui va célébrer les plus redoutables mystères aux lieux mêmes où ils se sont accomplis.

Je ne sortis point de l'enceinte sacrée sans m'arrêter aux monuments de Godefroy et de Baudouin : ils font face à la porte de l'église et sont appuyés contre le mur du chœur. Je saluai les cendres de ces rois chevaliers qui méritèrent de reposer près du grand sépulcre qu'ils avoient délivré. Ces cendres sont des cendres françoises et les seules qui soient ensevelies à l'ombre du tombeau de Jésus-Christ. Quel titre d'honneur pour ma patrie!

Je retournai au couvent à onze heures et j'en sortis de nouveau à midi pour suivre la *voie Douloureuse :* on appelle ainsi le chemin que parcourut le Sauveur du monde en se rendant de la maison de Pilate au Calvaire.

La maison de Pilate[1] est une ruine d'où l'on découvre le vaste emplacement du temple de Salomon et la mosquée bâtie sur cet emplacement.

Jésus-Christ ayant été battu de verges, couronné d'épines et revêtu d'une casaque de pourpre, fut présenté aux Juifs par Pilate : *Ecce Homo,* s'écria le juge; et l'on voit encore la fenêtre d'où il prononça ces paroles mémorables.

Selon la tradition latine à Jérusalem, la couronne de Jésus-Christ fut prise sur l'arbre épineux, *lycium spinosum*. Mais le savant bota-

---

1. Le gouverneur de Jérusalem demeuroit autrefois dans cette maison, mais on n'y loge plus que ses chevaux parmi les débris. Voyez l'Introduction, sur la vérité des traditions religieuses à Jérusalem.

niste Hasselquist croit qu'on employa pour cette couronne le *nabka* des Arabes. La raison qu'il en donne mérite d'être rapportée :

« Il y a toute apparence, dit l'auteur, que le nabka fournit la couronne que l'on mit sur la tête de Notre-Seigneur : il est commun dans l'Orient. On ne pouvoit choisir une plante plus propre à cet usage, car elle est armée de piquants ; ses branches sont souples et pliantes, et sa feuille est d'un vert foncé comme celle du lierre. Peut-être les ennemis de Jésus-Christ choisirent-ils, pour ajouter l'insulte au châtiment, une plante approchant de celle dont on se servoit pour couronner les empereurs et les généraux d'armée. »

Une autre tradition conserve à Jérusalem la sentence prononcée par Pilate contre le Sauveur du monde :

Jesum Nazarenum, subversorem gentis, contemptorem Cæsaris, et falsum Messiam, ut majorum suæ gentis testimonio probatum est, ducite ad communis supplicii locum, et eum in ludibriis regiæ majestatis in medio duorum latronum cruci affigite. I, lictor, expedi cruces.

A cent vingt pas de l'arc de l'*Ecce Homo,* on me montra, à gauche, les ruines d'une église consacrée autrefois à Notre-Dame-des-Douleurs. Ce fut dans cet endroit que Marie, chassée d'abord par les gardes, rencontra son Fils chargé de la croix. Ce fait n'est point rapporté dans les Évangiles, mais il est cru généralement sur l'autorité de saint Boniface et de saint Anselme. Saint Boniface dit que la Vierge tomba comme demi-morte et qu'elle ne put prononcer un seul mot : *Nec verbum dicere potuit.* Saint Anselme assure que le Christ la salua par ces mots : *Salve, Mater!* Comme on retrouve Marie au pied de la croix [1], ce récit des Pères n'a rien que de très-probable ; la foi ne s'oppose point à ces traditions : elles montrent à quel point la merveilleuse histoire de la Passion s'est gravée dans la mémoire des hommes. Dix-huit siècles écoulés, des persécutions sans fin, des révolutions éternelles, des ruines toujours croissantes, n'ont pu effacer ou cacher la trace d'une mère qui vint pleurer sur son fils.

Cinquante pas plus loin nous trouvâmes l'endroit où Simon le Cyrénéen aida Jésus-Christ à porter sa croix.

« Comme ils le menoient à la mort, ils prirent un homme de Cyrène, appelé *Simon,* qui revenoit des champs, et le chargèrent de la croix, la lui faisant porter après Jésus [2]. »

Ici le chemin qui se dirigeoit est et ouest fait un coude et tourne au nord ; je vis à main droite le lieu où se tenoit Lazare le pauvre, et en face, de l'autre côté de la rue, la maison du mauvais riche.

---

1. *In Joan* 2. Saint Luc.

« Il y avoit un homme riche qui étoit vêtu de pourpre et de lin, et qui se traitoit magnifiquement tous les jours.

« Il y avoit aussi un pauvre appelé *Lazare*, tout couvert d'ulcères, couché à sa porte, qui eût bien voulu se rassasier des miettes qui tomboient de la table du riche; mais personne ne lui en donnoit, et les chiens venoient lui lécher ses plaies.

« Or, il arriva que le pauvre mourut et fut emporté par les anges dans le sein d'Abraham. Le riche mourut aussi, et eut l'enfer pour sépulcre. »

Saint Chrysostome, saint Ambroise et saint Cyrille ont cru que l'histoire du Lazare et du mauvais riche n'étoit point une simple parabole, mais un fait réel et connu. Les Juifs mêmes nous ont conservé le nom du mauvais riche, qu'ils appellent *Nabal*.

Après avoir passé la maison du mauvais riche, on tourne à droite, et l'on reprend la direction du couchant. A l'entrée de cette rue qui monte au Calvaire, le Christ rencontra les saintes femmes, qui pleuroient.

« Or, il étoit suivi d'une grande multitude de peuple et de femmes, qui se frappoient la poitrine et qui le pleuroient.

« Mais Jésus se tournant vers elles leur dit : Filles de Jérusalem, ne pleurez pas sur moi, mais pleurez sur vous-mêmes et sur vos enfants [1]. »

A cent dix pas de là on montre l'emplacement de la maison de Véronique, et le lieu où cette pieuse femme essuya le visage du Sauveur. Le premier nom de cette femme étoit Bérénice; il fut changé dans la suite en celui de *Vera-Icon,* vraie image, par la transposition de deux lettres; en outre, la transmutation du *b* en *v* est très-fréquente dans les langues anciennes.

Après avoir fait une centaine de pas on trouve la porte Judiciaire : c'étoit la porte par où sortoient les criminels qu'on exécutoit sur le Golgotha. Le Golgotha, aujourd'hui renfermé dans la nouvelle cité, étoit hors de l'enceinte de l'ancienne Jérusalem.

De la porte Judiciaire au haut du Calvaire on compte à peu près deux cents pas : là se termine la voie Douloureuse, qui peut avoir en tout un mille de longueur. Nous avons vu que le Calvaire est maintenant compris dans l'église du Saint-Sépulcre. Si ceux qui lisent la Passion dans l'Évangile sont frappés d'une sainte tristesse et d'une admiration profonde, qu'est-ce donc que d'en suivre les scènes au pied de la montagne de Sion, à la vue du Temple et dans les murs mêmes de Jérusalem!

---

1. Saint Luc.

Après la description de la voie Douloureuse et de l'église du Saint-Sépulcre, je ne dirai qu'un mot des autres lieux de dévotion que l'on trouve dans l'enceinte de la ville. Je me contenterai de les nommer dans l'ordre où je les ai parcourus pendant mon séjour à Jérusalem.

1° La maison d'Anne le pontife, près de la porte de David, au pied du mont Sion, en dedans du mur de la ville : les Arméniens possèdent l'église bâtie sur les ruines de cette maison ;

2° Le lieu de l'apparition du Sauveur à Marie-Madeleine, Marie mère de Jacques, et Marie Salomé, entre le château et la porte du mont Sion ;

3° La maison de Simon le pharisien : Madeleine y confessa ses erreurs ; c'est une église totalement ruinée, à l'orient de la ville.

4° Le monastère de sainte Anne, mère de la sainte Vierge, et la grotte de la Conception immaculée, sous l'église du monastère : ce monastère est converti en mosquée, mais on y entre pour quelques médins. Sous les rois chrétiens, il étoit habité par des religieuses. Il n'est pas loin de la maison de Simon ;

5° La prison de saint Pierre, près du Calvaire ; ce sont de vieilles murailles, où l'on montre des crampons de fer ;

6° La maison de Zébédée, assez près de la prison de saint Pierre, grande église qui appartient au patriarche grec ;

7° La maison de Marie, mère de Jean-Marc, où saint Pierre se retira lorsqu'il eut été délivré par l'ange : c'est une église desservie par les Syriens ;

8° Le lieu du martyre de saint Jacques le Majeur : c'est le couvent des Arméniens ; l'église en est fort riche et fort élégante. Je parlerai bientôt du patriarche arménien.

Le lecteur a maintenant sous les yeux le tableau complet des monuments chrétiens dans Jérusalem. Nous allons à présent visiter les dehors de la ville sainte.

J'avois employé deux heures à parcourir à pied la voie Douloureuse. J'eus soin chaque jour de revoir ce chemin sacré ainsi que l'église du Calvaire, afin qu'aucune circonstance essentielle n'échappât à ma mémoire. Il étoit donc deux heures quand j'achevai, le 7 octobre, ma première revue des saints lieux. Je montai à cheval avec Ali-Aga, le drogman Michel et mes domestiques. Nous sortîmes par la porte de Jaffa pour faire le tour complet de Jérusalem. Nous étions couverts d'armes, habillés à la françoise, et très-décidés à ne souffrir aucune insulte. On voit que les temps sont bien changés, grâce au renom de nos victoires ; car l'ambassadeur Deshayes, sous Louis XIII, eut toutes les peines du monde à obtenir la permission d'entrer à Jérusalem avec son épée.

Nous tournâmes à gauche en sortant de la porte de la ville ; nous marchâmes au midi, et nous passâmes la piscine de Bersabée, fossé large et profond, mais sans eau ; ensuite nous gravîmes la montagne de Sion, dont une partie se trouve hors de Jérusalem.

Je suppose que ce nom de Sion réveille dans la mémoire des lecteurs un grand souvenir ; qu'ils sont curieux de connoître cette montagne si mystérieuse dans l'Écriture, si célèbre dans les cantiques de Salomon, cette montagne objet des bénédictions ou des larmes des prophètes, et dont Racine a soupiré les malheurs.

C'est un monticule d'un aspect jaunâtre et stérile, ouvert en forme de croissant du côté de Jérusalem, à peu près de la hauteur de Montmartre, mais plus arrondi au sommet. Ce sommet sacré est marqué par trois monuments ou plutôt par trois ruines : la maison de Caïphe, le Saint-Cénacle, et le tombeau ou le palais de David. Du haut de la montagne vous voyez au midi la vallée de Ben-Hinnon, par delà cette vallée le Champ-du-Sang, acheté des trente deniers de Judas, le mont du Mauvais-Conseil, les tombeaux des juges et tout le désert vers Habron et Bethléem. Au nord le mur de Jérusalem, qui passe sur la cime de Sion, vous empêche de voir la ville ; celle-ci va toujours en s'inclinant vers la vallée de Josaphat.

La maison de Caïphe est aujourd'hui une église desservie par les Arméniens ; le tombeau de David est une petite salle voûtée où l'on trouve trois sépulcres de pierres noirâtres ; le Saint-Cénacle est une mosquée et un hôpital turc : c'étoient autrefois une église et un monastère occupés par les Pères de Terre Sainte. Ce dernier sanctuaire est également fameux dans l'Ancien et dans le Nouveau Testament : David y bâtit son palais et son tombeau ; il y garda pendant trois mois l'arche d'alliance ; Jésus-Christ y fit la dernière pâque, et y institua le sacrement d'eucharistie ; il y apparut à ses disciples le jour de sa résurrection ; le Saint-Esprit y descendit sur les apôtres. Le Saint-Cénacle devint le premier temple chrétien que le monde ait vu ; saint Jacques le Mineur y fut consacré premier évêque de Jérusalem, et saint Pierre y tint le premier concile de l'Église ; enfin, ce fut de ce lieu que les apôtres partirent, pauvres et nus, pour monter sur tous les trônes de la terre : *Docete omnes gentes !*

L'historien Josèphe nous a laissé une description magnifique du palais et du tombeau de David. Benjamin de Tudèle fait au sujet de ce tombeau un conte assez curieux [1].

En descendant de la montagne de Sion, du côté du levant, nous arri-

---

1. Voyez la note V, à la fin de l'*Itinéraire*.

vâmes à la vallée, à la fontaine et à la piscine de Siloé, où Jésus-Christ rendit la vue à l'aveugle. La fontaine sort d'un rocher; elle coule en silence, *cum silentio*, selon le témoignage de Jérémie, ce qui contredit un passage de saint Jérôme; elle a une espèce de flux et de reflux, tantôt versant ses eaux comme la fontaine de Vaucluse, tantôt les retenant et les laissant à peine couler. Les lévites répandoient l'eau de Siloé sur l'autel à la fête des Tabernacles, en chantant : *Haurietis aquas in gaudio de fontibus Salvatoris*. Milton invoque cette source, au commencement de son poëme, au lieu de la fontaine Castalie :

> . . . . Or, if Sion hill
> Delight thee more, and Siloaf's brook that flow'd
> Fast by the Oracle of God, etc. ;

beaux vers que Delille a magnifiquement rendus :

> Toi donc qui, célébrant les merveilles des cieux,
> Prends loin de l'Hélicon un vol audacieux,
> Soit que, te retenant sous ses palmiers antiques,
> Sion avec plaisir répète tes cantiques;
> . . . .
> Soit que, chantant le jour où Dieu donna sa loi,
> Le Sina sous tes pieds tressaille encor d'effroi;
> Soit que près du saint lieu d'où partent ses oracles
> Les flots du Siloé te disent ses miracles :
> Muse sainte, soutiens mon vol présomptueux!

Les uns racontent que cette fontaine sortit tout à coup de la terre pour apaiser la soif d'Isaïe lorsque ce prophète fut scié en deux avec une scie de bois par l'ordre de Manassès; les autres prétendent qu'on la vit paroître sous le règne d'Ézéchias, dont nous avons l'admirable cantique :

> J'ai vu mes tristes journées
> Décliner vers leur penchant, etc.

Selon Josèphe, cette source miraculeuse couloit pour l'armée de Titus, et refusoit ses eaux aux Juifs coupables. La piscine, ou plutôt les deux piscines du même nom sont tout auprès de la source. Elles servent aujourd'hui à laver le linge comme autrefois, et nous y vîmes des femmes qui nous dirent des injures en s'enfuyant. L'eau de la fontaine est saumâtre et assez désagréable au goût; on s'y baigne les yeux en mémoire du miracle de l'aveugle-né.

Près de là on montre l'endroit où le prophète Isaïe subit le supplice dont j'ai parlé. On y voit aussi un village appelé *Siloan*; au pied de ce village est une autre fontaine, que l'Écriture nomme *Rogel* : en face de cette fontaine, au pied de la montagne de Sion, se trouve une troisième fontaine, qui porte le nom de *Marie*. On croit que la Vierge y venoit chercher de l'eau, comme les filles de Laban au puits dont Jacob ôta la pierre : *Ecce Rachel veniebat cum ovibus patris sui, etc.* La fontaine de la Vierge mêle ses eaux à celles de la fontaine de Siloé.

Ici, comme le remarque saint Jérôme, on est à la racine du mont Moria sous les murs du Temple, à peu près en face de la porte Sterquilinaire. Nous avançâmes jusqu'à l'angle oriental du mur de la ville, et nous entrâmes dans la vallée de Josaphat. Elle court du nord au midi, entre la montagne des Oliviers et le mont Moria. Le torrent de Cédron passe au milieu. Ce torrent est à sec une partie de l'année ; dans les orages ou dans les printemps pluvieux il roule une eau rougie.

La vallée de Josaphat est encore appelée dans l'Écriture *vallée de Savé, vallée du Roi, vallée de Melchisédech* [1]. Ce fut dans la vallée de Melchisédech que le roi de Sodome chercha Abraham pour le féliciter de la victoire remportée sur les cinq rois. Moloch et Béelphégor furent adorés dans cette même vallée. Elle prit dans la suite le nom de *Josaphat*, parce que le roi de ce nom y fit élever son tombeau. La vallée de Josaphat semble avoir toujours servi de cimetière à Jérusalem ; on y rencontre les monuments des siècles les plus reculés et des temps les plus modernes : les Juifs viennent y mourir des quatre parties du monde ; un étranger leur vend au poids de l'or un peu de terre pour couvrir leur corps dans le champ de leurs aïeux. Les cèdres dont Salomon planta cette vallée [2], l'ombre du temple dont elle étoit couverte, le torrent qui la traversoit [3], les cantiques de deuil que David y composa, les lamentations que Jérémie y fit entendre, la rendoient propre à la tristesse et à la paix des tombeaux. En commençant sa Passion dans ce lieu solitaire, Jésus-Christ le consacra de nouveau aux douleurs : ce David innocent y versa, pour effacer nos crimes, les larmes que le David coupable y répandit pour expier ses propres erreurs. Il y a peu de noms qui réveillent dans l'imagination des pensées à la fois plus touchantes et plus formidables que celui de la vallée de Josaphat : vallée si pleine de mystères que, selon le prophète Joël, tous les hommes y doivent comparoître un jour devant le

---

1. Sur tout cela il y a différentes opinions. La vallée du Roi pourroit bien être vers les montagnes du Jourdain, et cette position conviendroit même davantage à l'histoire d'Abraham.

2. Josèphe raconte que Salomon fit couvrir de cèdres les montagnes de la Judée.

3. Cédron est un mot hébreu qui signifie noirceur et tristesse. On observe qu'il y a faute dans l'Évangile de saint Jean, qui nomme ce torrent *Torrent des Cèdres*. L'erreur vient d'un oméga, écrit au lieu d'un omicron : Κέδρων, au lieu de Κέδρων.

juge redoutable : *Congregabo omnes gentes, et deducam eas in vallem Josaphat, et disceptabo cum eis ibi.* « Il est raisonnable, dit le père Nau, que l'honneur de Jésus-Christ soit réparé publiquement dans le lieu où il lui a été ravi par tant d'opprobres et d'ignominies, et qu'il juge justement les hommes où ils l'ont jugé si injustement. »

L'aspect de la vallée de Josaphat est désolé : le côté occidental est une haute falaise de craie qui soutient les murs gothiques de la ville, au-dessus desquels on aperçoit Jérusalem ; le côté oriental est formé par le mont des Oliviers et par la montagne du Scandale, *mons Offensionis*, ainsi nommée de l'idolâtrie de Salomon. Ces deux montagnes, qui se touchent, sont presque nues et d'une couleur rouge et sombre : sur leurs flancs déserts on voit çà et là quelques vignes noires et brûlées, quelques bouquets d'oliviers sauvages, des friches couvertes d'hysope, des chapelles, des oratoires et des mosquées en ruine. Au fond de la vallée on découvre un pont d'une seule arche, jeté sur la ravine du torrent de Cédron. Les pierres du cimetière des Juifs se montrent comme un amas de débris au pied de la montagne du Scandale, sous le village arabe de Siloan : on a peine à distinguer les masures de ce village des sépulcres dont elles sont environnées. Trois monuments antiques, les tombeaux de Zacharie, de Josaphat et d'Absalon, se font remarquer dans ce champ de destruction. A la tristesse de Jérusalem, dont il ne s'élève aucune fumée, dont il ne sort aucun bruit; à la solitude des montagnes, où l'on n'aperçoit pas un être vivant ; au désordre de toutes ces tombes fracassées, brisées, demi-ouvertes, on diroit que la trompette du jugement s'est déjà fait entendre et que les morts vont se lever dans la vallée de Josaphat.

Au bord même, et presque à la naissance du torrent de Cédron, nous entrâmes dans le jardin des Oliviers ; il appartient aux Pères latins, qui l'ont acheté de leurs propres deniers : on y voit huit gros oliviers d'une extrême décrépitude. L'olivier est pour ainsi dire immortel, parce qu'il renaît de sa souche : on conservoit dans la citadelle d'Athènes un olivier dont l'origine remontoit à la fondation de la ville. Les oliviers du jardin de ce nom à Jérusalem sont au moins du temps du Bas-Empire; en voici la preuve : en Turquie, tout olivier trouvé debout par les musulmans, lorsqu'ils envahirent l'Asie, ne paye qu'un médin au fisc, tandis que l'olivier planté depuis la conquête doit au grand-seigneur la moitié de ses fruits [1] :

---

1. Cette loi est aussi absurde que la plupart des autres lois en Turquie : chose bizarre d'épargner le vaincu au moment de la conquête, lorsque la violence peut amener l'injustice, et d'accabler le sujet en pleine paix !

or les huit oliviers dont nous parlons ne sont taxés qu'à huit médins.

Nous descendîmes de cheval à l'entrée de ce jardin, pour visiter à pied les Stations de la montagne. Le village de Gethsémani étoit à quelque distance du jardin des Oliviers. On le confond aujourd'hui avec ce jardin, comme le remarquent Thévenot et Roger.

Nous entrâmes d'abord dans le sépulcre de la Vierge. C'est une église souterraine, où l'on descend par cinquante degrés, assez beaux : elle est partagée entre toutes les sectes chrétiennes : les Turcs mêmes ont un oratoire dans ce lieu; les catholiques possèdent le tombeau de Marie. Quoique la Vierge ne soit pas morte à Jérusalem, elle fut (selon l'opinion de plusieurs Pères) miraculeusement ensevelie à Gethsémani par les apôtres. Euthymius raconte l'histoire de ces merveilleuses funérailles. Saint Thomas ayant fait ouvrir le cercueil, on n'y trouva plus qu'une robe virginale, simple et pauvre vêtement de cette reine de gloire, que les anges avoient enlevée aux cieux.

Les tombeaux de saint Joseph, de saint Joachim et de sainte Anne se voient aussi dans cette église souterraine.

Sortis du sépulcre de la Vierge, nous allâmes voir, dans le jardin des Oliviers, la grotte où le Sauveur répandit une sueur de sang, en prononçant ces paroles : *Pater, si possibile est, transeat a me calix iste.*

Cette grotte est irrégulière; on y a pratiqué des autels. A quelques pas en dehors on voit la place où Judas trahit son maître par un baiser. A quelle espèce de douleur Jésus-Christ consentit à descendre! Il éprouva ces affreux dégoûts de la vie que la vertu même a de la peine à surmonter. Et à l'instant où un ange est obligé de sortir du ciel pour soutenir la Divinité défaillante sous le fardeau des misères de l'homme, cette Divinité miséricordieuse est trahie par l'homme [1]!

En quittant la grotte du Calice d'amertume, et gravissant un chemin tortueux semé de cailloux, le drogman nous arrêta près d'une roche d'où l'on prétend que Jésus-Christ regarda la ville coupable en pleurant sur la désolation prochaine de Sion. Baronius observe que Titus planta ses tentes à l'endroit même où le Sauveur avoit prédit la ruine de Jérusalem. Doubdan, qui combat cette opinion sans citer Baronius, croit que la sixième légion romaine campa au sommet de la montagne des Oliviers, et non pas sur le penchant de la montagne. Cette critique est trop sévère, et la remarque de Baronius n'en est ni moins belle ni moins juste [2].

De la roche de la Prédiction nous montâmes à des grottes qui sont

---

1. Voyez la note VI, à la fin de l'*Itinéraire*.
2. Voyez la note VII, à la fin de l'*Itinéraire*.

à la droite du chemin. On les appelle les *Tombeaux des Prophètes*; elles n'ont rien de remarquable, et l'on ne sait trop de quels prophètes elles peuvent garder les cendres.

Un peu au-dessus de ces grottes nous trouvâmes une espèce de citerne, composée de douze arcades : ce fut là que les apôtres composèrent le premier symbole de notre croyance. Tandis que le monde entier adoroit à la face du soleil mille divinités honteuses, douze pêcheurs, cachés dans les entrailles de la terre, dressoient la profession de foi du genre humain et reconnoissoient l'unité du Dieu créateur de ces astres à la lumière desquels on n'osoit encore proclamer son existence. Si quelque Romain de la cour d'Auguste, passant auprès de ce souterrain, eût aperçu les douze Juifs qui composoient cette œuvre sublime, quel mépris il eût témoigné pour cette troupe superstitieuse! Avec quel dédain il eût parlé de ces premiers fidèles ! Et pourtant ils alloient renverser les temples de ce Romain, détruire la religion de ses pères, changer les lois, la politique, la morale, la raison, et jusqu'aux pensées des hommes. Ne désespérons donc jamais du salut des peuples. Les chrétiens gémissent aujourd'hui sur la tiédeur de la foi : qui sait si Dieu n'a point planté dans une aire inconnue le grain de sénevé qui doit multiplier dans les champs? Peut-être cet espoir de salut est-il sous nos yeux sans que nous nous y arrêtions ; peut-être nous paroît-il aussi absurde que ridicule. Mais qui auroit jamais pu croire à la folie de la Croix?

On monte encore un peu plus haut, et l'on rencontre les ruines ou plutôt l'emplacement désert d'une chapelle : une tradition constante enseigne que Jésus-Christ récita dans cet endroit l'*Oraison dominicale*.

« Un jour, comme il étoit en prière en un certain lieu, après qu'il eût cessé de prier, un de ses disciples lui dit : Seigneur, apprenez-nous à prier, ainsi que Jean l'a appris à ses disciples.

« Et il leur dit : Lorsque vous prierez, dites : Père, que votre nom soit sanctifié, etc. [1] »

Ainsi furent composées presqu'au même lieu la profession de foi de tous les hommes et la prière de tous les hommes.

A trente pas de là, en tirant un peu vers le nord, est un olivier au pied duquel le Fils du souverain Arbitre prédit le jugement universel [2].

Enfin, on fait encore une cinquantaine de pas sur la montagne, et l'on arrive à une petite mosquée, de forme octogone, reste d'une église

---

1. Saint Luc.   2. Voyez la note VIII, à la fin de l'*Itinéraire*.

élevée jadis à l'endroit même où Jésus-Christ monta au ciel après sa résurrection. On distingue sur le rocher l'empreinte du pied gauche d'un homme; le vestige du pied droit s'y voyoit aussi autrefois : la plupart des pèlerins disent que les Turcs ont enlevé ce second vestige pour le placer dans la mosquée du temple, mais le père Roger affirme positivement qu'il n'y est pas. Je me tais, par respect, sans pourtant être convaincu, devant des autorités considérables : saint Augustin, saint Jérôme, saint Paulin, Sulpice Sévère, le vénérable Bède, la tradition, tous les voyageurs anciens et modernes, assurent que cette trace marque un pas de Jésus-Christ. En examinant cette trace, on en a conclu que le Sauveur avoit le visage tourné vers le nord au moment de son ascension comme pour renier ce midi infesté d'erreurs, pour appeler à la foi les barbares qui devoient renverser les temples des faux dieux, créer de nouvelles nations et planter l'étendard de la croix sur les murs de Jérusalem.

Plusieurs Pères de l'Église ont cru que Jésus-Christ s'éleva aux cieux au milieu des âmes des patriarches et des prophètes, délivrées par lui des chaînes de la mort : sa mère et cent vingt disciples furent témoins de son ascension. Il étendit les bras comme Moïse, dit saint Grégoire de Nazianze, et présenta ses disciples à son Père ; ensuite il croisa ses mains puissantes en les abaissant sur la tête de ses bien-aimés [1], et c'étoit de cette manière que Jacob avoit béni les fils de Joseph ; puis, quittant la terre avec une majesté admirable, il monta lentement vers les demeures éternelles, et se perdit dans une nue éclatante [2] !

Sainte Hélène avoit fait bâtir une église où l'on trouve aujourd'hui la mosquée octogone. Saint Jérôme nous apprend qu'on n'avoit jamais pu fermer la voûte de cette église à l'endroit où Jésus-Christ prit sa route à travers les airs. Le vénérable Bède assure que de son temps, la veille de l'Ascension, on voyoit pendant la nuit la montagne des Oliviers couverte de feux. Rien n'oblige à croire ces traditions, que je rapporte seulement pour faire connoître l'histoire et les mœurs ; mais si Descartes et Newton eussent philosophiquement douté de ces merveilles, Racine et Milton ne les auroient pas poétiquement répétées.

Telle est l'histoire évangélique expliquée par les monuments. Nous l'avons vue commencer à Bethléem, marcher au dénoûment chez Pilate, arriver à la catastrophe au Calvaire, et se terminer sur la montagne des Oliviers. Le lieu même de l'Ascension n'est pas tout à fait à la cime de la montagne, mais à deux ou trois cents pas au-dessous du plus haut sommet [3].

1. Tertull.   2. Ludolph.   3. Voyez la note IX, à la fin de l'*Itinéraire*.

Nous descendîmes de la montagne des Oliviers, et, remontant à cheval, nous continuâmes notre route. Nous laissâmes derrière nous la vallée de Josaphat, et nous marchâmes par des chemins escarpés jusqu'à l'angle septentrional de la ville; de là, tournant à l'ouest et longeant le mur qui fait face au nord, nous arrivâmes à la grotte où Jérémie composa ses *Lamentations*. Nous n'étions pas loin des sépulcres des rois, mais nous renonçâmes à les voir ce jour-là, parce qu'il étoit trop tard. Nous revînmes chercher la porte de Jaffa, par laquelle nous étions sortis de Jérusalem. Il étoit sept heures précises quand nous rentrâmes au couvent.

Notre course avoit duré cinq heures. A pied, et en suivant l'enceinte des murs, il faut à peine une heure pour faire le tour de Jérusalem.

Le 8 octobre, à cinq heures du matin, j'entrepris avec Ali-Aga et le drogman Michel la revue de l'intérieur de la ville. Il faut nous arrêter ici pour jeter un regard sur l'histoire de Jérusalem.

Jérusalem fut fondée l'an du monde 2023, par le grand-prêtre Melchisédech : il la nomma *Salem*, c'est-à-dire la Paix; elle n'occupoit alors que les deux montagnes de Mora et d'Acra.

Cinquante ans après sa fondation, elle fut prise par les Jébuséens, descendants de Jébus, fils de Chanaan. Ils bâtirent sur le mont Sion une forteresse, à laquelle ils donnèrent le nom de *Jébus*, leur père : la ville prit alors le nom de *Jérusalem*, ce qui signifie *Vision de paix*. Toute l'Écriture en fait un magnifique éloge : *Jerusalem, civitas Dei, luce splendida fulgebis. Omnes nationes terræ adorabunt te, etc.* [1].

Josué s'empara de la ville basse de Jérusalem, la première année de son entrée dans la Terre Promise : il fit mourir le roi Adonisédech et les quatre rois d'Ébron, de Jérimol, de Lachis et d'Églon. Les Jébuséens demeurèrent les maîtres de la ville haute ou de la citadelle de Jébus. Ils n'en furent chassés que par David, huit cent vingt-quatre ans après leur entrée dans la cité de Melchisédech.

David fit augmenter la forteresse de Jébus, et lui donna son propre nom. Il fit aussi bâtir sur la montagne de Sion un palais et un tabernacle, afin d'y déposer l'arche d'alliance.

Salomon augmenta la cité sainte : il éleva ce premier temple dont l'Écriture et l'historien Josèphe racontent les merveilles, et pour lequel Salomon lui-même composa de si beaux cantiques.

Cinq ans après la mort de Salomon, Sésac, roi d'Égypte, attaqua Roboam, prit et pilla Jérusalem.

Elle fut encore saccagée cent cinquante ans après par Joas, roi d'Israel.

---

[1]. Tobie.

Envahie de nouveau par les Assyriens, Manassès, roi de Juda, fut emmené captif à Babylone. Enfin, sous le règne de Sédécias, Nabuchodonosor renversa Jérusalem de fond en comble, brûla le temple et transporta les Juifs à Babylone. *Sion quasi ager arabatur,* dit Jérémie; *Hierusalem ut... lapidum erat.* Saint Jérôme pour peindre la solitude de cette ville désolée dit qu'on n'y voyoit pas voler un seul oiseau.

Le premier temple fut détruit quatre cent soixante-dix ans six mois et dix jours après sa fondation par Salomon, l'an du monde 3513, environ six cents ans avant Jésus-Christ : quatre cent soixante-dix-sept ans s'étoient écoulés depuis David jusqu'à Sédécias, et la ville avoit été gouvernée par dix-sept rois.

Après les soixante-et-dix ans de captivité, Zorobabel commença à rebâtir le temple et la ville. Cet ouvrage, interrompu pendant quelques années, fut successivement achevé par Esdras et Néhémie.

Alexandre passa à Jérusalem l'an du monde 3583, et offrit des sacrifices dans le temple.

Ptolémée, fils de Lagus, se rendit maître de Jérusalem; mais elle fut très-bien traitée par Ptolémée Philadelphe, qui fit au temple de magnifiques présents.

Antiochus le Grand reprit la Judée sur les rois d'Égypte, et la remit ensuite à Ptolémée Évergète. Antiochus Épiphane saccagea de nouveau Jérusalem, et plaça dans le temple l'idole de Jupiter Olympien.

Les Machabées rendirent la liberté à leur pays, et le défendirent contre les rois de l'Asie.

Malheureusement Aristobule et Hircan se disputèrent la couronne; ils eurent recours aux Romains, qui par la mort de Mithridate étoient devenus les maîtres de l'Orient. Pompée accourut à Jérusalem : introduit dans la ville, il assiège et prend le temple. Crassus ne tarda pas à piller ce monument auguste, que Pompée vainqueur avoit respecté.

Hircan, protégé de César, s'étoit maintenu dans la grande-sacrificature. Antigone, fils d'Aristobule, empoisonné par les Pompéiens, fait la guerre à son oncle Hircan, et appelle les Parthes à son secours. Ceux-ci fondent sur la Judée, entrent dans Jérusalem, et emmènent Hircan prisonnier.

Hérode le Grand, fils d'Antipater, officier distingué de la cour d'Hircan, s'empare du royaume de Judée par la faveur des Romains. Antigone, que le sort des armes fait tomber entre les mains d'Hérode, est envoyé à Antoine. Le dernier descendant des Machabées, le roi légitime de Jérusalem, est attaché à un poteau, battu de verges et mis à mort par l'ordre d'un citoyen romain.

Hérode, demeuré seul maître de Jérusalem, la remplit de monuments superbes, dont je parlerai dans un autre lieu. Ce fut sous le règne de ce prince que Jésus-Christ vint au monde.

Archélaüs, fils d'Hérode et de Mariamne, succéda à son père, tandis qu'Hérode Antipas, fils aussi du grand Hérode, eut la tétrarchie de la Galilée et de la Pérée. Celui-ci fit trancher la tête à saint Jean-Baptiste et renvoya Jésus-Christ à Pilate. Cet Hérode le tétrarque fut exilé à Lyon par Caligula.

Agrippa, petit-fils d'Hérode le Grand, obtint le royaume de Judée; mais son frère Hérode, roi de Chalcide, eut tout pouvoir sur le temple, le trésor sacré et la grande-sacrificature.

Après la mort d'Agrippa, la Judée fut réduite en province romaine. Les Juifs s'étant révoltés contre leurs maîtres, Titus assiégea et prit Jérusalem. Deux cent mille Juifs moururent de faim pendant ce siége. Depuis le 14 avril jusqu'au 1er de juillet de l'an 71 de notre ère, cent quinze mille huit cent quatre-vingts cadavres sortirent par une seule porte de Jérusalem [1]. On mangea le cuir des souliers et des boucliers; on en vint à se nourrir de foin et des ordures que l'on chercha dans les égouts de la ville : une mère dévora son enfant. Les assiégés avaloient leur or; le soldat romain qui s'en aperçut égorgeoit les prisonniers, et cherchoit ensuite le trésor recélé dans les entrailles de ces malheureux. Onze cent mille Juifs périrent dans la ville de Jérusalem, et deux cent trente-huit mille quatre cent soixante dans le reste de la Judée. Je ne comprends dans ce calcul ni les femmes, ni les enfants, ni les vieillards emportés par la faim, les séditions et les flammes. Enfin il y eut quatre-vingt-dix-neuf mille deux cents prisonniers de guerre; les uns furent condamnés aux travaux publics, les autres furent réservés au triomphe de Titus : ils parurent dans les amphithéâtres de l'Europe et de l'Asie, où ils s'entre-tuèrent pour amuser la populace du monde romain. Ceux qui n'avoient pas atteint l'âge de dix-sept ans furent mis à l'encan avec les femmes; on en donnoit trente pour un denier. Le sang du Juste avoit été vendu trente deniers à Jérusalem, et le peuple avoit crié : *Sanguis ejus super nos et super filios nostros.* Dieu entendit ce vœu des Juifs, et pour la dernière fois il exauça leur prière : après quoi il détourna ses regards de la Terre Promise et choisit un nouveau peuple.

Le temple fut brûlé trente-huit ans après la mort de Jésus-Christ;

---

1. N'est-il pas singulier qu'un critique m'ait reproché tous ces calculs, comme s'ils étoient de moi, et comme si je faisois autre chose que de suivre ici les historiens de l'antiquité, entre autres Josèphe? L'abbé Guénée et plusieurs savants ont prouvé au reste que ces calculs ne sont point exagérés.

de sorte qu'un grand nombre de ceux qui avoient entendu la prédiction du Sauveur purent en voir l'accomplissement.

Le reste de la nation juive s'étant soulevé de nouveau, Adrien acheva de détruire ce que Titus avoit laissé debout dans l'ancienne Jérusalem. Il éleva sur les ruines de la cité de David une autre ville, à laquelle il donna le nom d'*Ælia Capitolina*; il en défendit l'entrée aux Juifs sous peine de mort, et fit sculpter un pourceau sur la porte qui conduisoit à Bethléem. Saint Grégoire de Nazianze assure cependant que les Juifs avoient la permission d'entrer à Ælia une fois par an, pour y pleurer; saint Jérôme ajoute qu'on leur vendoit au poids de l'or le droit de verser des larmes sur les cendres de leur patrie.

Cinq cent quatre-vingt-cinq mille Juifs, au rapport de Dion, moururent de la main du soldat dans cette guerre d'Adrien. Une multitude d'esclaves de l'un et de l'autre sexe fut vendue aux foires de Gaza et de Membré; on rasa cinquante châteaux et neuf cent quatre-vingt-cinq bourgades.

Adrien bâtit sa ville nouvelle précisément dans la place qu'elle occupe aujourd'hui; et, par une providence particulière, comme l'observe Doubdan, il enferma le mont Calvaire dans l'enceinte des murailles. A l'époque de la persécution de Dioclétien, le nom même de Jérusalem étoit si totalement oublié, qu'un martyr ayant répondu à un gouverneur romain qu'il étoit de Jérusalem, ce gouverneur s'imagina que le martyr parloit de quelque ville factieuse bâtie secrètement par les chrétiens. Vers la fin du viie siècle, Jérusalem portoit encore le nom d'*Ælia,* comme on le voit par le *Voyage* d'Arculfe, de la rédaction d'Adamannus, ou de celle du vénérable Bède.

Quelques mouvements paroissent avoir eu lieu dans la Judée, sous les empereurs Antonin, Septime Sévère et Caracalla. Jérusalem, devenue païenne dans ses vieilles années, reconnut enfin le Dieu qu'elle avoit rejeté. Constantin et sa mère renversèrent les idoles élevées sur le sépulcre du Sauveur, et consacrèrent les saints lieux par des édifices qu'on y voit encore.

Ce fut en vain que Julien, trente-sept ans après, rassembla les Juifs à Jérusalem pour y rebâtir le temple : les hommes travailloient à cet ouvrage avec des hottes, des bêches et des pelles d'argent; les femmes emportoient la terre dans le pan de leurs plus belles robes, mais des globes de feu sortant des fondements à demi creusés dispersèrent les ouvriers, et ne permirent pas d'achever l'entreprise.

Nous trouvons une révolte des Juifs sous Justinien, l'an 501 de Jésus-Christ. Ce fut aussi sous cet empereur que l'église de Jérusalem fut élevée à la dignité patriarcale.

Toujours destinée à lutter contre l'idolâtrie et à vaincre les fausses religions, Jérusalem fut prise par Cosroès, roi des Perses, l'an 613 de Jésus-Christ. Les Juifs répandus dans la Judée achetèrent de ce prince quatre-vingt-dix mille prisonniers chrétiens, et les égorgèrent.

Héraclius battit Cosroès en 627, reconquit la vraie croix que le roi des Perses avoit enlevée, et la reporta à Jérusalem.

Neuf ans après, le calife Omar, troisième successeur de Mahomet, s'empara de Jérusalem, après l'avoir assiégée pendant quatre mois : la Palestine, ainsi que l'Égypte, passa sous le joug du vainqueur.

Omar fut assassiné à Jérusalem en 643. L'établissement de plusieurs califats en Arabie et en Syrie, la chute de la dynastie des Ommiades et l'élévation de celle des Abassides, remplirent la Judée de troubles et de malheurs pendant plus de deux cents ans.

Ahmed, Turc Toulounide, qui de gouverneur de l'Égypte en étoit devenu le souverain, fit la conquête de Jérusalem en 868 ; mais son fils ayant été défait par les califes de Bagdad, la cité sainte retourna sous la puissance de ces califes, l'an 905 de notre ère.

Un nouveau Turc, nommé *Mahomet-Ikhschid,* s'étant à son tour emparé de l'Égypte, porta ses armes au dehors, et soumit Jérusalem l'an 936 de Jésus-Christ.

Les Fatimites, sortis des sables de Cyrène en 968, chassèrent les Ikhschidites de l'Égypte, et conquirent plusieurs villes de la Palestine.

Un autre Turc, du nom d'*Ortok,* favorisé par les Seljoucides d'Alep, se rendit maître de Jérusalem en 984, et ses enfants y régnèrent après lui.

Mostali, calife d'Égypte, obligea les Ortokides à sortir de Jérusalem.

Hakem ou Hequem, successeur d'Aziz, second calife fatimite, persécuta les chrétiens à Jérusalem vers l'an 996, comme je l'ai déjà raconté en parlant de l'église du Saint-Sépulcre. Ce calife mourut en 1021.

Meleschah, Turc Seljoucide, prit la sainte cité en 1076, et fit ravager tout le pays. Les Ortokides qui avoient été chassés de Jérusalem par le calife Mostali y rentrèrent, et s'y maintinrent contre Redouan, prince d'Alep. Mais ils en furent expulsés de nouveau par les Fatimites en 1076 : ceux-ci y régnoient encore lorsque les croisés parurent sur les frontières de la Palestine.

Les écrivains du xviiie siècle se sont plu à représenter les croisades sous un jour odieux. J'ai réclamé un des premiers contre cette ignorance ou cette injustice [1]. Les croisades ne furent des folies, comme

---

1. Voir le *Génie du Christianisme.*

on affectoit de les appeler, ni dans leur principe ni dans leur résultat. Les chrétiens n'étoient point les agresseurs. Si les sujets d'Omar, partis de Jérusalem, après avoir fait le tour de l'Afrique, fondirent sur la Sicile, sur l'Espagne, sur la France même, où Charles Martel les extermina, pourquoi des sujets de Philippe Ier, sortis de la France, n'auroient-ils pas fait le tour de l'Asie pour se venger des descendants d'Omar jusque dans Jérusalem? C'est un grand spectacle sans doute que ces deux armées de l'Europe et de l'Asie marchant en sens contraire autour de la Méditerranée et venant, chacune sous la bannière de sa religion, attaquer Mahomet et Jésus-Christ au milieu de leurs adorateurs. N'apercevoir dans les croisades que des pèlerins armés qui courent délivrer un tombeau en Palestine, c'est montrer une vue très-bornée en histoire. Il s'agissoit non-seulement de la délivrance de ce tombeau sacré, mais encore de savoir qui devoit l'emporter sur la terre, ou d'un culte ennemi de la civilisation, favorable par système à l'ignorance, au despotisme, à l'esclavage, ou d'un culte qui a fait revivre chez les modernes le génie de la docte antiquité et aboli la servitude. Il suffit de lire le discours du pape Urbain II au concile de Clermont pour se convaincre que les chefs de ces entreprises guerrières n'avoient pas les petites idées qu'on leur suppose, et qu'ils pensoient à sauver le monde d'une inondation de nouveaux barbares. L'esprit du mahométisme est la persécution et la conquête; l'Évangile, au contraire, ne prêche que la tolérance et la paix. Aussi les chrétiens supportèrent-ils pendant sept cent soixante-quatre ans tous les maux que le fanatisme des Sarrasins leur voulut faire souffrir; ils tâchèrent seulement d'intéresser en leur faveur Charlemagne. Mais ni les Espagnes soumises, ni la France envahie, ni la Grèce et les deux Siciles ravagées, ni l'Afrique entière tombée dans les fers, ne purent déterminer pendant près de huit siècles les chrétiens à prendre les armes. Si enfin les cris de tant de victimes égorgées en Orient, si les progrès des barbares, déjà aux portes de Constantinople, réveillèrent la chrétienté et la firent courir à sa propre défense, qui oseroit dire que la cause des guerres sacrées fut injuste? Où en serions-nous si nos pères n'eussent repoussé la force par la force? Que l'on contemple la Grèce, et l'on apprendra ce que devient un peuple sous le joug des musulmans. Ceux qui s'applaudissent tant aujourd'hui du progrès des lumières auroient-ils donc voulu voir régner parmi nous une religion qui a brûlé la bibliothèque d'Alexandrie, qui se fait un mérite de fouler aux pieds les hommes et de mépriser souverainement les lettres et les arts?

Les croisades, en affoiblissant les hordes mahométanes au centre même de l'Asie, nous ont empêchés de devenir là proie des Turcs et des Arabes. Elles ont fait plus : elles nous ont sauvés de nos propres révolutions ; elles ont suspendu, par la *paix de Dieu,* nos guerres intestines ; elles ont ouvert une issue à cet excès de population qui tôt ou tard cause la ruine des États : remarque que le père Maimbourg a faite et que M. de Bonald a développée.

Quant aux autres résultats des croisades, on commence à convenir que ces entreprises guerrières ont été favorables au progrès des lettres et de la civilisation. Robertson a parfaitement traité ce sujet dans son *Histoire du Commerce des Anciens aux Indes orientales.* J'ajouterai qu'il ne faut pas dans ces calculs omettre la renommée que les armes européennes ont obtenue dans les expéditions d'outre-mer. Le temps de ces expéditions est le temps héroïque de notre histoire ; c'est celui qui a donné naissance à notre poésie épique. Tout ce qui répand du merveilleux sur une nation ne doit point être méprisé par cette nation même. On voudroit en vain se le dissimuler, il y a quelque chose dans notre cœur qui nous fait aimer la gloire ; l'homme ne se compose pas absolument de calculs positifs pour son bien et pour son mal : ce seroit trop le ravaler ; c'est en entretenant les Romains de l'*éternité* de leur ville qu'on les a menés à la conquête du monde et qu'on leur a fait laisser dans l'histoire un nom éternel.

Godefroy parut donc sur les frontières de la Palestine, l'an 1099 de Jésus-Christ ; il étoit entouré de Baudouin, d'Eustache, de Tancrède, de Raimond de Toulouse, des comtes de Flandre et de Normandie, de L'Étolde, qui sauta le premier sur les murs de Jérusalem ; de Guicher, déjà célèbre pour avoir coupé un lion par la moitié ; de Gaston de Foix, de Gérard de Roussillon, de Raimbaud d'Orange, de Saint-Pol, de Lambert : Pierre l'Ermite marchoit avec son bâton de pèlerin à la tête de ces chevaliers. Ils s'emparèrent d'abord de Rama ; ils entrèrent ensuite dans Emmaüs, tandis que Tancrède et Baudouin du Bourg pénétroient à Bethléem. Jérusalem fut bientôt assiégée, et l'étendard de la croix flotta sur ses murs un vendredi 15, et, selon d'autres, 12 de juillet 1099, à trois heures de l'après-midi.

Je parlerai du siége de cette ville lorsque j'examinerai le théâtre de *La Jérusalem délivrée.* Godefroy fut élu par ses frères d'armes roi de la cité conquise. C'étoit le temps où de simples chevaliers sautoient de la brèche sur le trône : le casque apprend à porter le diadème, et la main blessée qui mania la pique s'enveloppe noblement dans la pourpre. Godefroy refusa de mettre sur sa tête la couronne brillante qu'on lui offroit, « ne voulant point, dit-il, porter une couronne d'or où Jésus-Christ avoit porté une couronne d'épines ».

Naplouse ouvrit ses portes, l'armée du soudan d'Égypte fut battue à Ascalon. Robert, moine, pour peindre la défaite de cette armée se sert précisément de la comparaison employée par J.-B. Rousseau, comparaison d'ailleurs empruntée de la *Bible :*

> La Palestine enfin, après tant de ravages,
> Vit fuir ses ennemis comme on voit les nuages
> Dans le vague des airs fuir devant l'Aquilon.

Il est probable que Godefroy mourut à Jaffa, dont il avoit fait relever les murs. Il eut pour successeur Baudouin son frère, comte d'Édesse. Celui-ci expira au milieu de ses victoires, et laissa, en 1118, le royaume à Baudouin du Bourg son neveu.

Mélisandre, fille aînée de Baudouin II, épousa Foulques d'Anjou, et porta le royaume de Jérusalem dans la maison de son mari, vers l'an 1130. Foulques étant mort d'une chute de cheval, en 1140, son fils Baudouin III lui succéda. La deuxième croisade, prêchée par saint Bernard, conduite par Louis VII et par l'empereur Conrad, eut lieu sous le règne de Baudouin III. Après avoir occupé le trône pendant vingt ans, Baudouin laissa la couronne à son frère Amaury, qui la porta onze années. Amaury eut pour successeur son fils Baudouin, quatrième du nom.

On vit alors paroître Saladin, qui, battu d'abord et ensuite victorieux, finit par arracher les lieux saints à leurs nouveaux maîtres.

Baudouin avoit donné sa sœur Sibylle, veuve de Guillaume Longue-Épée, en mariage à Gui de Lusignan. Les grands du royaume, jaloux de ce choix, se divisèrent. Baudouin IV, ayant fini ses jours en 1184, eut pour héritier son neveu Baudouin V, fils de Sibylle et de Guillaume Longue-Épée. Le jeune roi, qui n'avoit que huit ans, succomba en 1186 sous une violente maladie. Sa mère Sibylle fit donner la couronne à Gui de Lusignan, son second mari. Le comte de Tripoli trahit le nouveau monarque, qui tomba entre les mains de Saladin à la bataille de Tibériade.

Après avoir achevé la conquête des villes maritimes de la Palestine, le soudan assiégea Jérusalem ; il la prit l'an 1188 de notre ère. Chaque homme fut obligé de donner pour rançon dix besants d'or : quatorze mille habitants demeurèrent esclaves faute de pouvoir payer cette somme. Saladin ne voulut point entrer dans la mosquée du Temple, convertie en église par les chrétiens, sans en avoir fait laver les murs avec de l'eau de rose. Cinq cents chameaux, dit Sanut, suffirent à peine pour porter toute l'eau de rose employée dans cette occasion : ce conte est digne de l'Orient. Les soldats de Saladin abattirent une croix d'or qui s'élevoit au-dessus du Temple, la traînèrent par les rues jusqu'au sommet de la montagne de Sion, où ils la brisèrent. Une seule église fut épargnée, et ce fut l'église du Saint-Sépulcre : les Syriens la rachetèrent pour une grosse somme d'argent.

La couronne de ce royaume à demi perdu passa à Isabelle, fille d'Amaury Ier, sœur de Sibylle décédée et femme d'Eufroy de Turenne. Philippe-Auguste et Richard Cœur de Lion arrivèrent trop tard pour sauver la ville sainte; mais ils prirent Ptolémaïs, ou Saint-Jean-d'Acre. La valeur de Richard fut si renommée que longtemps après la mort de ce prince, quand un cheval tressailloit sans cause, les Sarrasins disoient qu'il avoit vu l'ombre de Richard. Saladin mourut peu de temps après la prise de Ptolémaïs : il ordonna que l'on portât un linceul au bout d'une lance le jour de ses funérailles et qu'un héraut criât à haute voix :

SALADIN,
DOMPTEUR DE L'ASIE,
DE TOUTES LES RICHESSES QU'IL A CONQUISES,
N'EMPORTE QUE CE LINCEUL.

Richard, rival de gloire de Saladin, après avoir quitté la Palestine, vint se faire renfermer dans une tour en Allemagne. Sa prison donna lieu à des aventures que l'histoire a rejetées, mais que les troubadours ont conservées dans leurs ballades.

L'an 1242, l'émir de Damas Saleh-Ismael, qui faisoit la guerre à Nedjmeddin, soudan d'Égypte, et qui étoit entré dans Jérusalem, remit cette ville entre les mains des princes latins. Le soudan envoya les Karismiens assiéger la capitale de la Judée. Ils la reprirent, et en massacrèrent tous les habitants; ils la pillèrent encore une fois l'année suivante avant de la rendre au soudan Saley-Ayoub, successeur de Nedjmeddin.

Pendant le cours de ces événements, la couronne de Jérusalem avoit passé d'Isabelle à Henri, comte de Champagne, son nouvel époux, et de celui-ci à Amaury, frère de Lusignan, qui épousa en quatrièmes noces la même Isabelle. Il en eut un fils qui mourut en bas âge. Marie, fille d'Isabelle et de son premier mari Conrad, marquis de Montferrat, devint l'héritière d'un royaume imaginaire. Jean, comte de Brienne, épousa Marie. Il en eut une fille, Isabelle ou Yolande, mariée depuis à l'empereur Frédéric II. Celui-ci, arrivé à Tyr, fit la paix avec le soudan d'Égypte. Les conditions du traité furent que Jérusalem seroit partagée entre les chrétiens et les musulmans. Frédéric II vint en conséquence prendre la couronne de Godefroy sur l'autel du Saint-Sépulcre, la mit sur sa tête, et repassa bientôt en Europe. Il est probable que les Sarrasins ne tinrent pas les engagements qu'ils avoient pris avec Frédéric, puisque nous voyons, vingt ans après, en 1242, Nedjmeddin saccager Jérusalem, comme je l'ai dit plus haut. Saint Louis arriva en Orient sept ans après ce dernier malheur. Il est remarquable que ce prince, prisonnier en Égypte, vit massacrer sous ses yeux les derniers héritiers de la famille de Saladin[1].

Il est certain que les mamelucks Baharites, après avoir trempé leurs mains dans le sang de leur maître, eurent un moment la pensée de briser les fers de saint Louis et de faire de leur prisonnier leur soudan, tant ils avoient été frappés de ses vertus. Saint Louis dit au sire de Joinville qu'il eût accepté cette couronne si les infidèles la lui avoient décernée. Rien peut-être ne fait mieux connoître ce prince, qui n'avoit pas moins de grandeur d'âme que de piété, et en qui la religion n'excluoit point les pensées royales.

Les mamelucks changèrent de sentiments : Moas, Almansor-Nuradin-Ali, Seféidin-Modfar, succédèrent tour à tour au trône d'Égypte, et le fameux Bibars-Bondoc-Dari devint soudan en 1263. Il ravagea la partie de la Palestine qui n'étoit pas soumise à ses armes et fit réparer Jérusalem. Kelaoun, héritier de Bondoc-Dari en 1281, poussa les chrétiens de place en place, et Khalil, son fils, leur enleva Tyr et Ptolémaïs; enfin, en 1291, ils furent entièrement chassés de la Terre Sainte, après s'être maintenus cent quatre-vingt-douze ans dans leurs conquêtes et avoir régné quatre-vingt-huit ans à Jérusalem.

Le vain titre de roi de Jérusalem fut transporté dans la maison de Sicile par le frère de saint Louis, Charles, comte de Provence et d'Anjou, qui réunit sur sa tête les droits du roi de Chypre et de la princesse Marie, fille de Frédéric, prince d'Antioche. Les chevaliers de Saint-Jean-de-Jérusalem, devenus les chevaliers de Rhodes et de Malte, les chevaliers Teutoniques, conquérants du nord de l'Europe et fondateurs du royaume de Prusse, sont aujourd'hui les seuls restes de ces croisés qui firent trembler l'Afrique et l'Asie et occupèrent les trônes de Jérusalem, de Chypre et de Constantinople.

Il y a encore des personnes qui se persuadent, sur l'autorité de quelques plaisanteries usées, que le royaume de Jérusalem étoit un misérable petit vallon, peu digne du nom pompeux dont on l'avoit décoré : c'étoit un très-vaste et très-grand pays. L'Écriture entière, les auteurs païens, comme Hécatée d'Abdère, Théophraste, Strabon même, Pausanias, Galien, Dioscoride, Pline, Tacite, Solin, Ammien Marcellin ; les

---

1. Voyez la note X, à la fin de l'*Itinéraire*.

écrivains juifs, tels que Josèphe, les compilateurs du *Talmud* et de la *Misna*; les historiens et les géographes arabes, Massudi, Ibn-Haukal, Ibn-al-Quadi, Hamdoullah, Abulféda, Edrisi, etc.; les voyageurs en Palestine, depuis les premiers temps jusqu'à nos jours, rendent unanimement témoignage à la fertilité de la Judée. L'abbé Guénée a discuté ces autorités avec une clarté et une critique admirables[1]. Faudroit-il s'étonner d'ailleurs qu'une terre féconde fût devenue une terre stérile après tant de dévastations? Jérusalem a été prise et saccagée dix-sept fois; des millions d'hommes ont été égorgés dans son enceinte, et ce massacre dure pour ainsi dire encore; nulle autre ville n'a éprouvé un pareil sort. Cette punition, si longue et presque surnaturelle, annonce un crime sans exemple et qu'aucun châtiment ne peut expier. Dans cette contrée, devenue la proie du fer et de la flamme, les champs incultes ont perdu la fécondité qu'ils devoient aux sueurs de l'homme; les sources ont été ensevelies sous des éboulements; la terre des montagnes, n'étant plus soutenue par l'industrie du vigneron, a été entraînée au fond des vallées, et les collines, jadis couvertes de bois de sycomores, n'ont plus offert que des sommets arides[2].

Les chrétiens ayant donc perdu ce royaume en 1291, les soudans Baharites demeurèrent en possession de leur conquête jusqu'en 1382. A cette époque les mamelucks circassiens usurpèrent l'autorité en Égypte, et donnèrent une nouvelle forme de gouvernement à la Palestine. Si les soudans circassiens sont ceux qui avoient établi une poste aux pigeons et les relais pour apporter au Caire la neige du mont Liban, il faut convenir que, pour des barbares, ils connoissoient assez bien les agréments de la vie. Sélim mit fin à tant de révolutions en s'emparant, en 1716, de l'Égypte et de la Syrie.

C'est cette Jérusalem des Turcs, cette dix-septième ombre de la Jérusalem primitive, que nous allons maintenant examiner.

En sortant du couvent, nous nous rendîmes à la citadelle. On ne permettoit autrefois à personne de la visiter: aujourd'hui qu'elle est en ruine, on y entre pour quelques piastres. D'Anville prouve que ce château, appelé par les chrétiens le *Château* ou la *Tour des Pisans*, est bâti sur les ruines de l'ancien château de David, et qu'il occupe la place de la tour Psephina. Il n'a rien de remarquable: c'est une forteresse gothique, telle qu'il en existe partout, avec des cours intérieures, des fossés, des chemins couverts, etc.[3]. On me montra une salle abandonnée, remplie de vieux casques. Quelques-uns de ces

---

1. Dans les quatre Mémoires dont je parlerai.
2. Voyez la note XI, à la fin de l'*Itinéraire*.
3. Voyez la *Dissertation* de d'Anville, à la fin de cet *Itinéraire*.

casques avoient la forme d'un bonnet égyptien ; je remarquai encore des tubes de fer, de la longueur et de la grosseur d'un canon de fusil, dont j'ignore l'usage. Je m'étois intrigué secrètement pour acheter deux ou trois de ces antiquailles, je ne sais plus quel hasard fit manquer ma négociation.

Le donjon du château découvre Jérusalem du couchant à l'orient, comme le mont des Oliviers la voit de l'orient au couchant. Le paysage qui environne la ville est affreux : ce sont de toutes parts des montagnes nues arrondies à leur cime ou terminées en plateau; plusieurs d'entre elles, à de grandes distances, portent des ruines de tours ou des mosquées délabrées. Ces montagnes ne sont pas tellement serrées, qu'elle ne présentent des intervalles par où l'œil va chercher d'autres perspectives ; mais ces ouvertures ne laissent voir que d'arrière-plans de rochers aussi arides que les premiers plans.

Ce fut du haut de la tour de David que le roi-prophète découvrit Bethsabée se baignant dans les jardins d'Urie. La passion qu'il conçut pour cette femme lui inspira dans la suite ces magnifiques *Psaumes de la Pénitence :*

« Seigneur, ne me reprenez point dans votre fureur et ne me châtiez pas dans votre colère... Ayez pitié de moi selon l'étendue de votre miséricorde... Mes jours se sont évanouis comme la fumée... Je suis devenu semblable au pélican des déserts... Seigneur, je crie vers vous du fond de l'abîme, etc. »

On ignore pourquoi le château de Jérusalem porte le nom de *Château des Pisans*. D'Anville, qui forme à ce sujet diverses conjectures, a laissé échapper un passage de Belon assez curieux :

« Il convient à un chascun qui veut entrer au Sepulcre bailler neuf ducats, et n'y a personne qui en soit exempt, ne pauvres, ne riches. Aussi celui qui a prins la gabelle du Sepulcre à ferme paye huit mille ducats au seigneur ; qui est la cause pourquoi les rentiers rançonnent les pelerins, ou bien ils n'y entreront point. Les cordeliers et les caloyers grecs, et autres manières de religieux chretiens, ne payent rien pour y entrer. Les Turcs le gardent en grande reverence, et y entrent avec grande devotion. L'on dit que les *Pisans* imposerent cette somme de neuf ducats lorsqu'ils estoient seigneurs en Jerusalem, et qu'elle a esté ainsi maintenue depuis leur temps. »

La citadelle des Pisans[1] étoit gardée quand je la vis par une espèce d'aga demi-nègre : il y tenoit ses femmes renfermées et il fai-

---

1. Elle portoit aussi le nom de *Neblosa* vers la fin du xiiie siècle, comme on le voit par un passage de Brocard. Voyez la *Dissertation* de d'Anville.

soit bien, à en juger par l'empressement qu'elles mettoient à se montrer dans cette triste ruine. Au reste, je n'aperçus pas un canon, et je ne sais si le recul d'une seule pièce ne feroit pas crouler tous ces vieux créneaux. Nous sortîmes du château après l'avoir examiné pendant une heure; nous prîmes une rue qui se dirige de l'ouest à l'est, et qu'on appelle la *rue du Bazar :* c'est la grande rue et le beau quartier de Jérusalem.. Mais quelle désolation et quelle misère! N'anticipons pas sur la description générale. Nous ne rencontrions personne, car la plupart des habitants s'étoient retirés dans la montagne à l'arrivée du pacha. La porte de quelques boutiques abandonnées étoit ouverte ; on aperçoit par cette porte de petites chambres de sept ou huit pieds carrés, où le maître, alors en fuite, mange, couche et dort sur la seule natte qui compose son ameublement.

A la droite du Bazar, entre le Temple et le pied de la montagne de Sion, nous entrâmes dans le quartier des Juifs. Ceux-ci, fortifiés par leur misère, avoient bravé l'assaut du pacha : ils étoient là tous en guenilles, assis dans la poussière de Sion, cherchant les insectes qui les dévoroient, et les yeux attachés sur le Temple. Le drogman me fit entrer dans une espèce d'école : je voulus acheter le *Pentateuque* hébreu dans lequel un rabbin montroit à lire à un enfant, mais le rabbin ne voulut jamais me le vendre. On a observé que les Juifs étrangers qui se fixent à Jérusalem vivent peu de temps. Quant à ceux de la Palestine, ils sont si pauvres, qu'ils envoient chaque année faire des quêtes parmi leurs frères en Égypte et en Barbarie.

J'avois commencé d'assez longues recherches sur l'état des Juifs à Jérusalem depuis la ruine de cette ville par Titus jusqu'à nos jours ; j'étois entré dans une discussion importante touchant la fertilité de la Judée : à la publication des derniers volumes des *Mémoires de l'Académie des Inscriptions,* j'ai supprimé mon travail. On trouve dans ces volumes quatre *Mémoires* de l'abbé Guénée, qui ne laissent rien à désirer sur les deux sujets que je me proposois de traiter. Ces *Mémoires* sont de véritables chefs-d'œuvre de clarté, de critique et d'érudition. L'auteur des *Lettres de quelques Juifs portugais* est un de ces hommes dont les cabales littéraires ont étouffé la renommée durant sa vie, mais dont la réputation croîtra dans la postérité. Je renvoie le lecteur curieux à ces excellents *Mémoires;* il les trouvera aisément, puisqu'ils viennent d'être publiés et qu'ils existent dans une collection qui n'est pas rare. Je n'ai point la prétention de surpasser les maîtres ; je sais jeter au feu le fruit de mes études et reconnoître qu'on a fait mieux que moi[1].

1. J'aurois pu piller les Mémoires de l'abbé Guénée sans en rien dire, à l'exemple de tant d'auteurs qui se donnent l'air d'avoir puisé dans les sources quand ils n'ont

Du quartier des Juifs nous nous rendîmes à la maison de Pilate, afin d'examiner par une fenêtre la mosquée du Temple ; il est défendu à tout chrétien, sous peine de mort, d'entrer dans le parvis qui environne cette mosquée : je me réserve à en faire la description lorsque je parlerai des monuments de Jérusalem. A quelque distance du prétoire de Pilate, nous trouvâmes la piscine Probatique et le palais d'Hérode : ce dernier est une ruine dont les fondations appartiennent à l'antiquité.

Un ancien hôpital chrétien, aujourd'hui consacré au soulagement des Turcs, attira notre attention. On nous y montra une immense chaudière appelée la *chaudière de sainte Hélène*. Chaque musulman qui se présentoit autrefois à cet hôpital recevoit deux petits pains et des légumes cuits à l'huile ; le vendredi on ajoutoit à cette distribution du riz accommodé au miel ou au résiné : tout cela n'a plus lieu ; à peine reste-t-il quelque trace de cette charité évangélique dont les émanations s'étoient comme attachées aux murs de cet hôpital.

Nous traversâmes de nouveau la ville, et, revenant chercher la porte de Sion, Ali-Aga me fit monter avec lui sur les murs : le drogman n'osa pas nous y suivre. Je trouvai quelques vieux canons de vingt-quatre ajustés sur des affûts sans roues et placés aux embrasures d'un bastion gothique. Un garde qui fumoit sa pipe dans un coin voulut crier ; Ali le menaça de le jeter dans le fossé s'il ne se taisoit, et il se tut : je lui donnai une piastre.

Les murs de Jérusalem, dont j'ai fait trois fois le tour à pied, présentent quatre faces aux quatre vents ; ils forment un carré long dont le grand côté court d'orient en occident, deux pointes de la boussole au midi. D'Anville a prouvé par les mesures et les positions locales que l'ancienne Jérusalem n'étoit pas beaucoup plus vaste que la moderne : elle occupoit quasi le même emplacement, si ce n'est qu'elle enfermoit toute la montagne de Sion et qu'elle laissoit dehors le Calvaire[1]. On ne doit pas prendre à la lettre le texte de Josèphe lorsque cet historien assure que les murs de la cité s'avançoient, au nord, jusqu'aux sépulcres des rois : le nombre des stades s'y oppose ; d'ailleurs, on

---

fait que dépouiller des savants dont ils taisent le nom. Ces fraudes sont très-faciles aujourd'hui, car dans ce siècle de lumières l'ignorance est grande. On commence par écrire sans avoir rien lu, et l'on continue ainsi toute sa vie. Les véritables gens de lettres gémissent en voyant cette nuée de jeunes auteurs qui auroient peut-être du talent s'ils avoient quelques études. Il faudroit se souvenir que Boileau lisoit Longin dans l'original, et que Racine savoit par cœur le Sophocle et l'Euripide grecs. Dieu nous ramène au siècle des pédants ! Trente Vadius ne feront jamais autant de mal aux lettres qu'un écolier en bonnet de docteur. Voyez la note XII, à la fin de l'*Itinéraire*.

1. Voyez la *Dissertation* de d'Anville, à la fin de cet *Itinéraire*.

pourroit dire encore que les murailles touchent aujourd'hui à ces sépulcres, car elles n'en sont pas éloignées de cinq cents pas.

Le mur d'enceinte qui existe aujourd'hui est l'ouvrage de Soliman, fils de Sélim[1], comme le prouvent les inscriptions turques placées dans ce mur. On prétend que le dessein de Soliman étoit d'enclore la montagne de Sion dans la circonvallation de Jérusalem, et qu'il fit mourir l'architecte pour n'avoir pas suivi ses ordres. Ces murailles, flanquées de tours carrées, peuvent avoir à la plate-forme des bastions une trentaine de pieds de largeur et cent vingt pieds d'élévation; elles n'ont d'autres fossés que les vallées qui environnent la ville. Six pièces de douze, tirées à barbette, en poussant seulement quelques gabions, sans ouvrir de tranchée, y feroient dans une nuit une brèche praticable; mais on sait que les Turcs se défendent très-bien derrière un mur par le moyen des épaulements. Jérusalem est dominée de toutes parts; pour la rendre tenable contre une armée régulière, il faudroit faire de grands ouvrages avancés à l'ouest et au nord et bâtir une citadelle sur la montagne des Oliviers.

Dans cet amas de décombres, qu'on appelle une ville, il a plu aux gens du pays de donner des noms de rues à des passages déserts. Ces divisions sont assez curieuses, et méritent d'être rapportées, d'autant plus qu'aucun voyageur n'en a parlé; toutefois les pères Roger, Nau, etc., nomment quelques portes en arabe. Je commence par ces dernières :

Bab-el-Kzalil, la porte du Bien-Aimé; elle s'ouvre à l'ouest. On sort par cette porte pour aller à Bethléem, Hébron et Saint-Jean-du-Désert. Nau écrit *Bab-el-Khalil*, et traduit : porte d'Abraham : c'est la porte de Jaffa de Deshayes, la porte des Pèlerins et quelquefois la porte de Damas des autres voyageurs.

Bab-el-Nabi-Dahoud, la porte du prophète David : elle est au midi, sur le sommet de la montagne de Sion, presque en face du tombeau de David et du Saint-Cénacle. Nau écrit *Bab-Sidi-Daod*. Elle est nommée *Porte de Sion* par Deshayes, Doubdan, Roger, Cotovic, Bénard, etc.

Bab-el-Maugrarbé, la porte des Maugrabins ou des Barbaresques : elle se trouve entre le levant et le midi, sur la vallée d'Annon, presque au coin du Temple, et en regard du village de Siloan. Nau écrit *Bab-el-Megarebe*. C'est la porte Sterquilinaire ou des ordures, par où les Juifs amenèrent Jésus-Christ à Pilate, après l'avoir pris au jardin des Oliviers.

Bab-el-Darahie, la porte Dorée; elle est au levant et donne sur le

---

1. En 1534.

parvis du Temple. Les Turcs l'ont murée : une prédiction leur annonce que les chrétiens prendront un jour la ville par cette porte; on croit que Jésus-Christ entra à Jérusalem par cette même porte le jour des Rameaux.

Bab-el-Sidi-Mariam, la porte de la Sainte-Vierge, à l'orient, vis-à-vis la montagne des Oliviers. Nau l'appelle en arabe *Heutta.* Toutes les relations de la Terre Sainte la nomment *porte de Saint-Étienne* ou *de Marie,* parce qu'elle fut témoin du martyre de saint Étienne et qu'elle conduit au sépulcre de la Vierge. Du temps des Juifs elle se nommoit la *porte des Troupeaux.*

Bab-el-Zahara, la porte de l'Aurore ou du Cerceau, *Cerchiolino :* elle regarde le septentrion, et conduit à la grotte des Lamentations de Jérémie. Les meilleurs plans de Jérusalem s'accordent à nommer cette porte porte *d'Éphraïm* ou *d'Hérode.* Cotovic la supprime et la confond avec la porte de Damas ; il écrit : *Porta Damascena, sive Effraïm;* mais son plan, trop petit et très-défectueux, ne se peut comparer à celui de Shaw. Le plan du Voyage espagnol de Vera est très-beau, mais chargé et inexact. Nau ne donne point le nom arabe de la porte d'Éphraïm ; il est peut-être le seul voyageur qui l'appelle *porte des Turcomans.* La porte d'Éphraïm et la porte Sterquilinaire ou du fumier sont les deux petites portes de Jérusalem.

Bab-el-Hamond ou *Bab-el-Cham,* la porte de la Colonne ou de Damas : elle est tournée au nord-ouest, et mène aux sépulcres des rois, à Naplouse ou Sichem, à Saint-Jean-d'Acre et à Damas. Nau écrit *Bab-el-Amond.* Quand Simon le Cyrénéen rencontra Jésus-Christ chargé de la croix, il venoit de la porte de Damas. Les pèlerins entroient anciennement par cette porte, maintenant ils entrent par celle de Jaffa ou de Bethléem : d'où il est arrivé qu'on a transporté le nom de la porte de Damas à la porte de Jaffa ou des Pèlerins. Cette observation n'a point encore été faite, et je la consigne ici pour expliquer une confusion de lieux qui embarrasse quelquefois dans les récits des voyageurs.

Venons maintenant au détail des rues. Les trois principales se nomment :

Harat-bab-el-Hamond, la rue de la Porte de la Colonne : elle traverse la ville du nord au midi.

Souk-el-Kebiz, la rue du Grand-Bazar : elle court du couchant au levant.

Harat-el-Allam, la voie Douloureuse : elle commence à la porte de la Vierge, passe au prétoire de Pilate, et va finir au Calvaire.

On trouve ensuite sept autres petites rues :

Harat-el-Mulsmin, la rue des Turcs.

Harat-el-Nassara, la rue des Chrétiens : elle va du Saint-Sépulcre au couvent latin.

Harat-el-Asman, la rue des Arméniens, au levant du château.

Harat-el-Youd, la rue des Juifs : les boucheries de la ville sont dans cette rue.

Harat-bab-Hotta, la rue près du Temple.

Harat-el-Zahara. Mon drogman me traduisoit ces mots par *strada Comparita*. Je ne sais trop ce que cela veut dire. Il m'assuroit encore que les *rebelles* et les *méchantes gens* demeuroient dans cette rue.

Harat-el-Maugrarbé, rue des Maugrabins. Ces Maugrabins, comme je l'ai dit, sont les Occidentaux ou Barbaresques. On compte parmi eux quelques descendants des Maures chassés d'Espagne par Ferdinand et Isabelle. Ces bannis furent reçus dans la ville sainte avec une grande charité : on leur fit bâtir une mosquée ; on leur distribue encore aujourd'hui du pain, des fruits et quelque argent. Les héritiers des fiers Abencerages, les élégants architectes de l'Alhambra, sont devenus à Jérusalem des portiers, qu'on recherche à cause de leur intelligence, et des courriers, estimés pour leur légèreté. Que diroient Saladin et Richard si, revenant tout à coup au monde, ils trouvoient les chevaliers maures transformés en concierges au Saint-Sépulcre, et les chevaliers chrétiens représentés par des frères quêteurs ?

A l'époque du voyage de Benjamin de Tudèle, c'est-à-dire sous les rois françois de Jérusalem, la ville avoit trois enceintes de murailles, et quatre portes, que Benjamin appelle *porta Somnus Abrahæ, porta David, porta Sion, porta Jehosaphat*. Quant aux trois enceintes, elles ne s'accordent guère avec ce que nous savons du local de Jérusalem lors de la prise de cette ville par Saladin. Benjamin trouva plusieurs Juifs établis dans le quartier de la Tour de David : ils y avoient le privilége exclusif de la teinture des draps et des laines, moyennant une somme qu'ils payoient tous les ans au roi.

Les lecteurs qui voudront comparer la Jérusalem moderne avec la Jérusalem antique peuvent avoir recours à d'Anville, dans sa *Dissertation sur l'ancienne Jérusalem* [1], à Reland, et au père Lami, *De sancta Civitate et Templo*.

Nous rentrâmes au couvent vers neuf heures. Après avoir déjeûné j'allai faire une visite au patriarche grec et au patriarche arménien, qui m'avoient envoyé saluer par leurs drogmans.

Le couvent grec touche à l'église du Saint-Sépulcre. De la terrasse de ce couvent on découvre un assez vaste enclos, où croissent deux

---

[1]. Voyez cette *Dissertation* à la fin de cet *Itinéraire*.

ou trois oliviers, un palmier et quelques cyprès : la maison des chevaliers de Saint-Jean-de-Jérusalem occupoit autrefois ce terrain abandonné. Le patriarche grec me parut un très-bon homme. Il étoit dans ce moment aussi tourmenté par le pacha que le gardien de Saint-Sauveur. Nous parlâmes de la Grèce : je lui demandai s'il possédoit quelques manuscrits; on me fit voir des Rituels et des Traités des Pères. Après avoir bu le café et reçu trois ou quatre chapelets, je passai chez le patriarche arménien.

Celui-ci s'appeloit *Arsenios,* de la ville de Césarée en Cappadoce ; il étoit métropolitain de Scythopoli et procureur patriarcal de Jérusalem ; il m'écrivit lui-même son nom et ses titres en caractères syriaques sur un petit billet, que j'ai encore. Je ne trouvai point chez lui l'air de souffrance et d'oppression que j'avois remarqué chez les malheureux Grecs, esclaves partout. Le couvent arménien est agréable, l'église charmante et d'une propreté rare. Le patriarche, qui ressembloit à un riche Turc, étoit enveloppé dans des robes de soie et assis sur des coussins. Je bus d'excellent café de Moka. On m'apporta des confitures, de l'eau fraîche, des serviettes blanches ; on brûla du bois d'aloès, et je fus parfumé d'essence de rose au point de m'en trouver incommodé. Arsenios me parla des Turcs avec mépris. Il m'assura que l'Asie entière attendoit l'arrivée des François ; que s'il paroissoit un seul soldat de ma nation dans son pays, le soulèvement seroit général. On ne sauroit croire à quel point les esprits fermentent dans l'Orient [1]. J'ai vu Ali-Aga se fâcher à Jéricho contre un Arabe qui se moquoit de lui et qui lui disoit que si l'empereur avoit voulu prendre Jérusalem, il y seroit entré aussi aisément qu'un chameau dans un champ de doura. Les peuples de l'Orient sont beaucoup plus familiarisés que nous avec les idées d'invasion. Ils ont vu passer tous les hommes qui ont changé la face de la terre : Sésostris, Cyrus, Alexandre, Mahomet et le dernier conquérant de l'Europe. Accoutumés à suivre les destinées d'un maître, ils n'ont point de loi qui les attache à des idées d'ordre et de modération politique : tuer quand on est le plus fort leur semble un droit légitime ; ils s'y soumettent ou l'exercent avec la même indifférence. Ils appartiennent essentiellement à l'épée ; ils aiment tous les prodiges qu'elle opère : le glaive est pour eux la baguette d'un génie qui élève et détruit les empires. La liberté, ils l'ignorent ; les propriétés, ils n'en ont point : la force est leur dieu. Quand ils sont longtemps

---

1. M. Seetzen, qui passa à Jérusalem quelques mois avant moi, et qui a voyagé plus tard dans l'Arabie, dit, dans sa lettre à M. de Zach, que les habitants du pays ne firent que lui parler des armées françoises. (*Ann. des Voyages,* par M. Malte-Brun.)

sans voir paroître ces conquérants exécuteurs des hautes justices du ciel, ils ont l'air de soldats sans chef, de citoyens sans législateur et d'une famille sans père.

Mes deux visites durèrent à peu près une heure. De là j'entrai dans l'église du Saint-Sépulcre; le Turc qui en ouvre les portes avoit été prévenu de se tenir prêt à me recevoir : je payai de nouveau à Mahomet le droit d'adorer Jésus-Christ. J'étudiai une seconde fois, et plus à loisir, les monuments de cette vénérable église. Je montai dans la galerie, où je rencontrai le moine cophte et l'évêque abyssin : ils sont très-pauvres, et leur simplicité rappelle les beaux temps de l'Évangile. Ces prêtres, demi-sauvages, le teint brûlé par les feux du tropique, portant pour seule marque de leur dignité une robe de toile bleue, et n'ayant point d'autre abri que le Saint-Sépulcre, me touchèrent bien plus que le chef des papas grecs et le patriarche arménien. Je défierois l'imagination la moins religieuse de n'être pas émue à cette rencontre de tant de peuples au tombeau de Jésus-Christ, à ces prières prononcées dans cent langages divers, au lieu même où les apôtres reçurent du Saint-Esprit le don de parler toutes les langues de la terre.

Je sortis à une heure du Saint-Sépulcre, et nous rentrâmes au couvent. Les soldats du pacha avoient envahi l'hospice, ainsi que je l'ai déjà raconté, et ils y vivoient à discrétion. En retournant à ma cellule et traversant le corridor avec le drogman Michel, je rencontrai deux jeunes spahis armés de pied en cap et faisant un bruit étrange : il est vrai qu'ils n'étoient pas bien redoutables, car, à la honte de Mahomet, ils étoient ivres à tomber. Aussitôt qu'ils m'aperçurent, ils me fermèrent le passage en jetant de grands éclats de rire. Je m'arrêtai pour attendre la fin de ces jeux. Jusque là il n'y avoit point de mal ; mais bientôt un de ces Tartares, passant derrière moi, me prit la tête, me la courba de force, tandis que son camarade, baissant le collet de mon habit, me frappoit le cou avec le dos de son sabre nu. Le drogman se mit à beugler. Je me débarrassai des mains des spahis ; je sautai à la gorge de celui qui m'avoit saisi par la tête : d'une main lui arrachant la barbe, et de l'autre l'étranglant contre le mur, je le fis devenir noir comme mon chapeau ; après quoi je le lâchai, lui ayant rendu jeu pour jeu et insulte pour insulte. L'autre spahi, chargé de vin et étourdi de mon action, ne songea point à venger la plus grande avanie que l'on puisse faire à un Turc, celle de le prendre par la barbe. Je me retirai dans ma chambre, et je me préparai à tout événement. Le père gardien n'étoit pas trop fâché que j'eusse un peu corrigé ses persécuteurs ; mais il craignoit quelque catastrophe : un Turc humilié n'est jamais dangereux, et nous n'entendîmes parler de rien.

Je dînai à deux heures, et je sortis à trois avec ma petite troupe accoutumée. Je visitai les sépulcres des rois; de là, faisant à pied le tour de la ville, je m'arrêtai aux tombeaux d'Absalon, de Josaphat et de Zacharie dans la vallée de Josaphat. J'ai dit que les sépulcres des rois étoient en dehors de la porte d'Éphraïm, vers le nord, à trois ou quatre portées de fusil de la grotte de Jérémie. Parlons des monuments de Jérusalem.

J'en distingue de six espèces :

1° Les monuments purement hébreux, 2° les monuments grecs et romains du temps des païens, 3° les monuments grecs et romains sous le christianisme, 4° les monuments arabes ou moresques, 5° les monuments gothiques sous les rois françois, 6° les monuments turcs.

Venons aux premiers.

On ne voit plus aucune trace de ceux-ci à Jérusalem, si ce n'est à la piscine Probatique : car je mets les sépulcres des rois et les tombeaux d'Absalon, de Josaphat et de Zacharie au nombre des monuments grecs et romains exécutés par les Juifs.

Il est difficile de se faire une idée nette du premier et même du second temple d'après ce qu'en dit l'Écriture et d'après la description de Josèphe; mais on entrevoit deux choses : les Juifs avoient le goût du sombre et du grand dans leurs édifices, comme les Égyptiens; ils aimoient les petits détails et les ornements recherchés, soit dans les gravures des pierres, soit dans les ornements en bois, en bronze ou en or [1].

Le temple de Salomon ayant été détruit par les Syriens, le second temple, rebâti par Hérode l'Ascalonite, rentra dans l'ordre de ces ouvrages moitié juifs moitié grecs dont je vais bientôt parler.

Il ne nous reste donc rien de l'architecture primitive des Juifs à Jérusalem, hors la piscine Probatique. On la voit encore près de la porte Saint-Étienne, et elle bornoit le temple au septentrion. C'est un réservoir long de cent cinquante pieds et large de quarante. L'excavation de ce réservoir est soutenue par des murs, et ces murs sont ainsi composés : un lit de grosses pierres jointes ensemble par des crampons de fer; une maçonnerie mêlée appliquée sur ces grosses pierres; une couche de cailloutage collée sur cette maçonnerie; un enduit répandu sur ce cailloutage. Les quatre lits sont perpendiculaires au sol, et non pas horizontaux : l'enduit étoit du côté de l'eau, et les grosses pierres s'appuyoient et s'appuient encore contre la terre.

---

1. Voyez la note XIII, à la fin de l'*Itinéraire*.

Cette piscine est maintenant desséchée et à demi comblée ; il y croît quelques grenadiers et une espèce de tamarin sauvage, dont la verdure est bleuâtre ; l'angle de l'ouest est tout rempli de nopals. On remarque aussi dans le côté occidental deux arcades qui donnent naissance à deux voûtes : c'étoit peut-être un aqueduc qui conduisoit l'eau dans l'intérieur du temple.

Josèphe appelle cette piscine *stagnum Salomonis*, l'Évangile la nomme *Probatique*, parce qu'on y purifioit les brebis destinées aux sacrifices. Ce fut au bord de cette piscine que Jésus-Christ dit au paralytique :

« Levez-vous, et emportez votre lit. »

Voilà tout ce qui reste aujourd'hui de la Jérusalem de David et de Salomon.

Les monuments de la Jérusalem grecque et romaine sont plus nombreux, et forment une classe nouvelle et fort singulière dans les arts. Je commence par les tombeaux de la vallée de Josaphat et de la vallée de Siloé.

Quand on a passé le pont du torrent de Cédron, on trouve au pied du *mons Offensionis* le sépulcre d'Absalon. C'est une masse carrée, mesurant huit pas sur chaque face ; elle est formée d'une seule roche, laquelle roche a été taillée dans la montagne voisine, dont elle n'est séparée que de quinze pieds. L'ornement de ce sépulcre consiste en vingt-quatre colonnes d'ordre dorique sans cannelure, six sur chaque front du monument. Ces colonnes sont à demi engagées et forment partie intégrante du bloc, ayant été prises dans l'épaisseur de la masse. Sur les chapiteaux règne la frise avec le triglyphe. Au-dessus de cette frise s'élève un socle qui porte une pyramide triangulaire, trop élevée pour la hauteur totale du tombeau. Cette pyramide est d'un autre morceau que le corps du monument.

Le sépulcre de Zacharie ressemble beaucoup à celui-ci ; il est taillé dans le roc de la même manière, et se termine en une pointe un peu recourbée comme le bonnet phrygien ou comme un monument chinois. Le sépulcre de Josaphat est une grotte dont la porte, d'un assez bon goût, fait le principal ornement. Enfin le sépulcre où se cacha l'apôtre saint Jacques présente sur la vallée de Siloé un portique agréable. Les quatre colonnes qui composent ce portique ne posent point sur le sol, mais elles sont placées à une certaine hauteur dans le rocher, ainsi que la colonnade du Louvre sur le premier étage du palais.

La tradition, comme on le voit, assigne des noms à ces tombeaux. Arculfe, dans Adamannus (*De Locis Sanctis*, lib. I, cap. x), Vilalpandus (*Antiquæ Jerusalem Descriptio*), Adrichomius (*Sententia de loco sepulcri*

Absalon), Quaresmius (t. II, cap. IV et V), et plusieurs autres, ont ou parlé de ces noms, ou épuisé sur ce sujet la critique de l'histoire. Mais quand la tradition ne seroit pas ici démentie par les faits, l'architecture de ces monuments prouveroit que leur origine ne remonte pas à la première antiquité judaïque.

S'il falloit absolument fixer l'époque où ces mausolées ont été construits, je la placerois vers le temps de l'alliance des Juifs et des Lacédémoniens, sous les premiers Machabées. Le dorique dominoit encore dans la Grèce : le corinthien n'envahit l'architecture qu'un demi-siècle après, lorsque les Romains commencèrent à s'étendre dans le Péloponèse et dans l'Asie [1].

Mais en naturalisant à Jérusalem l'architecture de Corinthe et d'Athènes, les Juifs y mêlèrent les formes de leur propre style. Les sépulcres de la vallée de Josaphat, et surtout les tombeaux dont je vais bientôt parler, offrent l'alliance visible du goût de l'Égypte et du goût de la Grèce. Il résulta de cette alliance une sorte de monuments indécis, qui forment pour ainsi dire le passage entre les Pyramides et le Parthénon; monuments où l'on distingue un génie sombre, hardi, gigantesque, et une imagination riante, sage et modérée [2]. On va voir un bel exemple de cette vérité dans les sépulcres des rois.

En sortant de Jérusalem par la porte d'Éphraïm, on marche pendant un demi-mille sur le plateau d'un rocher rougeâtre où croissent quelques oliviers. On rencontre ensuite au milieu d'un champ une excavation assez semblable aux travaux abandonnés d'une ancienne carrière. Un chemin large et en pente douce vous conduit au fond de cette excavation, où l'on entre par une arcade. On se trouve alors au milieu d'une salle découverte taillée dans le roc. Cette salle a trente pieds de long sur trente pieds de large, et les parois du rocher peuvent avoir douze à quinze pieds d'élévation.

Au centre de la muraille du midi vous apercevez une grande porte carrée, d'ordre dorique, creusée de plusieurs pieds de profondeur dans le roc. Une frise un peu capricieuse, mais d'une délicatesse exquise, est sculptée au-dessus de la porte : c'est d'abord un triglyphe suivi d'un métope orné d'un simple anneau ; ensuite vient une grappe de raisin entre deux couronnes et deux palmes. Le triglyphe se repré-

---

1. Aussi trouvons-nous à cette dernière époque un portique corinthien dans le temple rebâti par Hérode, des colonnes avec des inscriptions grecques et latines, des portes de cuivre de Corinthe, etc. *.

2. C'est ainsi que sous François Ier l'architecture grecque se mêla au style gothique et produisit des ouvrages charmants.

* Joseph., *de Bell. Jud.*, lib. VI, cap. XIV

sente, et la ligne se reproduisoit sans doute de la même manière le long du rocher, mais elle est actuellement effacée. A dix-huit pouces de cette frise règne un feuillage entremêlé de pommes de pin et d'un autre fruit que je n'ai pu reconnoître, mais qui ressemble à un petit citron d'Égypte. Cette dernière décoration suivoit parallèlement la frise, et descendoit ensuite perpendiculairement le long des deux côtés de la porte.

Dans l'enfoncement et dans l'angle à gauche de cette grande porte s'ouvre un canal où l'on marchoit autrefois debout, mais où l'on se glisse aujourd'hui en rampant. Il aboutit par une pente assez roide, ainsi que dans la grande pyramide, à une chambre carrée, creusée dans le roc avec le marteau et le ciseau. Des trous de six pieds de long sur trois pieds de large sont pratiqués dans les murailles, ou plutôt dans les parois de cette chambre, pour y placer des cercueils. Trois portes voûtées conduisent de cette première chambre dans sept autres demeures sépulcrales d'inégale grandeur, toutes formées dans le roc vif, et dont il est difficile de comprendre le dessin, surtout à la lueur des flambeaux. Une de ces grottes, plus basse que les autres, et où l'on descend par six degrés, semble avoir renfermé les principaux cercueils. Ceux-ci étoient généralement disposés de la manière suivante : le plus considérable étoit au fond de la grotte, en face de la porte d'entrée, dans la niche ou dans l'étui qu'on lui avoit préparé ; des deux côtés de la porte deux petites voûtes étoient réservées pour les morts les moins illustres et comme pour les gardes de ces rois, qui n'avoient plus besoin de leur secours. Les cercueils, dont on ne voit que les fragments, étoient de pierre et ornés d'élégantes arabesques.

Ce qu'on admire le plus dans ces tombeaux, ce sont les portes des chambres sépulcrales ; elles sont de la même pierre que la grotte, ainsi que les gonds et les pivots sur lesquels elles tournent. Presque tous les voyageurs ont cru qu'elles avoient été taillées dans le roc même, mais cela est visiblement impossible, comme le prouve très-bien le père Nau. Thévenot assure « qu'en grattant un peu la poussière on aperçoit la jointure des pierres, qui y ont été mises après que les portes ont été posées avec leurs pivots dans les trous. » J'ai cependant gratté la poussière, et je n'ai point vu ces marques au bas de la seule porte qui reste debout : toutes les autres sont brisées et jetées en dedans des grottes.

En entrant dans ces palais de la mort, je fus tenté de les prendre pour des bains d'architecture romaine, tels que ceux de l'antre de la Sibylle près du lac Averne. Je ne parle ici que de l'effet général, pour me faire comprendre, car je savois très-bien que j'étois dans des tombeaux. Arculfe (*Apud Adamann.*), qui les a décrits avec une grande exactitude (*Sepulcra sunt in naturali collis rupe*, etc.), avoit vu des ossements dans les cercueils. Plusieurs siècles après, Villamont y trouva pareillement des cendres, qu'on y cherche vainement aujourd'hui. Ce monument souterrain étoit annoncé au dehors par trois pyramides, dont une existoit encore du temps de Vilalpandus. Je ne sais ce qu'il faut croire de Zuellard et d'Appart, qui décrivent des ouvrages extérieurs et des péristyles.

Une question s'élève sur ces sépulcres nommés *Sépulcres des rois*. De quels rois s'agit-il? D'après un passage des *Paralipomènes* et d'après quelques autres endroits de l'Écriture, on voit que les tombeaux des rois de Juda étoient dans la ville de Jérusalem : *Dormiitque Achaz cum patribus suis, et sepelierunt eum in civitate Jerusalem*. David avoit son sépulcre sur la montagne de Sion ; d'ailleurs le ciseau grec se fait reconnoître dans les ornements des sépulcres des rois.

Josèphe, auquel il faut avoir recours, cite trois mausolées fameux.

Le premier étoit le tombeau des Machabées, élevé par Simon leur frère : « Il étoit, dit Josèphe, de marbre blanc et poli, si élevé qu'on le peut voir de fort loin. Il y a tout à l'entour des voûtes en forme de portique, dont chacune des colonnes qui le soutiennent est d'une seule pierre. Et pour marquer ces sept personnes, il y ajouta sept pyramides d'une très-grande hauteur et d'une merveilleuse beauté [1]. »

Le premier livre des *Machabées* donne à peu près les mêmes détails sur ce tombeau. Il ajoute qu'on l'avoit construit à Modin, et qu'on le voyoit en naviguant sur la mer : *Ab omnibus navigantibus mare*. Modin étoit une ville bâtie près de Diospolis, sur une montagne de la tribu de Juda. Du temps d'Eusèbe, et même du temps de saint Jérôme, le monument des Machabées existoit encore. Les sépulcres des rois, à la porte de Jérusalem, malgré leurs sept chambres funèbres et les pyramides qui les couronnoient, ne peuvent donc avoir appartenu aux princes asmonéens.

Josèphe nous apprend ensuite qu'Hélène, reine d'Adiabène, avoit fait élever, à deux stades de Jérusalem, trois pyramides funèbres, et que ses os et ceux de son fils Izate y furent renfermés par les soins de Manabaze [2]. Le même historien, dans un autre ouvrage [3], en traçant les limites de la cité sainte, dit que les murs passoient au septentrion vis-à-vis le sépulcre d'Hélène. Tout cela convient parfaitement aux sépulcres des rois, qui selon Vilalpandus étoient ornés de trois pyramides, et

---

1. *Antiq. Jud.* 2. *Ibid.* 3. *De Bell. Jud.*

qui se trouvent encore au nord de Jérusalem, à la distance marquée par Josèphe. Saint Jérôme parle aussi de ce sépulcre. Les savants qui se sont occupés du monument que j'examine ont laissé échapper un passage curieux de Pausanias [1]; il est vrai qu'on ne pense guère à Pausanias à propos de Jérusalem. Quoi qu'il en soit, voici le passage; la version latine et le texte de Gédoyn sont fidèles :

« Le second tombeau étoit à Jérusalem… C'étoit la sépulture d'une femme juive nommée *Hélène*. La porte du tombeau, qui étoit de marbre comme tout le reste, s'ouvroit d'elle-même à certain jour de l'année et à certaine heure, par le moyen d'une machine, et se refermoit peu de temps après. En tout autre temps si vous aviez voulu l'ouvrir, vous l'auriez plutôt rompue. »

Cette porte, qui s'ouvroit et se refermoit d'elle-même par une machine, sembleroit, à la merveille près, rappeler les portes extraordinaires des sépulcres des rois. Suidas et Étienne de Byzance parlent d'un Voyage de Phénicie et de Syrie publié par Pausanias. Si nous avions cet ouvrage, nous y aurions sans doute trouvé de grands éclaircissements sur le sujet que nous traitons.

Les passages réunis de l'historien juif et du voyageur grec sembleroient donc prouver assez bien que les sépulcres des rois ne sont que le tombeau d'Hélène; mais on est arrêté dans cette conjecture par la connoissance d'un troisième monument.

Josèphe parle de certaines grottes qu'il nomme les *Cavernes royales*, selon la traduction littérale d'Arnaud d'Andilly; malheureusement il n'en fait point la description : il les place au septentrion de la ville sainte, tout auprès du tombeau d'Hélène.

Reste donc à savoir quel fut le prince qui fit creuser ces cavernes de la mort, comment elles étoient ornées, et de quels rois elles gardoient les cendres. Josèphe, qui compte avec tant de soin les ouvrages entrepris ou achevés par Hérode le Grand, ne met point les sépulcres des rois au nombre de ces ouvrages; il nous apprend même qu'Hérode, étant mort à Jéricho, fut enterré avec une grande magnificence à Hérodium. Ainsi, les cavernes royales ne sont point le lieu de la sépulture de ce prince; mais un mot échappé ailleurs à l'historien pourroit répandre quelque lumière sur cette discussion.

En parlant du mur que Titus fit élever pour serrer de plus près Jérusalem, Josèphe dit que ce mur, revenant vers la région boréale, renfermoit le *sépulcre d'Hérode*. C'est la position des cavernes royales.

---

1. J'ai vu depuis que l'abbé Guénée l'a indiqué dans les excellents mémoires dont j'ai parlé. Il dit qu'il se propose d'examiner ce passage dans un autre mémoire : il le dit, mais il n'y revient plus : c'est bien dommage.

Celles-ci auroient donc porté également le nom de *Cavernes royales* et de *Sépulcre d'Hérode*. Dans ce cas cet Hérode ne seroit point Hérode l'Ascalonite, mais Hérode le Tétrarque. Ce dernier prince étoit presque aussi magnifique que son père : il avoit fait bâtir deux villes, Séphoris et Tibériade ; et quoiqu'il fût exilé à Lyon par Caligula [1], il pouvoit très-bien s'être préparé un cercueil dans sa patrie : Philippe son frère lui avoit donné le modèle de ces édifices funèbres.

Nous ne savons rien des monuments dont Agrippa embellit Jérusalem.

Voilà ce que j'ai pu trouver de plus satisfaisant sur cette question ; j'ai cru devoir la traiter à fond, parce qu'elle a jusque ici été plutôt embrouillée qu'éclaircie par les critiques. Les anciens pèlerins qui avoient vu le sépulcre d'Hélène l'ont confondu avec les cavernes royales. Les voyageurs modernes, qui n'ont point retrouvé le tombeau de la reine d'Adiabène, ont donné le nom de ce tombeau aux sépultures des princes de la maison d'Hérode. Il est résulté de tous ces rapports une étrange confusion : confusion augmentée par l'érudition des écrivains pieux qui ont voulu ensevelir les rois de Juda dans les grottes royales, et qui n'ont pas manqué d'autorités.

La critique de l'art ainsi que les faits historiques nous obligent à ranger les sépulcres des rois dans la classe des monuments grecs à Jérusalem. Ces sépulcres étoient très-nombreux, et la postérité d'Hérode finit assez vite ; de sorte que plusieurs cercueils auront attendu vainement leurs maîtres : il ne manquoit plus, pour connoître toute la vanité de notre nature, que de voir les tombeaux d'hommes qui ne sont pas nés. Rien, au reste, ne forme un contraste plus singulier que la frise charmante sculptée par le ciseau de la Grèce sur la porte de ces chambres formidables où reposoient les cendres des Hérode. Les idées les plus tragiques s'attachent à la mémoire de ces princes ; ils ne nous sont bien connus que par le meurtre de Mariamne, le massacre des innocents, la mort de saint Jean-Baptiste et la condamnation de Jésus-Christ. On ne s'attend donc point à trouver leurs tombeaux embellis de guirlandes légères, au milieu du site effrayant de Jérusalem, non loin du temple où Jéhovah rendoit ses terribles oracles, et près de la grotte où Jérémie composa ses *Lamentations*.

M. Casas a très-bien représenté ces monuments dans son *Voyage pittoresque de la Syrie* : je ne connois point l'ouvrage, plus récent, de M. Mayer. La plupart des voyages en Terre Sainte sont accompagnés de gravures et de vignettes. Il faut distinguer celles de la

---

1. Joseph., *Ant. Jud.*, lib. xviii ; Strab., lib. xviii.

relation du père Roger, qui pourroient bien être de Claude Mellan. Les autres édifices des temps romains à Jérusalem, tels que le théâtre et l'amphithéâtre, les tours Antonia, Hippicos, Phasaèle et Psephima, n'existent plus, ou du moins on n'en connoît que des ruines informes.

Nous passons maintenant à la troisième sorte des monuments de Jérusalem, aux monuments du christianisme avant l'invasion des Sarrasins. Je n'en ai plus rien à dire, puisque je les ai décrits en rendant compte des saints lieux. Je ferai seulement une remarque : comme ces monuments doivent leur origine à des chrétiens qui n'étoient pas Juifs, ils ne conservent rien du caractère demi-égyptien, demi-grec, que j'ai observé dans les ouvrages des princes asmonéens et des Hérode ; ce sont de simples églises grecques du temps de la décadence de l'art.

La quatrième espèce de monuments à Jérusalem est celle des monuments qui appartiennent au temps de la prise de cette ville par le calife Omar, successeur d'Abubeker et chef de la race des Ommiades. Les Arabes qui avoient suivi les étendards du calife s'emparèrent de l'Égypte ; de là, s'avançant le long des côtes de l'Afrique, ils passèrent en Espagne, et remplirent de palais enchantés Grenade et Cordoue. C'est donc au règne d'Omar qu'il faut faire remonter l'origine de cette architecture arabe dont l'Alhambra est le chef-d'œuvre, comme le Parthénon est le miracle du génie de la Grèce. La mosquée du temple, commencée à Jérusalem par Omar, agrandie par Abd-el-Maleck et rebâtie sur un nouveau plan par El-Oulid, est un monument très-curieux pour l'histoire de l'art chez les Arabes. On ne sait point encore d'après quel modèle furent élevées ces demeures des fées dont l'Espagne nous offre les ruines. On me saura peut-être gré de dire quelques mots sur un sujet si neuf et jusqu'à présent si peu étudié.

Le premier temple de Salomon ayant été renversé six cents ans avant la naissance de Jésus-Christ, il fut relevé après les soixante-dix ans de la captivité, par Josué, fils de Josédé, et Zorobabel, fils de Salathiel. Hérode l'Ascalonite rebâtit en entier ce second temple. Il y employa onze mille ouvriers pendant neuf ans. Les travaux en furent prodigieux, et ils ne furent achevés que longtemps après la mort d'Hérode. Les Juifs, ayant comblé des précipices et coupé le sommet d'une montagne, firent enfin cette vaste esplanade où s'élevoit le temple à l'orient de Jérusalem, sur les vallées de Siloé et de Josaphat.

Quarante jours après sa naissance, Jésus-Christ fut présenté dans ce second temple ; la Vierge y fut purifiée. A douze ans le Fils de l'Homme y enseigna les docteurs, il en chassa les marchands ; il y fut inutilement tenté par le démon; il y remit les péchés à la femme adultère; il y proposa la parabole du bon Pasteur, celle des deux Enfants, celle des Vignerons et celle du Banquet nuptial. Ce fut dans ce même temple qu'il entra au milieu des palmes et des branches d'olivier, le jour de la fête des Rameaux; enfin, il y prononça le *Reddite quæ sunt Cæsaris Cæsari, et quæ sunt Dei Deo*; il y fit l'éloge du denier de la veuve.

Titus ayant pris Jérusalem la deuxième année du règne de Vespasien, il ne resta pas pierre sur pierre du temple où Jésus-Christ avoit fait tant de choses glorieuses et dont il avoit prédit la ruine. Lorsque Omar s'empara de Jérusalem, il paroît que l'espace du temple, à l'exception d'une très-petite partie, avoit été abandonné par les chrétiens. Saïd-ebn-Batrik[1], historien arabe, raconte que le calife s'adressa au patriarche Sophronius, et lui demanda quel seroit le lieu le plus propre de Jérusalem pour y bâtir une mosquée. Sophronius le conduisit sur les ruines du temple de Salomon.

Omar, satisfait d'établir sa mosquée dans une enceinte si fameuse, fit déblayer les terres et découvrir une grande roche où Dieu avoit dû parler à Jacob. La mosquée nouvelle prit le nom de cette roche, *Gâmeat-el-Sakhra,* et devint pour les musulmans presque aussi sacrée que les mosquées de La Mecque et de Médine. Le calife Abd-el-Maleck en augmenta les bâtiments, et renferma la roche dans l'enceinte des murailles. Son successeur, le calife El-Louid, embellit encore El-Sakhra et la couvrit d'un dôme de cuivre doré, dépouille d'une église de Balbek. Dans la suite, les croisés convertirent le temple de Mahomet en un sanctuaire de Jésus-Christ; et lorsque Saladin reprit Jérusalem, il rendit ce temple à sa destination primitive.

Mais quelle est l'architecture de cette mosquée, type ou modèle primitif de l'élégante architecture des Maures? C'est ce qu'il est très-difficile de dire. Les Arabes, par une suite de leurs mœurs despotiques et jalouses, ont réservé les décorations pour l'intérieur de leurs monuments, et il y a peine de mort contre tout chrétien qui, non-seulement entreroit dans Gâmeat-el-Sakhra, mais qui mettroit seulement le pied dans le parvis qui l'environne. Quel dommage que l'ambassadeur Deshayes, par un vain scrupule diplomatique, ait refusé de voir cette mosquée, où les Turcs lui proposoient de l'introduire! J'en vais décrire l'extérieur :

On voit la grande place de la Mosquée, autrefois la place du Temple, par une fenêtre de la maison de Pilate.

---

1. C'est Eutychius, patriarche d'Alexandrie. Nous avons ses *Annales arabes,* imprimées à Oxford, avec une version latine.

Cette place forme un parvis qui peut avoir cinq cents pas de longueur sur quatre cent soixante de largeur. Les murailles de la ville ferment ce parvis à l'orient et au midi. Il est borné à l'occident par des maisons turques, et au nord par les ruines du prétoire de Pilate et du palais d'Hérode.

Douze portiques, placés à des distances inégales les uns des autres et tout à fait irréguliers comme les cloîtres de l'Alhambra, donnent entrée sur ce parvis. Ils sont composés de trois ou quatre arcades, et quelquefois ces arcades en soutiennent un second rang; ce qui imite assez bien l'effet d'un double aqueduc. Le plus considérable de tous ces portiques correspond à l'ancienne *porta Speciosa,* connue des chrétiens par un miracle de saint Pierre. Il y a des lampes sous ces portiques.

Au milieu de ce parvis on en trouve un plus petit, qui s'élève de six à sept pieds, comme une terrasse sans balustres, au-dessus du précédent. Ce second parvis a, selon l'opinion commune, deux cents pas de long sur cent cinquante de large; on y monte de quatre côtés par un escalier de marbre, chaque escalier est composé de huit degrés.

Au centre de ce parvis supérieur s'élève la fameuse mosquée de la Roche. Tout auprès de la mosquée est une citerne, qui tire son eau de l'ancienne fontaine Scellée [1], et où les Turcs font leurs ablutions avant la prière. Quelques vieux oliviers et des cyprès clair-semés sont répandus çà et là sur les deux parvis.

Le temple est octogone : une lanterne également à huit faces, et percée d'une fenêtre sur chaque face, couronne le monument. Cette lanterne est recouverte d'un dôme. Ce dôme étoit autrefois de cuivre doré, il est de plomb aujourd'hui ; une flèche d'un assez bon goût, terminée par un croissant, surmonte tout l'édifice, qui ressemble à une tente arabe élevée au milieu du désert. Le père Roger donne trente-deux pas à chaque côté de l'octogone, deux cent cinquante-deux pas de circuit à la mosquée en dehors, et dix-huit ou vingt toises d'élévation au monument entier.

Les murs sont revêtus extérieurement de petits carreaux ou de briques peintes de diverses couleurs; ces briques sont chargées d'arabesques et de versets du Coran écrits en lettres d'or. Les huit fenêtres de la lanterne sont ornées de vitraux ronds et coloriés. Ici nous trouvons déjà quelques traits originaux des édifices moresques de l'Espagne : les légers portiques des parvis et les briques peintes de la mosquée rappellent diverses parties du Généralife, de l'Alhambra et de la cathédrale de Cordoue.

---

1. *Fons signatus.*

Quant à l'intérieur de cette mosquée, je ne l'ai point vu. Je fus bien tenté de risquer tout pour satisfaire mon amour des arts ; mais la crainte de causer la perte des chrétiens de Jérusalem m'arrêta. Guillaume de Tyr et Deshayes disent quelque chose de l'intérieur de la mosquée de la Roche ; le père Roger en fait une description fort détaillée et vraisemblablement très-fidèle [1].

Cependant elle ne suffit pas pour prouver que l'intérieur de la mosquée de Jérusalem a des rapports avec l'intérieur des monuments moresques en Espagne. Cela dépend absolument de la manière dont les colonnes sont disposées dans le monument ; et c'est ce que le père Roger ne dit pas. Portent-elles de petites arcades ? sont-elles accouplées, groupées, isolées, comme à Cordoue et à Grenade ? Mais si les dehors de cette mosquée ont déjà tant de ressemblance avec quelques parties de l'Alhambra, n'est-il pas à présumer que les dedans conservent le même goût d'architecture ? Je le croirois d'autant plus facilement que les marbres et les colonnes de cet édifice ont été dérobés aux églises chrétiennes, et qu'ils doivent offrir ce mélange d'ordres et de proportions que l'on remarque dans la cathédrale de Cordoue.

Ajoutons une observation à ces conjectures. La mosquée abandonnée que l'on voit près du Caire paroît être du même style que la mosquée de Jérusalem : or, cette mosquée du Caire est évidemment l'original de la mosquée de Cordoue. Celle-ci fut bâtie par des princes derniers descendants de la dynastie des Ommiades ; et Omar, chef de leur famille, avoit fondé la mosquée de Jérusalem.

Les monuments vraiment arabes appartiennent donc à la première dynastie des califes et au génie de la nation en général ; ils ne sont donc pas, comme on l'a cru jusqu'ici, le fruit du talent particulier des Maures de l'Andalousie, puisque j'ai trouvé les modèles de ces monuments dans l'Orient.

Cela prouvé, j'irai plus loin. Je crois apercevoir dans l'architecture égyptienne, si pesante, si majestueuse, si vaste, si durable, le germe de cette architecture sarrasine, si légère, si riante, si petite, si fragile : le minaret est l'imitation de l'obélisque ; les moresques sont des hiéroglyphes dessinés au lieu d'hiéroglyphes gravés. Quant à ces forêts de colonnes qui composent l'intérieur des mosquées arabes, et qui portent une voûte plate, les temples de Memphis, de Dendéra, de Thèbes, de Méroué offroient encore des exemples de ce genre de construction. Placés sur la frontière de Metzraïm, les descendants d'Ismael ont eu nécessairement l'imagination frappée des merveilles des Pharaons : ils

---

1. Voyez la note XIV, à la fin de l'*Itinéraire*.

n'ont rien emprunté des Grecs, qu'ils n'ont point connus, mais ils ont cherché à copier les arts d'une nation fameuse qu'ils avoient sans cesse sous les yeux. Peuples vagabonds, conquérants, voyageurs, ils ont imité en courant l'immuable Égypte ; ils se sont fait des obélisques de bois doré et des hiéroglyphes de plâtre, qu'ils pouvoient emporter avec leurs tentes sur le dos de leurs chameaux.

Je n'ignore pas que ce système, si c'en est un, est sujet à quelques objections, et même à des objections historiques. Je sais que le palais de Zehra, bâti par Abdoulraham auprès de Cordoue, fut élevé sur le plan d'un architecte de Constantinople, et que les colonnes de ce palais furent taillées en Grèce ; je sais qu'il existe une architecture née dans la corruption de l'art, qu'on peut appeler *architecture justinienne,* et que cette architecture a quelques rapports avec les ouvrages des Maures ; je sais enfin que des hommes d'un excellent goût et d'un grand savoir, tels que le respectable M. d'Agincourt et l'auteur du magnifique *Voyage en Espagne,* M. de La Borde, pensent que toute architecture est fille de la Grèce ; mais, quelles que soient ces difficultés et ces autorités puissantes, j'avoue qu'elles ne me font point changer d'opinion. Un plan envoyé par un architecte de Constantinople, des colonnes taillées sur les rives du Bosphore, des ouvriers grecs travaillant à une mosquée, ne prouvent rien : on ne peut tirer d'un fait particulier une conséquence générale. J'ai vu à Constantinople l'architecture justinienne. Elle a, j'en conviens, quelque ressemblance avec l'architecture des monuments sarrasins, comme le rétrécissement de la voûte dans les arcades, etc. Toutefois elle conserve une raison, une froideur, une solidité qu'on ne remarque point dans la fantaisie arabe. D'ailleurs cette architecture justinienne me semble être elle-même l'architecture égyptienne rentrée dans l'architecture grecque. Cette nouvelle invasion de l'art de Memphis fut produite par l'établissement du christianisme : les solitaires qui peuplèrent les déserts de la Thébaïde, et dont les opinions gouvernoient le monde, introduisirent dans les églises, dans les monastères, et jusque dans les palais ces portiques dégénérés appelés *cloîtres,* où respire le génie de l'Orient. Remarquons, à l'appui de ceci, que la véritable détérioration de l'art chez les Grecs commence précisément à l'époque de la translation du siége de l'empire romain à Constantinople : ce qui prouve que l'architecture grecque n'enfanta pas l'architecture orientale, mais que l'architecture orientale se glissa dans l'architecture grecque par le voisinage des lieux.

J'incline donc à croire que toute architecture est sortie de l'Egypte, même l'architecture gothique ; car rien n'est venu du Nord, hors le fer et la dévastation. Mais cette architecture égyptienne s'est modifiée selon le génie des peuples : elle ne changea guère chez les premiers Hébreux, où elle se débarrassa seulement des monstres et des dieux de l'idolâtrie. En Grèce, où elle fut introduite par Cécrops et Inachus ; elle s'épura, et devint le modèle de tous les genres de beautés. Elle parvint à Rome par les Toscans, colonie égyptienne ; elle y conserva sa grandeur, mais elle n'atteignit jamais sa perfection, comme à Athènes. Des apôtres accourus de l'Orient la portèrent aux barbares du Nord : sans perdre parmi ces peuples son caractère religieux et sombre, elle s'éleva avec les forêts des Gaules et de la Germanie ; elle présenta la singulière union de la force, de la majesté, de la tristesse dans l'ensemble et de la légèreté la plus extraordinaire dans les détails. Enfin, elle prit chez les Arabes les traits dont nous avons parlé ; architecture du désert, enchantée comme les oasis, magique comme les histoires contées sous la tente, mais que les vents peuvent emporter avec le sable qui lui servit de premier fondement.

Je pourrois appuyer mon opinion d'un million de faits historiques ; je pourrois montrer que les premiers temples de la Grèce, tels que celui de Jupiter à Onga, près d'Amyclée, étoient de véritables temples égyptiens ; que la sculpture elle-même étoit égyptienne à Argos, à Sparte, à Athènes, du temps de Dédale et dans les siècles héroïques. Mais j'ai peur d'avoir poussé trop loin cette digression, et il est plus que temps de passer aux monuments gothiques de Jérusalem.

Ceux-ci se réduisent à quelques tombeaux. Les monuments de Godefroy et Baudouin sont deux cercueils de pierre, portés sur quatre petits piliers. Les épitaphes qu'on a lues dans la description de Deshayes sont écrites sur ces cercueils en lettres gothiques. Tout cela en soi-même est fort peu de chose ; cependant, je fus très-frappé par l'aspect de ces tombeaux, en entrant au Saint-Sépulcre ; leurs formes étrangères, sur un sol étranger, m'annoncèrent d'autres hommes, d'autres mœurs, d'autres pays ; je me crus transporté dans un de nos vieux monastères : j'étois comme l'Otaïtien quand il reconnut en France un arbre de sa patrie. Je contemplai avec vénération ces mausolées gothiques qui renfermoient des chevaliers françois, des pèlerins devenus rois, des héros de *La Jérusalem délivrée ;* je me rappelai les paroles que le Tasse met dans la bouche de Godefroy :

> Chi sia di noi, ch' esser sepulto schivi,
> Ove i membri di Dio fur già sepulti?

Quant aux monuments turcs, derniers témoins qui attestent à Jérusalem les révolutions des empires, ils ne valent pas la peine qu'on s'y arrête : j'en ai parlé seulement pour avertir qu'il ne faut pas du tout confondre les ouvrages des Tartares avec les travaux des Maures. Au fond, il est plus vrai de dire que les Turcs ignorent absolument l'architecture ; ils n'ont fait qu'enlaidir les édifices grecs et les édifices arabes, en les couronnant de dômes massifs et de pavillons chinois. Quelques bazars et des oratoires de santons sont tout ce que les nouveaux tyrans de Jérusalem ont ajouté à cette ville infortunée.

Le lecteur connoît maintenant les divers monuments de la cité sainte.

En revenant de visiter les sépulcres des rois qui ont donné lieu aux descriptions précédentes, je passai par la vallée de Josaphat. Le soleil se couchoit derrière Jérusalem ; il doroit de ses derniers rayons cet amas de ruines et les montagnes de la Judée. Je renvoyai mes compagnons par la porte Saint-Étienne, et je ne gardai avec moi que le janissaire. Je m'assis au pied du tombeau de Josaphat, le visage tourné vers le temple : je tirai de ma poche un volume de Racine et je relus *Athalie*.

A ces premiers vers :

> Oui, je viens dans son temple adorer l'Éternel, etc.,

il m'est impossible de dire ce que j'éprouvai. Je crus entendre les cantiques de Salomon et la voix des prophètes ; l'antique Jérusalem se leva devant moi ; les ombres de Joad, d'Athalie, de Josabeth sortirent du tombeau ; il me sembla que je ne connoissois que depuis ce moment le génie de Racine. Quelle poésie, puisque je la trouvois digne du lieu où j'étois ! On ne sauroit s'imaginer ce qu'est *Athalie* lue sur le tombeau du *saint roi Josaphat*, au bord du torrent de Cédron et devant les ruines du Temple. Mais qu'est-il devenu, ce temple *orné partout de festons magnifiques*?

> Comment en un plomb vil l'or pur s'est-il changé?
> Quel est dans ce lieu saint ce pontife égorgé ?
> Pleure, Jérusalem, pleure, cité perfide,
> Des prophètes divins malheureuse homicide :
> De son amour pour toi ton Dieu s'est dépouillé ;
> Ton encens à ses yeux est un encens souillé.
> Où menez-vous ces enfants et ces femmes?
> Le Seigneur a détruit la reine des cités :
> Ses prêtres sont captifs, ses rois sont rejetés ;
> Dieu ne veut plus qu'on vienne à ses solennités :
> Temple, renverse-toi ; cèdres, jetez des flammes.
> Jérusalem, objet de ma douleur,
> Quelle main en un jour t'a ravi tous tes charmes?

Qui changera mes yeux en deux sources de larmes
Pour pleurer ton malheur?

AZARIAS.

O saint temple!

JOSABETH.

O David!

LE CHOEUR.

Dieu de Sion, rappelle,
Rappelle en sa faveur tes antiques bontés.

La plume tombe des mains : on est honteux de barbouiller encore du papier après qu'un homme a écrit de pareils vers.

Je passai une partie de la journée du 9 au couvent, pour m'occuper des détails de la vie privée à Jérusalem ; je n'avois plus rien d'essentiel à voir, soit au dedans, soit au dehors de la ville, si ce n'est le puits de Néhémie, où l'on cacha le feu sacré au temps de la captivité, les sépulcres des juges et quelques autres lieux; je les visitai le soir du 9. Comme ils n'ont rien de remarquable, excepté les noms qu'ils portent, ce n'est pas la peine d'en entretenir le lecteur.

Je viens donc à ces petits détails qui piquent la curiosité, en raison de la grandeur des lieux dont on parle. On ne se peut figurer qu'on vive à Athènes et à Sparte comme chez soi. Jérusalem surtout, dont le nom réveille le souvenir de tant de mystères, effraye l'imagination ; il semble que tout doive être extraordinaire dans cette ville extraordinaire. Voyons ce qu'il en est, et commençons par la description du couvent des Pères latins.

On y pénètre par une rue voûtée qui se lie à une autre voûte assez longue et très-obscure. Au bout de cette voûte on rencontre une cour formée par le bûcher, le cellier et le pressoir du couvent. On aperçoit à droite, dans cette cour, un escalier de douze à quinze marches ; cet escalier monte à un cloître qui règne au-dessus du cellier, du bûcher et du pressoir, et qui par conséquent a vue sur la cour d'entrée. A l'orient de ce cloître s'ouvre un vestibule qui communique à l'église : elle est assez jolie; elle a un chœur garni de stalles, une nef éclairée par un dôme, un autel à la romaine et un petit jeu d'orgues : tout cela est renfermé dans un espace de vingt pieds de longueur sur douze de largeur.

Une autre porte, placée à l'occident du cloître dont j'ai parlé, conduit dans l'intérieur du couvent. « Ce couvent, dit un pèlerin[1] dans sa description, aussi exacte que naïve, ce couvent est fort irrégulier,

---

1. DOUBDAN.

bâti à l'antique et de plusieurs pièces rapportées, hautes et basses, les officines petites et dérobées, les chambres pauvres et obscures, plusieurs petites courcelles, deux petits jardins, dont le plus grand peut avoir quinze ou seize perches, et tenant aux remparts de la ville. Vers la partie occidentale est une autre cour et quelques petits logements pour les pèlerins. Toute la récréation qu'on peut avoir dans ce lieu, c'est que, montant sur la terrasse de l'église, on découvre toute la ville, qui va toujours en descendant jusqu'à la vallée de Josaphat : on voit l'église du Saint-Sépulcre, le parvis du temple de Salomon, et plus loin, du même côté d'orient, la montagne des Olives ; au midi le château de la ville et le chemin de Bethléem, et au nord la grotte de Jérémie. Voilà en peu de paroles le plan et le tableau de ce couvent, qui ressent extrêmement la simplicité et la pauvreté de celui qui en ce même lieu *propter nos egenus factus est cum esset dives.* » (II. Cor., 8.)

La chambre que j'occupois s'appelle la *grande chambre des pèlerins*. Elle donnoit sur une cour solitaire, environnée de murs de toutes parts. Les meubles consistoient en un lit d'hôpital avec des rideaux de serge verte, une table et un coffre; mes domestiques occupoient deux cellules assez loin de moi. Une cruche pleine d'eau et une lampe à l'italienne complétoient mon ménage. La chambre, assez grande, étoit obscure, et ne tiroit de jour que par une fenêtre qui s'ouvroit sur la cour dont j'ai parlé. Treize pèlerins avoient écrit leurs noms sur la porte, en dedans de la chambre : le premier s'appeloit *Charles Lombard*, et il se trouvoit à Jérusalem en 1669 ; le dernier est *John Gordon*, et la date de son passage est de 1804[1]. Je n'ai reconnu que trois noms françois parmi ces treize voyageurs.

Les pèlerins ne mangent point avec les Pères comme à Jaffa. On les sert à part, et ils font la dépense qu'ils veulent. S'ils sont pauvres, on les nourrit; s'ils sont riches, ils payent ce qu'on achète pour eux : le couvent n'en retire pas une obole. Le logement, le lit, le linge, la lumière, le feu, sont toujours pour rien et à titre d'hospitalité.

On avoit mis un cuisinier à mes ordres. Je ne dînois presque jamais qu'à la nuit, au retour de mes courses. On me servoit d'abord un potage à l'huile et aux lentilles, ensuite du veau aux concombres ou aux oignons, du chevreau grillé ou du mouton au riz. On ne mange point de bœuf, et la viande de buffle a un goût sauvage. Pour rôti, j'avois des pigeons, et quelquefois des perdrix de l'espèce blanche, appelée *perdrix du désert*. Le gibier est fort commun dans la plaine

---

1. C'est apparemment le même M. Gordon qui a fait analyser à Londres une bouteille d'eau de la mer Morte.

de Rama et dans les montagnes de Judée : il consiste en perdrix, bécasses, lièvres, sangliers et gazelles. La caille d'Arabie qui nourrit les Israélites est presque inconnue à Jérusalem ; cependant on en trouve quelques-unes dans la vallée du Jourdain. Pour légumes on m'a continuellement fourni des lentilles, des fèves, des concombres et des oignons.

Le vin de Jérusalem est excellent : il a la couleur et le goût de nos vins de Roussillon. Les coteaux qui le fournissent sont encore ceux d'Engaddi près de Bethléem. Quant aux fruits, je mangeai, comme à Jaffa, de gros raisins, des dattes, des grenades, des pastèques, des pommes et des figues de la seconde saison : celles du sycomore ou figuier de Pharaon étoient passées. Le pain, fait au couvent, étoit bon et savoureux.

Venons au prix de ces divers comestibles.

Le quintal de Jérusalem est composé de cent rolts, le rolt de neuf cents drachmes.

Le rolt vaut deux oques et un quart, ce qui revient à peu près à huit livres de France.

Le mouton se vend deux piastres dix paras le rolt. La piastre turque, continuellement altérée par les beys et les pachas d'Égypte, ne s'élève pas en Syrie à plus de trente-trois sous quatre deniers, et le para à plus de dix deniers. Or, le rolt étant à peu près de huit livres, la livre de viande de mouton, à Jérusalem, revient à neuf sous quatre deniers et demi.

Le veau ne coûte qu'une piastre le rolt ; le chevreau, une piastre et quelques paras.

Un très-grand veau se vend trente ou trente-cinq piastres ; un grand mouton, dix ou quinze piastres ; une chèvre, six ou huit.

Le prix de la mesure de blé varie de huit à neuf piastres.

L'huile revient à trois piastres le rolt.

Les légumes sont fort chers : on les apporte à Jérusalem de Jaffa et des villages voisins.

Cette année, 1806, le raisin de vendange s'éleva jusqu'à vingt-sept piastres le quintal.

Passons à quelques autres détails.

Un homme qui ne voudroit point descendre aux kans ni demeurer chez les Pères de Terre Sainte pourroit louer une ou plusieurs chambres dans une maison à Jérusalem, mais il n'y seroit pas en sûreté de la vie. Selon la petitesse ou la grandeur, la pauvreté ou la richesse de la maison, chaque chambre coûteroit, par mois, depuis deux jusqu'à vingt piastres. Une maison entière, où l'on trouveroit une assez grande salle et une quinzaine de trous qu'on appelle des chambres, se payeroit par an cinq mille piastres.

Un maître ouvrier, maçon, menuisier, charpentier, reçoit deux piastres par jour, et il faut le nourrir : la journée d'un garçon ouvrier coûte une piastre.

Il n'y a point de mesure fixe pour la terre ; le plus souvent on achète à vue le morceau que l'on désire : on estime le fonds sur ce que ce morceau peut produire en fruits, blé ou vigne.

La charrue n'a point de roues ; elle est armée d'un petit fer qui effleure à peine la terre : on laboure avec des bœufs.

On récolte de l'orge, du froment, du doura, du maïs et du coton. On sème la sésame dans le même champ où l'on cultive le coton.

Un mulet coûte cent ou deux cents piastres, selon sa beauté ; un âne vaut depuis quinze jusqu'à cinquante piastres. On donne quatre-vingts ou cent piastres pour un cheval commun, moins estimé en général que l'âne ou le mulet ; mais un cheval d'une race arabe bien connue est sans prix. Le pacha de Damas, Abdallah-Pacha, venoit d'en acheter un trois mille piastres. L'histoire d'une jument fait souvent l'entretien du pays. On racontoit, lorsque j'étois à Jérusalem, les prouesses d'une de ces cavales merveilleuses. Le Bedouin qui la montoit, poursuivi par les sbires du gouverneur, s'étoit précipité avec elle du sommet des montagnes qui dominent Jéricho. La jument étoit descendue au grand galop, presque perpendiculairement, sans broncher, laissant les soldats dans l'admiration et l'épouvante de cette fuite. Mais la pauvre gazelle creva en entrant à Jéricho, et le Bedouin, qui ne voulut point l'abandonner, fut pris pleurant sur le corps de sa compagne. Cette jument a un frère dans le désert ; il est si fameux que les Arabes savent toujours où il a passé, où il est, ce qu'il fait, comment il se porte. Ali-Aga m'a religieusement montré dans les montagnes, près de Jéricho, la marque des pas de la jument morte en voulant sauver son maître : un Macédonien n'auroit pas regardé avec plus de respect la trace des pas de Bucéphale.

Parlons à présent des pèlerins. Les relations modernes ont un peu exagéré les richesses que les pèlerins doivent répandre à leur passage dans la Terre Sainte. Et d'abord, de quels pèlerins s'agit-il ? Ce n'est pas des pèlerins latins, car il n'y en a plus, et l'on en convient généralement. Dans l'espace du dernier siècle, les Pères de Saint-Sauveur n'ont peut-être pas vu deux cents voyageurs catholiques, y compris les religieux de leurs ordres et les missionnaires au Levant. Que les pèlerins latins n'ont jamais été nombreux, on le peut prouver par mille exemples. Thévenot raconte qu'en 1656 il se trouva, lui vingt-deuxième, au Saint-Sépulcre. Très-souvent les pèlerins ne montoient pas au nombre de douze, puisqu'on étoit obligé de prendre des religieux pour compléter ce nombre dans la cérémonie du lavement des pieds, le mercredi saint [1]. En effet, en 1589, soixante-dix-neuf ans avant Thévenot, Villamont ne rencontra que six pèlerins francs à Jérusalem [2]. Si, en 1589, au moment où la religion étoit si florissante, on ne vit que sept pèlerins latins en Palestine, qu'on juge combien il y en devoit avoir en 1806! Mon arrivée au couvent de Saint-Sauveur fut un véritable événement. M. Seetzen, qui s'y trouvoit à Pâques de la même année, c'est-à-dire sept mois avant moi, dit qu'il étoit le seul catholique [3].

Les richesses dont le Saint-Sépulcre doit regorger, n'étant point apportées à Jérusalem par les pèlerins catholiques, le sont donc par des pèlerins juifs, grecs et arméniens? Dans ce cas-là même je crois les calculs très-enflés.

La plus grande dépense des pèlerins consiste dans les droits qu'ils sont obligés de payer aux Turcs et aux Arabes, soit pour l'entrée des saints lieux, soit pour les caffari ou permissions de passage. Or, tous ces objets réunis ne montent qu'à soixante-cinq piastres vingt-neuf paras. Si vous portez la piastre à son maximum, à cinquante sous de France, et le para à cinq liards ou quinze deniers, cela vous donnera cent soixante-quatre livres six sous trois deniers; si vous calculez la piastre à son minimum, c'est-à-dire à trente-trois sous de France et quatre deniers, et le para à trois liards et un denier, vous aurez cent huit livres neuf sous six deniers. Voici le compte tel que je le tiens du père procureur du couvent de Saint-Sauveur. Je le laisse en italien, que tout le monde entend aujourd'hui, avec les noms propres des Turcs, etc.; caractères originaux qui attestent leur authenticité :

Spesa solita che fa un pelerino en la sua intrata da Giaffa sin a Gerusalemme, e nel ritorno a Giaffa [4].

	Piast	Par.
Caffari. In Giaffa dopo il suo sbarco, caffaro.	5	20
— In Giaffa prima del imbarco al suo ritorno.	5	20
A reporter.	10	40

---

1. Thév., chap. xlii, p. 391. 2. Liv. ii, chap. xix, p. 250.
3. *Ann. des Voyages*, par M. Malte-Brun, t. II, p. 343.
4. Les comptes suivants varient un peu dans leurs sommes totales, parce que la piastre éprouve chaque jour un mouvement en Syrie, tandis que le para reste fixe : d'où il arrive que la piastre n'est pas toujours composée du même nombre de paras.

	Piast.	Par.
Report.	10	40
Cavalcatura sin a Rama, e portar al Aravo [1], che accompagna sin a Gerusalemme.	1	20
Pago al Aravo che accompagna. . . . . 5 »		
Al vilano che accompagna da Gerasma. . . . 5 30	10	30
Cavalcatura per venire da Rama, ed altra per ritornare.	10	»
Caffari nella strada 1 16 cadi medni 20 ».	1	16
Intrata nel SS.^{mo} Sepulcro. Al Meheah governatore. E stader del tempio.	26	38
Intrata nella città Ciohadari del cadi e governatore. Sbirro. E portinaro.	»	15
Primo e secundo drogomano.	3	30
	62	89

Si le pèlerin alloit au Jourdain, il faudroit ajouter à ces frais la somme de douze piastres.

Enfin, j'ai pensé que dans une discussion de faits il y a des lecteurs qui verroient avec plaisir les détails de ma propre dépense à Jérusalem. Si l'on considère que j'avois des chevaux, des janissaires, des escortes à mes ordres; que je vivois comme à Paris quant à la nourriture, aux temps des repas, etc.; que j'entrois sans cesse au Saint-Sépulcre à des heures inusitées; que je revoyois dix fois les mêmes lieux, payois dix fois les droits, les caffari et mille autres exactions des Turcs, on s'étonnera que j'en aie été quitte à si bon marché. Je donne les comptes originaux avec les fautes d'orthographe du drogman Michel : ils ont cela de curieux qu'ils conservent pour ainsi dire l'air du pays. On y voit tous mes mouvements répétés, les noms propres de plusieurs personnages, le prix de divers objets, etc. Enfin, ces comptes sont des témoins fidèles de la sincérité de mon récit. On verra même que j'ai négligé beaucoup de choses dans ma relation, et que j'ai visité Jérusalem avec plus de soin encore que je ne l'ai dit.

DÉPENSES A JAFFA :

	Piast.	Par.
Per un messo a Gerusalemme.	7	20
Altro messo a Rama.	3	»
Altro per avisare agli Aravi.	1	20
A reporter.	11	40

---

1. Aravo pour Arabo. Changement de lettres très-commun dans la langue franque, dans le grec moderne et dans le grec ancien.

	Piast.	Par.
Report.	11	40
Orso in Rama per gli cavalli.	2	»
Per il cavallo del servitore di Giaffa in Rama.	2	20
Gaffaro alli Aravi.	2	36
Al cavaliero che adato il gov^{re} di Rama.	15	»
Per il cavalle che porto sua Ecc^a à Gerusalemme.	15	»
Regallo alli servitorj de gli cavalli.	3	»
Regallo al Mucaro Menum.	5	»
Tutto p^s.	55	96

DÉPENSES A JÉRUSALEM:

Spesa fatta per il sig^e dal giorno del suo arrivo a Gierusalemme ali 4 di ottobre 1806.

	Piast.	Par.
Il giorno del suo arrivo per cavaleria da Rama, a Gierusalemme.	015	»
Compania per li Arabi, 6 isolite per testa.	013	20
Cad... à 10 M^i.	000	30
Al Muccaro.	001	20
Cavalcatura per Michelle andare e ritornar da Rama.	008	20
4 cavalli per andare a Betlemme e al Giordano.	080	»
Al portinaro della città.	004	25
Apertura del S^{mo} Sepolcro.	001	25
Regallo alli portinari del S^{mo} Sepolcro 7 persone.	030	»
Alli figlio che chiamano li Turchi per aprire la porta.	01	25
Al Chavas del governatore per avere accompagniato il sig^e dentro della città, e fuori a cavallo.	008	»
Item. A un Dalati, cioe, guardia del Zambarakgi Pari.	004	»
Per 5 cavalli per andare al monte Olibette, e altri luoghi, et seconda volte al Potzo di Jeremia, e la madona.	016	30
Al genisero per companiare il sig^e a Betlemme.	003	20
Item. Al genisero per avere andato col sig^e per la città.	001	35
12 ottobre per la apertura del S^{mo} Sepolcro.	001	»
	185	50

Spese fatte da Michel, per ordine del Sig^e.

	Piast.	Par.
In vari luoghi.		
In tabaco per li villani, et la compania nel viagio per il Giordano, e per li villani di S^n Saba.	006	20
In candelle per S^n Saba, e servitori.	006	»
Report.	012	20

	Piast.	Par.
Report.	012	20
Per li sacrestani greci, e altri.	006	20
Regallo nella casa della Madona, e serolio, e nella casa di Simione, e nel convento dell Suriani, e nel spitale di Sta Elena, e nella casa di Anas, e nella singoga delli Ebrei.	009	10
Item. Regallo nel convento delli Armeni di S^n Giacomo, alli servitori, sacrestino e genisari.	028	»
Regallo nel Sepolcro della Madona alli sacrestani, e nel monte Clibette.	108	10
Al servitore del governatore il negro, e nel castello.	005	20
Per lavare la robba del sig^e e suoi servitori.	003	»
Alli poveri in tutto il giro.	005	15
Regallo nel convento delli Greci in chiesa al sacrestano, e alli servitori, et alli geniseri.	048	»
4 cavalcature per il sig^e, suo dragomano, suo servitore, e Michelle da Gierusalemme fino a Giaffa, e quella di Michelle per andare, e ritornare la seconda volta.	046	»
Compania a 6 isolote, ogni persona delli sig^ri.	013	20
Villano.	003	»
Cafarro.	004	24
Regallo alli geniseri.	020	»
Regallo a Goch di S^n Ge emia.	050	»
Regallo alli dragomani.	030	»
Regallo al communiere.	010	»
Al portinaro Malia.	005	»
Al spenditare.	005	»
In Bellemme una cavalcatura per la provisione del Giordano, orzo 4 Arabi, due villani : regallo alli capi e servitori.	172	»
Ali-Agha figlio d'Abugiahfar.	150	»
Item. Zbirri, poveri e guardie nel calare al S^mo Sepolcro l'ultimo giorno.	010	»
	713	39
A Mechele Casar 80 : Alcuesnaro 20.	100	»
	843	39

Il faut donc d'abord réduire ce grand nombre de pèlerins, du moins quant aux catholiques, à très-peu de chose, ou à rien du tout : car sept, douze, vingt, trente, même cent pèlerins, ne valent pas la peine d'être comptés.

Mais si cette douzaine de pèlerins qui paroissoient chaque année au Saint-Sépulcre il y a un ou deux siècles étoient de pauvres voyageurs, les Pères de Terre Sainte ne pouvoient guère s'enrichir de leur dépouille. Écoutons le sincère Doubdan :

« Les religieux qui y demeurent (au couvent de Saint-Sauveur) militants sous la règle de saint François y gardent une pauvreté très-étroite, et ne vivent que des aumônes et charités qu'on leur envoie de la chrétienté et que les pèlerins leur donnent, chacun selon ses facultés; mais comme ils sont éloignés de leur pays et savent les grandes dépenses qui leur restent à faire pour le retour, aussi n'y laissent-ils pas de grandes aumônes ; ce qui n'empêche pas qu'ils n'y soient reçus et traités avec grande charité [1]. »

Ainsi les pèlerins de Terre Sainte qui doivent laisser des trésors à Jérusalem ne sont point des pèlerins catholiques; ainsi la partie de ces trésors qui devient l'héritage des couvents ne tombe point entre les mains des religieux latins. Si ces religieux reçoivent des aumônes de l'Europe, ces aumônes, loin de les enrichir, ne suffisent pas à la conservation des lieux saints, qui croulent de toutes parts, et qui seront bientôt abandonnés faute de secours. La pauvreté de ces religieux est donc prouvée par le témoignage unanime des voyageurs. J'ai déjà parlé de leurs souffrances; s'il en faut d'autres preuves, les voici :

« Tout ainsi, dit le père Roger, que ce fut un religieux françois qui eut possession des saints lieux de Jérusalem, aussi le premier religieux qui a souffert le martyre fut un François nommé *frère Limin*, de la province de Touraine, lequel fut décapité au Grand-Caire. Peu de temps après, frère Jacques et frère Jérémie furent mis à mort hors des portes de Jérusalem. Frère Conrad d'Alis Barthélemy, du mont Politian, de la province de Toscane, fut fendu en deux, depuis la tête jusqu'en bas, dans le Grand-Caire. Frère Jean d'Éther, Espagnol de la province de Castille, fut taillé en pièces par le bacha de Casa. Sept religieux furent décapités par le sultan d'Égypte. Deux religieux furent écorchés tout vifs en Syrie.

« L'an 1637, les Arabes martyrisèrent toute la communauté des frères qui étoient au sacré mont de Sion, au nombre de douze. Quelque temps après, seize religieux, tant clercs que laïques, furent menés de Jérusalem en prison à Damas (ce fut lorsque Chypre fut pris par le roi d'Alexandrie), et y demeurèrent cinq ans, tant que l'un après l'autre y moururent de nécessité. Frère Cosme de Saint-François fut tué par les Turcs à la porte du Saint-Sépulcre, où il prêchoit la foi chrétienne. Deux autres frères, à Damas, reçurent tant

---

1. Chap. XLVII, p. 376.

de coups de bâton qu'ils moururent sur la place. Six religieux furent mis à mort par les Arabes, une nuit qu'ils étoient à matines au couvent bâti à Anathot, en la maison du prophète Jérémie, qu'ils brûlèrent ensuite. Ce seroit abuser de la patience du lecteur, de déduire en particulier les souffrances et les persécutions que nos pauvres religieux ont souffertes depuis qu'ils ont eu en garde les saints lieux. Ce qui continue avec augmentation depuis l'an 1627 que nos religieux y ont été établis, comme on pourra connoître par les choses qui suivent, etc. [1] »

L'ambassadeur Deshayes tient le même langage sur les persécutions que les Turcs font éprouver aux Pères de Terre Sainte.

« Les pauvres religieux qui les servent sont aussi réduits aucunes fois à de si grandes extrémités, faute d'être assistés de la chrétienté, que leur condition est déplorable. Ils n'ont pour tout revenu que les aumônes qu'on leur envoie, qui ne suffisent pas pour faire la moitié de la dépense à laquelle ils sont obligés; car, outre leur nourriture et le grand nombre de luminaires qu'ils entretiennent, il faut qu'ils donnent continuellement aux Turcs, s'ils veulent vivre en paix; et quand ils n'ont pas le moyen de satisfaire à leur avarice, il faut qu'ils entrent en prison.

« Jérusalem est tellement éloignée de Constantinople, que l'ambassadeur du roi qui y réside ne sauroit avoir nouvelles des oppressions qu'on leur fait que longtemps après. Cependant ils souffrent et endurent s'ils n'ont de l'argent pour se rédimer; et bien souvent les Turcs ne se contentent pas de les travailler en leurs personnes, mais encore ils convertissent leurs églises en mosquées [2]. »

Je pourrois composer des volumes entiers de témoignages semblables consignés dans les Voyages en Palestine; je n'en produirai plus qu'un, et il sera sans réplique.

Je le trouve, ce témoignage, dans un monument d'iniquité et d'oppression peut-être unique sur la terre, monument d'une autorité d'autant plus grande, qu'il étoit fait pour demeurer dans un éternel oubli.

Les Pères m'avoient permis d'examiner la bibliothèque et les archives de leur couvent. Malheureusement ces archives et cette bibliothèque furent dispersées il y a près d'un siècle : un pacha fit mettre aux fers les religieux, et les emmena captifs à Damas. Quelques papiers échappèrent à la dévastation, en particulier les firmans que les Pères ont obtenus, soit de la Porte, soit des souverains de l'Égypte,

---

1. *Description de la Terre Sainte*, p. 436.   2. *Voyage du Levant*, p. 409.

372 ITINÉRAIRE

pour se défendre contre l'oppression des peuples et des gouverneurs.

Ce carton curieux est intitulé :

Registro delli Capitolazioni, Cattiscerifi, Baratti, Comandamenti, Ogetti, Attestazioni, Sentenze, Ordini dei Bascia', Giudici e Polizze, che si trovano nell' Archivio di questa procura generale di Terra Santa.

Sous la lettre H, n° 1, p. 369, on lit :

Instrumento del re saraceno Muzafar contiene : che non sia dimandato del vino da i religiosi franchi. Dato alli 13 della luna di Regeb del anno 414.

Sous le n° 2 :

Instrumento del re saraceno Matamad contiene : che li religiosi franchi non siano molestati. Dato alli 2 di Sciava. del anno 501.

Sous le n° 5, p. 370 :

Instrumento con la sua copia del re saraceno Amed Ciakmak contiene : che li religiosi franchi non paghino a quei ministri, che non vengono per gli affari dei frati... possino sepelire i loro morti, possino fare vino, provizione... non siano obligati a montare cavalli per forza in Rama ; non diano visitare loro possessioni ; che nessuno pretenda d'esser drogloromanno, se non alcuno appoggio. Dato alli 10 di Sefer 609.

Plusieurs firmans commencent ainsi :

Copia autenticata d'un commendamento ottenuto ad instanza dell' ambasciadore di Francia, etc.

On voit donc les malheureux Pères gardiens du tombeau de Jésus-Christ, uniquement occupés pendant plusieurs siècles à se défendre, jour par jour, de tous les genres d'insultes et de tyrannie. Il faut qu'ils obtiennent la permission de se nourrir, d'ensevelir leurs morts, etc. ; tantôt on les force de monter à cheval, sans nécessité, afin de leur faire payer des droits ; tantôt un Turc se déclare leur drogman malgré eux, et exige un salaire de la communauté. On épuise contre ces infortunés moines les inventions les plus bizarres du despotisme oriental[1]. En vain ils obtiennent à prix d'argent des

---

1. On voulut une fois massacrer deux religieux à Jérusalem parce qu'un chat étoit tombé dans la citerne du couvent. (*Roger*, p. 330.)

ordres qui semblent les mettre à couvert de tant d'avanies; ces ordres ne sont point exécutés : chaque année voit une oppression nouvelle et exige un nouveau firman. Le commandant prévaricateur, le prince, protecteur en apparence, sont deux tyrans qui s'entendent, l'un pour commettre une injustice avant que la loi soit faite, l'autre pour vendre à prix d'or une loi qui n'est donnée que quand le crime est commis. Le registre des firmans des Pères est un livre bien précieux, bien digne à tous égards de la bibliothèque de ces apôtres, qui au milieu des tribulations gardent avec une constance invincible le tombeau de Jésus-Christ. Les Pères ne connoissoient pas la valeur de ce catalogue évangélique; ils ne croyoient pas qu'il pût m'intéresser; ils n'y voyoient rien de curieux : souffrir leur est si naturel qu'ils s'étonnoient de mon étonnement. J'avoue que mon admiration pour tant de malheurs si courageusement supportés étoit grande et sincère; mais combien aussi j'étois touché en retrouvant sans cesse cette formule : *Copie d'un firman obtenu à la sollicitation de M. l'Ambassadeur de France*, etc.! Honneur à un pays qui du sein de l'Europe veille jusqu'au fond de l'Asie à la défense du misérable et protège le foible contre le fort! Jamais ma patrie ne m'a paru plus belle et plus glorieuse que lorsque j'ai retrouvé les actes de sa bienfaisance cachés à Jérusalem dans le registre où sont inscrites les souffrances ignorées et les iniquités inconnues de l'opprimé et de l'oppresseur.

J'espère que mes sentiments particuliers ne m'aveugleront jamais au point de méconnoître la vérité : il y a quelque chose qui marche avant toutes les opinions; c'est la justice. Si un philosophe faisoit aujourd'hui un bon ouvrage; s'il faisoit quelque chose de mieux, une bonne action; s'il montroit des sentiments nobles et élevés, moi chrétien, je lui applaudirois avec franchise. Et pourquoi un philosophe n'en agiroit-il pas ainsi avec un chrétien? Faut-il, parce qu'un homme porte un froc, une longue barbe, une ceinture de corde, ne lui tenir compte d'aucun sacrifice? Quant à moi, j'irois chercher une vertu aux entrailles de la terre, chez un adorateur de Wishnou ou du grand Lama, afin d'avoir le bonheur de l'admirer : les actions généreuses sont trop rares aujourd'hui pour ne pas les honorer sous quelque habit qu'on les découvre, et pour regarder de si près à la robe du prêtre ou au manteau du philosophe.

FIN DE LA QUATRIÈME PARTIE.

CINQUIÈME PARTIE.

SUITE DU VOYAGE A JÉRUSALEM.

Le 10, de grand matin, je sortis de Jérusalem par la porte d'Éphraïm, toujours accompagné du fidèle Ali, dans le dessein d'examiner les champs de bataille immortalisés par le Tasse. Arrivé au nord de la ville, entre la grotte de Jérémie et les sépulcres des rois, j'ouvris *La Jérusalem délivrée*, et je fus sur-le-champ frappé de la vérité de l'exposition du Tasse :

> Gerusalem sovra due colli è posta, etc.

Je me servirai d'une traduction qui dispense de l'original :

« Solime est assise sur deux collines opposées et de hauteur inégale ; un vallon les sépare et partage la ville : elle a de trois côtés un accès difficile. Le quatrième s'élève d'une manière douce et presque insensible ; c'est le côté du nord : des fossés profonds et de hautes murailles l'environnent et la défendent.

« Au dedans sont des citernes et des sources d'eau vive ; les dehors n'offrent qu'une terre aride et nue, aucune fontaine, aucun ruisseau ne l'arrose ; jamais on n'y vit éclore de fleurs ; jamais arbre, de son superbe ombrage, n'y forma un asile contre les rayons du soleil. Seulement, à plus de six milles de distance, s'élève un bois dont l'ombre funeste répand l'horreur et la tristesse.

« Du côté que le soleil éclaire de ses premiers rayons, le Jourdain roule ses ondes illustres et fortunées. A l'occident, la mer Méditerranée mugit sur le sable qui l'arrête et la captive. Au nord est Béthel, qui éleva des autels au veau d'or, et l'infidèle Samarie. Bethléem, le berceau d'un Dieu, est du côté qu'attristent les pluies et les orages. »

JÉRUSALEM

(Itinéraire de Paris à Jérusalem, п, p. 574.)

Rien de plus net, de plus clair, de plus précis que cette description; elle eût été faite sur les lieux qu'elle ne seroit pas plus exacte. La forêt placée à six milles du camp, du côté de l'Arabie, n'est point une invention du poëte : Guillaume de Tyr parle du bois où le Tasse fait naître tant de merveilles. Godefroy y trouva des poutres et des solives pour la construction de ses machines de guerre. On verra combien le Tasse avoit étudié les originaux quand je traduirai les historiens des croisades.

E 'l capitano,
Poi ch' intorno ha mirato, a i suoi discende.

« Cependant Godefroy, après avoir tout reconnu, tout examiné, va rejoindre les siens : il sait qu'en vain il attaqueroit Solime par les côtés escarpés et d'un difficile abord. Il fait dresser les tentes vis-à-vis la porte septentrionale et dans la plaine qu'elle regarde : de là il les prolonge jusqu'au-dessous de la tour angulaire.

« Dans cet espace il renferme presque le tiers de la ville. Jamais il n'auroit pu en embrasser toute l'enceinte : mais il ferme tout accès aux secours et fait occuper tous les passages. »

On est absolument sur les lieux. Le camp s'étend depuis la porte de Damas jusqu'à la tour angulaire, à la naissance du torrent de Cédron et de la vallée de Josaphat. Le terrain entre la ville et le camp est tel que le Tasse l'a représenté, assez uni et propre à devenir un champ de bataille au pied des murs de Solime. Aladin est assis avec Herminie sur une tour bâtie entre deux portes d'où ils découvrent les combats de la plaine et le camp des chrétiens. Cette tour existe avec plusieurs autres entre la porte de Damas et la porte d'Éphraïm.

Au second livre, on reconnoît, dans l'épisode d'Olinde et de Sophronie, deux descriptions de lieu très-exactes :

Nel tempio de' cristiani occulto giace, etc.

« Dans le temple des chrétiens, au fond d'un souterrain inconnu, s'élève un autel; sur cet autel est l'image de celle que ce peuple révère comme une déesse et comme la mère d'un Dieu mort et enseveli. »

C'est l'église appelée aujourd'hui le *Sépulcre de la Vierge*; elle est dans la vallée de Josaphat, et j'en ai parlé plus haut, p. 129. Le Tasse, par un privilége accordé aux poëtes, met cette église dans l'intérieur de Jérusalem.

La mosquée où l'image de la Vierge est placée d'après le conseil du magicien est évidemment la mosquée du Temple :

> Io là, donde riceve
> L' alta vostra meschita e l' aura e 'l die, etc.

« La nuit, j'ai monté au sommet de la mosquée, et, par l'ouverture qui reçoit la clarté du jour, je me suis fait une route inconnue à tout autre. »

Le premier choc des aventuriers, le combat singulier d'Argant, d'Othon, de Tancrède, de Raimond de Toulouse, a lieu devant la porte d'Éphraïm. Quand Armide arrive de Damas, elle entre, dit le poëte, par l'extrémité du camp. En effet, c'étoit près de la porte de Damas que se devoient trouver, du côté de l'ouest, les dernières tentes des chrétiens.

Je place l'admirable scène de la fuite d'Herminie vers l'extrémité septentrionale de la vallée de Josaphat. Lorsque l'amante de Tancrède a franchi la porte de Jérusalem avec son fidèle écuyer, *elle s'enfonce dans des vallons, et prend des sentiers obliques et détournés* (cant. VI, stanz. 96). Elle n'est donc pas sortie par la porte d'Éphraïm ; car le chemin qui conduit de cette porte au camp des croisés passe sur un terrain uni : elle a préféré s'échapper par la porte de l'orient, porte moins suspecte et moins gardée.

Herminie arrive dans un lieu profond et solitaire : *in solitaria ed ima parte*. Elle s'arrête et charge son écuyer d'aller parler à Tancrède : ce lieu profond et solitaire est très-bien marqué au haut de la vallée de Josaphat, avant de tourner l'angle septentrional de la ville. Là, Herminie pouvoit attendre en sûreté le retour de son messager, mais elle ne peut résister à son impatience : elle monte sur la hauteur, et découvre les tentes lointaines. En effet, en sortant de la ravine du torrent de Cédron, et marchant au nord, on devoit apercevoir, à main gauche, le camp des chrétiens. Viennent alors ces stances admirables :

> Era la notte, etc.

« La nuit régnoit encore : aucun nuage n'obscurcissoit son front chargé d'étoiles : la lune naissante répandoit sa douce clarté : l'amoureuse beauté prend le ciel à témoin de sa flamme ; le silence et les champs sont les confidents muets de sa peine.

Elle porte ses regards sur les tentes des chrétiens : O camp des Latins, dit-elle, objet cher à ma vue ! Quel air on y respire ! Comme il ranime mes sens et les récrée ! Ah ! si jamais le ciel donne un asile à ma vie agitée, je ne le trouverai que dans cette enceinte : non, ce n'est qu'au milieu des armes que m'attend le repos!

« O camp des chrétiens! reçois la triste Herminie! Qu'elle obtienne dans ton sein cette pitié que l'amour lui promit; cette pitié que jadis captive elle trouva dans l'âme de son généreux vainqueur! Je ne redemande point mes États, je ne redemande point le sceptre qui m'a été ravi : ô chrétiens! je serai trop heureuse si je puis seulement servir sous vos drapeaux!

« Ainsi parloit Herminie. Hélas! elle ne prévoit pas les maux que lui apprête la fortune! Des rayons de lumière réfléchis sur ses armes vont au loin frapper les regards : son habillement blanc, ce tigre d'argent qui brille sur son casque, annoncent Clorinde.

« Non loin de là est une garde avancée; à la tête sont deux frères, Alcandre et Polipherne. »

Alcandre et Polipherne devoient être placés à peu près vers les sépulcres des rois. On doit regretter que le Tasse n'ait pas décrit ces demeures souterraines; le caractère de son génie l'appeloit à la peinture d'un pareil monument.

Il n'est pas aussi aisé de déterminer le lieu où la fugitive Herminie rencontre le pasteur au bord du fleuve : cependant, comme il n'y a qu'un fleuve dans le pays, qu'Herminie est sortie de Jérusalem par la porte d'orient, il est probable que le Tasse a voulu placer cette scène charmante au bord du Jourdain. Il est inconcevable, j'en conviens, qu'il n'ait pas nommé ce fleuve, mais il est certain que ce grand poëte ne s'est pas assez attaché aux souvenirs de l'Écriture, dont Milton a tiré tant de beautés.

Quant au lac et au château où la magicienne Armide enferme les chevaliers qu'elle a séduits, le Tasse déclare lui-même que ce lac est la mer Morte :

> Al fin giungemmo al loco, ove già scese
> Fiamma dal cielo, etc.

Un des plus beaux endroits du poëme, c'est l'attaque du camp des chrétiens par Soliman. Le sultan marche la nuit au travers des plus épaisses ténèbres; car, selon l'expression sublime du poëte,

> Votò Pluton gli abissi, e la sua notte
> Tutta versò dalle Tartaree grotte.

Le camp est assailli du côté du couchant; Godefroy, qui occupe le centre de l'armée vers le nord, n'est averti qu'assez tard du combat qui se livre à l'aile droite. Soliman n'a pas pu se jeter sur l'aile gauche, quoiqu'elle soit plus près du désert, parce qu'il y a des ravines profondes de ce côté. Les Arabes, cachés pendant le jour dans la vallée de Térébinthe, en sont sortis avec les ombres pour tenter la délivrance de Solime.

Soliman, vaincu, prend seul le chemin de Gaza. Ismen le rencontre, et le fait monter sur un char qu'il environne d'un nuage. Ils traversent ensemble le camp des chrétiens et arrivent à la montagne de Solime. Cet épisode, admirable d'ailleurs, est conforme aux localités jusqu'à l'extérieur du château de David, près la porte de Jaffa ou de Bethléem ; mais il y a erreur dans le reste. Le poëte a confondu ou s'est plu à confondre la tour de David avec la tour Antonia : celle-ci étoit bâtie loin de là, au bas de la ville, à l'angle septentrional du temple.

Quand on est sur les lieux, on croit voir les soldats de Godefroy partir de la porte d'Éphraïm, tourner à l'orient, descendre dans la vallée de Josaphat, et aller, comme de pieux et paisibles pèlerins, prier l'Éternel sur la montagne des Oliviers. Remarquons que cette procession chrétienne rappelle d'une manière sensible la pompe des Panathénées, conduite à Éleusis au milieu des soldats d'Alcibiade. Le Tasse, qui avoit tout lu, qui imite sans cesse Virgile, Homère et les autres poëtes de l'antiquité, a mis ici en beaux vers une des plus belles scènes de l'histoire. Ajoutons que cette procession est d'ailleurs un fait historique raconté par l'Anonyme, Robert moine, et Guillaume de Tyr.

Nous venons au premier assaut. Les machines sont plantées devant les murs du septentrion. Le Tasse est exact ici jusqu'au scrupule :

> Non era il fosso di palustre limo
> (Che nol consente il loco) o d' acqua molle.

C'est la pure vérité. Le fossé au septentrion est un fossé sec, ou plutôt une ravine naturelle, comme les autres fossés de la ville.

Dans les circonstances de ce premier assaut, le poëte a suivi son génie sans s'appuyer sur l'histoire ; et comme il lui convenoit de ne pas marcher aussi vite que le chroniqueur, il suppose que la principale machine fut brûlée par les infidèles et qu'il fallut recommencer le travail. Il est certain que les assiégés mirent le feu à une des tours des assiégeants. Le Tasse a étendu cet accident selon le besoin de sa fable.

Bientôt s'engage le terrible combat de Tancrède et de Clorinde, fiction la plus pathétique qui soit jamais sortie du cerveau d'un poëte.

Le lieu de la scène est aisé à trouver. Clorinde ne peut rentrer avec Argant par la porte Dorée : elle est donc sous le temple, dans la vallée de Siloé. Tancrède la poursuit ; le combat commence ; Clorinde mourante demande le baptême ; Tancrède, plus infortuné que sa victime, va puiser de l'eau à une source voisine ; par cette source le lieu est déterminé :

> Poco quindi lontan nel sen del monte
> Scaturia mormorando un picciol rio.

C'est la fontaine de Siloé, ou plutôt la source de Marie, qui jaillit ainsi du pied de la montagne de Sion.

Je ne sais si la peinture de la sécheresse, dans le treizième chant, n'est pas le morceau du poëme le mieux écrit : le Tasse y marche l'égal d'Homère et de Virgile. Ce morceau, travaillé avec soin, a une fermeté et une pureté de style qui manquent quelquefois aux autres parties de l'ouvrage :

> Spenta è del cielo ogni benigna lampa, etc.

« Jamais le soleil ne se lève que couvert de vapeurs sanglantes, sinistre présage d'un jour malheureux ; jamais il ne se couche que des taches rougeâtres ne menacent d'un aussi triste lendemain. Toujours le mal présent est aigri par l'affreuse certitude du mal qui doit le suivre.

« Sous les rayons brûlants, la fleur tombe desséchée ; la feuille pâlit, l'herbe languit altérée ; la terre s'ouvre et les sources tarissent. Tout éprouve la colère céleste, et les nues stériles répandues dans les airs n'y sont plus que des vapeurs enflammées.

« Le ciel semble une noire fournaise ; les yeux ne trouvent plus où se reposer ; le zéphyr se tait, enchaîné dans ses grottes obscures : l'air est immobile ; quelquefois seulement la brûlante haleine d'un vent qui souffle du côté du rivage maure l'agite et l'enflamme encore davantage.

« Les ombres de la nuit sont embrasées de la chaleur du jour : son voile est allumé du feu des comètes et chargé d'exhalaisons funestes. O terre malheureuse ! le ciel te refuse sa rosée ; les herbes et les fleurs mourantes attendent en vain les pleurs de l'aurore.

« Le doux sommeil ne vient plus sur les ailes de la nuit verser ses pavots aux mortels languissants. D'une voix éteinte, ils implorent ses faveurs, et ne peuvent les obtenir. La soif, le plus cruel de tous les fléaux, consume les chrétiens : le tyran de la Judée a infecté toutes les fontaines de mortels poisons, et leurs eaux funestes ne portent plus que les maladies et la mort.

« Le Siloé, qui, toujours pur, leur avoit offert le trésor de ses ondes, appauvri maintenant, roule lentement sur des sables qu'il mouille à peine : quelle ressource, hélas! l'Éridan débordé, le Gange, le Nil même, lorsqu'il franchit ses rives et couvre l'Égypte de ses eaux fécondes, suffiroient à peine à leurs désirs.

« Dans l'ardeur qui les dévore, leur imagination leur rappelle ces ruisseaux argentés qu'ils ont vus couler au travers des gazons, ces sources qu'ils ont vues jaillir du sein d'un rocher et serpenter dans des prairies : ces tableaux jadis si riants ne servent plus qu'à nourrir leurs regrets et à redoubler leur désespoir.

« Ces robustes guerriers qui ont vaincu la nature et ses obstacles, qui jamais n'ont ployé sous leur pesante armure, que n'ont pu dompter le fer ni l'appareil de la mort, foibles maintenant, sans courage et sans vigueur, pressent la terre de leur poids inutile : un feu secret circule dans leurs veines, les mine et les consume.

« Le coursier, jadis si fier, languit auprès d'une herbe aride et sans saveur; ses pieds chancellent, sa tête superbe tombe négligemment penchée; il ne sent plus l'aiguillon de la gloire, il ne se souvient plus des palmes qu'il a cueillies : ces riches dépouilles dont il étoit autrefois si orgueilleux ne sont plus pour lui qu'un odieux et vil fardeau.

« Le chien fidèle oublie son maître et son asile; il languit étendu sur la poussière, et, toujours haletant, il cherche en vain à calmer le feu dont il est embrasé : l'air lourd et brûlant pèse sur les poumons qu'il devoit rafraîchir. »

Voilà de la grande, de la haute poésie. Cette peinture, si bien imitée dans *Paul et Virginie,* a le double mérite de convenir au ciel de la Judée et d'être fondée sur l'histoire : les chrétiens éprouvèrent une pareille sécheresse au siége de Jérusalem. Robert nous en a laissé une description que je ferai connoître aux lecteurs.

Au quatorzième chant, nous chercherons un fleuve qui coule auprès d'Ascalon, et au fond duquel demeure l'ermite qui révéla à Ubalde et au chevalier danois les destinées de Renaud. Ce fleuve est le torrent d'Ascalon ou un autre torrent plus au nord, qui n'a été connu qu'au temps des croisades, comme le témoigne d'Anville.

Quant à la navigation des deux chevaliers, l'ordre géographique y est merveilleusement suivi. Partant d'un port entre Jaffa et Ascalon et descendant vers l'Égypte, ils durent voir successivement Ascalon, Gaza, Raphia et Damiette. Le poëte marque la route au couchant, quoiqu'elle fut d'abord au midi; mais il ne pouvoit entrer dans ce détail. En dernier résultat, je vois que tous les poëtes épiques ont été des hommes très-instruits; surtout ils étoient nourris des ouvrages de ceux qui les avoient précédés dans la carrière de l'épopée : Virgile traduit Homère; le Tasse imite à chaque stance quelque passage d'Homère, de Virgile, de Lucain, de Stace; Milton prend partout et joint à ses propres trésors les trésors de ses devanciers.

Le seizième chant, qui renferme la peinture des jardins d'Armide, ne fournit rien à notre sujet. Au dix-septième chant nous trouvons la description de Gaza et le dénombrement de l'armée égyptienne : sujet épique traité de main de maître, et où le Tasse montre une connoissance parfaite de la géographie et de l'histoire. Lorsque je passai de Jaffa à Alexandrie, notre saïque descendit jusqu'en face de Gaza, dont la vue me rappela ces vers de *La Jérusalem* :

« Aux frontières de la Palestine, sur le chemin qui conduit à Péluse, Gaza voit au pied de ses murs expirer la mer et son courroux : autour d'elle s'étendent d'immenses solitudes et des sables arides. Le vent qui règne sur les flots exerce aussi son empire sur cette mobile arène; et le voyageur voit sa route incertaine flotter et se perdre au gré des tempêtes. »

Le dernier assaut, au dix-neuvième chant, est absolument conforme à l'histoire. Godefroy fit attaquer la ville par trois endroits. Le vieux comte de Toulouse battit les murailles entre le couchant et le midi, en face du château de la ville, près de la porte de Jaffa. Godefroy força au nord la porte d'Éphraïm. Tancrède s'attacha à la tour angulaire, qui prit dans la suite le nom de *Tour de Tancrède*.

Le Tasse suit pareillement les chroniques dans les circonstances et le résultat de l'assaut. Ismen, accompagné de deux sorcières, est tué par une pierre lancée d'une machine : deux magiciennes furent en effet écrasées sur le mur à la prise de Jérusalem. Godefroy lève les yeux, et voit les guerriers célestes qui combattent pour lui de toutes parts. C'est une belle imitation d'Homère et de Virgile, mais c'est encore une tradition du temps des croisades : « Les morts y entrèrent avec les vivants, dit le père Nau; car plusieurs des illustres croisés qui étoient morts en diverses occasions devant que d'arriver, et entre autres Adémar, ce vertueux et zélé évêque du Puy en Auvergne, y parurent sur les murailles, comme s'il eût manqué à la gloire qu'ils possédoient dans la Jérusalem céleste celle de visiter la terrestre et d'adorer le Fils de Dieu dans le trône de ses ignominies et de ses souffrances, comme ils l'adoroient dans celui de sa majesté et de sa puissance. »

La ville fut prise, ainsi que le raconte le poëte, au moyen de ponts qui s'élançoient des machines et s'abattoient sur les remparts. Godefroy et Gaston de Foix avoient donné le plan de ces machines, construites par des matelots pisans et génois. Ainsi dans cet assaut, où le Tasse a déployé l'ardeur de son génie chevaleresque, tout est vrai, hors ce qui regarde Renaud : comme ce héros est de pure invention, ses actions doivent être imaginaires. Il n'y avoit point de guerrier appelé *Renaud d'Est* au siége de Jérusalem ; le premier chrétien qui s'élança sur les murs ne fut point un chevalier du nom de *Renaud*, mais Létolde, gentilhomme flamand de la suite de Godefroy. Il fut suivi de Guicher et de Godefroy lui-même. La stance où le Tasse peint l'étendard de la croix ombrageant les tours de Jérusalem délivrée est sublime.

« L'étendard triomphant se déploie dans les airs ; les vents, respectueux, soufflent plus mollement ; le soleil, plus serein, le dore de ses rayons ; les traits et les flèches se détournent ou reculent à son aspect. Sion et la colline semblent s'incliner et lui offrir l'hommage de leur joie. »

Tous les historiens des croisades parlent de la piété de Godefroy, de la générosité de Tancrède, de la justice et de la prudence du comte de Saint-Gilles ; Anne Comnène elle-même fait l'éloge de ce dernier : le poëte nous a donc peint les héros que nous connoissons. Quand il invente des caractères, il est du moins fidèle aux mœurs. Argant est le véritable mameluck :

L' altro è Circasso Argante, uom che straniero...

« L'autre, c'est Argant le Circassien : aventurier inconnu à la cour d'Égypte, il s'y est assis au rang des satrapes. Sa valeur l'a porté aux premiers honneurs de la guerre. Impatient, inexorable, farouche, infatigable, invincible dans les combats, contempteur de tous les dieux, son épée est sa raison et sa loi. »

Soliman est un vrai sultan des premiers temps de l'empire turc. Le poëte, qui ne néglige aucun souvenir, fait du sultan de Nicée un des ancêtres du grand Saladin ; et l'on voit qu'il a eu l'intention de peindre Saladin lui-même sous les traits de son aïeul. Si jamais l'ouvrage de dom Berthereau voyoit le jour, on connoîtroit mieux les héros musulmans de *La Jérusalem*. Dom Berthereau avoit traduit les auteurs arabes qui se sont occupés de l'histoire des croisés. Cette précieuse traduction devoit faire partie de la collection des historiens de France.

Je ne saurois guère assigner le lieu où le féroce Argant est tué par le généreux Tancrède ; mais il le faut chercher dans les vallées, entre le couchant et le septentrion. On ne le peut placer à l'orient de la tour angulaire qu'assiégeoit Tancrède, car alors Herminie n'eût pas rencontré le héros blessé, lorsqu'elle revenoit de Gaza avec Vafrin.

Quant à la dernière action du poëme, qui, selon la vérité, se passa près d'Ascalon, le Tasse, avec un jugement exquis, l'a transportée sous les murs de Jérusalem. Dans l'histoire, cette action est très-peu de chose; dans le poëme, c'est une bataille supérieure à celles de Virgile et égale aux plus grands combats d'Homère.

Je vais maintenant donner le siége de Jérusalem tiré de nos vieilles chroniques : les lecteurs pourront comparer le poëme et l'histoire.

Le moine Robert est de tous les historiens des croisades celui qu'on cite le plus souvent. L'Anonyme de la collection *Gesta Dei per Francos* est plus ancien, mais son récit est trop sec. Guillaume de Tyr pèche par le défaut contraire. Il faut donc s'arrêter au moine Robert : sa latinité est affectée; il copie les tours des poëtes, mais, par cette raison même, au milieu de ses jeux de mots et de ses pointes [1], il est moins barbare que ses contemporains, il a d'ailleurs une certaine critique et une imagination brillante.

« L'armée se rangea dans cet ordre autour de Jérusalem : le comte de Flandre et le comte de Normandie déployèrent leurs tentes du côté du septentrion, non loin de l'église bâtie sur le lieu où saint Étienne, premier martyr, fut lapidé [2]; Godefroy et Tancrède se placèrent à l'occident; le comte de Saint-Gilles campa au midi, sur la montagne de Sion [3], autour de l'église de Marie, mère du Sauveur, autrefois la maison où le Seigneur fit la cène avec ses disciples. Les tentes ainsi disposées, tandis que les troupes fatiguées de la route se reposoient et construisoient les machines propres au combat, Raimond Pilet [4], Raimond de Turenne, sortirent du camp avec plusieurs autres pour visiter les lieux voisins, dans la crainte que les ennemis ne vinssent les surprendre avant que les croisés fussent préparés. Ils rencontrèrent sur leur route trois cents Arabes; ils en tuèrent plusieurs, et leur prirent

---

1. *Papa Urbanus urbano sermone peroravit*, etc.; *Vallis speciosa et spatiosa*, etc.; c'est le goût du temps. Nos vieilles hymnes sont remplies de ces jeux de mots : *Quo carne carnis conditor*, etc.

2. Le texte porte : *Juxta ecclesiam sancti Stephani protomartyris*, etc. J'ai traduit *non loin*, parce que cette église n'est point au septentrion, mais à l'orient de Jérusalem; et tous les autres historiens des croisades disent que les comtes de Normandie et de Flandre se placèrent entre l'orient et le septentrion.

3. Le texte porte : *Scilicet in monte Sion*. Cela prouve que la Jérusalem rebâtie par Adrien n'enveloppoit pas la montagne de Sion dans son entier, et que le local de la ville étoit absolument tel qu'on le voit aujourd'hui.

4. *Piletus*; on lit ailleurs *Pilitus* et *Pelez*.

trente chevaux. Le second jour de la troisième semaine, 13 juin 1099, les François attaquèrent Jérusalem ; mais ils ne purent la prendre ce jour-là. Cependant leur travail ne fut pas infructueux : ils renversèrent l'avant-mur et appliquèrent les échelles au mur principal. S'ils en avoient eu une assez grande quantité, ce premier effort eût été le dernier. Ceux qui montèrent sur les échelles combattirent longtemps l'ennemi à coups d'épée et de javelot. Beaucoup des nôtres succombèrent dans cet assaut, mais la perte fut plus considérable du côté des Sarrasins. La nuit mit fin à l'action, et donna du repos aux deux partis. Toutefois l'inutilité de ce premier effort occasionna à notre armée un long travail et beaucoup de peine ; car nos troupes demeurèrent sans pain pendant l'espace de dix jours, jusqu'à ce que nos vaisseaux fussent arrivés au port de Jaffa. En outre, elles souffrirent excessivement de la soif ; la fontaine de Siloé, qui est au pied de la montagne de Sion, pouvoit à peine fournir de l'eau aux hommes, et l'on étoit obligé de mener boire les chevaux et les autres animaux à six milles du camp, et de les faire accompagner par une nombreuse escorte. . . . . .

« Cependant la flotte arrivée à Jaffa procura des vivres aux assiégeants, mais ils ne souffrirent pas moins la soif ; elle fut si grande durant le siége, que les soldats creusoient la terre et pressoient les mottes humides contre leur bouche ; ils léchoient aussi les pierres mouillées de rosée ; ils buvoient une eau fétide qui avoit séjourné dans des peaux fraîches de buffles et de divers animaux ; plusieurs s'abstenoient de manger, espérant tempérer la soif par la faim. . . . .

. . . .

« Pendant ce temps-là les généraux faisoient apporter de fort loin de grosses pièces de bois pour construire des machines et des tours. Lorsque ces tours furent achevées, Godefroy plaça la sienne à l'orient de la ville ; le comte de Saint-Gilles en établit une autre toute semblable au midi. Les dispositions ainsi faites, le cinquième jour de la semaine, les croisés jeûnèrent et distribuèrent des aumônes aux pauvres ; le sixième jour, qui étoit le douzième de juillet, l'aurore se leva brillante ; les guerriers d'élite montèrent dans les tours, et dressèrent les échelles contre les murs de Jérusalem. Les enfants illégitimes de la ville sainte s'étonnèrent et frémirent [1], en se voyant assiégés par une si grande multitude. Mais comme ils étoient de tous côtés menacés de

---

1. *Stupent et contremiscunt adulterini cives urbis eximiæ.* L'expression est belle et vraie ; car non-seulement les Sarrasins étoient, en leur qualité d'étrangers, des *citoyens adultères*, des enfants impurs de Jérusalem, mais ils pouvoient encore s'appeler *adulterini* à cause de leur mère Agar, et relativement à la postérité légitime d'Israel par Sara.

leur dernière heure, que la mort étoit suspendue sur leurs têtes, certains de succomber, ils ne songèrent plus qu'à vendre cher le reste de leur vie. Cependant Godefroy se montroit sur le haut de sa tour, non comme un fantassin, mais comme un archer. Le Seigneur dirigeoit sa main dans le combat, et toutes les flèches qu'elle lançoit perçoient l'ennemi de part en part. Auprès de ce guerrier étoient Baudouin et Eustache ses frères, de même que deux lions auprès d'un lion : ils recevoient les coups terribles des pierres et des dards, et les renvoyoient avec usure à l'ennemi.

« Tandis que l'on combattoit ainsi sur les murs de la ville, on faisoit une procession autour de ces mêmes murs, avec les croix, les reliques et les autels sacrés[1]. L'avantage demeura incertain pendant une partie du jour ; mais à l'heure où le Sauveur du monde rendit l'esprit un guerrier nommé *Létolde,* qui combattoit dans la tour de Godefroy, saute le premier sur les remparts de la ville : Guicher le suit, ce Guicher qui avoit terrassé un lion ; Godefroy s'élance le troisième, et tous les autres chevaliers se précipitent sur les pas de leur chef. Alors les arcs et les flèches sont abandonnés ; on saisit l'épée. A cette vue, les ennemis désertent les murailles et se jettent en bas dans la ville ; les soldats du Christ les poursuivent avec de grands cris.

« Le comte de Saint-Gilles, qui de son côté faisoit des efforts pour approcher ses machines de la ville, entendit ces clameurs. Pourquoi, dit-il à ses soldats, demeurons-nous ici ? Les François sont maîtres de Jérusalem ; ils la font retentir de leurs voix et de leurs coups. Alors il s'avance promptement vers la porte qui est auprès du château de David ; il appelle ceux qui étoient dans ce château, et les somme de se rendre. Aussitôt que l'émir eut reconnu le comte de Saint-Gilles, il lui ouvrit la porte, et se confia à la foi de ce vénérable guerrier.

« Mais Godefroy avec les François s'efforçoit de venger le sang chrétien répandu dans l'enceinte de Jérusalem, et vouloit punir les infidèles des railleries et des outrages qu'ils avoient fait souffrir aux pèlerins. Jamais dans aucun combat il ne parut aussi terrible, pas même lorsqu'il combattit le géant[2], sur le pont d'Antioche ; Guicher et plusieurs milliers de guerriers choisis fendoient les Sarrasins depuis la tête jusqu'à la ceinture, ou les coupoient par le milieu du corps. Nul de nos soldats ne se montroit timide, car personne ne résistoit[3]. Les

---

1. *Sacra altaria.* Ceci a l'air de ne pouvoir se dire que d'une cérémonie païenne ; mais il y avoit apparemment dans le camp des chrétiens des autels portatifs.

2. C'étoit un Sarrasin d'une taille gigantesque, que Godefroy fendit en deux d'un seul coup d'épée, sur le pont d'Antioche.

3. La réflexion est singulière !

ennemis ne cherchoient qu'à fuir, mais la fuite pour eux étoit impossible : en se précipitant en foule ils s'embarrassoient les uns les autres. Le petit nombre qui parvint à s'échapper s'enferma dans le temple de Salomon, et s'y défendit assez longtemps. Comme le jour commençoit à baisser, nos soldats envahirent le Temple ; pleins de fureur, ils massacrèrent tous ceux qui s'y trouvèrent. Le carnage fut tel, que les cadavres mutilés étoient entraînés par les flots de sang jusque dans le parvis ; les mains et les bras coupés flottoient sur ce sang, et alloient s'unir à des corps auxquels ils n'avoient point appartenu. »

En achevant de décrire les lieux célébrés par le Tasse, je me trouve heureux d'avoir pu rendre le premier à un poëte immortel le même honneur que d'autres avant moi ont rendu à Homère et à Virgile. Quiconque est sensible à la beauté, à l'art, à l'intérêt d'une composition poétique, à la richesse des détails, à la vérité des caractères, à la générosité des sentiments, doit faire de *La Jérusalem délivrée* sa lecture favorite. C'est surtout le poëme des soldats : il respire la valeur et la gloire ; et, comme je l'ai dit dans *Les Martyrs,* il semble écrit au milieu des camps sur un bouclier.

Je passai environ cinq heures à examiner le théâtre des combats du Tasse. Ce théâtre n'occupe guère plus d'une demi-lieue de terrain, et le poëte a si bien marqué les divers lieux de son action, qu'il ne faut qu'un coup d'œil pour les reconnoître.

Comme nous rentrions dans la ville par la vallée de Josaphat, nous rencontrâmes la cavalerie du pacha qui revenoit de son expédition. On ne se peut figurer l'air de triomphe et de joie de cette troupe, victorieuse des moutons, des chèvres, des ânes et des chevaux de quelques pauvres Arabes du Jourdain.

C'est ici le lieu de parler du gouvernement de Jérusalem.

Il y a d'abord :

1° Un *mosallam* ou *sangiachey*, commandant pour le militaire ;

2° Un *moula-cady,* ou ministre de la police ;

3° Un *moufty,* chef des santons et des gens de loi ;

(Quand ce moufty est un fanatique ou un méchant homme, comme celui qui se trouvoit à Jérusalem de mon temps, c'est de toutes les autorités la plus tyrannique pour les chrétiens.)

4° Un *mouteleny,* ou douanier de la mosquée de Salomon ;

5° Un *sousbachi,* ou prévôt de la ville.

Ces tyrans subalternes relèvent tous, à l'exception du moufty, d'un premier tyran ; et ce premier tyran est le pacha de Damas.

Jérusalem est attachée, on ne sait pourquoi, au pachalic de Damas, si ce n'est à cause du système destructeur que les Turcs suivent naturellement et comme par instinct. Séparée de Damas par des montagnes, plus encore par les Arabes qui infestent les déserts, Jérusalem ne peut pas porter toujours ses plaintes au pacha lorsque des gouverneurs l'oppriment. Il seroit plus simple qu'elle dépendît du pachalic d'Acre, qui se trouve dans le voisinage : les Francs et les Pères latins se mettroient sous la protection des consuls qui résident dans les ports de Syrie ; les Grecs et les Turcs pourroient faire entendre leur voix. Mais c'est précisément ce qu'on cherche à éviter : on veut un esclavage muet, et non pas d'insolents opprimés, qui oseroient dire qu'on les écrase.

Jérusalem est donc livrée à un gouverneur presque indépendant : il peut faire impunément le mal qu'il lui plaît, sauf à en compter ensuite avec le pacha. On sait que tout supérieur en Turquie a le droit de déléguer ses pouvoirs à un inférieur ; et ses pouvoirs s'étendent toujours sur la propriété et la vie. Pour quelques bourses un janissaire devient un petit aga ; et cet aga, selon son bon plaisir, peut vous tuer ou vous permettre de racheter votre tête. Les bourreaux se multiplient ainsi dans tous les villages de la Judée. La seule chose qu'on entende dans ce pays, la seule justice dont il soit question, c'est : *Il paiera dix, vingt, trente bourses; on lui donnera cinq cents coups de bâton; on lui coupera la tête*. Un acte d'injustice force à une injustice plus grande. Si l'on dépouille un paysan, on se met dans la nécessité de dépouiller son voisin ; car pour échapper à l'hypocrite intégrité du pacha il faut avoir par un second crime de quoi payer l'impunité du premier.

On croit peut-être que le pacha, en parcourant son gouvernement, porte remède à ces maux et venge les peuples : le pacha est lui-même le plus grand fléau des habitants de Jérusalem. On redoute son arrivée comme celle d'un chef ennemi : on ferme les boutiques ; on se cache dans des souterrains ; on feint d'être mourant sur sa natte, ou l'on fuit dans la montagne.

Je puis attester la vérité de ces faits, puisque je me suis trouvé à Jérusalem au moment de l'arrivée du pacha. Abdallah est d'une avarice sordide, comme presque tous les musulmans : en sa qualité de chef de la caravane de La Mecque, et sous prétexte d'avoir de l'argent pour mieux protéger les pèlerins, il se croit en droit de multiplier les exactions. Il n'y a point de moyens qu'il n'invente. Un de ceux qu'il emploie le plus souvent, c'est de fixer un maximum fort bas pour les comestibles. Le peuple crie à la merveille, mais les marchands ferment leurs boutiques. La disette commence ; le pacha fait traiter secrètement avec les marchands ; il leur donne pour un certain nombre de bourses la permission de vendre au taux qu'ils voudront. Les marchands cherchent à retrouver l'argent qu'ils ont donné au pacha : ils portent les denrées à un prix extraordinaire, et le peuple, mourant de faim une seconde fois, est obligé pour vivre de se dépouiller de son dernier vêtement.

J'ai vu ce même Abdallah commettre une vexation plus ingénieuse encore. J'ai dit qu'il avoit envoyé sa cavalerie piller des Arabes cultivateurs, de l'autre côté du Jourdain. Ces bonnes gens, qui avoient payé le miri, et qui ne se croyoient point en guerre, furent surpris au milieu de leurs tentes et de leurs troupeaux. On leur vola deux mille deux cents chèvres et moutons, quatre-vingt-quatorze veaux, mille ânes et six juments de première race : les chameaux seuls échappèrent[1] ; un chéik les appela de loin, et ils le suivirent : ces fidèles enfants du désert allèrent porter leur lait à leurs maîtres dans la montagne, comme s'ils avoient deviné que ces maîtres n'avoient plus d'autre nourriture.

Un Européen ne pourroit guère imaginer ce que le pacha fit de ce butin. Il mit à chaque animal un prix excédant deux fois sa valeur. Il estima chaque chèvre et chaque mouton à vingt piastres, chaque veau à quatre-vingts. On envoya les bêtes ainsi taxées aux bouchers, aux différents particuliers de Jérusalem et aux chefs des villages voisins : il falloit les prendre et les payer, sous peine de mort. J'avoue que, si je n'avois pas vu de mes yeux cette double iniquité, elle me paroîtroit tout à fait incroyable. Quant aux ânes et aux chevaux, ils demeurèrent aux cavaliers, car, par une singulière convention entre ces voleurs, les animaux à pied fourchu appartiennent au pacha dans les épaves, et toutes les autres bêtes sont le partage des soldats.

Après avoir épuisé Jérusalem, le pacha se retire. Mais, afin de ne pas payer les gardes de la ville, et pour augmenter l'escorte de la caravane de La Mecque, il emmène avec lui les soldats. Le gouverneur reste seul avec une douzaine de sbires, qui ne peuvent suffire à la police intérieure, encore moins à celle du pays. L'année qui précéda celle de mon voyage, il fut obligé de se cacher lui-même dans sa maison pour échapper à des bandes de voleurs qui passoient par-dessus les murs de Jérusalem, et qui furent au moment de piller la ville.

A peine le pacha a-t-il disparu, qu'un autre mal, suite de son oppression, commence. Les villages dévastés se soulèvent ; ils s'attaquent les uns les autres pour exercer des vengeances héréditaires.

---

1. On en prit cependant vingt-six.

Toutes les communications sont interrompues ; l'agriculture périt ; le paysan va pendant la nuit ravager la vigne et couper l'olivier de son ennemi. Le pacha revient l'année suivante ; il exige le même tribut dans un pays où la population est diminuée. Il faut qu'il redouble d'oppression, et qu'il extermine des peuplades entières. Peu à peu le désert s'étend ; on ne voit plus que de loin à loin des masures en ruine, et à la porte de ces masures des cimetières toujours croissants : chaque année voit périr une cabane et une famille, et bientôt il ne reste que le cimetière pour indiquer le lieu où le village s'élevoit.

Rentré au couvent à dix heures du matin, j'achevai de visiter la bibliothèque. Outre le registre des firmans dont j'ai parlé, je trouvai un manuscrit autographe du savant Quaresmius. Ce manuscrit latin a pour objet, comme les ouvrages imprimés du même auteur, des recherches sur la Terre Sainte. Quelques autres cartons contenoient des papiers turcs et arabes, relatifs aux affaires du couvent, des lettres de la congrégation, des mélanges, etc.; je vis aussi des traités des Pères de l'Église, plusieurs pèlerinages à Jérusalem, l'ouvrage de l'abbé Mariti et l'excellent voyage de M. de Volney. Le père Clément Pérès avoit cru découvrir de légères inexactitudes dans ce dernier voyage ; il les avoit marquées sur des feuilles volantes, et il me fit présent de ces notes.

J'avois tout vu à Jérusalem, je connoissois désormais l'intérieur et l'extérieur de cette ville, et même beaucoup mieux que je ne connois le dedans et les dehors de Paris. Je commençai donc à songer à mon départ. Les Pères de Terre Sainte voulurent me faire un honneur que je n'avois ni demandé ni mérité. En considération des foibles services que selon eux j'avois rendus à la religion, ils me prièrent d'accepter l'ordre du Saint-Sépulcre. Cet ordre, très-ancien dans la chrétienté, sans même en faire remonter l'origine à sainte Hélène, étoit autrefois assez répandu en Europe. On ne le retrouve plus guère aujourd'hui qu'en Pologne et en Espagne : le gardien du Saint-Sépulcre a seul le droit de le conférer.

Nous sortîmes à une heure du couvent, et nous nous rendîmes à l'église du Saint-Sépulcre. Nous entrâmes dans la chapelle qui appartient aux Pères latins ; on en ferma soigneusement les portes, de peur que les Turcs n'aperçussent les armes, ce qui coûteroit la vie aux religieux. Le gardien se revêtit de ses habits pontificaux ; on alluma les lampes et les cierges ; tous les frères présents formèrent un cercle autour de moi, les bras croisés sur la poitrine. Tandis qu'ils chantoient à voix basse le *Veni Creator*, le gardien monta à l'autel, et je me mis à genoux à ses pieds. On tira du trésor du Saint-Sépulcre les éperons et l'épée de Godefroy de Bouillon : deux religieux debout, à mes côtés, tenoient les dépouilles vénérables. L'officiant récita les prières accoutumées et me fit les questions d'usage. Ensuite il me chaussa les éperons, me frappa trois fois l'épaule avec l'épée en me donnant l'accolade. Les religieux entonnèrent le *Te Deum*, tandis que le gardien prononçoit cette oraison sur ma tête :

« Seigneur, Dieu tout-puissant, répands ta grâce et tes bénédictions sur ce tien serviteur, etc. »

Tout cela n'est que le souvenir de mœurs qui n'existent plus. Mais que l'on songe que j'étois à Jérusalem, dans l'église du Calvaire, à douze pas du tombeau de Jésus-Christ, à trente du tombeau de Godefroy de Bouillon; que je venois de chausser l'éperon du libérateur du Saint-Sépulcre, de toucher cette longue et large épée de fer qu'avoit maniée une main si noble et si loyale; que l'on se rappelle ces circonstances, ma vie aventureuse, mes courses sur la terre et sur la mer, et l'on croira sans peine que je devois être ému. Cette cérémonie, au reste, ne pouvoit être tout à fait vaine : j'étois François, Godefroy de Bouillon étoit François : ses vieilles armes en me touchant m'avoient communiqué un nouvel amour pour la gloire et l'honneur de ma patrie. Je n'étois pas sans doute *sans reproche*, mais tout François peut se dire *sans peur*.

On me délivra mon brevet, revêtu de la signature du gardien et du sceau du couvent. Avec ce brillant diplôme de chevalier, on me donna mon humble patente de pèlerin. Je les conserve, comme un monument de mon passage dans la terre du vieux voyageur Jacob.

Maintenant que je vais quitter la Palestine, il faut que le lecteur se transporte avec moi hors des murailles de Jérusalem pour jeter un dernier regard sur cette ville extraordinaire.

Arrêtons-nous d'abord à la grotte de Jérémie, près des sépulcres des rois. Cette grotte est assez vaste, et la voûte en est soutenue par un pilier de pierre. C'est là, dit-on, que le prophète fit entendre ses Lamentations; elles ont l'air d'avoir été composées à la vue de la moderne Jérusalem, tant elles peignent naturellement l'état de cette ville désolée!

« Comment cette ville, si pleine de peuple, est-elle maintenant si solitaire et si désolée? La maîtresse des nations est devenue comme veuve : la reine des provinces a été assujettie au tribut.

« Les rues de Sion pleurent, parce qu'il n'y a plus personne qui vienne à ses solennités : toutes ses portes sont détruites; ses prêtres ne font que gémir; ses vierges sont toutes défigurées de douleur, et elle est plongée dans l'amertume.

« O vous tous qui passez par le chemin, considérez et voyez s'il y a une douleur comme la mienne!

« Le Seigneur a résolu d'abattre la muraille de la fille de Sion : il a tendu son cordeau, et il n'a point retiré sa main que tout ne fût renversé : le boulevard est tombé d'une manière déplorable, et le mur a été détruit de même.

« Ses portes sont enfoncées dans la terre; il en a rompu et brisé les barres; il a banni son roi et ses princes parmi les nations : il n'y a plus de loi ; et ses prophètes n'ont point reçu de visions prophétiques du Seigneur.

« Mes yeux se sont affoiblis à force de verser des larmes, le trouble a saisi mes entrailles; mon cœur s'est répandu en terre en voyant la ruine de la fille de mon peuple, en voyant les petits enfants et ceux qui étoient encore à la mamelle tomber morts dans la place de la ville.

« A qui vous comparerai-je, ô fille de Jérusalem? A qui dirai-je que vous ressemblez?

« Tous ceux qui passoient par le chemin ont frappé des mains en vous voyant : ils ont sifflé la fille de Jérusalem en branlant la tête et en disant : Est-ce là cette ville d'une beauté si parfaite, qui étoit la joie de toute la terre? »

Vue de la montagne des Oliviers, de l'autre côté de la vallée de Josaphat, Jérusalem présente un plan incliné sur un sol qui descend du couchant au levant. Une muraille crénelée, fortifiée par des tours et par un château gothique, enferme la ville dans son entier, laissant toutefois au dehors une partie de la montagne de Sion, qu'elle embrassoit autrefois.

Dans la région du couchant et au centre de la ville, vers le Calvaire, les maisons se serrent d'assez près; mais au levant, le long de la vallée de Cédron, on aperçoit des espaces vides, entre autres l'enceinte qui règne autour de la mosquée bâtie sur les débris du temple, et le terrain, presque abandonné, où s'élevoient le château Antonia et le second palais d'Hérode.

Les maisons de Jérusalem sont de lourdes masses carrées, fort basses, sans cheminées et sans fenêtres; elles se terminent en terrasses aplaties ou en dômes, et elles ressemblent à des prisons ou à des sépulcres. Tout seroit à l'œil d'un niveau égal, si les clochers des églises, les minarets des mosquées, les cimes de quelques cyprès et les buissons de nopals, ne rompoient l'uniformité du plan. A la vue de ces maisons de pierre, renfermées dans un paysage de pierres, on se demande si ce ne sont pas là les monuments confus d'un cimetière au milieu d'un désert.

Entrez dans la ville, rien ne vous consolera de la tristesse extérieure : vous vous égarez dans de petites rues non pavées, qui montent et descendent sur un sol inégal, et vous marchez dans des flots de poussière ou parmi des cailloux roulants. Des toiles jetées d'une maison à l'autre augmentent l'obscurité de ce labyrinthe ; des bazars voûtés et infects achèvent d'ôter la lumière à la ville désolée ; quelques chétives boutiques n'étalent aux yeux que la misère, et souvent ces boutiques mêmes sont fermées dans la crainte du passage d'un cadi. Personne dans les rues, personne aux portes de la ville ; quelquefois seulement un paysan se glisse dans l'ombre, cachant sous ses habits les fruits de son labeur, dans la crainte d'être dépouillé par le soldat ; dans un coin à l'écart, le boucher arabe égorge quelque bête suspendue par les pieds à un mur en ruine : à l'air hagard et féroce de cet homme, à ses bras ensanglantés, vous croiriez qu'il vient plutôt de tuer son semblable que d'immoler un agneau. Pour tout bruit, dans la cité déicide, on entend par intervalles le galop de la cavale du désert : c'est le janissaire qui apporte la tête du Bédouin ou qui va piller le Fellah.

Au milieu de cette désolation extraordinaire, il faut s'arrêter un moment pour contempler des choses plus extraordinaires encore. Parmi les ruines de Jérusalem, deux espèces de peuples indépendants trouvent dans leur foi de quoi surmonter tant d'horreurs et de misères. Là vivent des religieux chrétiens que rien ne peut forcer à abandonner le tombeau de Jésus-Christ, ni spoliations, ni mauvais traitements, ni menaces de la mort. Leurs cantiques retentissent nuit et jour autour du Saint-Sépulcre. Dépouillés le matin par un gouverneur turc, le soir les retrouve au pied du Calvaire, priant au lieu où Jésus-Christ souffrit pour le salut des hommes. Leur front est serein, leur bouche est riante. Ils reçoivent l'étranger avec joie. Sans forces et sans soldats, ils protègent des villages entiers contre l'iniquité. Pressés par le bâton et par le sabre, les femmes, les enfants, les troupeaux se réfugient dans les cloîtres de ces solitaires. Qui empêche le méchant armé de poursuivre sa proie et de renverser d'aussi foibles remparts ? La charité des moines ; ils se privent des dernières ressources de la vie pour racheter leurs suppliants. Turcs, Arabes, Grecs, chrétiens, schismatiques, tous se jettent sous la protection de quelques pauvres religieux, qui ne peuvent se défendre eux-mêmes. C'est ici qu'il faut reconnoître, avec Bossuet, « que des mains levées vers le ciel enfoncent plus de bataillons que des mains armées de javelots ».

Tandis que la nouvelle Jérusalem sort ainsi *du désert brillante de clarté,* jetez les yeux entre la montagne de Sion et le Temple, voyez cet autre petit peuple qui vit séparé du reste des habitants de la cité. Objet particulier de tous les mépris, il baisse la tête sans se plaindre; il souffre toutes les avanies sans demander justice; il se laisse accabler de coups sans soupirer; on lui demande sa tête, il la présente au cimeterre. Si quelque membre de cette société proscrite vient à mourir, son compagnon ira pendant la nuit l'enterrer furtivement dans la vallée de Josaphat, à l'ombre du Temple de Salomon. Pénétrez dans la demeure de ce peuple, vous le trouverez dans une affreuse misère, faisant lire un livre mystérieux à des enfants qui à leur tour le feront lire à leurs enfants. Ce qu'il faisoit il y a cinq mille ans, ce peuple le fait encore. Il a assisté dix-sept fois à la ruine de Jérusalem, et rien ne peut le décourager, rien ne peut l'empêcher de tourner ses regards vers Sion. Quand on voit les Juifs dispersés sur la terre, selon la parole de Dieu, on est surpris, sans doute; mais pour être frappé d'un étonnement surnaturel, il faut les retrouver à Jérusalem, il faut voir ces légitimes maîtres de la Judée esclaves et étrangers dans leur propre pays : il faut les voir attendant, sous toutes les oppressions, un roi qui doit les délivrer. Écrasés par la croix qui les condamne, et qui est plantée sur leurs têtes, cachés près du Temple, dont il ne reste pas pierre sur pierre, ils demeurent dans leur déplorable aveuglement. Les Perses, les Grecs, les Romains, ont disparu de la terre; et un petit peuple, dont l'origine précéda celle de ces grands peuples, existe encore sans mélanges dans les décombres de sa patrie. Si quelque chose, parmi les nations, porte le caractère du miracle, nous pensons que ce caractère est ici. Et qu'y a-t-il de plus merveilleux, même aux yeux du philosophe, que cette rencontre de l'antique et de la nouvelle Jérusalem au pied du Calvaire : la première s'affligeant à l'aspect du sépulcre de Jésus-Christ ressuscité; la seconde se consolant auprès du seul tombeau qui n'aura rien à rendre à la fin des siècles!

Je remerciai les Pères de leur hospitalité; je leur souhaitai bien sincèrement un bonheur qu'ils n'attendent guère ici-bas : prêt à les quitter, j'éprouvois une véritable tristesse. Je ne connois point de martyre comparable à celui de ces infortunés religieux; l'état où ils vivent ressemblent à celui où l'on étoit en France sous le règne de la terreur. J'allois rentrer dans ma patrie, embrasser mes parents, revoir mes amis, retrouver les douceurs de la vie; et ces Pères, qui avoient aussi des parents, des amis, une patrie, demeuroient exilés dans cette terre d'esclavage. Tous n'ont pas la force d'âme qui rend insensible aux chagrins; j'ai entendu des regrets qui m'ont fait connoître l'étendue du sacrifice. Jésus-Christ à ces mêmes bords n'a-t-il pas trouvé le calice amer? Et pourtant il l'a bu jusqu'à la lie.

Le 12 octobre je montai à cheval avec Ali-Aga, Jean, Julien et le drogman Michel. Nous sortîmes de la ville, au coucher du soleil, par la porte des Pèlerins. Nous traversâmes le camp du pacha. Je m'arrêtai avant de descendre dans la vallée de Térébinthe, pour regarder encore Jérusalem. Je distinguai par-dessus les murs le dôme de l'église du Saint-Sépulcre. Il ne sera plus salué par le pèlerin, il n'existe plus, et le tombeau de Jésus-Christ est maintenant exposé aux injures de l'air. Autrefois la chrétienté entière seroit accourue pour réparer le sacré monument; aujourd'hui personne n'y pense, et la moindre aumône employée à cette œuvre méritoire paroîtroit une ridicule superstition. Après avoir contemplé pendant quelque temps Jérusalem, je m'enfonçai dans les montagnes. Il étoit six heures vingt-neuf minutes lorsque je perdis de vue la cité sainte : le navigateur marque ainsi le moment où disparoît à ses yeux une terre lointaine qu'il ne reverra jamais.

Nous trouvâmes au fond de la vallée de Térébinthe les chefs des Arabes de Jérémie, Abou-Gosh et Giaber : ils nous attendoient. Nous arrivâmes à Jérémie vers minuit : il fallut manger un agneau qu'Abou-Gosh nous avoit fait préparer. Je voulus lui donner quelque argent, il le refusa, et me pria seulement de lui envoyer deux *couffes* de riz de Damiette quand je serois en Égypte : je le lui promis de grand cœur, et pourtant je ne me souvins de ma promesse qu'à l'instant même où je m'embarquois pour Tunis. Aussitôt que nos communications avec le Levant seront rétablies, Abou-Gosh recevra certainement son riz de Damiette; il verra qu'un François peut manquer de mémoire, mais jamais de parole. J'espère que les petits Bedouins de Jérémie monteront la garde autour de mon présent, et qu'ils diront encore : « En avant! marche! »

J'arrivai à Jaffa le 13, à midi.

FIN DE LA CINQUIÈME PARTIE.

SIXIÈME PARTIE.

VOYAGE D'ÉGYPTE.

Je me trouvai fort embarrassé à mon retour à Jaffa : il n'y avoit pas un seul vaisseau dans le port. Je flottois entre le dessein d'aller m'embarquer à Saint-Jean-d'Acre et celui de me rendre en Égypte par terre. J'aurois beaucoup mieux aimé exécuter ce dernier projet, mais il étoit impraticable. Cinq partis armés se disputoient alors les bords du Nil : Ibraïm-Bey dans la Haute-Égypte, deux autres petits beys indépendants, le pacha de la Porte au Caire, une troupe d'Albanois révoltés, El-Fy-Bey dans la Basse-Égypte. Ces différents partis infestoient les chemins ; et les Arabes, profitant de la confusion, achevoient de fermer tous les passages.

La Providence vint à mon secours. La surlendemain de mon arrivée à Jaffa, comme je me préparois à partir pour Saint-Jean-d'Acre, on vit entrer dans le port une saïque. Cette saïque de l'échelle de Tripoli de Syrie étoit sur son lest et s'enquéroit d'un chargement. Les Pères envoyèrent chercher le capitaine : il consentit à me porter à Alexandrie, et nous eûmes bientôt conclu notre traité. J'ai conservé ce petit traité écrit en arabe. M. Langlès, si connu par son érudition dans les langues orientales, l'a jugé digne d'être mis sous les yeux des savants, à cause de plusieurs singularités. Il a eu la complaisance de le traduire lui-même, et j'ai fait graver l'original :

LUI (Dieu).

« Le but de cet écrit et le motif qui l'a fait tracer est que, le jour et la date désignés ci-après [1], nous soussignés avons loué notre bâtiment au porteur de

---

1. Le jour et la date, c'est-à-dire l'année, *yeoùm, oué, târikh,* ont été oubliés. Outre cette omission, nous avons remarqué plusieurs fautes d'orthographe assez gra-

ce traité, le signor Francesko (François), pour aller de l'échelle d'Yâfâ à Alexandrie, à condition qu'il n'entrera dans aucun autre port, et qu'il ira droit à Alexandrie, à moins qu'il ne soit forcé par le mauvais temps de surgir dans quelque échelle. Le nolis de ce bâtiment est de quatre cent quatre-vingts *ghrouchs* (piastres) au lion, lesquels valent chacun quarante pârahs [1]. Il est aussi convenu entre eux que le nolis susdit ne sera acquitté que lorsqu'ils seront entrés à Alexandrie. Arrêté et convenu entre eux, et cela devant les témoins soussignés. Témoins :

« Le séid (le sieur) Moustapha êl Bâbâ ; le séid Hhocéin Chetmâ. — Le réis (patron) Hhannâ Demitry (Jean Démétrius), de Tripoli de Syrie, affirme la vérité du contenu de cet écrit.

« Le réis (patron) Hhannâ a touché, sur le montant du nolis ci-dessus énoncé, la somme de cent quatre-vingts *ghrouchs* au lion ; le reste, c'est-à-dire les trois cents autres *ghrouchs,* lui seront payés à Alexandrie ; et comme ils servent d'assurance pour le susdit bâtiment depuis Yâfâ jusqu'à Alexandrie, ils restent dans la bourse du signor Francesko, pour cette seule raison. Il est convenu, en outre, que le patron leur fournira, à un juste prix, de l'eau, du feu pour faire la cuisine et du sel, ainsi que toutes les provisions dont ils pourroient manquer, et les vivres. »

Ce ne fut pas sans un véritable regret que je quittai mes vénérables hôtes le 16 octobre. Un des Pères me donna des lettres de recommandation pour l'Espagne ; car mon projet étoit, après avoir vu Carthage, de finir mes courses par les ruines de l'Alhambra. Ainsi ces religieux, qui restoient exposés à tous les outrages, songeoient encore à m'être utiles au delà des mers et dans leur propre patrie.

Avant de quitter Jaffa, j'écrivis à M. Pillavoine, consul de France à Saint-Jean-d'Acre, la lettre suivante :

« Jaffa, ce 16 octobre 1806.

« Monsieur,

« J'ai l'honneur de vous envoyer la lettre de recommandation que M. l'ambassadeur de France à Constantinople m'avoit remise pour vous. La saison étant déjà très-avancée, et mes affaires me rappelant dans notre commune patrie, je me vois forcé de partir pour Alexandrie. Je perds à regret l'occasion de faire votre connoissance. J'ai visité Jérusalem ; j'ai été témoin des vexations que le pacha de Damas fait éprouver aux religieux de Terre Sainte.

ves, dont on trouvera la rectification au bas du *fac-simile* de l'original arabe. (*Note de M. Langlès.*)

1. Quoiqu'on ait employé ici le mot arabe *fadhdhah*, qui signifie proprement de l'argent, ce mot désigne ici la très-petite pièce de monnoie connue en Égypte sous le nom de *pârah* ou *meydyn*, évaluée à 8 deniers $\frac{2}{7}$ dans l'*Annuaire de la République françoise,* publié au Caire en l'an IX. Suivant le même ouvrage, page 60, la piastre turque, le *ghrouch* de 40 *pârahs* vaut 1 liv. 8 sous 6 deniers $\frac{2}{7}$. (*Note de M. Langlès.*)

Je leur ai conseillé, comme vous, la résistance. Malheureusement ils ont connu trop tard tout l'intérêt que l'empereur prend à leur sort. Ils ont donc encore cédé en partie aux demandes d'Abdallah : il faut espérer qu'ils auront plus de fermeté l'année prochaine. D'ailleurs, il m'a paru qu'ils n'avoient manqué cette année ni de prudence ni de courage.

« Vous trouverez, Monsieur, deux autres lettres jointes à la lettre de M. l'ambassadeur : l'une m'a été remise par M. Dubois, négociant; je tiens l'autre du drogman de M. Vial, consul de France à Modon.

J'ose prendre encore, Monsieur, la liberté de vous recommander M. D... que j'ai vu ici. On m'a dit qu'il étoit honnête homme, pauvre et malheureux : ce sont là trois grands titres à la protection de la France.

« Agréez, Monsieur, je vous prie, etc.

F.-A. DE CH. »

Jean et Julien ayant porté nos bagages à bord, je m'embarquai le 16, à huit heures du soir. La mer étoit grosse et le vent peu favorable. Je restai sur le pont aussi longtemps que je pus apercevoir les lumières de Jaffa. J'avoue que j'éprouvois un certain sentiment de plaisir, en pensant que je venois d'accomplir un pèlerinage que j'avois médité depuis si longtemps. J'espérois mettre bientôt fin à cette sainte aventure, dont la partie la plus hasardeuse me sembloit achevée. Quand je songeois que j'avois traversé presque seul le continent et les mers de la Grèce ; que je me retrouvois encore seul, dans une petite barque, au fond de la Méditerranée, après avoir vu le Jourdain, la mer Morte et Jérusalem, je regardois mon retour pour l'Égypte, la Barbarie et l'Espagne, comme la chose du monde la plus facile : je me trompois pourtant.

Je me retirai dans la chambre du capitaine, lorsque nous eûmes perdu de vue les lumières de Jaffa, et que j'eus salué pour la dernière fois les rivages de la Terre Sainte; mais le lendemain, à la pointe du jour, nous découvrîmes encore la côte en face de Gaza, car le capitaine avoit fait route au midi. L'aurore nous amena une forte brise de l'orient, la mer devint belle, et nous mîmes le cap à l'ouest. Ainsi je suivois absolument le chemin qu'Ubalde et le Danois avoient parcouru pour aller délivrer Renaud. Mon bateau n'étoit guère plus grand que celui des deux chevaliers, et comme eux j'étois conduit par la Fortune. Ma navigation de Jaffa à Alexandrie ne dura que quatre jours, et jamais je n'ai fait sur les flots une course plus agréable et plus rapide. Le ciel fut constamment pur, le vent bon, la mer brillante. On ne changea pas une seule fois la voile. Cinq hommes composoient l'équipage de la saïque, y compris le capitaine; gens moins gais que mes Grecs de l'île de Tino, mais en apparence plus habiles. Des vivres frais, des grenades excellentes, du vin de Chypre, du café de la meilleure qualité, nous tenoient dans l'abondance et dans la joie. L'excès de ma prospérité auroit dû me causer des alarmes; mais quand j'aurois eu l'anneau de Polycrate, je me serois bien gardé de le jeter dans la mer, à cause du maudit esturgeon.

Il y a dans la vie du marin quelque chose d'aventureux qui nous plaît et qui nous attache. Ce passage continuel du calme à l'orage, ce changement rapide des terres et des cieux, tiennent éveillée l'imagination du navigateur. Il est lui-même, dans ses destinées, l'image de l'homme ici-bas : toujours se promettant de rester au port, et toujours déployant ses voiles; cherchant des îles enchantées où il n'arrive presque jamais, et dans lesquelles il s'ennuie s'il y touche; ne parlant que de repos, et n'aimant que les tempêtes; périssant au milieu d'un naufrage, ou mourant vieux nocher sur la rive, inconnu des jeunes navigateurs dont il regrette de ne pouvoir suivre le vaisseau.

Nous traversâmes le 17 et le 18 le golfe de Damiette : cette ville remplace à peu près l'ancienne Peluse. Quand un pays offre de grands et de nombreux souvenirs, la mémoire, pour se débarrasser des tableaux qui l'accablent, s'attache à un seul événement; c'est ce qui m'arriva en passant le golfe de Peluse : je commençai par remonter en pensée jusqu'aux premiers Pharaons, et je finis par ne pouvoir plus songer qu'à la mort de Pompée; c'est selon moi le plus beau morceau de Plutarque et d'Amyot son traducteur [1].

Le 19 à midi, après avoir été deux jours sans voir la terre, nous aperçûmes un promontoire assez élevé, appelé le cap Brûlos, et formant la pointe la plus septentrionale du Delta. J'ai déjà remarqué, au sujet du Granique, que l'illusion des noms est une chose prodigieuse : le cap Brûlos ne me présentoit qu'un petit monceau de sable; mais c'étoit l'extrémité de ce quatrième continent, le seul qui me restât à connoître; c'étoit un coin de cette Égypte, berceau des sciences, mère des religions et des lois : je n'en pouvois détacher les yeux.

Le soir même, nous eûmes, comme disent les marins, connoissance de quelques palmiers qui se montroient dans le sud-ouest, et qui paroissoient sortir de la mer; on ne voyoit point le sol qui les portoit. Au sud, on remarquoit une masse noirâtre et confuse, accompagnée de quelques arbres isolés : c'étoient les ruines d'un village, triste enseigne des destinées de l'Égypte.

Le 20, à cinq heures du matin, j'aperçus sur la surface verte et ridée de la mer une barre d'écume, et de l'autre côté de cette barre

---

1. Voyez la note XV, à la fin de l'*Itinéraire*.

une eau pâle et tranquille. Le capitaine vint me frapper sur l'épaule, et me dit en langue franque : « *Nilo!* » Bientôt après nous entrâmes et nous courûmes dans ces eaux fameuses, dont je voulus boire, et que je trouvai salées. Des palmiers et un minaret nous annoncèrent l'emplacement de Rosette ; mais le plan même de la terre étoit toujours invisible. Ces plages ressembloient aux lagunes des Florides : l'aspect en étoit tout différent de celui des côtes de la Grèce et de la Syrie, et rappeloit l'effet d'un horizon sous les tropiques.

A dix heures nous découvrîmes enfin, au-dessous de la cime des palmiers, une ligne de sable qui se prolongeoit à l'ouest jusqu'au promontoire d'Aboukir, devant lequel il nous falloit passer pour arriver à Alexandrie. Nous nous trouvions alors en face même de l'embouchure du Nil, à Rosette, et nous allions traverser le Bogâz. L'eau du fleuve étoit dans cet endroit d'un rouge tirant sur le violet, de la couleur d'une bruyère en automne ; le Nil, dont la crue étoit finie, commençoit à baisser depuis quelque temps. Une vingtaine de gerbes ou bateaux d'Alexandrie se tenoient à l'ancre dans le Bogâz, attendant un vent favorable pour franchir la barre et remonter à Rosette.

En cinglant toujours à l'ouest, nous parvînmes à l'extrémité du dégorgement de cette immense écluse. La ligne des eaux du fleuve et celle des eaux de la mer ne se confondoient point ; elles étoient distinctes, séparées ; elles écumoient en se rencontrant et sembloient se servir mutuellement de rivages[1].

A cinq heures du soir, la côte, que nous avions toujours à notre gauche, changea d'aspect. Les palmiers paroissoient alignés sur la rive comme ces avenues dont les châteaux de France sont décorés : la nature se plaît ainsi à rapporter les idées de la civilisation dans le pays où cette civilisation prit naissance et où règnent aujourd'hui l'ignorance et la barbarie. Après avoir doublé la pointe d'Aboukir, nous fûmes peu à peu abandonnés du vent, et nous ne pûmes entrer que de nuit dans le port d'Alexandrie. Il étoit onze heures du soir quand nous jetâmes l'ancre dans le port marchand, au milieu des vaisseaux mouillés devant la ville. Je ne voulus point descendre à terre, et j'attendis le jour sur le pont de notre saïque.

J'eus tout le temps de me livrer à mes réflexions. J'entrevoyois à ma droite des vaisseaux et le château qui remplace la tour du Phare ; à ma gauche, l'horizon me sembloit borné par des collines, des ruines et des obélisques, que je distinguois à peine au travers des ombres ; devant moi s'étendoit une ligne noire de murailles et de maisons con-

---

1. Voyez, pour la description de l'Égypte, tout le onzième livre des *Martyrs*.

fuses : on ne voyoit à terre qu'une seule lumière, et l'on n'entendoit aucun bruit. C'étoit là pourtant cette Alexandrie, rivale de Memphis et de Thèbes, qui compta trois millions d'habitants, qui fut le sanctuaire des Muses, et que les bruyantes orgies d'Antoine et de Cléopâtre faisoient retentir dans les ténèbres. Mais en vain je prêtois l'oreille, un talisman fatal plongeoit dans le silence le peuple de la nouvelle Alexandrie : ce talisman, c'est le despotisme qui éteint toute joie et qui ne permet pas même un cri à la douleur. Et quel bruit pourroit-il s'élever d'une ville dont un tiers au moins est abandonné, dont l'autre tiers est consacré aux sépulcres, et dont le tiers animé, au milieu de ces deux extrémités mortes, est une espèce de tronc palpitant qui n'a pas même la force de secouer ses chaînes entre des ruines et des tombeaux ?

Le 20, à huit heures du matin, la chaloupe de la saïque me porta à terre, et je me fis conduire chez M. Drovetti, consul de France à Alexandrie. Jusqu'à présent j'ai parlé de nos consuls dans le Levant avec la reconnoissance que je leur dois ; ici j'irai plus loin, et je dirai que j'ai contracté avec M. Drovetti une liaison qui est devenue une véritable amitié. M. Drovetti, militaire distingué et né dans la belle Italie, me reçut avec cette simplicité qui caractérise le soldat et cette chaleur qui tient à l'influence d'un heureux soleil. Je ne sais si, dans le désert où il habite, cet écrit lui tombera entre les mains ; je le désire, afin qu'il apprenne que le temps n'affoiblit point chez moi les sentiments ; que je n'ai point oublié l'attendrissement qu'il me montra lorsqu'il me dit adieu au rivage : attendrissement bien noble, quand on en essuie comme lui les marques avec une main mutilée au service de son pays ! Je n'ai ni crédit, ni protecteurs, ni fortune ; mais si j'en avois, je ne les emploierois pour personne avec plus de plaisir que pour M. Drovetti.

On ne s'attend point sans doute à me voir décrire l'Égypte : j'ai parlé avec quelque étendue des ruines d'Athènes, parce qu'après tout elles ne sont bien connues que des amateurs des arts ; je me suis livré à de grands détails sur Jérusalem, parce que Jérusalem étoit l'objet principal de mon voyage. Mais que dirois-je de l'Égypte? Qui ne l'a point vue aujourd'hui? Le *Voyage* de M. de Volney en Égypte est un véritable chef-d'œuvre dans tout ce qui n'est pas érudition : l'érudition a été épuisée par Sicard, Norden, Pococke, Shaw, Niebuhr et quelques autres ; les dessins de M. Denon et les grands tableaux de l'institut d'Égypte ont transporté sous nos yeux les monuments de Thèbes et de Memphis ; enfin, j'ai moi-même dit ailleurs tout ce que j'avois à dire sur l'Égypte. Le livre des *Martyrs* où j'ai parlé de cette vieille terre est plus complet touchant l'antiquité que les autres livres du même ouvrage. Je me bornerai donc à suivre, sans m'arrêter, les simples dates de mon journal.

M. Drovetti me donna un logement dans la maison du consulat, bâtie presque au bord de la mer, sur le port marchand. Puisque j'étois en Égypte, je ne pouvois pas en sortir sans avoir au moins vu le Nil et les Pyramides. Je priai M. Drovetti de me noliser un bâtiment autrichien pour Tunis, tandis que j'irois contempler le prodige d'un tombeau. Je trouvai à Alexandrie deux François très-distingués, attachés à la légation de M. de Lesseps, qui devoit, je crois, prendre alors le consulat général de l'Égypte, et qui, si je ne me trompe, est resté depuis à Livourne : leur intention étant aussi d'aller au Caire; nous arrêtames une gerbe, où nous embarquâmes le 23 pour Rosette. M. Drovetti garda Julien, qui avoit la fièvre, et me donna un janissaire : je renvoyai Jean à Constantinople, sur un vaisseau grec qui se préparoit à faire voile.

Nous partîmes le soir d'Alexandrie, et nous arrivâmes dans la nuit au Bogâz de Rosette. Nous traversâmes la barre sans accident. Au lever du jour, nous nous trouvâmes à l'entrée du fleuve : nous abordâmes le cap, à notre droite. Le Nil étoit dans toute sa beauté; il couloit à plein bord, sans couvrir ses rives ; il laissoit voir le long de son cours des plaines verdoyantes de riz, plantées de palmiers isolés, qui représentoient des colonnes et des portiques. Nous nous rembarquâmes et nous touchâmes bientôt à Rosette. Ce fut alors que j'eus une première vue de ce magnifique Delta, où il ne manque qu'un gouvernement libre et un peuple heureux. Mais il n'est point de beau pays sans l'indépendance : le ciel le plus serein est odieux si l'on est enchaîné sur la terre. Je ne trouvois dignes de ces plaines magnifiques que les souvenirs de la gloire de ma patrie : je voyois les restes des monuments[1] d'une civilisation nouvelle, apportée par le génie de la France sur les bords du Nil ; je songeois en même temps que les lances de nos chevaliers et les baïonnettes de nos soldats avoient renvoyé deux fois la lumière d'un si brillant soleil ; avec cette différence que les chevaliers, malheureux à la journée de Massoure, furent vengés par les soldats à la bataille des Pyramides. Au reste, quoique je fusse charmé de rencontrer une grande rivière et une fraîche verdure, je ne fus pas très-étonné, car c'étoient absolument là mes fleuves de la Louisiane et mes savanes américaines : j'aurois désiré retrouver aussi les forêts où je plaçai les premières illusions de ma vie.

---

1. On voit encore en Égypte plusieurs fabriques élevées par les François.

M. de Saint-Marcel, consul de France à Rosette, nous reçut avec une grande politesse; M. Caffe, négociant françois et le plus obligeant des hommes, voulut nous accompagner jusqu'au Caire. Nous fîmes notre marché avec le patron d'une grande barque; il nous donna la chambre d'honneur, et, pour plus de sûreté, nous nous associâmes un chef albanois. M. de Choiseul a parfaitement représenté ces soldats d'Alexandre :

« Ces fiers Albanois seroient encore des héros s'ils avoient un Scanderberg à leur tête; mais ils ne sont plus que des brigands, dont l'extérieur annonce la férocité. Ils sont tous grands, lestes et nerveux; leurs vêtements consistent en des culottes fort amples, un petit jupon, un gilet garni de plaques, de chaînes et de plusieurs rangs de grosses olives d'argent; ils portent des brodequins attachés avec des courroies qui montent quelquefois jusqu'aux genoux, pour tenir sur les mollets des plaques qui en prennent la forme et les préservent du frottement du cheval. Leurs manteaux, galonnés et tailladés de plusieurs couleurs, achèvent de rendre cet habillement très-pittoresque; ils n'ont d'autre coiffure qu'une calotte de drap rouge, encore la quittent-ils en courant au combat [1]. »

Les deux jours que nous passâmes à Rosette furent employés à visiter cette jolie ville arabe, ses jardins et sa forêt de palmiers. Savary a un peu exagéré les agréments de ce lieu; cependant, il n'a pas menti autant qu'on l'a voulu faire croire. Le pathos de ses descriptions a nui à son autorité comme voyageur; mais c'est justice de dire que la vérité manque plus à son style qu'à son récit.

Le 26, à midi, nous entrâmes dans notre barques, où il y avoit un grand nombre de passagers turcs et arabes. Nous courûmes au large, et nous commençâmes à remonter le Nil. Sur notre gauche un marais verdoyant s'étendoit à perte de vue, à notre droite une lisière cultivée bordoit le fleuve, et par delà cette lisière on voyoit le sable du désert. Des palmiers clair-semés indiquoient çà et là des villages, comme les arbres plantés autour des cabanes dans les plaines de la Flandre. Les maisons de ces villages sont faites de terre et élevées sur des monticules artificiels : précaution inutile, puisque souvent dans ces maisons il n'y a personne à sauver de l'inondation du Nil. Une partie du Delta est en friche; des milliers de fellahs ont été massacrés par les Albanois; le reste a passé dans la Haute-Égypte.

Contrariés par le vent et par la rapidité du courant, nous

---

1. *Voyage de la Grèce.* Le fond du vêtement des Albanois est blanc, et les galons sont rouges.

employâmes sept mortelles journées à remonter de Rosette au Caire. Tantôt nos matelots nous tiroient à la cordelle, tantôt nous marchions à l'aide d'une brise du nord qui ne souffloit qu'un moment. Nous nous arrêtions souvent pour prendre à bord des Albanois : il nous en arriva quatre dès le second jour de notre navigation, qui s'emparèrent de notre chambre : il fallut supporter leur brutalité et leur insolence. Au moindre bruit ils montoient sur le pont, prenoient leurs fusils, et, comme des insensés, avoient l'air de vouloir faire la guerre à des ennemis absents. Je les ai vus coucher en joue des enfants qui couroient sur la rive en demandant l'aumône : ces petits infortunés s'alloient cacher derrière les ruines de leurs cabanes, comme accoutumés à ces terribles jeux. Pendant ce temps-là nos marchands turcs descendoient à terre, s'asseyoient tranquillement sur leurs talons, tournoient le visage vers La Mecque, et faisoient au milieu des champs des espèces de culbutes religieuses. Nos Albanois, moitié musulmans, moitié chrétiens, crioient « Mahomet! et vierge Marie! », tiroient un chapelet de leur poche, prononçoient en françois des mots obscènes, avaloient de grandes cruches de vin, lâchoient des coups de fusil en l'air et marchoient sur le ventre des chrétiens et des musulmans.

Est-il donc possible que les lois puissent mettre autant de différence entre des hommes! Quoi! ces hordes de brigands albanois, ces stupides musulmans, ces fellahs si cruellement opprimés, habitent les mêmes lieux où vécut un peuple si industrieux, si paisible, si sage; un peuple dont Hérodote et surtout Diodore se sont plu à nous peindre les coutumes et les mœurs! Y a-t-il dans aucun poëme un plus beau tableau que celui-ci?

« Dans les premiers temps, les rois ne se conduisoient point en Égypte comme chez les autres peuples, où ils font tout ce qu'ils veulent sans être obligés de suivre aucune règle ni de prendre aucun conseil : tout leur étoit prescrit par les lois, non-seulement à l'égard de l'administration du royaume, mais encore par rapport à leur conduite particulière. Ils ne pouvoient point se faire servir par des esclaves achetés ou même nés dans leur maison; mais on leur donnoit les enfants des principaux d'entre les prêtres, toujours au-dessus de vingt ans, et les mieux élevés de la nation, afin que le roi, voyant jour et nuit autour de sa personne la jeunesse la plus considérable de l'Égypte, ne fît rien de bas et qui fût indigne de son rang. En effet, les princes ne se jettent si aisément dans toutes sortes de vices que parce qu'ils trouvent des ministres toujours prêts à servir leurs passions. Il y avoit surtout des heures du jour et de la nuit où le roi ne pouvoit disposer de lui, et étoit obligé de remplir les devoirs marqués par les lois. Au point du jour il devoit lire les lettres qui lui étoient adressées de tous côtés, afin qu'instruit par lui-même des besoins de son royaume, il pût pourvoir à tout et remédier à tout. Après avoir pris le bain, il se revêtoit d'une robe précieuse et des autres marques de la royauté, pour aller sacrifier aux dieux. Quand les victimes avoient été amenées à l'autel, le grand-prêtre, debout et en présence de tout le peuple, demandoit aux dieux à haute voix qu'ils conservassent le roi et répandissent sur lui toute sorte de prospérité, parce qu'il gouvernoit ses sujets avec justice. Il inséroit ensuite dans sa prière un dénombrement de toutes les vertus propres à un roi, en continuant ainsi : Parce qu'il est maître de lui-même, magnanime, bienfaisant, doux envers les autres, ennemi du mensonge ; ses punitions n'égalent point les fautes, et ses récompenses passent les services. Après avoir dit plusieurs choses semblables, il condamnoit les manquements où le roi étoit tombé par ignorance. Il est vrai qu'il en disculpoit le roi même ; mais il chargeoit d'exécrations les flatteurs et tous ceux qui lui donnoient de mauvais conseils. Le grand-prêtre en usoit de cette manière parce que les avis mêlés de louanges sont plus efficaces que les remontrances amères pour porter les rois à la crainte des dieux et à l'amour de la vertu. En suite de cela le roi ayant sacrifié et consulté les entrailles de la victime, le lecteur des livres sacrés lui lisoit quelques actions ou quelques paroles remarquables des grands hommes, afin que le souverain de la république, ayant l'esprit plein d'excellents principes, en fît usage dans les occasions qui se présenteroient à lui. »

C'est bien dommage que l'illustre archevêque de Cambrai, au lieu de peindre une Égypte imaginaire, n'ait pas emprunté ce tableau, en lui donnant les couleurs que son heureux génie auroit su y répandre. Faydit a raison sur ce seul point, si l'on peut avoir raison quand on manque absolument de décence, de bonne foi et de goût. Mais il auroit toujours fallu que Fénelon conservât à tout prix le fond des aventures par lui inventées et racontées dans le style le plus antique : l'épisode de Termosiris *vaut seul un long poëme :*

« Je m'enfonçai dans une sombre forêt, où j'aperçus tout à coup un vieillard qui tenoit un livre dans sa main. Ce vieillard avoit un grand front chauve et un peu ridé ; une barbe blanche pendoit jusqu'à sa ceinture ; sa taille étoit haute et majestueuse ; son teint étoit encore frais et vermeil ; ses yeux étoient vifs et perçants, sa voix douce, ses paroles simples et aimables. Jamais je n'ai vu un si vénérable vieillard : il s'appeloit *Termosiris*...... »

Nous passâmes par le canal de Ménouf, ce qui m'empêcha de voir le beau bois de palmiers qui se trouve sur la grande branche de l'ouest ;

mais les Arabes infestoient alors le bord occidental de cette branche qui touche au désert libyque. En sortant du canal de Ménouf, et continuant de remonter le fleuve, nous aperçûmes, à notre gauche, la crête du mont Moqattam, et à notre droite, les hautes dunes de sable de la Libye. Bientôt, dans l'espace vide que laissoit l'écartement de ces deux chaînes de montagnes, nous découvrîmes le sommet des Pyramides : nous en étions à plus de dix lieues. Pendant le reste de notre navigation, qui dura encore près de huit heures, je demeurai sur le pont à contempler ces tombeaux ; ils paraissoient s'agrandir et monter dans le ciel à mesure que nous approchions. Le Nil, qui étoit alors comme une petit mer ; le mélange des sables du désert et de la plus fraîche verdure ; les palmiers, les sycomores, les dômes, les mosquées et les minarets du Caire ; les pyramides lointaines de Sacarah, d'où le fleuve sembloit sortir comme de ses immenses réservoirs ; tout cela formoit un tableau qui n'a point son égal sur la terre. « Mais quelque effort que fassent les hommes, dit Bossuet, leur néant paroît partout : ces pyramides étoient des tombeaux ! encore les rois qui les ont bâties n'ont-ils pas eu le pouvoir d'y être inhumés, et ils n'ont pas joui de leur sépulcre. »

J'avoue pourtant qu'au premier aspect des Pyramides, je n'ai senti que de l'admiration. Je sais que la philosophie peut gémir ou sourire en songeant que le plus grand monument sorti de la main des hommes est un tombeau ; mais pourquoi ne voir dans la pyramide de Chéops qu'un amas de pierres et un squelette? Ce n'est point par le sentiment de son néant que l'homme a élevé un tel sépulcre, c'est par l'instinct de son immortalité : ce sépulcre n'est point la borne qui annonce la fin d'une carrière d'un jour, c'est la borne qui marque l'entrée d'une vie sans terme ; c'est une espèce de porte éternelle bâtie sur les confins de l'éternité. « Tous ces peuples (d'Égypte), dit Diodore de Sicile, regardant la durée de la vie comme un temps très-court et de peu d'importance, font au contraire beaucoup d'attention à la longue mémoire que la vertu laisse après elle : c'est pourquoi ils appellent les maisons des vivants des hôtelleries, par lesquelles on ne fait que passer ; mais ils donnent le nom de demeures éternelles aux tombeaux des morts, d'où l'on ne sort plus. Ainsi les rois ont été comme indifférents sur la construction de leurs palais, et ils se sont épuisés dans la construction de leurs tombeaux. »

On voudroit aujourd'hui que tous les monuments eussent une utilité physique, et l'on ne songe pas qu'il y a pour les peuples une utilité morale d'un ordre fort supérieur, vers laquelle tendoient les législations de l'antiquité. La vue d'un tombeau n'apprend-elle donc rien?

Si elle enseigne quelque chose, pourquoi se plaindre qu'un roi ait voulu rendre la leçon perpétuelle? Les grands monuments font une partie essentielle de la gloire de toute société humaine. A moins de soutenir qu'il est égal pour une nation de laisser ou de ne pas laisser un nom dans l'histoire, on ne peut condamner ces édifices qui portent la mémoire d'un peuple au delà de sa propre existence et le font vivre contemporain des générations qui viennent s'établir dans ses champs abandonnés. Qu'importe alors que ces édifices aient été des amphithéâtres ou des sépulcres? Tout est tombeau chez un peuple qui n'est plus. Quand l'homme a passé, les monuments de sa vie sont encore plus vains que ceux de sa mort : son mausolée est au moins utile à ses cendres; mais ses palais gardent-ils quelque chose de ses plaisirs?

Sans doute, à le prendre à la rigueur, une petite fosse suffit à tous, et six pieds de terre, comme le disoit Mathieu Molé, feront toujours raison du plus grand homme du monde. Dieu peut être adoré sous un arbre comme sous le dôme de Saint-Pierre, on peut vivre dans une chaumière comme au Louvre ; le vice de ce raisonnement est de transporter un ordre de choses dans un autre. D'ailleurs, un peuple n'est pas plus heureux quand il vit ignorant des arts que quand il laisse des témoins éclatants de son génie. On ne croit plus à ces sociétés de bergers qui passent leurs jours dans l'innocence, en promenant leur doux loisir au fond des forêts. On sait que ces honnêtes bergers se font la guerre entre eux pour manger les moutons de leurs voisins. Leurs grottes ne sont ni tapissées de vignes ni embaumées du parfum des fleurs; on y est étouffé par la fumée et suffoqué par l'odeur des laitages. En poésie et en philosophie, un petit peuple à demi barbare peut goûter tous les biens; mais l'impitoyable histoire le soumet aux calamités du reste des hommes. Ceux qui crient tant contre la gloire ne seroient-ils pas un peu amoureux de la renommée? Pour moi, loin de regarder comme un insensé le roi qui fit bâtir la grande Pyramide, je le tiens au contraire pour un monarque d'un esprit magnanime. L'idée de vaincre le temps par un tombeau, de forcer les générations, les mœurs, les lois, les âges à se briser au pied d'un cercueil, ne sauroit être sortie d'une âme vulgaire. Si c'est là de l'orgueil, c'est du moins un grand orgueil. Une vanité comme celle de la grande Pyramide, qui dure depuis trois ou quatre mille ans, pourroit bien à la longue se faire compter pour quelque chose.

Au reste, ces Pyramides me rappelèrent des monuments moins pompeux, mais qui toutefois étoient aussi des sépulcres ; je veux parler de ces édifices de gazon qui couvrent les cendres des Indiens au bord de l'Ohio. Lorsque je les visitai, j'étois dans une situation d'âme bien différente de celle où je me trouvois en contemplant les mausolées des Pharaons : je commençois alors le voyage, et maintenant je le finis. Le monde, à ces deux époques de ma vie, s'est présenté à moi précisément sous l'image des deux déserts, où j'ai vu ces deux espèces de tombeaux : des solitudes riantes, des sables arides.

Nous abordâmes à Boulacq, et nous louâmes des chevaux et des ânes pour le Caire. Cette ville, que dominent l'ancien château de Babylone et le mont Moqattam, présente un aspect assez pittoresque, à cause de la multitude des palmiers, des sycomores et des minarets qui s'élèvent de son enceinte. Nous y entrâmes par des voiries et par un faubourg détruit, au milieu des vautours qui dévoroient leur proie. Nous descendîmes à la contrée des Francs, espèce de cul-de-sac dont on ferme l'entrée tous les soirs, comme les cloîtres extérieurs d'un couvent. Nous fûmes reçus par M....[1], à qui M. Drovetti avoit confié le soin des affaires des François au Caire. Il nous prit sous sa protection, et envoya prévenir le pacha de notre arrivée ; il fit en même temps avertir les cinq mamelucks françois, afin qu'ils nous accompagnassent dans nos courses.

Ces mamelucks étoient attachés au service du pacha. Les grandes armées laissent toujours après elles quelques traîneurs : la nôtre perdit ainsi deux ou trois cents soldats, qui restèrent éparpillés en Égypte. Ils prirent parti sous différents beys, et furent bientôt renommés par leur bravoure. Tout le monde convenoit que si ces déserteurs, au lieu de se diviser entre eux, s'étoient réunis et avoient nommé un bey françois, ils se seroient rendus maîtres du pays. Malheureusement ils manquèrent de chef et périrent presque tous à la solde des maîtres qu'ils avoient choisis. Lorsque j'étois au Caire, Mahamed-Ali-Pacha pleuroit encore la mort d'un de ces braves. Ce soldat, d'abord petit tambour dans un de nos régiments, étoit tombé entre les mains des Turcs par les chances de la guerre : devenu homme, il se trouva enrôlé dans les troupes du pacha. Mahamed, qui ne le connoissoit point encore, le voyant charger un gros d'ennemis, s'écria : « Quel est cet homme ? Ce ne peut être qu'un François ; » et c'étoit en effet un François. Depuis ce moment il devint le favori de son maître, et il n'étoit bruit que de sa valeur. Il fut tué peu de temps avant mon

---

[1] Par la plus grande fatalité, le nom de mon hôte, au Caire, s'est effacé sur mon journal, et je crains de ne l'avoir pas retenu correctement, ce qui fait que je n'ose l'écrire. Je ne me pardonnerois pas un pareil malheur si ma mémoire étoit infidèle aux services, à l'obligeance et à la politesse de mon hôte, comme à son nom.

arrivée en Égypte, dans une affaire où les cinq autres mamelucks perdirent leurs chevaux.

Ceux-ci étoient Gascons, Languedociens et Picards; leur chef s'avouoit le fils d'un cordonnier de Toulouse. Le second en autorité après lui servoit d'interprète à ses camarades. Il savoit assez bien le turc et l'arabe, et disoit toujours en françois : *j'étions, j'allions, je faisions.* Un troisième, grand jeune homme maigre et pâle, avoit vécu longtemps dans le désert avec les Bedouins, et il regrettoit singulièrement cette vie. Il me contoit que quand il se trouvoit seul dans les sables, sur un chameau, il lui prenoit des transports de joie dont il n'étoit pas le maître. Le pacha faisoit un tel cas de ces cinq mamelucks, qu'il les préféroit au reste de ses spahis : eux seuls retraçoient et surpassoient l'intrépidité de ces terribles cavaliers détruits par l'armée françoise à la journée des Pyramides. Nous sommes dans le siècle des merveilles ; chaque François semble être appelé aujourd'hui à jouer un rôle extraordinaire : cinq soldats tirés des derniers rangs de notre armée se trouvoient en 1806 à peu près les maîtres au Caire. Rien n'étoit amusant et singulier comme de voir Abdallah de Toulouse prendre les cordons de son cafetan, en donner par le visage des Arabes et des Albanois qui l'importunoient, et nous ouvrir ainsi large chemin dans les rues les plus populeuses. Au reste, ces rois par l'exil avoient adopté, à l'exemple d'Alexandre, les mœurs des peuples conquis ; ils portoient de longues robes de soie, de beaux turbans blancs, de superbes armes ; ils avoient un harem, des esclaves, des chevaux de première race ; toutes choses que leurs pères n'ont point en Gascogne et en Picardie. Mais au milieu des nattes, des tapis, des divans que je vis dans leur maison, je remarquai une dépouille de la patrie : c'étoit un uniforme haché de coups de sabre, qui couvroit le pied d'un lit fait à la françoise. Abdallah réservoit peut-être ces honorables lambeaux pour la fin du songe, comme le berger devenu ministre :

> Le coffre étant ouvert, on y vit des lambeaux,
> L'habit d'un gardeur de troupeaux,
> Petit chapeau, jupon, pannetière, houlette,
> Et, je pense, aussi sa musette.

Le lendemain de notre arrivée au Caire, 1er novembre, nous montâmes au château, afin d'examiner le puits de Joseph, la mosquée, etc. Le fils du pacha habitoit alors ce château. Nous présentâmes nos hommages à Son Excellence, qui pouvoit avoir quatorze ou quinze ans. Nous la trouvâmes assise sur un tapis, dans un cabinet délabré, et entourée d'une douzaine de complaisants qui s'empressoient d'obéir à ses caprices. Je n'ai jamais vu un spectacle plus hideux. Le père de cet enfant étoit à peine maître du Caire, et ne possédoit ni la haute ni la basse Égypte. C'étoit dans cet état de choses que douze misérables sauvages nourrissoient des plus lâches flatteries un jeune barbare enfermé pour sa sûreté dans un donjon. Et voilà le maître que les Égyptiens attendoient après tant de malheurs !

On dégradoit donc dans un coin de ce château l'âme d'un enfant qui devoit conduire des hommes ; dans un autre coin on frappoit une monnoie du plus bas aloi. Et afin que les habitants du Caire reçussent sans murmurer l'or altéré et le chef corrompu qu'on leur préparoit, les canons étoient pointés sur la ville.

J'aimais mieux porter ma vue au dehors et admirer, du haut du château, le vaste tableau que présentoient au loin le Nil, les campagnes, le désert et les Pyramides. Nous avions l'air de toucher à ces dernières, quoique nous en fussions éloignés de quatre lieues. A l'œil nu, je voyois parfaitement les assises des pierres et la tête du sphinx qui sortoit du sable ; avec une lunette je comptois les gradins des angles de la grande Pyramide et je distinguois les yeux, la bouche et les oreilles du sphinx, tant ces masses sont prodigieuses !

Memphis avoit existé dans les plaines qui s'étendent de l'autre côté du Nil jusqu'au désert où s'élèvent les Pyramides.

« Ces plaines heureuses, qu'on dit être le séjour des justes morts, ne sont, à la lettre, que les belles campagnes qui sont aux environs du lac Achéruse, auprès de Memphis, et qui son partagées par des champs et par des étangs couverts de blés ou de lotos. Ce n'est pas sans fondement qu'on a dit que les morts habitent là ; car c'est là qu'on termine les funérailles de la plupart des Égyptiens, lorsque après avoir fait traverser le Nil et le lac d'Achéruse à leurs corps, on les dépose enfin dans les tombes qui sont arrangées sous terre en cette campagne. Les cérémonies qui se pratiquent encore aujourd'hui dans l'Égypte conviennent à tout ce que les Grecs disent de l'enfer, comme à la barque qui transporte les corps ; à la pièce de monnoie qu'il faut donner au nocher, nommé *Charon* en langue égyptienne ; au temple de la ténébreuse Hécate, placé à l'entrée de l'enfer ; aux portes du Cocyte et du Léthé, posées sur des gonds d'airain ; à d'autres portes, qui sont celles de la Vérité et de la Justice, qui est sans tête [1]. »

Le 2 nous allâmes à Djizé et à l'île de Rhoda. Nous examinâmes le nilomètre, au milieu des ruines de la maison de Mourad-Bey. Nous nous étions ainsi beaucoup rapprochés des Pyramides. A cette distance

---

[1]. *Diod.*, trad. de Terrass.

elles paroissoient d'une hauteur démesurée : comme on les apercevoit à travers la verdure des rizières, le cours du fleuve, la cime des palmiers et des sycomores, elles avoient l'air de fabriques colossales bâties dans un magnifique jardin. La lumière du soleil, d'une douceur admirable, coloroit la chaîne aride de Moqattam, les sables libyques, l'horizon de Sacarah et la plaine des tombeaux. Un vent frais chassoit de petits nuages blancs vers la Nubie, et ridoit la vaste nappe des flots du Nil. L'Égypte m'a paru le plus beau pays de la terre : j'aime jusqu'aux déserts qui la bordent et qui ouvrent à l'imagination les champs de l'immensité.

Nous vîmes en revenant de notre course la mosquée abandonnée dont j'ai parlé au sujet de l'El-Sachra de Jérusalem, et qui me paroît être l'original de la cathédrale de Cordoue.

Je passai cinq autres jours au Caire, dans l'espoir de visiter les sépulcres de Pharaon; mais cela fut impossible. Par une singulière fatalité, l'eau du Nil n'étoit pas encore assez retirée pour aller à cheval aux Pyramides, ni assez haute pour s'en approcher en bateau. Nous envoyâmes sonder les gués et examiner la campagne : tous les Arabes s'accordèrent à dire qu'il falloit attendre encore trois semaines ou un mois avant de tenter le voyage. Un pareil délai m'auroit exposé à passer l'hiver en Égypte (car les vents de l'ouest alloient commencer); or, cela ne convenoit ni à mes affaires ni à ma fortune. Je ne m'étois déjà que trop arrêté sur ma route, et je m'exposai à ne jamais revoir la France, pour avoir voulu remonter au Caire. Il fallut donc me résoudre à ma destinée, retourner à Alexandrie et me contenter d'avoir vu de mes yeux les Pyramides, sans les avoir touchées de mes mains. Je chargeai M. Caffe d'écrire mon nom sur ces grands tombeaux, selon l'usage, à la première occasion : l'on doit remplir tous les petits devoirs d'un pieux voyageur. N'aime-t-on pas à lire sur les débris de la statue de Memnon le nom des Romains qui l'ont entendue soupirer au lever de l'aurore? Ces Romains furent comme nous *étrangers dans la terre d'Égypte,* et nous passerons comme eux.

Au reste, je me serois très-bien arrangé du séjour du Caire ; c'est la seule ville qui m'ait donné l'idée d'une ville orientale telle qu'on se la représente ordinairement : aussi figure-t-elle dans *Les Mille et une Nuits.* Elle conserve encore beaucoup de traces du passage des François : les femmes s'y montrent avec moins de réserve qu'autrefois; on est absolument maître d'aller et d'entrer partout où l'on veut; l'habit européen, loin d'être un objet d'insulte, est un titre de protection. Il y a un jardin assez joli, planté en palmiers avec des allées circulaires, qui sert de promenade publique : c'est l'ouvrage de nos soldats.

Avant de quitter le Caire, je fis présent à Abdallah d'un fusil de chasse à deux coups, de la manufacture de Lepage. Il me promit d'en faire usage à la première occasion. Je me séparai de mon hôte et de mes aimables compagnons de voyage. Je me rendis à Boulacq, où je m'embarquai avec M. Caffe pour Rosette. Nous étions les seuls passagers sur le bateau, et nous appareillâmes le 8 novembre à sept heures du soir.

Nous descendîmes avec le cours du fleuve : nous nous engageâmes dans le canal de Ménouf. Le 10 au matin, en sortant du canal et rentrant dans la grande branche de Rosette, nous aperçûmes le côté occidental du fleuve occupé par un camp d'Arabes. Le courant nous portoit malgré nous de ce côté et nous obligeoit de serrer la rive. Une sentinelle cachée derrière un vieux mur cria à notre patron d'aborder. Celui-ci répondit qu'il étoit pressé de se rendre à sa destination, et que d'ailleurs il n'étoit point ennemi. Pendant ce colloque, nous étions arrivés à portée de pistolet du rivage, et le flot couroit dans cette direction l'espace d'un mille. La sentinelle, voyant que nous poursuivions notre route, tira sur nous : cette première balle pensa tuer le pilote, qui riposta d'un coup d'escopette. Alors tout le camp accourut, borda la rive, et nous essuyâmes le feu de la ligne. Nous cheminions fort doucement, car nous avions le vent contraire : pour comble de guignon, nous échouâmes un moment. Nous étions sans armes ; on a vu que j'avois donné mon fusil à Abdallah. Je voulois faire descendre dans la chambre M. Caffe, que sa complaisance pour moi exposoit à cette désagréable aventure ; mais, quoique père de famille et déjà sur l'âge, il s'obstina à rester sur le pont. Je remarquai la singulière prestesse d'un Arabe : il lâchoit son coup de fusil, rechargeoit son arme en courant, tiroit de nouveau, et tout cela sans avoir perdu un pas sur la marche de la barque. Le courant nous porta enfin sur l'autre rive, mais il nous jeta dans un camp d'Albanois révoltés, plus dangereux pour nous que les Arabes, car ils avoient du canon, et un boulet nous pouvoit couler bas. Nous aperçûmes du mouvement à terre ; heureusement la nuit survint. Nous n'allumâmes point de feu, et nous fîmes silence. La Providence nous conduisit, sans autre accident, au milieu des partis ennemis, jusqu'à Rosette. Nous y arrivâmes le 11, à dix heures du matin.

J'y passai deux jours avec M. Caffe et M. de Saint-Marcel, et je partis le 13 pour Alexandrie. Je saluai l'Égypte, en la quittant, par ces beaux vers :

> Mère antique des arts et des fables divines,
> Toi, dont la gloire assise au milieu des ruines

Etonne le génie et confond notre orgueil,
Égypte vénérable, où du fond du cercueil
Ta grandeur colossale insulte à nos chimères,
C'est ton peuple qui sut à ces barques légères
Dont rien ne dirigeoit le cours audacieux
Chercher des guides sûrs dans la voûte des cieux.
Quand le fleuve sacré qui féconde tes rives
T'apportoit en tribut ses ondes fugitives,
Et, sur l'émail des prés égarant les poissons,
Du limon de ses flots nourrissoit tes moissons,
Les hameaux, dispersés sur les hauteurs fertiles,
D'un nouvel Océan sembloient former les îles ;
Les palmiers, ranimés par la fraîcheur des eaux,
Sur l'onde salutaire abaissoient leurs rameaux ;
Par les feux du Cancer Syène poursuivie
Dans ses sables brûlants sentoit filtrer la vie ;
Et des murs de Péluse aux lieux où fut Memphis,
Mille canots flottoient sur la terre d'Isis.
Le foible papyrus, par des tissus fragiles,
Formoit les flancs étroits de ces barques agiles,
Qui, des lieux séparés conservant les rapports,
Réunissoient l'Égypte en parcourant ses bords.
Mais lorsque dans les airs la Vierge triomphante
Ramenoit vers le Nil son onde décroissante,
Quand les troupeaux bêlants et les épis dorés
S'emparoient à leur tour des champs désaltérés,
Alors d'autres vaisseaux à l'active industrie
Ouvroient des aquilons l'orageuse patrie.
. . . .
. . . .
Alors mille cités que décoroient les arts,
L'immense Pyramide, et cent palais épars,
Du Nil enorgueilli couronnoient le rivage.
Dans les sables d'Ammon le porphyre sauvage,
En colonne hardie élancé dans les airs,
De sa pompe étrangère étonnoit les déserts.
. . . .
O grandeur des mortels ! O temps impitoyable !
Les destins sont comblés : dans leur course immuable,
Les siècles ont détruit cet éclat passager
Que la superbe Égypte offrit à l'étranger [1].

---

1. *La Navigation*, par M. Esménard.

Quand j'imprimois ces vers, il n'y a pas encore un an, je ne pensois pas qu'on dût appliquer si tôt à l'auteur ses propres paroles :

O temps impitoyable !
Les destins sont comblés !

. (*Note de la troisième édition.*)

DE PARIS A JÉRUSALEM.

J'arrivai le même jour, 13, à Alexandrie, à sept heures du soir.

M. Drovetti m'avoit nolisé un bâtiment autrichien pour Tunis. Ce bâtiment, du port de cent vingt tonneaux, étoit commandé par un Ragusois; le second capitaine s'appeloit *François Dinelli,* jeune Vénitien très-expérimenté dans son art. Les préparatifs du voyage et les tempêtes nous retinrent au port pendant dix jours. J'employai ces dix jours à voir et à revoir Alexandrie.

J'ai cité, dans une note des *Martyrs,* un long passage de Strabon, qui donne les détails les plus satisfaisants sur l'ancienne Alexandrie; la nouvelle n'est pas moins connue, grâce à M. de Volney : ce voyageur en a tracé le tableau le plus complet et le plus fidèle. J'invite les lecteurs à recourir à ce tableau : il n'existe guère dans notre langue un meilleur morceau de description. Quant aux monuments d'Alexandrie, Pococke, Norden, Shaw, Thévenot, Paul Lucas, Tott, Niebuhr, Sonnini et cent autres les ont examinés, comptés, mesurés. Je me contenterai donc de donner ici l'inscription de la colonne de Pompée. Je crois être le premier voyageur qui l'ait rapportée en France[1].

Le monde savant la doit à quelques officiers anglois; ils parvinrent à la relever en y appliquant du plâtre.

Pococke en avoit copié quelques lettres ; plusieurs autres voyageurs l'avoient aperçue, j'ai moi-même déchiffré distinctement à l'œil nu plusieurs traits, entre autres, le commencement de ce mot Αλεξ.., qui est décisif. Les gravures du plâtre ont fourni ces quatre lignes :

```
ΤΟ.     ΩΤΑΤΟΝ, ΑΥΤΟΚΡΑΤΟΡΑ
ΤΟΝ ΠΟΛΙΟΥΧΟΝ, ΑΛΕΞΑΝΔΡΕΙΑΣ
ΔΙΟΚ. Η. ΙΑΝΟΝ ΤΟΝ.        ΤΟΝ
ΠΟ.          ΕΠΑΡΧΟΣ ΑΙΓΥΠΤΟΥ.
```

Il faut d'abord suppléer à la tête de l'inscription le mot ΠΡΟΣ. Après le premier point, Ν ΣΟΦ; après le second, Λ; après le troisième, Τ; au quatrième, ΑΥΓΟΥΣ; au cinquième, enfin, il faut ajouter ΛΑΙΩΝ. On voit qu'il n'y a ici d'arbitraire que le mot ΑΥΓΟΥΣΤΟΝ, qui est d'ailleurs peu important. Ainsi on peut lire :

```
            ΠΡΟΣ
ΤΟΝ ΣΟΦΩΤΑΤΟΝ ΑΥΤΟΚΡΑΤΟΡΑ
ΤΟΝ ΠΟΛΙΟΥΧΟΝ ΑΛΕΞΑΝΔΡΕΙΑΣ
ΔΙΟΚΛΗΤΙΑΝΟΝ ΤΟΝ ΑΥΓΟΥΣΤΟΝ
ΠΟΛΛΙΩΝ ΕΠΑΡΧΟΣ ΑΙΓΥΠΤΟΥ
```

---

1. Je me trompois : M. Jaubert avoit rapporté cette inscription en France avant moi. Le savant d'Ansse de Villoison l'a expliquée dans un article du *Magasin Ency-*

C'est-à-dire :

« Au très-sage empereur, protecteur d'Alexandrie, Dioclétien auguste, Pollion, préfet d'Égypte. »

Ainsi, tous les doutes sur la colonne de Pompée sont éclaircis[1]. Mais l'histoire garde-t-elle le silence sur ce sujet? Il me semble que dans la vie d'un des Pères du désert, écrite en grec par un contemporain, on lit que pendant un tremblement de terre qui eut lieu à Alexandrie toutes les colonnes tombèrent, excepté celle de Dioclétien.

M. Boissonade, à qui j'ai tant d'obligations, et dont j'ai mis la complaisance à de si grandes et de si longues épreuves, propose de supprimer le ΠΡΟΣ de ma leçon, qui n'est là que pour gouverner des accusatifs, et dont la place n'est point remarquée sur la base de la colonne. Il sous-entend alors, comme dans une foule d'inscriptions rapportées par Chandler, Wheler, Spon, etc., ἐτίμησε, *honoravit*. M. Boissonade, qui est destiné à nous consoler de la perte ou de la vieillesse de tant de savants illustres, a évidemment raison.

J'eus encore à Alexandrie une de ces petites jouissances d'amour-propre dont les auteurs sont si jaloux, et qui m'avoit déjà rendu si fier à Sparte. Un riche Turc, voyageur et astronome, nommé *Aly-Bey el Abassy*, ayant entendu prononcer mon nom, prétendit connoître mes ouvrages. J'allai lui faire une visite avec le consul. Aussitôt qu'il m'aperçut, il s'écria : *Ah, mon cher Atala et ma chère René!* Aly-Bey me parut digne dans ce moment de descendre du grand Saladin. Je suis même encore un peu persuadé que c'est le Turc le plus savant et le plus poli qui soit au monde, quoiqu'il ne connoisse pas bien le genre des noms en françois : mais *non ego paucis offendar maculis*[2].

Si j'avois été enchanté de l'Égypte, Alexandrie me sembla le lieu le plus triste et le plus désolé de la terre. Du haut de la terrasse de la maison du consul je n'apercevois qu'une mer nue, qui se brisoit sur des côtes basses encore plus nues, des ports presque vides et le désert libyque s'enfonçant à l'horizon du midi : ce désert sembloit, pour

---

clopédique, VIIIe année, t. V, p. 55. Cet article mérite d'être cité. Le docte helléniste propose une lecture un peu différente de la mienne *.

1. Quant à l'inscription ; car la colonne est elle-même bien plus ancienne que sa dédicace.

2. Voilà ce que c'est que la gloire! On m'a dit que cet Aly-Bey étoit espagnol de naissance, et qu'il occupoit aujourd'hui une place en Espagne. Belle leçon pour ma vanité ! (*Note de la troisième édition.*)

* Voyez la note XVI, à la fin de l'*Itinéraire*.

ainsi dire, accroître et prolonger la surface jaune et aplanie des flots : on auroit cru voir une seule mer dont une moitié étoit agitée et bruyante, et dont l'autre moitié étoit immobile et silencieuse. Partout la nouvelle Alexandrie mêlant ses ruines aux ruines de l'ancienne cité ; un Arabe galopant sur un âne au milieu des débris ; quelques chiens maigres dévorant des carcasses de chameaux sur la grève ; les pavillons des consuls européens flottant au-dessus de leurs demeures, et déployant au milieu des tombeaux des couleurs ennemies : tel étoit le spectacle.

Quelquefois je montois à cheval avec M. Drovetti, et nous allions nous promener à la vieille ville, à Nécropolis ou dans le désert. La plante qui donne la soude couvroit à peine un sable aride ; des chakals fuyoient devant nous ; une espèce de grillon faisoit entendre sa voix grêle et importune : il rappeloit péniblement à la mémoire le foyer du laboureur, dans cette solitude où jamais une fumée champêtre ne vous appelle à la tente de l'Arabe. Ces lieux sont d'autant plus tristes, que les Anglois ont noyé le vaste bassin qui servoit comme de jardin à Alexandrie : l'œil ne rencontre plus que du sable, des eaux et l'éternelle colonne de Pompée.

M. Drovetti avoit fait bâtir sur la plate-forme de sa maison une volière en forme de tente, où il nourrissoit des cailles et des perdrix de diverses espèces. Nous passions les heures à nous promener dans cette volière, et à parler de la France. La conclusion de tous nos discours étoit qu'il falloit chercher au plus tôt quelque petite retraite dans notre patrie, pour y renfermer nos longues espérances. Un jour, après un grand raisonnement sur le repos, je me tournai vers la mer, et je montrai à mon hôte le vaisseau battu du vent sur lequel j'allois bientôt m'embarquer. Ce n'est pas, après tout, que le désir du repos ne soit naturel à l'homme ; mais le but qui nous paroît le moins élevé n'est pas toujours le plus facile à atteindre, et souvent la chaumière fuit devant nos vœux comme le palais.

Le ciel fut toujours couvert pendant mon séjour à Alexandrie, la mer sombre et orageuse. Je m'endormois et me réveillois au gémissement continuel des flots qui se brisoient presque au pied de la maison du consul. J'aurois pu m'appliquer les réflexions d'Eudore, s'il est permis de se citer soi-même :

« Le triste murmure de la mer est le premier son qui ait frappé mon oreille en venant à la vie. A combien de rivages n'ai-je pas vu depuis se briser les mêmes flots que je contemple ici ! Qui m'eût dit il y a quelques années que j'entendrois gémir sur les côtes d'Italie, sur les grèves des Bataves, des Bretons, des Gaulois, ces vagues que je voyois se dérouler sur les beaux sables de la Messénie! Quel sera le terme de mes pèlerinages? Heureux si la mort m'eût surpris avant d'avoir commencé mes courses sur la terre, et lorsque je n'avois d'aventures à conter à personne! »

Pendant mon séjour forcé à Alexandrie, je reçus plusieurs lettres de M. Caffe, mon brave compagnon de voyage sur le Nil. Je n'en citerai qu'une; celle contient quelques détails touchant les affaires de l'Égypte à cette époque :

« Rosette, le 14 février 1806.

« Monsieur,

« Quoique nous soyons au 14 du courant, j'ai l'honneur de vous écrire encore, bien persuadé qu'à la reçue de celle-ci vous serez encore à Alexandrie. Ayant travaillé à mes expéditions pour Paris, au nombre de quatre, je prends la liberté de vous les recommander, et d'avoir la complaisance, à votre heureuse arrivée, de vouloir bien les faire remettre à leur adresse

« Mahamed-Aga, aujourd'hui trésorier de Mahamed-Ali, pacha du Caire, est arrivé vers le midi : l'on a débité qu'il demande cinq cents bourses de contribution sur le riz nouveau. Voilà, mon cher Monsieur, comme les affaires vont de mal en pis.

« Le village où les Mamelucks ont battu les Albanois, et que les uns et les autres ont dépouillé, s'appelle *Neklé;* celui où nous avons été attaqués par les Arabes porte le nom de *Saffi.*

« J'ai toujours du regret de n'avoir pas eu la satisfaction de vous voir avant votre départ; vous m'avez privé par là d'une grande consolation, etc.

« Votre très-humble, etc.

« L.-E. Caffe. »

Le 23 novembre, à midi, le vent étant devenu favorable, je me rendis à bord du vaisseau avec mon domestique françois. J'avois, comme je l'ai dit, renvoyé mon domestique grec à Constantinople. J'embrassai M. Drovetti sur le rivage, et nous nous promîmes amitié et souvenance : j'acquitte aujourd'hui ma dette.

Notre navire étoit à l'ancre dans le grand port d'Alexandrie, où les vaisseaux francs sont admis aujourd'hui comme les vaisseaux turcs; révolution due à nos armes. Je trouvai à bord un rabbin de Jérusalem, un Barbaresque, et deux pauvres Maures de Maroc, peut-être descendants des Abencerages, qui revenoient du pèlerinage de La Mecque : ils me demandoient leur passage par charité. Je reçus les enfants de Jacob et de Mahomet au nom de Jésus-Christ : au fond, je n'avois pas grand mérite, car j'allai me mettre en tête que ces malheureux me porteroient bonheur, et que ma fortune passeroit en fraude, cachée parmi leurs misères.

Nous levâmes l'ancre à deux heures. Un pilote nous mit hors du port. Le vent étoit foible et de la partie du midi. Nous restâmes trois jours à la vue de la colonne de Pompée, que nous découvrions à l'horizon. Le soir du troisième jour nous entendîmes le coup de canon de retraite du port d'Alexandrie. Ce fut comme le signal de notre départ définitif, car le vent du nord se leva, et nous fîmes voile à l'occident.

Nous essayâmes d'abord de traverser le grand canal de Libye, mais le vent du nord, qui déjà n'étoit pas très-favorable, passa au nord-ouest le 29 novembre, et nous fûmes obligés de courir des bordées entre la Crète et la côte d'Afrique.

Le 1er décembre, le vent, se fixant à l'ouest, nous barra absolument le chemin. Peu à peu il descendit au sud-ouest, et se changea en une tempête, qui ne cessa qu'à notre arrivée à Tunis. Notre navigation ne fut plus qu'une espèce de continuel naufrage de quarante-deux jours; ce qui est un peu long. Le 3 nous amenâmes toutes les voiles, et nous commençâmes à fuir devant la lame. Nous fûmes portés ainsi, avec une extrême violence, jusque sur les côtes de la Caramanie. Là pendant quatre jours entiers je vis à loisir les tristes et hauts sommets du Cragus enveloppés de nuages. Nous battions la mer çà et là, tâchant à la moindre variation du vent de nous éloigner de la terre. Nous eûmes un moment la pensée d'entrer au port de Château-Rouge; mais le capitaine, qui étoit d'une timidité extrême, n'osa risquer le mouillage. La nuit du 8 fut très-pénible. Une rafale subite du midi nous chassa vers l'île de Rhodes; la lame étoit si courte et si mauvaise, qu'elle fatiguoit singulièrement le vaisseau. Nous découvrîmes une petite felouque grecque à demi submergée, et à laquelle nous ne pûmes donner aucun secours. Elle passa à une encâblure de notre poupe. Les quatre hommes qui la conduisoient étoient à genoux sur le pont; ils avoient suspendu un fanal à leur mât, et ils poussoient des cris que nous apportoient les vents. Le lendemain matin nous ne revîmes plus cette felouque.

Le vent ayant sauté au nord, nous mîmes la misaine dehors, et nous tâchâmes de nous soutenir sur la côte méridionale de l'île de Rhodes. Nous avançâmes jusqu'à l'île de Scarpanto. Le 10 le vent retomba à l'ouest, et nous perdîmes tout espoir de continuer notre route. Je désirois que le capitaine renonçât à passer le canal de Libye, et qu'il se jetât dans l'Archipel, où nous avions l'espoir de trouver d'autres vents; mais il craignoit de s'aventurer au milieu des îles. Il y avoit déjà dix-sept jours que nous étions en mer. Pour occuper mon temps, je copiois et mettois en ordre les notes de ce voyage et les descriptions des *Martyrs*. La nuit je me promenois sur le pont avec le second capitaine, Dinelli. Les nuits passées au milieu des vagues, sur un vaisseau battu de la tempête, ne sont point stériles pour l'âme, car les nobles pensées naissent des grands spectacles. Les étoiles qui se montrent fugitives entre les nuages brisés, les flots étincelants autour de vous, les coups de la lame qui font sortir un bruit sourd des flancs du navire, le gémissement du vent dans les mâts, tout vous annonce que vous êtes hors de la puissance de l'homme et que vous ne dépendez plus que de la volonté de Dieu. L'incertitude de votre avenir donne aux objets leur véritable prix, et la terre contemplée du milieu d'une mer orageuse ressemble à la vie considérée par un homme qui va mourir.

Après avoir mesuré vingt fois les mêmes vagues, nous nous retrouvâmes le 12 devant l'île de Scarpanto. Cette île, jadis appelée *Carpathos,* et *Crapathos* par Homère, donna son nom à la mer Carpathienne. Quelques vers de Virgile font aujourd'hui toute sa célébrité :

« Est in Carpathio Neptuni gurgite vates.
« Cæruleus Proteus, etc. »

Protée, ô mon cher fils! peut seul finir tes maux ;
C'est lui que nous voyons, sur les mers qu'il habite,
Atteler à son char les monstres d'Amphitrite ;
Pallène est sa patrie, et dans ce même jour
Vers ces bords fortunés il hâte son retour.
Les Nymphes, les Tritons, tous, jusqu'au vieux Nérée,
Respectent de ce dieu la science sacrée ;
Ses regards pénétrants, son vaste souvenir,
Embrassent le présent, le passé, l'avenir :
Précieuse faveur du dieu puissant des ondes,
Dont il paît les troupeaux dans les plaines profondes.

Je n'irai point, si je puis, demeurer dans l'île de Protée, malgré les beaux vers des Géorgiques françoises et latines. Il me semble encore voir les tristes villages d'Anchinates, d'Oro, de Saint-Hélie, que nous découvrions avec des lunettes marines dans les montagnes de l'île. Je n'ai point, comme Ménélas et comme Aristée, perdu mon royaume ou mes abeilles ; je n'ai rien à attendre de l'avenir, et je laisse au fils de Neptune des secrets qui ne peuvent m'intéresser.

Le 12, à six heures du soir, le vent se tournant au midi, j'engageai le capitaine à passer en dedans de l'île de Crète. Il y consentit avec peine. A neuf heures il dit selon sa coutume : *Ho paura!* et il alla se coucher.

M. Dinelli prit sur lui de franchir le canal formé par l'île de Scarpanto et celle de Coxo. Nous y entrâmes avec un vent violent du sud-ouest. Au lever du jour, nous nous trouvâmes au milieu d'un archipel d'îlots et d'écueils qui blanchissoient de toutes parts. Nous prîmes le parti de nous jeter dans le port de l'île de Stampalie, qui étoit devant nous.

Ce triste port n'avoit ni vaisseaux dans ses eaux ni maisons sur ses rivages. On apercevoit seulement un village suspendu comme de coutume au sommet d'un rocher. Nous mouillâmes sous la côte; je descendis à terre avec le capitaine. Tandis qu'il montoit au village, j'examinai l'intérieur de l'île. Je ne vis partout que des bruyères, des eaux errantes qui couloient sur la mousse, et la mer qui se brisoit sur une ceinture de rochers. Les anciens appelèrent pourtant cette île la *Table des Dieux*, Θεῶν Τράπεζα, à cause des fleurs dont elle étoit semée. Elle est plus connue sous le nom d'*Astypalée*; on y trouvoit un temple d'Achille. Il y a peut-être des gens fort heureux dans le misérable hameau de Stampalie, des gens qui ne sont peut-être jamais sortis de leur île, et qui n'ont jamais entendu parler de nos révolutions. Je me demandois si j'aurois voulu de ce bonheur ; mais je n'étois déjà plus qu'un vieux pilote incapable de répondre affirmativement à cette question, et dont les songes sont enfants des vents et des tempêtes.

Nos matelots embarquèrent de l'eau ; le capitaine revint avec des poulets et un cochon vivant. Une felouque candiote entra dans le port ; à peine eut-elle jeté l'ancre auprès de nous, que l'équipage se mit à danser autour du gouvernail : *O Græcia vana!*

Le vent continuant toujours de souffler du midi, nous appareillâmes le 16 à neuf heures du matin. Nous passâmes au sud de l'île de Nanfia, et le soir, au coucher du soleil, nous aperçûmes la Crète. Le lendemain 17, faisant route au nord-ouest, nous découvrîmes le mont Ida : son sommet, enveloppé de neige, ressembloit à une immense coupole. Nous portâmes sur l'île de Cérigo, et nous fûmes assez heureux pour la passer le 18. Le 19, je revis les côtes de la Grèce, et je saluai le Ténare. Un orage du sud-est s'éleva à notre grande joie, et en cinq jours nous arrivâmes dans les eaux de l'île de Malte. Nous la découvrîmes la veille de Noël, mais le jour de Noël même le vent, se rangeant à l'ouest-nord-ouest, nous chassa au midi de Lampedouse. Nous restâmes dix-huit jours sur la côte orientale du royaume de Tunis, entre la vie et la mort. Je n'oublierai de ma vie la journée du 28. Nous étions à la vue de la Pantalerie : un calme profond survint tout à coup à midi ; le ciel, éclairé d'une lumière blafarde, étoit menaçant. Vers le coucher du soleil, une nuit si profonde tomba du ciel, qu'elle justifia à mes yeux la belle expression de Virgile : *Ponto nox incubat atra*. Nous entendîmes ensuite un bruit affreux. Un ouragan fondit sur le navire, et le fit pirouetter comme une plume sur un bassin d'eau. Dans un instant la mer fut bouleversée de telle sorte que sa surface n'offroit qu'une nappe d'écume. Le vaisseau, qui n'obéissoit plus au gouvernail, étoit comme un point ténébreux au milieu de cette terrible blancheur ; le tourbillon sembloit nous soulever et nous arracher des flots ; nous tournions en tous sens, plongeant tour à tour la poupe et la proue dans les vagues. Le retour de la lumière nous montra notre danger. Nous touchions presque à l'île de Lampedouse. Le même coup de vent fit périr, sur l'île de Malte, deux vaisseaux de guerre anglois, dont les gazettes du temps ont parlé. M. Dinelli regardant le naufrage comme inévitable, j'écrivis un billet ainsi conçu : « F. A. de Chateaubriand, naufragé sur l'île de Lampedouse, le 28 décembre 1806, en revenant de la Terre Sainte. » J'enfermai ce billet dans une bouteille vide, avec le dessein de la jeter à la mer au dernier moment.

La Providence nous sauva. Un léger changement dans le vent nous fit tomber au midi de Lampedouse, et nous nous trouvâmes dans une mer libre. Le vent remontant toujours au nord, nous hasardâmes de mettre une voile, et nous courûmes sur la petite syrte. Le fond de cette syrte va toujours s'élevant jusqu'au rivage, de sorte qu'en marchant la sonde à la main on vient mouiller à telle brasse que l'on veut. Le peu de profondeur de l'eau y rend la mer calme au milieu des plus grands vents, et cette plage, si dangereuse pour les barques des anciens, est une espèce de port en pleine mer pour les vaisseaux modernes.

Nous jetâmes l'ancre devant les îles Kerkeni, tout auprès de la ligne des pêcheries. J'étois si las de cette longue traversée, que j'aurois bien voulu débarquer à Sfax, et me rendre de là à Tunis par terre ; mais le capitaine n'osa chercher le port de Sfax, dont l'entrée est en effet dangereuse. Nous restâmes huit jours à l'ancre dans la petite syrte, où je vis commencer l'année 1807. Sous combien d'astres et dans combien de fortunes diverses j'avois déjà vu se renouveler pour moi les années, qui passent si vite ou qui sont si longues ! Qu'ils étoient loin de moi, ces temps de mon enfance où je recevois avec un cœur palpitant de joie la bénédiction et les présents paternels ! Comme ce premier jour de l'année étoit attendu ! Et maintenant, sur un vaisseau étranger, au milieu de la mer, à la vue d'une terre barbare, ce premier jour s'envoloit pour moi sans témoins, sans plaisirs, sans les embrassements de la famille, sans ces tendres souhaits de bonheur qu'une mère forme pour son fils avec tant de sincérité ! Ce jour, né du sein des tempêtes, ne laissoit tomber sur mon front que des soucis, des regrets et des cheveux blancs.

Toutefois nous crûmes devoir chômer sa fête, non comme la fête d'un hôte agréable, mais comme celle d'une vieille connoissance. On égorgea le reste des poulets, à l'exception d'un brave coq, notre horloge fidèle, qui n'avoit cessé de veiller et de chanter au milieu des plus grands périls. Le rabbin, le Barbaresque et les deux Maures sortirent de la cale du vaisseau, et vinrent recevoir leurs étrennes à notre banquet. C'étoit là mon repas de famille! Nous bûmes à la France : nous n'étions pas loin de l'île des Lotophages, où les compagnons d'Ulysse oublièrent leur patrie : je ne connois point de fruit assez doux pour me faire oublier la mienne.

Nous touchions presque aux îles Kerkeni, les *Cercinæ* des anciens. Du temps de Strabon il y avoit des pêcheries en avant de ces îles, comme aujourd'hui. Les *Cercinæ* furent témoins de deux grands coups de la fortune : car elles virent passer tour à tour Annibal et Marius fugitifs. Nous étions assez près d'Africa (*Turris Annibalis*), où le premier de ces deux grands hommes fut obligé de s'embarquer pour échapper à l'ingratitude des Carthaginois. Sfax est une ville moderne : selon le docteur Shaw, elle tire son nom du mot *Sfakouse*, à cause de la grande quantité de concombres qui croissent dans son territoire.

Le 6 janvier 1807, la tempête étant enfin apaisée, nous quittâmes la petite syrte, nous remontâmes la côte de Tunis pendant trois jours, et le 10 nous doublâmes le cap Bon, l'objet de toutes nos espérances. Le 11, nous mouillâmes sous le cap de Carthage. Le 12, nous jetâmes l'ancre devant La Goulette, échelle ou port de Tunis. On envoya la chaloupe à terre; j'écrivis à M. Devoise, consul françois auprès du bey. Je craignois de subir encore une quarantaine, mais M. Devoise m'obtint la permission de débarquer le 18. Ce fut avec une vraie joie que je quittai le vaisseau. Je louai des chevaux à La Goulette; je fis le tour du lac, et j'arrivai à cinq heures du soir chez mon nouvel hôte.

FIN DE LA SIXIÈME PARTIE.

SEPTIÈME PARTIE.

VOYAGE DE TUNIS ET RETOUR EN FRANCE.

Je trouvai chez M. et Mme Devoise l'hospitalité la plus généreuse et la société la plus aimable : ils eurent la bonté de me garder six semaines au sein de leur famille, et je jouis enfin d'un repos dont j'avois un extrême besoin. On approchoit du carnaval, et l'on ne songeoit qu'à rire, en dépit des Maures. Les cendres de Didon et les ruines de Carthage entendoient le son d'un violon françois. On ne s'embarrassoit ni de Scipion, ni d'Annibal, ni de Marius, ni de Caton d'Utique, qu'on eût fait boire (car il aimoit le vin) s'il se fût avisé de venir gourmander l'assemblée. Saint Louis seul eût été respecté en sa qualité de François ; mais le bon et grand roi n'eût pas trouvé mauvais que ses sujets s'amusassent dans le même lieu où il avoit tant souffert.

Le caractère national ne peut s'effacer. Nos marins disent que dans les colonies nouvelles les Espagnols commencent par bâtir une église, les Anglois une taverne et les François un fort; et j'ajoute une salle de bal. Je me trouvois en Amérique, sur la frontière du pays des sauvages : j'appris qu'à la première journée je rencontrerois parmi les Indiens un de mes compatriotes. Arrivé chez les Cayougas, tribu qui faisoit partie de la nation des Iroquois, mon guide me conduisit dans une forêt. Au milieu de cette forêt on voyoit une espèce de grange ; je trouvai dans cette grange une vingtaine de sauvages, hommes et femmes, barbouillés comme des sorciers, le corps demi-nu, les oreilles découpées, des plumes de corbeau sur la tête et des anneaux passés dans les narines. Un petit François, poudré et frisé comme autrefois, habit vert-pomme, veste de droguet, jabot et manchettes de mousseline, râcloit un violon de poche et faisoit danser *Madelon Friquet* à ces Iroquois. M. Violet (c'étoit son nom) étoit maître de danse chez les sauvages. On lui payoit ses leçons en peaux de castor et en jambons d'ours : il avoit été marmiton au service du général Rochambeau pendant la guerre d'Amérique. Demeuré à New-York après le départ de notre armée, il résolut d'enseigner les beaux-arts aux Américains. Ses vues s'étant agrandies avec ses succès, le nouvel Orphée porta la civilisation jusque chez les hordes errantes du Nouveau-Monde. En me parlant des Indiens, il me disoit toujours : « Ces messieurs sauvages et ces dames sauvagesses. » Il se louoit beaucoup de la légèreté de ses écoliers : en effet, je n'ai jamais vu faire de telles gambades. M. Violet, tenant son petit violon entre son menton et sa poitrine, accordoit l'instrument fatal; il crioit en iroquois : *A vos places!* Et toute la troupe sautoit comme une bande de démons. Voilà ce que c'est que le génie des peuples.

Nous dansâmes donc aussi sur les débris de Carthage. Ayant vécu à Tunis absolument comme en France, je ne suivrai plus les dates de mon journal. Je traiterai les sujets d'une manière générale et selon l'ordre dans lequel ils s'offriront à ma mémoire. Mais avant de parler de Carthage et de ses ruines je dois nommer les différentes personnes que j'ai connues en Barbarie. Outre M. le consul de France, je voyois souvent M. Lessing, consul de Hollande; son beau-frère, M. Humberg, officier-ingénieur hollandois, commandoit à La Goulette. C'est avec le dernier que j'ai visité les ruines de Carthage; j'ai eu infiniment à me louer de sa complaisance et de sa politesse. Je rencontrai aussi M. Lear, consul des États-Unis. J'avois été autrefois recommandé en Amérique au général Washington. M. Lear avoit occupé une place auprès de ce grand homme : il voulut bien, en mémoire de mon illustre patron, me faire donner passage sur un schooner des États-Unis. Ce schooner me déposa en Espagne, comme je le dirai à la fin de cet Itinéraire. Enfin, je vis à Tunis, tant à la légation que dans la ville, plusieurs jeunes François à qui mon nom n'étoit pas tout à fait étranger. Je ne dois point oublier les restes de l'intéressante famille de M. Adanson.

Si la multitude des récits fatigue l'écrivain qui veut parler aujourd'hui de l'Égypte et de la Judée, il éprouve au sujet des antiquités de l'Afrique un embarras, tout contraire par la disette des documents. Ce n'est pas qu'on manque de Voyages en Barbarie ; je connois une trentaine de Relations des royaumes de Maroc, d'Alger et de Tunis. Toutefois ces Relations sont insuffisantes. Parmi les anciens Voyages, il faut distinguer l'*Africa illustrata* de Grammaye et le savant ouvrage de Shaw. Les *Missions* des Pères de La Trinité et des Pères de La Merci renferment des miracles de charité ; mais elles ne parlent point, et ne doivent point parler des Romains et des Carthaginois. Les Mémoires imprimés à la suite des Voyages de Paul Lucas ne contiennent que le récit d'une guerre civile à Tunis. Shaw auroit pu suppléer à tout s'il avoit étendu ses recherches à l'histoire ; malheureusement il ne la considère que sous les rapports géographiques. Il touche à peine, en passant, les antiquités : Carthage, par exemple, n'occupe pas dans ses observations plus de place que Tunis. Parmi les voyageurs tout à fait modernes, lady Montague, l'abbé Poiret, M. Desfontaines, disent quelques mots de Carthage, mais sans s'y arrêter aucunement. On a publié à Milan, en 1806, l'année même de mon voyage, un ouvrage sous ce titre : *Ragguaglio di alcuni Monumenti di antichità ed arti, raccolti negli ultimi Viaggi d'un dilettante* [1].

Je crois qu'il est question de Carthage dans ce livre : j'en ai retrouvé la note trop tard pour le faire venir d'Italie. On peut donc dire que le sujet que je vais traiter est neuf, j'ouvrirai la route ; les habiles viendront après moi.

Avant de parler de Carthage, qui est ici le seul objet intéressant, il faut commencer par nous débarrasser de Tunis. Cette ville conserve à peu près son nom antique. Les Grecs et les Latins l'appeloient *Tunes*, et Diodore lui donne l'épithète de *Blanche*, Λευκὸν, parce qu'elle est bâtie sur une colline crayeuse : elle est à douze milles des ruines de Carthage, et presque au bord d'un lac dont l'eau est salée. Ce lac communique avec la mer, au moyen d'un canal appelé *La Goulette*, et ce canal est défendu par un fort. Les vaisseaux marchands mouillent devant ce fort, où ils se mettent à l'abri derrière la jetée de La Goulette, en payant un droit d'ancrage considérable.

Le lac de Tunis pouvoit servir de port aux flottes des anciens ; aujourd'hui une de nos barques a bien de la peine à le traverser sans échouer. Il faut avoir soin de suivre le principal canal qu'indiquent des pieux plantés dans la vase. Abulfeda marque dans ce lac une île qui sert maintenant de lazaret. Les voyageurs ont parlé des flamants ou phénicoptères qui animent cette grande flaque d'eau, d'ailleurs assez triste. Quand ces beaux oiseaux volent à l'encontre du soleil, tendant le cou en avant et allongeant les pieds en arrière, ils ont l'air de flèches empennées avec des plumes couleur de rose.

Des bords du lac pour arriver à Tunis il faut traverser un terrain qui sert de promenade aux Francs. La ville est murée ; elle peut avoir une lieue de tour, en y comprenant le faubourg extérieur, Bled-el-

---

1. Voyez la Préface de la troisième édition.

Had-rah. Les maisons en sont basses, les rues étroites, les boutiques pauvres, les mosquées chétives. Le peuple, qui se montre peu au dehors, a quelque chose de hagard et de sauvage. On rencontre sous les portes de la ville ce qu'on appelle des *siddi* ou des *saints :* ce sont des négresses et des nègres tout nus, dévorés par la vermine, vautrés dans leurs ordures et mangeant insolemment le pain de la charité. Ces sales créatures sont sous la protection immédiate de Mahomet. Des marchands européens, des Turcs enrôlés à Smyrne, des Maures dégénérés, des renégats et des captifs, composent le reste de la population.

La campagne aux environs de Tunis est agréable : elle présente de grandes plaines semées de blé et bordées de collines qu'ombragent des oliviers et des caroubiers. Un aqueduc moderne, d'un bon effet, traverse une vallée derrière la ville. Le bey a sa maison de campagne au fond de cette vallée. De Tunis même on découvre, au midi, les collines dont j'ai parlé. On voit à l'orient les montagnes du Mamélife : montagnes singulièrement déchirées, d'une figure bizarre et au pied desquelles se trouvent les eaux chaudes connues des anciens. A l'ouest et au nord on aperçoit la mer, le port de La Goulette et les ruines de Carthage.

Les Tunisiens sont cependant moins cruels et plus civilisés que les peuples d'Alger. Ils ont recueilli les Maures d'Andalousie, qui habitent le village de Tub-Urbo, à six lieues de Tunis, sur la Me-Jerdah [1]. Le bey actuel est un homme habile : il cherche à se tirer de la dépendance d'Alger, à laquelle Tunis est soumise depuis la conquête qu'en firent les Algériens en 1757. Ce prince parle italien, cause avec esprit et entend mieux la politique de l'Europe que la plupart des Orientaux. On sait au reste que Tunis fut attaquée par saint Louis en 1270 et prise par Charles Quint en 1535. Comme la mort de saint Louis se lie à l'histoire de Carthage, j'en parlerai ailleurs. Quant à Charles Quint, il défit le fameux Barberousse et rétablit le roi de Tunis sur son trône, en l'obligeant toutefois à payer un tribut à l'Espagne : on peut consulter à ce sujet l'ouvrage de Robertson [2]. Charles Quint garda le fort de La Goulette, mais les Turcs le reprirent en 1574.

Je ne dis rien de la Tunis des anciens, parce qu'on va la voir figurer à l'instant dans les guerres de Rome et de Carthage.

Au reste, on m'a fait présent à Tunis d'un manuscrit qui traite de l'état actuel de ce royaume, de son gouvernement, de son commerce,

---

1. La Bagrada de l'antiquité, au bord de laquelle Régulus tua le fameux serpent.
2. *Histoire de Charles Quint,* liv. v.

de son revenu, de ses armées, de ses caravanes. Je n'ai point voulu profiter de ce manuscrit ; je n'en connois point l'auteur, mais, quel qu'il soit, il est juste qu'il recueille l'honneur de son travail. Je donnerai cet excellent *Mémoire* à la fin de l'*Itinéraire* [1]. Je passe maintenant à l'histoire et aux ruines de Carthage.

L'an 883 avant notre ère, Didon, obligée de fuir sa terre natale, vint aborder en Afrique. Carthage, fondée par l'épouse de Sichée, dut ainsi sa naissance à l'une de ces aventures tragiques qui marquent le berceau des peuples et qui sont comme le germe et le présage des maux, fruits plus ou moins tardifs de toute société humaine. On connoît l'heureux anachronisme de l'*Énéide*. Tel est le privilége du génie, que les poétiques malheurs de Didon sont devenus une partie de la gloire de Carthage. A la vue des ruines de cette cité, on cherche les flammes du bûcher funèbre ; on croit entendre les imprécations d'une femme abandonnée ; on admire ces puissants mensonges qui peuvent occuper l'imagination, dans des lieux remplis des plus grands souvenirs de l'histoire. Certes, lorsqu'une reine expirante appelle dans les murs de Carthage les divinités ennemies de Rome et les dieux vengeurs de l'hospitalité ; lorsque Vénus, sourde aux prières de l'amour, exauce les vœux de la haine, qu'elle refuse à Didon un descendant d'Énée et lui accorde Annibal, de telles merveilles, exprimées dans un merveilleux langage, ne peuvent plus être passées sous silence. L'histoire prend alors son rang parmi les Muses, et la fiction devient aussi grave que la vérité.

Après la mort de Didon, la nouvelle colonie adopta un gouvernement dont Aristote a vanté les lois. Des pouvoirs balancés avec art entre les deux premiers magistrats, les nobles et le peuple, eurent cela de particulier qu'ils subsistèrent pendant sept siècles sans se détruire : à peine furent-ils ébranlés par des séditions populaires et par quelques conspirations des grands. Comme les guerres civiles, sources des crimes publics, sont cependant mères des vertus particulières, la république gagna plus qu'elle ne perdit à ces orages. Si ses destinées sur la terre ne furent pas aussi longues que celles de sa rivale, du moins à Carthage la liberté ne succomba qu'avec la patrie.

Mais, comme les nations les plus libres sont aussi les plus passionnées, nous trouvons avant la première guerre Punique les Carthaginois engagés dans des guerres honteuses. Ils donnèrent des chaînes à ces peuples de la Bétique dont le courage ne sauva pas la

---

1. Ce *Mémoire* méritoit bien de fixer l'attention des critiques, et personne ne l'a remarqué.

vertu ; ils s'allièrent avec Xerxès, et perdirent une bataille contre Gélon, le même jour que les Lacédémoniens succombèrent aux Thermopyles. Les hommes, malgré leurs préjugés, font un tel cas des sentiments nobles, que personne ne songe aux quatre-vingt mille Carthaginois égorgés dans les champs de la Sicile, tandis que le monde entier s'entretient des trois cents Spartiates morts pour obéir aux saintes lois de leur pays. C'est la grandeur de la cause, et non pas celle des moyens, qui conduit à la véritable renommée, et l'honneur a fait dans tous les temps la partie la plus solide de la gloire.

Après avoir combattu tour à tour Agathocle en Afrique et Pyrrhus en Sicile, les Carthaginois en vinrent aux mains avec la république romaine. La cause de la première guerre Punique fut légère, mais cette guerre amena Régulus aux portes de Carthage.

Les Romains, ne voulant point interrompre le cours des victoires de ce grand homme, ni envoyer les consuls Fulvius et M. Æmilius prendre sa place, lui ordonnèrent de rester en Afrique, en qualité de proconsul. Il se plaignit de ces honneurs ; il écrivit au sénat et le pria instamment de lui ôter le commandement de l'armée : une affaire importante aux yeux de Régulus demandoit sa présence en Italie. Il avoit un champ de sept arpents à Pupinium : le fermier de ce champ étant mort, le valet du fermier s'étoit enfui avec les bœufs et les instruments du labourage. Régulus représentoit aux sénateurs que si sa ferme demeuroit en friche, il lui seroit impossible de faire vivre sa femme et ses enfants. Le sénat ordonna que le champ de Régulus seroit cultivé aux frais de la république ; qu'on tireroit du trésor l'argent nécessaire pour racheter les objets volés, et que les enfants et la femme du proconsul seroient pendant son absence nourris aux dépens du peuple romain. Dans une juste admiration de cette simplicité, Tite-Live s'écrie : « Oh ! combien la vertu est préférable aux richesses ! Celles-ci passent avec ceux qui les possèdent ; la pauvreté de Régulus est encore en vénération ! »

Régulus, marchant de victoire en victoire, s'empara bientôt de Tunis ; la prise de cette ville jeta la consternation parmi les Carthaginois ; ils demandèrent la paix au proconsul. Ce laboureur romain prouva qu'il est plus facile de conduire la charrue après avoir remporté des victoires que de diriger d'une main ferme une prospérité éclatante : le véritable grand homme est surtout fait pour briller dans le malheur ; il semble égaré dans le succès, et paroît comme étranger à la fortune. Régulus proposa aux ennemis des conditions si dures, qu'ils se virent forcés de continuer la guerre.

Pendant ces négociations, la destinée amenoit au travers des mers un homme qui devoit changer le cours des événements : un Lacédémonien nommé *Xantippe* vient retarder la chute de Carthage ; il livre bataille aux Romains sous les murs de Tunis, détruit leur armée, fait Régulus prisonnier, se rembarque et disparoît sans laisser d'autres traces dans l'histoire [1].

Régulus, conduit à Carthage, éprouva les traitements les plus inhumains ; on lui fit expier les durs triomphes de sa patrie. Ceux qui traînoient à leurs chars avec tant d'orgueil des rois tombés du trône, des femmes, des enfants en pleurs, pouvoient-ils espérer qu'on respectât dans les fers un citoyen de Rome ?

La fortune redevint favorable aux Romains. Carthage demanda une seconde fois la paix ; elle envoya des ambassadeurs en Italie : Régulus les accompagnoit. Ses maîtres lui firent donner sa parole qu'il reviendroit prendre ses chaînes si les négociations n'avoient pas une heureuse issue : on espéroit qu'il plaideroit fortement en faveur d'une paix qui lui devoit rendre sa patrie.

Régulus, arrivé aux portes de Rome, refusa d'entrer dans la ville. Il y avoit une ancienne loi qui défendoit à tout étranger d'introduire dans le sénat les ambassadeurs d'un peuple ennemi : Régulus, se regardant comme un envoyé des Carthaginois, fit revivre en cette occasion l'antique usage. Les sénateurs furent donc obligés de s'assembler hors des murs de la cité. Régulus leur déclara qu'il venoit, par l'ordre de ses maîtres, demander au peuple romain la paix ou l'échange des prisonniers.

Les ambassadeurs de Carthage, après avoir exposé l'objet de leur mission, se retirèrent : Régulus les voulut suivre, mais les sénateurs le prièrent de rester à la délibération.

Pressé de dire son avis, il représenta fortement toutes les raisons que Rome avoit de continuer la guerre contre Carthage. Les sénateurs, admirant sa fermeté, désiroient sauver un tel citoyen : le grand pontife soutenoit qu'on pouvoit le dégager des serments qu'il avoit faits.

« Suivez les conseils que je vous ai donnés, dit l'illustre captif, d'une voix qui étonna l'assemblée, et oubliez Régulus : je ne demeurerai point dans Rome après avoir été l'esclave de Carthage. Je n'attirerai point sur vous la colère des dieux. J'ai promis aux ennemis de me remettre entre leurs mains si vous rejetiez la paix ; je tiendrai mon serment. On ne trompe point Jupiter par de vaines expiations ;

---

[1]. Quelques auteurs accusent les Carthaginois de l'avoir fait périr par jalousie de sa gloire, mais cela n'est pas prouvé.

le sang des taureaux et des brebis ne peut effacer un mensonge, et le sacrilége est puni tôt ou tard.

« Je n'ignore point le sort qui m'attend, mais un crime flétriroit mon âme : la douleur ne brisera que mon corps. D'ailleurs il n'est point de maux pour celui qui sait les souffrir : s'ils passent les forces de la nature, la mort nous en délivre. Pères conscrits, cessez de me plaindre : j'ai disposé de moi, et rien ne pourra me faire changer de sentiments. Je retourne à Carthage ; je fais mon devoir, et je laisse faire aux dieux. »

Régulus mit le comble à sa magnanimité : afin de diminuer l'intérêt qu'on prenoit à sa vie, et pour se débarrasser d'une compassion inutile, il dit aux sénateurs que les Carthaginois lui avoient fait boire un poison lent avant de sortir de prison : « Ainsi, ajouta-t-il, vous ne perdez de moi que quelques instants qui ne valent pas la peine d'être achetés par un parjure. » Il se leva, s'éloigna de Rome sans proférer une parole de plus, tenant les yeux attachés à la terre, et repoussant sa femme et ses enfants, soit qu'il craignît d'être attendri par leurs adieux, soit que, comme esclave carthaginois, il se trouvât indigne des embrassements d'une matrone romaine. Il finit ses jours dans d'affreux supplices, si toutefois le silence de Polybe et de Diodore ne balance pas le récit des historiens latins. Régulus fut un exemple mémorable de ce que peuvent sur une âme courageuse la religion du serment et l'amour de la patrie. Que si l'orgueil eut peut-être un peu de part à la résolution de ce mâle génie, se punir ainsi d'avoir été vaincu, c'étoit être digne de la victoire.

Après vingt-quatre années de combats, un traité de paix mit fin à la première guerre Punique. Mais les Romains n'étoient déjà plus ce peuple de laboureurs conduit par un sénat de rois, élevant des autels à la Modération et à la Petite-Fortune : c'étoient des hommes qui se sentoient faits pour commander, et que l'ambition poussoit incessamment à l'injustice. Sous un prétexte frivole, ils envahirent la Sardaigne, et s'applaudirent d'avoir fait, en pleine paix, une conquête sur les Carthaginois. Ils ne savoient pas que le vengeur de la foi violée étoit déjà aux portes de Sagonte, et que bientôt il paroîtroit sur les collines de Rome : ici commence la seconde guerre Punique.

Annibal me paroît avoir été le plus grand capitaine de l'antiquité : si ce n'est pas celui que l'on aime le mieux, c'est celui qui étonne davantage. Il n'eut ni l'héroïsme d'Alexandre ni les talents universels de César ; mais il les surpassa l'un et l'autre comme homme de guerre. Ordinairement l'amour de la patrie ou de la gloire conduit les héros aux prodiges : Annibal seul est guidé par la haine. Livré à ce génie d'une nouvelle espèce, il part des extrémités de l'Espagne avec une armée composée de vingt peuples divers. Il franchit les Pyrénées et les Gaules, dompte les nations ennemies sur son passage, traverse les fleuves, arrive au pied des Alpes. Ces montagnes sans chemins, défendues par des barbares, opposent en vain leur barrière à Annibal. Il tombe de leurs sommets glacés sur l'Italie, écrase la première armée consulaire sur les bords du Tésin, frappe un second coup à la Trébia, un troisième à Trasimène, et du quatrième coup de son épée il semble immoler Rome dans la plaine de Cannes. Pendant seize années il fait la guerre sans secours au sein de l'Italie; pendant seize années, il ne lui échappe qu'une de ces fautes qui décident du sort des empires, et qui paroissent si étrangères à la nature d'un grand homme, qu'on peut les attribuer raisonnablement à un dessein de la Providence.

Infatigable dans les périls, inépuisable dans les ressources, fin, ingénieux, éloquent, savant même, et auteur de plusieurs ouvrages, Annibal eut toutes les distinctions qui appartiennent à la supériorité de l'esprit et à la force du caractère; mais il manqua des hautes qualités du cœur : froid, cruel, sans entrailles, né pour renverser et non pour fonder des empires, il fut en magnanimité fort inférieur à son rival.

Le nom de Scipion l'Africain est un des beaux noms de l'histoire. L'ami des dieux, le généreux protecteur de l'infortune et de la beauté, Scipion a quelques traits de ressemblance avec nos anciens chevaliers. En lui commence cette urbanité romaine, ornement du génie de Cicéron, de Pompée, de César, et qui remplaça chez ces citoyens illustres la rusticité de Caton et de Fabricius.

Annibal et Scipion se rencontrèrent aux champs de Zama ; l'un célèbre par ses victoires, l'autre fameux par ses vertus : dignes tous les deux de représenter leurs grandes patries et de se disputer l'empire du monde.

Au départ de la flotte de Scipion pour l'Afrique, le rivage de la Sicile étoit bordé d'un peuple immense et d'une foule de soldats. Quatre cents vaisseaux de charge et cinquante trirèmes couvroient la rade de Lilybée. On distinguoit à ses trois fanaux la galère de Lélius, amiral de la flotte. Les autres vaisseaux, selon leur grandeur, portoient une ou deux lumières. Les yeux du monde étoient attachés sur cette expédition qui devoit arracher Annibal de l'Italie et décider enfin du sort de Rome et de Carthage. La cinquième et la sixième légion, qui s'étoient trouvées à la bataille de Cannes, brûloient du désir de ravager les foyers du vainqueur. Le général surtout attiroit les regards : sa piété envers les dieux, ses exploits en Espagne, où il avoit vengé la mort de son oncle et de son père, le projet de rejeter la guerre en Afrique, projet que lui seul avoit conçu contre l'opinion du grand Fabius ; enfin, cette faveur que les hommes accordent aux entreprises hardies, à la gloire, à la beauté, à la jeunesse, faisoient de Scipion l'objet de tous les vœux comme de toutes les espérances.

Le jour du départ ne tarda pas d'arriver. Au lever de l'aurore, Scipion parut sur la poupe de la galère de Lélius, à la vue de la flotte et de la multitude qui couvroit les hauteurs du rivage. Un héraut leva son sceptre et fit faire silence :

« Dieux et déesses de la terre, s'écria Scipion, et vous, divinités de la mer, accordez une heureuse issue à mon entreprise ! que mes desseins tournent à ma gloire et à celle du peuple romain ! Que, pleins de joie, nous retournions un jour dans nos foyers chargés des dépouilles de l'ennemi, et que Carthage éprouve les malheurs dont elle avoit menacé ma patrie ! »

Cela dit, on égorge une victime ; Scipion en jette les entrailles fumantes dans la mer : les voiles se déploient au son de la trompette ; un vent favorable emporte la flotte entière loin des rivages de la Sicile.

Le lendemain du départ, on découvrit la terre d'Afrique et le promontoire de Mercure : la nuit survint, et la flotte fut obligée de jeter l'ancre. Au retour du soleil, Scipion apercevant la côte demanda le nom du promontoire le plus voisin des vaisseaux. « C'est le cap Beau, » répondit le pilote. A ce nom d'heureux augure, le général, saluant la fortune de Rome, ordonna de tourner la proue de sa galère vers l'endroit désigné par les dieux.

Le débarquement s'accomplit sans obstacles ; la consternation se répandit dans les villes et dans les campagnes ; les chemins étoient couverts d'hommes, de femmes et d'enfants qui fuyoient avec leurs troupeaux : on eût cru voir une de ces grandes migrations des peuples, quand des nations entières, par la colère ou par la volonté du ciel, abandonnent les tombeaux de leurs aïeux. L'épouvante saisit Carthage : on crie aux armes, on ferme les portes ; on place des soldats sur les murs, comme si les Romains étoient déjà prêts à donner l'assaut.

Cependant Scipion avoit envoyé sa flotte vers Utique ; il marchoit lui-même par terre à cette ville dans le dessein de l'assiéger : Massinissa vint le rejoindre avec deux mille chevaux.

Ce roi numide, d'abord allié des Carthaginois, avoit fait la guerre aux Romains en Espagne ; par une suite d'aventures extrordinaires, ayant perdu et recouvré plusieurs fois son royaume, il se trouvoit fugitif quand Scipion débarqua en Afrique. Syphax, prince des Gétules, qui avoit épousé Sophonisbe, fille d'Asdrubal, venoit de s'emparer des États de Massinissa. Celui-ci se jeta dans les bras de Scipion, et les Romains lui durent en partie le succès de leurs armes.

Après quelques combats heureux, Scipion mit le siége devant Utique. Les Carthaginois, commandés par Asdrubal et par Syphax, formèrent deux camps séparés à la vue du camp romain. Scipion parvint à mettre le feu à ces deux camps dont les tentes étoient faites de nattes et de roseaux, à la manière des Numides. Quarante mille hommes périrent ainsi dans une seule nuit. Le vainqueur, qui prit dans cette circonstance une quantité prodigieuse d'armes, les fit brûler en l'honneur de Vulcain.

Les Carthaginois ne se découragèrent point : ils ordonnèrent de grandes levées. Syphax, touché des larmes de Sophonisbe, demeura fidèle aux vaincus, et s'exposa de nouveau pour la patrie d'une femme qu'il aimoit avec passion. Toujours favorisé du ciel, Scipion battit les armées ennemies, prit les villes de leur dépendance, s'empara de Tunis, et menaça Carthage d'une entière destruction. Entraîné par son fatal amour, Syphax osa reparoître devant les vainqueurs, avec un courage digne d'un meilleur sort. Abandonné des siens sur le champ de bataille, il se précipite seul dans les escadrons romains : il espéroit que ses soldats, honteux d'abandonner leur roi, tourneroient la tête et viendroient mourir avec lui : mais ces lâches continuèrent à fuir, et Syphax, dont le cheval fut tué d'un coup de pique, tomba vivant entre les mains de Massinissa.

C'étoit un grand sujet de joie pour ce dernier prince de tenir prisonnier celui qui lui avoit ravi la couronne : quelque temps après, le sort des armes mit aussi au pouvoir de Massinissa Sophonisbe, femme de Syphax. Elle se jette aux pieds du vainqueur.

« Je suis ta prisonnière : ainsi le veulent les dieux, ton courage et la fortune, mais par tes genoux que j'embrasse, par cette main triomphante que tu me permets de toucher, je t'en supplie, ô Massinissa! garde-moi pour ton esclave, sauve-moi de l'horreur de devenir la proie d'un barbare. Hélas! il n'y a qu'un moment que j'étois, ainsi que toi-même, environnée de la majesté des rois ! Songe que tu ne peux renier ton sang; que tu partages avec Syphax le nom de Numide. Mon époux sortit de ce palais par la colère des dieux : puisses-tu y être entré sous de plus heureux auspices! Citoyenne de Carthage, fille d'Asdrubal, juge de ce que je dois attendre d'un Romain. Si je ne puis rester dans les fers d'un prince né sur le sol de ma patrie, si la mort peut seule me soustraire au joug de l'étranger, donne-moi cette mort : je la compterai au nombre de tes bienfaits. »

Massinissa fut touché des pleurs et du sort de Sophonisbe : elle étoit dans tout l'éclat de la jeunesse et d'une incomparable beauté. Ses supplications, dit Tite-Live, étoient moins des prières que des caresses. Massinissa vaincu lui promit tout, et, non moins passionné que Syphax, il fit son épouse de sa prisonnière.

Syphax chargé de fers fut présenté à Scipion. Ce grand homme, qui naguère avait vu sur un trône celui qu'il contemploit à ses pieds, se sentit touché de compassion. Syphax avoit été autrefois l'allié des Romains ; il rejeta la faute de sa défection sur Sophonisbe. « Les flambeaux de mon fatal hyménée, dit-il, ont réduit mon palais en cendres ; mais une chose me console : la furie qui a détruit ma maison est passée dans la couche de mon ennemi ; elle réserve à Massinissa un sort pareil au mien. »

Syphax cachoit ainsi sous l'apparence de la haine la jalousie qui lui arrachoit ces paroles ; car ce prince aimoit encore Sophonisbe. Scipion n'étoit pas sans inquiétude ; il craignoit que la fille d'Asdrubal ne prît sur Massinissa l'empire qu'elle avoit eu sur Syphax. La passion de Massinissa paroissoit déjà d'une violence extrême : il s'étoit hâté de célébrer ses noces avant d'avoir quitté les armes ; impatient de s'unir à Sophonisbe, il aveit allumé les torches nuptiales devant les dieux domestiques de Syphax, devant ces dieux accoutumés à exaucer les vœux formés contre les Romains. Massinissa étoit revenu auprès de Scipion : celui-ci, en donnant des louanges au roi des Numides, lui fit quelques légers reproches de sa conduite envers Sophonisbe. Alors Massinissa rentra en lui-même, et, craignant de s'attirer la disgrâce des Romains, sacrifia son amour à son ambition. On l'entendit gémir au fond de sa tente et se débattre contre ces sentiments généreux que l'homme n'arrache point de son cœur sans violence. Il fit appeler l'officier chargé de garder le poison du roi : ce poison servoit aux princes africains à se délivrer de la vie quand ils étoient tombés dans un malheur sans remède : ainsi, la couronne, qui n'étoit point chez eux à l'abri des révolutions de la fortune, étoit du moins à l'abri du mépris. Massinissa mêla le poison dans une coupe pour l'envoyer à Sophonisbe. Puis, s'adressant à l'officier chargé du triste message : « Dis à la reine que si j'avais été le maître, jamais Masinissa n'eût été séparé de Sophonisbe. Les dieux des Romains en ordonnent autrement. Je lui tiens du moins une de mes promesses: elle ne tombera point vivante entre les mains de ses ennemis si elle se soumet à sa fortune en citoyenne de Carthage, en fille d'Asdrubal et en femme de Syphax et de Massinissa. »

L'officier entra chez Sophonisbe, et lui transmit l'ordre du roi. « Je reçois ce don nuptial avec joie, répondit-elle, puisqu'il est vrai qu'un mari n'a pu faire à sa femme d'autre présent. Dis à ton maître qu'en perdant la vie j'aurois du moins conservé l'honneur si je n'eusse point épousé Masinissa la veille de ma mort. » Elle avala le poison.

Ce fut dans ces conjonctures que les Carthaginois rappelèrent Annibal de l'Italie : il versa des larmes de rage, il accusa ses concitoyens, il s'en prit aux dieux, il se reprocha de n'avoir pas marché à Rome après la bataille de Cannes. Jamais homme en quittant son pays pour aller en exil n'éprouva plus de douleur qu'Annibal en s'arrachant d'une terre étrangère pour rentrer dans sa patrie.

Il débarqua sur la côte d'Afrique avec les vieux soldats qui avoient traversé, comme lui, les Espagnes, les Gaules, l'Italie, qui montroient plus de faisceaux ravis à des préteurs, à des généraux, à des consuls, que tous les magistrats de Rome n'en faisoient porter devant eux. Annibal avoit été trente-six ans absent de sa patrie : il en étoit sorti enfant ; il y revenoit dans un âge avancé, ainsi qu'il le dit lui-même à Scipion. Quelles durent être les pensées de ce grand homme quand il revit Carthage, dont les murs et les habitants lui étoient presque étrangers ! Deux de ses frères étoient morts ; les compagnons de son enfance avoient disparu ; les générations s'étoient succédé ; les temples chargés de la dépouille des Romains furent sans doute les seuls lieux qu'Annibal put reconnoître dans cette Carthage nouvelle. Si ses concitoyens n'avoient pas été aveuglés par l'envie, avec quelle admiration ils auroient contemplé ce héros qui depuis trente ans, versoit son sang pour eux dans une région lointaine et les couvroit d'une gloire ineffaçable ! Mais quand les services sont si éminents qu'ils excèdent les bornes de la reconnoissance, ils ne sont payés que par l'ingratitude. Annibal eut le malheur d'être plus grand que le peuple chez lequel il étoit né, et son destin fut de vivre et de mourir en terre étrangère.

Il conduisit son armée à Zama. Scipion rapprocha son camp de celui d'Annibal. Le général carthaginois eut un pressentiment de l'infidélité de la fortune : car il demanda une entrevue au général romain, afin de lui proposer la paix. On fixa le lieu du rendez-vous. Quand les deux capitaines furent en présence, ils demeurèrent muets et saisis d'admiration l'un pour l'autre. Annibal prit enfin la parole :

« Scipion, les dieux ont voulu que votre père ait été le premier des généraux ennemis à qui je me sois montré en Italie les armes à la main ; ces mêmes dieux m'ordonnent de venir aujourd'hui, désarmé, demander la paix à son fils. Vous avez vu les Carthaginois campés aux portes de Rome : le bruit d'un camp romain se fait entendre à présent jusque dans les murs de Carthage. Sorti enfant de ma patrie, j'y rentre plein de jours; une longue expérience de la bonne et de la mauvaise fortune m'a appris à juger des choses par la raison et non par l'événement. Votre jeunesse et le bonheur qui ne vous a point encore abandonné vous rendront peut-être ennemi du repos; dans la prospérité on ne songe point aux revers. Vous avez l'âge que j'avois à Cannes et à Trasimène. Voyez ce que j'ai été, et connoissez par mon exemple l'inconstance du sort. Celui qui vous parle en suppliant est ce même Annibal qui, campé entre le Tibre et le Téveron, prêt à donner l'assaut à Rome, délibéroit sur ce qu'il feroit de votre patrie. J'ai porté l'épouvante dans les champs de vos pères, et je suis réduit à vous prier d'épargner de tels malheurs à mon pays. Rien n'est plus incertain que le succès des armes : un moment peut vous ravir votre gloire et vos espérances. Consentir à la paix, c'est rester vous-même l'arbitre de vos destinées; combattre, c'est remettre votre sort entre les mains des dieux. »

A ce discours étudié, Scipion répondit avec plus de franchise, mais moins d'éloquence : il rejeta comme insuffisantes les propositions de paix que lui faisoit Annibal, et l'on ne songea plus qu'à combattre. Il est probable que l'intérêt de la patrie ne fut pas le seul motif qui porta le général romain à rompre avec le général carthaginois, et que Scipion ne put se défendre du désir de se mesurer avec Annibal.

Le lendemain de cette entrevue, deux armées, composées de vétérans, conduites par les deux plus grands capitaines des deux plus grands peuples de la terre, s'avancèrent pour se disputer, non les murs de Rome et de Carthage, mais l'empire du monde, prix de ce dernier combat.

Scipion plaça les piquiers au premier rang, les princes au second, et les triaires au troisième. Il rompit ces lignes par des intervalles égaux, afin d'ouvrir un passage aux éléphants des Carthaginois. Des vélites répandus dans ces intervalles devoient, selon l'occasion, se replier derrière les soldats pesamment armés, ou lancer sur les éléphants une grêle de flèches et de javelots. Lélius couvroit l'aile gauche de l'armée avec la cavalerie latine, et Massinissa commandoit à l'aile droite les chevaux numides.

Annibal rangea quatre-vingts éléphants sur le front de son armée, dont la première ligne étoit composée de Liguriens, de Gaulois, de Baléares et de Maures; les Carthaginois venoient au second rang; des Bruttiens formoient derrière eux une espèce de réserve, sur laquelle le général comptoit peu. Annibal opposa sa cavalerie à la cavalerie des Romains, les Carthaginois à Lélius, et les Numides à Massinissa.

Les Romains sonnent les premiers la charge. Ils poussent en même temps de si grands cris, qu'une partie des éléphants, effrayés, se replie sur l'aile gauche de l'armée d'Annibal et jette la confusion parmi les cavaliers numides. Massinissa aperçoit leur désordre, fond sur eux et achève de les mettre en fuite. L'autre partie des éléphants qui s'étoient précipités sur les Romains est repoussée par les vélites et cause à l'aile droite des Carthaginois le même accident qu'à l'aile gauche. Ainsi, dès le premier choc Annibal demeura sans cavalerie et découvert sur ses deux flancs : des raisons puissantes, que l'histoire n'a pas connues, l'empêchèrent sans doute de penser à la retraite.

L'infanterie en étant venue aux mains, les soldats de Scipion enfoncèrent facilement la première ligne de l'ennemi, qui n'étoit composée que de mercenaires. Les Romains et les Carthaginois se trouvèrent alors face à face. Les premiers, pour arriver aux seconds, étant obligés de passer sur des monceaux de cadavres, rompirent leur ligne et furent au moment de perdre la victoire. Scipion voit le danger et change son ordre de bataille. Il fait passer les princes et les triaires au premier rang et les place à la droite et à la gauche des piquiers ; il déborde par ce moyen le front de l'armée d'Annibal, qui avoit déjà perdu sa cavalerie et la première ligne de ses fantassins. Les vétérans carthaginois soutinrent la gloire qu'ils s'étoient acquise dans tant de batailles. On reconnoissoit parmi eux, à leurs couronnes, de simples soldats qui avoient tué, de leurs propres mains, des généraux et des consuls. Mais la cavalerie romaine, revenant de la poursuite des ennemis, charge par derrière les vieux compagnons d'Annibal. Entourés de toutes parts, ils combattent jusqu'au dernier soupir, et n'abandonnent leurs drapeaux qu'avec la vie. Annibal lui-même, après avoir fait tout ce qu'on peut attendre d'un grand général et d'un soldat intrépide, se sauve avec quelques cavaliers.

Resté maître du champ de bataille, Scipion donna de grands éloges à l'habileté que son rival avoit déployée dans les événements du combat. Étoit-ce générosité ou orgueil ? Peut-être l'une et l'autre ; car le vainqueur étoit Scipion, et le vaincu Annibal.

La bataille de Zama mit fin à la seconde guerre Punique. Carthage demanda la paix, et ne la reçut qu'à des conditions qui présageoient sa ruine prochaine. Annibal, n'osant se fier à la foi d'un peuple ingrat, abandonna sa patrie. Il erra dans les cours étrangères, cherchant partout des ennemis aux Romains, et partout poursuivi par eux ; donnant à de foibles rois des conseils qu'ils étoient incapables de suivre, et apprenant par sa propre expérience qu'il ne faut porter chez des hôtes couronnés ni gloire ni malheur. On assure qu'il rencontra Scipion à Éphèse, et que, s'entretenant avec son vainqueur, celui-ci lui dit : « A votre avis, Annibal, quel a été le premier capitaine du monde? — Alexandre, répondit le Carthaginois. — Et le second? repartit Scipion. — Pyrrhus. — Et le troisième? — Moi. — Que seroit-ce donc, s'écria Scipion en riant, si vous m'aviez vaincu? — Je me serois placé, répondit Annibal, avant Alexandre. » Mot qui prouve que l'illustre banni avoit appris dans les cours l'art de la flatterie, et qu'il avoit à la fois trop de modestie et trop d'orgueil.

Enfin les Romains ne purent se résoudre à laisser vivre Annibal. Seul, proscrit et malheureux, il leur sembloit balancer la fortune du Capitole. Ils étoient humiliés en pensant qu'il y avoit au monde un homme qui les avoit vaincus et qui n'étoit point effrayé de leur grandeur. Ils envoyèrent une ambassade jusqu'au fond de l'Asie demander au roi Prusias la mort de son suppliant. Prusias eut la lâcheté d'abandonner Annibal. Alors ce grand homme avala du poison en disant : « Délivrons les Romains de la crainte que leur cause un vieillard exilé, désarmé et trahi. »

Scipion éprouva comme Annibal les peines attachées à la gloire. Il finit ses jours à Literne, dans un exil volontaire. On a remarqué qu'Annibal, Philopœmen et Scipion moururent à peu près dans le même temps, tous trois victimes de l'ingratitude de leur pays. L'Africain fit graver sur son tombeau cette inscription si connue :

INGRATE PATRIE,
TU N'AURAS PAS MES OS.

Mais, après tout, la proscription et l'exil, qui peuvent faire oublier des noms vulgaires, attirent les yeux sur des noms illustres : la vertu heureuse nous éblouit; elle charme nos regards lorsqu'elle est persécutée.

Carthage elle-même ne survécut pas longtemps à Annibal. Scipion Nasica et les sénateurs les plus sages vouloient conserver à Rome une rivale; mais on ne change point les destinées des empires. La haine aveugle du vieux Caton l'emporta, et les Romains, sous le prétexte le plus frivole, commencèrent la troisième guerre Punique.

Ils employèrent d'abord une insigne perfidie pour dépouiller les ennemis de leurs armes. Les Carthaginois, ayant en vain demandé la paix, résolurent de s'ensevelir sous les ruines de leur cité. Les consuls Marcius et Manilius parurent bientôt sous les murs de Carthage. Avant d'en former le siége, ils eurent recours à deux cérémonies formidables : l'évocation des divinités tutélaires de cette ville et le dévouement de la patrie d'Annibal aux dieux infernaux.

« Dieu ou déesse, qui protégez le peuple et la république de Carthage, génie à qui la défense de cette ville est confiée, abandonnez vos anciennes demeures ; venez habiter nos temples. Puissent Rome et nos sacrifices vous être plus agréables que la ville et les sacrifices des Carthaginois ! »

Passant ensuite à la formule de dévouement :

« Dieu Pluton, Jupiter malfaisant, dieux Mânes, frappez de terreur la ville de Carthage ; entraînez ses habitants aux enfers. Je vous dévoue la tête des ennemis, leurs biens, leurs villes, leurs campagnes ; remplissez mes vœux, et je vous immolerai trois brebis noires. Terre, mère des hommes, et vous, Jupiter, je vous atteste. »

Cependant les consuls furent repoussés avec vigueur. Le génie d'Annibal s'étoit réveillé dans la ville assiégée. Les femmes coupèrent leurs cheveux ; elles en firent des cordes pour les arcs et pour les machines de guerre. Scipion, le second Africain, servoit alors comme tribun dans l'armée romaine. Quelques vieillards qui avoient vu le premier Scipion en Afrique vivoient encore, entre autres le célèbre Massinissa. Ce roi numide, âgé de plus de quatre-vingts ans, invita le jeune Scipion à sa cour : c'est sur la supposition de cette entrevue [1] que Cicéron composa le beau morceau de sa *République*, connu sous le nom du *Songe de Scipion*. Il fait parler ainsi l'Émilien à Lélius, à Philus, à Manilius et à Scévola :

« J'aborde Massinissa. Le vieillard me reçoit dans ses bras et m'arrose de ses pleurs. Il lève les yeux au ciel, et s'écrie : « Soleil, dieux « célestes, je vous remercie ! Je reçois, avant de mourir, dans mon « royaume et à mes foyers le digne héritier de l'homme vertueux et « du grand capitaine toujours présent à ma mémoire ! »

« La nuit, plein des discours de Massinissa, je rêvai que l'Africain s'offroit devant moi : je tremblois, saisi de respect et de crainte. L'Africain me rassura, et me transporta avec lui au plus haut du ciel, dans un lieu tout brillant d'étoiles. Il me dit :

« Abaissez vos regards et voyez Carthage : je la forçai de se sou-
« mettre au peuple romain ; dans deux ans vous la détruirez de fond
« en comble, et vous mériterez par vous-même le nom d'Africain que
« vous ne tenez encore que de mon héritage... Sachez, pour vous
« encourager à la vertu, qu'il est dans le ciel un lieu destiné à l'homme

---

1. Scipion avoit vu auparavant Massinissa. Sa dernière entrevue n'eut pas lieu, car Massinissa étoit mort quand Scipion arriva à sa cour.

« juste. Ce qu'on appelle la vie sur la terre, c'est la mort. On n'existe
« que dans la demeure éternelle des âmes, et l'on ne parvient à cette
« demeure que par la sainteté, la religion, la justice, le respect envers
« ses parents et le dévouement à la patrie. Sachez surtout mépriser
« les récompenses des mortels. Vous voyez d'ici combien cette terre
« est petite, combien les plus vastes royaumes occupent peu de place
« sur le globe que vous découvrez à peine, combien de solitudes et de
« mers divisent les peuples entre eux! Quel seroit donc l'objet de
« votre ambition? Le nom d'un Romain a-t-il jamais franchi les som-
« mets du Caucase ou les rivages du Gange? Que de peuples à l'orient,
« à l'occident, au midi, au septentrion, n'entendront jamais parler de
« l'Africain! Et ceux qui en parlent aujourd'hui, combien de temps en
« parleront-ils? Ils vont mourir. Dans le bouleversement des empires,
« dans ces grandes révolutions que le temps amène, ma mémoire
« périra sans retour. O mon fils! ne songez donc qu'aux sanctuaires
« divins où vous entendez cette harmonie des sphères qui charme
« maintenant vos oreilles; n'aspirez qu'à ces temples éternels préparés
« pour les grandes âmes et pour ces génies sublimes qui pendant la
« vie se sont élevés à la contemplation des choses du ciel. » L'Africain se tut, et je m'éveillai. »

Cette noble fiction d'un consul romain, surnommé le *Père de la patrie,* ne déroge point à la gravité de l'histoire. Si l'histoire est faite pour conserver les grands noms et les pensées du génie, ces grands noms et ces pensées se trouvent ici [1].

Scipion l'Émilien, nommé consul par la faveur du peuple, eut ordre de continuer le siége de Carthage. Il surprit d'abord la ville basse, qui portoit le nom de *Mégara* ou de *Magara* [2]. Il voulut ensuite fermer le port extérieur au moyen d'une chaussée. Les Carthaginois ouvrirent une autre entrée à ce port et parurent en mer, au grand étonnement des Romains. Ils auroient pu brûler la flotte de Scipion; mais l'heure de Carthage étoit venue, et le trouble s'étoit emparé des conseils de cette ville infortunée.

Elle fut défendue par un certain Asdrubal, homme cruel, qui commandoit trente mille mercenaires et qui traitoit les citoyens avec autant de rigueur que les ennemis. L'hiver s'étant passé dans les entreprises que j'ai décrites, Scipion attaqua au printemps le port intérieur appelé le *Cothon.*

Bientôt maître des murailles de ce port, il s'avança jusque dans la

---

[1]. Ce songe est une imitation d'un passage de la *République* de Platon.
[2]. Je ne ferai la description de Carthage qu'en parlant de ses ruines.

grande place de la ville. Trois rues s'ouvroient sur cette place et montoient en pente jusqu'à la citadelle connue sous le nom de *Byrsa*. Les habitants se défendirent dans les maisons de ces rues : Scipion fut obligé de les assiéger et de prendre chaque maison tour à tour. Ce combat dura six jours et six nuits. Une partie des soldats romains forçoit les retraites des Carthaginois, tandis qu'une autre partie étoit occupée à tirer avec des crocs les corps entassés dans les maisons ou précipités dans les rues. Beaucoup de vivants furent jetés pêle-mêle dans les fossés avec les morts.

Le septième jour, des députés parurent en habits de suppliants; ils se bornoient à demander la vie des citoyens réfugiés dans la citadelle. Scipion leur accorda leur demande, exceptant toutefois de cette grâce les déserteurs romains qui avoient passé du côté des Carthaginois. Cinquante mille personnes, hommes, femmes, enfants et vieillards, sortirent ainsi de Byrsa.

Au sommet de la citadelle s'élevoit un temple consacré à Esculape. Les transfuges, au nombre de neuf cents, se retranchèrent dans ce temple. Asdrubal les commandoit; il avoit avec lui sa femme et ses deux enfants. Cette troupe désespérée soutint quelque temps les efforts des Romains; mais, chassée peu à peu des parvis du temple, elle se renferma dans le temple même. Alors Asdrubal, entraîné par l'amour de la vie, abandonnant secrètement ses compagnons d'infortune, sa femme et ses enfants, vint, un rameau d'olivier à la main, embrasser les genoux de Scipion. Scipion le fit aussitôt montrer aux transfuges. Ceux-ci, pleins de rage, mirent le feu au temple, en faisant contre Asdrubal d'horribles imprécations.

Comme les flammes commençoient à sortir de l'édifice, on vit paroître une femme couverte de ses plus beaux habits et tenant par la main deux enfants : c'étoit la femme d'Asdrubal. Elle promène ses regards sur les ennemis qui entouroient la citadelle, et reconnoissant Scipion : « Romain, s'écria-t-elle, je ne demande point au ciel qu'il exerce sur toi sa vengeance : tu ne fais que suivre les lois de la guerre; mais puisses-tu, avec les divinités de mon pays, punir le perfide qui trahit sa femme, ses enfants, sa patrie et ses dieux! Et toi, Asdrubal, Rome déjà prépare le châtiment de tes forfaits! Indigne chef de Carthage, cours te faire traîner au char de ton vainqueur, tandis que ce feu va nous dérober, moi et mes enfants, à l'esclavage! »

En achevant ces mots, elle égorge ses enfants, les jette dans les flammes, et s'y précipite après eux. Tous les transfuges imitent son exemple.

Ainsi périt la patrie de Didon, de Sophonisbe et d'Annibal. Florus veut que l'on juge de la grandeur du désastre par l'embrasement, qui dura dix-sept jours entiers. Scipion versa des pleurs sur le sort de Carthage. A l'aspect de l'incendie qui consumoit cette ville naguère si florissante, il songea aux révolutions des empires, et prononça ces vers d'Homère en les appliquant aux destinées futures de Rome : « Un temps viendra où l'on verra périr et les sacrés murs d'Ilion, et le belliqueux Priam, et tout son peuple. » Corinthe fut détruite la même année que Carthage, et un enfant de Corinthe répéta, comme Scipion, un passage d'Homère, à la vue de sa patrie en cendres. Quel est donc cet homme que toute l'antiquité appelle à la chute des États et au spectacle des calamités des peuples, comme si rien ne pouvoit être grand et tragique sans sa présence ; comme si toutes les douleurs humaines étoient sous la protection et sous l'empire du chantre d'Ilion et d'Hector !

Carthage ne fut pas plus tôt détruite qu'un dieu vengeur sembla sortir de ses ruines : Rome perd ses mœurs ; elle voit naître dans son sein des guerres civiles ; et cette corruption et ces discordes commencent sur les rivages Puniques. Et d'abord Scipion, destructeur de Carthage, meurt assassiné par la main de ses proches ; les enfants de ce roi Massinissa qui fit triompher les Romains s'égorgent sur le tombeau de Sophonisbe ; les dépouilles de Syphax servent à Jugurtha à pervertir et à vaincre les descendants de Régulus. « O cité vénale ! s'écrie le prince africain en sortant du Capitole ; ô cité mûre pour ta ruine si tu trouves un acheteur ! » Bientôt Jugurtha fait passer une armée romaine sous le joug, presque à la vue de Carthage, et renouvelle cette honteuse cérémonie, comme pour réjouir les mânes d'Annibal ; il tombe enfin dans les mains de Marius et perd l'esprit au milieu de la pompe triomphale. Les licteurs le dépouillent, lui arrachent ses pendants d'oreilles, le jettent nu dans une fosse, où ce roi justifie jusqu'à son dernier soupir ce qu'il avoit dit de l'avidité des Romains.

Mais la victoire obtenue sur le descendant de Massinissa fait naître entre Sylla et Marius cette jalousie qui va couvrir Rome de deuil. Obligé de fuir devant son rival, Marius vint chercher un asile parmi les tombeaux d'Hannon et d'Hamilcar. Un esclave de Sextilius, préfet d'Afrique, apporte à Marius l'ordre de quitter les débris qui lui servent de retraite : « Va dire à ton maître, répond le terrible consul, que tu as vu Marius fugitif assis sur les ruines de Carthage. »

« Marius et Carthage, disent un historien et un poëte, se consoloient mutuellement de leur sort ; et, tombés l'un et l'autre, ils pardonnoient aux dieux. »

Enfin, la liberté de Rome expire aux pieds de Carthage détruite et enchaînée. La vengeance est complète : c'est un Scipion qui succombe en Afrique sous les coups de César, et son corps est le jouet des flots qui portèrent les vaisseaux triomphants de ses aïeux.

Mais Caton vit encore à Utique, et avec lui Rome et la liberté sont encore debout. César approche : Caton juge que les dieux de la patrie se sont retirés. Il demande son épée; un enfant la lui apporte; Caton la tire du fourreau, en touche la pointe, et dit : « Je suis mon maître! » Ensuite il se couche, et lit deux fois le dialogue de Platon sur l'immortalité de l'âme, après quoi il s'endort. Le chant des oiseaux le réveille au point du jour : il pense alors qu'il est temps de changer une vie libre en une vie immortelle : il se donne un coup d'épée au-dessous de l'estomac. Il tombe de son lit, se débat contre la mort. On accourt, on bande sa plaie : il revient de son évanouissement, déchire l'appareil et arrache ses entrailles. Il aime mieux mourir pour une cause sainte que de vivre sous un grand homme.

Le destin de Rome républicaine étant accompli, les hommes, les lois, ayant changé, le sort de Carthage changea pareillement. Déjà Tibérius Gracchus avoit établi une colonie dans l'enceinte déserte de la ville de Didon; mais sans doute cette colonie n'y prospéra pas, puisque Marius ne trouva à Carthage que des cabanes et des ruines. Jules César, étant en Afrique, fit un songe : il crut voir pendant son sommeil une grande armée qui l'appeloit en répandant des pleurs. Dès lors il forma le projet de rebâtir Corinthe et Carthage, dont le rêve lui avoit apparemment offert les guerriers. Auguste, qui partagea toutes les fureurs d'une révolution sanglante et qui les répara toutes, accomplit le dessein de César. Carthage sortit de ses ruines, et Strabon assure que de son temps elle étoit déjà florissante. Elle devint la métropole de l'Afrique, et fut célèbre par sa politesse et par ses écoles. Elle vit naître tour à tour de grands et d'heureux génies. Tertullien lui adressa son *Apologétique* contre les gentils. Mais, toujours cruelle dans sa religion, Carthage persécuta les chrétiens innocents, comme elle avoit jadis brûlé des enfants en l'honneur de Saturne. Elle livra au martyre l'illustre Cyprien, qui faisoit refleurir l'éloquence latine. Arnobe et Lactance se distinguèrent à Carthage : le dernier y mérita le surnom de *Cicéron chrétien*.

Soixante ans après, saint Augustin puisa dans la capitale de l'Afrique ce goût des voluptés sur lequel, ainsi que le roi prophète, il pleura le reste de sa vie. Sa belle imagination, touchée des fictions des poëtes, aimoit à chercher les restes du palais de Didon. Le désenchantement que l'âge amène et le vide qui suit les plaisirs rappelèrent le fils de Monique à des pensées plus graves. Saint Ambroise acheva la victoire, et Augustin, devenu évêque d'Hippone, fut un modèle de vertu. Sa maison ressembloit à une espèce de monastère où rien n'étoit affecté, ni en pauvreté ni en richesse. Vêtu d'une manière modeste, mais propre et agréable, le vénérable prélat rejetoit les habits somptueux, qui ne convenoient, disoit-il, ni à son ministère, ni à son corps cassé de vieillesse, ni à ses cheveux blancs. Aucune femme n'entroit chez lui, pas même sa sœur, veuve et servante de Dieu. Les étrangers trouvoient à sa table une hospitalité libérale; mais, pour lui, il ne vivoit que de fruits et de légumes. Il faisoit sa principale occupation de l'assistance des pauvres et de la prédication de la parole de Dieu. Il fut surpris dans l'exercice de ses devoirs par les Vandales, qui vinrent mettre le siége devant Hippone, l'an 431 de notre ère, et qui changèrent la face de l'Afrique.

Les barbares avoient déjà envahi les grandes provinces de l'empire; Rome même avoit été saccagée par Alaric. Les Vandales, ou poussés par les Visigoths ou appelés par le comte Boniface, passèrent enfin d'Espagne en Afrique. Ils étoient, selon Procope, de la race des Goths, et joignoient à leur férocité naturelle le fanatisme religieux. Convertis au christianisme, mais ariens de secte, ils persécutèrent les catholiques avec une rage inouïe. Leur cruauté fut sans exemple : quand ils étoient repoussés devant une ville, ils massacroient leurs prisonniers autour de cette ville. Laissant les cadavres exposés au soleil, ils chargeoient, pour ainsi dire, le vent de porter la peste dans les murs que leur rage n'avoit pu frapper. L'Afrique fut épouvantée de cette race d'hommes, de géants demi-nus, qui faisoient des peuples vaincus des espèces de bêtes de somme, les chassoient par troupeaux devant eux et les égorgeoient quand ils en étoient las.

Genseric établit à Carthage le siége de son empire : il étoit digne de commander aux barbares que Dieu lui avoit soumis. C'étoit un prince sombre, sujet à des accès de la plus noire mélancolie, et qui paroissoit grand dans le naufrage général du monde civilisé, parce qu'il étoit monté sur des débris.

Au milieu de ses malheurs, une dernière vengeance étoit réservée à la ville de Didon. Genseric traverse la mer et s'empare de Rome : il la livre à ses soldats pendant quatorze jours et quatorze nuits. Il se rembarque ensuite; la flotte du nouvel Annibal apporte à Carthage les dépouilles de Rome, comme la flotte de Scipion avoit apporté à Rome les dépouilles de Carthage. Tous les vaisseaux de Genseric, dit Procope, arrivèrent heureusement en Afrique, excepté celui qui portoit les dieux. Solidement établi dans son nouvel empire, Genseric en sortoit tout les ans pour ravager l'Italie, la Sicile, l'Illyrie et la

Grèce. Les aveugles conquérants de cette époque sentoient intérieurement qu'ils n'étoient rien en eux-mêmes, qu'ils n'étoient que des instruments d'un conseil éternel. De là les noms qu'ils se donnoient de *Fléau de Dieu, de Ravageur de l'espèce humaine*; de là cette fureur de détruire dont ils se sentoient tourmentés, cette soif du sang qu'ils ne pouvoient éteindre ; de là cette combinaison de toutes choses pour leurs succès, bassesse des hommes, absence de courage, de vertus, de talents, de génie : car rien ne devoit mettre d'obstacles à l'accomplissement des arrêts du ciel. La flotte de Genseric étoit prête ; ses soldats étoient embarqués : où alloit-il ? Il ne le savoit pas lui-même. « Prince, lui dit le pilote, quels peuples allez-vous attaquer ? » — « Ceux-là, répond le barbare, que Dieu regarde à présent dans sa colère. »

Genseric mourut trente-neuf ans après avoir pris Carthage. C'étoit la seule ville d'Afrique dont il n'eût pas détruit les murs. Il eut pour successeur Honoric, l'un de ses fils.

Après un règne de huit ans, Honoric fut remplacé sur le trône par son cousin Gondamond : celui-ci porta le sceptre treize années, et laissa la couronne à Transamond son frère.

Le règne de Transamond fut en tout de vingt-sept années. Ilderic, fils d'Honoric et petit-fils de Genseric, hérita du royaume de Carthage. Gélimer, parent d'Ilderic, conspira contre lui et le fit jeter dans un cachot. L'empereur Justinien prit la défense du monarque détrôné, et Bélisaire passa en Afrique. Gélimer ne fit presque point de résistance. Le général romain entra victorieux dans Carthage. Il se rendit au palais, où, par un jeu de la fortune, il mangea des viandes mêmes qui avoient été préparées pour Gélimer, et fut servi par les officiers de ce prince. Rien n'étoit changé à la cour, hors le maître ; et c'est peu de chose quand il a cessé d'être heureux.

Bélisaire au reste étoit digne de ses succès. C'étoit un de ces hommes qui paroissent de loin à loin dans les jours du vice, pour interrompre le droit de prescription contre la vertu. Malheureusement ces nobles âmes qui brillent au milieu de la bassesse ne produisent aucune révolution. Elles ne sont point liées aux affaires humaines de leur temps ; étrangères et isolées dans le présent, elles ne peuvent avoir aucune influence sur l'avenir. Le monde roule sur elles sans les entraîner, mais aussi elles ne peuvent arrêter le monde. Pour que les âmes d'une haute nature soient utiles à la société, il faut qu'elles naissent chez un peuple qui conserve le goût de l'ordre, de la religion et des mœurs, et dont le génie et le caractère soient en rapport avec sa position morale et politique. Dans le siècle de Bélisaire, les événements étoient grands et les hommes petits. C'est pourquoi les annales de ce siècle, bien que remplies de catastrophes tragiques, nous révoltent et nous fatiguent. Nous ne cherchons point dans l'histoire les révolutions qui maîtrisent et écrasent les hommes, mais les hommes qui commandent aux révolutions et qui soient plus puissants que la fortune. L'univers bouleversé par les barbares ne nous inspire que de l'horreur et du mépris; nous sommes éternellement et justement occupés d'une petite querelle de Sparte et d'Athènes dans un petit coin de la Grèce.

Gélimer, prisonnier à Constantinople, servit au triomphe de Bélisaire. Bientôt après ce monarque devint laboureur. En pareil cas, la philosophie peut consoler un homme d'une nature commune, mais elle ne fait qu'augmenter les regrets d'un cœur vraiment royal.

On sait que Justinien ne fit point crever les yeux à Bélisaire. Ce ne seroit après tout qu'un bien petit événement dans la grande histoire de l'ingratitude humaine. Quant à Carthage, elle vit un prince sortir de ses murs pour aller s'asseoir sur le trône des Césars : ce fut cet Héraclius qui renversa le tyran Phocas. Les Arabes firent, en 647, leur première expédition en Afrique. Cette expédition fut suivie de quatre autres dans l'espace de cinquante ans. Carthage tomba sous le joug musulman en 696. La plupart des habitants se sauvèrent en Espagne et en Sicile. Le patrice Jean, général de l'empereur Léonce, occupa la ville en 697, mais les Sarrasins y rentrèrent pour toujours en 698, et la fille de Tyr devint la proie des enfants d'Ismaël. Elle fut prise par Hassan, sous le califat d'Abd-el-Melike. On prétend que les nouveaux maîtres de Carthage en rasèrent jusqu'aux fondements. Cependant il en existoit encore de grands débris au commencement du ixe siècle, s'il est vrai que des ambassadeurs de Charlemagne y découvrirent le corps de saint Cyprien. Vers la fin du même siècle, les infidèles formèrent une ligue contre les chrétiens, et ils avoient à leur tête, dit l'histoire, les *Sarrasins de Carthage*. Nous verrons aussi que saint Louis trouva une ville naissante dans les ruines de cette antique cité. Quoi qu'il en soit, elle n'offre plus aujourd'hui que les débris dont je vais parler. Elle n'est connue dans le pays que sous le nom de Bersach, qui semble être une corruption du nom de Byrsa. Quand on veut aller de Tunis à Carthage, il faut demander la tour d'Almenare ou *la torre de Mastinacès : ventoso gloria curru !*

Il est assez difficile de bien comprendre, d'après le récit des historiens, le plan de l'ancienne Carthage. Polybe et Tite-Live avoient sans doute parlé fort au long du siége de cette ville, mais nous n'avons plus leurs descriptions. Nous sommes réduits aux abréviateurs latins, tels que Florus et Velléius Paterculus, qui n'entrent point dans le détail des lieux. Les géographes qui vinrent par la suite des temps ne connurent que la Carthage romaine. L'autorité la plus complète sur ce sujet est celle du Grec Appien, qui florissoit près de trois siècles après l'événement, et qui, dans son style déclamatoire, manque de précision et de clarté. Rollin, qui le suit, en y mêlant peut-être mal à propos l'autorité de Strabon, m'épargnera la peine d'une traduction.

« Elle étoit située dans le fond d'un golfe, environnée de mer en forme d'une presqu'île, dont le col, c'est-à-dire l'isthme qui la joignoit au continent, étoit d'une lieue et un quart (vingt-cinq stades). La presqu'île avoit de circuit dix-huit lieues (trois cent soixante stades). Du côté de l'occident il en sortoit une longue pointe de terre, large à peu près de douze toises (un demi-stade), qui, s'avançant dans la mer, la séparoit d'avec le marais, et étoit fermée de tous côtés de rochers et d'une simple muraille. Du côté du midi et du continent, où étoit la citadelle appelée *Byrsa,* la ville étoit close d'une triple muraille, haute de trente coudées, sans les parapets et les tours qui la flanquoient tout alentour par d'égales distances, éloignées l'une de l'autre de quatr-evingts toises. Chaque tour avoit quatre étages, les murailles n'en avoient que deux; elles étoient voûtées, et dans le bas il y avoit des étables pour mettre trois cents éléphants, avec les choses nécessaires pour leur subsistance, et des écuries au-dessus pour quatre mille chevaux, et les greniers pour leur nourriture. Il s'y trouvoit aussi de quoi y loger vingt mille fantassins et quatre mille cavaliers. Enfin, tout cet appareil de guerre étoit renfermé dans les seules murailles. Il n'y avoit qu'un endroit de la ville dont les murs fussent foibles et bas : « c'étoit un angle négligé qui commençoit à la pointe de terre dont nous avons parlé, et qui continuoit jusqu'au port qui étoit du côté du couchant. Il y en avoit deux qui se communiquoient l'un à l'autre, mais qui n'avoient qu'une seule entrée, large de soixante-dix pieds et fermée par des chaînes. Le premier étoit pour les marchands, où l'on trouvoit plusieurs et diverses demeures pour les matelots. L'autre étoit le port intérieur, pour les navires de guerre, au milieu duquel on voyoit une île nommée *Cothon,* bordée, aussi bien que le port, de grands quais où il y avoit des loges séparées pour mettre à couvert deux cent vingt navires, et des magasins au-dessus, où l'on gardoit tout ce qui étoit nécessaire à l'armement et à l'équipement des vaisseaux. L'entrée de chacune de ces loges, destinées à retirer les vaisseaux, étoit ornée de deux colonnes de marbre d'ouvrage ionique; de sorte que tant le port que l'île représentoient des deux côtés deux magnifiques galeries. Dans cette île étoit le palais de l'amiral; et comme il étoit vis-à-vis de l'entrée du port, il pouvoit de là découvrir tout ce qui se passoit dans la mer, sans que de la mer on pût rien voir de ce qui se faisoit dans l'intérieur du port. Les marchands, de même, n'avoient aucune vue sur les vaisseaux de guerre, les deux ports étant séparés par une double muraille, et il y avoit dans chacun une porte particulière pour entrer dans la ville sans passer par l'autre port. On peut donc distinguer trois parties dans Carthage : le port qui étoit double, appelé quelquefois *Cothon*, à cause de la petite île de ce nom; la citadelle, appelée *Byrsa*; la ville proprementdite, où demeuroient les habitants, qui environnoit la citadelle et étoit nommée *Mégara*. »

Il ne resta vraisemblablement de cette première ville que les citernes publiques et particulières; elles sont d'une beauté surprenante et donnent une grande idée des monuments des Carthaginois; mais je ne sais si l'aqueduc qui conduisoit l'eau à ces citernes ne doit pas être attribué à la seconde Carthage. Je me fonde, pour la destruction entière de la cité de Didon, sur ce passage de Florus : « *Quanta urbs deleta sit, ut de cæteris taceam, vel ignium mora probari potest. Quippe per continuos XVII dies vix potuit incendium exstingui, quod domibus ac templis suis sponte hostes immiserant, ut quatenus urbs eripi Romanis non poterat, triumphus arderet.* »

Appien ajoute que ce qui échappa aux flammes fut démoli par ordre du sénat romain. « Rome, dit Velléius Paterculus, déjà maîtresse du monde, ne se croyoit pas en sûreté tant que subsisteroit le nom de Carthage, » *si nomen usquam maneret Carthaginis*.

Strabon, dans sa description courte et claire, mêle évidemment différentes parties de l'ancienne et de la nouvelle cité :

Καὶ Καρχηδὼν δὲ ἐπὶ χερρονήσου τινὸς ἵδρυται, ...
. . . . etc

« Carthage, environnée de murs de toutes parts, occupe une presqu'île de trois cents stades de tour, qu'elle a attachée à la terre ferme par un isthme de soixante stades de largeur. Au milieu de la ville s'élevoit une colline sur laquelle étoit bâtie une citadelle appelée *Byrsa*. Au sommet de cette citadelle on voyoit un temple consacré à Esculape, et des maisons couvroient la pente de la colline. Les ports sont au pied de Byrsa, ainsi que la petite île ronde appelée *Cothon*, autour de laquelle les vaisseaux forment un cercle. »

Sur ce mot *Karchédôn* de l'original, j'observe, après quelques écrivains, que, selon Samuel Bochard, le nom phénicien de *Carthage* étoit *Cartha-Hadath* ou *Cartha-Hadtha*, c'est-à-dire la nouvelle ville. Les Grecs en firent *Karchédôn*, et les Romains *Carthage*. Les noms des trois parties de la ville étoient également tirés du phénicien, *Magara* de *magar*, magasin; *Byrsa* de *bosra*, forteresse, et *Cothon* de *ratoun*, coupure, car il n'est pas bien clair que le Cothon fût une île.

Après Strabon, nous ne savons plus rien de Carthage, sinon qu'elle étoit devenue une des plus grandes et des plus belles villes du monde. Pline pourtant se contente de dire : *Colonia Carthago, magnæ in vestigiis Carthaginis.* Pomponius Mela, avant Pline, ne paroît pas beaucoup plus favorable : *Jam quidem iterum opulenta, etiam nunc tamen priorum excidio rerum quam ope præsentium clarior* : mais Solin dit : *Alterum post urbem Roman terrarum decus.* D'autres auteurs la nomment la *grande* et l'*heureuse* : *Carthago magna, felicitate reverenda.*

La nouvelle Carthage souffrit d'un incendie sous le règne de Marc-Aurèle; car on voit ce prince occupé à réparer les malheurs de la colonie.

Commode, qui mit une flotte en station à Carthage pour apporter à Rome les blés de l'Afrique, voulut changer le nom de *Carthage* en celui de la *ville Commodiane*. Cette folie de l'indigne fils d'un grand homme fut bientôt oubliée.

Les deux Gordiens, ayant été proclamés empereurs en Afrique, firent de Carthage la capitale du monde pendant leur règne d'un moment. Il paroît toutefois que les Carthaginois en témoignèrent peu de reconnoissance; car, selon Capitolin, ils se révoltèrent contre les Gordiens en faveur de Capélius. Zosime dit encore que ces mêmes Carthaginois reconnurent Sabinien pour leur maître, tandis que le jeune Gordien succédoit dans Rome à Balbin et à Maxime. Quand on croiroit, d'après Zonare, que Carthage fût favorable aux Gordiens, ces empereurs n'auroient pas eu le temps d'embellir beaucoup cette cité.

Plusieurs inscriptions rapportées par le savant docteur Shaw prouvent qu'Adrien, Aurélien et Septime Sévère élevèrent des monuments en différentes villes du Byzacium, et sans doute ils ne négligèrent pas la capitale de cette riche province.

Le tyran Maxence porta la flamme et le fer en Afrique, et triompha de Carthage comme de l'antique ennemie de Rome. On ne voit pas sans frissonner cette longue suite d'insensés qui, presque sans interruption, ont gouverné le monde depuis Tibère jusqu'à Constantin, et qui vont, après ce dernier prince, se joindre aux monstres de la Byzantine. Les peuples ne valoient guère mieux que les rois. Une effroyable convention sembloit exister entre les nations et les souverains : ceux-ci pour tout oser, celles-là pour tout souffrir.

Ainsi ce que nous savons des monuments de Carthage dans les siècles que nous venons de parcourir se réduit à très-peu de chose : nous voyons seulement par les écrits de Tertullien, de saint Cyprien, de Lactance, de saint Augustin, par les canons des conciles de Carthage et par les *Actes des Martyrs,* qu'il y avoit à Carthage des amphithéâtres, des théâtres, des bains, des portiques. La ville ne fut jamais bien fortifiée, car Gordien le Vieux ne put s'y défendre ; et, longtemps après, Genseric et Bélisaire y entrèrent sans difficulté.

J'ai entre les mains plusieurs monnoies des rois vandales qui prouvent que les arts étoient tout à fait perdus sous le règne de ces rois : ainsi il n'est pas probable que Carthage ait reçu aucun embellissement de ses nouveaux maîtres. Nous savons au contraire que Genseric abattit les églises et les théâtres ; tous les monuments païens furent renversés par ses ordres : on cite entre autres le temple de Mémoire et la rue consacrée à la déesse Céleste. Cette rue étoit bordée de superbes édifices.

Justinien, après avoir arraché Carthage aux Vandales, y fit construire des portiques, des thermes, des églises et des monastères, comme on le voit dans le livre *des Édifices* de Procope. Cet historien parle encore d'une église bâtie par les Carthaginois, au bord de la mer, en l'honneur de saint Cyprien. Voilà ce que j'ai pu recueillir touchant les monuments d'une ville qui occupe un si haut rang dans l'histoire : passons maintenant à ses débris.

Le vaisseau sur lequel j'étois parti d'Alexandrie étant arrivé au port de Tunis, nous jetâmes l'ancre en face des ruines de Carthage : je les regardois sans pouvoir deviner ce que c'étoit ; j'apercevois quelques cabanes de Maures, un ermitage musulman sur la pointe d'un cap avancé, des brebis paissant parmi des ruines ; ruines si peu apparentes, que je les distinguois à peine du sol qui les portoit : c'étoit là Carthage :

> Devictæ Carthaginis arces
> Procubuere ; jacent infausto in littore turres
> Eversæ. Quantum illa metus, quantum illa laborum
> Urbs dedit insultans Latio et Laurentibus arvis !
> Nunc passim vix relliquias, vix nomina servans,
> Obruitur, propriis non agnoscenda ruinis.

« Les murs de Carthage vaincue et ses tours renversées gisent épars sur le rivage fatal. Quelle crainte cette ville n'a-t-elle pas jadis inspirée à Rome ! quels efforts ne nous a-t-elle pas coûtés lorsqu'elle nous insultoit jusque dans le Latium et dans les champs de Laurente ! Maintenant on aperçoit à peine ses débris, elle conserve à peine son nom, et ne peut être reconnue à ses propres ruines. »

Pour se retrouver dans ces ruines, il est nécessaire de suivre une marche méthodique. Je suppose donc que le lecteur parte avec moi du fort de La Goulette, lequel, comme on sait et comme je l'ai dit, est situé sur le canal par où le lac de Tunis se dégorge dans la mer. Chevauchant le long du rivage, en se dirigeant est-nord-est, vous trouvez, après une demi-heure de chemin, des salines qui remontent vers l'ouest jusqu'à un fragment de mur assez voisin des grandes citernes. Passant entre les salines et la mer, vous commencez à découvrir des jetées qui s'étendent assez loin sous les flots. La mer et les jetées sont à votre droite; à votre gauche, vous apercevez sur des hauteurs inégales beaucoup de débris; au pied de ces débris est un bassin de forme ronde assez profond, et qui communiquoit autrefois avec la mer par un canal dont on voit encore la trace. Ce bassin doit être, selon moi, le Cothon, ou le port intérieur de Carthage. Les restes des immenses travaux que l'on aperçoit dans la mer indiqueroient, dans ce cas, le môle extérieur. Il me semble même qu'on peut distinguer quelques piles de la levée que Scipion fit construire afin de fermer le port. J'ai remarqué aussi un second canal intérieur, qui sera, si l'on veut, la coupure faite par les Carthaginois lorsqu'ils ouvrirent un autre passage à leur flotte.

Ce sentiment est directement opposé à celui du docteur Shaw, qui place l'ancien port de Carthage au nord et au nord-ouest de la péninsule, dans le marais noyé appelé *El-Mersa,* ou le havre. Il suppose que ce port a été bouché par les vents du nord-est et par le limon de la Bagrada. D'Anville, dans sa *Géographie ancienne,* et Bélidor, dans son *Architecture hydraulique,* ont suivi cette opinion. Les voyageurs se sont soumis à ces grandes autorités. Je ne sais quelle est à cet égard l'opinion du savant Italien, dont je n'ai pas vu l'ouvrage[1].

J'avoue que je suis effrayé d'avoir à combattre des hommes d'un mérite aussi éminent que Shaw et d'Anville. L'un avoit vu les lieux, et l'autre les avoit devinés, si on me passe cette expression. Une chose cependant m'encourage : M. Humberg, commandant-ingénieur à La Goulette, homme très-habile, et qui réside depuis longtemps au milieu des ruines de Carthage, rejette absolument l'hypothèse du savant Anglais. Il est certain qu'il faut se défier de ces prétendus changements de lieux, de ces accidents locaux, à l'aide desquels on explique les difficultés d'un plan qu'on n'entend pas. Je ne sais donc si la Bagrada a pu fermer l'ancien port de Carthage, comme le docteur Shaw le suppose, ni produire sur le rivage d'Utique toutes les révolutions qu'il indique. La partie élevée du terrain au nord et au nord-

---

1. J'ai indiqué cet ouvrage plus haut.
Son opinion paroît semblable à la mienne. Voyez la Préface de la troisième édition.

ouest de l'isthme de Carthage n'a pas, soit le long de la mer, soit dans l'El-Mersa, la moindre sinuosité qui pût servir d'abri à un bateau. Pour trouver le Cothon dans cette position, il faut avoir recours à une espèce de trou qui, de l'aveu de Shaw, n'occupe pas cent verges en carré. Sur la mer du sud-est, au contraire, vous rencontrez de longues levées, des voûtes qui peuvent avoir été les magasins, ou même les loges des galères ; vous voyez des canaux creusés de main d'hommes, un bassin intérieur assez grand pour contenir les barques des anciens, et au milieu de ce bassin une petite île.

L'histoire vient à mon secours. Scipion l'Africain étoit occupé à fortifier Tunis lorsqu'il vit des vaisseaux sortir de Carthage pour attaquer la flotte romaine à Utique (TITE-LIVE, liv. x). Si le port de Carthage avoit été au nord, de l'autre côté de l'isthme, Scipion, placé à Tunis, n'auroit pas pu découvrir les galères des Carthaginois ; la terre cache dans cette partie le golfe d'Utique. Mais si l'on place le port au sud-est, Scipion vit et dut voir appareiller les ennemis.

Quand Scipion l'Émilien entreprit de fermer le port extérieur, il fit commencer la jetée à la pointe du cap de Carthage (APP.). Or, le cap de Carthage est à l'orient, sur la baie même de Tunis. Appien ajoute que cette pointe de terre étoit près du port ; ce qui est vrai si le port étoit au sud-est, ce qui est faux si le port se trouvoit au nord-ouest. Une chaussée conduite de la plus longue pointe de l'isthme de Carthage pour enclore au nord-ouest ce qu'on appelle l'*El-Mersa* est une chose absurde à supposer.

Enfin, après avoir pris le Cothon, Scipion attaqua Byrsa, ou la citadelle (APPIEN) ; le Cothon étoit donc au-dessous de la citadelle : or, celle-ci étoit bâtie sur la plus haute colline de Carthage, colline que l'on voit entre le midi et l'orient. Le Cothon placé au nord-ouest auroit été trop éloigné de Byrsa, tandis que le bassin que j'indique est précisément au pied de la colline du sud-est.

Si je m'étends sur ce point plus qu'il n'est nécessaire à beaucoup de lecteurs, il y en a d'autres aussi qui prennent un vif intérêt aux souvenirs de l'histoire, et qui ne cherchent dans un ouvrage que des faits et des connoissances positives. N'est-il pas singulier que dans une ville aussi fameuse que Carthage on en soit à chercher l'emplacement même de ses ports, et que ce qui fit sa principale gloire soit précisément ce qui est le plus oublié ?

Shaw me semble avoir été plus heureux à l'égard du port marqué dans le premier livre de l'*Énéide*. Quelques savants ont cru que ce port étoit une création du poëte ; d'autres ont pensé que Virgile avoit eu l'intention de représenter ou le port d'Ithaque ou celui de Carthagène, ou la baie de Naples; mais le chantre de Didon étoit trop scrupuleux sur la peinture des lieux pour se permettre une telle licence; il a décrit dans la plus exacte vérité un port à quelque distance de Carthage. Laissons parler le docteur Shaw :

« L'*Arvah-Reah*, l'Aquilaria des anciens, est à deux lieues à l'est-nord-est de Seedy-Doude, un peu au sud du promontoire de Mercure : ce fut là que Curion débarqua les troupes qui furent ensuite taillées en pièces par Saburra. Il y a ici divers restes d'antiquités, mais il n'y en a point qui méritent de l'attention. La montagne située entre le bord de la mer et le village, où il n'y a qu'un demi-mille de distance, est à vingt ou trente pieds au-dessus du niveau de la mer, fort artistement taillée et percée en quelques endroits pour faire entrer l'air dans les voûtes que l'on y a pratiquées : on voit encore dans ces voûtes, à des distances réglées, de grosses colonnes et des arches pour soutenir la montagne. Ce sont ici les carrières dont parle Strabon, d'où les habitants de Carthage, d'Utique et de plusieurs autres villes voisines, pouvoient tirer des pierres pour leurs bâtiments; et comme le dehors de la montagne est tout couvert d'arbres, que les voûtes qu'on y a faites s'ouvrent du côté de la mer, qu'il y a un grand rocher de chaque côté de cette ouverture, vis-à-vis de laquelle est l'île d'Ægimurus, et que de plus on y trouve des sources qui sortent du roc et des reposoirs pour les travailleurs, on ne sauroit presque douter, vu que les circonstances y répondent si exactement, que ce ne soit ici la caverne que Virgile place quelque part dans le golfe, et dont il fait la description dans les vers suivants, quoiqu'il y ait des commentateurs qui ont cru que ce n'est qu'une pure fiction du poëte :

> Est in secessu longo locus : insula portum
> Efficit objectu laterum; quibus omnis ab alto
> Frangitur, inque sinus scindit sese unda reductos.
> Hinc atque hinc vastæ rupes geminique minantur
> In cœlum scopuli, quorum sub vertice late
> Æquora tuta silent : tum sylvis scena coruscis
> Desuper, horrentique atrum nemus imminet umbra.
> Fronte sub adversa, scopulis pendentibus antrum :
> Intus aquæ dulces, vivoque sedilia saxo,
> Nympharum domus, etc.
>   (VIRG., *Æneid.*, lib. I, v. 159-168.) »

A présent que nous connoissons les ports, le reste ne nous retiendra pas longtemps. Je suppose que nous avons continué notre route le long de la mer jusqu'à l'angle d'où sort le promontoire de Carthage. Ce cap, selon le docteur Shaw, ne fut jamais compris dans la cité.

CHATEAUBRIAND AUX RUINES
DE CARTHAGE

Maintenant nous quittons la mer, et, tournant à gauche, nous parcourons en revenant au midi les ruines de la ville, disposées sur l'amphithéâtre des collines.

Nous trouvons d'abord les débris d'un très-grand édifice qui semble avoir fait partie d'un palais et d'un théâtre. Au-dessus de cet édifice, en montant à l'ouest, on arrive aux belles citernes qui passent généralement pour être les seuls restes de Carthage : elles recevoient peut-être les eaux d'un aqueduc dont on voit des fragments dans la campagne. Cet aqueduc parcouroit un espace de cinquante milles, et se rendoit aux sources du Zawan [1] et de Zungar. Il y avoit des temples au-dessus de ces sources. Les plus grandes arches de l'aqueduc ont soixante-dix pieds de haut, et les piliers de ces arches emportent seize pieds sur chaque face. Les citernes sont immenses : elles forment une suite de voûtes qui prennent naissance les unes dans les autres, et qui sont bordées, dans toute leur longueur, par un corridor : c'est véritablement un magnifique ouvrage.

Pour aller des citernes publiques à la colline de Byrsa, on traverse un chemin raboteux. Au pied de la colline, on trouve un cimetière et un misérable village, peut-être le *Tents* de lady Montague [2]. Le sommet de l'acropole offre un terrain uni, semé de petits morceaux de marbre, et qui est visiblement l'aire d'un palais ou d'un temple. Si l'on tient pour le palais, ce sera le palais de Didon ; si l'on préfère le temple, il faudra reconnoître celui d'Esculape. Là, deux femmes se précipitèrent dans les flammes, l'une pour ne pas survivre à son déshonneur, l'autre à sa patrie.

> Soleil, dont les regards embrassent l'univers,
> Reine des dieux, témoins de mes affreux revers,
> Triple Hécate, pour qui dans l'horreur des ténèbres
> Retentissent les airs des hurlements funèbres ;
> Pâles filles du Styx, vous tous, lugubres dieux,
> Dieux de Didon mourante, écoutez tous mes vœux !
> S'il faut qu'enfin ce monstre, échappant au naufrage,
> Soit poussé dans le port, jeté sur le rivage ;
> Si c'est l'arrêt du sort, la volonté des cieux,
> Que du moins assailli d'un peuple audacieux,
> Errant dans les climats où son destin l'exile,
> Implorant des secours, mendiant un asile,
> Redemandant son fils arraché de ses bras,
> De ses plus chers amis il pleure le trépas !...

---

1. On prononce dans le pays *Zauvan*
2. Les *écuries des éléphants*, dont parle lady Montague, sont des chambres souterraines qui n'ont rien de remarquable.

> Qu'une honteuse paix suive une guerre affreuse !
> Qu'au moment de régner, une mort malheureuse
> L'enlève avant le temps ! Qu'il meure sans secours,
> Et que son corps sanglant reste en proie aux vautours !
> Voilà mon dernier vœu ! Du courroux qui m'enflamme
> Ainsi le dernier cri s'exhale avec mon âme.
> Et toi, mon peuple, et toi, prends son peuple en horreur !
> Didon au lit de mort te lègue sa fureur !
> En tribut à ta reine offre un sang qu'elle abhorre !
> C'est ainsi que mon ombre exige qu'on l'honore.
> Sors de ma cendre, sors, prends la flamme et le fer,
> Toi qui dois me venger des enfants de Teucer !
> Que le peuple latin, que les fils de Carthage,
> Opposés par les lieux, le soient plus par leur rage !
> Que de leurs ports jaloux, que de leurs murs rivaux,
> Soldats contre soldats, vaisseaux contre vaisseaux,
> Courent ensanglanter et la mer et la terre !
> Qu'une haine éternelle éternise la guerre !
>
> . . . .
>
> A peine elle achevoit, que du glaive cruel
> Ses suivantes ont vu partir le coup mortel,
> Ont vu sur le bûcher la reine défaillante,
> Dans ses sanglantes mains l'épée encor fumante.

Du sommet de Byrsa l'œil embrasse les ruines de Carthage, qui sont plus nombreuses qu'on ne le pense généralement : elles ressemblent à celles de Sparte, n'ayant rien de bien conservé, mais occupant un espace considérable. Je les vis au mois de février ; les figuiers, les oliviers et les caroubiers donnoient déjà leurs premières feuilles ; de grandes angéliques et des acanthes formoient des touffes de verdure parmi les débris de marbre de toutes couleurs. Au loin je promenois mes regards sur l'isthme, sur une double mer, sur des îles lointaines, sur une campagne riante, sur des lacs bleuâtres, sur des montagnes azurées ; je découvrois des forêts, des vaisseaux, des aqueducs, des villages maures, des ermitages mahométans, des minarets et les maisons blanches de Tunis. Des millions de sansonnets, réunis en bataillons et ressemblant à des nuages, voloient au-dessus de ma tête. Environné des plus grands et des plus touchants souvenirs, je pensois à Didon, à Sophonisbe, à la noble épouse d'Asdrubal ; je contemplois les vastes plaines où sont ensevelies les légions d'Annibal, de Scipion et de César ; mes yeux vouloient reconnoître l'emplacement d'Utique : hélas ! les débris des palais de Tibère existent encore à Caprée, et l'on cherche en vain à Utique la place de la maison de Caton ! Enfin, les terribles Vandales, les légers Maures passoient tour à tour devant ma mémoire, qui m'offroit pour dernier tableau saint Louis expirant sur les ruines de Carthage. Que le récit de la mort de ce prince termine cet *Itinéraire* : heureux de rentrer, pour ainsi dire, dans ma patrie, par un antique monument de ses vertus, et de finir au tombeau du roi de sainte mémoire ce long pèlerinage aux tombeaux des grands hommes.

Lorsque saint Louis entreprit son second voyage d'outre-mer, il n'étoit plus jeune. Sa santé, affoiblie, ne lui permettoit ni de rester longtemps à cheval ni de soutenir le poids d'une armure; mais Louis n'avoit rien perdu de la vigueur de l'âme. Il assemble à Paris les grands du royaume; il leur fait la peinture des malheurs de la Palestine, et leur déclare qu'il est résolu d'aller au secours de ses frères les chrétiens. En même temps il reçoit la croix des mains du légat, et la donne à ses trois fils aînés.

Une foule de seigneurs se croisent avec lui : les rois de l'Europe se préparent à prendre la bannière. Charles de Sicile : Édouard d'Angleterre, Gaston de Béarn, les rois de Navarre et d'Aragon. Les femmes montrèrent le même zèle : la dame de Poitiers, la comtesse de Bretagne, Iolande de Bourgogne, Jeanne de Toulouse, Isabelle de France, Amicie de Courtenay, quittèrent la quenouille que filoient alors les reines, et suivirent leurs maris outre mer.

Saint Louis fit son testament : il laissa à Agnès, la plus jeune de ses filles, dix mille francs pour se marier, et quatre mille francs à la reine Marguerite; il nomma ensuite deux régents du royaume, Matthieu, abbé de Saint-Denis, et Simon, sire de Nesle; après quoi il alla prendre l'oriflamme.

Cette bannière, que l'on commence à voir paroître dans nos armées sous le règne de Louis le Gros, étoit un étendard de soie attaché au bout d'une lance : il étoit *d'un vermeil samit, à guise de gonfanon à trois queues, et avoit autour des houppes de soie verte*. On le déposoit en temps de paix sur l'autel de l'abbaye de Saint-Denis, parmi les tombeaux des rois, comme pour avertir que de race en race les François étoient fidèles à Dieu, au prince et à l'honneur. Saint Louis prit cette bannière des mains de l'abbé, selon l'usage. Il reçut en même temps l'escarcelle[1] et le bourdon[2] du pèlerin, que l'on appeloit alors *la consolation et la marque du voyage*[3] : coutume si ancienne dans la monarchie, que Charlemagne fut enterré avec l'escarcelle d'or qu'il avoit habitude de porter lorsqu'il alloit en Italie.

Louis pria au tombeau des martyrs, et mit son royaume sous la protection du patron de la France. Le lendemain de cette céré-

---

1. Une ceinture.   2. Un bâton.   3. *Solatia et indicia itineris.*

monie, il se rendit pieds nus, avec ses fils, du Palais de Justice à l'église de Notre-Dame. Le soir du même jour il partit pour Vincennes, où il fit ses adieux à la reine Marguerite, *gentille, bonne reine, pleine de grand simplece*, dit Robert de Sainceriaux; ensuite il quitta pour jamais ces vieux chênes, vénérables témoins de sa justice et de sa vertu.

« Maintes fois ai vu que le saint homme roi s'alloit esbattre au bois de Vincennes, et s'asseyoit au pied d'un chesne, et nous fesoit seoir auprès de lui, et tous ceux qui avoient affaire à lui venoient lui parler sans qu'aucun huissier leur donnast empeschement... Aussi plusieurs fois ay vu qu'au temps d'esté le bon roi venoit au jardin de Paris, vestu d'une cotte de camelot, d'un surcot de tiretaine sans manches et d'un mantel par-dessus de sandal noir, et fesoit là estendre des tapis pour nous asseoir auprès de lui, et là fesoit depescher son peuple diligemment comme au bois de Vincennes [1]. »

Saint-Louis s'embarqua à Aigues-Mortes, le mardi 1ᵉʳ juillet 1270. Trois avis avoient été ouverts dans le conseil du roi avant de mettre à la voile : d'aborder à Saint-Jean-d'Acre, d'attaquer l'Égypte, de faire une descente à Tunis. Malheureusement saint Louis se rangea au dernier avis par une raison qui sembloit assez décisive.

Tunis étoit alors sous la domination d'un prince que Geoffroy de Beaulieu et Guillaume de Nangis nomment *Omar-el-Muley-Moztanca*. Les historiens du temps ne disent point pourquoi ce prince feignit de vouloir embrasser la religion des chrétiens; mais il est assez probable qu'apprenant l'armement des croisés, et ne sachant où tomberoit l'orage, il crut le détourner en envoyant des ambassadeurs en France et flattant le saint roi d'une conversion à laquelle il ne pensoit point. Cette tromperie de l'infidèle fut précisément ce qui attira sur lui la tempête qu'il prétendoit conjurer. Louis pensa qu'il suffiroit de donner à Omar une occasion de déclarer ses desseins, et qu'alors une grande partie de l'Afrique se feroit chrétienne à l'exemple de son prince.

Une raison politique se joignoit à ce motif religieux : les Tunisiens infestoient les mers; ils enlevoient les secours que l'on faisoit passer aux princes chrétiens de la Palestine; ils fournissoient des chevaux, des armes et des soldats aux soudans d'Égypte; ils étoient le centre des liaisons que Bondoc-Dari entretenoit avec les Maures de Maroc et de l'Espagne. Il importoit donc de détruire ce repaire de brigands, pour rendre plus faciles les expéditions en Terre Sainte.

1. Sire de Joinville.

Saint Louis entra dans la baie de Tunis au mois de juillet 1270. En ce temps-là un prince maure avoit entrepris de rebâtir Carthage : plusieurs maisons nouvelles s'élevoient déjà au milieu des ruines, et l'on voyoit un château sur la colline de Byrsa. Les croisés furent frappés de la beauté du pays couvert de bois d'oliviers. Omar ne vint point au-devant des François ; il les menaça au contraire de faire égorger tous les chrétiens de ses États si l'on tentoit le débarquement. Ces menaces n'empêchèrent point l'armée de descendre ; elle campa dans l'isthme de Carthage, et l'aumônier d'un roi de France prit possession de la patrie d'Annibal en ces mots : *Je vous dis le ban de Notre-Seigneur Jésus-Christ, et de Louis, roi de France, son sergent.* Ce même lieu avoit entendu parler le gétule, le tyrien, le latin, le vandale, le grec et l'arabe, et toujours les mêmes passions dans des langues diverses.

Saint Louis résolut de prendre Carthage avant d'assiéger Tunis, qui étoit alors une ville riche, commerçante et fortifiée. Il chassa les Sarrasins d'une tour qui défendoit les citernes : le château fut emporté d'assaut, et la nouvelle cité suivit le sort de la forteresse. Les princesses qui accompagnoient leurs maris débarquèrent au port ; et, par une de ces révolutions que les siècles amènent, les grandes dames de France s'établirent dans les ruines des palais de Didon.

Mais la prospérité sembloit abandonner saint Louis dès qu'il avoit passé les mers, comme s'il eût toujours été destiné à donner aux infidèles l'exemple de l'héroïsme dans le malheur. Il ne pouvoit attaquer Tunis avant d'avoir reçu les secours que devoit lui amener son frère, le roi de Sicile. Obligé de se retrancher dans l'isthme, l'armée fut attaquée d'une maladie contagieuse qui en peu de jours emporta la moitié des soldats. Le soleil de l'Afrique dévoroit des hommes accoutumés à vivre sous un ciel plus doux. Afin d'augmenter la misère des croisés, les Maures élevoient un sable brûlant avec des machines : livrant au souffle du midi cette arène embrasée, ils imitoient pour les chrétiens les effets du kansim ou du terrible vent du désert : ingénieuse et épouvantable invention, digne des solitudes qui en firent naître l'idée, et qui montre à quel point l'homme peut porter le génie de la destruction. Des combats continuels achevoient d'épuiser les forces de l'armée : les vivants ne suffisoient pas à enterrer les morts ; on jetoit les cadavres dans les fossés du camp, qui en furent bientôt comblés.

Déjà les comtes de Nemours, de Montmorency et de Vendôme n'étoient plus ; le roi avoit vu mourir dans ses bras son fils chéri, le comte de Nevers. Il se sentit lui-même frappé. Il s'aperçut dès le premier moment que le coup étoit mortel; que ce coup abattroit facilement un corps usé par les fatigues de la guerre, par les soucis du trône et par ces veilles religieuses et royales que Louis consacroit à son Dieu et à son peuple. Il tâcha néanmoins de dissimuler son mal et de cacher la douleur qu'il ressentoit de la perte de son fils. On le voyoit, la mort sur le front, visiter les hôpitaux, comme un de ces Pères de la Merci consacrés dans les mêmes lieux à la rédemption des captifs et au salut des pestiférés. Des œuvres du saint il passoit aux devoirs du roi, veilloit à la sûreté du camp, montroit à l'ennemi un visage intrépide, ou, assis devant sa tente, rendoit la justice à ses sujets comme sous le chêne de Vincennes.

Philippe, fils aîné et successeur de Louis, ne quittoit point son père, qu'il voyoit près de descendre au tombeau. Le roi fut enfin obligé de garder sa tente : alors, ne pouvant plus être lui-même utile à ses peuples, il tâcha de leur assurer le bonheur dans l'avenir, en adressant à Philippe cette instruction qu'aucun François ne lira jamais sans verser des larmes. Il l'écrivit sur son lit de mort. Du Cange parle d'un manuscrit qui paroît avoir été l'original de cette instruction : l'écriture en étoit grande, mais altérée : elle annonçoit la défaillance de la main qui avoit tracé l'expression d'une âme si forte.

« Beau fils, la première chose que je t'enseigne et commande à garder, si est que de tout ton cœur tu aimes Dieu. Car sans ce, nul homme ne peut être sauvé. Et garde bien de faire chose qui lui déplaise. Car tu devrois plutôt désirer à souffrir toutes manières de tourments, que de pécher mortellement.

« Si Dieu t'envoie adversité, reçois-la bénignement, et lui en rends grâce : et pense que tu l'as bien desservi, et que le tout te tournera à ton preu. S'il te donne prospérité, si l'en remercie très-humblement, et garde que pour ce tu n'en sois pas pire par orgueil, ne autrement. Car on ne doit pas guerroyer Dieu de ses dons.

« Prends-toi bien garde que tu aies en ta compagnie prudes gens et loyaux, qui ne soient point pleins de convoitises, soit gens d'église, de religion, séculiers ou autres. Fuis la compagnie des mauvais, et t'efforce d'écouter les paroles de Dieu, et les retiens en ton cœur.

« Aussi fais droiture et justice à chacun, tant aux pauvres comme aux riches. Et à tes serviteurs sois loyal, libéral et roide de paroles, à ce qu'ils te craignent et aiment comme leur maître. Et si aucune controversité ou action se meut, enquiers-toi jusqu'à la vérité, soit tant pour toi que contre toi. Si tu es averti d'avoir aucune chose d'autrui, qui soit certaine, soit par toi ou par tes prédécesseurs, fais-la rendre incontinent.

« Regarde en toute diligence comment les gens et sujets vivent en paix et en droiture dessous toi, par espécial ès bonnes villes et cités, et ailleurs. Maintiens tes franchises et libertés, esquelles tes anciens les ont maintenues et gardées, et les tiens en faveur et amour.

« Garde-toi d'émouvoir guerre contre hommes chrétiens sans grand conseil, et qu'autrement tu n'y puisses obvier. Si guerre et débats y a entre tes sujets, apaise-les au plus tôt que tu pourras.

« Prends garde souvent à tes baillifs, prévôts et autres officiers, et t'enquiers de leur gouvernement, afin que si chose y a en eux à reprendre, que tu le fasses.

« Et te supplie, mon enfant, que, en ma fin, tu aies de moi souvenance, et de ma pauvre âme; et me secoures par messes, oraisons, prières, aumônes et bienfaits, par tout ton royaume. Et m'octroie partage et portion en tous tes bienfaits, que tu feras. Et je te donne toute bénédiction que jamais père peut donner à enfant, priant à toute la Trinité du paradis, le Père, le Fils et le Saint-Esprit, qu'ils te gardent et défendent de tous maux; à ce que nous puissions une fois, après cette mortelle vie, être devant Dieu ensemble, et lui rendre grâce et louange sans fin. »

Tout homme près de mourir, détrompé sur les choses du monde, peut adresser de sages instructions à ses enfants; mais quand ces instructions sont appuyées de l'exemple de toute une vie d'innocence, quand elles sortent de la bouche d'un grand prince, d'un guerrier intrépide et du cœur le plus simple qui fut jamais, quand elles sont les dernières expressions d'une âme divine qui rentre aux éternelles demeures, alors heureux le peuple qui peut se glorifier en disant : « L'homme qui a écrit ces instructions étoit le roi de mes pères! »

La maladie faisant des progrès, Louis demanda l'extrême-onction. Il répondit aux prières des agonisants avec une voix aussi ferme que s'il eût donné des ordres sur un champ de bataille. Il se mit à genoux au pied de son lit pour recevoir le saint viatique, et on fut obligé de soutenir par les bras ce nouveau saint Jérôme, dans cette dernière communion. Depuis ce moment il mit fin aux pensées de la terre et se crut acquitté envers ses peuples. Eh! quel monarque avoit jamais mieux rempli ses devoirs! Sa charité s'étendit alors à tous les hommes : il pria pour les infidèles qui firent à la fois la gloire et le malheur de sa vie; il invoqua les saints patrons de la France, de cette France si chère à son âme royale. Le lundi matin 25 août, sentant que son heure approchoit, il se fit coucher sur un lit de cendre, où il demeura étendu les bras croisés sur la poitrine et les yeux levés vers le ciel.

On n'a vu qu'une fois et l'on ne reverra jamais un pareil spectacle :

la flotte du roi de Sicile se montroit à l'horizon ; la campagne et les collines étoient couvertes de l'armée des Maures. Au milieu des débris de Carthage le camp des chrétiens offroit l'image de la plus affreuse douleur : aucun bruit ne s'y faisoit entendre ; les soldats moribonds sortoient des hôpitaux, et se traînoient à travers les ruines, pour s'approcher de leur roi expirant. Louis étoit entouré de sa famille en larmes, des princes consternés, des princesses défaillantes. Les deputés de l'empereur de Constantinople se trouvoient présents à cette scène : ils purent raconter à la Grèce la merveille d'un trépas que Socrate auroit admiré. Du lit de cendre où saint Louis rendoit le dernier soupir on découvroit le rivage d'Utique : chacun pouvoit faire la comparaison de la mort du philosophe stoïcien et du philosophe chrétien. Plus heureux que Caton, saint Louis ne fut point obligé de lire un traité de l'immortalité de l'âme pour se convaincre de l'existence d'une vie future : il en trouvoit la preuve invincible dans sa religion, ses vertus et ses malheurs. Enfin, vers les trois heures de l'après-midi, le roi, jetant un grand soupir, prononça distinctement ces paroles : « Seigneur, j'entrerai dans votre maison, et je vous adorerai dans votre saint temple [1] ; » et son âme s'envola dans le saint temple qu'il étoit digne d'habiter.

On entend alors retentir la trompette des croisés de Sicile : leur flotte arrive pleine de joie et chargée d'inutiles secours. On ne répond point à leur signal. Charles d'Anjou s'étonne et commence à craindre quelque malheur. Il aborde au rivage, il voit des sentinelles, la pique renversée, exprimant encore moins leur douleur par ce deuil militaire que par l'abattement de leur visage. Il vole à la tente du roi son frère : il le trouve étendu mort sur la cendre. Il se jette sur les reliques sacrées, les arrose de ses larmes, baise avec respect les pieds du saint, et donne des marques de tendresse et de regrets qu'on n'auroit point attendues d'une âme si hautaine. Le visage de Louis avoit encore toutes les couleurs de la vie, et ses lèvres même étoient vermeilles.

Charles obtint les entrailles de son frère, qu'il fit déposer à Montréal près de Salerne. Le cœur et les ossements du prince furent destinés à l'abbaye de Saint-Denis ; mais les soldats ne voulurent point laisser partir avant eux ces restes chéris, disant que les cendres de leur souverain étoient le salut de l'armée. Il plut à Dieu d'attacher au tombeau du grand homme une vertu qui se manifesta par des miracles. La France, qui ne pouvoit se consoler d'avoir perdu sur la terre un tel

1. *Psalm.*

monarque, le déclara son protecteur dans le ciel. Louis, placé au rang des saints, devint ainsi pour la patrie une espèce de roi éternel. On s'empressa de lui élever des églises et des chapelles plus magnifiques que les simples palais où il avoit passé sa vie. Les vieux chevaliers qui l'accompagnèrent à sa première croisade furent les premiers à reconnoître la nouvelle puissance de leur chef : « Et j'ai fait faire, dit le sire de Joinville, un autel en l'honneur de Dieu et de monseigneur saint Loys. »

La mort de Louis, si touchante, si vertueuse, si tranquille, par où se termine l'histoire de Carthage, semble être un sacrifice de paix offert en expiation des fureurs, des passions et des crimes dont cette ville infortunée fut si longtemps le théâtre. Je n'ai plus rien à dire aux lecteurs ; il est temps qu'ils rentrent avec moi dans notre commune patrie.

Je quittai M. Devoise, qui m'avoit si noblement donné l'hospitalité. Je m'embarquai sur le schooner américain où, comme je l'ai dit, M. Lear m'avoit fait obtenir un passage. Nous appareillâmes de La Goulette le lundi 9 mars 1807, et nous fîmes voile pour l'Espagne. Nous prîmes les ordres d'une frégate américaine dans la rade d'Alger. Je ne descendis point à terre. Alger est bâti dans une position charmante, sur une côte qui rappelle la belle colline du Pausilype. Nous reconnûmes l'Espagne le 19 à sept heures du matin, vers le cap de Gatte, à la pointe du royaume de Grenade. Nous suivîmes le rivage, et nous passâmes devant Malaga. Enfin nous vînmes jeter l'ancre le vendredi saint 27 mars, dans la baie de Gibraltar.

Je descendis à Algésiras le lundi de Pâques. J'en partis le 4 avril pour Cadix, où j'arrivai deux jours après et où je fus reçu avec une extrême politesse par le consul et le vice-consul de France, MM. Leroi et Canclaux. De Cadix je me rendis à Cordoue : j'admirai la mosquée, qui fait aujourd'hui la cathédrale de cette ville. Je parcourus l'ancienne Bétique où les poëtes avoient placé le bonheur. Je remontai jusqu'à Andujar, et je revins sur mes pas pour voir Grenade. L'Alhambra me parut digne d'être regardé, même après les temples de la Grèce. La vallée de Grenade est délicieuse, et ressemble beaucoup à celle de Sparte : on conçoit que les Maures regrettent un pareil pays.

Je partis de Grenade pour Aranjuès ; je traversai la patrie de l'illustre chevalier de la Manche, que je tiens pour le plus noble, le plus brave, le plus aimable et le moins fou des mortels. Je vis le Tage à Aranjuès, et j'arrivai le 21 à Madrid.

M. de Beauharnois, ambassadeur de France à la cour d'Espagne, me combla de bontés ; il avoit connu autrefois mon malheureux frère, mort sur l'échafaud avec son illustre aïeul [1]. Je quittai Madrid le 24. Je passai à l'Escurial, bâti par Philippe II sur les montagnes désertes de la Vieille-Castille. La cour vient chaque année s'établir dans ce monastère, comme pour donner à des solitaires morts au monde le spectacle de toutes les passions et recevoir d'eux ces leçons dont les passions ne profitent jamais. C'est là que l'on voit encore la chapelle funèbre où les rois d'Espagne sont ensevelis, dans des tombeaux pareils, disposés en échelons ; de sorte que toute cette poussière est étiquetée et rangée en ordre comme les curiosités d'un muséum. Il y a des sépulcres vides pour les souverains qui ne sont point encore descendus dans ces lieux.

De l'Escurial je pris ma route pour Ségovie ; l'aqueduc de cette ville est un des plus grands ouvrages des Romains ; mais il faut laisser M. de La Borde nous décrire ces monuments dans son beau *Voyage*. A Burgos, une superbe cathédrale gothique m'annonça l'approche de mon pays. Je n'oubliai point les cendres du Cid :

> Don Rodrigue surtout n'a trait à son visage
> Qui d'un homme de cœur ne soit la haute image,
> Et sort d'une maison si féconde en guerriers,
> Qu'ils y prennent naissance au milieu des lauriers.
> . . . . Il adoroit Chimène.

A Miranda, je saluai l'Èbre, qui vit le premier pas de cet Annibal dont j'avois si longtemps suivi les traces.

Je traversai Vittoria et les charmantes montagnes de la Biscaye. Le 3 mai je mis le pied sur les terres de France : j'arrivai le 5 à Bayonne, après avoir fait le tour entier de la Méditerranée, visité Sparte, Athènes, Smyrne, Constantinople, Rhodes, Jérusalem, Alexandrie, Le Caire, Carthage, Cordoue, Grenade et Madrid.

Quand les anciens pèlerins avoient accompli le voyage de la Terre Sainte, ils déposoient leur bourdon à Jérusalem, et prenoient pour le retour un bâton de palmier : je n'ai point rapporté dans mon pays un pareil symbole de gloire, et je n'ai point attaché à mes derniers travaux une importance qu'ils ne méritent pas. Il y a vingt ans que je me consacre à l'étude au milieu de tous les hasards et de tous les chagrins, *diversa exilia et desertas quærere terras* : un grand nombre de feuilles de mes livres ont été tracées sous la tente, dans les déserts, au milieu des flots ; j'ai souvent tenu la plume sans savoir comment je prolongerois de quelques instants mon existence : ce sont là des droits

---

[1]. M. de Malesherbes.

à l'indulgence et non des titres à la gloire. J'ai fait mes adieux aux Muses dans *Les Martyrs,* et je les renouvelle dans ces Mémoires, qui ne sont que la suite ou le commentaire de l'autre ouvrage. Si le ciel m'accorde un repos que je n'ai jamais goûté, je tâcherai d'élever en silence un monument à ma patrie ; si la Providence me refuse ce repos, je ne dois songer qu'à mettre mes derniers jours à l'abri des soucis qui ont empoisonné les premiers. Je ne suis plus jeune, je n'ai plus l'amour du bruit ; je sais que les lettres, dont le commerce est si doux quand il est secret, ne nous attirent au dehors que des orages : dans tous les cas, j'ai assez écrit si mon nom doit vivre, beaucoup trop s'il doit mourir.

FIN DE L'ITINÉRAIRE.

NOTES.

NOTE I. — PAGE 188.

Voici la description que le Père Babin fait du temple de Minerve :

« Ce temple, qui paroît de fort loin, et qui est l'édifice d'Athènes le plus élevé au milieu de la citadelle, est un chef-d'œuvre des plus excellents architectes de l'antiquité. Il est long d'environ cent vingt pieds et large de cinquante. On y voit trois rangs de voûtes soutenues de fort hautes colonnes de marbre, savoir, la nef et les deux ailes : en quoi il surpasse Sainte-Sophie, bâtie à Constantinople par l'empereur Justinien, quoique d'ailleurs ce soit un miracle du monde. Mais j'ai pris garde que ses murailles par dedans sont seulement encroûtées et couvertes de grandes pièces de marbre, qui sont tombées en quelques endroits des galeries d'en haut, où l'on voit des briques et des pierres qui étoient couvertes de marbre.

« Mais quoique ce temple d'Athènes soit si magnifique pour sa matière, il est encore plus admirable pour sa façon et pour l'artifice qu'on y remarque : *Materiam superabat opus.* Entre toutes les voûtes, qui sont de marbre, il y en a une qui est la plus remarquable, à cause qu'elle est tout ornée d'autant de belles figures gravées sur le marbre qu'elle en peut contenir.

« Le vestibule est long de la largeur du temple, et large d'environ quatorze pieds, au-dessous duquel il y a une longue voûte plate, qui semble être un riche plancher ou un magnifique lambris, car on y voit de longues pièces de marbre, qui semblent de longues et grosses poutres, qui soutiennent d'autres grandes pièces de même matière, ornées de diverses figures et personnages avec un artifice merveilleux.

« Le frontispice du temple, qui est fort élevé au-dessus de ce vestibule, est tel que j'ai peine à croire qu'il y en ait un si magnifique et si bien travaillé dans toute la France. Les figures et statues du château de Richelieu, qui est le chef-d'œuvre des ouvriers de ce temps, n'ont rien qui approche de ces belles et grandes figures d'hommes, de femmes et de chevaux, qui paroissent environ au nombre de trente à ce frontispice, et autant à l'autre côté du temple, derrière le lieu où étoit le grand autel du temps des chrétiens.

« Le long du temple, il y a une allée ou galerie de chaque côté, où l'on passe entre les murailles du temple, et dix-sept fort hautes et fort grosses colonnes cannelées qui ne sont pas d'une seule pièce, mais de diverses grosses pièces de beau marbre blanc, mises les unes sur les autres. Entre ces beaux piliers, il y a le long de cette galerie une petite muraille qui laisse entre chaque colonne un lieu qui seroit assez long et assez large pour y faire un autel et une chapelle, comme on en voit aux côtés et proche des murailles des grandes églises.

« Ces colonnes servent à soutenir en haut, avec des arcs-boutants, les murailles du temple, et empêchent par dehors qu'elles ne se démantellent par la pesanteur des voûtes. Les murailles de ce temple sont embellies en haut, par dehors, d'une belle ceinture de pierres de marbre, travaillées en perfection, sur lesquelles sont représentés quantité de triomphes; de sorte qu'on y voit en demi-relief une infinité d'hommes, de femmes, d'enfants, de chevaux et de chariots, représentés sur ces pierres, qui sont si élevées, que les yeux ont peine à en découvrir toutes les beautés, et à remarquer toute l'industrie des architectes et des sculpteurs qui les ont faites. Une de ces grandes pierres a été portée dans la mosquée, derrière la porte, où l'on voit avec admiration quantité de personnages qui y sont représentés avec un artifice non pareil.

« Toutes les beautés de ce temple, que je viens de décrire, sont des ouvrages des anciens Grecs païens. Les Athéniens, ayant embrassé le christianisme, changèrent ce temple de Minerve en une église du vrai Dieu, et y ajoutèrent un trône épiscopal et une chaire de prédicateur, qui y restent encore, des autels qui ont été renversés par les Turcs, qui n'offrent point de sacrifices dans leurs mosquées. L'endroit du grand autel est encore plus blanc que le reste de la muraille; les degrés pour y monter sont entiers et magnifiques. »

Cette description naïve du Parthénon, à peu près tel qu'il étoit du temps de Périclès, ne vaut-elle pas bien les descriptions, plus savantes, que l'on a faites des ruines de ce beau temple ?

NOTE II [1]. — PAGE 243.

« Cependant les capitaines et lieutenants du roy de Perse Darius, ayant mis une grosse puissance ensemble, l'attendoient au passage de la rivière de Granique. Si estoit nécessaire de combattre là, comme à la barrière de l'Asie, pour en gaigner l'entrée ; mais la plupart des capitaines de son conseil crai-

---

1. A l'exception des notes I, III et VIII, toutes les citations qui suivent faisoient partie du texte dans les deux premières éditions.

gnoient la profondeur de cette rivière et la hauteur de l'autre rive, qui estoit roide et droite, et si ne la pouvoit-on gaigner ny y monter sans combattre : et y en avoit qui disoient qu'il falloit prendre garde à l'observance ancienne des mois, pour ce que les roys de Macédoine n'avoient jamais accoustumé de mettre leur armée aux champs le mois de juing ; à quoy Alexandre leur respondit qu'il y remédieroit bien, commandant que l'on l'appellast le second mai. Davantage Parmenion estoit d'avis que pour le premier jour il ne falloit rien hasarder, à cause qu'il estoit desja tard ; à quoy il luy respondit que « l'Hellespont rougiroit de honte si luy craignoit de passer une rivière, veu « qu'il venoit de passer un bras de mer ; » et en disant cela, il entra luy-mesme dedans la rivière avec treize compagnies de gens de cheval, et marcha la teste baissée à l'encontre d'une infinité de traicts que les ennemis lui tirerent, montant contre-mont d'autre rive, qui estoit couppée et droite, et, qui pis est, toute couverte d'armes, de chevaux et d'ennemis qui l'attendoient en bataille rangée, poulsant les siens à travers le fil de l'eau, qui estoit profonde, et qui couroit si roide, qu'elle les emmenoit presque aval, tellement que l'on estimoit qu'il y eust plus de fureur en sa conduite que de bon sens ny de conseil. Ce nonobstant il s'obstina à vouloir passer à toute force, et feit tant qu'à la fin il gaigna l'autre rive à grande peine et grande difficulté : mesmement pour ce que la terre y glissoit à cause de la fange qu'il y avoit. Passé qu'il fust, il fallut aussi tost combattre pesle mesle d'homme à homme, pour ce que les ennemis chargèrent incontinent les premiers passez, avant qu'ils eussent loisir de se ranger en bataille, et leur coururent sus avec grands cris, tenants leurs chevaux bien joints et serrez l'un contre l'autre, et combattirent à coups de javeline premièrement, et puis à coups d'espée, après que les javelines furent brisées. Si se ruèrent plusieurs ensemble tout à coup sur luy, pour ce qu'il estoit facile à remarquer et cognoistre entre tous les autres à son escu, et à la cueue qui pendoit de son armet, à l'entour de laquelle il y avoit de costé et d'autre un pennache grand et blanc à merveille. Si fut atteinct d'un coup de javelot au défault de la cuirasse, mais le coup ne percea point ; et comme Roesaces et Spithridates, deux des principaux capitaines persians, s'adressassent ensemble à luy, il se détourna de l'un, et picquant droit à Roesaces, qui estoit bien armé d'une bonne cuirasse, luy donna un si grand coup de javeline, qu'elle se rompit en sa main, et meit aussi tost la main à l'espée ; mais ainsi comme ils estoient accouplez ensemble, Spithridates » s'approchant de luy en flanc, se souleva sur son cheval, et luy ramena de toute sa puissance un si grand coup de hache barbaresque, qu'il couppa la creste de l'armet, avec un des costez du pennache, et y feit une telle faulsée, que le tranchant de la hache pénétra jusques aux cheveux : et ainsi comme il en vouloit encore donner un autre, le grand Clitus le prévint, qui lui passa une parthisane de part en part à travers le corps, et à l'instant mesme tomba aussi Roesaces, mort en terre d'un coup d'espée que lui donna Alexandre. Or, pendant que la gendarmerie combattoit en tel effort, le bataillon des gens de pied macédoniens passa la rivière, et commencèrent les deux batailles à marcher l'une contre l'autre ; mais celle des Perses ne sousteint point courageusement ny longuement, ains se tourna incontinent en fuite, exceptez les Grecs qui estoyent à la soude du roy de Perse, lesquelz se retirerent ensemble dessus une motte, et demanderent que l'on les prist à mercy! Mais Alexandre donnant le premier dedans, plus par cholere que de sain jugement, y perdit son cheval, qui luy fut tué sous luy d'un coup d'espée à travers les flancs. Ce n'estoit pas Bucéphal, ains un autre; mais tous ceulx qui furent en celle journée tuez ou blecez des siens le furent en cest endroit-là, pour ce qu'il s'opiniastra à combattre obstineement contre hommes agguerriz et desesperez. L'on dit qu'en ceste premiere bataille il mourut du costé des barbares vingt mille hommes de pied, et deux mille cinq cents de cheval : du costé d'Alexandre, Aristobulus escrit qu'il y en eut de morts trente et quatre en tout, dont douze estoyent gens de pied, à tous lesquelz Alexandre voulut, pour honorer leur mémoire, que l'on dressast des images de bronze faictes de la main de Lysippus : et voulant faire part de ceste victoire aux Grecs, il envoya aux Athéniens particulierement trois cents boucliers de ceulx qui furent gaignez en la bataille, et generalement sur toutes les autres despouilles ; et sur tout le buttin feit mettre ceste tres honorable inscription : Alexandre, fils de Philippus, et les Grecs, exceptez les Lacédémoniens, ont conquis ce buttin sur les barbares habitants en Asie. »

NOTE III. — PAGE 248.

CONTRAT PASSÉ ENTRE LE CAPITAINE DIMITRI ET M. DE CHATEAUBRIAND[1].

Διὰ τοῦ παρόντος γράμματος γείννεται δῆλον ὅτι ὁ κὺρ Χατζὶ Πολύκαρπος τοῦ Λαζάρου Χαβιαρτζὶς ὁποῦ ἔχει ναβλωμένην τὴν πολάκα ὀνόματι ὁ ἅγιος Ἰωάννης τοῦ Κᾳν. Δημητρίου Στέριου ἀπὸ τὸ Βόλο μὲ Ὠθωμανικὴν παντιέραν ἀπὸ ἐδῶ διὰ τὸν Γιάφαν διὰ νὰ πιγαίνῃ τοὺς Χατζίδους Ρωμαίους, ἐσυμφώνισεν τὴν σήμερον μετὰ τοῦ μουσοῦ Σατὼ Μπριὰντ μπεϊζαντὲς Φραντζέζος νὰ τοῦ δώσουν μέσα εἰς τὸ ἄνωθεν, καράβι μίαν μικρὰν κάμαραν νὰ καθίσῃ αὐτὸς καὶ δύω του δοῦλοι μαζὶ, διὰ νὰ κάμῃ τὸ ταξίδι ἀπὸ ἐδῶ εἰς τὸ γιάφα, νὰ τοῦ δείδουν τόπον εἰς τὸ ὀτζάκη τοῦ καπιτάνιου νὰ μαγειρεύῃ τὸ φαγήτου, ὥσαν νερον χρειαστεῖ κάθε φορὰν, νὰ τὸν καλοκιτάζουν εἰς ὥσον καιρὸν σταθεῖ εἰς τὸ ταξίδι, καὶ κατὰ πάντα τρώπον νὰ τὸν συχαριτίσουν χωρὶς νὰ τοῦ προξενηθῇ καμία ἐνώχλησις. διὰ νάβλον αὐτῆς τῆς κάμαρας ὁποῦ εἶναι ἡ ἀντικάμερα τοῦ καπιτάνιου, καὶ διὰ ὅλλαις ταῖς ἀνωθεν δούλευσαις ἐσυμφώνισαν γρόσους ἑπτακώσια ἤτι L : 700 : τὰ ὁποία ὁ ἄνωθεν μπεϊζαντες τὰ ἐμέτρησεν τοῦ Χατζὶ Πολυκάρπου, καὶ αὐτὸς ὁμολογεῖ πῶς τὰ ἔλαβεν, ὅθεν δὲν ἔχει πλέον ὁ καπιτάνος νὰ τοῦ ζητᾷ τίποτες, οὔτε ἐδῶ, οὔτε εἰς τὸ Γιάφαν, ὅταν φθάσει καὶ ἔχεινα ξεμπαρκαρισθῇ. διὰ τοῦτο αἱ ὑπόσχεται τῶσιν ὁ ῥηθεὶς Χατζὶ Πολύκαρπος ναβλωκτῆς καθὼς καὶ ὁ καπιτάνος νὰ φυλάξωυν ὅλλα αὐτὰ ὁποῦ ὑπωσχέθικαν καὶ εἰς ἔνδυξιν ἀληθίας ὑπώ-

[1] Ce contrat a été copié avec les fautes d'orthographe grossières, les faux accents et les barbarismes de l'original.

γραψαν ἀμφώτεροι τὸ πάρον γράμμα καὶ τὸ ἔδωσαν εἰς χεῖρας τοῦ μουσοῦ Σατὸ Μριάντ, ὅπος ἔχει τὸ κύρος καὶ τὴν ἰσχὺν ἐν παντὶ καιρῷ καὶ τόπω. Κωνσταντινόπολ. $\frac{6}{18}$ σεπτέμβριου 1806.

χατζη Πολικαρπος Λαζαρου βεβονο [1]

καπητων Δημητρης στηρηο βεβηονο [2].

[3] Ο καπιταν Διμιτρις ηποσχετε μεταμενα ανεφ
εξ εναντιας κερου να μιν σταθη περισσοτερο
απο μιαν ημερα καστρι και χηου.
ελαβον τον ναβαυν γρο 700 ητι επτακοσια

χατζη Πολικαρπο Λαζαρου.

TRADUCTION DU CONTRAT PRÉCÉDENT[4].

« Par le présent contrat, déclare le Hadgi Policarpe de Lazare Caviarzi, nolisateur de la polaque nommée *Saint-Jean*, commandé par le capitain Dimitry Sterio de Vallo, avec pavillon ottoman pour porter les pellerins grecs d'ici à Jaffa, avoir aujourd'hui contracté avec M. de Chateaubriand, de lui céder une petite chambre dans le susdit batiment, où il puisse se loger lui et deux domestiques à son service ; en outre il lui sera donné une place dans la cheminée du capitan pour faire sa cuisine. On lui fournira de l'eau quand il en aura besoin, et l'on faira tout ce qui sera nécessaire pour le contenter pendant son voyage, sans permettre qu'il soit occasioné aucune molestie tout le temps de sa demeure à bord. — Pour nolis de son passage, et payement de tout service qui doit lui être rendû, se sont convenus la somme de piastres sept-cent n° 700 que M. Chateaubriand a compté audit Policarpe, et lui déclarer de les avoir reçu ; moyennant quoi le capitain ne doit et ne pourra rien autre demander de lui, ni ici, ni à leur arrivée à Jaffa, et lorsqu'il devra se débarquer.

C'est pourquoi ils s'engagent, ce nolisateur et ce capitain, d'observer et remplir les susdits conditions dont ils se sont convenûs, et ont signé tous les deux le présent contrat, qui doit valoir en tout temps, et lieu.

Constantinopli, 6 septembre 1806.

Hadgi Policarpe de Lazare
Noligeateur

Capitain Dimitri Agro

Le susdit cap^e s'engage avec moi qu'il ne s'arrêtera devant les Dardanelles et Scio qu'un jour.

Hadgi Policarpe de Lazare

1. Signature de Policarpe.   2. Signature de Démétrius.
3. Écrit de la main de Policarpe.
4. Cette traduction barbare est de l'interprète franc à Constantinople.

NOTE IV. — PAGE 264.

« En arrivant dans l'île, dit le fils d'Ulysse, je sentis un air doux qui rendoit les corps lâches et paresseux, mais qui inspiroit une humeur enjouée et folâtre. Je remarquai que la campagne, naturellement fertile et agréable, étoit presque inculte, tant les habitants étoient ennemis du travail. Je vis de tous côtés des femmes et des jeunes filles, vainement parées, qui alloient en chantant les louanges de Vénus se dévouer à son temple. La beauté, les grâces, la joie, les plaisirs, éclatoient également sur leurs visages, mais les grâces y étoient affectées : on n'y voyoit point une noble simplicité et une pudeur aimable, qui fait le plus grand charme de la beauté. L'air de mollesse, l'art de composer leur visage, leur parure vaine, leur démarche languissante, leurs regards qui semblent chercher ceux des hommes, leur jalousie entre elles pour allumer de grandes passions, en un mot, tout ce que je voyois dans ces femmes me sembloit vil et méprisable : à force de vouloir plaire elles me dégoûtoient.

« On me conduisit au temple de la déesse : elle en a plusieurs dans cette île ; car elle est particulièrement adorée à Cythère, à Idalie et à Paphos. C'est à Cythère que je fus conduit. Le temple est tout de marbre ; c'est un parfait péristyle ; les colonnes sont d'une grosseur et d'une hauteur qui rendent cet édifice très-majestueux : au-dessus de l'architrave et de la frise sont, à chaque face, de grands frontons où l'on voit en bas-relief toutes les plus agréables aventures de la déesse. A la porte du temple est sans cesse une foule de peuples qui viennent faire leurs offrandes.

« On n'égorge jamais dans l'enceinte du lieu sacré aucune victime ; on n'y brûle point, comme ailleurs, la graisse des génisses et des taureaux ; on n'y répand jamais leur sang : on présente seulement devant l'autel les bêtes qu'on offre, et on n'en peut offrir aucune qui ne soit jeune, blanche, sans défaut et sans tache : on les couvre de bandelettes de pourpre brodées d'or ; leurs cornes sont dorées et ornées de bouquets et de fleurs odoriférantes. Après qu'elles ont été présentées devant l'autel, on les renvoie dans un lieu écarté, où elles sont égorgées pour les festins des prêtres de la déesse.

« On offre aussi toutes sortes de liqueurs parfumées et du vin plus doux que le nectar. Les prêtres sont revêtus de longues robes blanches avec des ceintures d'or et des franges de même au bas de leurs robes. On brûle, nuit et jour, sur les autels, les parfums les plus exquis de l'Orient, et ils forment une espèce de nuage qui monte vers le ciel. Toutes les colonnes du temple sont ornées de festons pendants ; tous les vases qui servent aux sacrifices sont d'or : un bois sacré de myrtes environne le bâtiment. Il n'y a que de jeunes garçons et de jeunes filles d'une rare beauté qui puissent présenter les victimes aux prêtres, et qui osent allumer le feu des autels. Mais l'impudence et la dissolution déshonorent un temple si magnifique. »   (*Télémaque.*)

NOTE V. — PAGE 322.

« Toute l'étendue de Jérusalem est environnée de hautes montagnes ; mais c'est sur celle de Sion que doivent être les sépulcres de la famille de David, dont on ignore le lieu. En effet, il y a quinze ans qu'un des murs du Temple, que j'ai dit être sur la montagne de Sion, croula. Là-dessus, le patriarche donna ordre à un prêtre de le réparer des pierres qui se trouvoient dans le fondement des murailles de l'ancienne Sion. Pour cet effet, celui-ci fit marché avec environ vingt ouvriers, entre lesquels il se trouva deux hommes amis et de bonne intelligence. L'un d'eux mena un jour l'autre dans sa maison pour lui donner à déjeûner. Étant revenus après avoir mangé ensemble, l'inspecteur de l'ouvrage leur demanda la raison pourquoi ils étoient venus si tard, auquel ils répondirent qu'ils compenseroient cette heure de travail par une autre. Pendant donc que le reste des ouvriers furent à dîner, et que ceux-ci faisoient le travail qu'ils avoient promis, ils levèrent une pierre qui bouchoit l'ouverture d'un antre, et se dirent l'un à l'autre : Voyons s'il n'y a pas là-dessous quelque trésor caché. Après y être entrés, ils avancèrent jusqu'à un palais soutenu par des colonnes de marbre, et couvert de feuilles d'or et d'argent. Au-devant il y avoit une table avec un sceptre et une couronne dessus : c'étoit là le sépulcre de David, roi d'Israel; celui de Salomon, avec les mêmes ornements, étoit à la gauche, aussi bien que plusieurs autres rois de Juda et de la famille de David, qui avoient été enterrés en ce lieu. Il s'y trouva aussi des coffres fermés, mais on ignore encore ce qu'ils contenoient. Les deux ouvriers ayant voulu pénétrer dans le palais, il s'éleva un tourbillon de vent qui, entrant par l'ouverture de l'antre, les renversa par terre, où ils demeurèrent, comme s'ils eussent été morts, jusqu'au soir. Un autre souffle de vent les réveilla, et ils entendirent une voix semblable à celle d'un homme, qui leur dit : *Levez-vous, et sortez de ce lieu*. La frayeur dont ils étoient saisis les fit retirer en diligence, et ils rapportèrent tout ce qui leur étoit arrivé au patriarche, qui le leur fit répéter en présence d'Abraham de Constantinople, le Pharisien, et surnommé *le Pieux*, qui demeuroit alors à Jérusalem. Il l'avoit envoyé chercher pour lui demander quel étoit son sentiment là-dessus ; à quoi il répondit que c'étoit le lieu de la sépulture de la maison de David, destiné pour les rois de Juda. Le lendemain, on trouva ces deux hommes couchés dans leurs lits, et fort malades de la peur qu'ils avoient eue. Ils refusèrent de retourner dans le même lieu, à quel prix que ce fût, assurant qu'il n'étoit pas permis à aucun mortel de pénétrer dans un lieu dont Dieu défendoit l'entrée ; de sorte qu'elle a été bouchée par le commandement du patriarche, et la vue en a été ainsi cachée jusque aujourd'hui. »

Cette histoire paroît être renouvelée de celle que raconte Josèphe au sujet du même tombeau. Hérode le Grand ayant voulu faire ouvrir le cercueil de David, il en sortit une flamme qui l'empêcha de poursuivre son dessein.

NOTE VI. — PAGE 326.

« A peine, dit Massillon, l'âme sainte du Sauveur a-t-elle ainsi accepté le ministère sanglant de notre réconciliation, que la justice de son Père commence à le regarder comme un homme de péché. Dès lors il ne voit plus en lui son Fils bien aimé, en qui il avoit mis toute sa complaisance ; il n'y voit plus qu'une hostie d'expiation et de colère, chargée de toutes les iniquités du monde, et qu'il ne peut plus se dispenser d'immoler à toute la sévérité de sa vengeance. Et c'est ici que tout le poids de sa justice commence à tomber sur cette âme pure et innocente : c'est ici où Jésus-Christ, comme le véritable Jacob, va lutter toute la nuit contre la colère d'un Dieu même, et où va se consommer par avance son sacrifice, mais d'une manière d'autant plus douloureuse que son âme sainte va expirer, pour ainsi dire, sous les coups de la justice d'un Dieu irrité, au lieu que sur le Calvaire elle ne sera livrée qu'à la fureur et à la puissance des hommes. . . . .
. . . .

« L'âme sainte du Sauveur, pleine de grâce, de vérité et de lumière ; ah ! elle voit le péché dans toute son horreur ; elle en voit le désordre, l'injustice, la tache immortelle ; elle en voit les suites déplorables : la mort, la malédiction, l'ignorance, l'orgueil, la corruption, toutes les passions, de cette source fatale nées et répandues sur la terre. En ce moment douloureux, la durée de tous les siècles se présente à elle : depuis le sang d'Abel jusqu'à la dernière consommation, elle voit une tradition non interrompue de crimes sur la terre ; elle parcourt cette histoire affreuse de l'univers, et rien n'échappe aux secrètes horreurs de sa tristesse ; elle y voit les plus monstrueuses superstitions établies parmi les hommes : la connoissance de son père effacée ; les crimes infâmes érigés en divinités ; les adultères, les incestes, les abominations avoir leurs temples et leurs autels ; l'impiété et l'irréligion devenues le parti des plus modérés et des plus sages. Si elle se tourne vers les siècles des chrétiens, elle y découvre les maux futurs de son Église : les schismes, les erreurs, les dissensions qui devoient déchirer le mystère précieux de son unité, les profanations de ses autels, l'indigne usage des sacrements, l'extinction presque de sa foi, et les mœurs corrompues du paganisme rétablies parmi ses disciples. . . . .
. . . .

« Aussi cette âme sainte, ne pouvant plus porter le poids de ses maux, et retenue d'ailleurs dans son corps par la rigueur de la justice divine, triste jusqu'à la mort, et ne pouvant mourir, hors d'état et de finir ses peines et de les soutenir, semble combattre, par les défaillances et les douleurs de son agonie, contre la mort et contre la vie ; et une sueur de sang qu'on voit couler à terre est le triste fruit de ses pénibles efforts : *Et factus est sudor ejus sicut guttæ sanguinis decurrentis in terram*. Père juste, falloit-il encore du sang à ce sacrifice intérieur de votre Fils? N'est-ce pas assez qu'il doive être répandu par ses ennemis? Faut-il que votre justice se hâte, pour ainsi dire, de le voir répandre? »

NOTE VII. — PAGE 326.

La destruction de Jérusalem, prédite et pleurée par Jésus-Christ, mérite bien qu'on s'y arrête. Écoutons Josèphe, témoin oculaire de cet événement. La ville étant prise, un soldat met le feu au Temple.

« Lorsque le feu dévoroit ainsi ce superbe Temple, les soldats, ardents au pillage, tuoient tous ceux qu'ils y rencontroient. Ils ne pardonnoient ni à l'âge ni à la qualité : les vieillards aussi bien que les enfants, et les prêtres comme les laïques, passoient par le tranchant de l'épée : tous se trouvoient enveloppés dans ce carnage général, et ceux qui avoient recours aux prières n'étoient pas plus humainement traités que ceux qui avoient le courage de se défendre jusqu'à la dernière extrémité. Les gémissements des mourants se mêloient au bruit du petillement du feu, qui gagnoit toujours plus avant ; et l'embrasement d'un si grand édifice, joint à la hauteur de son assiette, faisoit croire à ceux qui ne le voyoient que de loin que toute la ville étoit en feu.

« On ne sauroit rien imaginer de plus terrible que le bruit dont l'air retentissoit de toutes parts ; car quel n'étoit pas celui que faisoient les légions romaines dans leur fureur? Quels cris ne jetoient pas les factieux qui se voyoient environnés de tous côtés du fer et du feu? Quelle plainte ne faisoit point ce pauvre peuple qui, se trouvant alors dans le Temple, étoit dans une telle frayeur, qu'il se jetoit, en fuyant, au milieu des ennemis! Et quelles voix confuses ne poussoit point jusqu'au ciel la multitude de ceux qui, de dessus la montagne opposée au Temple, voyoient un spectacle si affreux ! Ceux même que la faim avoit réduits à une telle extrémité que la mort étoit prête à leur fermer pour jamais les yeux, apercevant cet embrasement du Temple, rassembloient tout ce qui leur restoit de forces pour déplorer un si étrange malheur ; et les échos des montagnes d'alentour et du pays qui est au delà du Jourdain redoubloient encore cet horrible bruit ; mais quelque épouvantable qu'il fût, les maux qui le causoient l'étoient encore davantage. Ce feu qui dévoroit le Temple étoit si grand et si violent, qu'il sembloit que la montagne même sur laquelle il étoit assis brûlât jusque dans ses fondements. Le sang couloit en telle abondance, qu'il paroissoit disputer avec le feu à qui s'étendroit davantage. Le nombre de ceux qui étoient tués surpassoit celui de ceux qui les sacrifioient à leur colère et à leur vengeance ; toute la terre étoit couverte de corps morts ; et les soldats marchoient dessus pour suivre par un chemin si effroyable ceux qui s'enfuyoient. . . . .
. . . .

« Quatre ans avant le commencement de la guerre, lorsque Jérusalem étoit encore dans une profonde paix et dans l'abondance, Jésus, fils d'Ananus, qui n'étoit qu'un simple paysan, étant venu à la fête des Tabernacles, qui se

célèbre tous les ans dans le Temple en l'honneur de Dieu, cria : « Voix du « côté de l'orient ; voix du côté de l'occident ; voix du côté des quatre vents ; « voix contre Jérusalem et contre le Temple ; voix contre les nouveaux « mariés et les nouvelles mariées ; voix contre tout le peuple. » Et il ne cessoit point, jour et nuit, de courir par toute la ville en répétant la même chose. Quelques personnes de qualité, ne pouvant souffrir les paroles d'un si mauvais présage, le firent prendre et extrêmement fouetter. . . '. . . . .
. . . .

« Mais à chaque coup qu'on lui donnoit, il répétoit d'une voix plaintive et lamentable : « Malheur ! malheur sur Jérusalem ! ». . . . .
. . . .

« Quand Jérusalem fut assiégée, on vit l'effet de ses prédictions. Et faisant alors le tour des murailles de la ville, il se mit encore à crier : « Malheur ! « malheur sur la ville ! malheur sur le peuple ! malheur sur le Temple ! » A quoi ayant ajouté : « et malheur sur moi ! » une pierre poussée par une machine le porta par terre, et il rendit l'esprit en proférant ces mêmes mots. »

NOTE VIII. — PAGE 327

« On verra, dit encore Massillon, le Fils de l'Homme parcourant des yeux, du haut des airs, les peuples et les nations confondus et assemblés à ses pieds, relisant dans ce spectacle l'histoire de l'univers, c'est-à-dire des passions ou des vertus des hommes : on le verra rassembler ses élus des quatre vents, les choisir de toute langue, de tout état, de toute nation ; réunir les enfants d'Israel dispersés dans l'univers ; exposer l'histoire secrète d'un peuple saint et nouveau ; produire sur la scène des héros de la foi jusque là inconnus au monde ; ne plus distinguer les siècles par les victoires des conquérants, par l'établissement ou la décadence des empires, par la politesse ou la barbarie des temps, par les grands hommes qui ont paru dans chaque âge, mais par les divers triomphes de la grâce, par les victoires cachées des justes sur leurs passions, par l'établissement de son règne dans un cœur, par la fermeté héroïque d'un fidèle persécuté. . . . .

« La disposition de l'univers ainsi ordonnée ; tous les peuples de la terre ainsi séparés ; chacun immobile à la place qui lui sera tombée en partage ; la surprise, la terreur, le désespoir, la confusion, peints sur le visage des uns ; sur celui des autres la joie, la sérénité, la confiance ; les yeux des justes levés en haut vers le Fils de l'Homme, d'où ils attendent leur délivrance ; ceux des impies fixés d'une manière affreuse sur la terre, et perçant presque les abîmes de leurs regards, comme pour y marquer déjà la place qui leur est destinée. »

NOTE IX. — PAGE 328.

Bossuet a renfermé toute cette histoire en quelques pages, mais ces pages sont sublimes :

« Cependant la jalousie des pharisiens et des prêtres le mène à un supplice infâme; ses disciples l'abandonnent; un d'eux le trahit; le premier et le plus zélé de tous le renie trois fois. Accusé devant le conseil, il honore jusqu'à la fin le ministère des prêtres et répond en termes précis au pontife qui l'interrogeoit juridiquement; mais le moment étoit arrivé où la synagogue devoit être réprouvée. Le pontife et tout le conseil condamnent Jésus-Christ, parce qu'il se disoit le Christ, Fils de Dieu. Il est livré à Ponce-Pilate, président romain : son innocence est reconnue par son juge, que la politique et l'intérêt font agir contre sa conscience : le Juste est condamné à mort : le plus grand de tous les crimes donne lieu à la plus parfaite obéissance qui fut jamais : Jésus, maître de sa vie et de toutes choses, s'abandonne volontairement à la fureur des méchants et offre ce sacrifice qui devoit être l'expiation du genre humain. A la croix, il regarde dans les prophéties ce qui lui restoit à faire : il l'achève et dit enfin : « Tout est consommé. »

« A ce mot, tout change dans le monde : la loi cesse, les figures passent, les sacrifices sont abolis par une oblation plus parfaite. Cela fait, Jésus-Christ expire avec un grand cri : toute la nature s'émeut; le centurion qui le gardoit, étonné d'une telle mort, s'écrie qu'il est vraiment le Fils de Dieu, et les spectateurs s'en retournent frappant leur poitrine. Au troisième jour il ressuscite; il paroît aux siens qui l'avoient abandonné et qui s'obstinoient à ne pas croire sa résurrection. Ils le voient, ils lui parlent, ils le touchent, ils sont convaincus. . . . .

. . . .

« Sur ce fondement, douze pêcheurs entreprennent de convertir le monde entier, qu'ils voient si opposé aux lois qu'ils avoient à lui prescrire et aux vérités qu'ils avoient à lui annoncer. Ils ont ordre de commencer par Jérusalem, et de là de se répandre par toute la terre, pour instruire toutes les nations et les baptiser au nom du Père, du Fils et du Saint-Esprit. Jésus-Christ leur promet d'être avec eux jusqu'à la consommation des siècles, et assure par cette parole la perpétuelle durée du ministère ecclésiastique. Cela dit, il monte aux cieux en leur présence. »

NOTE X. — PAGE 338.

« Voyant le roi qui avoit la maladie de l'ost et la menaison, comme les autres que nous laissions, se fût bien garanti s'il eût voulu ès grands gallées; mais il disoit qu'il aimoit mieux mourir que laisser son peuple : il nous commença à hucher et à crier que demourassions, et nous tiroit de bons garrots pour nous faire demourer jusqu'à ce qu'il nous donnast congé de nager. Or je vous lerray ici, et vous diray la façon et manière comme fut prins le roi, ainsi que luy-mesme me conta. Je luy ouy dire qu'il avoit laissé ses gens d'armes et sa bataille, et s'estoit mis lui et messire Geoffroy de Sergine en la bataille de messire Gaultier de Châtillon, qui faisoit l'arrière-garde. Et estoit le roi monté sur un petit coursier, une housse de soie vêtue; et ne lui demoura, ainsi que lui ay depuis oy dire, de tous ses gens d'armes, que le bon chevalier messire Geoffroy de Sergine, lequel se rendit jusques à une petite ville nommée *Casel*, là où le roi fut prins. Mais avant que les Turcs le pussent voir, lui oy conter que messire Geoffroy de Sergine le deffendoit en la façon que le bon serviteur deffend le hanap de son seigneur, de peur des mouches. Car toutes les fois que les Sarrasins l'approchoient, messire Geoffroy le deffendoit à grands coups d'épée et de pointe, et ressembloit sa force lui être doublée d'outre moitié, et son preux et hardi courage. Et à tous les coups les chassoit de dessus le roi. Et ainsi l'emmena jusqu'au lieu de Casel, et là fut descendu au giron d'une bourgeoise qui étoit de Paris. Et là le cuidèrent voir passer le pas de mort, et n'espéroient point que jamais il peust passer celui jour sans mourir[1]. »

C'étoit déjà un coup assez surprenant de la fortune que d'avoir livré un des plus grands rois que la France ait eus aux mains d'un jeune soudan d'Égypte, dernier héritier du grand Saladin. Mais cette fortune, qui dispose des empires, voulant, pour ainsi dire, montrer en un jour l'excès de sa puissance et de ses caprices, fit égorger le roi vainqueur sous les yeux du roi vaincu.

« Et ce voyant le soudan, qui estoit encore jeune, et la malice qui avoit été inspirée contre sa personne, il s'enfuit en sa haute tour, qu'il avoit près de sa chambre, dont j'ay devant parlé. Car ses gens mesme de la Haulequa lui avoient jà abattu tous ses pavillons, et environnoient cette tour, où il s'en estoit fui. Et dedans la tour il y avoit trois de ses évêques, qui avoient mangé avec lui, qui lui escrivirent qu'il descendist. Et il leur dit que volontiers il descendroit, mais qu'ils l'assurassent. Ils lui répondirent que bien le feroient descendre par force, et malgré lui; et qu'il n'estoit mye encore à Damiète. Et tantôt ils vont jecter le feu gregeois dedans cette tour, qui estoit seulement de perches de sapins et de toile, comme j'ay devant dit. Et incontinent fut embrasée la tour. Et vous promets que jamais ne vis plus beau feu ne plus soudain. Quand le sultan vit que le feu le pressoit, il descendit par la voie du Prael, dont j'ay devant parlé, et s'enfuit vers le fleuve; et en s'enfuyant, l'un des chevaliers de la Haulequa le férit d'un grand glaive parmi les costes, et il se jecte à tout le glaive dedans le fleuve. Et après lui descendirent environ de neuf chevaliers, qui le tuerent là dans le fleuve, assez près de notre gallée. Et quand le soudan fut mort, l'un desdits chevaliers, qui avoit nom Faracataie, le fendit, et lui tira le cœur du ventre. Et lors il s'en vint au roi, sa main toute ensanglantée, et lui demanda : « Que me donneras-tu, dont j'ay

---

1. Sire de Joinville.

« occis ton ennemi qui t'eust fait mourir s'il eust vécu ? » Et à ceste demande ne lui répondit oncques un seul mot le bon roi saint Louis. »

NOTE XI. — page 339.

Le tableau du royaume de Jérusalem tracé par l'abbé Guénée mérite d'être rapporté. Il y auroit de la témérité à vouloir refaire un ouvrage qui ne pèche que par des omissions volontaires. Sans doute l'auteur, ne pouvant pas tout dire, s'est contenté des principaux traits.

« Ce royaume s'étendoit, dit-il, du couchant au levant, depuis la mer Méditerranée jusqu'au désert de l'Arabie, et du midi au nord, depuis le fort de Darum au delà du torrent d'Égypte jusqu'à la rivière qui coule entre Bérith et Biblos. Ainsi, il comprenoit d'abord les trois Palestines, qui avoient pour capitales : la première, Jérusalem; la deuxième, Césarée maritime; et la troisième, Bethsan, puis Nazareth : il comprenoit en outre tout le pays des Philistins, toute la Phénicie, avec la deuxième et la troisième Arabie, et quelques parties de la première.

« Cet État, disent les *Assises de Jérusalem*, avoit deux chefs seigneurs, l'un spirituel et l'autre temporel : le patriarche étoit le seigneur spirituel, et le roi le seigneur temporel.

« Le patriarche étendoit sa juridiction sur les quatre archevêchés de Tyr, de Césarée, de Nazareth et de Krak; il avoit pour suffragants les évêques de Bethléem, de Lyde et d'Hébron; de lui dépendoient encore les six abbés de Mont-Sion, de la Latine, du Temple, du Mont-Olivet, de Josaphat et de Saint-Samuel; le prieur du Saint-Sépulcre, et les trois abbesses de Notre-Dame-la-Grande, de Sainte-Anne et de Saint-Ladre.

« Les archevêques avoient pour suffragants : celui de Tyr, les évêques de Bérith, de Sidon, de Panéas et de Ptolémaïs; celui de Césarée, l'évêque de Sébaste; celui de Nazareth, l'évêque de Tibériade et le prieur du Mont-Tabor; celui de Krak, l'évêque du Mont-Sinaï.

« Les évêques de Saint-Georges, de Lyde et d'Acre, avoient sous leur juridiction : le premier, les deux abbés de Saint-Joseph-d'Arimathie et de Saint-Habacuc, les deux prieurs de Saint-Jean-l'Évangéliste et de Sainte-Catherine du Mont-Gisart, avec l'abbesse des Trois-Ombres; le deuxième, la Trinité et les Repenties.

« Tous ces évêchés, abbayes, chapitres, couvents d'hommes et de femmes, paroissent avoir eu d'assez grands biens, à en juger par les troupes qu'ils étoient obligés de fournir à l'État. Trois ordres surtout, religieux et militaires tout à la fois, se distinguoient par leur opulence; ils avoient dans le pays des terres considérables, des châteaux et des villes.

« Outre les domaines que le roi possédoit en propre, comme Jérusalem, Naplouse, Acre, Tyr et leurs dépendances, on comptoit dans le royaume quatre grandes baronnies : elles comprenoient, la première, les comtés de Jafa et d'Ascalon, avec les seigneuries de Rama, de Mirabel et d'Ybelin; la deuxième, la principauté de Galilée; la troisième, les seigneuries de Sidon, de Césarée et de Bethsan; la quatrième, les seigneuries de Krak, de Montréal et d'Hébron. Le comté de Tripoli formoit une principauté à part, dépendante mais distinguée du royaume de Jérusalem.

« Un des premiers soins des rois avoit été de donner un Code à leur peuple. De *sages hommes* furent chargés de recueillir les principales lois des différents pays d'où étoient venus les croisés, et d'en former un corps de législation, d'après lequel les affaires civiles et criminelles seroient jugées. On établit deux cours de justice : la haute pour les nobles, l'autre pour la bourgeoisie et toute la roture. Les Syriens obtinrent d'être jugés suivant leurs propres lois.

« Les différents seigneurs, tels que les comtes de Jafa, les seigneurs d'Ybelin, de Césarée, de Caïfas, de Krak, l'archevêque de Nazareth, etc., eurent leurs cours et justice; et les principales villes, Jérusalem, Naplouse, Acre, Jafa, Césarée, Bethsan, Hébron, Gades, Lyde, Assur, Panéas, Tibériade, Nazareth, etc., leurs cours et justices bourgeoises : les justices seigneuriales et bourgeoises, au nombre d'abord de vingt à trente de chaque espèce, augmentèrent à proportion que l'État s'agrandissoit.

« Les baronnies et leurs dépendances étoient chargées de fournir deux mille cavaliers; les villes de Jérusalem, d'Acre et de Naplouse en devoient six cent soixante-six, et cent treize sergents; les cités de Tyr, de Césarée, d'Ascalon, de Tibériade, mille sergents.

« Les églises, évêques, abbés, chapitres, etc., devoient en donner environ sept mille, savoir : le patriarche, l'église du Saint-Sépulcre, l'évêque de Tibériade, et l'abbé du Mont-Tabor, chacun six cents; l'archevêque de Tyr et l'évêque de Tibériade, chacun cinq cent cinquante; les évêques de Lyde et de Bethléem, chacun deux cents; et les autres, à proportion de leurs domaines.

« Les troupes de l'État réunies firent d'abord une armée de dix à douze mille hommes; on les porta ensuite à quinze; et quand Lusignan fut défait par Saladin, son armée montoit à près de vingt-deux mille hommes, toutes troupes du royaume.

« Malgré les dépenses et les pertes qu'entraînoient des guerres presque continuelles, les impôts étoient modérés, l'abondance régnoit dans le pays, le peuple se multiplioit, les seigneurs trouvoient dans leurs fiefs de quoi se dédommager de ce qu'ils avoient quitté en Europe; et Baudouin du Bourg lui-même ne regretta pas longtemps son riche et beau comté d'Édesse. »

NOTE XII. — PAGE 341-42.

Je ne puis cependant m'empêcher de donner ici un calcul qui faisoit partie de mon travail; il est tiré de l'*Itinéraire* de Benjamin de Tudèle. Ce juif espagnol avoit parcouru la terre au XIIIe siècle pour déterminer l'état du peuple hébreu dans le monde connu [1]. J'ai relevé, la plume à la main, les nombres donnés par le voyageur, et j'ai trouvé sept cent soixante-huit mille cent soixante-cinq juifs dans l'Afrique, l'Asie et l'Europe. Il est vrai que Benjamin parle des juifs d'Allemagne sans en citer le nombre, et qu'il se tait sur les juifs de Londres et de Paris. Portons la somme totale à un million d'hommes; ajoutons à ce million d'hommes un million de femmes et deux millions d'enfants, nous aurons quatre millions d'individus pour la population juive au XIIIe siècle. Selon la supputation la plus probable, la Judée proprement dite, la Galilée, la Palestine ou l'Idumée, comptoient du temps de Vespasien environ six ou sept millions d'habitants; quelques auteurs portent ce nombre beaucoup plus haut : au seul siége de Jérusalem par Titus il périt onze cent mille Juifs. La population juive auroit donc été au XIIIe siècle le sixième de ce qu'elle étoit avant sa dispersion. Voici le tableau tel que je l'ai composé d'après l'*Itinéraire* de Benjamin. Il est curieux d'ailleurs pour la géographie du moyen âge; mais les noms des lieux y sont souvent estropiés par le voyageur : l'original hébreu a dû se refuser à leur véritable orthographe dans certaines lettres; Arias Montanus a porté de nouvelles altérations dans la version latine, et la traduction françoise achève de défigurer ces noms :

VILLES.		JUIFS.
Barcelone	chefs.	4
Narbonne		300
Bidrasch	chefs.	3
Montpellier	chefs.	6
Lunel		300
Beaucaire		40
Saint-Gilles		100
Arles		200
Marseille		300
Gênes		20
Lucques		40
Rome		200
Capoue		300
Naples		500
Salerne		600
Malfi		20
Bénévent		200
Malchi		200
Ascoli		40
	A reporter.	3,373

1. Il n'est pourtant pas bien clair que Benjamin ait parcouru tous les lieux qu'il a nommés. Il est même évident, par des passages du texte hébreu, que le voyageur juif n'a souvent écrit que sur des Mémoires.

480   NOTES.

VILLES.	JUIFS.
Report.	3,373
Trani.	200
Tarente.	300
Bardenis.	40
Otrante.	500
Corfou.	1
Leptan.	100
Achilon.	10
Patras.	50
Lépante.	100
Crissa.	200
Corinthe.	300
Thèbes.	2,000
Egrifou.	100
Jabustérisa.	100
Sinon-Potamon.	40
Gardegin (quelques juifs).	
Armilon.	500
Bissine.	100
Séleucie.	500
Mitricin.	20
Darman.	140
Canisthol.	20
Constantinople.	1,000
Doroston.	100
Galipoline.	200
Galas.	50
Mitylen (une université).	
Giham.	500
Ismos.	300
Rhodes.	500
Dophros (assemblée de juifs).	
Laodicée.	200
Gébal.	120
Birot.	40
Sidon.	20
Tyr.	500
Akadi.	100
Césarée.	10
Luz.	1
Bethgebarin.	3
Torondolos (autrefois Sunam).	30
A reporter.	12,338

NOTES. 481

Villes.	Juifs.
Report.	12,338
Nob.	2
Ramas.	3
Joppé.	1
Ascalon.	240
Dans la même ville, juifs samaritains.	300
Ségura.	1
Tibériade.	50
Timin.	20
Ghalmal.	50
Damas.	3,000
Thadmur.	4,000
Siha.	1,500
Kelagh-Geber.	2,000
Dakia.	700
Hharan.	700
Achabor.	2,000
Nisibis.	1,000
Gezir-Ben Ghamar.	4,000
Al-Mutsal (autrefois Assur).	7,000
Ràhaban.	2,000
Karkésia.	5,000
Al-Jobar.	2,000
Hhardan.	15,000
Ghukbéran.	10,000
Bagdad.	1,000
Géhiaga.	5,000
Dans un lieu à vingt pas de Géhiaga.	20,000
Hhilan.	10,000
Naphahh.	200
Alkotsonath.	300
Rupha.	7,000
Séphitbib (une synagogue).	
Juifs qui habitent dans les villes et autres lieux du pays de Théma.	300,000
Chibar.	50,000
Vira, fleuve du pays d'Eliman (au bord).	3,000
Néasat.	7,000
Bostan.	1,000
Samura.	1,500
Chuzsetham.	7,000
Robard-Bar.	2,000
Vaanath.	4,000
A reporter.	171,905

Villes.	Juifs.
Report.	171,905
Pays de Molhhaath (deux synagogues).	
Charian.	25,000
Hhamdan.	50,000
Tabarethan.	4,000
Asbaham.	15,000
Scaphas.	10,000
Ginat.	8,000
Samareant.	50,000
Dans les montagnes de Nisbon, appartenant au roi de Perse, on dit qu'il y a quatre tribus d'Israel, savoir : Dan, Zabulon, Aser et Nephtali.	
Cherataan.	500
Kathiphan.	50,000
Pays de Haalam (les juifs, au nombre de vingt familles).	
Ile de Chencray.	23,000
Gingalan.	1,000
L'Ynde (une grande quantité de juifs).	
Hhalavan.	1,300
Kita.	30,000
Misraïm.	2,000
Gossen.	1,000
Al-Bubug.	200
Ramira.	700
Lambhala.	500
Alexandrie.	3,000
Damiette.	200
Tunis.	40
Messine.	20
Palerme.	1,500
Total.	448,865

Benjamin ne spécifie point le nombre des juifs d'Allemagne, mais il cite les villes où se trouvoient les principales synagogues; ces villes sont : Coblentz, Andernach, Caub, Creutznach, Bengen, Germersheim, Munster, Strasbourg, Mantern, Freising, Bamberg, Tsor et Reguespurch. En parlant des juifs de Paris, il dit : *In qua sapientium discipuli sunt omnium qui hodie in omni regione sunt doctissimi.*

NOTE XIII. — PAGE 348.

Josèphe parle ainsi du premier temple :

« La longueur du Temple est de soixante coudées, sa hauteur d'autant, et sa largeur de vingt. Sur cet édifice on en éleva un autre, de même grandeur ; et ainsi toute la hauteur du Temple étoit de six vingts coudées. Il étoit tourné vers l'orient, et son portique étoit de pareille hauteur de six vingts coudées, de vingt de long et de six de large. Il y avoit à l'entour du Temple trente chambres en forme de galeries, et qui servoient au dehors comme d'arcs-boutants pour le soutenir. On passoit des unes dans les autres, et chacune avoit vingt coudées de long, autant de large, et vingt de hauteur. Il y avoit au-dessus de ces chambres deux étages de pareil nombre de chambres toutes semblables. Ainsi, la hauteur des trois étages ensemble, montant ensemble à soixante coudées, revenoit justement à la hauteur du bas édifice du Temple dont nous venons de parler; et il n'y avoit rien au-dessus. Toutes ces chambres étoient couvertes de bois de cèdre, et chacune avoit sa couverture à part, en forme de pavillon ; mais elles étoient jointes par de longues et grosses poutres, afin de les rendre plus fermes, et ainsi elles ne faisoient ensemble qu'un seul corps. Leurs plafonds étoient de bois de cèdre fort poli, et enrichis de feuillages dorés, taillés dans le bois. Le reste étoit aussi lambrissé de bois de cèdre, si bien travaillé et si bien doré, qu'on ne pouvoit y entrer sans que leur éclat éblouît les yeux. Toute la structure de ce superbe édifice étoit de pierres si polies et tellement jointes, qu'on ne pouvoit pas en apercevoir les liaisons ; mais il sembloit que la nature les eût formées de la sorte, d'une seule pièce, sans que l'art ni les instruments dont les excellents maîtres se servent pour embellir leurs ouvrages y eussent en rien contribué. Salomon fit faire dans l'épaisseur du mur, du côté de l'orient, où il n'y avoit point de grand portail, mais seulement deux portes, un degré à vis de son invention pour monter jusqu'au haut du Temple. Il y avoit dedans et dehors le Temple des ais de cèdre, attachés ensemble avec de grandes et fortes chaînes, pour servir encore à le maintenir en état.

« Lorsque tout ce grand corps de bâtiment fut achevé, Salomon le fit diviser en deux parties, dont l'une, nommée le *Saint des Saints* ou *Sanctuaire*, qui avoit vingt coudées de long, étoit particulièrement consacrée à Dieu, et il n'étoit permis à personne d'y entrer; l'autre partie, qui avoit quarante coudées de longueur, fut nommée le *Saint Temple*, et destinée pour les sacrificateurs. Ces deux parties étoient séparées par de grandes portes de cèdre, parfaitement bien taillées et fort dorées, sur lesquelles pendoient des voiles de lin, pleins de diverses fleurs de couleur de pourpre, d'hyacinthe et d'écarlate...

« Salomon se servit, pour tout ce que je viens de dire, d'un ouvrier admirable, mais principalement aux ouvrages d'or, d'argent et de cuivre, nommé *Chiram*, qu'il avoit fait venir de Tyr, dont le père, nommé *Ur*, quoique habitué à Tyr, étoit descendu des Israélites, et sa mère étoit de la tribu de Nephtali. Ce même homme lui fit aussi deux colonnes de bronze qui avoient quatre doigts d'épaisseur, dix-huit coudées de haut et douze coudées de tour, au-dessus desquelles étoient des corniches de fonte en forme de lis, de cinq coudées de hauteur. Il y avoit à l'entour de ces colonnes des feuillages d'or qui couvroient ces lis, et on y voyoit pendre en deux rangs deux cents grenades aussi de fonte. Ces colonnes furent placées à l'entrée du porche du Temple; l'une nommée *Jachim*, à la main droite, et l'autre nommée *Boz*, à la main gauche...

« Salomon fit bâtir hors de cette enceinte une espèce d'autre temple, d'une forme quadrangulaire, environné de grandes galeries, avec quatre grands portiques, qui regardoient le levant, le couchant, le septentrion et le midi, et auxquels étoient attachées de grandes portes toutes dorées; mais il n'y avoit que ceux qui étoient purifiés selon la loi et résolus d'observer les commandements de Dieu qui eussent la permission d'y entrer. La construction de cet autre temple étoit un ouvrage si digne d'admiration, qu'à peine est-ce une chose croyable; car pour le pouvoir bâtir au niveau du haut de la montagne sur laquelle le Temple étoit assis il fallut remplir jusqu'à la hauteur de quatre cents coudées un vallon dont la profondeur étoit telle qu'on ne pouvoit la regarder sans frayeur. Il fit environner ce temple d'une double galerie soutenue par un double rang de colonnes de pierre d'une seule pièce; et ces galeries, dont toutes les portes étoient d'argent, étoient lambrissées de bois de cèdre[1]. »

Il est clair par cette description que les Hébreux lorsqu'ils bâtirent le premier temple n'avoient aucune connoissance des ordres. Les deux colonnes de bronze suffisent pour le prouver : les chapiteaux et les proportions de ces colonnes n'ont aucun rapport avec le premier dorique, seul ordre qui fût peut-être alors inventé dans la Grèce; mais ces mêmes colonnes, ornées de feuillages d'or, de fleurs de lis et de grenades, rappellent les décorations capricieuses de la colonne égyptienne. Au reste, les chambres en forme de pavillon, les lambris de cèdre doré, et tous ces détails imperceptibles sur de grandes masses, prouvent la vérité de ce que j'ai dit sur le goût des premiers Hébreux.

NOTE XIV. — PAGE 358.

Le plus ancien auteur qui ait décrit la mosquée de la Roche est Guillaume de Tyr : il la devoit bien connoître, puisqu'elle sortoit à peine des mains des chrétiens à l'époque où le sage archevêque écrivoit son histoire. Voici comment il en parle :

« Nous avons dit, au commencement de ce livre, qu'Omar, fils de Calab, avoit fait bâtir ce temple. . . . . et c'est ce que prouvent évidemment les inscriptions anciennes gravées au dedans et au dehors de cet édifice. . . . . »

L'historien passe à la description du parvis, et il ajoute :

« Dans les angles de ce parvis il y avoit des tours extrêmement élevées, du haut desquelles, à certaines heures, les prêtres des Sarrasins avoient coutume d'inviter le peuple à la prière. Quelques-unes de ces tours sont demeurées

---

1. *Histoire des Juifs*, trad. d'Arnaud d'Andilly.

debout jusqu'à présent ; mais les autres ont été ruinées par différents accidents. On ne pouvoit entrer ni rester dans le parvis sans avoir les pieds nus et lavés. . . . .

« Le Temple est bâti au milieu du parvis supérieur ; il est octogone et décoré, en dedans et en dehors, de carreaux de marbre et d'ouvrages de mosaïque. Les deux parvis, tant le supérieur que l'inférieur, sont pavés de dalles blanches pour recevoir pendant l'hiver les eaux de la pluie qui descendent en grande abondance des bâtiments du Temple, et tombent très-limpides et sans limon dans les citernes au-dessous. Au milieu du Temple, entre le rang intérieur des colonnes, on trouve une roche un peu élevée ; et sous cette roche il y a une grotte pratiquée dans la même pierre. Ce fut sur cette pierre que s'assit l'ange qui, en punition du dénombrement du peuple, fait inconsidérément par David, frappa ce peuple jusqu'à ce que Dieu lui ordonnât de remettre son épée dans le fourreau. Cette roche, avant l'arrivée de nos armées, étoit exposée nue et découverte ; et elle demeura encore en cet état pendant quinze années ; mais ceux qui dans la suite furent commis à la garde de ce lieu la recouvrirent, et construisirent dessus un chœur et un autel pour y célébrer l'office divin. »

Ces détails sont curieux, parce qu'il y a huit cents ans qu'ils sont écrits ; mais ils nous apprennent peu de chose sur l'intérieur de la mosquée. Les plus anciens voyageurs, Arculfe dans Adamannus, Willibaldus, Bernard le Moine, Ludolphe, Breydenbach, Sanut, etc., n'en parlent que par ouï-dire, et ils ne paroissent pas toujours bien instruits. Le fanatisme des musulmans étoit beaucoup plus grand dans ces temps reculés qu'il ne l'est aujourd'hui, et jamais ils n'auroient voulu révéler à un chrétien les mystères de leurs temples. Il faut donc passer aux voyageurs modernes et nous arrêter encore à Deshayes.

Cet ambassadeur de Louis XIII aux lieux saints refusa, comme je l'ai dit, d'entrer dans la mosquée de la Roche ; mais les Turcs lui en firent la description.

« Il y a, dit-il, un grand dôme qui est porté au dedans par deux rangs de colonnes de marbre, au milieu duquel est une grosse pierre, sur laquelle les Turcs croient que Mahomet monta quand il alla au ciel. Pour cette cause, ils y ont une grande dévotion ; et ceux qui ont quelque moyen fondent de quoi entretenir quelqu'un, après leur mort, qui lise l'Alcoran à l'entour de cette pierre, à leur intention.

« Le dedans de cette mosquée est tout blanchi, hormis en quelques endroits, où le nom de Dieu est écrit en grands caractères arabiques. »

Ceci ne diffère pas beaucoup de la relation de Guillaume de Tyr. Le père Roger nous instruira mieux ; car il paroît avoir trouvé le moyen d'entrer dans la mosquée. Du moins voici comment il s'explique :

« Si un chrétien y entroit (dans le parvis du Temple), quelques prières qu'il fît en ce lieu, disent les Turcs, Dieu ne manqueroit pas de l'exaucer, quand même ce seroit de mettre Jérusalem entre les mains des chrétiens. C'est pourquoi, outre la défense qui est faite aux chrétiens non-seulement d'entrer dans le Temple, mais même dans le parvis, sous peine d'être brûlés vifs ou de se faire Turcs, ils y font une soigneuse garde, laquelle fut gagnée de mon temps par un stratagème qu'il ne m'est pas permis de dire, pour les accidents qui en pourroient arriver, me contentant de dire toutes les particularités qui s'y remarquent. »

Du parvis il vient à la description du Temple.

« Pour entrer dans le Temple, il y a quatre portes situées à l'orient, occident, septentrion et midi ; chacune ayant son portail bien élabouré de moulures, et six colonnes avec leurs pieds-d'estail et chapiteaux, le tout de marbre et de porphyre. Le dedans est tout de marbre blanc : le pavé même est de grandes tables de marbre de diverses couleurs, dont la plus grande partie, tant des colonnes que du marbre, et le plomb, ont été pris par les Turcs, tant en l'église de Bethléem qu'en celle du Saint-Sépulcre, et autres qu'ils ont démolies.

« Dans le Temple il y a trente-deux colonnes de marbre gris en deux rangs, dont seize grandes soutiennent la première voûte, et les autres le dôme, chacune étant posée sur son pied-d'estail et leurs chapiteaux. Tout autour des colonnes, il y a de très-beaux ouvrages de fer doré et de cuivre, faits en forme de chandeliers, sur lesquels il y a sept mille lampes posées, lesquelles brûlent depuis le jeudi au soleil couché jusqu'au vendredi matin ; et tous les ans un mois durant, à savoir, au temps de leur ramadan, qui est leur carême.

« Dans le milieu du Temple, il y a une petite tour de marbre, où l'on monte en dehors par dix-huit degrés. C'est où se met le cadi tous les vendredis, depuis midi jusqu'à deux heures, que durent leurs cérémonies, tant la prière que les expositions qu'il fait sur les principaux points de l'Alcoran.

« Outre les trente-deux colonnes qui soutiennent la voûte et le dôme, il y en a deux autres, moindres, assez proches de la porte de l'occident, que l'on montre aux pèlerins étrangers, auxquels ils font accroire que lorsqu'ils passent librement entre ces colonnes, ils sont prédestinés pour le paradis de Mahomet, et disent que si un chrétien passoit entre ces colonnes, elles se serreroient et l'écraseroient. J'en sais bien pourtant à qui cet accident n'est pas arrivé, quoiqu'ils fussent bons chrétiens.

« A trois pas de ces deux colonnes il y a une pierre dans le pavé, qui semble de marbre noir, de deux pieds et demi en carré, élevée un peu plus que le pavé. En cette pierre il y a vingt-trois trous où il semble qu'autrefois il y ait eu des clous, comme de fait il en reste encore deux. Savoir à quoi ils servoient, je ne le sais pas : même les mahométans l'ignorent, quoiqu'ils croient que c'étoit sur cette pierre que les prophètes mettoient les pieds lorsqu'ils descendoient de cheval pour entrer au Temple, et que ce fut sur cette pierre que descendit Mahomet lorsqu'il arriva de l'Arabie Heureuse, quand il fit le voyage du paradis pour traiter d'affaires avec Dieu. »

NOTE XV. — PAGE 398.

« Cependant la barque s'approcha, et Septimius se leva le premier en pieds qui salua Pompeius, en langage romain du nom d'*imperator*, qui est à dire souverain capitaine, et Achillas le salua aussi en langage grec, et luy dit qu'il passast en sa barque, pource que le long du rivage il y avoit force vase et des bans de sable, tellement qu'il n'y avoit pas assez eau pour sa galère; mais en mesme temps on voyoit de loing plusieurs galères de celles du roy, qu'on armoit en diligence, et toute la coste couverte de gens de guerre, tellement que quand Pompeius et ceulx de sa compagnie eussent voulu changer d'advis, ils n'eussent plus sceu se sauver, et si y avoit d'avantage qu'en monstrant de se deffier, ilz donnoient au meurtrier quelque couleur d'exécuter sa meschanceté. Parquoy prenant congé de sa femme Cornelia, laquelle desjà avant le coup faisoit les lamentations de sa fin, il commanda à deux centeniers qu'ilz entrassent en la barque de l'Égyptien devant luy, et à un de ses serfs affranchiz qui s'appeloit *Philippus*, avec un autre esclave qui se nommoit *Scynes*. Et comme jà Achillas luy tendoit la main de dedans sa barque, il se retourna devers sa femme et son filz, et leur dit ces vers de Sophocle :

> Qui en maison de prince entre devient
> Serf, quoy qu'il soit libre quand il y vient.

« Ce furent les dernières paroles qu'il dit aux siens, quand il passa de sa galère en la barque; et pource qu'il y avoit loing de sa galère jusqu'à la terre ferme, voyant que par le chemin personne ne lui entamoit propos d'amiable entretien, il regarda Septimius au visage, et lui dit : « Il me « semble que je te recognois, compagnon, pour avoir autrefois esté à la « guerre avec moy. » L'autre luy feit signe de la teste seulement qu'il estoit vray, sans luy faire autre réponse ne caresse quelconque : parquoy n'y ayant plus personne qui dist mot, il prist en sa main un petit livret, dedans lequel il avoit escript une harengue en langage grec, qu'il vouloit faire à Ptolemæus, et se met à la lire. Quand ilz vindrent à approcher de la terre, Cornelia, avec ses domestiques et familiers amis, se leva sur ses pieds, regardant en grande détresse quelle seroit l'issue. Si luy sembla qu'elle devoit bien espérer, quand elle aperceut plusieurs des gens du roy, qui se présentèrent à la descente comme pour le recueillir et l'honorer; mais sur ce poinct ainsi comme il prenoit la main de son affranchy Philippus pour se lever plus à son aise, Septimius vint le premier par derrière qui luy passa son espée à travers le corps, après lequel Salvius et Achillas desgaisnèrent aussi leurs espées, et adonc Pompeius tira sa robe à deux mains au-devant de sa face, sans dire ny faire aucune chose indigne de luy, et endura vertueusement les coups qu'ilz luy donnèrent, en soupirant un peu seulement, estant aagé de cinquante-neuf ans, et ayant achevé sa vie le jour ensuivant celuy de sa nativité. Ceulx qui estoient dedans les vaisseaux à la rade, quand ilz aperceurent ce meurtre, jettèrent une si grande clameur, que l'on l'entendoit jusques à la coste; et levant en diligence les anchres se mirent à la voile pour s'enfouir, à quoy leur servit le vent, qui se leva incontinent frais aussi tost qu'ilz eurent gaigné la haute mer, de manière que les Égyptiens qui s'appareilloient pour voguer après eulx, quand ilz veirent cela, s'en déportèrent, et ayant coupé la teste en jettèrent le tronc du corps hors de la barque, exposé à qui eut envie de veoir un si misérable spectacle.

« Philippus, son affranchy, demoura toujours auprès, jusques à ce que les Égyptiens furent assouvis de le regarder; et puis l'ayant lavé de l'eau de la mer, et enveloppé d'une sienne pauvre chemise, pource qu'il n'avoit autre chose, il chercha au long de la grève, où il trouva quelque demourant d'un vieil bateau de pescheur, dont les pièces estoient bien vieilles, mais suffisantes pour brusler un pauvre corps nud, et encore non tout entier. Ainsi comme il les amassoit et assembloit, il survint un Romain, homme d'aage, qui en ses jeunes ans avoit esté à la guerre sous Pompeius : si luy demanda : « Qui es-tu, mon amy, qui fais cest apprest pour les funerailles du grand « Pompeius? » Philippus lui respondit qu'il estoit un sien affranchy. « Ha! « dit le Romain, tu n'auras pas tout seul cest honneur, et te prie, veuille- « moy recevoir pour compagnon en une si saincte et si dévote rencontre, « afin que je n'aie point occasion de me plaindre en tout et par tout de « m'estre habitué en pays estranger, ayant, en récompense de plusieurs « maulx que j'y ay endurez, rencontré au moins ceste bonne adventure de « pouvoir toucher avec mes mains et aider à ensepvelir le plus grand capi- « taine des Romains. » Voilà comment Pompeius fut ensepulturé. Le lendemain Lucius Lentulus ne sachant rien de ce qui estoit passé, ains venant de Cypre, alloit cinglant au long du rivage, et aperceut un feu de funerailles, et Philippus auprès, lequel il ne recogneut pas du premier coup : si luy demanda : « Qui est celuy qui, ayant ici achevé le cours de sa destinée, « repose en ce lieu? » Mais soubdain, jettant un grand soupir, il ajouta : « Hélas! à l'adventure est-ce toi, grand Pompeius? » Puis descendit en terre, là où tantost après il fut pris et tué. Telle fut la fin du grand Pompeius.

« Il ne passa guère de temps après que Cæsar n'arrivast en Égypte ainsi troublée et estonnée, là où luy fut la teste de Pompeius présentée; mais il tourna la face arrière pour ne la point veoir, et ayant en horreur celui qui la luy présentoit comme un meurtrier excommunié, se prit à plorer : bien prit-il l'anneau duquel il cachettoit ses lettres, qui luy fut aussi présenté, et où il y avoit engravé en la pierre un lion tenant une espée; mais il feit mourir Achillas et Pothinus : et leur roy mesme Ptolomæus ayant esté defaict dans une bataille le long de la rivière du Nil, disparut, de manière qu'on ne sceut oncques puis ce qu'il estoit devenu. Quant au rhétoricien Theodotus, il eschapa la punition de Cæsar; car il s'enfouit de bonne heure, et s'en alla errant çà et là par le pays d'Égypte, estant misérable et haï de tout le monde.

Mais depuis, Marcus Brutus, après avoir occis Cæsar, se trouvant le plus fort en Asie, le rencontra par cas d'adventure, et après lui avoir faict endurer tous les tourments dont il se peut adviser, le feit finalement mourir. Les cendres du corps de Pompeius furent depuis rapportées à sa femme Cornelia, laquelle les posa en une sienne terre qu'il avoit près la ville de Alba. »

NOTE XVI. — PAGE 414.

Fragment d'une Lettre de J.-B. d'Ansse de Villoison, membre de l'Institut de France, au professeur Millin, sur l'inscription grecque de la prétendue colonne de Pompée.

Le professeur Jaubert vient de rapporter d'Alexandrie une copie de l'inscription fruste qui porte faussement le nom de *Pompée*. Cette copie est parfaitement conforme à une autre, que j'avois déjà reçue. La voici avec mes notes et avec ma traduction :

1 ΤΟ... ΩΤΑΤΟΝΑΥΤΟΚΡΑΤΟΡΑ
2 ΤΟΝΠΟΛΙΟΥΧΟΝΑΛΕΞΑΝΔΡΕΙΑϹ
3 ΔΙΟΚ.Η.ΙΑΝΟΝΤΟΝ... ΤΟΝ
4 ΠΟ... ΕΠΑΡΧΟϹΑΙΓΥΠΤΟΥ.

Ligne première, ΤΟ. Il est évident que c'est l'article τον.

Ibidem, ligne première,... ΩΤΑΤΟΝΑΥΤΟΚΡΑΤΟΡΑ. Il est également clair que c'est une épithète donnée à l'empereur Dioclétien ; mais pour la trouver il faut chercher un superlatif qui se termine en ὠτατον, par un *oméga* (et non par un *omicron*, ce qui seroit plus facile et plus commun), et ensuite qui convienne particulièrement à ce prince. Je crois que c'est ὁσιώτατον, *très-saint*. Qu'on ne soit pas surpris de cette épithète : je la vois donnée à Dioclétien sur une inscription grecque découverte dans la vallée de Thymbra (aujourd'hui *Thimbrek-Déré*), près la plaine de Bounar-Bachi, et rapportée par Lechevalier, n° 1, page 256 de son *Voyage dans la Troade*, seconde édition, Paris, an VII, in-8. On y lit : ΤΩΝ ΟϹΙΩΤΑΤΩΝ ΗΜΩΝ ΑΥΤΟΚΡΑΤΟΡΩΝ ΔΙΟΚΛΗΤΙΑΝΟΥ ΚΑΙ ΜΑΞΙΜΙΑΝΟΥ ; c'est-à-dire *de nos très-saints empereurs Dioclétien et Maximien*. Sur une autre inscription d'une colonne voisine, ils partagent avec Constance Chlore ce même titre, ὁσιώτατοι, *très-saints*, dont les empereurs grecs et chrétiens du Bas-Empire ont hérité, comme je l'ai observé *ibidem*, page 249.

Ligne 2, ΤΟΝ ΠΟΛΙΟΥΧΟΝ ΑΛΕΞΑΝΔΡΕΙΑϹ. C'est proprement *le protecteur, le génie tutélaire d'Alexandrie*. Les Athéniens donnoient le nom de πολιοῦχος à Minerve, qui présidoit à leur ville et la couvroit de son égide. Voyez ce que dit *Spanheim* sur le 53ᵉ vers de l'hymne de Callimaque, *sur les bains de Pallas*, p. 668 et suiv., t. II, édition d'Ernesti.

Ligne 3, ΔΙΟΚ.Η.ΙΑΝΟΝ. Le Λ et le T sont détruits ; mais on reconnoît tout de suite le nom de *Dioclétien*, ΔΙΟΚΛΗΤΙΑΝΟΝ.

Ibid., ligne 3, ΤΟΝ...ΤΟΝ. Je crois qu'il faut suppléer CEBACTON, *c'est-à-dire* Auguste, τὸν σεβαστὸν. Tout le monde sait que Dioclétien prend les deux titres d'εὐσεβής et de σεβαστὸς, *pius augustus*, sur plusieurs médailles, et celui de σεβαστὸς, AUGUSTE, sur presque toutes, notamment sur celles d'Alexandrie, et le place immédiatement après son nom. Voyez M. Zoëga, p. 335 et suiv. de ses *Nummi Ægyptii imperatorii*, Romæ, 1787, in-4°.

Quatrième et dernière ligne, ΠΟ. C'est l'abréviation si connue de Πόβλιος, Publius. Voyez Corsini, p. 55, col. 1, *De notis Græcorum*, Florentiæ, 1749, *in-folio;* Gennaro Sisti, p. 51 de son *Indirizzo per la lettura greca dalle sue oscurità rischiarata*, in Napoli, 1758, *in-8°, etc.* Les Romains rendoient le même nom de *Publius* par ces deux lettres PV. Voyez p. 328 d'un ouvrage fort utile, et totalement inconnu en France, intitulé : *Notæ et siglæ quæ in nummis et lapidibus apud Romanos obtinebant, explicatæ*, par mon savant et vertueux ami feu M. Jean-Dominique Coletti, ex-jésuite vénitien, dont je regretterai sans cesse la perte. Ses estimables frères, les doctes MM. Coletti, les Alde de nos jours, ont donné cet ouvrage classique à Venise, 1785, in-4°.

Peut-être la lettre initiale du nom suivant, entièrement effacé, de ce préfet d'Égypte, étoit-elle un M, qu'on aura pu joindre mal à propos dans cette occasion aux lettres précédentes ΠΟ. Alors on aura pu croire que ΠΟΜ étoit une abréviation de ΠΟΜΠΗΙΟC, Pompée, dont le nom est quelquefois indiqué par ces trois lettres, comme dans une inscription de Sparte, rapportée n° 248, p. XXXVIII des *Inscriptiones et Epigrammata græca et latina, reperta a Cyriaco Anconitano*, recueil publié à Rome, in-fol., en 1654, par Charles Moroni, bibliothécaire du cardinal Albani. Voyez aussi Maffei, p. 66 de ses *Siglæ Græcorum lapidariæ*, Veronæ, 1746, *in-8°*; Gennaro Sisti, l. c., p. 54, etc. Cette erreur en auroit engendré une autre et auroit donné lieu à la dénomination vulgaire et fausse de *colonne de Pompée*. Les seules lettres ΠΟ suffisaient pour accréditer cette opinion dans les siècles d'ignorance.

Quoi qu'il en soit de cette conjecture, les historiens qui ont parlé du règne de Dioclétien ne m'apprennent pas le nom totalement détruit de ce préfet d'Égypte, et me laissent dans l'impossibilité de suppléer cette petite lacune, peu importante et la seule qui reste maintenant dans cette inscription. Seroit-ce Pomponius Januarius, qui fut consul en 288, avec Maximien ?

Je soupçonne, au reste, que ce gouverneur a pris une ancienne colonne, monument d'un âge où les arts fleurissoient, et l'a choisie pour y placer le nom de *Dioclétien* et lui faire sa cour aux dépens de l'antiquité.

A la fin de cette inscription, il faut nécessairement sous-entendre, suivant l'usage constant, ἀνέθηκεν, ἀνέστησεν, ou τιμήσεν, ou ἀφιέρωσεν, ou quelque autre verbe semblable, qui désigne que ce préfet a érigé, a consacré ce monument à la gloire de Dioclétien. L'on feroit un volume presque aussi gros que le recueil de Gruter si l'on vouloit entasser toutes les pierres antiques et accumuler toutes les inscriptions grecques où se trouve cette ellipse si commune, dont plusieurs antiquaires ont parlé, et cette construction avec l'accusatif sans verbe. C'est ainsi que les Latins omettent souvent le verbe POSVIT.

Il ne reste plus qu'à tâcher de déterminer la date précise de cette inscription. Elle ne paroît pas pouvoir être antérieure à l'année 296 ou 297, époque de la défaite et de la mort d'Achillée, qui s'étoit emparé de l'Égypte et s'y soutint pendant environ six ans. Je serois tenté de croire qu'elle est de l'an 302, et a rapport à la distribution abondante de pain que l'empereur Dioclétien fit faire à une foule innombrable d'indigents de la ville d'Alexandrie, dont il est appelé pour cette raison le génie tutélaire, le conservateur, le protecteur, πολιοῦχος. Ces immenses largesses continuèrent jusqu'au règne de Justinien, qui les abolit. Voyez le *Chronicon Paschale*, à l'an 302, p. 276 de l'édition de Du Cange, et l'*Histoire secrète* de Procope, ch. XXVI, p. 77, édition du Louvre.

Je crois maintenant avoir éclairci toutes les difficultés de cette inscription fameuse. Voici la manière dont je l'écrirois en caractères grecs ordinaires, cursifs; j'y joins ma version latine et ma traduction françoise :

Τὸν ὁσιώτατον αὐτοκράτορα,
Τὸν πολιοῦχον Ἀλεξανδρείας,
Διοκλητιανὸν τὸν σεβαστὸν
Πόβλιος... ἔπαρχος Αἰγύπτου.

SANCTISSIMO IMPERATORI,
PATRONO CONSERVATORI ALEXANDRIÆ,
DIOCLETIANO AVGVSTO,
PVBLIVS... PRÆFECTVS ÆGYPTO.

C'est-à-dire : Publius... (ou Pomponius), préfet d'Égypte, a consacré ce monument à la gloire du très-saint empereur Dioclétien Auguste, le génie tutélaire d'Alexandrie.

Ce 23 juin 1803.

FIN DES NOTES.

PIÈCES JUSTIFICATIVES

N° Ier.

ITINERARIUM

A

BURDIGALA HIERUSALEM USQUE,

ET AB HERACLEA

PER AULONAM, ET PER URBEM ROMAM,

MEDIOLANUM USQUE;

SIC:

CIVITAS BURDIGALA, UBI EST FLUVIUS GARONNA, PER QUEM FACIT MARE OCEANUM ACCESSA ET RECESSA, PER LEUCAS PLUS MINUS CENTUM.

Mutatio Stomatas.	Leuc. VII.
Mutatio Sirione.	L. VIIII.
Civitas Vasatas.	L. VIIII.
Mutatio Tres Arbores.	L. V.
Mutatio Oscineio.	L. VIII.
Mutatio Scittio.	L. VIII.
Civitas Elusa.	L. VIII.
Mutatio Vanesia.	L. XII.
Civitas Auscius.	L. VIII.
Mutatio ad Sextum.	L. VI.
Mutatio Hungunverro.	L. VII.
Mutatio Bucconis.	L. VII.
Mutatio ad Jovem.	L. VII.
Civitas Tholosa.	L. VII.
Mutatio ad Nonum.	M. VIIII.
Mutatio ad Vicesimum.	M. XI.
Mansio Elusione.	M. VIIII.
Mutatio Sostomago.	M. VIIII.
Vicus Hebromago.	M. X.
Mutatio Cedros.	M. VI.
Castellum Carcassone.	M. VIII.
Mutatio Tricensimum.	M. VIII.

Mutatio Hosverbas.	M. XV.
Civitas Narbone.	M. XV.
Civitas Biterris.	M. XVI.
Mansio Cessarone.	M. XII.
Mutatio foro Domiti.	M XVIII.
Mutatio Sostantione.	M. XVII.
Mutatio Ambrosio.	M. XV.
Civitas Nemauso.	M. XV.
Mutatio Ponte Ærarium.	M. XII.
Civitas Arellate.	M. VIII.

Fit a Burdigala Arellate usque Millia CCCLXXI; Mutationes XXX; Mansiones XI.

Mutatio Arnagine.	M. VIII.
Mutatio Bellinto.	M. X.
Civitas Avenione.	M. V.
Mutatio Cypresseta.	M. V.
Civitas Arausione.	M. XV.
Mutatio ad Lectoce.	M. XIII.
Mutatio Novem Craris.	M. X.
Mansio Acuno.	M. XV.
Mutatio Vancianis.	M. XII.
Mutatio Umbenno.	M. XII.
Civitas Valentia.	M. VIIII.
Mutatio Cerebelliaca.	M. XII.
Mansio Augusta.	M. X.
Mutatio Darentiaca.	M. XII.
Civitas Dea Vocontiorum.	M. XVI.
Mansio Luco.	M. XII.
Mutatio Vologatis.	M. VIIII

Inde ascenditur Gaura Mons.

Mutatio Cambono.	M. VIII.
Mansio Monte Seleuci.	M. VIII.
Mutatio Daviano.	M. VIII.
Mutatio ad Fine.	M. XII.
Mansio Vapineo.	M. XI.
Mansio Catorigas.	M. XII.
Mansio Hebriduno.	M. XVI.

Inde incipiunt Alpes Cottiæ.

Mutatio Rame.	M. XVII.
Mansio Byrigantum.	M. XVII.

PIÈCES JUSTIFICATIVES.

Inde ascendis Matronam.

Mutatio Gesdaone.	M. X.
Mansio ad Marte.	M. VIIII.
Civitas Secussione.	M. XVI.

Inde incipit Italia.

Mutatio ad Duodecimum.	M. XII.
Mansio ad Fines.	M. XII.
Mutatio ad Octavum.	M. VIII.
Civitas Taurinis.	M. VIII.
Mutatio ad Decimum.	M. X.
Mansio Quadratis.	M. XII.
Mutatio Ceste.	M. XI.
Mansio Rigomago.	M. VIII.
Mutatio ad Medias.	M. X.
Mutatio ad Cottias	M. XIII.
Mansio Laumello.	M. XII.
Mutatio Duriis.	M. VIIII.
Civitas Ticeno.	M. XII.
Mutatio ad Decimum.	M. X.
Civitas Mediolanum.	M. X.
Mansio Fluvio Frigido.	M. XII.

Fit ab Arellato ad Mediolanum usque, Millia CCCLXXV;
Mutationes LXIII; Mansiones XXII.

Mutatio Argentia.	M. X.
Mutatio Ponte Aurioli.	M. X.
Civitas Vergamo.	M. XIII.
Mutatio Tollegate.	M. XII.
Mutatio Tetellus.	M. X.
Civitas Brixa.	M. X.
Mansio ad Flexum.	M. XI.
Mutatio Beneventum.	M. X.
Civitas Verona.	M. X.
Mutatio Cadiano.	M. X.
Mutatio Aureos.	M. X.
Civitas Vincentia.	M. XI.
Mutatio ad Finem.	M. XI.
Civitas Patavi.	M. X.
Mutatio ad Duodecimum.	M. XII.
Mutatio ad Nonum.	M. XI.
Civitas Altino.	M. VIIII.

Mutatio Sanos...................................	M. X.
Civitas Concordia...............................	M. VIIII.
Mutatio Apicilia................................	M. VIIII.
Mutatio ad Undecimum...........................	M. X.
Civitas Aquileia................................	M. XI.

Fit a Mediolano Aquileiam usque, Millia CCLI Mutationes XXIV; Mansiones VIIII.

Mutatio ad Undecimum...........................	M. XI.
Mutatio ad Fornolus............................	M. XII.
Mutatio Castra.................................	M. XII.

Inde sunt Alpes Juliæ.

Ad Pirum summas Alpes..........................	M. VIIII.
Mansio Longatico...............................	M. XII.
Mutatio ad Nonum...............................	M. VIII.
Civitas Emona..................................	M. XIII.
Mutatio ad Quartodecimo........................	M. X.
Mansio Hadrante................................	M. XIII.

Fines Italiæ et Norci.

Mutatio ad Medias..............................	M. XIII.
Civitas Celeia.................................	M. XIII.
Mutatio Latodos................................	M. XII.
Mansio Ragindone...............................	M. XII.
Mutatio Pultovia...............................	M. XII.
Civitas Petovione..............................	M. XII.

Transis pontem, intras Pannoniam inferiorem.

Mutatio Ramista................................	M. VIIII.
Mansio Aqua Viva...............................	M. VIIII.
Mutatio Popolis................................	M. X.
Civitas Jovia..................................	M. VIIII.
Mutatio Sunista................................	M. VIIII.
Mutatio Peritur................................	M. XII.
Mansio Lentolis................................	M. XII.
Mutatio Cardono................................	M. X.
Mutatio Cocconis...............................	M. XII.
Mansio Serota..................................	M. X.
Mutatio Bolentia...............................	M. X.
Mansio Maurianis...............................	M. VIIII.

Intras Pannoniam superiorem.

Mutatio Serena.	M. VIII.
Mansio Vereis.	M. X.
Mutatio Jovalia.	M. VIII.
Mutatio Mersella.	M. VIII.
Civitas Mursa.	M. X.
Mutatio Leutuoano	M. XII.
Civitas Cibalis.	M. XII.
Mutatio Celena.	M. XI.
Mansio Ulmo	M. XI.
Mutatio Spaneta	M. X.
Mutatio Vedulia.	M. VIII.
Civitas Sirmium	M. VIII.

Fit ab Aquileia Sirmium usque, Millia CCCCXII; Mutationes XXXVIIII; Mansiones XVII.

Mutatio Fossis.	M. VIIII.
Civitas Bassianis.	M. X.
Mutatio Noviciani.	M. XII.
Mutatio Altina.	M. XI.
Civitas Singiduno.	M. VIII.

Finis Pannoniæ et Mysiæ.

Mutatio ad Sextum	M. VI.
Mutatio Tricornia Castra.	M. VI.
Mutatio ad Sextum Miliare	M. VII.
Civitas Aureo Monte	M. VI.
Mutatio Vingeio.	M. VI.
Civitas Margo.	M. VIIII.
Civitas Viminatio.	M. X.

Ubi Diocletianus occidit Carinum.

Mutatio ad Nonum.	M. VIIII.
Mansio Municipio.	M. VIIII.
Mutatio Jovis Pago.	M. X.
Mutatio Bao.	M. VII.
Mansio Idomo.	M. VIIII.
Mutatio ad Octavum.	M. VIIII.
Mansio Oromago.	M. VIII.

Finis Mysiæ et Daciæ.

Mutatio Sarmatorum.	M. XII.
Mutatio Cametas	M. XI.

Mansio Ipompeis.	M. VIIII.
Mutatio Rappiana.	M. XII.
Civitas Naisso.	M. XII.
Mutatio Redicibus.	M. XII.
Mutatio Ulmo.	M. VII.
Mansio Romansiana	M. VIIII.
Mutatio Latina	M. VIIII.
Mansio Turribus.	M. VIIII.
Mutatio Translitis	M. XII.
Mutatio Ballanstra.	M. X.
Mansio Meldia.	M. VIIII.
Mutatio Scretisca.	M. XII.
Civitas Serdica.	M. XI.

Fit a Sirmio Serdicam usque, Millia CCCXIIII;
Mutationes XXIV; Mansiones XIII.

Mutatio Extvomne.	M. VIII.
Mansio Buragara	M. VIIII.
Mutatio Sparata.	M. VIII.
Mansio Iliga	M. X.
Mutatio Soneio	M. VIIII.

Finis Daciæ et Thraciæ.

Mutatio Ponteucasi	M. VI.
Mansio Bonamans	M. VI.
Mutatio Alusore	M. VIIII.
Mansio Basapare	M. XII.
Mutatio Tugugero.	M. VIIII.
Civitas Eilopopuli.	M. XII.
Mutatio Syrnota.	M. X.
Mutatio Paramuole	M. VIII.
Mansio Cillio.	M. XII.
Mutatio Carassura	M. VIIII.
Mansio Azzo.	M. XI.
Mutatio Palæ.	M. VII.
Mansio Castozobra.	M. XI.
Mutatio Rhamis	M. VII.
Mansio Burdista.	M. XI.
Mutatio Daphabæ	X. XI.
Mansio Nicæ.	M. VIIII.
Mutatio Tarpodizo.	M. X.
Mutatio Urisio	M. VII.
Mansio Virgolis.	M. VII.

Mutatio Nargo	M. VIII.
Mansio Drizupara	M. VIIII.
Mutatio Tipso	M. X.
Mansio Turonullo	M. XI.
Mutatio Beodizo	M. VIII.
Civitas Heraclia	M. VIIII.
Mutatio Baunne	M. XII.
Mansio Salamembria	M. X.
Mutatio Callum	M. X.
Mansio Atyra	M. X.
Mansio Regio	M. XII.
Civitas Constantinopoli	M. XII.

Fit a Serdica Constantinopolim usque, Millia CCCCXIII; Mutationes XII; Mansiones XX.

Fit omnis summa a Burdigala Constantinopolim vicies bis centena vigenti unum Millia; Mutationes CCXXX; Mansiones CXII.

Item ambulavimus Dalmatio et Dalmaticie, Zenofilo Cons. III kal. jun. a Chalcedonia.

Et reversi sumus Constantinopolim VII kal. jan. Consule suprascripto.

A Constantinopoli transis Pontum, venis Chalcedoniam, ambulas provinciam Bithyniam.

Mutatio Nassete	M. VII. S.
Mansio Pandicia	M. VII. S.
Mutatio Pontamus	M. XIII.
Mansio Libissa	M. VIIII.

Ibi positus est Rex Annibalianus, qui fuit Afrorum.

Mutatio Brunga	M. XII.
Civitas Nicomedia	M. XIII.

Fit a Constantinopoli Nicomediam usque, Millia VIII; Mutationes VII; Mansiones III.

Mutatio Hyribolum	M. X.
Mansio Libum	M. XI.
Mutatio Liada	M. XII.
Civitas Nicia	M. VIII.
Mutatio Schinæ	M. VIII.
Mansio Mido	M. VII.
Mutatio Chogeæ	M. VI.

Mutatio Thateso.	M. X.
Mutatio Tutaio.	M. VIIII.
Mutatio Protunica.	M. XI.
Mutatio Artemis.	M. XII.
Mansio Dablæ.	M. VI.
Mansio Ceratæ.	M. VI.

Finis Bithyniæ et Ga'atiæ.

Mutatio Finis.	M. X.
Mansio Dadastan.	M. VI.
Mutatio Transmonte.	M. VI.
Mutatio Milia.	M. XI.
Civitas Juliopolis.	M. VII.
Mutatio Hycropontamum.	M. XIII.
Mansio Agannia.	M. XI.
Mutatio Ipetobrogen.	M. VI.
Mansio Mnizos.	M. X.
Mutatio Prasmon.	M. XII.
Mutatio Cenaxepalidem.	M. XIII.
Civitas Anchira Galatiæ.	

Fit a Nicomedia Anchiram Galatiæ usque, Millia CCLVIII; Mutationes XXVI; Mansiones XII.

Mutatio Delemna.	M. X.
Mansio Curveunta.	M. XI.
Mutatio Rosolodiaco.	M. XII.
Mutatio Aliassum.	M. XIII.
Civitas Arpona.	M. XVIII.
Mutatio Galea.	M. XIII.
Mutatio Andrapa.	M. VIIII.

Finis Galatiæ et Cappadociæ.

Mansio Parnasso.	M. XIII.
Mansio Iogola.	M. XVI.
Mansio Nitatis.	M. XVIII.
Mutatio Argustana.	M. XIII.
Civitas Colonia.	M. XVI.
Mutatio Momoasson.	M. XII.
Mansio Anathiango.	M. XII.
Mutatio Chusa.	M. XII.
Mansio Saismam.	M. XII.
Mansio Andavilis.	M. XVI.

Ibi est villa Pampali, unde veniunt equi curules.

Civitas Thiana. . . . .

Inde fuit Apollonius magus.

Civitas Faustinopoli. . . . . M. XII.
Mutatio Cena. . . . . M. XIII.
Mansio Opodanda. . . . . M. XII.
Mutatio Pilas. . . . . M. XIV.

Finis Cappadociæ et Ciliciæ.

Mansio Mansuerine. . . . . M. XII.
Civitas Tharso. . . . . M. XII.

Inde fuit Apostolus Paulus.

Fit ab Anchira Galatiæ Tharson usque, Millia CCCXLIII; Mutationes XXV; Mansiones XVIII.

Mutatio Pargais. M. XIII.
Civitas Adana. . . . . M. XIV.
Civitas Mansista. . . . . M. XVIII.
Civitas Tardequeia. . . . . M. XV.
Mansio Catavolomis. . . . . M. XVI.
Mansio Balæ. . . . . M. XVII.
Mansio Alexandria Scabiosa. . . . . M. XVI.
Mutatio Pictanus. . . . . M. VIIII.

Finis Ciliciæ et Syriæ.

Mansio Pangrios. . . . . M. VIII.
Civitas Antiochia. . . . . M. XVI.

Fit a Tharso Ciliciæ Antiochiam usque), Millia CLXI; Mutationes X; Mansiones VII.

Ad Palatium Dafne . . . . M. V.
Mutatio Hysdata. . . . . M. XI.
Mansio Platanus. . . . . M. VIII.
Mutatio Bachaias. . . . . M. VIII.
Mansio Cattelas. M. XVI.
Civitas Ladica. . . . . M. XVI.
Civitas Gavala. . . . . M. XIV.
Civitas Balaneas. . . . . M. XIII.

Finis Syriæ Cœlis et Fœnicis.

Mutatio Maraccas.	M. X.
Mansio Antaradus.	M. XVI.

Est Civitas in mare a ripa M. II.

Mutatio Spiclin.	M. XII.
Mutatio Basiliscum.	M. XII.
Mansio Arcas.	M. VIII.
Mutatio Bruttus.	M. IIII.
Civitas Tripoli.	M. XII.
Mutatio Tridis.	M. XII.
Mutatio Bruttosalia.	M. XII.
Mutatio Alcobile.	M. XII.
Civitas Berito.	M. XII.
Mutatio Heldua.	M. XII.
Mutatio Parphirion.	M. VIII.
Civitas Sidona.	M. VIII.

Ibi Helias ad viduam ascendit, et petiit sibi cibum.

Mutatio ad Nonum.	M. IIII.
Civitas Tyro.	M. XII.

Fit ab Antiochia Tyrum usque, Millia CLXXIIII; Mutationes XX; Mansiones XI.

Mutatio Alexandroschene.	M. XII.
Mutatio Ecdeppa.	M. XII.
Civitas Ptolemaida.	M. VIII.
Mutatio Calamon.	M. XII.
Mansio Sicamenos.	M. III.

Ibi est mons Carmelus: ibi Helias sacrificium faciebat.

Mutatio Certa.	M. VIII.

Finis Syriæ et Palestinæ.

Civitas Cæsarea Palestina, id est, Judæa.	M. VIII.

Fit a Tyro Cæsaream Palestinam usque. Millia LXXIII; Mutationes II; Mansiones III.

Ibi est balneus Cornelii centurionis, qui multas eleemosynas faciebat.

In tertio milliario est mons Syna, ubi fons est in quem mulier, si laverit, gravida fit.

CIVITAS MAXIANOPOLI. . . . . M. XVII.
CIVITAS STRADELA. . . . . M. X.

Ibi sedit Achab rex, et Helias prophetavit.
Ibi est campus ubi David Goliath occidit.

CIVITAS SCIOPOLI. . . . . M. XII.
ASER, UBI FUIT VILLA JOB. . . . . M. VI.
CIVITAS NEAPOLI. . . . . M. XV.

Ibi est mons *Agazaren*. Ibi dicunt Samaritani *Abraham sacrificium* obtulisse, et ascenduntur usque ad summum montem *gradus num*. CCC.

Inde *ad pedem montis* ipsius locus est, cui nomen est *Sechim*.

Ibi positum est monumentum ubi positus est Joseph *in villa* quam dedit ei Jacob, pater ejus. Inde rapta est et Dina, filia Jacob, a *filiis Amorrhœorum*.

Inde passus mille, locus est cui nomen *Sechar*, unde descendit mulier Samaritana ad eumdem locum, ubi Jacob puteum fodit, ut de eo *aqua impleret*, et Dominus noster Jesus Christus cum ea loquutus est. Ubi sunt *arbores platani*, quas plantavit Jacob, et balneus qui de eo puteo lavatur.

INDE MILLIA XXVIII EUNTIBUS HIERUSALEM.

In parte sinistra est villa quæ dicitur *Bethar*.

Inde passus mille est locus ubi Jacob, cum iret in Mesopotamiam, addormivit, et ibi est arbor *amigdala*, et vidit visum, et *Angelus* cum eo luctatus est. Ibi fuit rex Hieroboam, ad quem *missus fuit propheta* ut converteretur ad Deum excelsum : et *jussum fuerat prophetæ* ne cum pseudopropheta, quem secum rex habebat, manducaret. Et quia seductus est a pseudopropheta et cum eo manducavit, rediens occurrit prophetæ leo in via, et occidit eum leo.

INDE HIERUSALEM MILLIA XII.

Fit a Cæsarea Palestinæ Hierusalem usque, Millia CXVI; Mansiones IV; Mutationes IV.

Sunt in Hierusalem piscinæ magnæ duæ ad latus Templi, id est una ad dexteram, alia ad sinistram, quas Salomon fecit. *Interius vero civitatis* sunt *piscinæ gemellares*, quinque porticus habentes, quæ appellantur *Betsaida*. Ibi ægri multorum annorum sanabantur. Aquam autem habent eæ piscinæ *in modum coccini turbatam*. Est ibi et crypta *ubi Salomon dæmones* torquebat. Ibi est angulus turris excelsissimæ, ubi Dominus ascendit, et dixit ei is *qui tentabat* eum [1]. Et ait ei Dominus : Non tentabis Dominum Deum tuum, sed illi soli servies. Ibi est et lapis angularis magnus, de quo *dictum est* : Lapidem quem reprobaverunt ædificantes. Item ad caput anguli, et sub pinna turris

---

1. Deficiunt hoc loco quæ Matth., c. IV, 6, reperies.   (*Note de P. Wesseling.*)

ipsius, sunt cubicula plurima ubi Salomo palatium habebat. Ibi etiam *constat cubiculus* in quo sedit et sapientiam descripsit : ipse vero cubiculus uno lapide est tectus. Sunt ibi et *exceptoria magna* aquæ subterraneæ, et piscinæ magno opere ædificatæ, et in æde ipsa ubi Templum fuit, quod Salomon ædificavit, in marmore ante aram *sanguinem Zachariæ**[1] ibi dicas hodie fusum. Etiam parent vestigia *clavorum militum* qui eum occiderunt, in totam aream, ut putes in cera fixum esse. Sunt ibi et statuæ *duæ Hadriani*. Est et non longe de statuis *lapis pertusus*, ad quem veniunt Judæi *singulis annis*, et unguent eum, et *lamentant* se cum gemitu, et vestimenta sua scindunt, et sic recedunt. Et ibi et domus Ezechiæ regis Judæ. Item exeunti in Hierusalem, ut ascendas Sion, in parte sinistra, et deorsum in valle juxta murum, est piscina quæ dicitur *Siloa, habet quadriporticum*, et alia piscina, grandis foras. Hic fons *sex diebus atque noctibus* currit : septima vero die est sabbathum; in totum nec nocte nec die currit. In eadem ascenditur Sion, et paret *ubi fuit domus Caiphæ* sacerdotis, et *columna adhuc* ibi est in qua Christum flagellis ceciderunt. Intus autem intra murum Sion, paret locus ubi palatium habuit David, et *septem synagogæ* quæ illic fuerunt; una tantum remansit, reliquæ autem *arantur et seminantur*, sicut Isaias propheta dixit. Inde ut eas foris murum de Sione euntibus ad portam Neapolitanam, ad partem dextram, deorsum in valle sunt parietes ubi domus fuit sive *prætorium Pontii Pilati*. Ibi Dominus auditus est antequam pateretur. A sinistra autem parte est *monticulus Golyotha*, ubi Dominus crucifixus est. Inde quasi *ad lapidem missum*, est crypta, ubi corpus ejus positum fuit et tertia die resurrexit. Ibidem *modo jussu Constantini* imperatoris basilica facta est, id est, *Dominicum miræ pulchritudinis*, habens ad latus exceptoria unde aqua levatur, et balneum a tergo, ubi *infantes lavantur*. Item ab Hierusalem euntibus ad portam quæ est contra orientem, ut ascendatur in montem Oliveti, *vallis quæ dicitur* Josaphat ad partem sinistram, ubi sunt vineæ. Est et petra ubi *Juda Scarioth* Christum tradidit. A parte vero dextra est arbor palmæ, de qua infantes ramos tulerunt, et *veniente Christo* substraverunt. Inde non longe quasi ad lapidis missum, sunt monumenta duo *[2] *monubiles* miræ pulchritudinis facta. In unum positus est Isaias propheta, *qui est vere monolithus*, et in alium Ezechias rex Judæorum. Inde ascendis in montem Oliveti, ubi Dominus ante passionem Apostolos docuit. Ibi facta est *basilica jussu Constantini*. Inde non longe est *monticulus ubi Dominus* ascendit orare, et apparuit illic Moyses et Helias, quando Petrum Joannem secum duxit. Inde ad *orientem passus mille* quingentos est villa quæ appellatur *Bethania*. Est ibi crypta ubi Lazarus positus fuit, quem Dominus suscitavit.

---

1. Asteriscus quo hæc signata sunt deesse aliquid monet, quanquam si voculam *ibi* tolleres, sana videri possent. (*Note de P. Wesseling.*)

2. Asteriscus defectum videtur indicare. Cæteroqui, si post vocem *pulchritudinis* distinguas, non male cohærent. (*Idem.*)

ITEM AB HIERUSALEM IN HIERICHO, MILLIA XVIII.

Descendentibus montem in parte dextra, retro monumentum, est *arbor sycomori*, in quam Zachæus ascendit ut Christum videret. A civitate passus mille quingentos est fons Helisæi prophetæ; antea si qua mulier ex ipsa aqua bibebat, *non faciebat natos*. Ad latus est vas fictile Helisæi; misit in eo sales, et venit, et stetit super fontem, et dixit : Hæc dixit Dominus : Sanavi aquas has; ex eo si qua mulier inde biberit, filios faciet. Supra eumdem vero fontem est domus Rachab *fornicariæ*, ad quam exploratores introierunt, et occultavit eos, quando Hiericho *versa est, et sola* evasit. Ibi fuit civitas Hiericho, cujus muros gyraverunt cum arca Testamenti filii Israel, et ceciderunt muri. Ex eo non paret nisi locus ubi fuit *arca Testamenti et lapides* 12, quos filii Israel de Jordane levaverunt. Ibidem Jesus Filius Nave *circumcidit filios Israel*, et circumcisiones eorum sepelivit.

ITEM AB HIERICHO AD MARE MORTUUM, MILLIA IX.

Est aqua ipsius *valde amarissima*, ubi in totum nullius generis piscis est, nec *aliqua navis;* et si quis hominum miserit se ut natet, ipsa aqua eum versat..

INDE AD JORDANEM, UBI DOMINUS A JOANNE BAPTIZATUS, EST MILLIA V.

Ibi est *locus super flumen*, monticulus in illa ripa, ubi raptus est Helias in cœlum. Item ab Hierusalem euntibus Bethleem *millia quatuor, super strata* in parte dextra, est monumentum ubi Rachel posita est uxor Jacob. Inde millia duo a parte sinistra est Bethleem, ubi natus est Dominus noster Jesus Christus; *ibi basilica* facta est jussu Constantini. Inde non longe est *monumentum Ezechiel,* Asaph, Job et Jesse, David, Salomon, et habet in ipsa crypta ad latus deorsum descendentibus, *Hebræis scriptum* nomina superscripta.

INDE BETHAZORA, MILLIA XIV.

Ubi est fons in quo Philippus Eunuchum baptizavit.

INDE TEREBINTHO, MILLIA IX.

Ubi *Abraham habitavit* et *puteum fodit* sub arbore Terebintho, et cum angelis locutus est, et cibum sumpsit. *Ibi basilica* facta est jussu Constantini, miræ pulchritudinis.

INDE TEREBINTHO CEDRON, MILLIA II.

Ubi est *memoria* per quadrum ex lapidibus miræ pulchritudinis, *in qua positi* sunt Abraham, Isaac, Jacob, Sara, Rebecca et Lia.

ITEM AB HIEROSOLYMA SIC :

Civitas Nicopoli.	M. XXII.
Civitas Lidda.	M. X.
Mutatio Antipatrida.	M. X.
Mutatio Betthar.	M. X.
Civitas Cæsarea.	M. XVI.

Fit omnis summa a Constantinopoli usque Hierusalem millia undecies centena LXIIII Millia; Mutationes LXVIIII; Mansiones LVIII.

Item per Nicopolim Cæsaream, Millia LXXIII; S. Mutationes V; Mansiones III.

Item ab Heraclea per Macedoniam Mut. area Millia XVI.

Mansio Registo.	M. XII.
Mutatio Bediso.	M. XII.
Civitas Apris.	M. XII.
Mutatio Zesutera.	M. XII.

Finis Europæ et Rhodopeæ.

Mansio Sirogellis.	M. X.
Mutatio Drippa.	M. XIIII.
Mansio Gipsila.	M. XII.
Mutatio Demas.	M. XII.
Civitas Trajanopoli.	M. XIII.
Mutatio Adunimpara.	M. VIII.
Mutatio Salei.	M. VII. S.
Mutatio Melalico.	M. VIII.
Mansio Berozica.	M. XV
Mutatio Breierophara.	M. X.
Civitas Maximianopoli.	M. X.
Mutatio Adstabulodio.	M. XII.
Mutatio Rumbodona.	M. X.
Civitas Epyrum.	M. X.
Mutatio Purdis.	M. VIII.

Finis Rhodopeæ et Macedoniæ.

Mansio Hercontroma.	M. VIIII.
Mutatio Neapolim.	M. VIIII.
Civitas Philippis.	M. X.

Ubi Paulus et Silcas in carcere fuerunt.

Mutatio ad Duodecim.	M. XII.
Mutatio Domeros.	M. VII.
Civitas Amphipolim.	M. XIII.
Mutatio Pennana.	M. X.
Mutatio Peripidis.	M. X.

Ibi positus est Euripides poeta.

Mansio Apollonia.	M. XI.
Mutatio Heracleustibus.	M. XI.
Mutatio Duodea.	M. XIV.
Civitas Thessalonica.	M. XIII.
Mutatio ad Decimum.	M. X.
Mutatio Gephira.	M. X.
Civitas Pelli, unde fuit Alexander magnus Macedo.	M. X.
Mutatio Scurio.	M. XV.
Civitas Edissa.	M. XV.
Mutatio ad Duodecimum.	M. XII.
Mansio Cellis.	M. XVI.
Mutatio Grande.	M. XIV.
Mutatio Melitonus.	M. XIV.
Civitas Heraclea.	M. XIII.
Mutatio Parambole.	M. XII.
Mutatio Brucida.	M. XIX.

Finis Macedoniæ et Epyri.

Civitas Cledo.	M. XIII.
Mutatio Patras.	M. XII.
Mansio Claudanon.	M. IIII.
Mutatio Tabernas.	M. VIIII.
Mansio Granda Via.	M. VIIII.
Mutatio Trajecto.	M. VIIII.
Mansio Hiscampis.	M. VIIII.
Mutatio ad Quintum.	M. VI.
Mansio Coladiana.	M. XV.
Mansio Marusio.	M. XIII.
Mansio Absos.	M. XIV.
Mutatio Stefanafana.	M. XII.
Civitas Apollonia.	M. XVIII.
Mutatio Stefana.	M. XII.
Mansio Aulona Trajectum.	M. XII.

*Fit omnis summa ab Heraclea per Macedoniam Aulonam usque,
Millia DCLXXVIII; Mutationes LVIII; Mansiones XV.*

Trans mare stadia mille. Quod facit millia centum.

ET VENIS ODRONTO MANSIONES MILLE PASSUS.

Mutatio ad Duodecimum.	M. XIII.
Mansio Clipeas.	M. XII.
Mutatio Valentia.	M. XIII.
Civitas Brindisi.	M. XI.
Mansio Spitenaees.	M. XIIII.
Mutatio ad Decimum.	M. XI.
Civitas Leonatie.	M. X.
Mutatio Turres Aurilianas.	M. XV.
Mutatio Turres Julianas.	M. VIIII.
Civitas Beroes.	M. XI.
Mutatio Botontones.	M. XI.
Civitas Rubos.	M. XI.
Mutatio ad Quintum Decimum.	M. XV.
Civitas Canusio.	M. XV.
Mutatio Undecimum.	M. XI.
Civitas Serdonis.	M. XV.
Civitas Aecas.	M. XVIII.
Mutatio Aquilonis.	M. X.

Finis Apuliæ et Campaniæ.

Mutatio ad Equum magnum.	M. VIII.
Mutatio Vicus Forno novo.	M. XII.
Civitas Benevento.	M. X.
Civitas et Mansio Claudiis	M. XII.
Mutatio Novas	M. VIIII.
Civitas Capua.	M. VII.

*Fit summa ab Aulona usque Capuam, Millia CCLXXXIX;
Mutationes XXV; Mansiones XIII.*

Mutatio ad Octavum.	M. VIII.
Mutatio Ponte Campano.	M. VIIII.
Civitas Sonuessa.	M. VIIII.
Civitas Menturnas.	M. VIIII.
Civitas Formis.	M. VIIII.
Civitas Fondis.	M. XII.
Civitas Terracina.	M. XIII.

Mutatio ad Medias.	M. X.
Mutatio Appi Foro.	M. VIIII.
Mutatio Sponsas.	M. VII.
Civitas Aricia et Albona.	M. XIIII.
Mutatio ad Nono.	M. VII.
In Urbe Roma.	M. VIIII.

*Fit a Capua ad Urbem Romam Millia CXXXVI;
Mutationes XIV; Mansiones IX.*

*Fit ab Heraclea per Aulonam in urbem Romam usque, Millia
undecies centena XII; Mut. XVII; Mansiones XLVI.*

AB URBE MEDIOLANO.

Mutatio Rubras.	M. VIIII.
Mutatio ad Vicencimum.	M. XI.
Mutatio Aqua viva.	M. XII.
Civitas Vericulo.	M. XII.
Civitas Narniæ.	M. XII.
Civitas Interamna.	M. VIIII.
Mutatio Tribus Tabernis.	M. III.
Mutatio Fani fugitivi.	M. X.
Civitas Spolitio.	M. VII.
Mutatio Sacraria.	M. VIII.
Civitas Trevis.	M. IV.
Civitas Fulginis.	M. V.
Civitas Foro Flamini.	M. III.
Civitas Nocerja.	M. XII.
Civitas Ptanias.	M. VIII.
Mansio Herbelloni.	M. VII.
Mutatio Adhæsis.	M. X.
Mutatio ad Cale.	M XIV.
Mutatio Intercisa.	M. VIIII.
Civitas Foro Simproni.	M. VIIII.
Mutatio ad Octavum.	M. VIIII.
Civitas Fano Fortunæ.	M. VIII.
Civitas Pisauro.	M. XXIV.

Usque Ariminum.

Mutatio Conpetu.	M. XII.
Civitas Cesena.	M. VI.
Civitas Foropopuli.	M. VI.
Civitas Forolivi.	M. VI.
Civitas Faventia.	M. V.

Civitas Foro Corneli	M. X.
Civitas Claterno	M. XIII.
Civitas Bononia	M. X.
Mutatio ad Medias	M. XV.
Mutatio Victuriolas	M. X.
Civitas Mutena	M. III.
Mutatio Ponte Secies	M. V.
Civitas Regio	M. VIII.
Mutatio Canneto	M. X.
Civitas Parmæ	M. VIII.
Mutatio ad Turum	M. VII.
Mansio Fidentiæ	M. VIII.
Mutatio ad Fonteclos	M. VIII.
Civitas Placentia	M. XIII.
Mutatio ad Rota	M. XI.
Mutatio Tribus Tabernis	M. V.
Civitas Laude	M. VIIII.
Mutatio ad Nonum	M. VII.
Civitas Mediolanum	M. VII.

Fit omnis summa ab urbe Roma Mediolanum usque, Millia CCCCXVI; Mutationes XLII; Mansiones XXIIII.

EXPLICIT ITINERARIUM.

EX EODEM V. C. DE VERBIS GALLICIS.

Lugdunum, Desideratum Montem.

Aremorici, ante mare, aræ, ante; More dicunt Mare, et ideo Morini Marini.

Arverni, ante obsta.

Rhodanum, violentum. Nam Rho ninium, Dan judicem, hoc et Gallice, hoc et Hebraice dicitur.

N° II.

DISSERTATION

SUR L'ÉTENDUE

DE L'ANCIENNE JÉRUSALEM

ET DE SON TEMPLE,

ET SUR LES MESURES HÉBRAÏQUES DE LONGUEUR.

PAR M. DANVILLE.

Les villes qui tiennent un rang considérable dans l'histoire exigent des recherches particulières sur ce qui les regarde dans le détail; et on ne peut disconvenir que Jérusalem ne soit du nombre de celles qui méritent de faire l'objet de notre curiosité. C'est ce qui a engagé plusieurs savants à traiter ce sujet fort amplement et dans toutes ses circonstances, en cherchant à retrouver les différents quartiers de cette ville, ses édifices publics, ses portes, et presque généralement tous les lieux dont on trouve quelque mention dans les livres saints et autres monuments de l'antiquité. Quand même les recherches de ces savants ne paroîtroient pas suivies partout d'un parfait succès, leur zèle n'en mérite pas moins des éloges et de la reconnoissance.

Ce qu'on se propose principalement dans cet écrit est de fixer l'étendue de cette ville, sur laquelle on ne trouve encore rien de bien déterminé, et qui semble même en général fort exagérée. L'emploi du local devoit en décider; et c'est parce qu'on l'a négligé, que ce point est demeuré à discuter. S'il est difficile et comme impossible de s'éclaircir d'une manière satisfaisante sur un grand nombre d'articles de détail concernant la ville de Jérusalem, ce que nous mettons ici en question peut être excepté et se trouve susceptible d'une grande évidence.

Pour se mettre à portée de traiter cette matière avec précision, il faut commencer par reconnoître ce qui composoit l'ancienne Jérusalem. Cet examen ne laissera aucune incertitude dans la distinction entre la ville moderne de Jérusalem et l'ancienne. L'enceinte de celle-ci paroîtra d'autant mieux déterminée, que la disposition naturelle des lieux en fait juger infailliblement. C'est dans cette vue que nous insérons ici le calque très-fidèle d'un plan actuel de Jérusalem, levé vraisemblablement par les soins de M. Deshayes, et qui a été publié dans la relation du voyage qu'il entreprit au Levant en 1621, en conséquence des commissions dont il étoit chargé par le roi Louis XIII auprès du grand-seigneur. Un des articles de ces commissions étant de maintenir les religieux latins dans la possession des saints lieux de la Palestine et d'établir un consul à Jérusalem, il n'est pas surprenant qu'un pareil plan se rencontre plutôt dans ce Voyage que dans tout autre. L'enceinte actuelle de la ville, ses rues, la topographie du sol, sont exprimées dans ce plan, et mieux que partout ailleurs, que je sache. Nous n'admettons dans notre calque, pour plus de netteté ou moins de distraction à l'égard de l'objet principal, que les circonstances qui intéressent particulièrement la matière de cette Dissertation. L'utilité, la nécessité même d'un plan en pareil sujet sont une juste raison de s'étonner qu'on n'ait encore fait aucun usage de celui dont nous empruntons le secours.

I.

DISCUSSION DES QUARTIERS DE L'ANCIENNE JÉRUSALEM.

Josèphe nous donne une idée générale de Jérusalem, en disant (liv. vi de *la Guerre des Juifs*, ch. vi) que cette ville étoit assise sur deux collines en face l'une de l'autre, et séparée par une vallée ; que ce qui étoit appelé la *haute ville* occupoit la plus étendue ainsi que la plus élevée de ces collines, et celle que l'avantage de sa situation avoit fait choisir par David pour sa forteresse ; que l'autre colline, nommée *Acra*, servoit d'assiette à la basse ville. Or, nous voyons que la montagne de Sion, qui est la première des deux collines, se distingue encore parfaitement sur le plan. Son escarpement, plus marqué, regarde le midi et l'occident, étant formé par une profonde ravine, qui dans l'Écriture est nommée *Ge-ben-Hinnom*, ou la *Vallée-des-Enfants-d'Hinnom*. Ce vallon, courant du couchant au levant, rencontre à l'extrémité du mont de Sion la vallée de Kédron, qui s'étend du nord au sud. Ces circonstances locales, et dont la nature même décide, ne prennent aucune part aux changements que le temps et la fureur des hommes ont pu apporter à la ville de Jérusalem. Et par là nous sommes assurés des limites de cette ville dans la partie que Sion occupoit. C'est le côté qui s'avance le plus vers le midi ; et non-seulement on est fixé de manière à ne pouvoir s'étendre plus loin de ce côté-là, mais encore l'espace que l'emplacement de Jérusalem peut y prendre en largeur se trouve déterminé d'une part par la pente ou l'escarpement de Sion qui regarde le couchant, et de l'autre par son extrémité opposée vers Cédron et l'orient. Celui des murs de Jérusalem que Josèphe appelle *le plus ancien*, comme étant attribué à David et à Salomon, bordoit la crête du rocher, selon le témoignage de cet historien. A quoi se rapportent aussi ces paroles de Tacite, dans la description qu'il fait de Jérusalem (*Hist.*, liv. v, ch. xi) : *Duos colles, immensum editos, claudebant muri... extrema rupis abrupta.* D'où il suit que le contour de la montagne sert encore à indiquer l'ancienne enceinte et à la circonscrire.

La seconde colline s'élevoit au nord de Sion, faisant face par son côté oriental au mont Moria, sur lequel le Temple étoit assis et dont cette colline n'étoit séparée que par une cavité, que les Hasmonéens comblèrent en partie en rasant le sommet d'Acra, comme on l'apprend de Josèphe (au même endroit que ci-dessus). Car ce sommet ayant vue sur le Temple et en étant très-voisin, selon que Josèphe s'en explique, Antiochus Épiphanes y avoit construit une forteresse, pour brider la ville et incommoder le Temple; laquelle forteresse, ayant garnison grecque ou macédonienne, se soutint contre les Juifs jusqu'au temps de Simon, qui la détruisit et aplanit en même temps la colline. Comme il n'est même question d'Acra que depuis ce temps-là, il y a toute apparence que ce nom n'est autre chose que le mot grec Ἄκρα, qui signifie un lieu élevé, et qui se prend quelquefois aussi pour une forteresse, de la même manière que nous y avons souvent employé le terme de *Roca*, la Roche. D'ailleurs, le terme de *Hakra*, avec aspiration, paroît avoir été propre aux Syriens, ou du moins adopté par eux, pour désigner un lieu fortifié. Et dans la paraphrase chaldaïque (Samuel, liv. ii, ch. ii, v. 7), Hakra-Dsiun est la forteresse de Sion. Josèphe donne une idée de la figure de la colline dans son assiette par le terme de ἀμφίκυρτος, lequel, selon Suidas, est propre à la lune dans une de ses phases entre le croissant et la pleine lune, et, selon Martianus Capella, entre la demi-lune et la pleine. Une circonstance remarquable dans le plan qui nous sert d'original est un vestige de l'éminence principale d'Acra entre Sion et le Temple; et la circonstance est d'autant moins équivoque que, sur le plan même, en tirant vers l'angle sud-ouest du Temple, on a eu l'attention d'écrire *lieu haut*.

Le mont Moria, que le Temple occupoit, n'étant d'abord qu'une colline irrégulière, il avoit fallu, pour étendre les dépendances du Temple sur une surface égale et augmenter l'aire du sommet, en soutenir les côtés, qui formoient un carré, par d'immenses constructions. Le côté oriental bordoit la vallée de Cédron, dite communément *de Josaphat*, et très-profonde. Le côté du midi, dominant sur un terrain très-enfoncé, étoit revêtu de bas en haut d'une forte maçonnerie, et Josèphe ne donne pas moins de trois cents coudées d'élévation à cette partie du Temple : de sorte même que pour sa communication avec Sion il avoit été besoin d'un pont, comme le même auteur nous en instruit. Le côté occidental regardoit Acra, dont l'aspect pour le Temple est comparé à un théâtre par Josèphe. Du côté du nord, un fossé creusé, τάφρος δὲ ὀρώρυκτο, dit notre historien, séparoit le Temple d'avec une colline nommée *Bezetha*, qui fut dans la suite jointe à la ville par un agrandissement de son enceinte. Telle est la disposition générale du mont Moria dans l'étendue de Jérusalem.

La fameuse tour Antonia flanquoit l'angle du Temple qui regardoit le N.-O. Assise sur un rocher, elle avoit d'abord été construite par Hyrcan, premier du nom, et appelée Βάρις, terme grec selon Josèphe, mais que saint Jérôme dit avoir été commun dans la Palestine, et jusqu'à son temps, pour désigner des maisons fortes et construites en forme de tours. Celle-ci reçut de grands embellissements de la part d'Hérode, qui lui fit porter le nom d'Antoine, son bienfaiteur; et avant l'accroissement de Bezetha, l'enceinte de la ville ne s'étendoit pas au delà du côté du nord. Il faut même rabaisser un peu vers le sud, à une assez petite distance de la face occidentale du Temple, pour exclure de la ville le Golgotha ou Calvaire, qui, étant destiné au supplice des criminels, n'étoit point compris dans l'enceinte de la ville. La piété des chrétiens n'a souffert en aucun temps que ce lieu demeurât inconnu, même avant le règne du grand Constantin. Car l'auroit-il été à ces Juifs convertis au christianisme que saint Épiphane dit avoir repris leur demeure dans les débris de Jérusalem, après la destruction de cette ville par Tite, et qui y menèrent une vie édifiante? Constantin, selon le témoignage d'Eusèbe, couvrit le lieu même d'une basilique, l'an 326, de laquelle parle très-convenablement à ce témoignage l'auteur de l'*Itinerarium a Burdigala Hierusalem usque*, lui qui étoit à Jérusalem en 333, suivant le consulat qui sert de date à cet Itinéraire : *Ibidem* modo, *jussu Constantini imperatoris, Basilica facta est, id est, Dominicum, miræ pulchritudinis*. Et bien qu'au commencement du xie siècle Almansor Hakimbillâ, calife de la race des Fatimites d'Égypte, eût fait détruire cette église, pour ne vouloir tolérer la supercherie du prétendu feu saint des Grecs la veille de Pâques, cependant l'empereur grec Constantin Monomaque acquit trente-sept ans après, et en 1048, du petit-fils de Hakim le droit de rééditier la même église; et il en fit la dépense, comme on l'apprend de Guillaume, archevêque de Tyr (liv. i, ch. vii). D'ailleurs, la conquête de Jérusalem par Godefroy de Bouillon, en 1099, ne laisse pas un grand écoulement de temps depuis l'accident dont on vient de parler. Or, vous remarquerez que les circonstances précédentes qui concernent l'ancienne Jérusalem n'ont rien d'équivoque, et sont aussi décisives que la disposition du mont de Sion du côté opposé.

Il n'y a aucune ambiguïté à l'égard de la partie orientale de Jérusalem. Il est notoire et évident que la vallée de Cédron servoit de bornes à la ville, sur la même ligne, ou à peu près, que la face du Temple tournée vers le même côté décrivoit au bord de cette vallée. On sait également à quoi s'en tenir pour le côté occidental de la ville quand on considère sur le plan du local que l'élévation naturelle du terrain qui borne l'étendue de Sion de ce côté-là, comme vers le midi, continue, en se prolongeant vers le nord, jusqu'à la hauteur du Temple. Et il n'y a aucun lieu de douter que ce prolongement de pente, qui commande sur un vallon au dehors de la ville, ne soit le côté d'Acra contraire à celui qui regarde le Temple. La situation avantageuse que les murs de la ville conservent sur l'escarpement justifie pleinement cette opinion. Elle est même appuyée du témoignage formel de Brocardus, religieux dominicain, qui étoit en Palestine l'an 1283, comme il nous l'apprend dans la description qu'il a faite de ce pays. C'est à la partie occidentale de l'enceinte de Jérusalem prolongée depuis Sion vers le nord que se rapportent ces paroles tirées de la Description spéciale de cette ville : *Vorago, seu vallis, quæ procedebat versus aquilonem, faciebatque fossam civitatis juxta longitudinem ejus, usque ad plagam aquilonis; et super eam erat intrinsecus rupes eminens, quam Josephus Acram appellat, quæ sustinebat murum civitatis superpositum, cingentem ab occidente civitatem, usque ad portam Ephraim, ubi curvatur contra orientem.* Cet exposé de la part d'un auteur qui a écrit en vertu des connoissances qu'il avoit prises sur le lieu même est parfaitement conforme à ce que la représentation du terrain par le plan qui en est donné vient de nous dicter : *Rupes imminens voragini, sine fossæ, procedenti versus aquilonem, sustinebat murum civitatis, cingentem eam ab occidente usque dum curvatur versus orientem*. En voilà suffisamment pour connoître les différents quartiers qui composoient l'ancienne Jérusalem, leur assiette et situation respective.

II

ENCEINTE DE L'ANCIENNE JÉRUSALEM.

Le détail dans lequel Josèphe est entré des diverses murailles qui enveloppoient Jérusalem renferme des circonstances qui achèvent de nous instruire sur l'enceinte de cette ville.

Cet historien distingue trois murailles différentes. Celle qu'il nomme *la plus ancienne* couvroit non-seulement Sion à l'égard des dehors de la ville, mais elle séparoit encore cette partie d'avec la ville inférieure ou Acra; et c'est même par cet endroit que Josèphe entame la description de cette muraille. Il dit que la tour nommée *Hippicos*, appuyant le côté qui regardoit le nord, ἀρχόμενον δὲ κατὰ βορέαν ἀπὸ τοῦ Ἱππικοῦ, *incipiens ad boream ab Hippico*, elle s'étendoit de là jusqu'au portique occidental du Temple, par où nous devons entendre, comme le plan en fait juger, son angle sud-ouest. On voit clairement que cette partie de muraille fait une séparation de la haute ville d'avec la basse. Elle paroît répondre à l'enceinte méridionale de la ville moderne de Jérusalem, qui exclut Sion; en sorte qu'il y a tout lieu de présumer que la tour Hippicos, dont on verra par la suite que la position nous importe, étoit élevée vers l'angle sud-ouest de l'enceinte actuelle de Jérusalem. Si on en croit plusieurs relations, cette enceinte est un ouvrage de Soliman, qui en 1520 succéda à son père Sélim, auquel les Turcs doivent la conquête de la Syrie et de l'Égypte. Cependant El-Edrisi, qui écrivoit sa géographie pour Roger Ier, roi de Sicile, mort en 1151, représente Jérusalem dans un état conforme à celui d'aujourd'hui, en disant qu'elle s'étend en longueur d'occident en orient. Il exclut même formellement de son enceinte le mont de Sion, puisqu'aux termes de sa description, pour aller à un temple où les chrétiens prétendoient dès lors que Jésus-Christ avoit célébré la Cène, et qui est situé sur ce mont, il faut sortir de la ville par une porte dite *de Sion Bab-Seihun*, ce qui s'accorde à l'état actuel de Jérusalem.

Benjamin de Tudèle, dont le voyage est daté de l'an 1173, remarque qu'il n'y avoit alors d'autre édifice entier sur le mont de Sion que cette église. Et ce qui se lit dans le Voyage fait par Willebrand d'Oldenbourg, en 1211, à l'égard du mont de Sion, *Nunc includitur muris civitatis, sed tempore Passionis Dominicæ excludebatur,* doit être pris au sens contraire, quand ce ne seroit que par rapport à ce dernier membre, *excludebatur tempore Passionis.* Il est très-vraisemblable en général que dans les endroits où les parties de l'ancienne enceinte prennent quelque rapport à l'enceinte moderne la disposition des lieux, les vestiges même d'anciens fondements, ayant déterminé le passage de cette enceinte moderne, elle nous indique par conséquent la trace de l'ancienne. Il y a même une circonstance particulière qui autorise cette observation générale pour la séparation de Sion d'avec Acra. C'est ce coude rentrant à l'égard de Sion que vous remarquerez sur le plan, en suivant l'enceinte actuelle et méridionale de la ville de Jérusalem, dans la partie la plus voisine de l'emplacement du Temple, ou du mont Moria. Car, si l'on y prend garde, ce n'est en effet que de cette manière que le quartier de Sion pouvoit être séparé d'Acra, puisque, comme nous l'avons observé en parlant d'Acra, l'endroit marqué *haut lieu* sur le plan, et duquel le coude dont il s'agit paroît dépendre, désigne indubitablement une partie de l'éminence qui portoit le nom d'*Acra*, et vraisemblablement celle qui dominoit davantage, et qui par conséquent se distinguoit le plus d'avec Sion.

Josèphe, ayant décrit la partie septentrionale de l'enceinte de Sion, depuis la tour Hippicos jusqu'au Temple, la reprend à cette tour, pour la conduire par l'occident, et ensuite nécessairement par le midi, jusque vers la fontaine de Siloé. Cette fontaine est dans le fond d'une ravine profonde, qui coupe la partie inférieure de Sion prolongée jusque sur le bord de la vallée de Cédron, et qui la sépare d'avec une portion de la ville située le long de cette vallée, jusqu'au pied du Temple. A cette ravine venoit aboutir l'enfoncement ou vallon qui distinguoit le mont de Sion d'avec la colline d'Acra, et que Josèphe appelle τῶν τυροποιῶν, *caseariorum*, ou des fromagers. Edrisi fait mention de ce vallon, et très-distinctement, disant qu'à la sortie de la porte dont il a fait mention sous le nom de *Sion*, on descend dans un creux (*in fossam*, selon la version des Maronites) qui se nomme, ajoute-t-il, la *Vallée d'Enfer*, et dans laquelle est la fontaine Seluan (ou Siloan). Cette fontaine n'étoit pas renfermée dans l'enceinte de la ville : saint Jérôme nous le fait connoître par ces paroles (*in Matth.* xxiii, 25) : *In portarum exitibus quæ Siloam ducunt.* Le vallon dans l'enfoncement duquel est Siloé remontant du sud-est au nord-ouest, Josèphe doit nous paroître très-exact lorsqu'il dit que la muraille qui domine sur la fontaine de Siloé court d'un côté vers le midi, et de l'autre vers l'orient. Car c'est ainsi, selon le plan même du local, et presque à la rigueur, que cette muraille suivoit le bord des deux escarpements qui forment la ravine. L'*Itinéraire de Jérusalem* s'explique convenablement sur la fontaine de Siloé : *Deorsum in valle, juxta murum, est piscina quæ dicitur Siloa.* Remarquons même la mention qui est faite de ce mur dans un écrit de l'âge du grand Constantin. On en peut inférer que le rétablissement de Jérusalem, après la destruction de cette ville par Tite, rétablissement qu'on sait être l'ouvrage d'Adrien, sous le nouveau nom d'*Ælia Capitolina*, s'étendit à Sion comme au reste de la ville. De sorte que la ruine de Sion, telle qu'elle paroît aujourd'hui, ne peut avoir de première cause que dans ce que souffrit cette ville de la part de Chosroès, roi de Perse, qui la prit en 614. Ce seroit donc à tort qu'on prendroit à la lettre ce qu'a dit Abulpharage (*Dynast.* 7), que l'Ælia d'Adrien étoit auprès de la Jérusalem détruite. Cela ne doit signifier autre chose sinon que l'emplacement de cette ville, conforme à son état présent du temps de cet historien, et depuis l'établissement du mahométisme, ne répond pas exactement à celui d'un âge plus reculé. Il ne faut pas imaginer que l'usage du nom d'*Ælia*, employé par Abulpharage, se renferme étroitement dans la durée de la puissance romaine, puisque les écrivains orientaux emploient quelquefois la dénomination d'*Ilia* pour désigner Jérusalem.

Mais, pour reprendre la trace du mur à la suite de Siloé, ce mur étoit prolongé au travers d'Ophla, venant aboutir et se terminer à la face orientale du Temple, ce qui nous conduit en effet à son angle entre l'orient et le midi. Il est mention d'Olph'l ou Ophel en plusieurs endroits de l'Écriture. Ce terme est même employé métaphoriquement, mais sans qu'on puisse décider par le sens de la phrase du texte original s'il signifie plutôt présomption ou orgueil qu'aveuglement. Les commentateurs sont partagés, les uns voulant qu'Ophel désigne un lieu élevé, les autres un lieu profond. La contrariété de cette interprétation n'a, au reste, rien de plus extraordinaire que ce qu'on observera dans l'usage du mot latin *altus*, qui s'emploie quelquefois pour profondeur comme pour élévation. La version grecque (*Reg.*, IV, v. 24) a traduit Ophel σκοτεινήν, lieu couvert et pour ainsi dire ténébreux ; et en effet si l'on remarque qu'Ophla, dans Josèphe, se rencontre précisément au passage de la muraille dans ce terrain si profond, sur lequel il a été dit, en parlant du mont Moria, que dominoit la face méridionale du Temple, on ne pourra disconvenir que l'interprétation du nom *Ophel* comme d'un lieu enfoncé ne soit justifiée par une circonstance de cette nature et hors de toute équivoque.

L'emplacement que prend Ophel paroîtra convenable à ce que dit Josèphe (liv. VI *de la Guerre des Juifs*, ch. VII) parlant des factions ou partis qui tenoient Jérusalem divisée : savoir que l'un de ces partis occupoit le Temple, et Ophla et la vallée de Cédron. Dans les *Paralipomènes* (II, XXXIII, 14), le roi Manassé est dit avoir renfermé Ophel dans l'enceinte de la ville ; ce qui est d'autant plus remarquable qu'il s'ensuivroit que la cité de David n'avoit point jusque là excédé les limites naturelles de la montagne de Sion, qui est réellement bornée par la ravine de Siloé. Voici la traduction littérale du texte : *Ædificavit murum exteriorem civitati David, ab occidente Gihon, in torrente, procedendo usque ad portam Piscium, et circuivit Ophel, et munivit eum.* Ces paroles : *Murum exteriorem civitati David*, feroient allusion à la conséquence que l'on vient de tirer de l'accroissement d'Ophel, *circuivit*. *Gihon*, selon les commentateurs, est la même chose que Siloé ; et en ce cas *ab occidente* doit s'entendre depuis ce qui est au couchant de Siloé, c'est-à-dire depuis Sion, dont la position est véritablement occidentale à l'égard de cette fontaine, jusqu'au bord du torrent, *in torrente*, lequel il est naturel de prendre pour celui de Cédron. Je ne vois rien que la disposition du lieu même puisse approuver davantage que cette interprétation, laquelle nous apprend à mettre une distinction entre ce qui étoit proprement Cité de David et ce qui a depuis été compris dans le même quartier de Sion. Nous avons donc suivi la trace de l'enceinte qui renfermoit ce quartier tout entier, et avec ce qui en dépendoit jusqu'au pied du Temple.

Le second mur dont parle Josèphe n'intéresse point notre sujet, par la raison qu'il étoit renfermé dans la ville même. Il commençoit à la porte appelée *Genath*, ou *des Jardins*, comme ce mot peut s'interpréter ; laquelle porte étoit ouverte dans le premier des murs, ou celui qui séparoit Sion d'avec Acra. Et ce second mur, s'avançant vers la partie septentrionale de la ville, se reploit sur la tour Antonia, où il venoit aboutir. Donc ce mur n'étoit qu'une coupure dans l'étendue d'Acra, appuyée d'un côté sur le mur de Sion, de l'autre sur la tour qui couvroit l'angle nord-ouest du Temple. La trace de ce mur pourroit répondre à une ligne ponctuée que l'on trouvera tracée sur le plan, dans l'espace qu'Acra occupe. Il est naturel de croire qu'il n'existoit que parce qu'il avoit précédé un mur ultérieur, ou tel que celui qui donne plus de grandeur au quartier d'Acra, et dont il nous reste à parler. J'ajoute seulement que c'est à ce mur moins reculé qu'il convient de s'attacher par préférence, si l'on veut suivre le détail de la réédification de l'enceinte de Jérusalem par Néhémie, étant plus vraisemblable d'attribuer aux princes Hasmonéens, et au temps même de la plus grande prospérité de leurs affaires, l'ouvrage d'un nouveau mur, qui double celui-là et qui embrasse plus d'espace.

Le troisième mur, qui joint au premier achèvera la circonscription de l'enceinte de Jérusalem, se prend, en suivant Josèphe, à la tour Hippicos. La description de la première muraille nous a déjà servi à connoître le lieu de cette tour. Ce que le même historien dit de la muraille dont il s'agit à présent confirme cet emplacement. Commençant donc à la tour Hippicos, cette muraille s'étendoit en droiture vers le septentrion jusqu'à une autre tour, fort considérable, nommée *Psephina*. Or, nous voyons encore que l'enceinte actuelle de Jérusalem, conservant l'avantage d'être élevée sur la pente de la colline qui servoit d'assiette à la basse ville ancienne, s'étend du midi au septentrion, depuis l'angle boréal de Sion, où il convient de placer l'Hippicos, jusqu'au château qu'on nomme *des Pisans*. La tour Psephina, selon que Josèphe en parle ailleurs, ne cédoit à aucune de celles qui entroient dans les fortifications de Jérusalem. Le Castel-Pisano est encore aujourd'hui une espèce de citadelle à l'égard de cette ville. C'est là que logent l'aga et la garnison qu'il commande. Le Grec Phocas, qui visita les saints lieux de la Palestine l'an 1185, et dont le Voyage a été mis au jour par Allatius, *in Symmictis sive Opusculis*, dit que cette tour, ou plutôt ce château, pour répondre aux termes dont il se sert, πύργος μαμμεγεθέστατος : *Turris insigni admodum magnitudine*, étoit appelée par ceux de Jérusalem la *Tour de David*. Il la place au nord de la ville; Épiphane l'hagiopolite, près de la porte qui regarde le couchant, ce qui est plus exact, eu égard surtout à la ville moderne de Jérusalem. Selon la relation du moine Brocard, que j'ai citée précédemment, la tour de David auroit été comprise dans l'étendue de Sion, et élevée vers l'encoignure que le vallon qui séparoit ce mont d'avec Acra faisoit avec l'escarpement occidental de Sion, situation plus convenable à l'Hippicos qu'à Psephina. Mais cela n'empêche pas que dans cette même relation on ne trouve une mention particulière du lieu qui se rapporte au Castel-Pisano. On le reconnoît distinctement dans ces paroles : *Rupes illa, super quam ex parte occidentis erat exstructus murus civitatis, erat valde eminens, præsertim in angulo, ubi occidentalis muri pars connectebatur aquilonari; ubi et turris* Neblosa *dicta, et propugnaculum valde firmum, cujus ruinæ adhuc visuntur, unde tota Arabia, Jordanis, mare Mortuum, et alia plurima loca, sereno cœlo videri possunt.* Cette dernière circonstance, qui fait voir tout l'avantage de la situation du lieu, est bien propre à déterminer notre opinion sur l'emplacement qui peut mieux convenir à l'ancienne tour Psephina, comme au Castel-Pisano d'aujourd'hui. Disons plus : ce que Brocard nous rapporte ici est conforme à ce qu'on lit dans Josèphe (liv. VI *de la Guerre des Juifs*, ch. VI), qu'au lever du soleil la tour Psephina découvroit l'Arabie, la mer et le pays le plus reculé de la Judée. Et quoiqu'il n'y ait point de vraisemblance que le château, de la manière dont il existe, soit encore le même que celui dont il tient la place, et qu'on eût tort, comme Phocas l'a bien remarqué, de le rapporter à David même, cependant il ne s'ensuit pas qu'il fût différent quant au lieu et à l'assiette. Benjamin de Tudèle prétend même que les murailles construites par les Juifs ses ancêtres subsistoient encore de son temps, c'est-à-dire dans le XIIe siècle, à la hauteur de dix coudées.

S'il paroît déjà tant de convenance entre Castel-Pisano et la tour Psephina, voici ce qui en décide d'une manière indubitable. Josèphe dit formellement que cette tour flanquoit l'angle de la ville tourné vers le nord et le couchant, et comme on vient de voir que Brocard s'explique sur le lieu que nous y faisons correspondre, *ubi occidentalis muri pars connectebatur aquilonari.* Or, vous remarquerez qu'à la hauteur de la face septentrionale de Castel-Pisano, ou de la porte du couchant qui joint cette face, on ne peut exclure de l'ancienne ville le lieu du Calvaire, sans se replier du côté du levant. Donc le Castel-Pisano, auquel nous avons été conduits par le cours de la muraille depuis la tour Hippicos, ou par une ligne tendante vers le nord, prend précisément cet angle de l'ancienne enceinte. Il faut ensuite tomber d'accord que si le lieu de l'Hippicos avoit besoin de confirmation, il la trouveroit dans une détermination aussi précise de Psephina, en conséquence du rapport de situation.

Quant au nom de *Castel-Pisano* (car on peut vouloir savoir la raison de cette dénomination), j'avoue n'avoir point rencontré dans l'histoire de fait particulier qui y ait un rapport direct. Il est constant néanmoins qu'en vertu de la part que les Pisans, très-puissants autrefois, prirent aux guerres saintes, ils eurent des établissements et concessions à Acre, Tyr, et autres lieux de la Palestine. L'auteur des *Annales de Pise,* Paolo Tronci (page 35), attribue même à deux de ses compatriotes l'honneur d'avoir escaladé les premiers la muraille de Jérusalem, lors de la prise de cette ville par Godefroy de Bouillon. On peut encore remarquer que le premier prélat latin qui fut installé dans la chaire patriarcale de Jérusalem après cette conquête fut un évêque de Pise, nommé *Daibert*. Je pense, au reste, qu'il a pu suffire de trouver quelques écussons aux armes de Pise en quelque endroit du château pour lui faire donner dans les derniers temps le nom qu'il porte. Du temps que Brocard étoit en Palestine, c'est-à-dire vers la fin du xiiie siècle, nous voyons que ce château se nommoit *Neblosa*, qui est la forme que le nom de *Neapolis* prend communément dans le langage des Levantins. Il n'est pas surprenant que ce religieux en parle comme d'un lieu ruiné ou fort délabré, puisqu'il est vrai qu'environ trente-trois ans après la prise de Jérusalem par Saladin, et en l'an de l'hégire 616, de Jésus-Christ 1219, Isa, neveu de ce prince, régnant à Damas, fit démolir les fortifications de Jérusalem, et que David, fils de celui-ci, détruisit, vingt ans après, une forteresse que les François avoient rétablie en cette ville.

A la suite de Psephina, Josèphe achève de tracer l'enceinte de Jérusalem dans sa partie septentrionale. Avant que Bezetha fît un agrandissement à la ville, il n'eût été question, pour terminer l'enceinte de ce côté-là, que de se rendre à la tour Antonia, près de l'angle nord-ouest du Temple. Aussi n'est-il fait aucune mention de cette tour dans ce qui regarde la troisième muraille. Josèphe y indique un angle pour revenir à la ligne de circonférence sur le bord du Cédron ; et nous voyons en effet que l'enceinte moderne, dans laquelle le terrain de Bezetha est conservé, donne cet angle, et même à une assez grande distance de l'angle nord-est du Temple, où il convient d'aboutir. L'enceinte actuelle de Jérusalem, par son reculement à l'égard de la face septentrionale du Temple, fournit à Bezetha une étendue qui ne cède guère à celle de la basse ville, ce qui a tout lieu de paroître convenable et bien suffisant. Josèphe nous indique les Grottes royales comme un lieu situé vis-à-vis du passage de l'enceinte, dans cette partie qui regarde le septentrion. Ces grottes se retrouvent dans le voisinage de celle que l'on nomme de *Jérémie;* et on ne peut serrer de plus près cette grotte qu'en prenant la trace de l'enceinte actuelle, comme il s'ensuit du plan de Jérusalem. Joseph prétend que le nom de *Bezetha* revient à la dénomination grecque de Καινὴ Πόλις, la Nouvelle Ville, ce qui lui est contesté par Villalpando et par Lamy, qui produisent d'autres interprétations. Agrippa, le premier qui régna sous ce nom, commença sous l'empire de Claude l'enceinte qui renfermoit ce quartier; et ce qu'il n'avoit osé achever, qui étoit d'élever ce nouveau mur à une hauteur suffisante pour la défense, fut exécuté dans la suite par les Juifs.

C'est ainsi que non-seulement les différents quartiers qui composoient la ville de Jérusalem dans le plus grand espace qu'elle ait occupé, mais encore que les endroits mêmes par lesquels passoit son enceinte, se font reconnoître. Avant que toutes ces circonstances eussent été déduites et réunies sous un point de vue, qu'elles fussent vérifiées par leur application à la disposition même du local, un préjugé d'incertitude sur les moyens de fixer ses idées touchant l'état de l'ancienne Jérusalem pouvoit induire à croire qu'il étoit difficile de conclure son étendue d'une comparaison avec l'état actuel et moderne. Bien loin que cette incertitude puisse avoir lieu, on verra par la suite de cet écrit que les mesures du circuit de l'ancienne Jérusalem qui s'empruntent de l'antiquité même ne prennent point d'autre évaluation que celle qui résulte d'une exacte combinaison avec la mesure actuelle et fournie par le local. Il est clair qu'une convenance de cette nature suppose nécessairement qu'on ne se soit point mépris en ce qui regarde l'ancienne Jérusalem.

III.

MESURE ACTUELLE DU PLAN DE JÉRUSALEM

L'échelle du plan de M. Deshayes demandant quelques éclaircissements, je rendrai un fidèle compte de ce qu'un examen scrupuleux m'y a fait remarquer. On y voit une petite verge, définie *cent pas*, et nous en donnons la répétition sur le plan ci-joint. A côté de cette verge en est une plus longue, avec le nombre de *cent*, et dont la moitié est subdivisée en parties de dix en dix. Par la combinaison de longueur entre ces deux verges, il est aisé de reconnoître en gros que l'une indique des pas communs, l'autre des toises. Mais je ne dissimulerai point qu'il n'y a pourtant pas une exacte proportion entre ces mesures. L'échelle des pas communs m'a paru donner, en suivant le pourtour de la ville, environ cinq mille cent pas, lesquels à deux pieds et demi, selon la définition du pas commun, fournissent douze mille sept cent cinquante pieds, ou deux mille cent vingt-cinq toises. Or, par l'échelle en toises, on n'en compte qu'environ deux mille, savoir : dans la partie septentrionale, et de l'angle nord-est à l'angle nord-ouest, six cent soixante-dix-sept; dans la partie occidentale, jusqu'à l'angle sud-ouest, trois cent cinquante-cinq; dans la partie méridionale, cinq cent quarante-quatre; et de l'angle sud-est, en regagnant le premier par la partie orientale, quatre cent vingt-huit. Total deux mille quatre. Dans ces mesures, on a cru devoir négliger la saillie des tours et quelques petits redans que fait l'enceinte en divers endroits; mais tous les changements de direction et autres détours marqués ont été suivis. Et ce qu'on ne fait point ici, par rapport à la mesure prise selon l'échelle des pas, qui est d'entrer dans le détail des quatre principaux aspects suivant lesquels l'emplacement de Jérusalem se trouve disposé, a paru devoir être déduit préférablement selon l'échelle des toises, par la raison que cette échelle semble beaucoup moins équivoque que l'autre. Nonobstant cette préférence, qui trouvera sa justification dans ce qui doit suivre, il faut, pour tout dire, accuser la verge de cette échelle des toises d'être subdivisée peu correctement dans l'espace pris pour cinquante toises, ou pour la moitié de cette verge; car cette partie se trouve trop courte, eu égard au total de la verge; et j'ai étendu l'examen jusqu'à m'instruire que par cette portion de verge le circuit de Jérusalem monteroit à deux mille deux cents toises.

Quoiqu'on ne puisse disconvenir que ces variétés ne donnent quelque atteinte à la précision de l'échelle du plan de Jérusalem, il ne conviendroit pas néanmoins de s'en autoriser pour rejeter totalement cette échelle. Je dis que la verge des cent toises me paroît moins équivoque que le reste. La mesure du tour de Jérusalem dans son état moderne, et tel que le plan de M. Deshayes le représente, est donnée par Maundrell, Anglois, dans son *Voyage d'Alep à Jérusalem*, un des meilleurs morceaux sans contredit qu'on ait en ce genre. Cet habile et très-exact voyageur a compté quatre mille six cent trente de ses pas dans le circuit extérieur des murailles de Jérusalem; et il remarque que la défalcation d'un dixième sur ce nombre donne la mesure de ce circuit à quatre mille cent soixante-sept verges angloises, c'est-à-dire que dix pas font l'équivalent de neuf verges. En composant une toise angloise de deux verges, puisque la verge est de trois pieds, cette toise revient à huit cent onze lignes de la mesure du pied françois, selon la plus scrupuleuse évaluation, ce qui ajoute même quelque chose aux comparaisons précédemment faites entre le pied françois et le pied anglois, comme je l'ai remarqué dans le *Traité des Mesures itinéraires*. Conséquemment, les quatre mille cent soixante-sept verges, ou deux mille quatre-vingt-trois et demi toises angloises fourniront un million six cent quatre-vingt-neuf mille sept cent dix-huit lignes, qui produisent cent quarante mille huit cent dix pouces, ou onze mille sept cent trente-quatre pieds deux pouces, ou mille neuf cent cinquante-cinq toises quatre pieds deux pouces. Or, si nous mettons cette mesure à mille neuf cent soixante toises de compte rond, et que nous prenions de la même manière celle du plan de M. Deshayes à deux mille, le moyenne proportionnelle ne sera qu'à vingt toises de distance des points extrêmes, ou à un centième du tout. Et que peut-on désirer de plus convenable sur le sujet dont il est question? On ne trouverait peut-être pas de moindres contrariétés entre les divers plans de nos places et villes frontières. Il convient de regarder comme une preuve du choix et de la préférence que demande la verge des cent toises que, quoique son écart des autres indications de l'échelle du plan consiste à donner moins de valeur de mesure, toutefois elle pèche plutôt en abondance qu'autrement, par comparaison à la mesure prise sur le terrain par Maundrell.

IV.

MESURE DE L'ENCEINTE DE L'ANCIENNE JÉRUSALEM.

Après avoir discuté et reconnu la mesure positive de l'espace sur le plan actuel de Jérusalem, voyons les mesures que plusieurs écrivains de l'antiquité nous ont laissées du circuit de Jérusalem. On peut conclure, tant de l'exposition ci-dessus faite de son état ancien que de la disposition même du terrain, et des circonstances locales qui n'ont pu éprouver de changement, qu'il n'y a point à craindre de méprise sur les anciennes limites de cette ville. Elles se circonscrivent sur le lieu, non-seulement en conséquence des points de fait qui s'y rapportent, mais encore par ce qui convient au lieu même. Ce qui a fait dire à Brocard : *Quum, ob locorum munitionem, transferri non possit (Jerusalem) a pristino situ.* De sorte qu'on juge assez positivement de son circuit par le plan du local, pour pouvoir se permettre de tracer sur ce plan une ligne de circonférence ou d'enceinte qui soit censée représenter la véritable. C'est ce dont on a pu se convaincre en suivant sur le plan ce qui a été exposé en détail sur l'ancienne Jérusalem. Il doit donc être maintenant question des mesures qu'on vient d'annoncer.

Eusèbe, dans sa *Préparation évangélique* (liv. IX, XXXVI), nous apprend, d'après un arpenteur syrien, τοῦ τῆς Συρίας σχοινομέτρου, que la mesure de l'enceinte de Jérusalem est de vingt-sept stades. D'un autre côté, Josèphe (liv. VI *de la Guerre des Juifs*, ch. VI) compte trente-trois stades dans le même pourtour de la ville. Selon le témoignage du même Eusèbe, Timocharès avoit écrit, dans une histoire du roi Antiochus Épiphanes, que Jérusalem avoit quarante stades de circuit. Aristéas, auteur d'une histoire des septante interprètes qui travaillèrent sous Ptolémée Philadelphe, convient sur cette mesure avec Timocharès. Enfin, Hécatée, cité par Josèphe dans son livre Ier contre Appion, donnoit à Jérusalem cinquante stades de circonférence. Les nombres des stades ici rapportés roulent de vingt-sept à cinquante. Quelle diversité! Comment reconnoître de la convenance dans des indications qui varient jusqu'à ce point? Je ne sache pas que cette convenance ait encore été développée. Elle a jusqu'à présent fort embarrassé les savants : témoin Reland, un des plus judicieux entre tous ceux qui ont traité ce sujet, et qui, après avoir déféré à la mesure de Josèphe, de trente-trois stades, s'explique ainsi, page 837: *Non confirmabo sententiam nostram testimonio* τοῦ τῆς Συρίας σχοινομέτρου, *qui ambitum Hierosolymæ viginti et septem stadiis definivit apud Eusebium, etc.*

Cette mesure de vingt-sept stades, la première que nous alléguions, semble néanmoins mériter une déférence particulière, puisque c'est l'ouvrage d'un arpenteur qui a mesuré au cordeau, σχοινομέτρου. Un plus petit nombre de stades que dans les autres mesures indiquées doit naturellement exiger la plus grande portée du stade, qui est sans difficulté celle du stade le plus connu, et que l'on nomme *olympique*. Son étendue se définit à quatre-vingt-quatorze toises deux pieds huit pouces, en vertu des six cents pieds grecs dont il est composé, et de l'évaluation du pied grec à mille trois cent soixante parties du pied de Paris divisé en mille quatre cent quarante, ou onze pouces quatre lignes. Les vingt-sept stades reviennent donc à deux mille cinq cent cinquante toises. Or, la trace de l'ancienne enceinte de Jérusalem, dans le plus grand espace qu'elle puisse embrasser, paroîtra consumer environ deux mille six cents toises de l'échelle prise sur le plan de M. Deshayes. On s'en éclaircira si l'on veut par soi-même en prenant le compas. Mais remarquez au surplus que par la mesure de Maundrell, qui ne donne que mille neuf cent soixante au lieu de mille, dans le circuit actuel de Jérusalem, ou un cinquantième de moins, l'enceinte dont il s'agit se réduit à deux mille cinq cent cinquante toises, conformément au produit des vingt-sept stades. Ainsi, ayant divisé, pour la commodité du lecteur, la trace d'enceinte de l'ancienne Jérusalem en parties égales et au nombre de cinquante-et-une, chacune de ces parties prend à la lettre l'espace de cinquante toises, selon la mesure de Maundrell; et le pis aller sera que quarante-neuf en valent cinquante, selon l'échelle du plan.

Mais, dira-t-on, ce nombre de stades étant aussi convenable à la mesure de l'enceinte de Jérusalem, il faut donc n'avoir aucun égard à toute autre indication. Je répondrai que les anciens ont usé de différentes mesures de stade dans des temps différents, et quelquefois même dans un seul et même temps. Ils les ont souvent employées indistinctement, et sans y faire observer aucune diversité d'étendue. Ils nous ont laissés dans la nécessité de démêler, par de l'application et de la critique, les espèces plus convenables aux circonstances des temps et des lieux. On ne peut mieux faire que de calculer les trente-trois stades de la mesure de Josèphe sur le pied d'un stade plus court d'un cinquième que le stade olympique, et dont la connoissance est développée dans le petit *Traité* que j'ai publié *sur les Mesures itinéraires*. Il semble que le raccourcissement de stade le rendit même plus propre aux espaces renfermés dans l'enceinte des villes qu'aux plus grands qui se répandent dans l'étendue d'une région ou contrée. La mesure que Diodore de Sicile et Pline ont donnée de la longueur du grand Cirque de Rome ne convient qu'à ce stade, et non au stade olympique. Ce stade s'évaluant sur le pied de soixante-quinze toises trois pieds quatre pouces, le nombre de trente-trois stades de cette mesure produit deux mille quatre cent quatre-vingt-treize toises deux pieds. Or, que s'en faut-il que ce calcul ne tombe dans celui des vingt-sept stades précédents? Cinquante et quelques toises. Une fraction de stade, une toise de plus, si l'on veut, sur l'évaluation du stade, ne laisseraient, à la rigueur, aucune diversité dans le montant d'un pareil calcul.

On exigera peut-être que, indépendamment d'une convenance de calcul, il y ait encore des raisons pour croire que l'espèce de mesure soit par elle-même applicable à la circonstance en question. Comme le sujet qu'on s'est proposé de traiter dans cet écrit doit conduire à la discussion des mesures hébraïques, on trouvera ci-après que le mille des Juifs se compare à sept stades et demi, selon ce que les Juifs eux-mêmes en ont écrit, et que ce mille étant composé de deux mille coudées hébraïques, l'évaluation qui en résulte est de cinq cent soixante-neuf toises deux pieds huit pouces. Conséquemment le stade employé par les Juifs revient à soixante-treize toises moins quelques pouces, et ne peut être censé différent de celui qu'on a fait servir au calcul ci-dessus. L'évaluation actuelle ayant même quelque chose de plus que celle qui m'étoit donnée précédemment de cette espèce de stade, les trente-trois stades du circuit de Jérusalem passeront deux mille cinq cents toises, et ne seront qu'à quarante et quelques toises au-dessous du premier montant de ce circuit. Mais on peut aller plus loin, et vérifier l'emploi que Josèphe personnellement fait de la mesure du stade dont il s'agit, par l'exemple que voici : au livre xx de ses *Antiquités*, ch. vi, il dit que la montagne des Oliviers est éloignée de Jérusalem de cinq stades. Or, en mesurant sur le plan de M. Deshayes, qui s'étend jusqu'au sommet de cette montagne, la trace de deux voies qui en descendent, et cette mesure étant continuée jusqu'à l'angle le plus voisin du Temple, on trouve dix-neuf parties de vingt toises, selon que la verge de cent toises, divisée en cinq parties, les fournit : donc, trois cent quatre-vingts toises : par conséquent cinq stades de l'espèce qui a été produite, puisque la division de trois cent quatre-vingts par cinq donne soixante-seize. Il n'est point ambigu que, pour prendre la distance dans le sens le plus étendu, on ne peut porter le terme plus loin que le sommet de la montagne. Ce n'est donc point l'effet du hasard, ou un emploi arbitraire, c'est une raison d'usage qui donne lieu à la convenance du calcul des trente-trois stades sur le pied qu'on vient de voir.

Je passe à l'indication de l'enceinte de Jérusalem à quarante stades. L'évaluation qu'on en doit faire demande deux observations préalables : la première, que les auteurs de qui nous la tenons ont écrit sous les princes macédoniens qui succédèrent à Alexandre dans l'Orient; la seconde, que la ville de Jérusalem, dans le temps de ces princes, ne comprenoit point encore le quartier nommé *Bezetha*, situé au nord du Temple et de la tour Antonia, puisque Josèphe nous apprend que ce fut seulement sous l'empire de Claude que ce quartier commença à être renfermé dans les murs de la ville. Il paroîtra singulier que pour appliquer à l'enceinte de Jérusalem un plus grand nombre de stades que les calculs précédents n'en admettent, il convienne néanmoins de prendre cette ville dans un état plus resserré. En conséquence du plan qui nous est donné, j'ai reconnu que l'exclusion de Bezetha apporteroit une déduction d'environ trois cent soixante-dix toises sur le circuit de l'enceinte, par la raison que la ligne qui exclut Bezetha ne valant qu'environ trois cents toises, celle qui renferme le même quartier en emporte six cent soixante-dix. Si l'enceinte de Jérusalem, y compris Bezetha, se monte à deux mille cinq cent cinquante toises, selon le calcul des vingt-sept stades ordinaires, auquel la mesure de Maundrell se rapporte précisément, ou à deux mille six cents pour le plus, selon l'échelle du plan de M. Deshayes : donc, en excluant Bezetha, cette enceinte se réduit à environ deux mille cent quatre-vingts toises ou deux mille deux cent vingt-quatre au plus.

A ces observations j'ajouterai qu'il est indubitable qu'un stade particulier n'ait été employé dans la mesure des marches d'Alexandre, stade tellement abrégé par comparaison aux autres stades, qu'à en juger sur l'évaluation de la circonférence du globe donnée par Aristote, précepteur d'Alexandre, il entrera mille cent onze stades dans l'étendue d'un degré de grand cercle. On trouvera quelques recherches sur le stade qui se peut appeler *macédonien* dans le *Traité des Mesures itinéraires*. L'évaluation qui résulteroit de la mesure d'Aristote n'y a point été adoptée à la lettre et sans examen, mais en conséquence d'une mesure particulière de pied, qui paroît avoir été propre et spéciale à ce stade, l'étendue du stade s'établit de manière que mille cinquante sont suffisants pour remplir l'espace d'un degré. Ce stade, par une suite de la connoissance de son élément, ayant sa définition avec quelque précision à cinquante-quatre toises deux pieds cinq pouces, les quarante stades fournissent ainsi deux mille cent soixante-seize toises. Or, n'est-ce pas là positivement le résultat de ce qui précède? Et en rétablissant les trois cent soixante-dix toises que l'exclusion de Bezetha fait soustraire, ne retrouve-t-on pas le montant du calcul qui résulte de la première mesure des vingt-sept stades?

Qu'il me soit néanmoins permis de remarquer, en passant, que l'on ne sauroit supposer qu'il pût être question en aucune manière de ménager des convenances par rapport à l'enceinte de Jérusalem, dans les définitions qui ont paru propres à chacune des mesures qu'on y voit entrer. Si toutefois ces convenances sont d'autant plus frappantes qu'elles sont fortuites, n'est-on pas en droit d'en conclure que les définitions mêmes acquièrent par là l'avantage d'une vérification?

Il reste une mesure de cinquante stades, attribuée à Hécatée. On n'auroit pas lieu de s'étonner que cet auteur, en faisant monter le nombre des habitants de Jérusalem à plus de deux millions, environ deux millions cent mille, eût donné plus que moins à son étendue, qu'il y eût compris des faubourgs ou habitations extérieures à l'égard de l'enceinte. Mais ce qui pouvoit être vrai du nombre des Juifs qui affluoient à Jérusalem dans le temps pascal ne convient point du tout à l'état ordinaire de cette ville. D'ailleurs, si nous calculons ces cinquante stades sur le pied du dernier stade, selon ce qui paroît plus à propos, la supputation n'ira guère qu'à deux mille sept cents toises : ainsi l'évaluation ne passera que d'environ cent toises, ce qui résulte de l'échelle du plan de M. Deshayes.

En s'attachant à ce qu'il y a de plus positif dans tout ce corps de combinaison, il est évident que la plus grande enceinte de Jérusalem n'alloit qu'à environ deux mille cinq cent cinquante toises. Outre que la mesure actuelle et positive le veut ainsi, le témoignage de l'antiquité y est formel. Par une suite de cette mesure, nous connoîtrons que le plus grand espace qu'occupoit cette ville, ou sa longueur, n'alloit qu'à environ neuf cent cinquante toises, sa largeur à la moitié. On ne peut comparer son étendue qu'à la sixième partie de Paris, en n'admettant même dans cette étendue aucun des faubourgs qui sont au dehors des portes. Au reste, il ne conviendroit peut-être pas de tirer de cette comparaison une réduction proportionnelle du nombre ordinaire des habitants de Jérusalem. A l'exception de l'espace du Temple, qui même avoit ses habitants, la ville de Jérusalem pouvoit être plus également serrée partout que ne l'est une ville comme Paris, qui contient des maisons plus spacieuses et des jardins plus vastes qu'il n'est convenable de les supposer dans l'ancienne Jérusalem, et dont on composeroit l'étendue d'une grande ville.

V.

OPINIONS PRÉCÉDENTES SUR L'ÉTENDUE DE JÉRUSALEM.

La mesure de l'enceinte de Jérusalem ayant tiré sa détermination de la comparaison du local même, avec toutes et chacune des anciennes mesures qui sont données, il n'est pas hors de propos de considérer jusqu'à quel point on s'étoit écarté du vrai sur ce sujet. Villalpando a prétendu que les trente-trois stades marqués par Josèphe se rapportoient à l'étendue seule de Sion, indépendamment du reste de la ville. J'ai combiné qu'il s'ensuivroit d'une pareille hypothèse que le circuit de Jérusalem consumeroit par proportion soixante-quinze stades. Et sans prendre d'autres mesures de stade que celle qui paroît propre aux trente-trois stades en question, la supputation donnera cinq mille sept cents toises. Ce sera pis encore si l'on ne fait point la distinction des stades, et qu'on y emploie le stade ordinaire, d'autant que les autres ont été peu connus jusqu'à présent. La mesure de ce stade fera monter le calcul à près de sept mille deux cents toises, ce qui triple presque la vraie mesure. Or, je demande si la disposition du local et la mesure d'espace qui y est propre peuvent admettre une étendue analogue à de pareils décomptes? Pouvons-nous déborder l'emplacement de Sion? Ne sommes-nous pas arrêtés d'un côté par la vallée de Cédron, de l'autre par le lieu du Calvaire? D'ailleurs, Josèphe ne détruit-il pas cette opinion, comme le docte et judicieux Réland l'a bien remarqué, en disant que le circuit des lignes dont Tite investit Jérusalem entière étoit de trente-neuf stades? Dans un juste calcul de l'ancienne enceinte de cette cité, on ne se trouve point dans le besoin de recourir au moyen d'oppositions, qui s'emploie d'ordinaire lorsque les mesures données par les anciens démentent une hypothèse, qui est de vouloir qu'il y ait erreur de chiffres dans le texte.

Le père Lamy, dans son grand ouvrage *de sancta Civitate et Templo*, conclut la mesure du circuit de Jérusalem à soixante stades, se fondant sur la supposition que cette enceinte contenoit cent vingt tours, dont chacune, avec sa courtine, fourniroit deux cents coudées ou un demi-stade. Il est vrai que ce nombre de coudées d'une tour à l'autre se tire de Josèphe. Mais, comme le même historien parle de cent soixante-quatre tours, distribuées en trois murailles différentes; que dans l'étendue de ces murailles est comprise une séparation de Sion d'avec Acra; qu'Acra étoit divisée par un mur intérieur, et avoit sa séparation d'avec Bezetha, il est difficile de statuer quelque chose de positif sur un pareil fondement; et il resteroit toujours beaucoup d'incertitude sur ce point quand même la mesure actuelle des espaces n'y feroit aucun obstacle. On peut encore observer que le savant auteur que nous citons ne se trouve point d'accord avec lui-même quand on compare avec son calcul le plan qu'il a donné de Jérusalem; car il y a toute apparence que les stades qu'il emploie sont les stades ordinaires, puisque dans le *Traité des Mesures*, qui sert de préliminaire à son ouvrage, il ne donne point de définition de plus d'une espèce de stade. Sur ce pied, l'enceinte de Jérusalem, dans le calcul du père Lamy, s'évalue cinq mille six cent soixante et quelques toises. Or, selon le plan dont je viens de parler, le circuit de Jérusalem est aux côtés du carré du temple comme quarante-et-un est à deux ; et l'échelle qui manque à ce plan se supplée par celle que l'auteur a appliquée à son ichnographie particulière du Temple, dont les côtés sont évalués environ mille cent vingt pieds françois. Conséquemment le circuit de la ville, dans le plan, ne peut aller qu'à environ vingt-trois mille pieds ou trois mille huit cent trente et quelques toises, qui n'équivalent qu'à quarante-et-un stades au plus. Si même on a égard à ce que le plan du père Lamy semble conforme à une sorte de perspective, et que la partie du Temple s'y trouve dans le reculement, il doit s'ensuivre que ce qui est sur le devant prend moins d'espace, ce qui réduit encore par conséquent le calcul de l'enceinte. Le plan de M. Deshayes étoit donné au père Lamy ; la mesure prise sur le lieu par Maundrell avoit été publiée. Seroit-ce que les savants veulent devoir tout à leurs recherches, et ne rien admettre que ce qui entre dans un genre d'érudition qui leur est réservé ?

Ce qu'on vient d'observer dans deux célèbres auteurs, qui sont précisément ceux qui ont employé le plus de savoir et de recherches sur ce qui concerne l'ancienne Jérusalem, justifie, ce me semble, ce qu'on a avancé dans le préambule de ce Mémoire, que l'étendue de cette ville n'avoit point été déterminée jusqu'à présent avec une sorte de précision, et qu'on avoit surtout exagéré beaucoup en ce point.

VI.

MESURE DE L'ÉTENDUE DU TEMPLE.

Maundrell, qui a donné la longueur et la largeur du terrain compris dans l'enceinte de la fameuse mosquée qui occupe l'emplacement du Temple, ne paroît pas avoir fait une juste distinction entre ces deux espaces, à en juger par le plan de M. Deshayes. Il donne à la longueur cinq cent soixante-dix de ses pas, qui, selon l'estimation par lui appliquée à la mesure de l'enceinte, reviendroient à cinq cent treize verges angloises, dont on déduit deux cent quarante toises. Cependant on n'en trouve qu'environ deux cent quinze sur le plan. L'erreur pourroit procéder, du moins en partie, de ce que Maundrell auroit jugé l'encoignure de cet emplacement plus voisine de la porte dite de *Saint-Étienne*. Mais ce qu'il y a d'essentiel, cette erreur ne tire point du tout à conséquence pour ce qui regarde l'enceinte de la ville ; car, dans la mesure de Maundrell, la partie de cette enceinte comprise entre la porte dont on vient de parler et l'angle sud-est de la ville, qui est en même temps celui du terrain de la mosquée, se trouve employée pour six cent vingt des pas de ce voyageur ; et selon son estimation ce sont cinq cent cinquante-huit verges angloises, dont le calcul produit deux cent soixante-deux toises, à quelques pouces près. Or, l'échelle du plan paroît fournir deux cent soixante-cinq toises, qui en valent environ deux cent soixante, en se servant à la rigueur de la proportion reconnue entre cette échelle et la mesure de Maundrell.

Dans les extraits tirés des *Géographes orientaux*, par l'abbé Renaudot, et qui sont manuscrits entre mes mains, la longueur du terrain de la mosquée de Jérusalem est marquée de sept cent quatre-vingt-quatorze coudées. C'est de la coudée arabique qu'il est ici question. Pour ne nous point distraire de notre objet actuel par la discussion particulière que cette coudée exigeroit, je m'en tiendrai, quant à présent, à ce qui en feroit le résumé ; et ce que j'aurois à exposer en détail pour y conduire et lui servir de preuve peut faire la matière d'un article séparé à la suite des mesures hébraïques. Qu'il suffise ici qu'un moyen non équivoque de connoître la coudée d'usage chez les Arabes est de la déduire du mille arabique. Il étoit composé de quatre mille coudées : et, vu que par la mesure de la terre prise sous le calife Al-Mamoun le mille ainsi composé s'évalue sur le pied de cinquante-six deux tiers dans l'espace d'un degré, il s'ensuit que ce mille revient à environ mille six toises, à raison de cinquante-sept mille toises par degré, pour ne point entrer dans une délicatesse de distinction sur la mesure des degrés. Donc mille coudées arabiques sont égales à deux cent cinquante toises, et de plus neuf pieds, qui se peuvent négliger ici. Et, en supposant huit cents coudées de compte rond au lieu de sept cent quatre-vingt-quatorze, il en résulte deux cents toises de bonne mesure. Ainsi le compte de deux cent quinze toises, qui se tire du plan de Jérusalem figuré dans toutes ces circonstances, est préférable à une plus forte supputation.

La largeur du terrain de la mosquée est, selon Maundrell, de trois cent soixante-dix pas, dont on déduit cent cinquante-six toises quatre pieds et demi. Or, la mesure du plan revient à environ cent soixante-douze. Et ce qu'on observe ici est que la mesure de Maundrell perd en largeur la plus grande partie de ce qu'elle avoit de trop sur sa longueur. D'où l'on peut conclure que le défaut de précision en ces mesures consiste moins dans leur produit en général que dans leur distribution. Il y a toute apparence que les édifices adhérents à l'enceinte de la mosquée, dans l'intérieur de la ville, ont rendu la mesure de cette enceinte plus difficile à bien prendre que celle de la ville. Maundrell avoue même que c'est d'une supputation faite sur les dehors qu'il a tiré sa mesure. Et le détail dans lequel nous n'avons point évité d'entrer sur cet article fera voir que, notre examen s'étant porté sur toutes les circonstances qui se trouvoient données, il n'y a rien de dissimulé ni d'ajusté dans le compte qu'on en rend.

La mosquée qui remplace le Temple est singulièrement respectée dans l'islamisme. Omar, ayant pris Jérusalem la quinzième année de l'hégire (de J.-C. 637), jeta les fondements de cette mosquée, qui reçut de grands embellissements de la part du calife Abd-el-Mélik, fils de Mervân. Les Mahométans ont porté la vénération pour ce lieu jusqu'au point de le mettre en parallèle avec leur sanctuaire de La Mecque, le nommant *Alacsa*, ce qui signifie *extremum, sive ulterius*, par opposition à ce sanctuaire ; et il y a toute apparence qu'ils se sont fait un objet capital de renfermer dans son enceinte tout l'emplacement du Temple judaïque, *totum antiqui Sacri fundum*, dit Golius dans ses notes savantes sur l'*Astronomie* de l'Alfergame, page 136. Phocas, que j'ai déjà cité, et qui écrivoit dans le xiie siècle, est précisément de cette opinion, que tout le terrain qui environne la mosquée est l'ancienne aire du Temple, παλαιὸν τοῦ μεγάλου ναοῦ δάπεδον. Quoique ce Temple eût été détruit, il n'étoit pas possible qu'on ne retrouvât des vestiges, qu'on ne reconnût pour le moins la trace de ces bâtisses prodigieuses qui avoient été faites pour égaler les côtés du Temple et son aire entière au terrain du Temple même, placé sur le sommet du mont Moria. Les quatre côtés qui partageoient le circuit du Temple étoient tournés vers les points cardinaux du monde; et on avoit eu en vue que l'ouverture du Temple fût exposée au soleil levant, en tournant le *Sancta Sanctorum* vers le côté opposé. En cela on s'étoit conformé à la disposition du tabernacle; et ces circonstances ne souffrent point de difficultés. Or, la disposition des quatre faces se remarque encore dans l'enceinte de la mosquée de Jérusalem, dont les côtés sont, à treize ou quatorze degrés près, orientés conformément à la boussole placée sur le plan de M. Deshayes. Supposé même que la disposition de cette boussole dépende du nord de l'aimant, et qu'elle doive souffrir une déclinaison occidentale; que de plus cette position ne soit pas de la plus grande justesse, il peut s'ensuivre encore plus de précision dans l'orientement dont il s'agit. On trouve dans Sandys, voyageur anglois, un petit plan de Jérusalem qui, ne pouvant être mis en parallèle pour le mérite avec celui de M. Deshayes, tire néanmoins beaucoup d'avantage d'une conformité assez générale avec ce plan; et selon les aires de vent marquées sur le plan de Sandys, chaque face du carré du Temple répond exactement à ce qui est indiqué N., S., E., W.

Mais il semble qu'il y ait une égalité établie entre les côtés du Temple judaïque, ce qui forme un carré plus régulier que le terrain actuel de la mosquée mahométane. On convient généralement que la mesure d'Ézéchiel donne à chacun des côtés cinq cents coudées. Quoique dans l'hébreu on lise des verges pour des coudées, et dans la *Vulgate, calamos* pour *cubitos*, la méprise saute au yeux, d'autant que le *calamus* ne comprenoit pas moins de six coudées; et d'ailleurs la version grecque, faite apparemment sur un texte plus correct, dit précisément πήχεις πεντακοσίους. Rabbi-Jehuda, auteur de la *Misna*, et qui a ramassé les traditions des Juifs sur le Temple, dans un temps peu éloigné de sa destruction (il vivoit sous Antonin-Pie), s'accorde sur le même point, dans le traité particulier intitulé *Middoth*, ou la *Mesure*. On ne peut donc révoquer en doute que telle étoit en effet l'étendue du Temple.

Nous avons une seconde observation à faire, qui est que cette mesure ne remplira point non-seulement la longueur, mais même la largeur ou plus courte dimension du terrain de la mosquée, quelque disposé que l'on puisse être à ne point épargner sur la longueur de la coudée. Ézéchiel doit nous porter en effet à supposer cette mesure de coudée plutôt forte que foible, disant aux Juifs captifs en Babylone (xl, 5, et xliii, 13) que dans la construction d'un nouveau Temple, dans le rétablissement de l'autel, ils doivent employer la coudée sur une mesure plus forte d'un travers de main, ou d'un palme, que la coudée, ἐν πήχει τοῦ πήχεως καὶ παλαιστῆς, dit la version grecque, *in cubito cubiti et palmi*. Plusieurs savants, entre autres le P. Lamy, ont pensé que la coudée hébraïque pouvoit être la même mesure, ou à peu près, que le *dérah* ou la coudée égyptienne, dont l'emploi dans la mesure du débordement du Nil a dû maintenir dans tous les temps la longueur sans altération (vu les conséquences), et la rendre invariable, malgré les changements de domination. Greaves, mathématicien anglois, et Cumberland, évêque de Peterborough, trouvent dans l'application du dérah à divers espaces renfermés dans la grande Pyramide, où cette mesure s'emploie complète et convient sans fraction, une preuve de sa haute antiquité. Il est fort probable, au surplus, que les Israélites, qui ne devinrent un peuple, par la multiplication d'une seule famille, que pendant leur demeure en Égypte, et qui furent même employés aux ouvrages publics dans ce pays, en durent tirer les mesures dont on se servoit dans ces ouvrages. Auparavant cela, les patriarches de cette nation ne bâtissant point, n'étant même point attachés à des possessions d'héritages, il n'y a pas d'apparence qu'ils eussent en partage, et pour leur usage propre, des mesures particulières assujetties à des étalons arrêtés et fixés avec grande précision, puisque les choses de cette espèce n'ont pris naissance qu'avec le besoin qu'on s'en est fait. Moïse, élevé dans les sciences des Égyptiens, a dû naturellement tirer de leur mathématique ce qui pouvoit y avoir du rapport dans les connoissances qu'il avoit acquises. Quoi qu'il en soit, une circonstance hors de toute équivoque dans l'emploi du dérah est qu'on ne peut donner plus d'étendue à ce qui prend le nom de *coudée*. Greaves, ayant pris sur le nilomètre du Caire la mesure du dérah, en a fait la comparaison au pied anglois; et, en supposant ce pied divisé en mille parties, le dérah prend mille huit cent vingt-quatre des mêmes parties. Par la comparaison du pied anglois au pied françois, dans laquelle le pied anglois est d'un sixième de ligne plus fort qu'on ne l'avoit estimé par le passé, le dérah équivaut à vingt pouces et demi de bonne mesure du pied françois. Partant, les cinq cents coudées, sur la mesure du dérah, font dix mille deux cent cinquante pouces, qui fournissent huit cent cinquante-quatre pieds, ou cent quarante-deux toises deux pieds. Ainsi, on a été bien fondé à dire que la mesure du Temple est inférieure à l'espace du terrain de la mosquée, puisque cette mesure n'atteint pas même celle des dimensions de ce terrain qui prend moins d'étendue, ou sa largeur. Que seroit-ce si on refusoit à la coudée hébraïque, considérée étroitement comme coudée, autant de longueur que le dérah en contient?

Cependant, quand on fait réflexion que le sommet du mont Moria n'a pris l'étendue de son aire que par la force de l'art, on a peine à se persuader qu'on ait ajouté à cet égard aux travaux du peuple juif; travaux qui, à diverses reprises, ont coûté plusieurs siècles, comme Josèphe l'a remarqué. L'édifice octogone de la mosquée étant contenu dans l'espace d'environ quarante-cinq toises, selon l'échelle du plan, l'espèce de cloître intérieur qui renferme cette mosquée n'ayant qu'environ cent toises en carré, on ne présume pas que les mahométans eussent quelque motif pour étendre l'enceinte extérieure au delà des bornes que les Juifs n'avoient prises qu'en surmontant la nature. Ces considérations donnent tout lieu de croire que le terrain que l'on voit dépendant de la mosquée appartenoit en entier au Temple ; duquel terrain la superstition mahométane a bien pu ne vouloir rien perdre, sans vouloir s'étendre plus loin. Le père Lamy, dans la distribution des parties du Temple, distinguant et séparant l'*atrium Gentium* d'avec celui des Israélites, en quoi il diffère de Villalpando, a jugé que cet *atrium* des Gentils étoit extérieur au lieu mesuré par Ézéchiel. Or, il semble que la discussion dans laquelle nous venons d'entrer favorise cette opinion, et que cette même opinion fournisse l'emploi convenable du terrain qui se trouve surabondant. Lightfoot, dans ce qu'il a écrit sur le Temple, cite un endroit du *Talmud* ajouté au *Middoth* qui dit que le mont Moria surpassoit la mesure des cinq cents coudées ; mais ce qui sortoit de cette mesure n'étoit pas réputé saint comme ce qui y étoit renfermé. Cette tradition juive prouveroit deux choses : l'une que l'aire du mont Moria avoit été accrue au delà même de ce qui se renferme dans la mesure d'Ézéchiel, ainsi qu'en effet nous remarquons que l'espace actuel est plus grand ; l'autre que l'excédant de cette mesure ne peut mieux s'entendre que du lieu destiné ou permis aux Gentils qu'un motif de vénération pour le Dieu d'Israel conduisoit à son Temple, mais qui n'étoient pas regardés comme de véritables adorateurs. Ces circonstances ont une singulière convenance à ce qui est dit au chapitre xi de l'*Apocalypse*, où saint Jean, ayant reçu ordre de mesurer le Temple de Dieu, *datus est mihi calamus similis virgæ, et dictum est mihi : Metire Templum Dei, altare, et adorantes in eo*, ajoute : *Atrium vero quod est foris Templum... ne metiaris illud, quoniam datum est Gentibus*. Cet article, *ne metiaris*, nous donne à entendre que dans la mesure du Temple on a pu et dû même se renfermer dans un espace plus étroit que l'aire entière du Temple ; et ce qui précède, savoir *Atrium quod est foris*, nous fait néanmoins connoître un supplément d'espace à cette mesure, et nous apprend en même temps sa destination, *quoniam datum est Gentibus*. Cet endroit de l'*Apocalypse* peut avoir un fondement absolu et de comparaison (indépendamment de tout sens mystique ou figuré) sur la connoissance que saint Jean avoit conservée du Temple même de Jérusalem. Josèphe, qui attribue au Temple une triple enceinte, désigne indubitablement par là trois espaces différents. De manière qu'outre l'*atrium sacerdotum* et l'*atrium Israelitarum*, desquels on ne peut disputer, il faut de nécessité admettre un troisième espace, tel en effet qu'il se manifeste ici.

Le père Lamy, que l'habileté en architecture a beaucoup servi dans sa description du Temple, appliquant la mesure des cinq cents coudées à l'enceinte de l'*atrium* des Israélites, et pratiquant un *atrium* extérieur avec une sorte de combinaison dans les proportions des parties du Temple, se trouve conduit par là à attribuer environ deux mille six cent vingt coudées hébraïques au pourtour de son *Ichnographie du Temple*. Ce nombre de coudées, sur le même pied que ci-dessus, revient à sept cent quarante-six toises. Or, rappelons-nous que la longueur du terrain de la mosquée de Jérusalem, déduite du plan de cette ville, a été donnée d'environ deux cent quinze toises; la largeur d'environ cent soixante-douze. Multipliez chacune de ces sommes par deux, vous aurez au total sept cent soixante-quatorze toises. Sur quoi on peut vouloir rabattre un cinquantième, ou quinze à seize toises pour mettre l'échelle du plan au niveau de ce qui a paru plus convenable dans la mesure totale de l'enceinte de Jérusalem. Et sur ce pied il n'y aura que treize ou quatorze toises de plus ou de moins dans la supputation du circuit du terrain qui appartient au Temple. Il est vrai que le père Lamy a employé en quatre côtés égaux la quantité de mesure qui a quelque inégalité de partage dans ce que fournit le local. Mais qui ne voit que la parfaite égalité dans le père Lamy n'a d'autre fondement qu'une imitation ou répétition de ce qui étoit propre au corps du Temple, isolé de l'*atrium* extérieur des gentils? Et, vu qu'aucune circonstance de fait ne sert de preuve à une semblable répétition, plus aisée vraisemblablement à imaginer que propre au terrain, elle ne peut être regardée comme positive.

Après avoir reconnu quelle étoit l'étendue du Temple, on ne peut s'empêcher d'être extrêmement surpris que ce qu'on trouve dans Josèphe sur ce sujet soit peu conforme au vrai. On ne comprend pas que cet historien, qui dans les autres circonstances cherche avec raison à donner une haute idée de cet édifice, ait pu se tenir fort au-dessous de ce qu'il convient d'attribuer à son étendue. Les côtés du carré du Temple sont comparés à la longueur d'un stade, en quoi il paroît s'être mépris comme du rayon au diamètre; et dans un autre endroit le circuit du terrain entier, y compris même la tour Antonia, qui tenoit à l'angle nord-ouest de l'enceinte du Temple, est estimé six stades. Il auroit pu écrire δέκα au lieu d'ἕξ, en usant du stade qui lui paroît propre dans la mesure de l'enceinte de Jérusalem, et dont les dix fournissent sept cent soixante toises, ce qui prend le juste milieu des supputations qu'on vient de voir.

VII.

DES MESURES HÉBRAÏQUES DE LONGUEUR.

Je terminerai cet écrit par quelque discussion des mesures hébraïques propres aux espaces. Cette discussion se lie d'autant mieux à ce qui précède qu'elle fournit des preuves sur plusieurs points. Il ne paroît pas équivoque que la coudée, dite en hébreu *ameh* (per aleph, mem,, he) en langue chaldaïque *ametha*, appelée par les Grecs πῆχυς, d'où est venu le mot de *pic*, et autrement ὠλένη, d'où les Latins ont pris le mot d'*ulna*, ne soit un élément de mesure qu'il soit très-essentiel de vérifier. La mesure que cette coudée a prise ci-dessus par rapport à l'étendue du Temple paroît assez convenable pour qu'elle en tire déjà grand avantage. Voyons si elle se peut répéter d'ailleurs, ou déduire de quelque autre moyen.

Si l'on s'en rapporte au rabbin Godolias sur l'opinion de Maïmonides, la coudée hébraïque se compare à l'aune de Bologne; et de cette comparaison le docteur Cumberland, évêque de Peterborough, a conclu la coudée de vingt-et-un pouces anglois et sept cent trente-cinq millièmes de pouce, comme je l'apprends d'Arbuthnot (*Traité des Poids, monnoies et mesures*), ce qui revient à vingt pouces et environ cinq lignes du pied de Paris, et ne diffère par conséquent que d'une ligne en déduction de l'évaluation propre au dérah ou à la coudée égyptienne.

Mais un moyen de déterminer la mesure de la coudée hébraïque, duquel je ne sache point qu'on ait fait usage, tout décisif qu'il puisse paroître, est celui-ci : Les Juifs conviennent à définir l'*iter sabbaticum*, ou l'étendue de chemin qu'ils se permettoient le jour du sabbat, en dérogeant au précepte du xvie chapitre de l'*Exode*, v. 30 : *Nullus egrediatur de loco suo die septimo;* ils conviennent, dis-je, sur le pied de deux mille coudées. L'auteur de la *Paraphrase chaldaïque* s'en explique positivement, à l'occasion du v. 6 du chap. 1er du livre de *Ruth*. Œcumenius confirme cette mesure par le témoignage d'Origène, lorsqu'il dit que le mille, étant égal au chemin sabbatique, comprend δισχιλίων πηχῶν. Le *Traité des mesures judaïques* composé par sain Épiphane, qui, étant né Juif et dans la Palestine, devoit être bien instruit du fait dont il s'agit, nous apprend que l'espace du chemin sabbatique revient à la mesure de six stades. Pour donner à la coudée en question plus que moins d'étendue, on ne peut mieux faire que d'employer ici le stade ordinaire, dont huit remplissent l'espace d'un mille romain, et qui semble même avoir prévalu sur tout autre stade dans les bas temps. La mesure de ce stade, définie à quatre-vingt-quatorze toises deux pieds huit pouces, étant multipliée par six, fournit cinq cent soixante-six toises quatre pieds. En décomposant ce calcul en pieds, on y trouve trois mille quatre cents pieds, qui renferment quarante mille huit cents pouces. Et, en divisant cette somme de pouces en deux mille parties, chacune de ces parties se trouve de vingt pouces et deux cinquièmes de pouce. Or, le produit de ce calcul sembleroit en quelque sorte fait exprès pour servir de vérification à la mesure déduite ci-dessus. Que s'en faut-il même que l'évaluation qui vient d'être conclue ne soit précisément la même que celle que nous avons employée précédemment pour la coudée hébraïque, en la croyant une même mesure avec le dérah ou la coudée égyptienne? La diversité d'une ligne et un cinquième ne doit-elle pas être censée de petite considération dans une combinaison de cette espèce? Outre que la diversité ne va pas à un deux-centième sur le contenu, il faudroit, pour que cette diversité pût être regardée à la rigueur comme un défaut de précision dans l'emploi du dérah pour la coudée hébraïque, qu'on fût bien assuré que les six stades faisoient étroitement et sans aucun déficit le juste équivalent des deux mille coudées. Il ne conviendroit pas aussi de trouver à redire à la compensation que saint Épiphane donne de six stades pour deux mille coudées, sur ce qu'il peut avoir négligé d'y ajouter un trente-quatrième de stade, où la valeur de seize à dix-sept pieds.

Les Juifs ont eu une mesure d'espace à laquelle, outre le terme de *berath*, que quelques commentateurs croient lui être propre, ils ont adapté celui de *mil* (*mem, jod, lamed*), au pluriel *milin*. Quoiqu'on ne puisse douter que cette dénomination ne soit empruntée des Romains, cela n'empêche pas que chez les Juifs, le mille n'ait sa définition distincte et particulière, laquelle est donnée sur le pied de deux mille coudées; ce qui se rapporte précisément à ce que dit Œcumenius, que l'on vient de citer. Plusieurs endroits de la *Gémare*, indiqués par Reland (*Palæstina*, vol. 1ᵉʳ, p. 400), nous apprennent que les Juifs compensent la mesure du mille par sept stades et demi. Le terme dont ils se servent pour exprimer le stade est *ris* (*resch, jod, samech*), au pluriel *risin*. Il peut s'interpréter par le latin *curriculum*, qui est propre à la carrière du stade, *curriculum stadii*, dans Aulu-Gelle (*Noct. Attic.*, lib. I, cap. 1). La jonction de quatre *milin* compose chez les Juifs une espèce de lieue nommée *parseh* (*pe, resch, samech, he*). Dans la langue syriaque, *paras* signifie étendre, et *parseh* étendue. Et il est d'autant plus naturel que ce terme paroisse emprunté de cette langue, qu'elle étoit devenue propre aux Juifs dans les temps qui ont suivi la captivité. On trouvera dans Reland (p. 397) un endroit du *Talmud* qui donne positivement la définition du mille judaïque à deux mille coudées, et la composition de la parseh de quatre milles. Les deux mille coudées assujetties à la mesure précise du dérah font cinq cent soixante-neuf toises deux pieds huit pouces. En multipliant cette somme par quatre, la parseh se trouve de deux mille deux cent soixante-dix-sept toises quatre pieds huit pouces. Cette mesure ne diffère presque en rien de notre lieue françoise, composée de deux lieues gauloises, et dont vingt-cinq font presque le juste équivalent d'un degré.

Le docte Reland, partant de la supposition que le mille judaïque n'est point différent du mille romain, et comparant le nombre de deux mille coudées dans l'un à celui de cinq mille pieds dans l'autre, conclut la coudée à deux pieds et demi. Mais, quoiqu'on ne puisse disconvenir que l'étendue de la domination romaine n'ait rendu le mille romain presque universel, toutefois il est bien certain que la mesure de ce mille ne peut être confondue avec celle qui nous est donnée du mille judaïque. Et outre que l'évaluation de la coudée qui résulteroit de l'équivoque est naturellement difficile à admettre, excédant la vraisemblance en qualité de coudée, une simple comparaison de nombres, destituée des rapports essentiels, ne peut se soutenir contre une définition positive, et qui éprouve des vérifications. Il y a un endroit de la *Gémare* qui définit le chemin d'une journée ordinaire à dix *parsaut* (tel est le pluriel de *parseh*). Si la parseh équivaloit à quatre milles romains, il en résulteroit quarante milles. Mais les anciens ne vont point jusque là dans cette estimation: ils s'en tiennent communément à vingt-cinq milles, ou deux cents stades; et si Hérodote (liv. v) y emploie deux cent cinquante stades, il faut avoir égard à ce que l'usage des stades à dix au mille est propre à cet historien en beaucoup d'endroits. Les géographes orientaux conviennent aussi sur ce nombre de vingt-cinq milles pour l'espace d'une journée commune, ce que les maronites qui ont traduit la *Géographie* d'El-Edrisi dans l'état où nous l'avons, ou plutôt son extrait, ont noté dans la préface de leur traduction. Et quand les Orientaux ont paru varier sur le nombre des milles, en marquant quelquefois trente au lieu de vingt-cinq, c'est à raison de la différence des milles, qu'ils n'ont pas toujours employés à la rigueur sur le pied du mille arabique, dont les vingt-cinq peuvent équivaloir trente ou trente-et-un d'une espèce plus ordinaire. Par l'évaluation qui est propre à la parseh, les dix faisant la compensation de trente milles romains, il est évident qu'une mesure sensiblement supérieure sort des bornes de ce dont il s'agit. Le père Lamy a objecté à Villalpando, sur une pareille opinion, que la coudée hébraïque égaloit deux pieds et demi romains ; que la hauteur de l'autel des parfums étant indiquée de deux coudées, il auroit fallu que la taille du prêtre qui faisoit le service et répandoit l'encens sur cet autel eût été gigantesque. Il est constant que les convenances que nous avons rencontrées sur le local, à l'égard du Temple, n'auroient point eu lieu avec une mesure de la coudée plus forte d'environ un quart que celle qui est ici donnée. Le pied romain s'évaluant mille trois cent six dixièmes de ligne du pied de Paris, les deux pieds et demi renferment trois cent vingt-six lignes et demie, ou vingt-sept pouces deux lignes et demie. On remarquera même, au surplus, que Villalpando attribuoit encore au pied romain quelque excédant sur cette définition.'

Je n'ai observé ci-dessus la convenance fortuite qui se rencontroit entre la parseh et notre lieue françoise, que pour communiquer à cette parseh l'idée de ce qui nous est propre et familier. Mais la même convenance entre la parseh et une ancienne mesure orientale ne doit pas être également regardée comme l'effet du hasard. Cette extrême convenance sera plutôt la vérification d'une seule et même mesure. J'ai fait voir, dans le *Traité des Mesures itinéraires*, que le stade, qui revient à un dixième du mille romain, convenoit précisément à la mesure des marches de Xénophon, et qu'en conséquence de l'évaluation faite par Xénophon lui-même du nombre de stades en parasanges, il paroissoit constant que trente stades répondoient à une parasange. Cette compensation n'a même rien que de conforme à la définition précise qu'Hérodote, Hésychius, Suidas, ont donnée de la parasange. En multipliant par trente la mesure de soixante-quinze toises trois pieds quatre pouces, à laquelle le stade de dix au mille est défini, on aura par ce calcul deux mille deux cent soixante-six toises quatre pieds. Or, cette évaluation de la parasange n'est qu'à onze toises de la parseh : de manière que deux pieds deux pouces de plus sur la définition du stade qui sert à composer la parasange mettroient le calcul rigidement au pair. Si même on veut donner par préférence dans la supputation qui résulte de la comparaison que saint Épiphane a faite du millé judaïque ou chemin sabbatique avec six stades ordinaires, savoir, cinq cent soixante-six toises quatre pieds, et qu'on multiplie cette valeur par quatre pour avoir la parseh, on rencontrera précisément les deux mille deux cent soixante-six toises quatre pieds qui sont le produit de nos trente stades. Qui ne conclura de là que la parseh n'est autre chose que la parasange persane, babylonienne, comme on voudra l'appeler ? La parseh ne renferme-t-elle pas en elle-même la composition des trente stades, puisque le mille judaïque, la quatrième partie de la parseh, est comparé par les Juifs à sept stades et demi ? Ajoutons que les noms de *parseh* et de *parasange* ont assez d'affinité pour concourir avec l'identité de mesure ; et que, comme les termes de *para* et de *parseh* trouvent dans l'ancien langage oriental, chaldaïque, de même que syriaque, une interprétation propre et littérale qui ne peut renfermer de sens plus convenable à l'égard de la chose même, c'est acquérir indubitablement la signification propre du mot de *parasange*. La parseh n'étant point mentionnée dans les livres saints, il y a tout lieu de croire que les Juifs ne l'auront adoptée que depuis leur captivité dans le pays de Babylone.

Mais remarquez quel enchaînement de convenances! La définition de la parasange a son existence, indépendamment de ce qui constitue la parseh; car cette parasange dépend d'un stade particulier, lequel se produit par des moyens tout à fait étrangers à ce qui paroît concerner ou intéresser la parasange même, comme on peut s'en éclaircir par le traité que j'ai donné des mesures. La parseh, d'un autre côté, sort d'éléments absolument différents, et prend ici son principe de ce que la coudée égyptienne paroît une mesure de la plus haute antiquité et dont il semble vraisemblable que le peuple hébreu ait adopté l'usage. Sur ces présomptions car jusque là il n'y a, ce semble, rien de plus, l'application de cette coudée à la parsch trouve une vérification plus précise qu'on ne pourroit oser l'espérer, dans ce qui se doit conclure de la mesure que saint Épiphane donne de la quatrième partie de la parseh. Toutes ces voies différentes, dont aucune n'a de vue sur l'autre, conduisent néanmoins aux mêmes conséquences, se réunissent dans des points communs. On ne pourroit se procurer plus d'accord par des moyens concertés. Qu'en doit-il résulter? Une garantie mutuelle, si l'on peut employer cette expression, de toutes les parties et circonstances qui entrent dans la combinaison.

La connoissance positive de la coudée hébraïque est un des principaux avantages d'une pareille discussion. Il est bien vrai que le père Lamy, ainsi que quelques autres savants, avoit déjà proposé la mesure du dérah pour cette coudée, mais sans en démontrer positivement la propriété, ou la vérifier par des applications de la nature de celles qui viennent d'être produites. Il semble même que la précision de cette mesure ait en quelque manière échappé au père Lamy, puisque, nonobstant sa conjecture sur le dérah, il conclut la coudée hébraïque à vingt pouces (liv. I, ch. IX, sect. I) : *Nos*, dit-il, *cubitum hebræum facimus viginti pollicum*.

La coudée hébraïque étoit composée de six palmes mineurs, et ce palme est appelé en hébreu *tophach* (*teth, phe, hheth*). La version des Septante a rendu ce mot par celui de παλαιστή, qui est propre au palme dont il s'agit, et que les définitions données par Hésychius et par Julius Pollux fixent à quatre doigts. Par conséquent la coudée contenoit vingt-quatre doigts : et c'est en effet le nombre de divisions que porte la coudée égyptienne ou dérah, sur la colonne de *Mikias*, qui est le nilomètre près de Fostat ou du Vieux-Caire. Abul-Feda est cité par Kircher, pour dire que la coudée légale des Juifs, la même que l'égyptienne, contient vingt-quatre doigts. Dans Diodore de Sicile (liv. I), lorsqu'il parle du nilomètre qui existoit à Memphis et qu'il appelle Νειλοσκοπός, on trouve mention non-seulement des coudées qui en faisoient la division, mais encore des doigts, δακτύλους, qui étoient de subdivision par rapport à la coudée.

En conséquence de la mesure qui est propre à cette coudée, le tophach ou palme revient à trois pouces cinq lignes de notre pied; et j'observe que cette mesure particulière a l'avantage de paroître prise dans la nature. Car, étant censée relative à la largeur qu'ont les quatre doigts d'une main fermée, comme Pollux s'en explique, l'étude des proportions entre les parties du corps peut faire voir que cette mesure conviendra à une statue d'environ cinq pieds huit pouces françois; et cette hauteur de stature, qui fait le juste équivalent de six pieds grecs, passe plutôt la taille commune des hommes qu'elle ne s'y confond. Mais si le palme, qui fait la sixième partie de la coudée hébraïque, prend cette convenance avec une belle et haute stature, et qu'on ne sauroit passer sensiblement sans donner dans le gigantesque, il s'ensuivra que la mesure de cette coudée ne peut, en tant que coudée, participer à la même convenance. Le père Lamy, en fixant la coudée hébraïque à vingt pouces, en a conclu la hauteur des patriarches à quatre-vingts pouces, ou six pieds huit pouces, ce qui est conforme en proportion à ce principe de Vitruve : *Pes altitudinis corporis sextæ, cubitus quartæ.* Sur cette proportion, la mesure prise du dérah produiroit sept pieds moins deux pouces. Si une telle hauteur de taille devient admissible, au moyen d'une distinction particulière entre la race des premiers hommes et l'état actuel de la nature, toujours est-il bien constant que la mesure de la coudée en question excède les bornes que les hommes ont reconnues depuis longtemps dans leur stature ordinaire. De manière que, relativement à la hauteur de la taille à laquelle la mesure du palme paroît s'assortir en particulier, ou cinq pieds et environ huit pouces, la coudée proportionnelle n'iroit qu'à environ dix-sept pouces. Or, les rabbins paroissent persuadés que l'on distinguoit la coudée commune de la coudée légale et sacrée, dont l'étalon étoit déposé dans le sanctuaire; et cette coudée commune différoit de l'autre par la suppression d'un tophach. Ainsi, se réduisant à cinq *tiphuchim* (pluriel de tophach) ou à vingt doigts, et perdant la valeur de trois pouces cinq lignes, sa longueur revenoit à dix-sept pouces et une ligne. Quoique le père Lamy ait combattu la tradition judaïque sur cette coudée commune, toutefois la grande analogie de proportion qui s'y rencontre lui peut servir d'appui. Le témoignage des rabbins trouve même une confirmation positive dans la comparaison que Josèphe a faite de la coudée d'usage chez les Juifs avec la coudée attique. Car, cette coudée se déduisant de la proportion qui lui est naturelle avec le pied grec, lequel se compare à mille trois cent soixante parties ou dixièmes de ligne du pied de Paris, revient à deux mille quarante des mêmes parties, ou deux cent quatre lignes, qui font dix-sept pouces. Rappelons-nous, au surplus, ce qui a été ci-dessus rapporté d'Ézéchiel, en traitant de la mesure du Temple, lorsqu'il prescrit aux Juifs de Babylone d'employer dans la réédification du Temple une coudée plus forte d'un travers de main que l'ordinaire. Ce travers de main n'étant autre chose que le palme mineur ou tophach, n'est-ce pas là cette distinction formelle de plus ou de moins entre deux coudées, dont la plus foible mesure paroît même prévaloir par l'usage? Mais, en tombant d'accord que la coudée inférieure étoit admise durant le second Temple, on pourroit, par délicatesse, et pour ne porter aucune atteinte au précepte divin, qui ne souffre qu'un seul poids, qu'une seule mesure, vouloir rejeter la coudée en question pour les temps qui ont précédé la captivité : en quoi toutefois on ne seroit point autorisé absolument par le silence de l'Écriture puisque dans le *Deutéronome* (cap. III, v. 11) la mesure du lit d'Og, roi de Basan, est donnée en coudées prises de la proportion naturelle de l'homme, *in cubito viri*, ou, selon la Vulgate, *ad mensuram cubiti virilis manus*. Bien qu'un nombre infini de mesures, qui enchérissent sur leurs principes naturels, par exemple, tout ce que nous appelons pied, sans entrer dans un plus grand détail, autorise suffisamment la dénomination de coudée dans une mesure aussi forte que celle qui paroît propre à la coudée égyptienne et hébraïque, toutefois, la considération de ces principes devient souvent essentielle dans la discussion des mesures, et il ne faut pas la perdre de vue. C'est à elle que j'ai dû la découverte du pied naturel, dont la mesure et l'emploi ont trouvé leur discussion dans le *Traité des Mesures itinéraires* que j'ai donné.

Nous avons donc dans cet écrit une analyse des mesures hébraïques qui, bien qu'indépendante de toute application particulière, se concilie néanmoins à la mesure d'enceinte de Jérusalem et de l'étendue du Temple, selon que cette mesure se déduit des diverses indications de l'antiquité conférées avec le local même. Il paroît une telle liaison entre ces différents objets ici réunis, qu'ils semblent dépendants les uns des autres et se prêter sur ce qui les regarde une mutuelle confirmation.

DISCUSSION

DE LA COUDÉE ARABIQUE.

J'ai pris engagement, au sujet d'un article qui intéresse la mesure du Temple, d'entrer en discussion sur la coudée arabique, à la suite des mesures hébraïques.

Cette coudée, *deraga* ou *dérah*, est de trois sortes : l'ancienne, la commune et la noire. La première, qui tire sa dénomination de ce qu'on prétend qu'elle existoit du temps des Persans, est composée de trente-deux doigts ; la seconde, de vingt-quatre, selon la définition plus ordinaire et naturelle ; la troisième tient le milieu, et est estimée vingt-sept doigts. On distingue la première par l'addition de deux palmes aux six palmes, qui sont l'élément de la seconde et qui lui ont été communs avec la coudée égyptienne et hébraïque. Ces définitions se tirent ainsi de l'extrait d'un arpenteur oriental, dont on est redevable à Golius, dans les notes dont il a illustré les *Éléments d'Astronomie* de l'Alfergane.

De ces trois coudées, celle à laquelle il semble qu'on doive avoir plus d'égard, surtout par rapport à l'usage et à une plus grande convenance avec ce qui est de l'espèce de coudée en général, est la commune. Et ce qui devient essentiel pour parvenir à en fixer la mesure, je dis que celle qui se déduit de l'analyse de la mesure de la terre faite par ordre du calife Almamoun, dans les plaines de Sinjar, en Mésopotamie, ne peut se rapporter mieux qu'à la coudée qualifiée de *commune* ou *ordinaire*. Selon la narration d'Abul-Feda sur la mesure d'Almamoun, le degré terrestre sur le méridien fut évalué cinquante-six milles arabiques et deux tiers; et l'Alfergane (chap. VIII) dit que le mille en cette mesure étoit composé de quatre mille coudées. En prenant le degré de cinquante-sept mille toises de compte rond (par la raison dont nous avons cru devoir le faire en parlant de la mesure du Temple), le mille arabique revient à mille six au plus près. Les mille toises font la coudée de dix-huit pouces; et si l'on veut avoir égard à l'excédant de six toises, il en résultera une ligne et à peu près trois dixièmes de ligne par delà.

Le docte Golius a cru qu'il étoit question de la coudée noire dans la mesure d'Almamoun, sur ce que l'Alfergane s'est servi du terme de *coudée royale* pour désigner celle qu'il a pensée être propre à cette mesure. Il faut convenir d'ailleurs que l'opinion veut que cette coudée doive son établissement à Almamoun, et qu'elle fut ainsi appelée pour avoir été prise sur le travers de main ou palme naturel d'un esclave éthiopien au service de ce prince, et qui s'étoit trouvé fournir plus d'étendue qu'aucun autre. Mais, outre que l'arpenteur cité par Golius applique l'usage de la coudée noire à la mesure des étoffes de prix dans Bagdad, la proportion établie entre les différentes coudées arabiques est d'un grand inconvénient pour l'application de la coudée noire à la mesure de la terre sous Almamoun. Remarquez, 1° que la coudée noire, avec l'avantage de trois doigts sur la coudée commune, n'auroit point toutefois l'excédant trop marqué sur la portée ordinaire, si son évaluation n'alloit qu'à dix-huit pouces; 2° que la coudée commune, qui seroit à deux pouces au-dessous, pourroit conséquemment paroître foible, puisque nous voyons que la coudée d'usage chez les Juifs, malgré son infériorité à l'égard de la coudée légale, s'évalue au moins dix-sept pouces; 3° que la coudée ancienne, qui est appelée *hashémide*, ne monteroit par proportion qu'à vingt-et-un pouces et quelques lignes, quoiqu'il y ait des raisons pour la vouloir plus forte. Car, selon le Marufide, la hauteur de la basilique de Sainte-Sophie, qui du pavé du dôme est de soixante-dix-huit coudées hashémides, s'évalue par Évagrius à cent quatre-vingts pieds grecs; et, par une suite de la proportion qui est entre le pied grec et le nôtre, la coudée dont il s'agit montera à vingt-six pouces et près de deux lignes. Ce n'est pas même assez, si l'on s'en rapporte au module de la coudée hashémienne du Marufide, qu'Edward Bernard dit être marqué sur un manuscrit de la bibliothèque d'Oxford, et qu'il évalue vingt-huit pouces neuf lignes du pied anglois, ce qui égale à peu de chose près vingt-sept pouces du pied de Paris. Les mesures données par le Marufide de la longueur et largeur de Sainte-Sophie, savoir: cent une coudées d'une part, et quatre-vingt-treize et demie de l'autre, feront la coudée plus forte si on les compare aux dimensions de Grelot, quarante-deux toises et trente-huit. La comparaison n'étant point en parfaite analogie, il résultera de la longueur près de trente pouces dans la coudée, et de la largeur vingt-neuf pouces trois lignes de bonne mesure.

Je sens bien que l'on pourroit se croire en droit de prétendre que l'évaluation quelconque de la coudée ancienne ou hashémide ait une influence de proportion sur les autres coudées, et qu'elle fasse monter la commune à vingt pouces trois lignes, en se conformant à l'étalon même de la coudée hashémide, puisque la comparaison apparente entre ces coudées est comme de quatre à trois. Mais un tel raisonnement ne suffisant pas pour supprimer et rendre nulle l'analyse de coudée résultant de la mesure positive du degré terrestre sous Almamoun, quand même cette mesure ne seroit pas jugée de la plus grande précision, il sera toujours naturel de présumer qu'il n'y a point de proportion entre les différentes coudées arabiques qui soit plus propre à cadrer à cette analyse de coudée que la coudée commune. Et la coudée noire y sera d'autant moins convenable, qu'en conséquence de la mesure hashémide, elle devoit monter à vingt-deux pouces et neuf lignes.

Thévenot, dont l'exactitude et l'habileté au-dessus du commun des voyageurs sont assez connues, ayant remarqué dans une géographie écrite en persan que le doigt, la quatrième partie du palme, la vingt-quatrième de la coudée, étoit défini à six grains d'orge mis à côté l'un de l'autre (définition qui est en effet universelle chez tous les auteurs orientaux), dit avoir trouvé que la mesure des six grains d'orge, multipliés huit fois, revenoit à six pouces de notre pied : d'où il conclut que la coudée composée de cent quarante-quatre grains doit valoir un pied et demi. (Voyez liv. II du second Voyage, chap. VII.) Or, n'est-ce pas là ce qui résulte non-seulement de la mesure du degré terrestre par ordre d'Almamoun, mais encore de l'application spéciale que nous faisons de la coudée commune à cette mesure? Je remarque que la coudée noire, par proportion avec la mesure analysée de la commune, sera de vingt pouces et quatre à cinq lignes par delà; ce qui, pour le dire en passant, prend beaucoup de convenance avec la coudée égyptienne et hébraïque. Or, cette coudée noire n'ayant excédé la commune que parce que le travers de main de l'Éthiopien, ou le palme qu'on prenoit pour étalon, surpassoit la mesure plus ordinaire, non parce qu'il fut question de déroger à la définition de la coudée sur le pied de six palmes, n'est-ce pas en effet charger très-sensiblement la proportion naturelle que d'aller à vingt pouces et près de demi, tandis que les six palmes grecs, quoique proportionnés à une stature d'homme de cinq pieds huit pouces, comme il a été remarqué précédemment, ne s'évaluent que dix-sept pouces? Si ces convenances et probabilités ne s'étendent point à la comparaison qui est faite de la coudée ancienne ou hashémide avec les autres coudées, disons que cette comparaison n'est vraisemblablement que numéraire à l'égard des palmes et des doigts, sans être proportionnelle quant à la longueur effective. Ne voit-on pas une pareille diversité entre des mesures de pieds, bien qu'ils soient également de douze pouces? Et pour trouver un exemple dans notre sujet même, quoique la coudée noire excédât la commune de la valeur de trois doigts des vingt-quatre de cette commune, avoit-on pris plus de six palmes pour la composer?

Cette discussion de la coudée arabique, qui ne regarde qu'un point particulier dans ce qui a fait l'objet de notre Dissertation, m'a néanmoins occupé d'autant plus volontiers, que je n'ai point connu que ce qui en résulte eût été développé jusqu'à présent.

FIN DE LA DISSERTATION.

N° III.

MÉMOIRE SUR TUNIS.

SOLUTIONS.	QUESTIONS.
Ire.	Ire.

SOLUTIONS.

Ire.

Il y a à peu près cent cinquante ans que les beys de Tunis ont enlevé l'autorité aux deys, mais ils n'ont pas gardé sans révolutions la puissance qu'ils avoient usurpée. Le parti des deys l'emporta sur eux à plusieurs reprises, et ne fut entièrement abattu qu'en 1684, par la fuite du dey Mahmed-Icheleby, dépossédé par Mahmed et Aly-Bey, son frère. Une monarchie héréditaire s'établit alors, et Mahmed-Bey, auteur de la révolution, en fut la première tige. Ce nouvel ordre de choses fut aussitôt interrompu qu'établi : le dey d'Alger, ayant à se plaindre des Tunisiens, vint expliquer ses prétentions à la tête de son armée, mit le siége devant Tunis, s'en empara par la fuite du bey, et fit reconnoître à sa place Ahmed-ben-Chouques. Mahmed-Bey, ayant réussi à mettre dans son parti les Arabes des frontières, s'avança contre Ahmed-ben-Chouques, lui livra bataille, la gagna, et vint mettre le siége devant Tunis. Son compétiteur s'étant retiré à Alger après l'issue de la bataille, Mahmed-Bey parvint sans peine à s'emparer de la capitale ; il y établit de nouveau son autorité, et la conserva jusqu'à sa mort. Ramadan-Bey, son frère, lui succéda : la bonté de son caractère annonça aux Tunisiens un règne tranquille : elle ne les trompa pas, mais elle causa sa perte. Son neveu Mourat, fils d'Aly-Bey, impatient de jouir du trône auquel il étoit appelé, profita de l'indolence de son oncle, se révolta, le fit prisonnier et le fit mourir. Le règne de

QUESTIONS.

Ire.

Les beys qui gouvernent Tunis sont-ils Turcs ou Arabes ? A quelle époque précisément se sont-ils emparés de l'autorité que les deys avoient auparavant ?

13 octobre 1689.

13 juillet 1695.

QUESTIONS.	SOLUTIONS.
	Mourat, trop long pour le bonheur du peuple, fut signalé par des cruautés excessives. Le Turc Ibrahim-Cherif en
10 juin 1702.	arrêta heureusement le cours en l'assassinant. La branche de Mahmed-Bey se trouvant éteinte par ce meurtre, Ibrahim pouvoit sans peine se faire reconnoître bey par le divan et par la milice. Dans la suite, ayant été fait prisonnier dans une bataille qu'il perdit contre les Algériens, l'armée élut, pour le remplacer, Hassan-ben-Aly, petit-fils d'un renégat grec. Une nouvelle dynastie commença avec lui, et elle s'est soutenue jusqu'à ce jour sans interruption. Le nouveau bey sentit bien qu'il ne seroit pas sûr de son pouvoir tant qu'Ibrahim seroit vivant. Cette considération le porta à tenter divers moyens pour l'attirer auprès de lui. Il y réussit en publiant qu'il n'étoit que dépositaire de l'autorité d'Ibrahim, et qu'il n'attendoit que sa présence pour abdiquer. Ibrahim, trompé par cette soumission apparente, se rendit à Porto-Farina,
10 janvier 1706.	où on lui trancha la tête.
	Hassan-ben-Aly régnoit paisiblement; il ne manquoit à son bonheur que de se voir un héritier; mais ne pouvant avoir d'enfant d'aucune des femmes qu'il avoit prises, il se décida à désigner pour son successeur Aly-Bey, son neveu, qui commandoit les camps. Plusieurs années se passèrent ainsi, lorsqu'il se trouva, dans une prise faite par les corsaires de la régence, une femme génoise qui fut mise dans le harem d'Hassan-ben-Aly. Cette femme, qui lui plut, devint enceinte; lorsque sa grossesse fut constatée, il assembla son divan, et lui demanda si, en cas que cette femme qu'il avoit en vain sollicitée de se faire Turque vînt à lui donner un prince, il pouvoit être reconnu et lui succéder : le divan opina que cela ne pouvoit être, à moins que l'esclave chrétienne n'embrassât la loi de Mahomet. Hassan-ben-Aly fit de nouvelles instances auprès de son odalisque, qui se décida enfin à se renier. Elle accoucha d'un prince, qui fut nommé *Mahmed-Bey*, et en eut ensuite deux autres, Mahmoud et Aly-Bey. Hassan-ben-Aly, se voyant trois héritiers, fit connoître à son neveu Aly-Bey que, le ciel ayant changé l'ordre des choses, il ne pouvoit plus lui laisser le trône après lui, mais que, voulant lui donner une preuve constante de son amitié, il alloit acheter pour lui la place de pacha que la Porte nommoit encore à Tunis. Le jeune bey se soumit à la volonté de son oncle,

SOLUTIONS.

accepta la place promise, et prit le titre d'*Aly-Pacha*. Son ambition parut satisfaite; mais il affectoit un contentement qu'il n'éprouvoit pas, pour couvrir les grands desseins qu'il avoit conçus : il souffroit impatiemment de voir passer le sceptre en d'autres mains que les siennes, et, pour s'épargner cette honte, il s'enfuit de Tunis à la montagne des Osseletis, se mit à la tête d'un parti qu'il s'étoit fait secrètement, et vint attaquer son oncle, Hassan-ben-Aly. Le succès ne répondit pas à son attente. Il fut défait, et, se voyant obligé de quitter son asile, il se réfugia à Alger; pendant son exil il intrigua, et, à force de promesses, il engagea les Algériens à lui donner des secours. Ils s'y décidèrent, marchèrent à Tunis, et, après une victoire complète, ils obligèrent Hassan-ben-Aly à quitter sa capitale et à se réfugier au Kairouan. A la suite de la guerre civile, qui amena la famine, ce prince fugitif quitta le Kairouan pour aller à Sousse.

Un capitaine françois, de la Ciotat, nommé *Bareilbier*, qui lui étoit attaché depuis longtemps, lui donna des preuves de son dévouement en allant continuellement lui chercher des blés et des vivres : le prince lui en faisoit ses obligations, qu'il devoit remplir en cas que la fortune le remît sur le trône. Mais elle lui devint de plus en plus contraire; et, privé de toute ressource, il se décida à envoyer ses enfants à Alger, qui semble être le refuge de tous les princes fugitifs de Tunis, espérant pouvoir les y rejoindre : mais lorsqu'il s'y disposoit, Younnes-Bey, fils aîné d'Aly-Pacha, le surprit dans sa fuite, et lui trancha lui-même la tête. Aly-Pacha, défait de son plus dangereux ennemi, paroissoit devoir jouir d'un sort paisible, mais sa tranquillité fut troublée par la division qui se mit entre ses enfants. Mahmed-Bey, l'un d'eux, et pour lequel il avoit de la prédilection, forma le projet d'enlever à Younnes-Bey, son aîné, le trône qui lui étoit dévolu. Il tâcha en conséquence d'indisposer son père contre son frère, et y réussit. Aly-Pacha, séduit par ses raisons, voulut le faire arrêter; Younnes l'apprit, se révolta, et s'empara du château de la Gaspe et de la ville de Tunis : il y fut forcé par Aly-Pacha et obligé de se réfugier à Alger. Mahmed-Bey, débarrassé d'un concurrent dangereux, songea aussi à se défaire de son cadet, et il lui fit donner du poison. Il se fit reconnoître héritier présomptif, et paroissoit devoir jouir un jour du sort que ces crimes

QUESTIONS.

1735.

QUESTIONS.	SOLUTIONS.
	lui avoient préparé, lorsque les choses changèrent de face. La ville d'Alger éprouva une de ces révolutions si fréquentes dans les gouvernements militaires; un nouveau dey fut nommé, et le choix de la milice tomba sur le Turc Aly-Tchaouy. Il avoit été précédemment en ambassade à Tunis, et y avoit reçu un affront de ce même Younnes-Bey, qui se voyoit réduit à implorer sa protection. Loin d'avoir égard à ses prières, il prit, pour se venger, le parti des enfants d'Hassan-ben-Aly, en leur donnant des troupes, commandées par le bey de Constantine, pour le replacer sur le trône.
	Le succès couronna leur entreprise; ils saccagèrent la ville de Tunis, et firent prisonnier Aly-Pacha, qui fut immédiatement étranglé. Mahmed-Bey, fils aîné d'Hassan-ben-Aly, fut mis sur le trône. Ce bon prince ne régna que deux ans et demi, et laissa deux enfants en bas âge, Mahmoud et Ismaïl-Bey.
26 mai 1782.	Aly-Bey, son frère, lui succéda, avec promesse, dit-on, de remettre le trône aux enfants de son frère, lorsque l'aîné seroit en état de l'occuper. Le désir de le perpétuer dans sa propre race l'empêcha de la tenir. Il chercha peu à peu à éloigner ses neveux du gouvernement et à y élever son fils. Il montra le jeune Hamoud au peuple, lui donna le commandement des camps, et enfin sollicita pour lui, à la Porte, le titre de pacha : il assura par là le suffrage du peuple à son fils, et à force d'égards il se rendit si bien maître de l'esprit de ses neveux, qu'à sa mort, arrivée en 1782, ils se désistèrent eux-mêmes de leurs prétentions, et furent les premiers à saluer Hamoud-Pacha, leur cousin, unique bey de Tunis.
	Depuis cette époque, l'État n'a été troublé par aucune révolution, et ceux qui pourroient en exciter paroissoient trop bien unis au bey pour leur en supposer l'envie.
	Le souvenir des malheurs passés le spectacle des troubles d'Alger, ont trop appris aux Tunisiens à quel point il faut se méfier de l'esprit inquiet et remuant des Turcs, pour les admettre dans le gouvernement. Aussi les beys ont-ils peu à peu cherché à abolir l'autorité que les Turcs avoient usurpée : ils se sont attachés à les éloigner des places importantes de l'administration, réservées aux indigènes et aux Géorgiens, et à ne leur laisser absolument que celles qui n'ont plus qu'une ombre d'autorité. Ainsi

SOLUTIONS.

donc, quoique la famille régnante soit regardée comme turque, puisque Hassan-ben-Aly descend d'un renégat grec, le gouvernement doit être considéré comme maure.

IIe, XVIIe, XVIIIe.

La France, l'Angleterre, la Hollande, la Suède, le Danemark et l'Espagne, sont les nations européennes auxquelles Tunis a accordé des traités; on peut même comprendre dans ce nombre Venise, malgré la guerre actuelle qu'elle a avec cette régence, et l'empereur, dont le pavillon n'a été abattu qu'en raison de sa rupture avec la Porte. Les Ragusois, comme tributaires du grand-seigneur, ont aussi leur traité, mais sans pavillon et sans commerce, et seulement pour la franchise de leurs navigations.

Les capitulations de la France avec Tunis sont les plus anciennes; elles datent de 1685, quoiqu'il y en ait d'antécédentes, et qui n'existent plus et qui ne sont pas rappelées dans ce traité. Celui de l'Angleterre a été fait cinq ou six mois après, et celui de la Hollande peu d'années ensuite. La paix des autres nations nommées ci-dessus n'a pas une époque plus reculée que celle de quarante à cinquante ans. En donnant ici un résumé des capitulations de la France, on peut juger de celles des autres nations, puisque c'est sur ces capitulations qu'on a à peu près calqué les leurs. Par un article des traités, et relativement à ce qui se pratique à la Porte envers les ambassadeurs, le consul de France à Tunis a le pas sur les autres consuls. Sa Majesté lui accorde le titre de *consul général* et de *chargé des affaires*, parce que, d'un côté, il est dans le cas d'administrer la justice aux maisons établies sur l'Échelle et aux navigateurs qui y abordent, et que, d'un autre, il traite des intérêts des deux puissances. Tous les consuls ont le droit de faire le commerce, à l'exception de celui de France, auquel cela est défendu, sous peine de destitution. Cette sage défense est fondée sur ce qu'il pourroit se trouver juge et partie en même temps, et de plus un concurrent trop puissant pour les marchands, puisque la considération attachée à sa place lui feroit aisément obtenir la préférence dans les affaires.

Les autres nations n'ayant aucun négociant établi sur l'Échelle, par une conséquence contraire, permettent à leurs consuls de faire le commerce.

QUESTIONS.

IIe, XVIIe, XVIIIe.

IIe.

Quelles sont les nations de l'Europe auxquelles Tunis a accordé des capitulations? A quelle époque et à quelles conditions ont-elles été accordées? Existent-elles encore?

XVIIe.

Quelles sont les nations qui ont des consuls à Tunis? Y a-t-il des nations qui permettent à leurs consuls de faire le commerce?

XVIIIe.

Combien y a-t-il de maisons étrangères établies à Tunis pour leur commerce, et de quelle nation ces maisons sont-elles? Sont-elles toutes dans la capitale?

Nota. On a réuni ces questions, ainsi que quelques autres suivantes, à cause du rapprochement qu'elles ont entre elles.

QUESTIONS.	SOLUTIONS.
En 1787.	Il y a huit maisons de commerce établies à Tunis, toutes françoises, et fixées dans la capitale.

IIIe.

A combien fait-on monter la population de l'empire ? Sont-ce les Maures ou les Arabes qui sont les plus nombreux ? Payent-ils l'impôt par tribu ou par individu ? Y a-t-il des Arabes fixés dans la ville ?

IIIe

On faisoit monter à quatre ou cinq millions d'âmes la population de l'empire avant la peste ; mais on peut dire qu'elle en a enlevé environ un huitième : le nombre des Arabes surpasse celui des Maures.

Il est des impôts qui se payent par tribus et d'autres par individus : il n'y a absolument aucune règle pour mettre quelque proportion dans les impôts, et rien en général ne dépend plus de l'arbitraire. Il y a des Arabes fixés dans la ville, mais ce ne sont pas les citadins les plus nombreux.

IVe.

Y a-t-il dans le cœur du royaume, ou sur les frontières, beaucoup de tribus qui se refusent aux impositions ? Sont-ce les Maures ou les Arabes qui sont les plus indociles ? Quels sont les plus riches, des Maures ou des Arabes ? Les hordes errantes afferment-elles quelquefois les terres des habitants des villes pour les cultiver ou pour y faire paître leurs troupeaux ? En quoi consistent ces troupeaux ?

IVe.

Il y a quelques tribus sur les frontières qui se refusent parfois aux impositions, mais les camps qu'on envoie pour les prélever les contraignent bientôt à payer. Ce sont en général les Arabes qui sont le plus indociles. Il est à présumer que les Maures sont plus riches, en ce qu'ils se livrent en même temps à l'agriculture, au commerce, aux manufactures et aux emplois, tandis que les premiers se bornent à l'agriculture ; les hordes errantes afferment souvent des terres des habitants des villes, soit pour les cultiver, soit pour y faire paître leurs troupeaux, qui consistent en gros et en menu bétail, en chameaux, qui leur servent pour le transport, dont ils filent le poil, et dont le lait leur sert de nourriture : ils se nourrissent souvent de l'animal lui-même.

Les beaux chevaux sont devenus très-rares, les Arabes s'étant dégoûtés d'en élever, fatigués de voir le gouvernement ou ses employés leur enlever à vil prix le moindre cheval passable.

Ve.

Y a-t-il beaucoup de propriétaires de terres ? Ces propriétaires sont-ils tous dans les villes, ou y en a-t-il encore dans des maisons iso-

Ve.

Quoique le bey possède beaucoup de terres, quoiqu'il y en ait beaucoup dont les revenus appartiennent à La Mecque, ils ne laissent cependant pas d'y avoir quantité de propriétaires ; ils sont dans les villes, dans les villages,

SOLUTIONS.

et même dans des habitations isolées, et dans cette position, peu exposés aux brigandages des hordes errantes.

QUESTIONS.

lées ou dans des villages ? Ces derniers ne sont-ils pas exposés aux brigandages des hordes errantes ?

VIe.

Autant qu'il est possible d'évaluer les finances d'un État dont la plupart des revenus sont annuellement aux enchères, et dont une grande partie consiste en vexations, on peut faire monter à vingt-quatre millions les revenus du bey de Tunis. Les objets qui les forment sont les douanes, les permissions de sortie pour les denrées, le bail des différentes sommes d'argent que donne chaque nouveau gouverneur, et dont la somme est toujours plus considérable par les enchères annuelles; le revenu de son domaine, la dîme qu'il prend sur les terres, le produit des prises, la vente des esclaves, etc., etc. Il s'en faut que les dépenses consomment annuellement le revenu, dont une partie est mise en réserve chaque année.

Il n'y a point de doute que le bey n'ait un trésor considérable, et qu'il augmente sans cesse, la plus sordide avarice étant un de ses défauts. La paix de l'Espagne vient d'enfler ce trésor de quelques millions, et Venise ne tardera pas à en faire de même.

Alger et Constantine font parfois de fortes saignées à ce trésor, que le gouvernement de Tunis pourroit garantir de leurs atteintes, s'il en employoit une partie à l'entretien de ses places, à celui de sa marine et de quelques troupes diciplinées.

VIe.

A combien peut s'élever le revenu de l'État ? Quels sont les objets qui le forment ? Les dépenses ordinaires le consomment-elles en entier, ou peut-on en mettre une partie en réserve ? Croit-on que le bey ait un trésor, et un trésor considérable ?

VIIe.

Le nombre des esclaves chrétiens à Tunis est assez considérable et s'est beaucoup accru depuis quelques années, en raison de la jeunesse et de l'esprit militaire du bey, qui encourage la course en faisant sortir lui-même beaucoup de corsaires. On ne peut précisément savoir le nombre de ces esclaves, parce qu'on en prend et qu'on en rachète fréquemment : ils sont en général napolitains, vénitiens, russes et impériaux. Dans ce moment-ci Naples fait racheter les siens le plus qu'elle peut, Gênes parfois, Malte presque jamais; mais la religion fait quelquefois des échanges, dans lesquels Tunis gagne toujours,

VIIe.

Y a-t-il beaucoup d'esclaves chrétiens à Tunis ? En a-t-il été racheté dans les dernières années, et à quel prix ? De quelle nation étoient-ils ?

QUESTIONS.	SOLUTIONS.
	ne relâchant jamais qu'un Maltois pour deux, trois et quatre musulmans.
Depuis l'époque du prince Paterno le rachat ordinaire a été fixé à trois cents sequins vénitiens, et six cents piastres les rachats doubles.	Le rachat des esclaves appartenant au bey, qui sont le plus grand nombre, est fixé à deux cent trente sequins vénitiens pour les matelots, et à quatre cent soixante pour les capitaines et les femmes, de quelque âge qu'elles soient; les particuliers suivent assez ce prix, dont ils se relâchent cependant quelquefois, soit à raison de la vieillesse de l'esclave, soit à cause de son peu de talent. Quel mensonge! pour ne pas dire plus. On peut assurer que le sort des esclaves à Tunis est en général fort doux; plusieurs y restent ou y reviennent après avoir été rachetés; quelques-uns obtiennent leur liberté à la mort de leur maître ou de son vivant.
VIIIe.	VIIIe.
Quel est le nombre des troupes qu'entretient le bey, et de quelle nation sont-elles? Combien lui coûtent-elles? Sont-elles un peu disciplinées et aguerries? Où sont-elles placées? *Nota.* A l'expédition de Tripoli le bey a fait une augmentation considérable dans les troupes. Il a enrôlé quasi tous les jeunes Krougoulis du royaume, au nombre de plus de douze cents; ce qui fait qu'aujourd'hui les troupes réglées coûtent au gouvernement environ sept cent mille piastres par an.	Le bey entretient environ vingt mille hommes, cinq mille Turcs, Mamelucks ou Krougoulis : ces derniers sont naturels du pays, mais fils de Turcs ou de Mamelucks, ou de leur race; deux mille spahis maures, sous le commandement de quatre agas, savoir : l'aga de Tunis, du Kairouan, du Ref et de Bejea; quatre cents ambas maures, sous le commandement du bachic-tenba, leur chef; deux mille ou deux mille cinq cents zouavas maures de tous les pays, sous les ordres de leur hodgia. Il existe environ vingt mille hommes enrôlés dans les corps de zouavas, mais le gouvernement n'en paye que deux mille cinq cents au plus : les autres ne jouissent que de quelques franchises, et servent dans les occasions extraordinaires. Onze à douze mille Arabes de la campagne, des races des Berdes, Auledt, Seïds, Auledt-Hassan, etc., compris tous collectivement sous le nom de *Mazerguis* : ceux-ci servent pour accompagner les camps et les troupes réglées, pour veiller sur les mouvements des Arabes tributaires, et particulièrement sur quelques chefs d'Arabes indépendants qui sont campés sur les confins de Tunis et de Constantine. Les Turcs, Mamelucks et Krougoulis, qui représentent l'ancienne milice, coûtent aujourd'hui au gouvernement sept cent mille piastres de Tunis et plus par an.
Il n'y a aujourd'hui que deux compagnies	La plus grande partie des Mamelucks est destinée à la garde du bey, divisée en quatre compagnies, chacune de

PIÈCES JUSTIFICATIVES.

SOLUTIONS.   QUESTIONS.

vingt-cinq Mamelucks. Ceux-ci, outre leur paye, ont tous les six mois vingt piastres de gratification et quelques petites rétributions en étoffes et en denrées. Ils sont aussi porteurs des ordres que le gouvernement fait passer aux gouverneurs et chéiks. Lorsque ces ordres ont pour objet des contestations de particuliers, c'est à ceux-ci à les entretenir pendant leur mission.

de Mamelucks, seulement d'environ vingt-cinq chacune.

Quelques Turcs et Krougoulis sont aussi employés à la garde du bey, et on leur fait à peu près les mêmes avantages qu'aux Mamelucks : le gouvernement ne les emploie que dans les affaires qui ont rapport à la milice. Il en est de même des ambas maures et des spahis.

Près de la moitié des soldats est à Tunis. Elle est destinée à la garnison de la ville et au camp : le reste est réparti sur les frontières.

Savoir :

A Tabarque.	600
Gafsa.	75
Gerbis.	75
Mehdia.	50
Galipia.	50
Hamamet.	50
Bizerte.	150
Porto-Farina.	100
La Goulette.	300
TOTAL.	1450

On compte environ huit cents zouaves employés dans les garnisons.

Savoir :

A Gerbis.	100
Zarsis.	25
Beben.	25
Gouvanes.	25
Guèbes.	25
Hamma.	25
Haxe.	25
Sousse.	25
Taburba.	50
Sidi-Daoud.	25
Dans les châteaux de Tunis.	150
TOTAL.	500
A Aubarde.	200
La Goulette.	50
TOTAL.	750

QUESTIONS.	SOLUTIONS.
	Le gouvernement emploie le reste des zouaves qu'il soudoie au camp qu'il envoie tous les ans sur les frontières de Tripoli.
IXᵉ. Y a-t-il quelques caravanes dans le royaume ? Où vont-elles ? Font-elles un commerce considérable ? Quels sont les objets d'échange ? Rendent-elles quelque chose au gouvernement ?	IXᵉ. Deux caravanes font chaque année des voyages réglés à Tunis : l'une vient de Constantine et l'autre de Godèmes. Celle de Constantine se renouvelle huit à dix fois l'année, achète de la mercerie, de la quincaillerie, des drogues, des épiceries, du drap, des toiles, de l'argenterie, des bijoux et des bonnets de la fabrique de Tunis, qu'elle paye avec du bétail, des bernus et des piastres fortes coupées. Celle de Godèmes fait rarement plus de trois voyages ; elle apporte des nègres, achète de la mercerie, de la quincaillerie, des toiles, d'autres articles détaillés ci-dessus, et généralement tout ce qui peut servir à alimenter le commerce qu'elle fait dans l'intérieur de l'Afrique : le gouvernement ne retire aucun droit direct sur ces caravanes.
Xᵉ. Le gouvernement s'est-il réservé quelque branche du commerce ?	Xᵉ. Les branches du commerce que le gouvernement s'est réservées sont les cuirs, les cires, qu'il abandonne annuellement à une compagnie de juifs ou de Maures, moyennant une rétribution de draps, d'étoffes ou d'argent ; les soudes ou barils, qu'il vend au plus offrant ; la pêche du thon, dont le privilége se paye annullement vingt mille francs ; celle du corail, pour laquelle la compagnie d'Afrique paye annuellement à peu près la même somme.
XIᵉ. A quelles sommes se sont montées, l'année dernière (1787), les exportations de Tunis pour le Levant, et les importations du Levant à Tunis ?	XIᵉ. Il est de toute impossibilité de calculer, même d'une manière approximative, les exportations de Tunis pour le Levant. Les douanes, dispersées dans les différents ports du royaume, ne tiennent que des registres informes : il se fait d'ailleurs beaucoup de contrebande, que les gouverneurs et les douaniers facilitent parce que le premier profit leur en revient.
XIIᵉ et XIIIᵉ. XIIᵉ. A quelles sommes se sont montées, à la même époque, les ex-	XIIᵉ et XIIIᵉ. Le tableau succinct, et aussi fidèle qu'il est possible, que l'on va donner ci-après, répondra pleinement à ces deux questions.

SOLUTIONS.

Résultat des états de commerce de l'année 1787.

Les marchandises que nous avons importées de Tunis montent à 5,225,844
Celles que nous avons extraites, à. 4,634,531
Reste donc un excédant de p. 591,313
En résumant ces deux premières sommes, qui font ; 9,860,375
En comparant ce total à celui du commerce actif et passif de toutes les nations étrangères, qui monte à, ... 5,108,477
Il résulte que la balance est en notre faveur. . 4,751,898
Il en est de même des tonnages respectifs ; le nôtre monte à, ... T. 12,806
Celui des étrangers, à. . . . . T. 6,870
Le nôtre l'emporte de. . . . . T. 5,936

Les étrangers eux-mêmes ont mis en activité une partie de nos bâtiments. Les chargements ont été faits à Tunis, Bizerte, Porto-Farina, Sousse et Gerbis ; quant aux marchandises d'entrées, elles entrent toutes dans le royaume par le port de La Goulette.

Selon la note mise au bas des Questions de M. l'abbé Raynal, il se trouve que l'importation de Marseille à Tunis ne s'est élevée en 1787 qu'à 4,009,963 l., tandis que d'après l'état ci-dessus elle monte à 5,225,844 l. La différence étonnante qui se trouve entre ces deux calculs provient de ce qu'on n'a compté dans les premiers que les marchandises proprement dites, tandis qu'on y a ajouté l'argent reçu de Marseille et les traites tirées directement sur cette place, ou par la voie de Livourne : ces deux objets se montent à 4,215,881 l. ; et c'est effectivement, à peu de chose près, l'excédant qui se trouve en espèces de ce calcul à celui qui a été remis d'ailleurs à M. l'abbé Raynal.

QUESTIONS.

portations de Tunis pour l'Europe, et les importations de l'Europe à Tunis ?

XIIIe.

Dans quels ports ont été faits les chargements, et par les vaisseaux de quelle nation de l'Europe ou du Levant a eu lieu ce commerce ?

XIVe.

Il est impossible de savoir l'évaluation des propriétés en fonds de terre, ainsi que la proportion qu'il peut y avoir entre les domaines, les propriétés particulières et la masse générale. Le gouvernement possède en propre une grande partie de terres, mais il n'a aucun cadastre des propriétés particulières. Il perçoit la dîme sur les récoltes, et rien sur les fonds de terre ; de manière que tant que les champs d'un particulier restent en friche ils ne

XIVe.

Y a-t-il beaucoup de propriétaires de terres ? Ces propriétés sont-elles considérables et assurées ? Le gouvernement n'hérite-t-il point de ceux qui ne laissent pas d'enfants, comme il hérite de tous ses agents ?

| QUESTIONS. | SOLUTIONS. |

rapportent absolument rien au gouvernement. On ne voit point ici de grands propriétaires de terres comme en Europe. Toute propriété est sous la sauvegarde de la loi et n'éprouve que très-rarement l'avidité du fisc. Le gouvernement depuis quelque temps, et particulièrement sur la fin du règne d'Aly-Bey, s'est assez respecté lui-même pour ne pas toucher aux biens de ses sujets et même à ceux de ses agents qui, après avoir fait des fortunes assez considérables et en avoir joui paisiblement, en ont laissé la propriété à leurs héritiers.

Les Hanefis (ce terme générique désigne les Turcs et les Mamelucks) qui meurent sans enfants ou autres héritiers légitimes peuvent disposer, selon la loi, du tiers de leurs biens, et le fisc hérite du reste.

Il hérite aussi de tous les Melckis (ce sont des Maures) qui ne laissent point d'enfants mâles; et si les héritiers sont des filles, le fisc entre en partage avec elles selon la loi. On appelle *ben-elmengi* l'agent du fisc chargé du recouvrement; il fait vendre les biens-fonds ou mobiliers, et en verse le produit dans la caisse du domaine.

XVᵉ.

Quel est le nombre des bâtiments corsaires qu'entretient le gouvernement? De quelle espèce sont ces bâtiments? Quel est le port où ils se tiennent?

On l'a augmenté dernièrement de deux kerlanglisches, d'un gros bâtiment suédois qu'on a percé pour vingt-quatre pièces de canon, et d'un chebuck dont la France lui a fait présent.

XVᵉ.

Le gouvernement entretient ordinairement quinze à vingt corsaires; ils consistent en trois grosses barques de vingt pièces de canon et de cent trente hommes d'équipage, quelques chebecks de moindre force, des galiotes et des felouques. Porto-Farina est le seul port qui serve aux armements du prince. Les corsaires des particuliers ne sont pas plus nombreux et à peu près dans la même proportion de forces; ils arment et ils désarment dans tous les ports du royaume, et s'attribuent la dîme sur toutes les prises que font les corsaires particuliers.

XVIᵉ.

Quel est le droit que paye chaque bâtiment? Quel est le droit que paye chaque marchandise d'exportation ou d'importation? Le droit est-il le même pour toutes les nations de l'Europe et pour les gens du pays? A-t-il

XVIᵉ.

Tout bâtiment en lest ne paye rien; tout bâtiment qui décharge paye dix-sept piastres et demie, et autant s'il charge. Les François, pour les marchandises venant de France et sous le pavillon françois, ne payent que trois pour cent; sur les marchandises venant d'Italie ou du Levant, les Anglois, huit pour cent; sur toutes les marchandises, de quelque endroit qu'elles viennent, les autres nations européennes, un peu plus ou un peu moins que ces

SOLUTIONS.

derniers. Les indigènes quelconques payent onze pour cent sur les marchandises venant de chrétienté et quatre pour cent sur celles du Levant.

Quant aux bonnets, la principale fabrique du pays, le gouvernement, pour exciter l'industrie, n'exige aucun droit de sortie.

Quant aux marchandises d'exportation qui consistent en denrées, le gouvernement n'en accorde la sortie que selon les circonstances, et perçoit un droit plus ou moins fort selon la quantité des demandes. Ce droit est sur le blé de douze à quinze piastres le caffis; de cinq à neuf sur l'orge; de quatre et demie sur tous les légumes et autres menus grains; d'une trois quarts sur le métal d'huile.

QUESTIONS.

varié depuis quelques années?

1802.

Blés de huit à dix mabouds et plus, orge de vingt à vingt-cinq piastres et plus, huile deux et demie à trois piastres; et pour ces autres échelles plus, à proportion de la mesure qui est plus grande.

N. B. On peut calculer à une livre douze sous la piastre de Tunis, le caffis à trois charges un quart de Marseille; il faut trois métaux environ pour faire la millerolle, la rotte ayant environ un quart de plus que la livre. Il ne faut que quatre-vingts rottes pour faire un quintal, poids de table.

FIN DES PIÈCES JUSTIFICATIVES.

TABLE.

	Pages
Préface de la première édition....	3
Préface de la troisième édition	7
Préface de l'édition de 1827	13

NOTE SUR LA GRÈCE.

Avertissement	18
Avant-propos de la deuxième édition de la Note sur la Grèce	19
Préface de la troisième édition de la Note	41
Note sur la Grèce	45
Extrait d'un Discours sur l'Histoire de France, lu à l'Académie françoise.	55
Opinion de Chateaubriand sur le projet de loi relatif à la répression des délits commis dans les Échelles du Levant	56
Discours en réponse à M. le Garde des sceaux	63
Introduction. — Premier mémoire	67
— Second mémoire	94

ITINÉRAIRE DE PARIS A JÉRUSALEM.

Ire partie. — Voyage en Grèce	190
I.^e partie. — Voyage de l'Archipel, de l'Anatolie et de Constantinople.	222
IIIe partie. — Voyage de Rhodes, de Jaffa, de Bethléem et de la mer Morte.	250

	Pages
IVe partie. — Voyage de Jérusalem	306
V^e partie. — Suite du Voyage de Jérusalem	374
VIe partie. — Voyage d'Égypte	395
VIIe partie. — Voyage de Tunis et retour en France	422
Notes	465

PIÈCES JUSTIFICATIVES.

Itinerarium Burdigala Hierusalem usque, etc.	492
Dissertation sur l'étendue de l'ancienne Jérusalem	544
Mémoire sur Tunis	545

FIN.

PARIS. — IMPRIMERIE DE J. CLAYE, RUE SAINT-BENOIT, 7.

www.ingramcontent.com/pod-product-compliance
Lightning Source LLC
Chambersburg PA
CBHW060507230426
43665CB00013B/1420